Herbert Voß

PSTricks

Grafik mit PostScript für TEX und LATEX

ISBN 3-86541-053-7
Umschlaggestaltung: Jens-Uwe Morawski
Satz: LaTeX
Druck: Konrad Triltsch Print und digitale Medien GmbH
97199 Ochsenfurt-Hohestadt
Printed in Germany

Inhaltsverzeichnis

Vorwort

„PSTricks–mehr als nur ein alter Hut", war ein Vortrag auf der dante Tagung in Darmstadt betitelt. [29] Er sollte den Teilnehmern vor Augen führen, dass PSTricks, als eines der ersten für Plain TEX entwickelten Pakete nichts an seiner Aktualität und vor allem seiner Professionalität verloren hat. Die Qualität der Grafikausgabe, die mit PSTricks erreicht werden kann, sucht sicherlich ihresgleichen. Dabei darf nicht vergessen werden, dass alles seine Grenzen hat, so auch PSTricks mit seinen vielfältigen Paketen, denn die Grafiken müssen komplett in TEX- und somit in Textform eingegeben werden. Keiner wird auf die Idee kommen, die Baupläne für eine Gasturbinenanlage oder das Layout für die nächste Prozessorgeneration in Textform zu erstellen. Dies ist auch oft gar nicht erforderlich für die Forschung und Lehre, denn hier gilt es sehr oft Grafiken zu erstellen, die in ihrem Anspruch zwar reduziert aber dennoch komplex genug sind, wie es beispielsweise für zu erstellende Arbeitsblätter, Veröffentlichungen (Aufsätze, Bücher), Studien-, Diplom- und Doktorarbeiten, usw. sehr oft der Fall ist. Hier bietet PSTricks fast unvorstellbare Möglichkeiten hinsichtlich der Professionalität in der Ausgabe, denn hinter PSTricks steht die zwar alte, aber im grafischen Bereich mächtige Programmiersprache PostScript. PSTricks verfügt mittlerweile über derartig viele verschiedene Pakete und somit Makros und Parameter, dass schon lange keiner mehr in der Lage ist, diese alle präsent zu haben. Hier soll diese Veröffentlichung helfen, denn die aktuelle Dokumentation von PSTricks ist nicht nur in die Jahre gekommen, sondern auch bislang unvollständig gewesen.

TEX lebt vom Enthusiasmus der Entwickler und der postiven Rückkopplung der Benutzer. So war es Timothy Van Zandt, der Anfang der 90-er Jahre ein paar Makros zur Unterstützung der Seminar-Klasse schrieb. Und wie so oft, es fing „ganz langsam an", aber dann ... Irgendwann korrelierten Enthusiasmus und „offizieller Broterwerb" im negativen Sinne, sodass Timothy die mehr oder weniger fertige Arbeit am sehr umfangreichen Grundgerüst von PSTricks einstellte. Etwas zu entwickeln ist eine Seite, aber es am Laufen zu halten eine nicht minder schwierige und zeitaufwendige Sache. Seit Jahren kümmerte sich Denis Girout darum, dass Bugs beseitigt und Fragen auf der PSTricks-eigenen Mailingliste umfassend und schnell beantwortet wurden. Nebenbei entwickelte er noch eine Reihe weiterer Pakete. Ohne Denis wäre `PSTricks` heute nicht das was es ist.

Fast von Anfang an dabei war auch Rolf Niepraschk. Ohne ihn wäre diese Veröffentlichung erstens nicht so schnell entstanden und zweitens auch nicht mit so wenig Fehlern. Er übernahm neben Uwe Ziegenhagen und Hubert Gäßlein den wichtigen Part des Korrekturlesens und engagierte sich vehement, LaTeX, `PSTricks` und Farbe unter einen Hut zu bringen. Rolf hatte auch immer irgendwo die unvollständigen Uralt-Dokumentationen gespeichert und konnte sie auch unter LaTeX 2_ε zum Laufen bringen, was wahrlich nicht ganz einfach war. Immer, wenn es mit TeX an das Eingemachte ging, war Hubert gefragt, der mit seinen TeX-Kenntnissen alles auf den Punkt bringen konnte. Jens-Uwe Morawski erstellte das Cover und zeigte wieder einmal, was mit ConTeXt alles möglich ist. Uwe Siart stellte seine tabellarische Zusammenfassung der Makros zur Verfügung und der Berliner TeX-Stammtisch, sowie viele `PSTricks`-Anwender überprüften die bei der Arbeit an diesem Buch entdeckten Bugs und Ungereimtheiten von `PSTricks`.

Last but not least, was wäre der Mensch ohne seinen Verein. DANTE e.V. unterstützte die Veröffentlichung nicht nur dieses Buches, sondern war mit Klaus Hoeppner letztlich der Impulsgeber. Klaus war auch zusammen mit Christoph Kaeder von Lehmanns Fachbuchhandlung stets bemüht eine adäquate Veröffentlichungsform zu finden.

Von den Entwicklern der `PSTricks`-Pakete seien noch ausdrücklich Manuel Luque und Christophe Jorssen erwähnt. Ohne Manuel wären die 3D-Welten in dieser professionellen Weise nicht in ein `PSTricks`-Paket eingeflossen. Allen gilt es zu danken dafür, dass `PSTricks` das ist, was es ist: ein professionelles Werkzeug. Bleibt nur die Hoffnung, dass dieses Buch ebenfalls diesen Anspruch erfüllen möge.

Berlin, im Juni 2004 Herbert Voß

Kapitel

1 Einführung

Mit der Entwicklung von TeX wurde nicht unbedingt Wert auf die grafischen Fähigkeiten des Systems gelegt. TeX selbst verfügt daher auch nur über rudimentäre grafische Elemente, die mit der Einführung von LaTeX erweitert wurden und erst seit neuestem durch das Paket `pict2e` [10] den normalen Ansprüchen Rechnung tragen. So entstand schon sehr früh die Idee, die grafischen Fähigkeiten der „alten" Programmiersprache PostScript zu nutzen, denn PostScript war ohnehin als Standard-Ausgabeformat für TeX vorgesehen, wenn man einmal vom „Zwischenformat" `DVI` absieht.

1.1 Die Geschichte

`PSTricks` gehört zu den älteren Paketen, die bereits für eine Anwendung unter Plain TeX geschaffen wurden.

> I started in 1991. Initially I was just trying to develop tools for my own use. Then I thought it would be nice to package them so that others could use them. It soon became tempting to add lots of features, not just the ones I needed. When this become so interesting that it interfered with my "day job", I gave up the project "cold turkey", in 1994.
>
> [Timothy van Zandt]

Dieser Ablauf kann fast als der Standard für viele Paketentwickler angesehen werden, die fast ausnahmslos ehrenamtlich tätig waren und sind. Es fängt sehr häufig ganz bescheiden an und wird irgendwann zu einem Selbstläufer, sobald man sich mit seinen Ideen an die TeX-Öffentlichkeit wendet. Andererseits ist die Weiterentwicklung von TeX von genau solchen selbstlosen Entwicklern abhängig, wenn es weiter auf einem hohen softwaretechnischen Niveau bleiben will.

Nach Timothy Van Zandt übernahm Denis Girou die Aufgabe, PSTricks zu betreuen und Fehler zu beheben. Die Zahl, der mittlerweile neu hinzugekommenen Pakete (siehe Kapitel 32), nimmt stetig zu, sodass PSTricks nach wie vor nicht als „alter Hut" bezeichnet werden kann. [29]

1.2 Der Kern

Der Kern von PSTricks befindet sich ähnlich wie TEX und LATEX in einem quasi eingefrorenen Zustand, woran sich auch in nächster Zeit nichts ändern wird. Zum Kern sind die in Tabelle 1.1 angegebenen Pakete zu zählen, die sich alle in dem CTAN-Verzeichnis `CTAN:/graphics/pstricks/generic/` befinden[1]. Der Verzeichnisname `generic` deutet schon daraufhin, dass es sich hier um Plain TEX-kompatible Pakete handelt, die entweder über den `\input`-Befehl oder für LATEX über den korrespondierenden `\usepackage`-Befehl eingebunden werden können. Die entsprechenden Style-Dateien befinden sich im Verzeichnis `CTAN:/graphics/pstricks/latex/`.[2]

Die genannten Basispakete gehören zu jeder bekannten TEX-Distribution, sodass hier keine weiteren Schritte notwendig sind, um mit ihnen arbeiten zu können. Weitere Informationen zu diesen und anderen Paketen findet man im Kapitel 32.

Tabelle 1.1: Die Basispakete von PSTricks

Paketname	Datum	Eigenschaft
multido.tex	2004	Definition von Schleifen
pst-3d.tex	1999	Grundlegenede 3D-Makros
pst-char.tex	1999	Zeichenmanipulationen
pst-coil.tex	1999	Spulen
pst-eps.tex	1999	EPS Export
pst-fill.tex	1999	Füllen und Parkettieren
pst-grad.tex	1999	Farbverläufe
pst-node.tex	2001	Knoten und Verbindungen
pst-plot.tex	2000	Funktionen und Daten plotten
pst-text.tex	1999	Textmanipulationen
pst-tree.tex	2000	Baumstrukturen
pstricks.tex	2004	Das Basispaket

1.3 Was es ist ...

PSTricks ist eine Ansammlung von PostScript-basierten TEX-Makros, die mit den meisten TEX-Formaten wie Plain TEX , LATEX und ConTEXt kompatibel sind.

[1] CTAN: Comprehensive TEX Arichive Network

[2] Das Pakete `multido`, welches im eigentlichen Sinne nicht zu PSTricks gehört, findet man im Verzeichnis `CTAN: /macros/generic/multido`

PSTricks gibt ihnen die Möglichkeit Farbe, Grafiken, Transformtionen, Bäume, Overlays usw. einzusetzen. Wichtige, grundlegende Informationen enthält die Datei README, die Teil des Pakets PSTricks ist. Sie enthält auch wichtige Informationen über aktuelle Probleme im Umgang mit PSTricks.

Die Zahl der Optionen und ihr Einsatz mit PSTricks-Makros ist mittlerweile wegen ihrer großen Zahl nur noch wenigen Anwendern vollständig geläufig, sodass diese Veröffentlichung eine Hilfe sein kann, hier den Überblick zu bekommen oder zu behalten. Der Index enthält daher auch jedes besprochene Makro samt seiner Optionen und kann neben dem Inhaltsverzeichnis sowie der Zusammenstellung der Optionen im Anhang (Abschnitt A.1 auf Seite 435) als Ausgangspunkt für die Suche von Informationen dienen.

Aus Gründen der Kompatibilität gibt es von jedem PSTricks-Paket eine TeX-Version (.tex) und eine LaTeX-Version (Endung .sty). Beide sind prinzipiell gleichwertig, wenn auch die LaTeX-Styledatei nichts anderes macht, als die TeX-Version mittels des \input Befehls zu laden. Die Datei \pstricks.sty weicht davon ab, da sie einige grundlegende Tests ausführt (→ 2 auf Seite 9).

PSTricks verwendet sehr stark PostScript-Funktionen, die über den \special-Befehl von dvips-Treiber an PostScript weitergereicht werden. Damit steht prinzipiell das komplette PostScript innerhalb von (La)TeX zur Verfügung. Prinzipiell deshalb, weil eine Einschränkung gemacht werden muss, denn die Kommunikation zwischen TeX und PostScript ist ziemlich einseitig, nämlich genau nur in dieser Richtung (→ 16.9 auf Seite 206). Nur mit zusätzlichen und relativ umständlichen Tricks ist es möglich, Informationen von PostScript wieder an TeX zurückzugeben. Dies impliziert vor allen Dingen auch die Fehlermeldungen von PostScript, über die man während eines TeX-Laufs keinerlei Kenntnis hat, lediglich der PostScript-Interpreter kann hier weitere Informationen liefern.

Das TeX-Logfile enthält **keinerlei** Informationen über eventuelle PostScript-Fehler, die erst beim Ausführen der PostScript-Datei auftreten!

1.4 Was es nicht ist ...

PSTricks ist bezeichnenderweise eine Abkürzung für PostScript-Tricks, woraus folgt, dass eine Ausgabe im PostScript-Format die Regel ist. Welche Möglichkeiten dennoch vorhanden sind, das populäre PDF-Format zu erreichen, wird ausführlich im Anhang B auf Seite 453 erläutert.

Viele der PSTricks-Pakete weisen einen professionellen Charakter auf, können aber dennoch nicht mit Programmen wie AutoCAD, Autosketch usw. verglichen werden. Die Anwendung von PSTricks macht prinzipiell nur Sinn, wenn die zu erstellende Grafik eine bestimmte, von Paket zu Paket variierende Komplexität nicht überschreitet. Der Anwender muss selbst entscheiden, wo er PSTricks einsetzen oder nicht einsetzen will.

1.5 Was noch zu sagen ist ...

Es wird versucht, zu jedem Kapitel mindestens ein Beispiel anzugeben. Dies ist jedoch nicht ganz unkritisch, denn häufig sind die Makros, die für ein sinnvolles Beispiel benötigt werden, noch gar nicht behandelt worden. Für solche Fälle wird am Ende eines Kapitels oder Abschnitts eine Querverweisliste angegeben, die nicht nur auf die einzelnen verwendeten Makros, sondern auch auf ergänzende oder weiterführende Pakete verweist.

Erwartete Angaben zu den Parametern sind immer in spitzen Klammern zu finden, optionale zusätzlich in eckigen. Hierbei treten folgende, in Tabelle 1.2 dargestellte Fälle auf.

Tabelle 1.2: Konventionen bei der Eingabe

Beispiel	Bedeutung
`<Name>`	Name eines Parameters bzw. einer Option
`<Parameter>`	Feld für Optionen/Parameter
`<Pfeile>`	Angabe über die Art von Linien- oder Kurvenanfang bzw. -ende
`<Text>`	beliebiger alphanumerischer Text
`<Material>`	beliebiges Material, wobei eventuell eine `\parbox` zu verwenden ist, wenn Zeilenumbrüche auftreten
`<Wert>`	Zahlenwert ohne Einheit
`<WertEinheit>`	Zahlenwert **mit** Einheit
`<Wert[Einheit]>`	Zahlenwert **mit** oder **ohne** Einheit
`<Wert1 Wert2>`	Zwei Zahlenwerte durch Leerzeichen getrennt
`<Winkel>`	Winkelangabe, entspricht einem Zahlenwert in Grad
`<Farbe>`	Farbname, der in `PSTricks` oder durch `color` definiert sein muss
`<Länge>`	Ein mit `\newlength` definiertes Längenregister
`<x,y>`	Koordinatenpaar (Punkt)
`<x1,y1>`	1. Koordinatenpaar (Punkt) von mehreren
`<xn,yn>`	*n*. Koordinatenpaar (Punkt) von mehreren

Farbnamen der Art `gray90` beziehen sich grundsätzlich auf folgende Farbdefinition: `\definecolor{gray90}{gray}{0.90}`. Dabei wurden in der hier vorliegenden Dokumentenklasse alle Werte von 70% bis 95% in 5-er Schritten definiert (`gray70` ... `gray95`).

Die Verwendung von `PSTricks`, TeX und Farbe erfolgt nicht immer reibungslos. Um unnötige Irritationen zu vermeiden, sollte man bei der Verwendung von farbspezifischen Makros nur die Syntax des Pakets `xcolor` bzw. `color` verwenden.

Teil I

pstricks.tex
Das Basispaket

Kapitel 2

Erste Schritte

PSTricks-Pakete werden in der üblichen Weise in ein Dokument eingebunden, beispielsweise

```
\input pstricks%              für Plain TeX
\usepackage{pstricks}%        für LaTeX
\usemodule[pstric]%           für ConTeXt
```

In der Regel sind fast alle PSTricks-Pakete Plain TeX-kompatibel, sodass die entsprechenden LaTeX-Styledateien im Prinzip nichts anderes machen als die korrespondierende TeX-Datei zu laden. Eine Ausnahme bildet pstricks.sty, da es insbesondere wegen des Farbmanagements zusätzlich zum Laden von pstricks.tex mehrere Tests durchführt und anschließend einige Modifikationen vornimmt. Es steht für pstricks.sty folgende Option zur Verfügung:

noxcolor Anstelle von xcolor wird das Paket color geladen, der Vorläufer des xcolor Pakets.

Es existiert ein pst-all Paket, welches alle Basispakete von PSTricks lädt, wobei diese Zusammenstellung historisch bedingt ist:

Listing 2.1: Paketreihenfolge in pst-all

```
[ ... ]
\ProvidesPackage{pst-all}[2004/05/06 the main pstricks tools]
\usepackage{pstricks} % important
% this loads the xcolor package and pstricks in the right order
% and does some modification to the color handling. Look at the
% doc for the options.
%
\usepackage{pst-grad}
\usepackage{pst-plot}
\usepackage{pst-coil}
\usepackage{pst-text}
```

```
\usepackage{pst-char}
\usepackage{pst-node}
\usepackage{pst-3d}
\usepackage{pst-eps}
\usepackage[tiling]{pst-fill}
\usepackage{pst-tree}
\usepackage{multido}
\endinput
```

Bei größeren Projekten empfiehlt es sich nicht `pst-all` zu benutzen, sondern die Pakete einzeln zu laden, um auf diese Weise Fehler bei einem TEX-Lauf leichter beheben zu können, indem gezielt einzelne Pakete nicht geladen werden. Weiteres dazu wird im nächsten Abschnitt behandelt werden.

2.1 Farben

TEX kennt bekanntermaßen selbst keine Farben, was in der Vergangenheit zur Entwicklung verschiedener Pakete führte, die nicht unbedingt immer fehlerfrei eingesetzt werden können. `PSTricks` greift auch hier auf die Möglichkeiten von PostScript zurück und definiert seine eigenen Farben, je fünf verschiedene Grauwerte und Farben (Tabelle 2.1).

Tabelle 2.1: Die vordefinierten Grauwerte und Farben von `PSTricks`

Grauwerte	`black, darkgray, gray, lightgray, white`
Farben	`red, green, blue, cyan, magenta, yellow`

Diese können ohne jegliches Zusatzpaket innerhalb von `PSTricks` mit den oben angegebenen Namen benutzt werden, wobei diese Makros aber als veraltet angesehen werden, aber dennoch in der gewohnten Weise funktionieren. Neue Farben können wie folgt definiert werden:

```
\newgray{anotherGray}{<Wert>}
\newrgbcolor{anotherRGB}{<Wert1 Wert2 Wert3>}
\newhsbcolor{anotherHSB}{<Wert1 Wert2 Wert3>}
\newcmykcolor{anotherCMYK}{<Wert1 Wert2 Wert3 Wert4>}
```

Diese Definitionen stehen nicht unbedingt in Einklang mit dem Paket `xcolor`, sodass `pstricks.sty` einige Modifikationen vornimmt, um dem LATEX- Benutzer ein reibungsloses Arbeiten mit den Makros von `xcolor` zu ermöglichen.

Um Komplikationen zu vermeiden, sollten unbedingt folgende Punkte beachtet werden:

Das Paket `pstricks.sty` sollte stets **vor** allen `PSTricks`-basierten Paketen geladen werden. `pstricks.sty` selbst lädt bereits `pstricks.tex` **und** `xcolor`, sodass ein `\usepackage{pstricks}` ausreicht!

Das RGB-Farbmodell wird von allen PostScript-Implementationen bestens unterstützt, HSB und CMYK nicht in allen Level-1-Implementation von PostScript.

Insbesondere im Zusammenhang mit der Dokumentenklasse prosper, die von seminar abgeleitet ist, gibt es wiederholt Probleme im Zusammenhang mit PSTricks und der Definition von Farben, was primär darauf zurückzuführen ist, dass diese Pakete sich nicht vollständig auf das xcolor bzw. color Paket beziehen, sondern ein eigenes Farbmanagement aufweisen, welches nicht kollisionsfrei zu PSTricks ist (→ 14.2.5 auf Seite 126).

Ebenfalls veraltet sind die Kurzformen für die Farbsetzung, wie beispielsweise \red. Diese werden aber nach wie vor von PSTricks unterstützt.

Das ist jetzt rot, jetzt nicht mehr.

```
Das ist jetzt {\red rot}, jetzt nicht mehr.
```

2.2 xcolor

Mit dem Laden des Paketes xcolor steht eine erweiterte Syntax für die Festlegung einer Farbe zur Verfügung. [22] Eine eingehende Beschreibung findet man in der Dokumentation des Paketes.

```
\begin{pspicture}(4,2.3)
  \psframe*[linecolor=.!15](0,1.8)(4,2.3)
  \psframe*[linecolor=-green!75!-red](0,1.2)(4,1.7)
  \psframe*[linecolor=green!75!-red](0,0.6)(4,1.1)
  \psframe*[linecolor=green!75!red](4,0.5)
\end{pspicture}
```

2.3 Parameter - \psset

PSTricks macht zur Festlegung der Parameter bzw. Optionen intensiven Gebrauch vom „key-value"-Interface (→ 14.5 auf Seite 132), was für den Anwender angenehme Erleichterungen bringt, denn er kann alle Einstellungen auch global mit dem \psset-Makro ändern. Die Syntax ist relativ einfach:

```
\psset{<Name1>=<Wert1>,<Name2>=<Wert2>,...}
```

Alternativ können diese Parameter auch über das optionale Argument in der für LaTeX üblichen Weise übergeben werden, hier exemplarisch für \psline gezeigt:

```
\psline[<Optionen>](...)(...)
```

Parameter, die über das optionale Argument eines Makros übergeben werden, bleiben **lokal**.

Parameter, die mit `\psset` gesetzt werden, sind **global** innerhalb der Gruppe und tieferliegenden Ebenen.

Durch eine Gruppenbildung kann man auch mit `\psset` gesetzte Variablen lokal halten, womit die folgenden beiden Anweisungen identisch sind:

```
\psline[linewidth=5pt](3,3)
{\psset{linewidth=5pt}\psline(3,3)}
```

Historisch bedingt kennt `PSTricks` eine weitere Möglichkeit, Optionen anzugeben, nämlich mit den geschweiften Klammern:

```
\psline[<Optionen>]{<Pfeilart>}(...)(...)
```

Dies trägt nicht immer zur Übersichtlichkeit bei, zumal die Angabe der Pfeilart auch über Angaben in den eckigen Klammern oder `\psset` erfolgen kann.

Bis auf die Makros, deren Name mit `q` beginnt, verfügen fast alle über eine Sternvariante, die prinzipiell einer inversen Darstellung des jeweiligen Objekts entspricht. Das Objekt wird mit der aktuellen Linienfarbe (`linecolor`) gefüllt, wobei folgende in Tabelle 2.2 zusammengefasste Optionen gesetzt werden:

Tabelle 2.2: Auswirkungen der Sternoption

`linewidth`	`0pt`
`fillcolor`	`linecolor`
`fillstyle`	`solid`
`linestyle`	`none`

Die Existenz einer Sternversion beruht ausschließlich auf softwaretechnischen Kriterien, die völlig unabhängig von der Sinnhaftig sind. So existieren von mehreren Makros Sternversionen, die faktisch bedeutungslos sind.

2.4 Maßstäbe und Längen

2.4.1 Längen

Der voreingestellte Maßstab beträgt 1cm und kann getrennt für die x- und y-Richtung mit `\psset` oder über die jeweilige Makrooption auch lokal verändert werden. Eine Zusammenstellung zeigt Tabelle 2.3. Der Vorteil von `unit` ist, dass damit auf einfache Weise eine Skalierung der gesamten `pspicture`-Umgebung erfolgen kann.

Die Anweisung `\psset{unit=1cm}` ist identisch zu `\psset{xunit=1cm,yunit=1cm,runit=1cm}`.

Wird eine Längeneinheit **vor** Beginn der `pspicture`-Umgebung verändert, so beziehen sich auch die Koordinaten von `pspicture` auf diesen geänderten Maßstab!

Tabelle 2.3: Längeneinheiten und ihre Registernamen in PSTricks

Optionsname	Bedeutung	Voreinstellung	Längenregister
unit	alle zusammen	1cm	\psunit
xunit	x-Achse	1cm	\psxunit
yunit	y-Achse	1cm	\psyunit
runit	Radius (Bogenmaß)	1cm	\psrunit

```
\begin{pspicture}(2,1)
  \psset{xunit=0.5mm,yunit=1mm}
  \psline{->}(20,10)
\end{pspicture}
```

```
\psset{xunit=0.5mm,yunit=1mm}
\begin{pspicture}(20,10)
  \psline{->}(20,10)
\end{pspicture}
```

2.4.2 Winkel

Die standardmäßige Vorgabe von 360° für einen Vollkreis kann ungünstig sein, wenn man ein Tortendiagramm erstellen will, bei dem die Angaben in Prozent vorliegen. Für diesen Fall kann man die Winkeleinheit von 360° auf 100° ändern und ohne jegliche Umrechnung der prozentualen Werte die entsprechenden Kreisausschnitte zeichnen. Für die Einstellung des Bogenmaßes existiert die Abkürzung \radian .

```
\degrees                % identisch mit \degrees[360]
\degrees[<Wert für Vollkreis>]
\radian                 % identisch mit \degrees[6.28319]
```

2.4.3 Erweiterungen

PSTricks stellt die folgenden beiden Makros bereit, mit denen analog zu denen von LaTeX Längenregister geändert werden können:

```
\pssetlength{<Längenregister>}{<Wert[Einheit]>}
\psaddtolength{<Längenregister>}{<Wert[Einheit]>}
```

Der Vorteil gegenüber (La)TeX ist, dass man sowohl dimensionslose als auch dimensionsbehaftete Werte eingeben kann, was grundsätzlich immer für PSTricks möglich ist. Fehlt die explizite Angabe einer Dimension, so nimmt PSTricks den aktuellen Maßstab, wobei die Einheit cm vordefiniert ist.

2.5 Koordinaten

Koordinaten treten fast ausnahmslos in Paaren $(x|y)$ auf und werden lediglich bei Verwendung der Pakete, die drei Dimensionen unterstützen, zu einem Tripel $(x|y|z)$ erweitert. Ein Koordinatenpaar besteht in der Regel aus zwei Zahlenwerten, deren Einheit sich aus dem aktuellen Maßstab ergibt. Darüberhinaus kann jedoch auch eine explizite Angabe von zulässigen Einheiten erfolgen:

```
\psline(0,1)(3mm,300pt)
```

In diesem Beispiel wird das erste Koordinatenpaar auf `cm` bezogen (soweit nichts anderes vereinbart wurde) und das zweite auf die dort angegebenen Einheiten.

Diese „normale“ Angabe von Koordinaten kann durch den Schalter `\SpecialCoor` erweitert und durch `\NormalCoor` wieder zurückgesetzt werden.

```
\SpecialCoor % aktiviert spezielle Koordinatenformen
\NormalCoor  % nur (<x,y>) Zahlenpaare sind zulässig
```

Dieser Schalter hat nur noch mehr oder weniger historische Bedeutung, denn durch die Leistungsfähigkeit der heutigen Hardware erscheint der Zeitaufwand beim Prüfen von speziellen Koordinaten mittlerweile als unerheblich. Beispiele zu den hier angegebenen Koordinatenformen findet man im Kapitel 12 auf Seite 111.

2.6 pspicture-Umgebung

In der Regel wird man seine `PSTricks`-Grafik in einer eigenen Box darstellen und nicht unbedingt über den laufenden Text schreiben wollen, was grundsätzlich möglich ist und jetzt hier rein exemplarisch anhand der gestrichelten Linie gezeigt wird, die einfach mitten im Text erscheint. Zur Reservierung dieses notwendigen Platzes stellt `PSTricks` die `pspicture`-Umgebung mit folgender Syntax bereit:

Listing 2.2: TEX-Version

```
\pspicture[<Option>](<xMin,yMin>)(<xMax,yMax>)
%\pspicture*[<Option>](<xMin,yMin>)(<xMax,yMax>)% Alternativ
% \pspicture[<Option>](<xMax,yMax>)% Alternativ
  ...
\endpspicture
```

Listing 2.3: LATEX-Version

```
\begin{pspicture}[<Option>](<xMin,yMin>)(<xMax,yMax>)
%\begin{pspicture*}[<Option>](<xMin,yMin>)(<xMax,yMax>)% Alternativ
%\begin{pspicture}[<Option>](<xMax,yMax>)% Alternativ
...
%\end{pspicture*}% Alternativ
\end{pspicture}
```

Wird nur ein Zahlenpaar angegeben, erfolgt automatisch eine Ergänzung zu `(0,0)(xMax,yMax)`. `PSTricks` überprüft nicht, ob die Kombination der einzelnen Werte sinnvoll ist oder nicht.

Wird keine Längeneinheit angegeben, so bezieht sich die Angabe entweder auf 1cm oder den letzten mit `\psset{[x|y]unit=<Wert>}` gesetzten Wert, wobei für $[x|y]$ unterschiedliche Werte möglich sind.

Die Koordinaten geben nur den für TeX sichtbaren reservierten Platz an; sie haben sonst keine Auswirkung auf die Ausgabe, die auch hier außerhalb dieses Platzes liegen kann.

Die Sternversion löscht alles außerhalb der durch die Koordinaten vorgegebenen Grenzen (clipping) und benutzt dazu `pstVerb` und `pstverbscale` (siehe auch Abschnitt 14.2.6 auf Seite 126)

2.6.1 Optionen

Die Umgebung `pspicture` hat nur eine spezielle Option, die im Gegensatz zu den anderen Optionen nicht durch die Zuweisung an einen Schlüsselnamen festgelegt werden kann. Die Option bezeichnet den Offset der Basislinie (baseline) der gesamten `\pspicture`-Umgebung in y-Richtung. Der voreingestellte Wert ist null. Zu beachten ist hierbei, dass die `pspicture`-Umgebung grundsätzlich keine Tiefe aufweist, sondern mit der Unterkante auf der Baseline liegt, auch für den Fall, dass der Koordinatenursprung nicht auf der unteren Linie liegt. Dies lässt sich am angegeben Beispiel leicht nachvollziehen. Absolut gesehen bleibt die Basislinie natürlich immer auf derselben Höhe, nur relativ gegenüber der `pspicture`-Umgebung verschiebt sie sich entsprechend, sodass die Option eigentlich missverständlich ist.

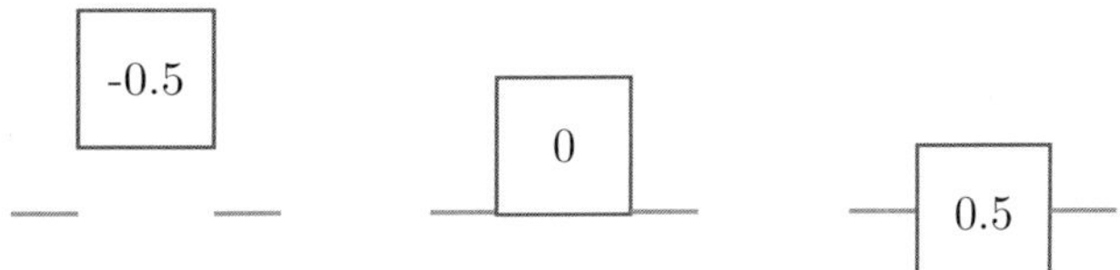

Abbildung 2.1: Verschiebung der Basislinie

```
\textcolor{red}{\rule{5mm}{1pt}}%
\begin{pspicture}[-0.5](-0.5,-0.5)(0.5,0.5)
    \psframe[linecolor=blue](-0.5,-0.5)(0.5,0.5)\rput(0,0){-0.5}
\end{pspicture}%
\textcolor{red}{\rule{5mm}{1pt}}
\hspace{1cm}%
\textcolor{red}{\rule{5mm}{1pt}}%
\begin{pspicture}[0](-0.5,-0.5)(0.5,0.5)
    \psframe[linecolor=blue](-0.5,-0.5)(0.5,0.5)\rput(0,0){0}
\end{pspicture}\textcolor{red}{\rule{5mm}{1pt}}
\hspace{1cm}%
\textcolor{red}{\rule{5mm}{1pt}}%
\begin{pspicture}[0.5](-0.5,-0.5)(0.5,0.5)
```

```
    \psframe[linecolor=blue](-0.5,-0.5)(0.5,0.5)\rput(0,0){0.5}
\end{pspicture}%
\textcolor{red}{\rule{5mm}{1pt}}
```

2.7 Leerraum („Whitespace“)

Innerhalb einer `pspicture`-Umgebung wird jeder Leerraum zwischen `PSTricks`-Objekten entfernt. Außerhalb dieser Umgebung wird jedes Objekt wie ein einzelnes Zeichen behandelt, sodass zusätzlicher Leerraum nicht entfernt wird. Dies kann manchmal unerwünscht sein, beispielsweise innerhalb einer LaTeX-Umgebung `picture`. In solchen Fällen kann mit `KillGlue` und `DontKillGlue` Leerraum ignoriert oder berücksichtigt werden (→ 14.2.2 auf Seite 124).

KAPITEL 3

Koordinatensystem

Grundsätzlich liegt durch PostScript bedingt ein kartesisches Koordinatensystem zugrunde. Dabei kann man den Ursprung, der durch die Wahl der `pspicture`-Umgebung festgelegt wurde, für jede Anwendung beliebig lokal verschieben. Weiterhin lassen sich auch beide Achsen vertauschen, was beim Plotten von Funktionen von Interesse ist, wenn das Berechnen der Umkehrfunktion leichter möglich ist (siehe folgendes Beispiel). Tabelle 3.1 zeigt die Syntax dieser Optionen.

Tabelle 3.1: Parameter für das Koordinatensystem

Name	Werte	Vorgabe
`origin`	`{<xWert[Einheit], yWert[Einheit]>}`	`0pt,0pt`
`swapaxes`	`false|true`	`false`

Prinzipielle Bedeutung kommt hier nur der Option `swapaxes` zu, denn PostScript verfügt lediglich über eine trigonometrische Umkehrfunktion, den `arcus tangens`. Alle anderen Umkehrfunktionen müssen über den `Tangens` definiert werden. Im folgenden Beispiel wird dagegen die `swapaxes` Option benutzt, um auf einfache Weise die Funktion $y = \arccos x$ darzustellen, indem einfach die `cosinus` Funktion mit vertauschten Achsen gezeichnet wird. Dadurch braucht man keine mathematischen Umrechnungen vorzunehmen; es ist lediglich auf das vorzugebende Intervall zu achten.

Das relativ neue `PSTricks`-Paket `pst-math` bietet Unterstützung für mathematische Funktionen, für die in PostScript keine direkte Entsprechung existiert. [19]

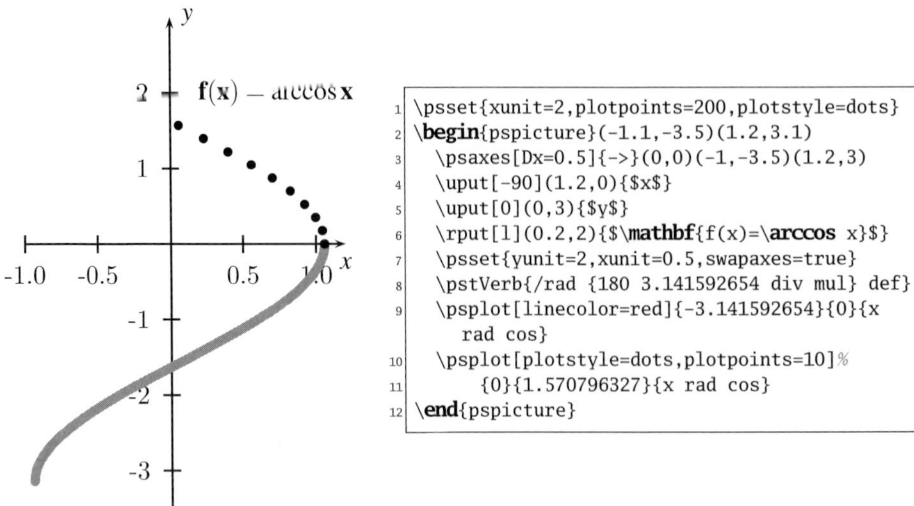


```
\psset{xunit=2,plotpoints=200,plotstyle=dots}
\begin{pspicture}(-1.1,-3.5)(1.2,3.1)
  \psaxes[Dx=0.5]{->}(0,0)(-1,-3.5)(1.2,3)
  \uput[-90](1.2,0){$x$}
  \uput[0](0,3){$y$}
  \rput[l](0.2,2){$\mathbf{f(x)=\arccos x}$}
  \psset{yunit=2,xunit=0.5,swapaxes=true}
  \pstVerb{/rad {180 3.141592654 div mul} def}
  \psplot[linecolor=red]{-3.141592654}{0}{x rad cos}
  \psplot[plotstyle=dots,plotpoints=10]%
     {0}{1.570796327}{x rad cos}
\end{pspicture}
```

`\pstVerb` → Kapitel 14.2.6 auf Seite 126
`\psaxes` → Kapitel 15 auf Seite 137
`\psplot` → Kapitel 15.4.1 auf Seite 161
`\uput` → Kapitel 9.6 auf Seite 78
`\rput` → Kapitel 9.4 auf Seite 77

3.1 Grids

`PSTricks` bietet eine große Zahl an Möglichkeiten, um verschiedenste kartesische Koordinatenraster zu erstellen. Daraus folgt dann aber gleich eine relativ große Zahl an Parametern, die man entsprechend einstellen kann. Weitere Möglichkeiten enthält das Paket `pstricks-add`, insbesondere was logarithmische Achseneinteilungen und dezimale Beschriftungen betrifft.

3.2 Parameter

Tabelle 3.2 auf der nächsten Seite zeigt sämtliche Parameter, die in direktem Zusammenhang mit `\psgrid` stehen.

3.2.1 gridwidth

`gridwidth` bestimmt die Dicke der Haupt-Gitterlinien und sollte eher zu klein als zu groß gewählt werden, dabei jedoch dicker als die Unterlinien (`subgridwidth`).

Tabelle 3.2: Zusammenfassung aller Parameter für `\grid`

Name	Werte	Vorgabe
gridwidth	<Wert[Einheit]>	0.8pt
gridcolor	<Farbe>	black
griddots	<Wert>	0
gridlabels	<Wert[Einheit]>	10pt
gridlabelcolor	<Farbe>	black
subgriddiv	<Wert>	5
subgridwidth	<Wert[Einheit]>	0.4pt
subgridcolor	<Farbe>	gray
subgriddots	<Wert>	0

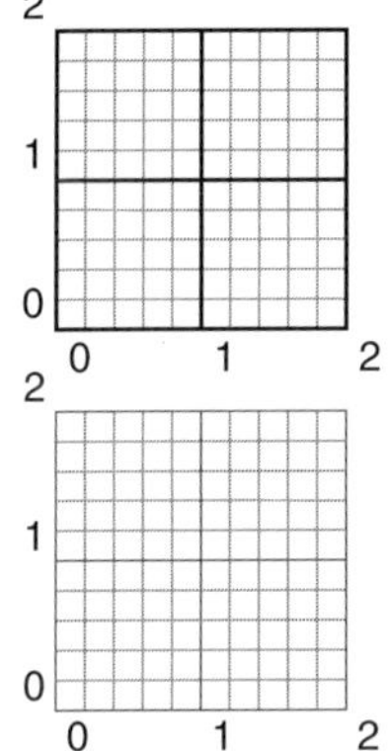


```
\psset{griddots=0,gridlabels=8pt,subgriddiv=5}
\begin{pspicture}(2,2)
  \psgrid% Standard ist 0.8pt
\end{pspicture}
```

```
\psset{griddots=0,gridlabels=8pt,subgriddiv=5}
\begin{pspicture}(2,2)
   \psgrid[gridwidth=0.1pt]
\end{pspicture}
```

3.2.2 gridcolor

`gridcolor` bestimmt die Farbe der Haupt-Gitterlinien und kann zur Hervorhebung benutzt werden.

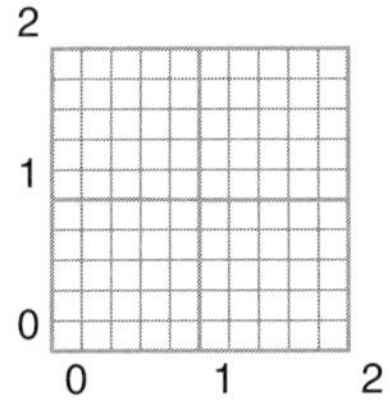


```
\psset{griddots=0,gridlabels=8pt,subgriddiv=5}
\begin{pspicture}(2,2)
  \psgrid[gridcolor=magenta]
\end{pspicture}
```

3.2.3 griddots

`griddots` bestimmt die Zahl der Punkte (dots), wenn statt der durchgehenden Linie eine gepunktete Haupt-Gitterlinie gezeichnet werden soll. Dies ist insbesondere dann von Interesse, wenn das Gitter an sich etwas mehr in den Hintergrund treten soll. Zu beachten ist, dass die Punkte nur zu sehen sind, wenn `subgriddiv` auf null oder eins gesetzt wird, ansonsten würden die Punkte durch die Linien des `subgrid`-Netzes überdeckt werden.

```
\psset{griddots=0,gridlabels=8pt,subgriddiv=5}
\begin{pspicture}(2,2)
  \psgrid[griddots=5,subgriddiv=0]
\end{pspicture}
```

3.2.4 gridlabels

`gridlabels` bestimmt die Schriftgröße der Label.

```
\begin{pspicture}(2,2)
  \psgrid[griddots=5,gridlabels=5pt,subgriddiv=0]
\end{pspicture}
```

3.2.5 gridlabelcolor

`gridlabelcolor` bestimmt die Schriftfarbe der Label.

```
\psset{griddots=0,gridlabels=10pt,subgriddiv=5}
\begin{pspicture}(2,2)
  \psgrid[gridlabelcolor=red]
\end{pspicture}
```

3.2.6 subgriddiv

`subgriddiv` bestimmt die Zahl der Unterteilungen zwischen zwei ganzen Zahlen. Für große Maßstäbe kann es angebracht sein, weitaus mehr Unterteilungen zuzulassen.

Für die Berechnung der Unterteilungen wird auf die Werte `xunit` und `yunit` zurückgegriffen. Hierbei kann es zu massiven Problemen kommen, wenn man eine sehr kleine Einheit definiert hat und dann `\psgrid` mit absoluten Koordinaten aufruft, beispielsweise `\psgrid(10cm,10cm}`. Bei einem Maßstab von `1pt` kommt es hier zu Schwierigkeiten, denn `1pt` bestimmt den Abstand einer Hauptteilung, sodass es davon in diesem Beispiel mit `\psgrid(10cm,10cm}` ungefähr 280 gibt und zusätzlich ungefähr 1400 Unterteilungen. Je nach Version von `PSTricks` ist die maximale Zahl an Unterteilungen begrenzt, in der derzeitigen Version auf 500.

Das Problem kann behoben werden, indem man lokal auf einen anderen Maßstab umschaltet: `\psgrid[unit=1cm](10cm,10cm}`.

0.1 0.2

```
\psset{griddots=0,gridlabels=10pt,subgriddiv=5}
\psset{unit=10}
\begin{pspicture}(0.2,0.2)
  \psgrid[gridlabels=0pt,subgriddiv=40]
  \uput[-90](0.1,0){0.1}
  \uput[-90](0.2,0){0.2}
\end{pspicture}
```

`\uput` → Abschnitt 9.6 auf Seite 78 (`pst-plot`)

3.2.7 subgridwidth

`subgridwidth` bestimmt die Dicke der Unter-Gitterlinien und sollte eher zu klein als zu groß gewählt werden und vor allem kleiner als die übergeordneten Hauptgitterlinien.

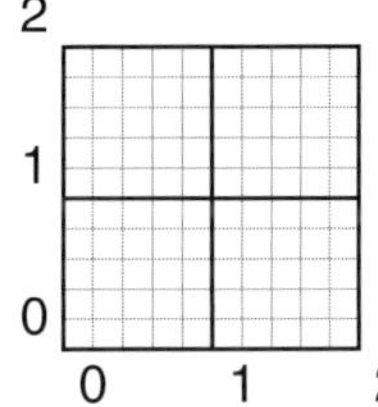


```
\psset{griddots=0,gridlabels=10pt,subgriddiv=5}
\begin{pspicture}(2,2)
  \psgrid[subgridwidth=0.01pt]
\end{pspicture}
```

3.2.8 subgridcolor

`subgridcolor` bestimmt die Farbe der Unter-Gitterlinien und kann zur Hervorhebung benutzt werden. Diese sind un dem folgenden Beispiel lediglich als Graustufe wahrnehmbar.

```
\psset{griddots=0,subgriddiv=5}
\definecolor{orange}{cmyk}{0,0.61,0.87,0}
\begin{pspicture}(3,3)
  \psgrid[subgriddiv=10,gridlabels=0,%
     gridwidth=1pt,gridcolor=orange,%
     subgridwidth=0.1pt,subgridcolor=orange]
\end{pspicture}
```

`\definecolor` → Abschnitt 2.1 auf Seite 10

3.2.9 subgriddots

`subgriddots` bestimmt die Zahl der Punkte (dots), wenn statt der durchgehenden Linie eine gepunktete Sub-Gitterlinien gezeichnet werden soll. Dies ist insbesondere dann von Interesse, wenn das Gitter an sich etwas mehr in den Hintergrund treten soll.

```
\psset{griddots=0,gridlabels=10pt,subgriddiv=5}
\begin{pspicture}(2,2)
  \psgrid[griddots=10,subgriddots=5]
\end{pspicture}
```

3.3 Makros

Es existiert nur ein einziges Makro zum Zeichnen eines Gitternetzes. Aufgrund der zahlreichen Optionen ist eine Definition eines eigenen Makros sinnvoll, beispielsweise:

```
\def\myGrid{\psgrid[subgriddiv=0,griddots=10,gridlabels=7pt]}
```

3.3.1 \psgrid

Das `grid` Makro ist ein mächtiges Werkzeug zum Zeichnen von Koordinatengittern. Die Syntax ist dagegen sehr einfach:

```
\psgrid
\psgrid(<x,y>)
\psgrid(<x1,y1>)(<x2,y2>)
\psgrid(<x0,y0>)(<x1,y1>)(<x2,y2>)
```

Per Definition wird von einem kartesischen Koordinatensystem ausgegangen.

Ohne jegliche Angabe eines Punktes nimmt `\psgrid` die durch die `pspicture` Umgebung festgelegten Koordinaten oder, falls auch diese nicht existieren, wird ein 10×10 Koordinatengitter in dem aktuell gültigen Maßstab angenommen. Wird nur ein Koordinatenpaar angegeben, wird automatisch $(0,0)$ als Ursprung festgelegt. Die Angabe von zwei Koordinatenpaaren legt die linke untere und die rechte obere Ecke des Koordinatengitters fest. Werden drei Koordinatenpaare angegeben, so bezeichnet das erste Paar den Koordinatenursprung und die anderen beiden wieder die linke untere und die rechte obere Ecke des Koordinatengitters.

Die Label werden in der Regel für die horizontale Achse rechts unter und für die vertikale Achse links über den jeweiligen Punkt gesetzt. Wird die Reihenfolge der Koordinaten vertauscht, so wechselt die Beschriftung für die horizontalen Werte auf links darüber und für die vertikalen auf rechts darunter.

Die folgende Serie von Beispielen zeigt die verschiedenen Möglichkeiten von `\psgrid`. Die ständige Wiederholung von

```
\psset{griddots=0,gridlabels=7pt,subgriddiv=2}
```

hat hier nur erklärenden Charakter, kann in einem realen Dokument natürlich global erfolgen und damit für alle Koordinatensysteme gültig sein.

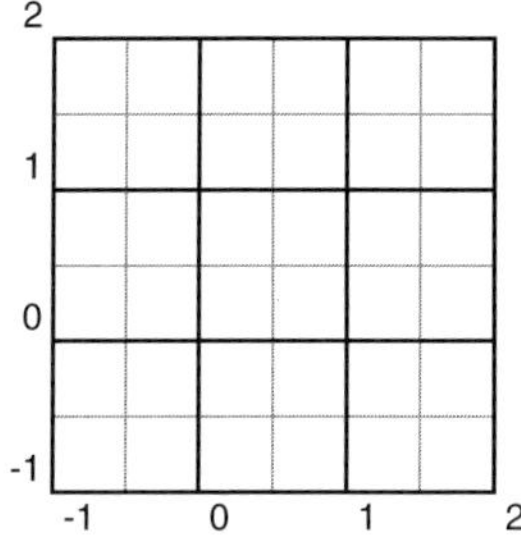


```
\psset{griddots=0,gridlabels=7pt,subgriddiv=2}
\begin{pspicture}(-1,-1)(2,2)
  \psgrid
\end{pspicture}
```

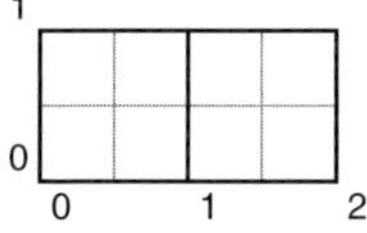


```
\psset{griddots=0,gridlabels=7pt,subgriddiv=2}
\begin{pspicture}(-1,-1)(2,2)
  \psgrid(2,1)
\end{pspicture}
```

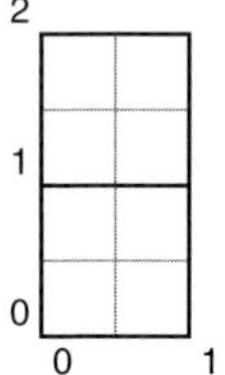


```
\psset{griddots=0,gridlabels=7pt,subgriddiv=2}
\begin{pspicture}(-1,-1)(2,2)
  \psgrid(1,2)
\end{pspicture}
```

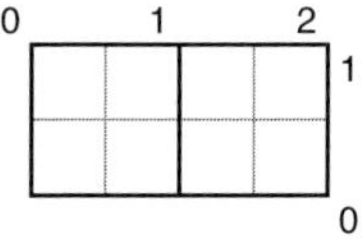


```
\psset{griddots=0,gridlabels=7pt,subgriddiv=2}
\begin{pspicture}(-1,-1)(2,2)
  \psgrid(2,1)(0,0)
\end{pspicture}
```

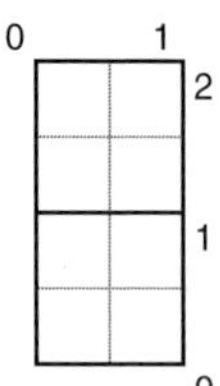


```
\psset{griddots=0,gridlabels=7pt,subgriddiv=2}
\begin{pspicture}(-1,-1)(2,2)
   \psgrid(1,2)(0,0)
\end{pspicture}
```

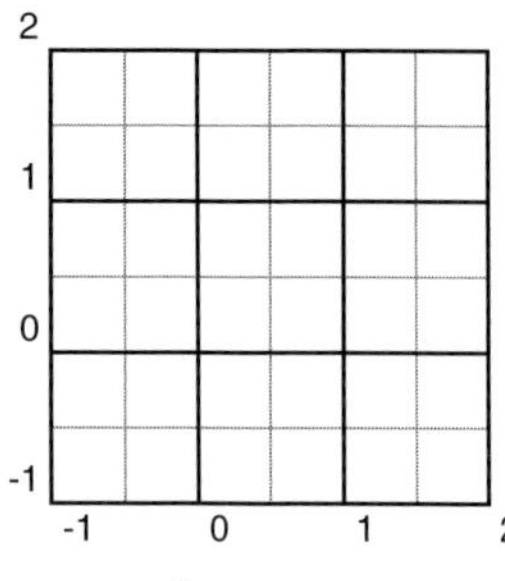


```
\psset{griddots=0,gridlabels=7pt,subgriddiv=2}
\begin{pspicture}(-1,-1)(2,2)
   \psgrid(-1,-1)(2,2)
\end{pspicture}
```

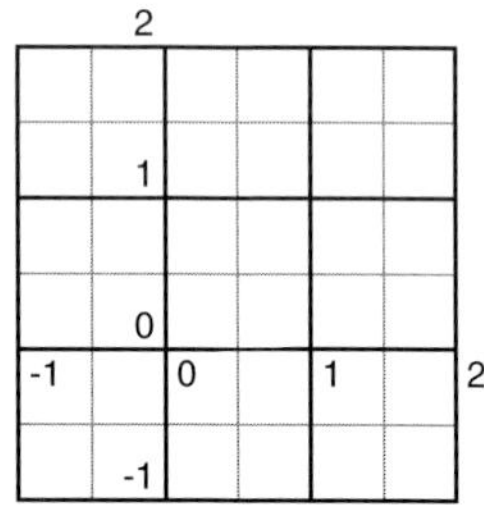


```
\psset{griddots=0,gridlabels=7pt,subgriddiv=2}
\begin{pspicture}(-1,-1)(2,2)
   \psgrid(0,0)(-1,-1)(2,2)
\end{pspicture}
```

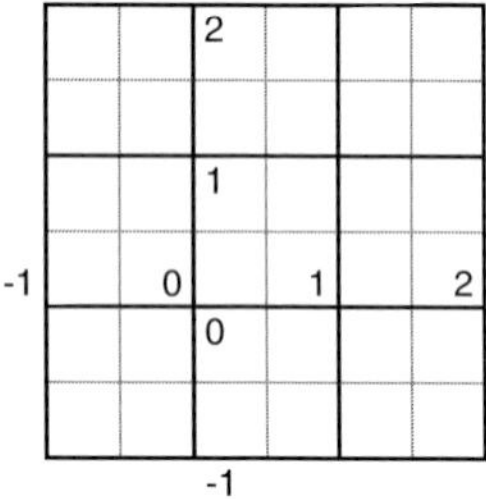


```
\psset{griddots=0,gridlabels=7pt,subgriddiv=2}
\begin{pspicture}(-1,-1)(2,2)
   \psgrid(0,0)(2,2)(-1,-1)
\end{pspicture}
```

Kapitel 4

Linien und Polygone

Linien stellen einen Schwerpunkt einer jeden grafischen Software dar und haben auch in PSTricks eine große Bedeutung. Entsprechend umfangreich ist auch die Zahl der möglichen Parameter, die alle in Tabelle 4.1 zusammengefasst sind.

4.1 Parameter

Tabelle 4.1 enthält sämtliche Parameter, die im Zusammenhang mit Linien von Interesse sind. Ein Großteil von ihnen kann auch für nicht-linientypische Makros eingesetzt werden, beispielsweise für \pscircle.

Tabelle 4.1: Zusammenfassung aller Parameter für Linien und Polygone

Name	Werte	Vorgabe
linewidth	<Wert[Einheit]>	0.8pt
linecolor	<Farbe>	black
linestyle	none|solid|dotted|dashed	solid
dash	<Wert[Einheit] Wert[Einheit]>	5pt 3pt
dotsep	<Wert[Einheit]>	3pt
doubleline	false|true	false
doublesep	<Wert[Einheit]>	1.25\pslinewidth
doublecolor	<Farbe>	white
dimen	outer|inner|middle	outer
arrows	<Pfeiltyp>	-
showpoints	false|true	false
linearc	<Wert[Einheit]>	0pt
framearc	<Wert>	0
cornersize	relative|absolute	relative
gangel	<Winkel>	0
border	<Wert[Einheit]>	0pt

Name	Werte	Vorgabe
bordercolor	<Farbe>	white
shadow	false|true	false
shadowsize	<Wert[Einheit]>	3pt
shadowangle	<Winkel>	-45
shadowcolor	<Farbe>	darkgray
linetype	<Wert>	0
liftpen	0|1|2	0

Im Folgenden wird zu jedem der angegebenen Parameter ein Beispiel angegeben, wobei sich die Reihenfolge an Tabelle 4.1 orientiert. Eine Beschreibung der Parameter zu den Fülloptionen finden sich in Kapitel 7 auf Seite 57.

4.1.1 linewidth

Grundsätzlich kann jede beliebige Liniendicke gewählt werden. Sowohl die größte als auch die kleinste Dicke orientieren sich an dem zugrundeliegenden PostScript-Treiber, über den TEX bzw. PostScript keinerlei Informationen vorliegen, sodass an dieser Stelle keine Entscheidung über Sinn oder Unsinn der Liniendicke getroffen werden kann.

Zu beachten ist in jedem Fall, dass es bei der PDF Ausgabe auf dem Bildschirm Probleme mit zu dünnen Linien geben kann, denn die Bildschirmauflösung setzt hier Grenzen.

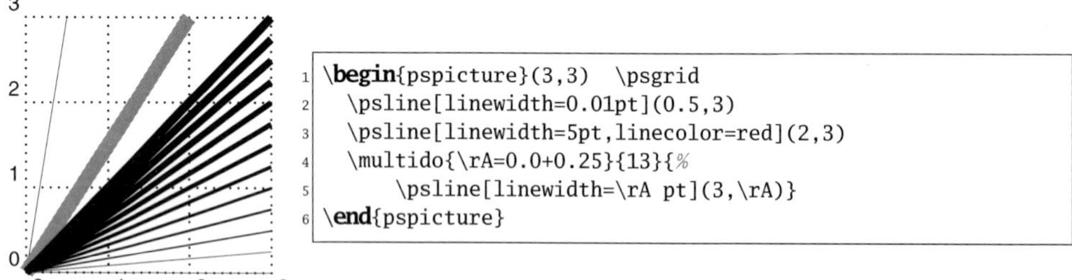

```
\begin{pspicture}(3,3)  \psgrid
  \psline[linewidth=0.01pt](0.5,3)
  \psline[linewidth=5pt,linecolor=red](2,3)
  \multido{\rA=0.0+0.25}{13}{%
      \psline[linewidth=\rA pt](3,\rA)}
\end{pspicture}
```

4.1.2 linecolor

Wie bereits im Abschnitt 2.1 erwähnt, kennt PSTricks insgesamt 11 vordefinierte Farben, deren Zahl vom Anwender beliebig erweitert werden kann.

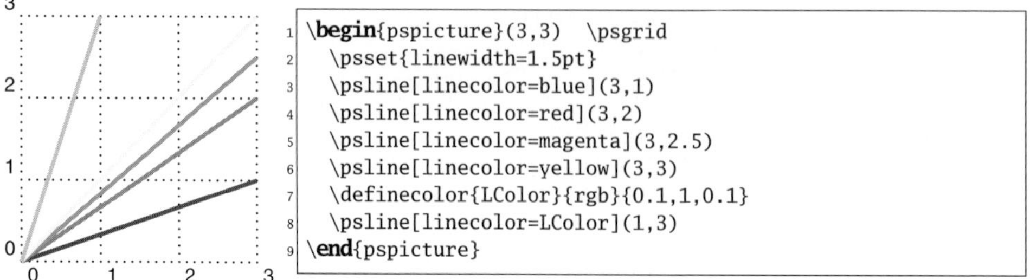

```
\begin{pspicture}(3,3)  \psgrid
  \psset{linewidth=1.5pt}
  \psline[linecolor=blue](3,1)
  \psline[linecolor=red](3,2)
  \psline[linecolor=magenta](3,2.5)
  \psline[linecolor=yellow](3,3)
  \definecolor{LColor}{rgb}{0.1,1,0.1}
  \psline[linecolor=LColor](1,3)
\end{pspicture}
```

4.1.3 linestyle

Dem Beispiel kann entnommen werden, dass die erste Linie mit dem Linienstil **none** nicht gezeichnet wird. Ein derartiges Verhalten ist insbesondere dann interessant, wenn man beispielsweise Flächen ohne eine Randlinie füllen oder Endpunkte (Knoten) einer Linie setzen will, ohne dass diese gezeichnet wird.

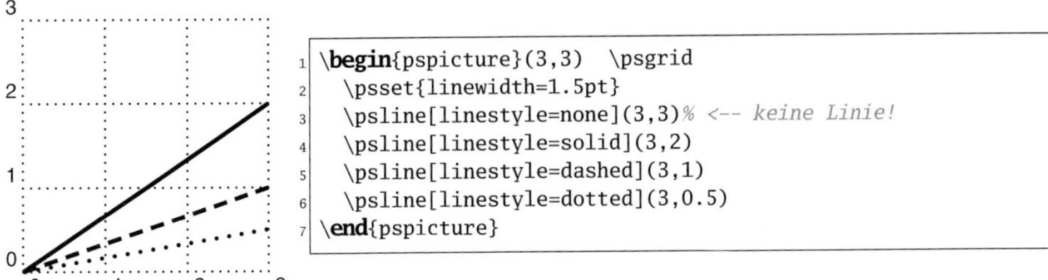

```
\begin{pspicture}(3,3)  \psgrid
  \psset{linewidth=1.5pt}
  \psline[linestyle=none](3,3)% <-- keine Linie!
  \psline[linestyle=solid](3,2)
  \psline[linestyle=dashed](3,1)
  \psline[linestyle=dotted](3,0.5)
\end{pspicture}
```

4.1.4 dash

Voraussetzung für die Anwendung des **dash**-Parameters ist der Linienstil **dashed**.

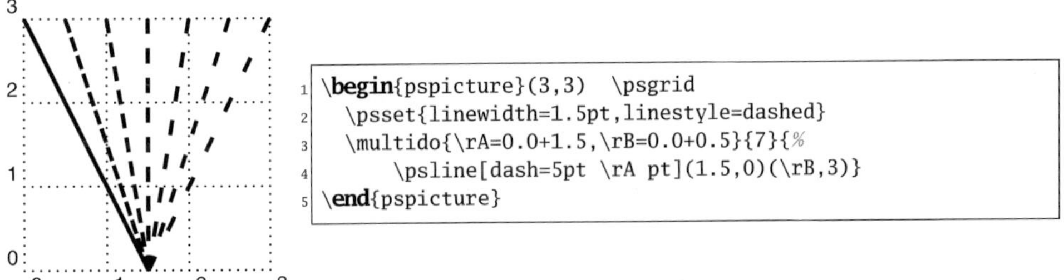

```
\begin{pspicture}(3,3)  \psgrid
  \psset{linewidth=1.5pt,linestyle=dashed}
  \multido{\rA=0.0+1.5,\rB=0.0+0.5}{7}{%
      \psline[dash=5pt \rA pt](1.5,0)(\rB,3)}
\end{pspicture}
```

4.1.5 dotsep

Voraussetzung für die Anwendung des `dotsep`-Parameters ist der Linienstil `dotted`. Die Größe der einzelnen Punkte orientiert sich an der Vorgabe von `linewidth` und ist nicht abhängig von den Parametern `dotsize` und `dotscale`, die sich auf das `\psdot`-Makro beziehen, welches später behandelt werden wird.

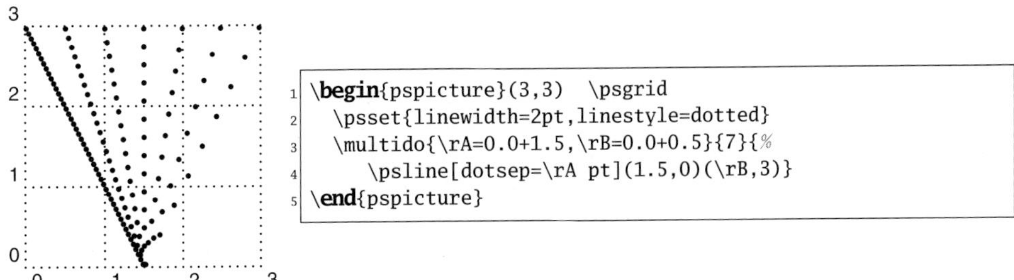

```
\begin{pspicture}(3,3)  \psgrid
  \psset{linewidth=2pt,linestyle=dotted}
  \multido{\rA=0.0+1.5,\rB=0.0+0.5}{7}{%
     \psline[dotsep=\rA pt](1.5,0)(\rB,3)}
\end{pspicture}
```

4.1.6 doubleline, doublesep, doublecolor

`doublecolor` und `doublesep` beziehen sich nur auf das „Innere“ der Linie, die Linienfarbe und Liniendicke an sich kann mit `linecolor` bzw. `linewidth` geändert werden.

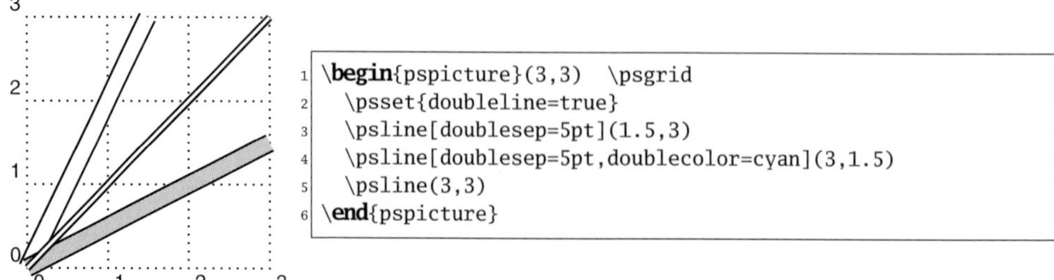

```
\begin{pspicture}(3,3) \psgrid
  \psset{doubleline=true}
  \psline[doublesep=5pt](1.5,3)
  \psline[doublesep=5pt,doublecolor=cyan](3,1.5)
  \psline(3,3)
\end{pspicture}
```

4.1.7 dimen

Diese Option bezieht sich ausschließlich auf geschlossene Linienzüge wie `\psframe`, `\pscircle`, `\psellipse` und `\pswedge`. Alle anderen sind nicht betroffen, wobei sich `dimen` bei `\pswedge` nur auf den Radius bezieht, das Zentrum liegt immer in der Mitte. `dimen` legt fest, worauf sich die angegebenen Koordinaten beziehen, entweder auf das *Innere* (`inner`), das *Äußere* (`outer`) oder die *Mittellinie* (`middle`) des Grafik-Objekts. Die folgende Abbildung macht dies deutlicher.

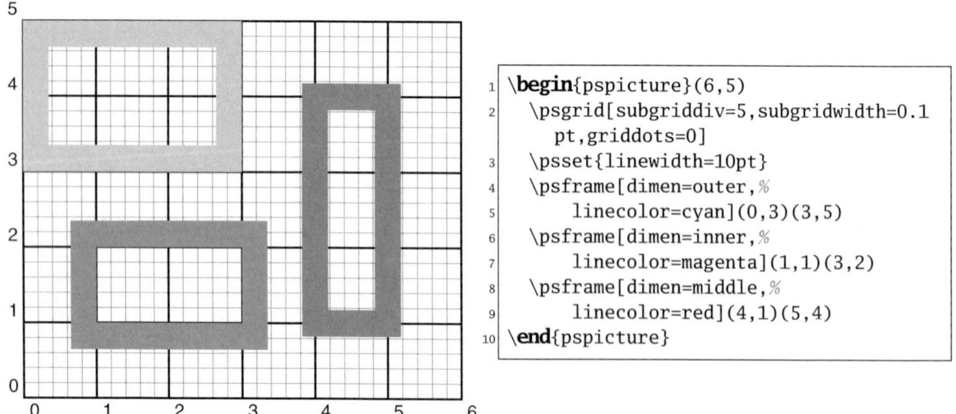

```
\begin{pspicture}(6,5)
  \psgrid[subgriddiv=5,subgridwidth=0.1
    pt,griddots=0]
  \psset{linewidth=10pt}
  \psframe[dimen=outer,%
     linecolor=cyan](0,3)(3,5)
  \psframe[dimen=inner,%
     linecolor=magenta](1,1)(3,2)
  \psframe[dimen=middle,%
     linecolor=red](4,1)(5,4)
\end{pspicture}
```

4.1.8 arrows

`PSTricks` hat bereits eine große Zahl an vordefinierten Pfeilen, bzw. Linienendmarkierungen, die in Tabelle 8.2 auf Seite 69 zusammengestellt sind. Diese Pfeile können alternativ über das `key-value`-Interface oder die spezielle Option gesetzt werden:

```
\psline[arrows=<Pfeiltyp>,...](x,y)
\psline[...]{<Pfeiltyp>}(x,y)
\psline[arrows=<Pfeiltyp>,...](x1,y1)(x2,y2)
\psline[...]{<Pfeiltyp>}(x1,y1)(x2,y2)
\psline[arrows=<Pfeiltyp>,...](x1,y1)(x2,y2)...(xn,yn)
\psline[...]{<Pfeiltyp>}(x1,y1)(x2,y2)...(xn,yn)
```

Hierin steht ... für andere von `arrows` unabhängige Optionen.

Besteht die Linie aus einem Linienzug, so bezieht sich die Pfeilangabe auf den Beginn (erste Linie) und das Ende (letzte Linie) des Linienzuges.

Per Definition erstellt `\pspolygon` geschlossene Linienzüge, indem eine Linie vom letzten zum ersten Punkt gezogen wird, sodass Pfeilangaben hier prinzipiell keinen Sinn machen.

4.1.9 showpoints

Dies ist primär für Bezierkurven und alle anderen Makros, die Kurven zeichnen von Interesse, um so besser zu erkennen, wo die eigentlichen Punkte liegen. Aber auch bei Linienzügen kann es in manchen Fällen sinnvoll sein.

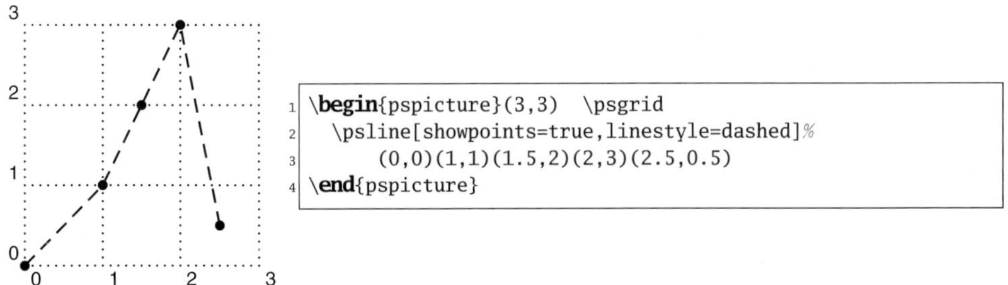


```
\begin{pspicture}(3,3)  \psgrid
  \psline[showpoints=true,linestyle=dashed]%
      (0,0)(1,1)(1.5,2)(2,3)(2.5,0.5)
\end{pspicture}
```

Die Größe der Punkte kann über die Parameter `dotsize` und `dotscale` beeinflusst werden. Die Beschreibung dazu findet sich in Kapitel 6 auf Seite 51.

4.1.10 linearc

Mit dieser Option können anspruchsvolle Linienzüge erstellt werden. Prinzipiell macht diese Option nur bei Linienzügen (Polygon) Sinn. Die erste Abbildung zeigt, dass der Wert für `linearc` den Radius des Kreises angibt, um den die Linie „gebogen“ wird.

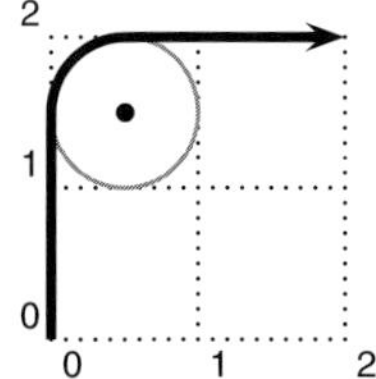


```
\begin{pspicture}(2,2)  \psgrid
  \pscircle[linecolor=red](0.5,1.5){0.5}
  \psdot(0.5,1.5)
  \psline[linearc=0.5,linewidth=2pt]{->}(0,0)(0,2)(2,2)
\end{pspicture}
```

Wie der folgenden Abbildung zu entnehmen ist, werden Anfang und Ende eines Linienzuges, wenn sie identisch sind, normal verbunden, eine Anwendung des Parameters `linearc` erfolgt in diesem Fall nicht. Ein anderes Verhalten zeigt `\pspolygon`, welches per Definition geschlossene Kurvenzüge voraussetzt (vergleiche Abschnitt 4.4 auf Seite 33).

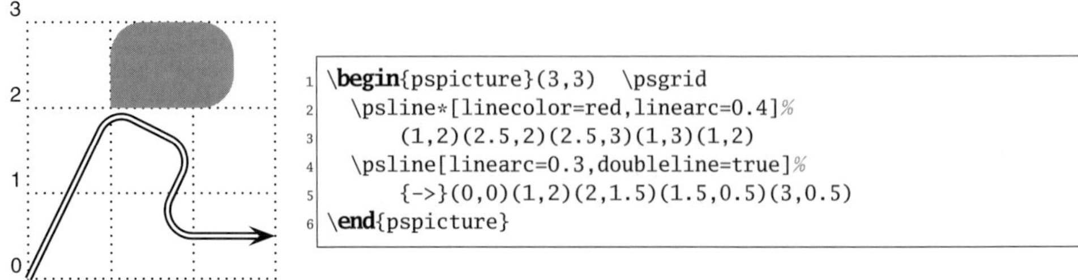

```
\begin{pspicture}(3,3)  \psgrid
  \psline*[linecolor=red,linearc=0.4]%
      (1,2)(2.5,2)(2.5,3)(1,3)(1,2)
  \psline[linearc=0.3,doubleline=true]%
      {->}(0,0)(1,2)(2,1.5)(1.5,0.5)(3,0.5)
\end{pspicture}
```

4.1.11 framearc

Dieser Parameter ist letztlich identisch zu `linearc`, mit dem Unterschied, dass er sich auf eine geschlossene Fläche (Rahmen) bezieht, was sich primär auf `psframe` (Abschnitt 4.5 auf Seite 34) und `\pspolygon` (Abschnitt 4.4 auf Seite 33) bezieht. Weiterhin kann `framearc` nur Werte zwischen 0 und 1 annehmen, wobei 1 sich auf die Hälfte der kürzesten Seite bezieht. Für ein Quadrat würde sich dann für den Wert 1 ein Kreis ergeben.

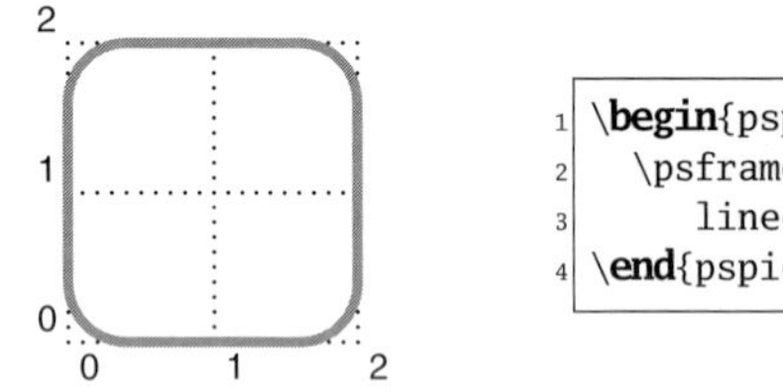

```
\begin{pspicture}(2,2)  \psgrid
  \psframe[linewidth=2pt,framearc=0.4,%
     linecolor=red](2,2)
\end{pspicture}
```

4.1.12 cornersize

Damit alle flächenförmigen Gebilde gleiches Verhalten an den Kanten zeigen, kann man zwischen `relative` und `absolute` bei der Kantenrundung wählen. `relative` bezieht sich auf die Hälfte der kürzesten Seite, während `absolute` veranlasst, dass anstelle von `framearc` nun der absolute Wert von `linearc` herangezogen wird.

```
\begin{pspicture}(3,3)  \psgrid
  \psframe[linewidth=2pt,linearc=0.25,%
     cornersize=absolute,%
     linecolor=red](0.5,0.5)(2.5,2.5)
  \psframe[linewidth=2pt,framearc=0.5,%
     linecolor=blue](3,3)
\end{pspicture}
```

4.1.13 border, bordercolor

Mit diesem Parameter lassen sich sehr einfach Kreuzungen von Linienzügen zeigen, indem eine der Linien als oben liegend angesehen und mit einem umlaufenden Rahmen versehen wird.

```
\begin{pspicture}(4,3) \psgrid
\psline(0,0)(1.8,3)
\psline[border=2pt]{*->}(0,3)(1.8,0)
\psframe*[linecolor=gray90](2,0)(4,3)
\psset{linecolor=white}
\psline[linewidth=1.5pt]{<->}(2.2,0)(3.8,3)
\psellipse[linewidth=1.5pt,%
  bordercolor=gray70,border=2pt](3,1.5)(.7,1.4)
\end{pspicture}
```

gray70 → \definecolor{gray70}{gray}{0.7}
gray90 → \definecolor{gray90}{gray}{0.9}

4.1.14 shadow, shadowsize, shadowangle, shadowcolor

Schatteneffekte dienen vorrangig dazu, bestimmte Bereiche besonders hervorzuheben. Dabei sollte insbesondere die Schattengröße sorgfältig gewählt werden. Im Prinzip macht dies erst dann Sinn, wenn man geschlossene Polygonzüge hat, da nur hier die Schattenbildung auch gefüllte Flächen liefert, während sie bei Linien letztlich diese nur doppelt zeichnet, was mit der `doubleline`-Option ebenfalls möglich ist.

Weitere Informationen dazu, wie `PSTricks` diese Schattenwirkung erzielt, gibt es im Kapitel 11.3.16 auf Seite 104.

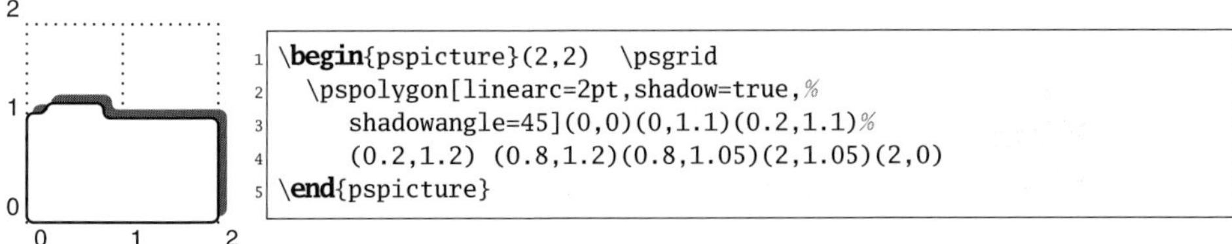

```
\begin{pspicture}(2,2)  \psgrid
  \pspolygon[linearc=2pt,shadow=true,%
     shadowangle=45](0,0)(0,1.1)(0.2,1.1)%
     (0.2,1.2) (0.8,1.2)(0.8,1.05)(2,1.05)(2,0)
\end{pspicture}
```

4.1.15 linetype

Die Linienstile `dashed` und `dotted` können nur dann lückenlos an bestehende Pfade (Linien oder Kurven) anschließen, wenn sie etwas über den aktuellen Pfadzustand, bzw. über die Art der Linie/Kurve wissen, die vorher gezeichnet wurde. Dies ist insbesondere für `\pscustom` wichtig (siehe Kapitel 11 auf Seite 93), wo beliebige Linien- und Kurvenarten aneinander gefügt werden können. Mit dem Parameter `linetype` kann man der aktuellen Kurve den eigenen Linientyp mitgeben (Tabelle 4.2).

Tabelle 4.2: Mögliche Werte für `linetype`

Wert	Typ
0	Offene Kurve ohne Pfeile
-1	Offene Kurve mit Pfeil am Anfang
-2	Offene Kurve mit Pfeil am Ende
-3	Offene Kurve mit Pfeil am Anfang und Ende
1	Geschlossene Kurve mit verschiedenen Elementen
n>1	Geschlossene Kurve mit n gleichartigen Elementen

4.1.16 liftpen

Der Parameter `liftpen` kontrolliert das Verhalten beim Zeichnen von offenen Kurven, was insbesondere für `\pscustom` von Interesse ist (→ 11.3.2 auf Seite 95). Dort finden sich auch entsprechende Beispiele.

4.1.17 labelsep

Der Parameter `labelsep` gibt den Abstand von den Koordinaten und von einem zu setzenden Label an, was insbesondere für die `put`-Makros von Interesse ist (Kapitel 9 auf Seite 75). Dort finden sich auch entsprechende Beispiele. Der Wert für `labelsep` kann über das Längenregister `\pslabelsep` abgefragt werden.

4.2 \psline

Die Syntax für Linien bzw. Polygone, die sich durch eine Folge von Koordinaten ergeben, lautet:

```
\psline[<Optionen>]{<Pfeilart>}(x,y)
\psline*[<Optionen>]{<Pfeilart>}(x,y)
\psline[<Optionen>]{<Pfeilart>}(x1,y1)(x2,y2)...(xn,yn)
\psline*[<Optionen>]{<Pfeilart>}(x1,y1)(x2,y2)...(xn,yn)
```

Existiert für `\psline` nur ein Koordinatenpaar, so wird grundsätzlich vom aktuellen Punkt aus zum angegeben Punkt gezeichnet, wobei der aktuelle Punkt immer auf den Koordinatenursprung $(0,0)$ gesetzt wird, wenn eine `pspicture` Umgebung existiert.

Die Sternversionen führen grundsätzlich zu einem geschlossenen Polygonzug, indem vom letzten angegebenen Punkt eine Linie zum ersten gezogen wird. Danach wird der gesamte Bereich mit der Linienfarbe **gefüllt**.

```
\psset{subgriddiv=0,griddots=10,gridlabels=7pt}
\begin{pspicture}(2,2) \psgrid
  \psline*[linecolor=red]{->}(1,2)
  \psline[linecolor=blue]{<-}(2,1)
\end{pspicture}
```

Sind für Sternversionen nur zwei Punkte oder ein Punkt angegeben, so ergibt sich eine Linie mit einer komplementären Farbe, die auf dem Bildschirm sichtbar ist, aber im Ausdruck in der Regel nicht gedruckt wird.

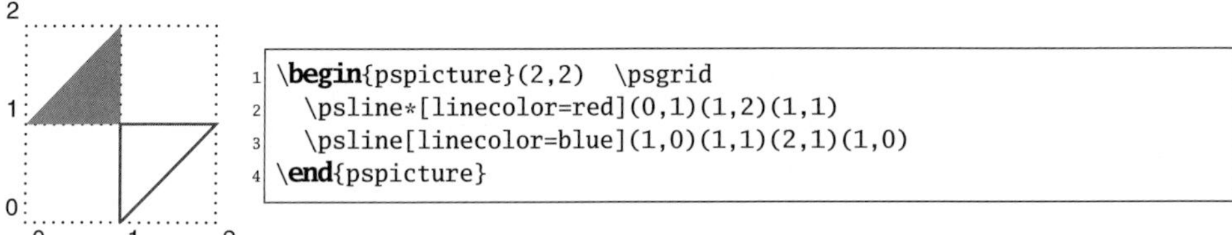

```
\begin{pspicture}(2,2) \psgrid
  \psline*[linecolor=red](0,1)(1,2)(1,1)
  \psline[linecolor=blue](1,0)(1,1)(2,1)(1,0)
\end{pspicture}
```

4.3 \qline

Dies stellt sozusagen die Minimalversion von `\psline` dar, denn es werden keine lokalen Optionen ausgewertet und es müssen grundsätzlich zwei Punkte angegeben werden:

```
\qline(<x1,y1>)(<x2,y2>)
```

Alle mit `psset` gesetzten Parameter werden von `\qline` beachtet.

```
\begin{pspicture}(2,1) \psgrid
  \qline(0,0)(2,1)
\end{pspicture}
```

4.4 \pspolygon

Im Gegensatz zu `psline` stellt `\pspolygon` grundsätzlich einen geschlossenen Kurvenzug dar.

```
\pspolygon[<Optionen>](<x1,y1>)(<x2,y2>)
\pspolygon*[<Optionen>](<x1,y1>)(<x2,y2>)
\pspolygon[<Optionen>](<x1,y1>)(<x2,y2>)...(<xn,yn>)
\pspolygon*[<Optionen>](<x1,y1>)(<x2,y2>)...(<xn,yn>)
```

 Werden nur zwei Punkte übergeben, so wird als Start- und Endpunkt (0,0) hinzugefügt. Ist der Endpunkt ungleich dem Startpunkt, so wird automatisch vom Endpunkt eine Linie zum Startpunkt gezogen, um den Kurvenzug zu schließen.

Die Sternversion füllt das Innere des Polygonzugs mit der aktuellen Füllfarbe und dem aktuellen Füllmuster.

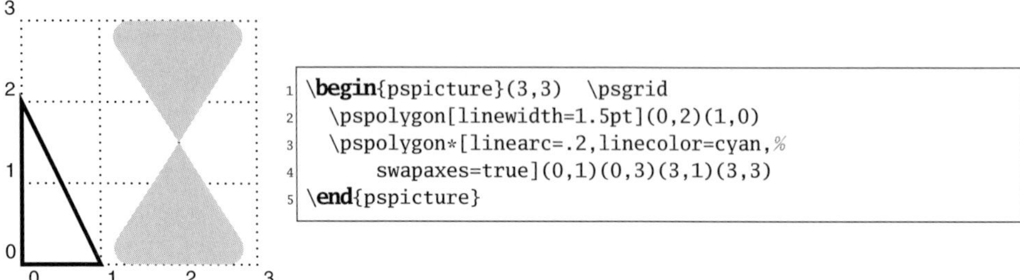

```
\begin{pspicture}(3,3)  \psgrid
  \pspolygon[linewidth=1.5pt](0,2)(1,0)
  \pspolygon*[linearc=.2,linecolor=cyan,%
      swapaxes=true](0,1)(0,3)(3,1)(3,3)
\end{pspicture}
```

4.5 \psframe

`\psframe` zeichnet ein horizontal liegendes Rechteck, welches durch zwei gegenüberliegende Punkte gegebene ist.

```
\psframe[<Optionen>](<x,y>)
\psframe*[<Optionen>](<x,y>)
\psframe[<Optionen>](<x1,y1>)(<x2,y2>)
\psframe*[<Optionen>](<x1,y1>)(<x2,y2>)
```

 Wird nur ein Punkt übergeben, so wird als zweiter Punkt automatisch (0,0) genommen.

 Die Sternversion füllt das Innere des Rechtecks mit der aktuellen Linienfarbe und dem aktuellen Füllmuster.

 Für das Rechteck existieren die speziellen Optionen `framearc` und `cornersize`.

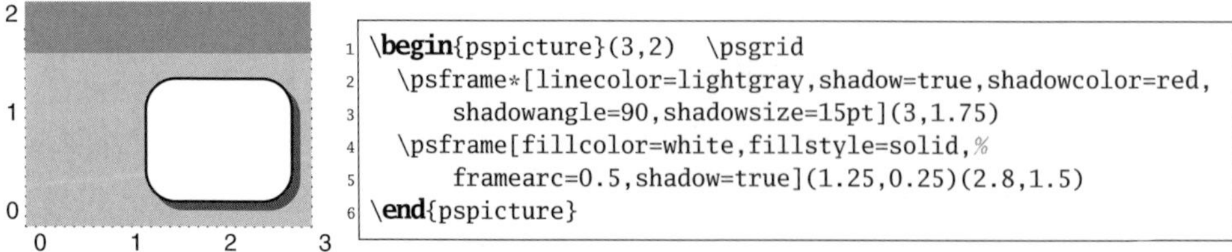

```
\begin{pspicture}(3,2)  \psgrid
  \psframe*[linecolor=lightgray,shadow=true,shadowcolor=red,
      shadowangle=90,shadowsize=15pt](3,1.75)
  \psframe[fillcolor=white,fillstyle=solid,%
      framearc=0.5,shadow=true](1.25,0.25)(2.8,1.5)
\end{pspicture}
```

4.6 \psdiamond

`\psdiamond` zeichnet eine horizontal liegende Raute, welche durch ihren Mittelpunkt und ihre zwei rechtwinklig aufeinander stehenden Diagonalen gegeben ist, wobei jeweils *dx* und *dy* nur die Hälfte der Längen angeben.

```
\psdiamond[<Optionen>](<dx,dy>)
\psdiamond*[<Optionen>](<dx,dy>)
\psdiamond[<Optionen>](<xM,yM>)(<dx,dy>)
\psdiamond*[<Optionen>](<xM,yM>)(<dx,dy>)
```

Wird nur ein Punkt übergeben, so wird als Mittelpunkt automatisch (0,0) genommen.

Die Sternversion füllt das Innere der Raute mit der aktuellen Linienfarbe und dem aktuellen Füllmuster.

Mit dem Parameter `gangle=<Winkel>` kann die Raute beliebig rotiert werden

```
\begin{pspicture}(3,3)  \psgrid
  \psdiamond*[linecolor=cyan](1.5,1.5)(1.5,1)
  \psdiamond*[linecolor=red,gangle=45](1.5,1.5)(0.5,0.75)
  \psdiamond[fillstyle=solid,fillcolor=cyan,%
      gangle=-45](1.5,1.5)(0.25,0.5)
\end{pspicture}
```

4.7 \pstriangle

`\pstriangle` zeichnet ein gleichschenkliges Dreieck, welches durch den Mittelpunkt der Grundlinie (Basis), die Länge dieser Grundlinie und die dazugehörige Höhe gegeben ist, wobei *dx* und *dy* die ganze Länge von Basis bzw. Höhe angeben.

```
\pstriangle[<Optionen>](<dx,dy>)
\pstriangle*[<Optionen>](<dx,dy>)
\pstriangle[<Optionen>](<xM,yM>)(<dx,dy>)
\pstriangle*[<Optionen>](<xM,yM>)(<dx,dy>)
```

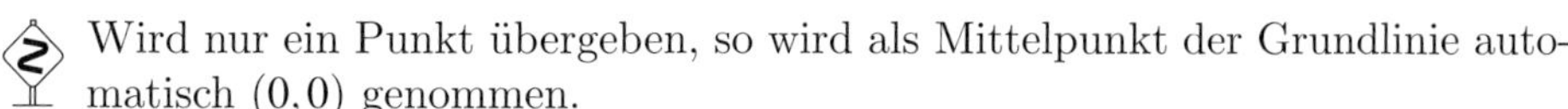

Wird nur ein Punkt übergeben, so wird als Mittelpunkt der Grundlinie automatisch (0,0) genommen.

Die Sternversion füllt das Innere des Dreiecks mit der aktuellen Linienfarbe und dem aktuellen Füllmuster.

Mit dem Parameter `gangle=<Winkel>` kann das Dreieck beliebig rotiert werden.

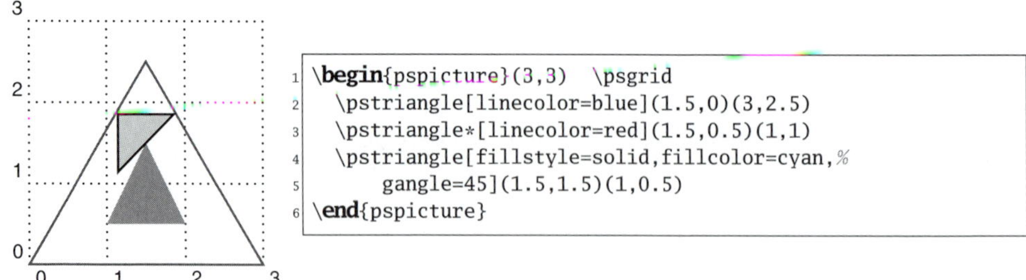


```
\begin{pspicture}(3,3) \psgrid
  \pstriangle[linecolor=blue](1.5,0)(3,2.5)
  \pstriangle*[linecolor=red](1.5,0.5)(1,1)
  \pstriangle[fillstyle=solid,fillcolor=cyan,%
     gangle=45](1.5,1.5)(1,0.5)
\end{pspicture}
```

4.8 Erweiterungen

4.8.1 setlinejoin

PostScript kann beim Aufeinandertreffen zweier Linienenden nicht wissen, wie diese verbunden werden sollen. Wie die folgende Abbildung zeigt, werden drei Varianten unterstützt.

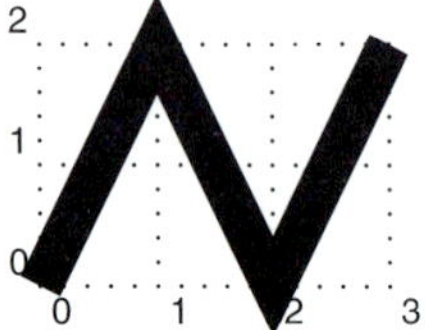

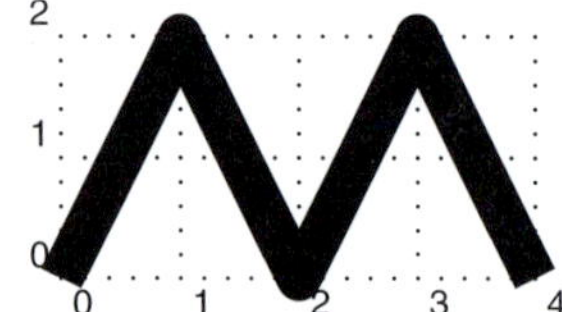

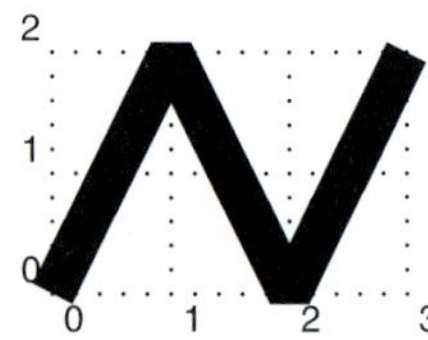

Die entsprechende PostScript-Funktion lautet `<Wert> setlinejoin`, mit zulässigen Werten von `0,1,2`. Der von `PSTricks` vorgegebene Standardwert ist `0`. Am einfachsten lässt sich diese PostScript-Funktion mit `\pscustom` (→ 11.3 auf Seite 94) ändern, aber auch eine Anwendung von `\pstVerb` (→ 14.2.6 auf Seite 126) ist möglich. Beides wurde in den obigen Beispielen angewendet, wobei die `\pstVerb`-variante immer dann Anwendung findet, wenn man `\pscustom` wegen der eingeschränkten Parameterübergabe nicht anwenden kann.

```
\psset{subgriddiv=0,griddots=5,linewidth=3mm}
\begin{pspicture}(3,2)\psgrid
  \psline(0,0)(1,2)(2,0)(3,2)
\end{pspicture}\hfill
\begin{pspicture}(4,2)\psgrid
  \pstVerb{ 1 setlinejoin }
  \psline(0,0)(1,2)(2,0)(3,2)(4,0)%
\end{pspicture}\hfill
\begin{pspicture}(3,2)\psgrid
  \pscustom{%
    \code{2 setlinejoin}
    \psline(0,0)(1,2)(2,0)(3,2)%
  }
\end{pspicture}
```

Das Paket `pst-3dplot` unterstützt das Zeichnen von Linien durch eine eigenen Parameter `linejoin`, sodass sich die Vorgehensweise erheblich vereinfacht. (→ 29.2.7 auf Seite 368)

Kapitel 5

Kreise, Ellipsen und Kurven

Alles, was keinen Polygonzug darstellt, wird formal als Kurve bezeichnet. Dazu gehören als Spezialfälle der Kreis und die Ellipse bzw. Teile davon.

5.1 Parameter

Tabelle 5.1 enthält sämtliche Parameter, die im Zusammenhang mit Kreisen, Ellipsen und Kurven von Interesse sind. Es gelten weiterhin die in Tabelle 4.1 auf Seite 25 dargestellten Parameter, soweit sie sich auf Linien allgemein und das Füllen beziehen.

Tabelle 5.1: Zusammenfassung aller Parameter für Kreise, Ellipsen und Kurven

Name	Werte	Vorgabe
`arcsep`	`<Wert[Einheit]>`	`0pt`
`arcsepA`	`<Wert[Einheit]>`	`0pt`
`arcsepB`	`<Wert[Einheit]>`	`0pt`
`curvature`	`<Wert1 Wert2 Wert3>`	`1 0.1 0`

`arcsep` ist lediglich eine Abkürzung für das gleichzeitige Setzen von `arcsepA` (Punkt A) und `arcsepB` (Punkt B).

Im Folgenden wird zu jedem der angegebenen Parameter ein Beispiel angegeben, wobei sich die Reihenfolge an Tabelle 5.1 orientiert.

5.1.1 arcsep, arcsepA und arcsepB

Dieser Parameter macht insbesondere dann Sinn, wenn Liniensegmente nicht im Zentrum einer anderen Linie oder einem anderem Punkt, sondern genau an der äußeren Kante enden sollen. Dies ist besonders wichtig, wenn die Linie oder Kurve mit einem Pfeil endet, denn dieser soll in der Regel mit seiner Spitze nicht in eine andere Linie oder anderen Punkt hineinragen. Wie im folgenden Beispiel zu erkennen ist, arbeitet diese Option nicht in allen Fällen einwandfrei, denn die obere Linie endet hier nicht am Kreisrand.

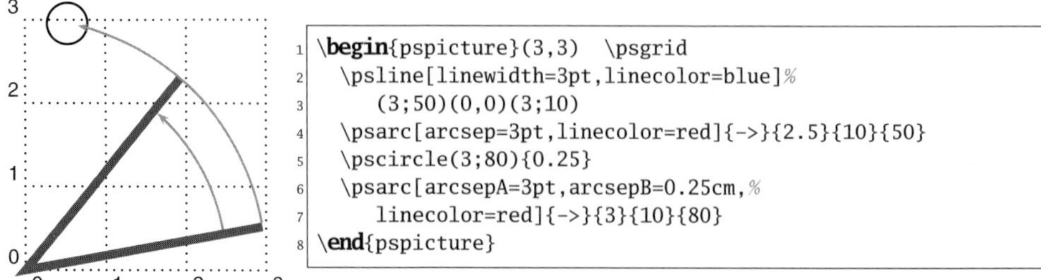

```
\begin{pspicture}(3,3)  \psgrid
  \psline[linewidth=3pt,linecolor=blue]%
     (3;50)(0,0)(3;10)
  \psarc[arcsep=3pt,linecolor=red]{->}{2.5}{10}{50}
  \pscircle(3;80){0.25}
  \psarc[arcsepA=3pt,arcsepB=0.25cm,%
     linecolor=red]{->}{3}{10}{80}
\end{pspicture}
```

\psline →Abschnitt 4.2 auf Seite 32
\psarc →Abschnitt 5.2.3 auf Seite 41
\pscircle→Abschnitt 5.2.1 auf Seite 40

5.1.2 curvature

Dieser Parameter kontrolliert das Aussehen der Kurven, die – bis auf die Bezierkurven–, grundsätzlich alle gegebenen Punkte enthalten. Die Kurve ist durch ein Interpolationspolynom zweiten Grades bestimmt ($y = ax^2 + bx + c$). Dabei kann die Krümmung der Kurve über den `curvature`-Parameter beinflusst werden. Die vorgegeben Werte genügen in der Regel den meisten Ansprüchen, können bei Kurven, die den mittleren Punkt sehr „steil anfahren“ müssen, aber schon einmal zu unzureichenden Ergebnissen führen (→ 15.2.1.4 auf Seite 150).

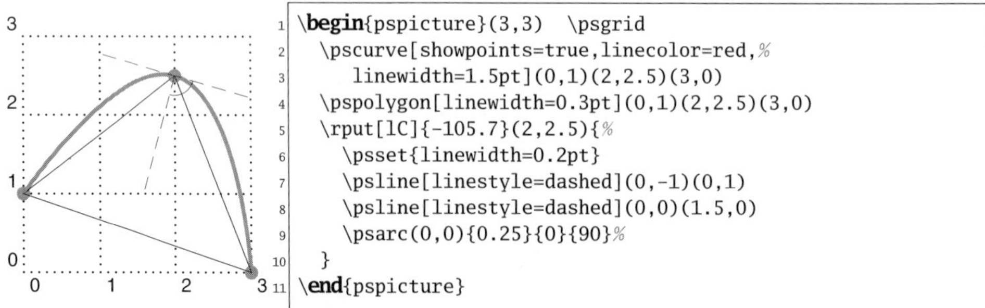

```
\begin{pspicture}(3,3)  \psgrid
  \pscurve[showpoints=true,linecolor=red,%
     linewidth=1.5pt](0,1)(2,2.5)(3,0)
  \pspolygon[linewidth=0.3pt](0,1)(2,2.5)(3,0)
  \rput[lC]{-105.7}(2,2.5){%
    \psset{linewidth=0.2pt}
    \psline[linestyle=dashed](0,-1)(0,1)
    \psline[linestyle=dashed](0,0)(1.5,0)
    \psarc(0,0){0.25}{0}{90}%
  }
\end{pspicture}
```

Wie obiges Beispiel zeigt, wird eine Kurve von `A` über `C` nach `B` gezeichnet, indem der Punkt `C` so „angefahren“ wird, dass die Steigung in diesem Punkt senkrecht zur Winkelhalbierenden des Winkels $\sphericalangle ACB$ ist. Die Winkelhalbierende ist im Beispiel gestrichelt dargestellt. Dieses Verhalten ist unabhängig sowohl von der Skalierung als auch der Wahl des `curvature` Parameters.

Die drei Parameter dürfen nur aus dem Intervall $[-1;+2]$ gewählt werden. Der erste Parameter bestimmt die Steilheit der Kurve in dem Sinne, dass für Werte kleiner als eins die Anfangssteigung kleiner als die Steigung der Strecke $\overline{AC}$ ist. Für Werte größer eins ergibt sich ein umgekehrtes Verhalten, die Steigung ist größer als die der Strecke $\overline{AC}$. Das folgende Beispiel zeigt dies für die Werte $[2;1;0;-0.5;-1]$. Für den Wert 0 entspricht die Kurve einem normalen Linienzug und muss dann für negative Werte eine Schleife einfügen, da sie sonst die oben genannte Bedingung der Steigung im Punkt C nicht erfüllen kann.

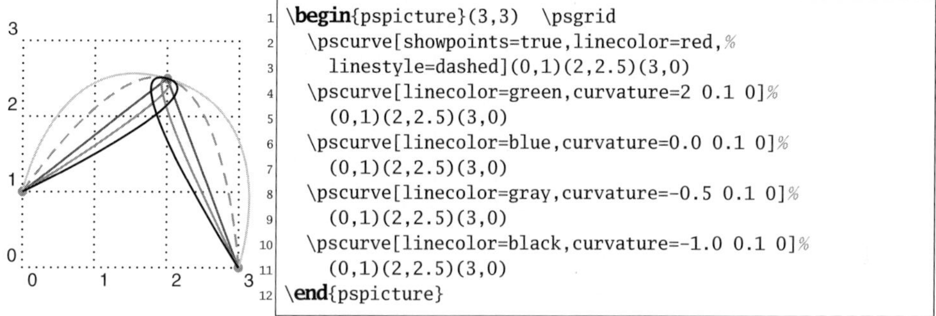


```
\begin{pspicture}(3,3)  \psgrid
  \pscurve[showpoints=true,linecolor=red,%
    linestyle=dashed](0,1)(2,2.5)(3,0)
  \pscurve[linecolor=green,curvature=2 0.1 0]%
    (0,1)(2,2.5)(3,0)
  \pscurve[linecolor=blue,curvature=0.0 0.1 0]%
    (0,1)(2,2.5)(3,0)
  \pscurve[linecolor=gray,curvature=-0.5 0.1 0]%
    (0,1)(2,2.5)(3,0)
  \pscurve[linecolor=black,curvature=-1.0 0.1 0]%
    (0,1)(2,2.5)(3,0)
\end{pspicture}
```

Der zweite Parameter beeinflusst die Steigung rechts und links vom Zwischenpunkt, jedoch nur dann, wenn die Steigung $\overline{AC}$ bzw. $\overline{BC}$ größer als 45° ist. Um diesen Effekt zu zeigen, wurde im folgenden Beispiel der mittlere Punkt C höher gesetzt. Wie man der Abbildung entnehmen kann, erfolgt das Verhalten symmetrisch zum mittleren Punkt.

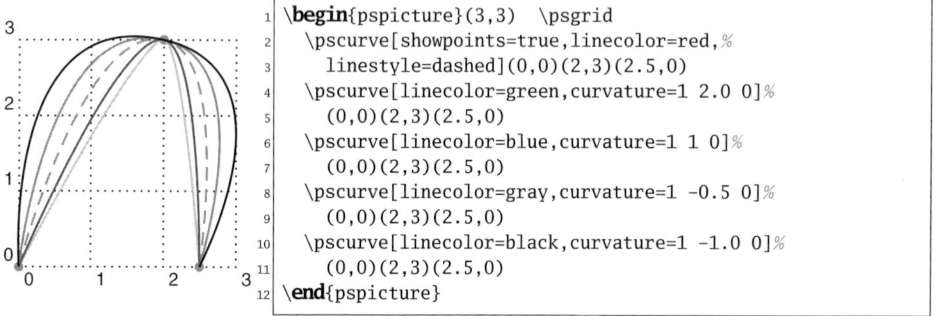


```
\begin{pspicture}(3,3)  \psgrid
  \pscurve[showpoints=true,linecolor=red,%
    linestyle=dashed](0,0)(2,3)(2.5,0)
  \pscurve[linecolor=green,curvature=1 2.0 0]%
    (0,0)(2,3)(2.5,0)
  \pscurve[linecolor=blue,curvature=1 1 0]%
    (0,0)(2,3)(2.5,0)
  \pscurve[linecolor=gray,curvature=1 -0.5 0]%
    (0,0)(2,3)(2.5,0)
  \pscurve[linecolor=black,curvature=1 -1.0 0]%
    (0,0)(2,3)(2.5,0)
\end{pspicture}
```

Der letzte Parameter beeinflusst die Steigung in jedem Punkt. Für den Wert null ergibt sich das oben beschriebene Verhalten. Ist der Wert dagegen gleich -1, so ist die Steigung im Punkt C parallel zur Geraden $\overline{BC}$. Im Gegensatz zum zweiten Parameter ist das Verhalten jetzt asymmetrisch zum mittleren Punkt. Verschiebt sich die Kurve auf der linken Seite nach oben, so geht sie rechts nach unten.

```
\begin{pspicture}(3,3) \psgrid
  \pscurve[showpoints=true,linecolor=red,%
     linestyle=dashed](0,0)(2,2.5)(3,0)
  \pscurve[linecolor=green,curvature=1 0.1 -1]%
     (0,0)(2,2.5)(3,0)
  \pscurve[linecolor=blue,curvature=1 0.1  2]%
     (0,0)(2,2.5)(3,0)
  \rput[lC]{-105.7}(2,2.5){%
     \psset{linewidth=0.2pt,linecolor=red}
     \psline[linestyle=dashed](0,-1)(0,1)
     \psline[linestyle=dashed](0,0)(1.5,0)
     \psarc(0,0){0.25}{0}{90}
  }
  \rput[lC]{-90}(2,2.5){%
     \psset{linewidth=0.2pt,linecolor=green}
     \psline[linestyle=dashed](0,-1)(0,1)
     \psline[linestyle=dashed](0,0)(1.5,0)
     \psarc(0,0){0.25}{0}{90}
  }
\end{pspicture}
```

Bei Skalierungen über die `unit`-Parameter ändert sich das Verhalten der Kurve aufgrund der Vorgabe des dritten Wertes proportional. Das Verhalten der Kurve durch die ersten beiden Parameter bleibt davon unberührt.

`\psarc` →Kapitel 5.2.3 auf der nächsten Seite
`\pscurve` →Kapitel 5.3.3 auf Seite 47
`\rput` →Kapitel 9.4 auf Seite 77

5.2 Kreise und Ellipsen

`PSTricks` unterscheidet Kreise und Ellipsen, obwohl der Kreis bekanntlich nur ein Spezialfall der Ellipse ist. Von beiden können sowohl ganze Teile als auch Ausschnitte und Abschnitte erstellt werden.

5.2.1 \pscircle

```
\pscircle[<Optionen>]{<Radius>}
\pscircle*[<Optionen>]{<Radius>}
\pscircle[<Optionen>](<xM,yM>){<Radius>}
\pscircle*[<Optionen>](<xM,yM>){<Radius>}
```

Wird kein Kreismittelpunkt angegeben, so wird automatisch der Koordinatenmittelpunkt (0,0) genommen.

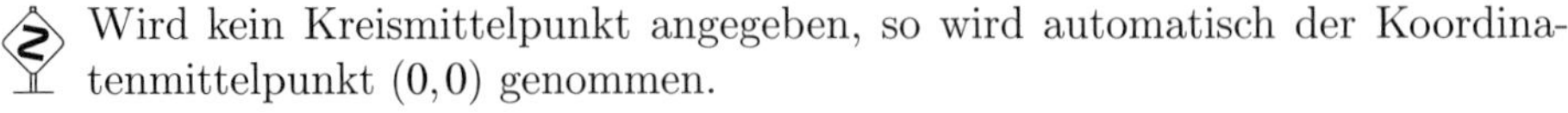

Die Sternversion füllt das Innere des Kreises mit der aktuellen Linienfarbe und dem aktuellen Füllmuster.

```
\begin{pspicture}(3,3) \psgrid
  \pscircle[linecolor=blue,doubleline=true,%
     doublecolor=red,doublesep=12pt](1.5,1.5){1.5}
  \pscircle*[linecolor=green](1.5,1.5){0.25}
\end{pspicture}
```

5.2.2 \qdisk

`\qdisk` ist sozusagen die Minimalversion der Sternversion des Kreismakros. Parameter können nur über `\psset` gesetzt werden und sowohl Mittelpunkt als auch Radius müssen angegeben werden.

```
\qdisk(<xM,yM>){<Radius>}
```

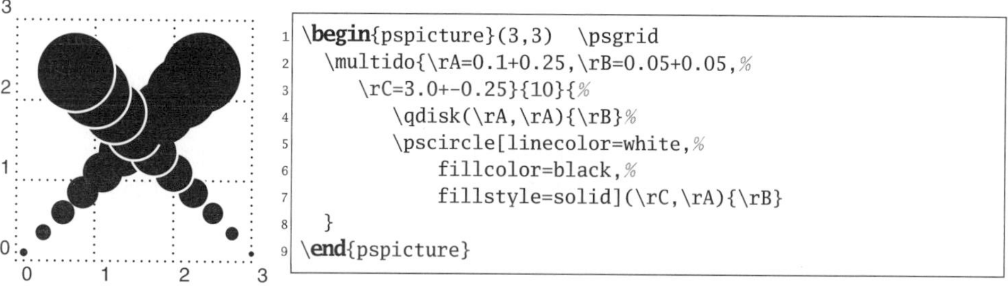

```
\begin{pspicture}(3,3) \psgrid
  \multido{\rA=0.1+0.25,\rB=0.05+0.05,%
     \rC=3.0+-0.25}{10}{%
       \qdisk(\rA,\rA){\rB}%
       \pscircle[linecolor=white,%
            fillcolor=black,%
            fillstyle=solid](\rC,\rA){\rB}
  }
\end{pspicture}
```

5.2.3 \psarc

`\psarc` kann nicht nur Kreisbögen, sondern auch gleichzeitig Kreisabschnitte zeichnen, wenn die Füllfunktion verwendet wird. Der Kreisbogen wird im mathematisch positiven Sinne gezeichnet, also links herum (counter clockwise)

```
\psarc[<Optionen>]{<Pfeil>}{<Radius>}{<Winkel1>}{<Winkel2>}
\psarc*[<Optionen>]{<Pfeil>}{<Radius>}{<Winkel1>}{<Winkel2>}
\psarc[<Optionen>]{<Pfeil>}(<xM,yM>){<Radius>}{<Winkel1>}{<Winkel2>}
\psarc*[<Optionen>]{<Pfeil>}(<xM,yM>){<Radius>}{<Winkel1>}{<Winkel2>}
```

Wird kein Kreismittelpunkt angegeben, so wird standardmäßig der Koordinatenursprung (0,0) genommen.

Die Sternversion füllt die Fläche mit der aktuellen Linienfarbe und dem aktuellen Füllmuster, die entsteht, wenn die Enden des Kreisbogens durch eine Sekante verbunden werden.

Die Option showpoints=true bewirkt bei \psarc im Gegensatz zum allgemeinen Verhalten, dass ausgehend vom Mittelpunkt gestrichelte Linien zum Anfangs- und zum Endpunkt des Kreisbogens gezogen werden.

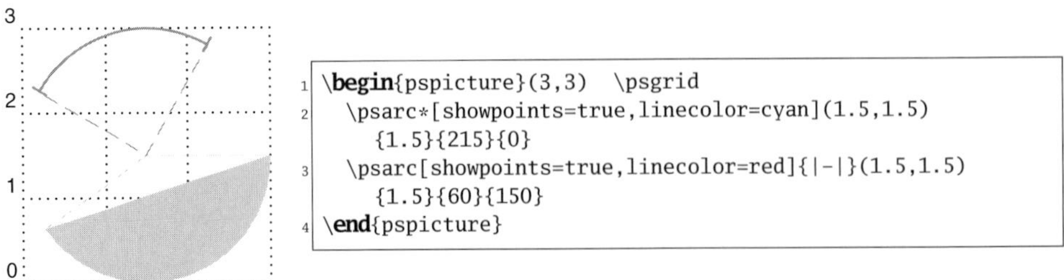

```
\begin{pspicture}(3,3)  \psgrid
  \psarc*[showpoints=true,linecolor=cyan](1.5,1.5)
    {1.5}{215}{0}
  \psarc[showpoints=true,linecolor=red]{|-|}(1.5,1.5)
    {1.5}{60}{150}
\end{pspicture}
```

5.2.4 \psarcn

\psarcn ist faktisch identisch zu \psarc mit dem einzigen Unterschied, dass der Kreisbogen mit dem Uhrzeigersinn (clockwise), also im mathemisch negativen Sinne rechtsherum gezeichnet wird. Dasselbe lässt sich nicht mit psarc erreichen, wenn man beide Winkelangaben vertauscht, denn hier wird nach wie vor entgegen dem Uhrzeigersinn gezeichnet. Insbesondere bei der Anwendung von \pscustom, wo es unter anderem darum geht, geschlossene Linienzüge zu zeichnen, erweist sich \psarcn als sehr hilfreich.

```
\psarcn[<Optionen>]{<Pfeile>}{<Radius>}{<Winkel1>}{<Winkel2>}
\psarcn*[<Optionen>]{<Pfeile>}{<Radius>}{<Winkel1>}{<Winkel2>}
\psarcn[<Optionen>]{<Pfeile>}(<xM,yM>){<Radius>}{<Winkel1>}{<Winkel2>}
\psarcn*[<Optionen>]{<Pfeile>}(<xM,yM>){<Radius>}{<Winkel1>}{<Winkel2>}
```

Wird kein Kreismittelpunkt angegeben, so wird standardmäßig (0,0) genommen.

Die Sternversion füllt die Fläche mit der aktuellen Linienfarbe und dem aktuellen Füllmuster, die entsteht, wenn die Enden des Kreisbogens durch eine Sekante verbunden werden.

Die Option showpoints=true bewirkt bei \psarcn im Gegensatz zum allgemeinen Verhalten, dass ausgehend vom Mittelpunkt gestrichelte Linien zum Anfangs- und zum Endpunkt gezogen werden.

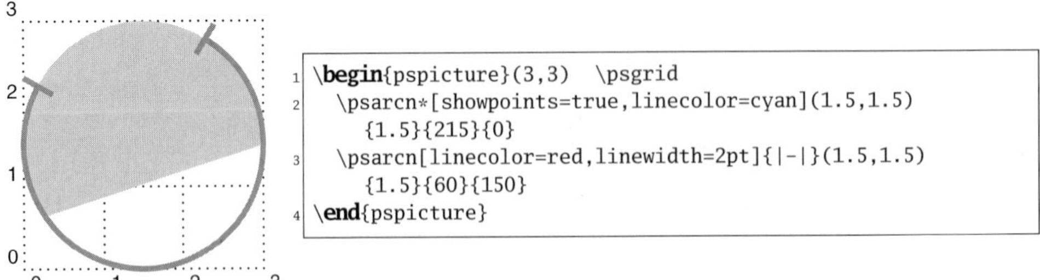

```
\begin{pspicture}(3,3)  \psgrid
  \psarcn*[showpoints=true,linecolor=cyan](1.5,1.5)
    {1.5}{215}{0}
  \psarcn[linecolor=red,linewidth=2pt]{|-|}(1.5,1.5)
    {1.5}{60}{150}
\end{pspicture}
```

5.2.5 \pswedge

\pswedge zeichnet einen Kreisausschnitt beginnend mit dem ersten angegebenen Winkel im mathematischen Sinne bis zum zweiten Winkel.

```
\pswedge[<Optionen>]{<Radius>}{<Winkel1>}{<Winkel2>}
\pswedge*[<Optionen>]{<Radius>}{<Winkel1>}{<Winkel2>}
\pswedge[<Optionen>](<xM,yM>){<Radius>}{<Winkel1>}{<Winkel2>}
\pswedge*[<Optionen>](<xM,yM>){<Radius>}{<Winkel1>}{<Winkel2>}
```

Wird kein Kreismittelpunkt angegeben, so wird standardmäßig (0,0) genommen.

Die Sternversion füllt das Innere des Kreisausschnittes mit der aktuellen Linienfarbe und dem aktuellen Füllmuster.

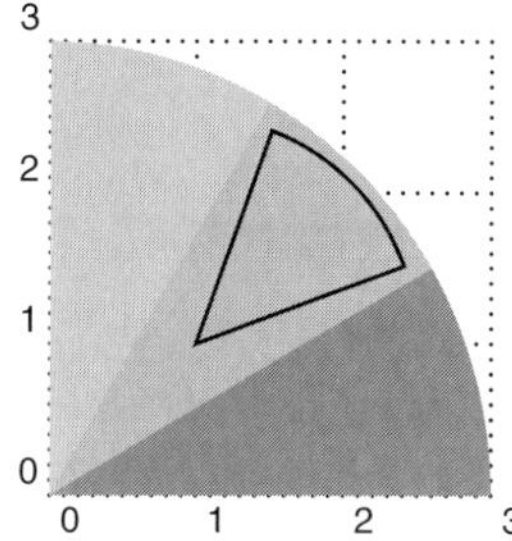


```
\begin{pspicture}(3,3)  \psgrid
  \pswedge*[linecolor=red]{3}{0}{30}
  \pswedge*[linecolor=green]{3}{30}{60}
  \pswedge*[linecolor=cyan]{3}{60}{90}
  \pswedge(1,1){1.5}{20}{70}
\end{pspicture}
```

5.2.6 \psellipse

Wie bereits erwähnt wurde, stellt ein Kreis den Spezialfall einer Ellipse dar. Somit unterscheidet sich die Ellipse vom Kreis nur durch die erweiterte Radiusangabe, was bei einer Ellipse üblicherweise die Angabe der beiden Halbachsen ist.

```
\psellipse[<Optionen>]{<a,b>}
\psellipse*[<Optionen>]{<a,b>}
\psellipse[<Optionen>](<xM,yM>){<a,b>}
\psellipse*[<Optionen>](<xM,yM>){<a,b>}
```

Wird kein Ellipsenzentrum angegeben, so wird automatisch der Koordinatenursprung (0,0) genommen.

Die Sternversion füllt das innere der Ellipse mit der aktuellen Linienfarbe und dem aktuellen Füllmuster.

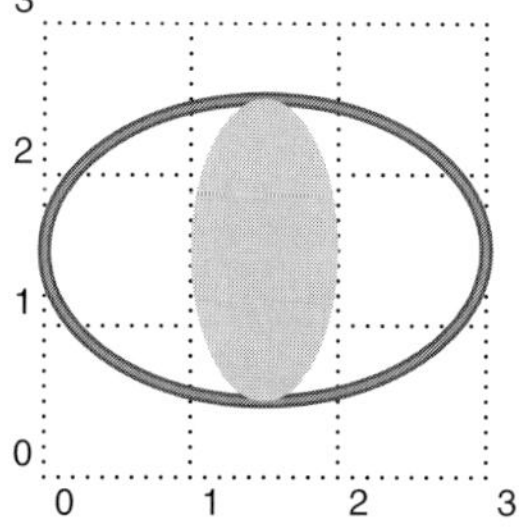


```
\begin{pspicture}(3,3)  \psgrid
  \psellipse[linecolor=blue,doubleline=true,%
     doublecolor=red](1.5,1.5)(1.5,1)
  \psellipse*[linecolor=cyan](1.5,1.5)(0.5,1)
\end{pspicture}
```

5.2.7 \psellipticarc

\psellipticarc kann nicht nur Ellipsenbögen , sondern auch gleichzeitig Ellipsenabschnitte zeichnen, wenn die Füllfunktion verwendet wird. Der Ellipsenbogen wird im mathematisch positiven Sinne gezeichnet, also links herum (counter clockwise).

```
\psellipticarc[<Optionen>]{<Pfeil>}(<a,b>){<Winkel1>}{<Winkel2>}
\psellipticarc*[<Optionen>]{<Pfeil>}(<a,b>){<Winkel1>}{<Winkel2>}
\psellipticarc[<Optionen>]%
   {<Pfeil>}(<xM,yM>)(<a,b>){<Winkel1>}{<Winkel2>}
\psellipticarc*[<Optionen>]%
   {<Pfeil>}(<xM,yM>)(<a,b>){<Winkel1>}{<Winkel2>}
```

Wird kein Ellipsenmittelpunkt angegeben, so wird standardmäßig der Koordinatenmittelpunkt (0,0) genommen.

Die Sternversion füllt die Fläche mit der aktuellen Linienfarbe und dem aktuellen Füllmuster, die entsteht, wenn die Enden des Ellipsenbogens durch eine Sekante verbunden werden.

Die Option showpoints=true bewirkt bei \psellipticarc der aktuellen Linienfarbe und dem aktuellen Füllmusterarc+ im Gegensatz zum allgemeinen Verhalten, dass ausgehend vom Mittelpunkt gestrichelte Linien zum Anfangs- und zum Endpunkt gezogen werden.

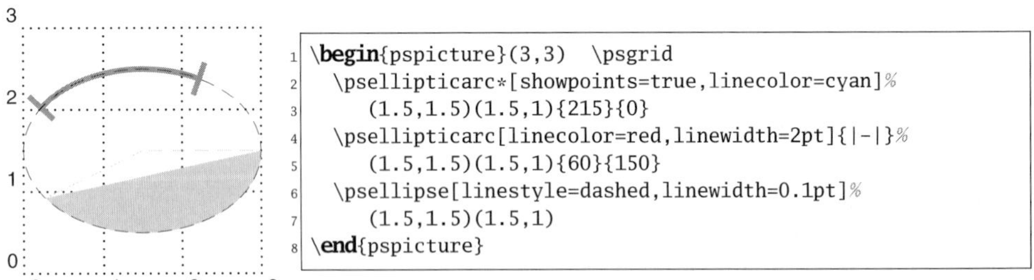


```
\begin{pspicture}(3,3)  \psgrid
  \psellipticarc*[showpoints=true,linecolor=cyan]%
     (1.5,1.5)(1.5,1){215}{0}
  \psellipticarc[linecolor=red,linewidth=2pt]{|-|}%
     (1.5,1.5)(1.5,1){60}{150}
  \psellipse[linestyle=dashed,linewidth=0.1pt]%
     (1.5,1.5)(1.5,1)
\end{pspicture}
```

5.2.8 \psellipticarcn

\psellipticarcn ist faktisch identisch zu \psellipticarc mit dem einzigen Unterschied, dass der Ellipsenbogen mit dem Uhrzeigersinn (clockwise), also rechtsherum gezeichnet wird. Dasselbe lässt sich auch mit psellipticarc erreichen, wenn man beide Winkelangaben vertauscht. Insbesondere bei der Anwendung von \pscustom, wo es unter anderem darum geht, geschlossene Linienzüge zu zeichnen, erweist sich \psellipticarn als sehr hilfreich.

```
\psellipticarc[<Optionen>]{<Pfeil>}(<a,b>){<Winkel1>}{<Winkel2>}
\psellipticarc*[<Optionen>]{<Pfeil>}(<a,b>){<Winkel1>}{<Winkel2>}
\psellipticarc[<Optionen>]%
```

```
    {<Pfeil>}(<xM,yM>)(<a,b>){<Winkel1>}{<Winkel2>}
\psellipticarc*[<Optionen>]%
    {<Pfeil>}(<xM,yM>)(<a,b>){<Winkel1>}{<Winkel2>}
```

Wird kein Ellipsenmittelpunkt angegeben, so wird standardmäßig der Koordinatenursprung (0,0) genommen.

Die Sternversion füllt die Fläche, die entsteht, wenn die Enden des Ellipsenbogens durch eine Sekante verbunden werden, mit der aktuellen Linienfarbe und dem aktuellen Füllmuster.

Die Option `showpoints=true` bewirkt bei `\psellipticarcn` im Gegensatz zum allgemeinen Verhalten, dass ausgehend vom Mittelpunkt gestrichelte Linien zum Anfangs- und Endpunkt gezogen werden.

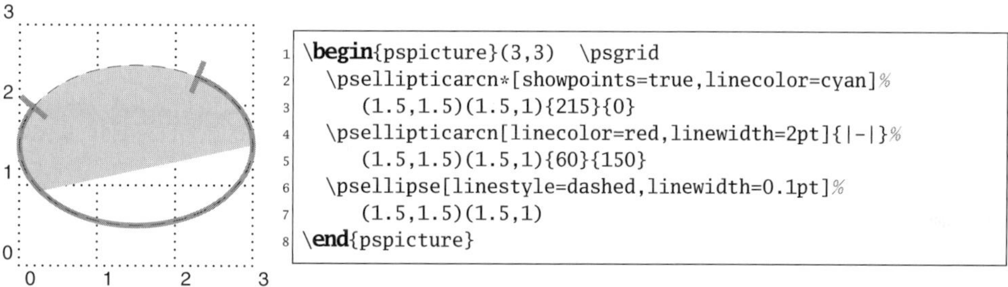


```
\begin{pspicture}(3,3)  \psgrid
  \psellipticarcn*[showpoints=true,linecolor=cyan]%
     (1.5,1.5)(1.5,1){215}{0}
  \psellipticarcn[linecolor=red,linewidth=2pt]{|-|}%
     (1.5,1.5)(1.5,1){60}{150}
  \psellipse[linestyle=dashed,linewidth=0.1pt]%
     (1.5,1.5)(1.5,1)
\end{pspicture}
```

5.2.9 \psellipticwedge

Dieses Makro ist faktisch identisch zu `\pswedge` (5.2.5 auf Seite 43) mit dem einzigen Unterschied, dass ein Ellipsenausschnitt gezeichnet wird.

```
\psellipticwedge[<Optionen>]{<Pfeil>}(<a,b>){<Winkel1>}{<Winkel2>}
\psellipticwedge*[<Optionen>]{<Pfeil>}(<a,b>){<Winkel1>}{<Winkel2>}
\psellipticwedge[<Optionen>]%
    {<Pfeil>}(<xM,yM>)(<a,b>){<Winkel1>}{<Winkel2>}
\psellipticwedge*[<Optionen>]%
    {<Pfeil>}(<xM,yM>)(<a,b>){<Winkel1>}{<Winkel2>}
```

Wird kein Ellipsenmittelpunkt angegeben, so wird standardmäßig der Koordinatenursprung (0,0) genommen.

Die Sternversion füllt die Fläche, die entsteht, wenn die Enden des Ellipsenbogens durch eine Sekante verbunden werden mit der aktuellen Linienfarbe und dem aktuellen Füllmuster.

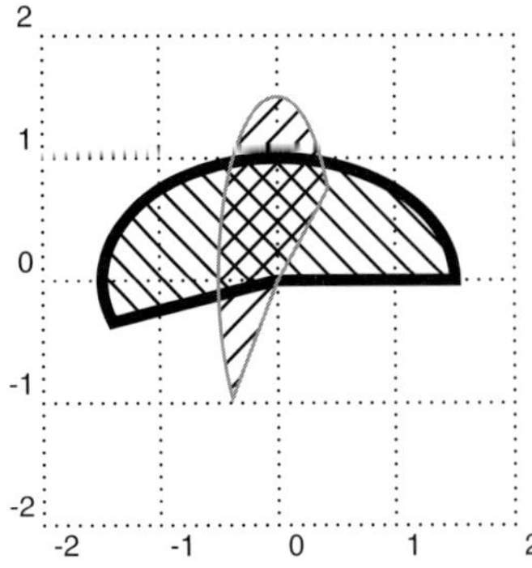


```
\begin{pspicture}(-2.25,-2.25)(2.25,2.25)
  \psgrid
  \psellipticwedge[fillstyle=vlines,%
    linewidth=0.1](0,0)(1.5,1){0}{200}
  \psellipticwedge[fillstyle=hlines,%
    linecolor=red](0,0)(0.5,1.5){30}{220}
\end{pspicture}
```

5.3 Kurven

5.3.1 \psbezier

Bezierkurven sind ein wichtiges Hilfsmittel beim Zeichnen von nicht-linearen Kurvenverläufen. PostScript verfügt intern ebenfalls über einen entsprechenden Befehl zum Zeichnen von Bezierkurven. PSTricks benutzt prinzipiell genau diese Prozedur, die vier Punkte voraussetzt, wobei die mittleren beiden die sogenannten Stützpunkte darstellen, die in der Regel nur die Krümmung der Kurve angeben.

```
\psbezier[<Optionen>]{<Pfeil>}(<x1,y1>)(<x2,y2>)(<x3,y3>)
\psbezier*[<Optionen>]{<Pfeil>}(<x1,y1>)(<x2,y2>)(<x3,y3>)
\psbezier[<Optionen>]{<Pfeil>}(<x0,y0>)(<x1,y1>)(<x2,y2>)(<x3,y3>)
\psbezier*[<Optionen>]{<Pfeil>}(<x0,y0>)(<x1,y1>)(<x2,y2>)(<x3,y3>)
```

Werden nur drei Punkte angegeben, so wird standardmäößig der aktuelle Punkt als Startpunkt gewählt, wobei der aktuelle Punkt immer auf den Koordinatenursprung (0,0) gesetzt wird.

Die Sternversion füllt die Fläche, die entsteht, wenn eine Verbindungslinie vom Ende der Kurve zum Anfang gezogen wird mit der aktuellen Linienfarbe und dem aktuellen Füllmuster.

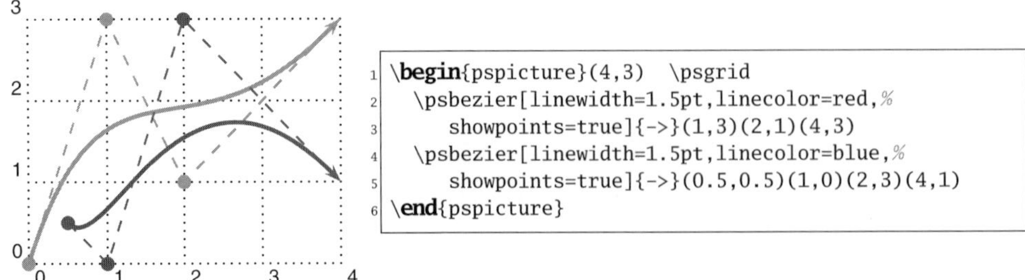


```
\begin{pspicture}(4,3)  \psgrid
  \psbezier[linewidth=1.5pt,linecolor=red,%
     showpoints=true]{->}(1,3)(2,1)(4,3)
  \psbezier[linewidth=1.5pt,linecolor=blue,%
     showpoints=true]{->}(0.5,0.5)(1,0)(2,3)(4,1)
\end{pspicture}
```

Die Anwendung der Sternvariante macht hier nicht wirklich Sinn, denn die entstehende Fläche ist nicht unbedingt aussagekräftig.

```
\begin{pspicture}(4,3) \psgrid
  \psbezier*[linewidth=1.5pt,linecolor=red,%
     showpoints=true]{->}(1,3)(2,1)(4,3)
  \psbezier*[linewidth=1.5pt,linecolor=blue,%
     showpoints=true]{->}(0.5,0.5)(1,0)(2,3)(4,1)
\end{pspicture}
```

5.3.2 \parabola

Dieses Makro benötigt die Angabe des Scheitelpunktes $SP(x_S;y_S)$ und eines beliebigen Kurvenpunktes $P(x_P;y_P)$, um die Normalparabel zeichnen zu können.

```
\parabola[<Optionen>]{<Pfeile>}(<xP,yP>)(<xS,yS>)
\parabola*[<Optionen>]{<Pfeile>}(<xP,yP>)(<xS,yS>)
```

Die Sternversion füllt die Fläche vom Scheitelpunkt bis zu $(y = yP)$ mit der aktuellen Linienfarbe und dem aktuellen Füllmuster.

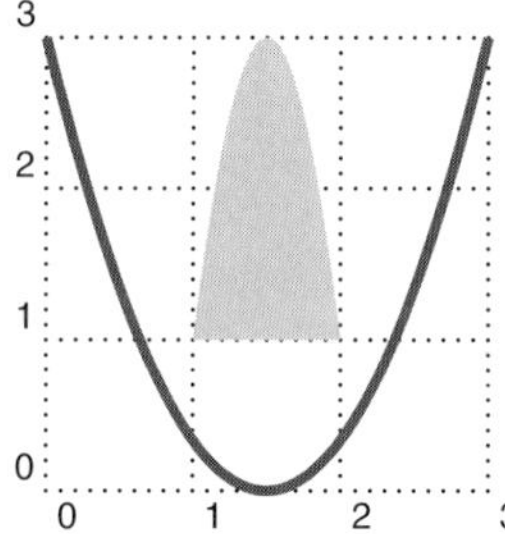

```
\begin{pspicture}(3,3) \psgrid
  \parabola*[linecolor=cyan](1,1)(1.5,3)
  \parabola[linecolor=blue,linewidth=2pt](3,3)(1.5,0)
\end{pspicture}
```

5.3.3 \pscurve

`\pscurve` erwartet mindestens drei Punkte, da ansonsten kein Interpolationspolynom zweiten Grades gebildet werden kann, anhand derer `PSTricks` die Punkte verbindet. Zu beachten ist, dass `PSTricks` keine Fehlermeldung ausgibt, wenn weniger Koordinatenpaare angegeben werden! In der Regel wird aber Ghostscript bei der Darstellung der PostScript Ausgabe entsprechend reagieren.

```
\pscurve[<Optionen>]%
   {<Pfeil>}(<x1,y1>)(<x2,y2>)(<x3,y3>)...(<xn,yn>)
\pscurve*[<Optionen>]%
   {<Pfeil>}(<x1,y1>)(<x2,y2>)(<x3,y3>)...(<xn,yn>)
```

Die Sternversion füllt das innere der Fläche, die entsteht, wenn der Endpunkt der Kurve mit dem Anfangspunkt durch eine Linie verbunden wird mit der aktuellen Linienfarbe und dem aktuellen Füllmuster.

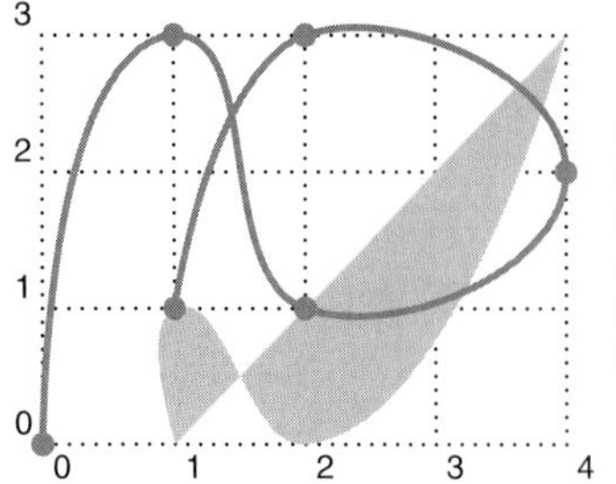


```
\begin{pspicture}(4,3) \psgrid
  \pscurve*[linecolor=cyan,linewidth=1.5pt]%
     (1,0)(1,1)(2,0)(4,3)
  \pscurve[linecolor=red,linewidth=1.5pt,%
     showpoints=true](0,0)(1,3)(2,1)(4,2)(2,3)(1,1)
\end{pspicture}
```

5.3.4 \psecurve

`\psecurve` ist eine Abkürzung für „Endkurve“ und erwartet ebenfalls mindestens drei Punkte, da ansonsten kein Interpolationspolynom gebildet werden kann. Hierbei ist zu bemerken, dass selbst drei Punkte wenig Sinn machen, da `\psecurve` zwar Anfangs- und Endpunkt zur Bildung des Interpolationspolynoms heranzieht, jedoch nur $n-2$ Punkte zeichnet! Zu beachten ist, dass `PSTricks` keine Fehlermeldung ausgibt, wenn weniger Koordinatenpaare angegeben werden!

Dadurch, dass der erste und der letzte Punkt nicht dargestellt werden, kann der Kurve an den „sichtbaren“ Endpunkten ein definiertes Verhalten gegeben werden, was mit `\pscurve` nicht möglich ist.

```
\psecurve[<Optionen>]%
   {<Pfeil>}(<x1,y1>)(<x2,y2>)(<x3,y3>)...(<xn,yn>)
\psecurve*[<Optionen>]%
   {<Pfeil>}(<x1,y1>)(<x2,y2>)(<x3,y3>)...(<xn,yn>)
```

Die Sternversion füllt das innere der Fläche mit der aktuellen Linienfarbe und dem aktuellen Füllmuster, die entsteht, wenn der Endpunkt der Kurve mit dem Anfangspunkt durch eine Linie verbunden wird.

Im folgenden Beispiel ist zum Vergleich `\pscurve` ohne Angabe von Anfangs- und Endpunkt eingezeichnet.

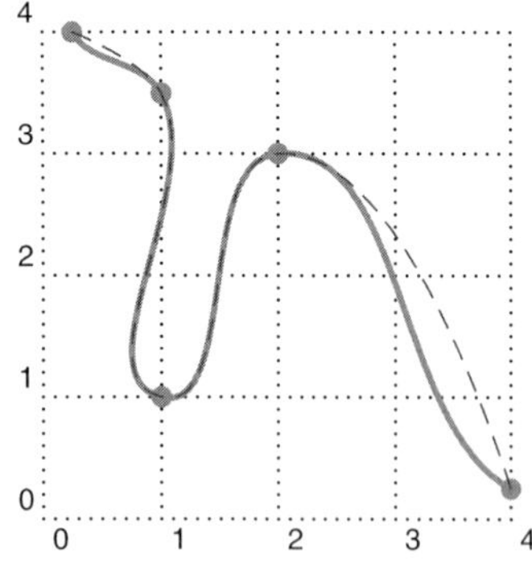


```
\begin{pspicture}(4,4) \psgrid
  \psecurve[showpoints=true,linecolor=red,%
     linewidth=1.5pt](.125,6)(.25,4)(1,3.5)%
     (1,1)(2,3)(4,.25)(8,.125)
  \pscurve[linecolor=blue,linewidth=0.5pt,%
     linestyle=dashed](.25,4)(1,3.5)(1,1)(2,3)(4,.25)
\end{pspicture}
```

5.3.5 \psccurve

`\psccurve` ist eine Abkürzung für „closed curve" und erwartet mindestens drei Punkte, da ansonsten wieder kein Interpolationspolynom gebildet werden kann. `\pscurve` erstellt grundsätzlich eine geschlossene Kurve, indem die Kurve vom Endpunkt einfach zum Anfang weitergeführt wird.

Zu beachten ist, dass `PSTricks` keine Fehlermeldung ausgibt, wenn weniger Koordinatenpaare angegeben werden!

```
\psccurve[<Optionen>]%
   {<Pfeil>}(<x1,y1>)(<x2,y2>)(<x3,y3>)...(<xn,yn>)
\psccurve*[<Optionen>]%
   {<Pfeil>}(<x1,y1>)(<x2,y2>)(<x3,y3>)...(<xn,yn>)
```

Die Sternversion füllt das innere der Fläche, die entsteht, wenn der Endpunkt der Kurve mit dem Anfangspunkt durch eine Linie verbunden wird mit der aktuellen Linienfarbe und dem aktuellen Füllmuster.

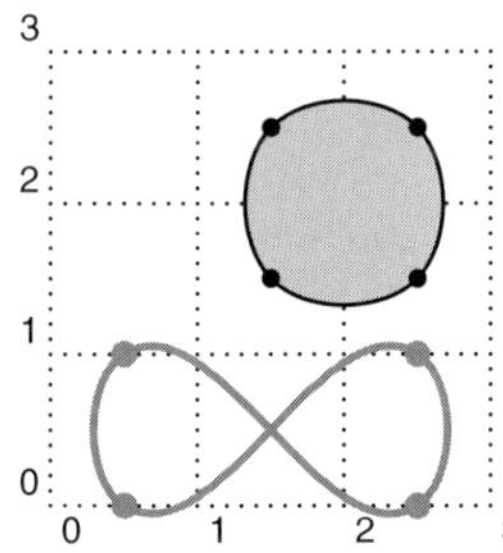


```
\begin{pspicture}(3,3)  \psgrid
  \psccurve*[linecolor=cyan]%
     (1.5,1.5)(2.5,1.5)(2.5,2.5)(1.5,2.5)
  \psccurve[showpoints=true]%
     (1.5,1.5)(2.5,1.5)(2.5,2.5)(1.5,2.5)
  \psccurve[showpoints=true,linecolor=red,%
     linewidth=1.5pt](.5,0)(2.5,1)(2.5,0)(.5,1)
\end{pspicture}
```

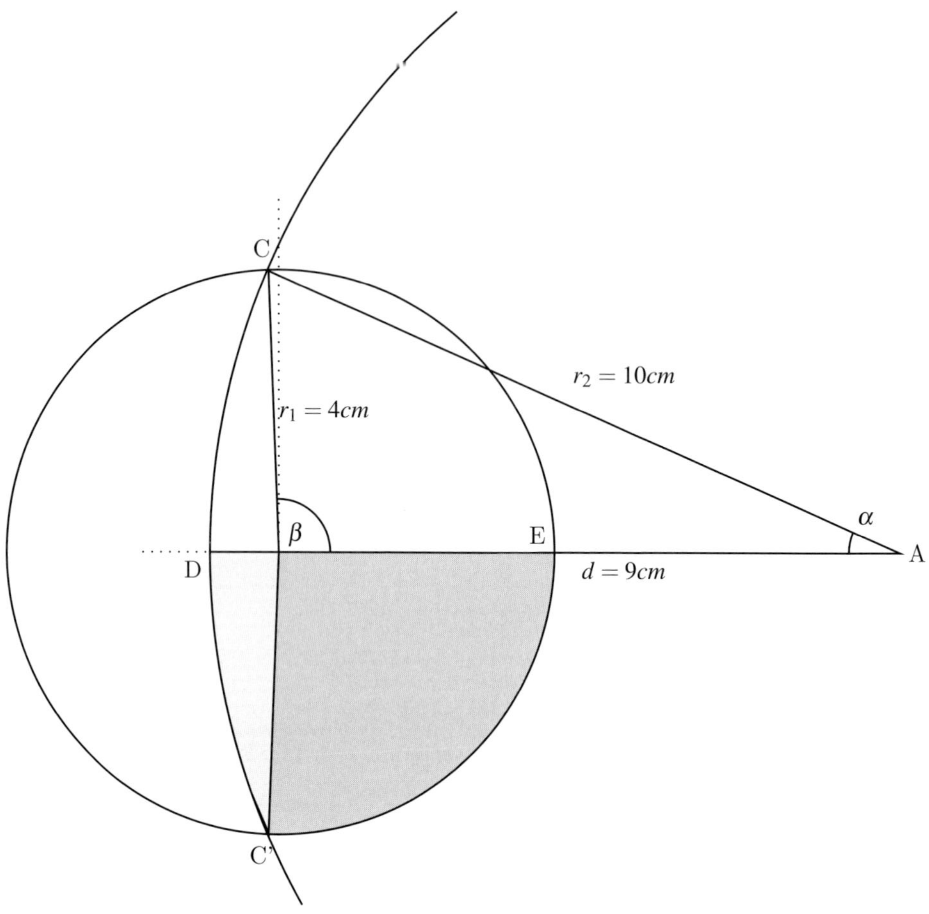

Abbildung 5.1: `bsp100.tex`: Anwendung von Linie und Kreis

Kapitel

6

Punkte

Unter Punkt (dot) wird hier alles verstanden, was sich über die Option **dotstyle** als solcher festlegen lässt. Bei einigen, beispielsweise dem senkrechten Strich, wäre die Bezeichnung Symbol sicherlich angebrachter, denn diese „Punkte“ können jede beliebige Form und Größe annehmen.

Insbesondere die Symbole des **ZapfDingbats**-Fonts bieten sich an, hier verwendet zu werden, zumal mit `\ding{<Zeichennummer>}` ein leichter Zugriff auf die einzelnen Zeichen möglich ist. Am Ende dieses Kapitels wird gezeigt, wie derartige Symbole als neue Punkte definiert werden können. Die Definition von Punktstil und -größe hat unmittelbaren Einfluss auf die in Abschnitt 4.1.9 auf Seite 29 behandelte Option `showpoints`.

6.1 Parameter

Die folgende Tabelle zeigt die möglichen Optionen für die Punktmakros.

Tabelle 6.1: Zusammenfassung aller Parameter für Punktdarstellungen

Name	Werte	Vorgabe
dotstyle	<Stilname>	*
dotsize	<Wert[Einheit] Wert>	2pt 2
dotscale	<Wert1 [Wert2]>	1
dotangle	<Winkel>	0

6.1.1 dotstyle

Es existiert eine große Anzahl an vordefinierten Stilen für das Setzen von Punkten, die alle in Tabelle 6.2 zusammengefasst sind, wobei die rechte Spalte Beispiele mit zusätzlichem `fillcolor`-Parameter zeigt. Zur besseren Darstellung wurden die Symbole mit `dotscale=1.5` gesetzt (vgl. Abschnitt 6.1.3).

Tabelle 6.2: Zusammenfassung der Punktstile

Name	Beispiel	fillcolor=cyan
*	● ● ● ● ●	
o	○ ○ ○ ○ ○	◍ ◍ ◍ ◍ ◍
Bo	○ ○ ○ ○ ○	◍ ◍ ◍ ◍ ◍
x	× × × × ×	
+	+ + + + +	
B+	+ + + + +	
asterisk	∗ ∗ ∗ ∗ ∗	
Basterisk	∗ ∗ ∗ ∗ ∗	
oplus	⊕ ⊕ ⊕ ⊕ ⊕	⊕ ⊕ ⊕ ⊕ ⊕
otimes	⊗ ⊗ ⊗ ⊗ ⊗	⊗ ⊗ ⊗ ⊗ ⊗
|	| | | | |	
B|	| | | | |	
square	□ □ □ □ □	▣ ▣ ▣ ▣ ▣
Bsquare	□ □ □ □ □	▣ ▣ ▣ ▣ ▣
square*	■ ■ ■ ■ ■	
diamond	◊ ◊ ◊ ◊ ◊	◊ ◊ ◊ ◊ ◊
Bdiamond	◊ ◊ ◊ ◊ ◊	◊ ◊ ◊ ◊ ◊
diamond*	♦ ♦ ♦ ♦ ♦	
triangle	△ △ △ △ △	△ △ △ △ △
Btriangle	△ △ △ △ △	△ △ △ △ △
triangle*	▲ ▲ ▲ ▲ ▲	
pentagon	⬠ ⬠ ⬠ ⬠ ⬠	⬠ ⬠ ⬠ ⬠ ⬠
Bpentagon	⬠ ⬠ ⬠ ⬠ ⬠	⬠ ⬠ ⬠ ⬠ ⬠
pentagon*	⬟ ⬟ ⬟ ⬟ ⬟	

Weitere Symbole lassen sich einfach definieren, sodass hier prinzipiell keinerlei Einschränkung gegeben ist (→ 6.3 auf Seite 54).

6.1.2 dotsize

Die Symbolgröße setzt sich zusammen aus der normalen Größenangabe und zusätzlich (additiv) aus einer optionalen Zahl, die ein Vielfaches von `linewidth` ist (→ 4.1.1 auf Seite 26). Damit ist es möglich, die Punktgröße ausschließlich auf die Liniendicke zu beziehen.

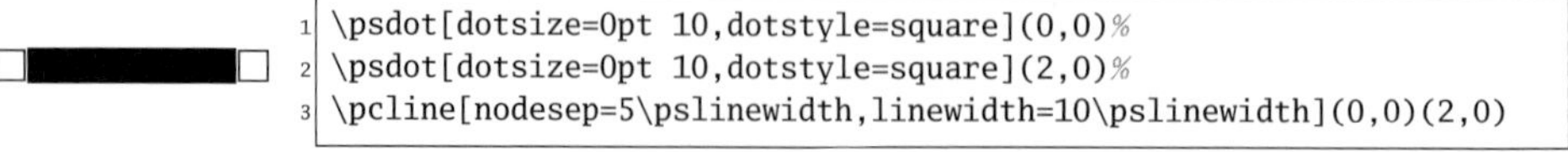

```
\psdot[dotsize=0pt 10,dotstyle=square](0,0)%
\psdot[dotsize=0pt 10,dotstyle=square](2,0)%
\pcline[nodesep=5\pslinewidth,linewidth=10\pslinewidth](0,0)(2,0)
```

Für Kreise bezieht sich die Angabe von `dotsize` auf den Durchmesser.

```
\begin{pspicture}(3,3)  \psgrid
  \multido{\nA=1+1,\rA=0.0+0.25}{12}{%
    \psdot[dotsize=\nA pt,dotstyle=o](\rA,\rA)%
  }
  \psset{fillcolor=cyan}
  \multido{\nA=1+1,\rA=0.0+0.25,\rB=3+-0.25}{12}{%
    \psdot[dotsize=\nA pt \nA,dotstyle=o](\rA,\rB)%
  }
\end{pspicture}
```

6.1.3 dotscale

Die Skalierung kann über zwei Angaben vorgenommen werden, wobei der zweite Wert optional ist. Fehlt er, so gibt der erste Parameter den Wert für die Skalierung in horizontaler und vertikaler Richtung an, andernfalls gibt der erste die Skalierung in horizontaler und der zweite die Skalierung in vertikaler Richtung an.

```
\begin{pspicture}(3,3)  \psgrid
  \multido{\rA=0.25+0.25}{11}{%
    \psdot[dotscale=\rA,dotstyle=triangle](\rA,\rA)%
  }
  \psset{fillcolor=cyan}
  \multido{\rA=0.25+0.25,\rB=2.75+-0.25}{11}{%
    \psdot[dotscale=\rA\space 4,dotstyle=triangle](\rA,\rB)%
  }
\end{pspicture}
```

→ Paket `multido` in Abschnitt 32.3 auf Seite 433

6.1.4 dotangle

Nach Anwendung der anderen Parameter, wie `dotsize` und `dotscale` wird das Symbol um den Winkel `dotangle` gedreht. Die Drehrichtung erfolgt wieder im mathematisch positiven Sinne, also links herum.

```
\begin{pspicture}(3,3)  \psgrid
  \multido{\nA=0+30}{12}{%
    \psdot[dotsize=2.25cm,dotstyle=triangle,%
      dotangle=\nA](1.5,1.5)%
  }
\end{pspicture}
```

→ Paket `multido` in Abschnitt 32.3 auf Seite 433

6.2 \psdot und \psdots

Wie bereits in der Einleitung zu diesem Kapitel erwähnt wurde, versteht man unter „dot“ bzw. Punkt oder Symbol, alles was sich über den Parameter **dotstyle** (→ 6.1.1 auf Seite 51) definieren lässt.

```
\psdot[<Optionen>]
\psdot[<Optionen>](<x,y>)
\psdot*[<Optionen>]
\psdot*[<Optionen>](<x,y>)
\psdots[<Optionen>](<x,y>)
\psdots[<Optionen>](<x1,y1>)(<x2,y2>)...(<xn,yn>)
\psdots*[<Optionen>](<x,y>)
\psdots*[<Optionen>](<x1,y1>)(<x2,y2>)...(<xn,yn>)
```

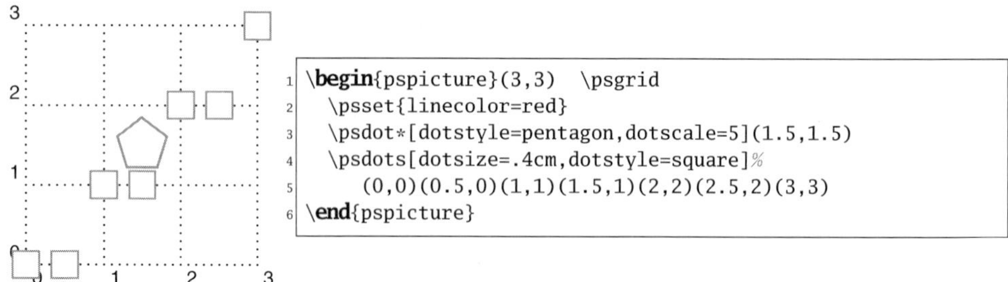


```
\begin{pspicture}(3,3)  \psgrid
  \psset{linecolor=red}
  \psdot*[dotstyle=pentagon,dotscale=5](1.5,1.5)
  \psdots[dotsize=.4cm,dotstyle=square]%
     (0,0)(0.5,0)(1,1)(1.5,1)(2,2)(2.5,2)(3,3)
\end{pspicture}
```

Ohne Angabe von Koordinaten werden die aktuellen TEX-Koordinaten genommen, was in der Regel der Textposition oder innerhalb einer **pspicture**-Umgebung dem Koordinatenursprung entspricht.

6.3 Erweiterungen

Grundsätzlich kann man sich seine eigenen Punktsymbole mit dem folgenden Makro definieren.

```
\newpsfontdot{diamond}[xW xS yS yW x0 y0]{Fontname}{<n>}
```

Die Bedeutung der einzelnen Parameter ist in der Tabelle 6.3 erklärt.

Die zur Verfügung stehenden PostScript Fonts hängen zum einen vom verwendeten Treiber und zum anderen natürlich von den Druckerzeichensätzen ab. Alternativ kann man auch den **PSTricks**-internen „Font“ verwenden, dessen Zeichen in der Headerdatei **pst-dots.pro** definiert werden.

Exemplarisch sollen hier einmal drei neue Symbole **circlePlus**, **circleMultiply** und **Flower** definiert und angewendet werden. Die ersten beiden Symbole sind im Symbol-Font und das dritte im ZapfDingbats-Font von PostScript enthalten mit den Nummern 196 und 197. [23]

Tabelle 6.3: Die Parameter des Makros `\newpsfontdot`

`xW`	x-Skalierungsfaktor
`xS`	x-Scherungsfaktor
`yS`	y-Scherungsfaktor
`yW`	y-Scherungsfaktor
`x0`	x-Offset
`y0`	y-Offset
Fontname	`PSTricks` oder PostScript Font
n	Zeichennummer (Hexadezimal)

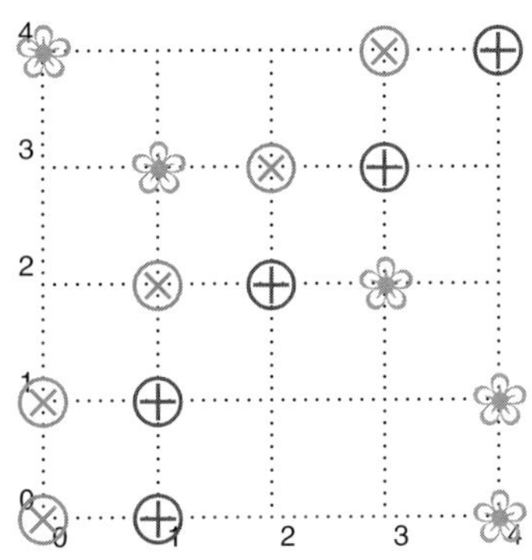


```
\newpsfontdot{CircleMultiply}%
    [2 0.0 0.0 2 -0.78 -0.7]{Symbol}{<C4>} % 196
\newpsfontdot{CirclePlus}%
    [2 0.0 0.0 2 -0.78 -0.7]{Symbol}{<C5>} % 197
\newpsfontdot{Flower}%
    [2 0.0 0.0 2 -0.78 -0.7]{ZapfDingbats}{<60>} % 197
%
\begin{pspicture}(4,4)
  \psgrid
  \psdots[linecolor=blue,dotstyle=CirclePlus,%
      dotscale=2.5](1,0)(1,1)(2,2)(3,3)(4,4)
  \psdots[linecolor=red,dotstyle=CircleMultiply,%
      dotscale=2.5](0,0)(0,1)(1,2)(2,3)(3,4)
  \psdots[linecolor=magenta,dotstyle=Flower,%
      dotscale=2.5](4,0)(4,1)(3,2)(1,3)(0,4)
\end{pspicture}
```

Die richtigen Werte für `\newpsfontdot` zu finden, hängt primär von dem zugrundeliegenden Zeichen selbst ab und erfordert letztlich Handarbeit, was bei achsensymmetrischen Zeichen zugegebenermaßen leichter ist.

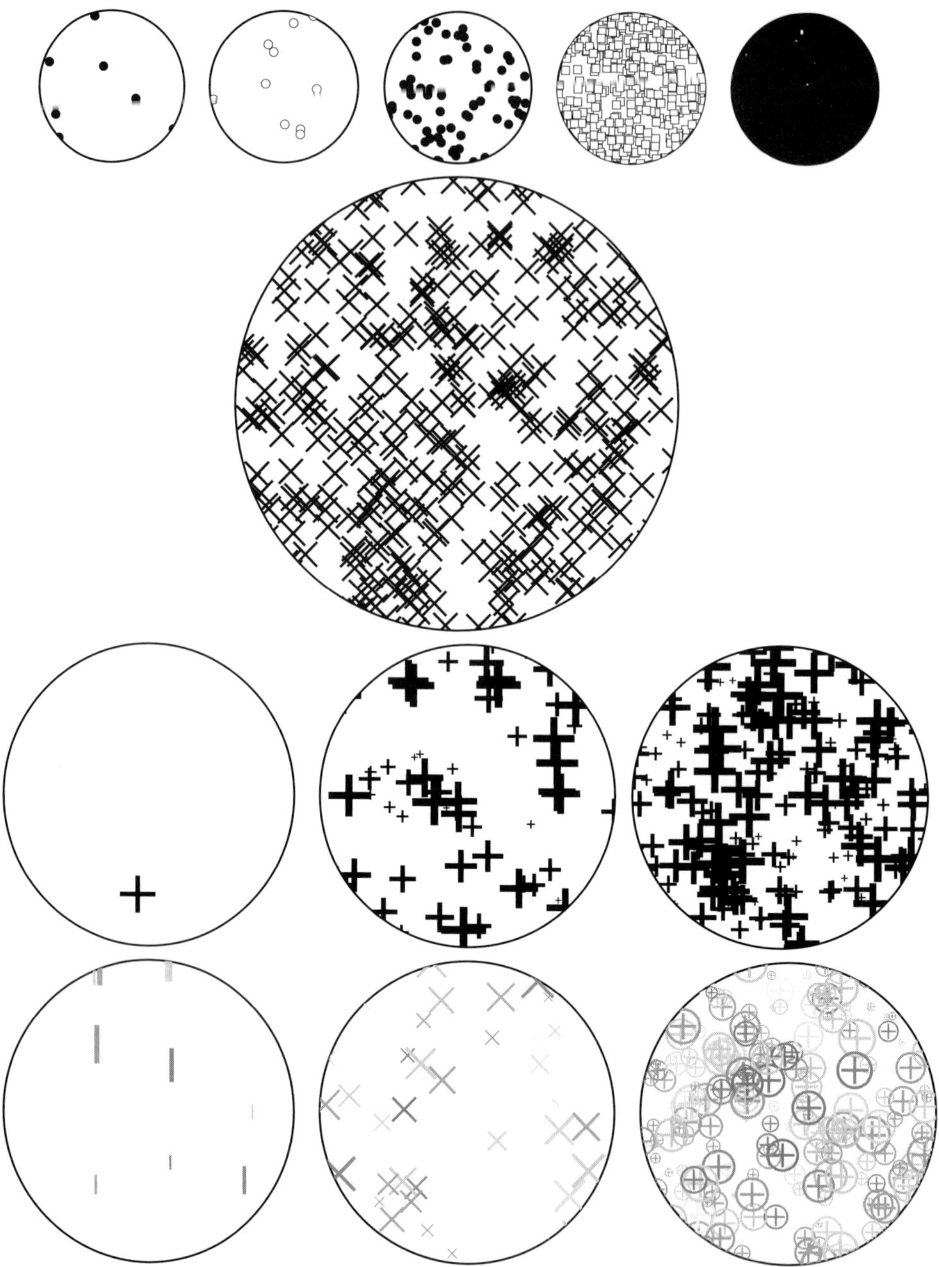

Abbildung 6.1: `bsp101.tex`: Zufälliges Setzen von Punkten (Denis Girou).

Kapitel

7 Füllen

Grundsätzlich können nur Flächen, die durch geschlossene Linienzüge gebildet werden, mit einer Farbe oder einem Muster gefüllt werden. Wird das Füllen durch einen entsprechenden Parameter bei nicht geschlossenenem Linienzug angefordert, so wird automatisch eine Linie vom letzten Punkt zum ersten gezogen, was zu unerwünschten Ergebnissen führen kann.

Ein weiterer Füllstil wird in Kapitel 23 auf Seite 297 beschrieben, welcher aber das Paket `pst-grad` voraussetzt. Das Füllen mit Mustern oder Kacheln wird in Kapitel 19 auf Seite 243 beschrieben, welcher aber das Paket `pst-fill` voraussetzt.

7.1 Parameter

Tabelle 7.1: Zusammenfassung aller Parameter zum Füllen von Flächen

Name	Werte	Vorgabe
fillstyle	none|solid|vlines|vlines*|hlines|hlines*| crosshatch| crosshatch*|boxfill	none
fillcolor	<Farbe>	white
hatchwidth	<Wert[Einheit]>	0.8pt
hatchsep	<Wert[Einheit]>	4pt
hatchcolor	<Farbe>	black
hatchangle	<Wert>	45
addfillstyle	none|solid|vlines|vlines*|hlines|hlines*| crosshatch|crosshatch*|boxfill	none

7.1.1 fillstyle

7.1.1.1 none

Dieser Füllstil füllt eine Fläche mit „keinem“ Stil, was auf den ersten Blick widersinnig erscheint. Jedoch kann mit dieser Option bei Testzwecken von komplexen PSTricks-Abbildungen auf einfache Weise ein Füllen von Teilbereichen deaktiviert werden.

7.1.1.2 solid

solid ist die vordefinierte Fülloption und füllt den gesamten Bereich mit der aktuellen Füllfarbe, was prinzipiell der Sternoption entspricht, wenn die Linienfarbe gleich der Füllfarbe gesetzt wird.

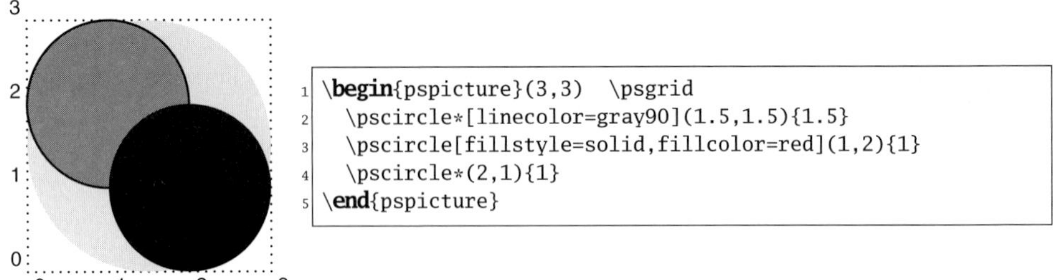


```
\begin{pspicture}(3,3)  \psgrid
  \pscircle*[linecolor=gray90](1.5,1.5){1.5}
  \pscircle[fillstyle=solid,fillcolor=red](1,2){1}
  \pscircle*(2,1){1}
\end{pspicture}
```

7.1.1.3 vlines und vlines*

Als Abkürzung für vertical lines füllt es den gesamten Bereich mit vertikalen Linien der aktuellen Füllfarbe, wobei zu beachten ist, dass der Drehwinkel hatchangle per Definition auf 45° gesetzt ist, sodass dieser korrigiert werden muss, wenn man wirklich vertikale Linien haben möchte.

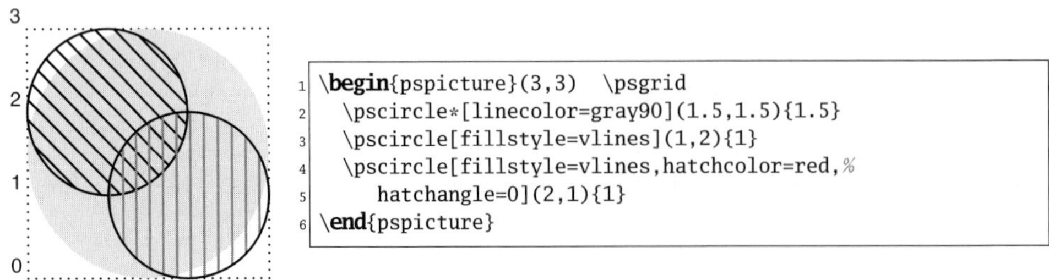


```
\begin{pspicture}(3,3)  \psgrid
  \pscircle*[linecolor=gray90](1.5,1.5){1.5}
  \pscircle[fillstyle=vlines](1,2){1}
  \pscircle[fillstyle=vlines,hatchcolor=red,%
     hatchangle=0](2,1){1}
\end{pspicture}
```

Während es sich bei der vlines Option um eine transparente Füllung handelt, ist dies bei der Sternversion vlines* umgekehrt, denn zuerst wird der Hintergrund mit der durch fillcolor festgelegten Farbe gefüllt und erst dann mit dem „normalen“ vlines-Stil übermalt.

```
\begin{pspicture}(3,3) \psgrid
  \pscircle*[linecolor=gray90](1.5,1.5){1.5}
  \pscircle[fillstyle=vlines*](1,2){1}
  \pscircle[fillstyle=vlines*,hatchcolor=red,%
     hatchangle=0](2,1){1}
\end{pspicture}
```

7.1.1.4 hlines und hlines*

hlines (horizontal lines) arbeitet völlig analog zu vlines bzw. vlines*, sodass es hier keiner weiteren Erläuterungen bedarf.

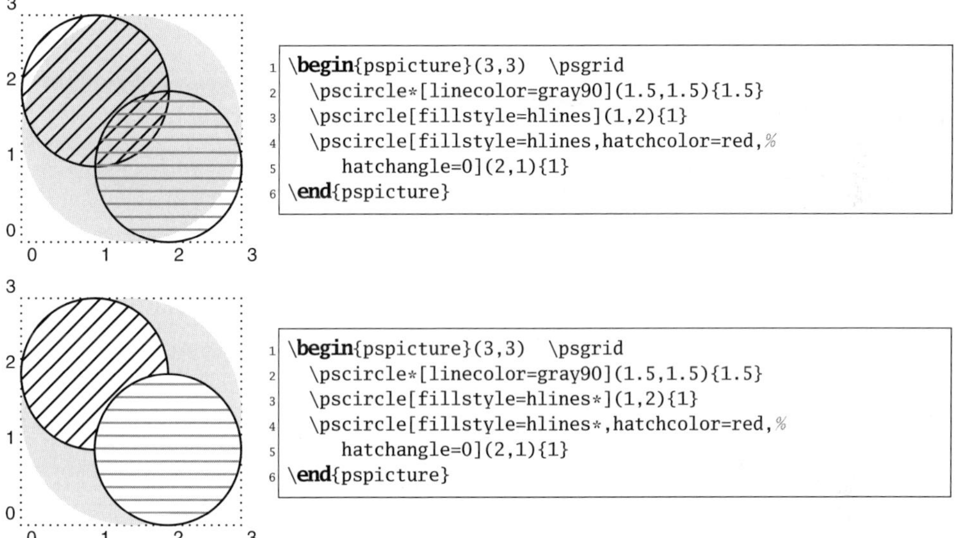

```
\begin{pspicture}(3,3) \psgrid
  \pscircle*[linecolor=gray90](1.5,1.5){1.5}
  \pscircle[fillstyle=hlines](1,2){1}
  \pscircle[fillstyle=hlines,hatchcolor=red,%
     hatchangle=0](2,1){1}
\end{pspicture}
```

```
\begin{pspicture}(3,3) \psgrid
  \pscircle*[linecolor=gray90](1.5,1.5){1.5}
  \pscircle[fillstyle=hlines*](1,2){1}
  \pscircle[fillstyle=hlines*,hatchcolor=red,%
     hatchangle=0](2,1){1}
\end{pspicture}
```

7.1.1.5 crosshatch und crosshatch*

crosshatch (gekreuzte Linien) stellt eine Kombination aus den beiden zuvor beschriebenen Stilen dar und arbeitet völlig analog zu diesen, sodass es hier ebenfalls keiner weiteren Erläuterungen bedarf.

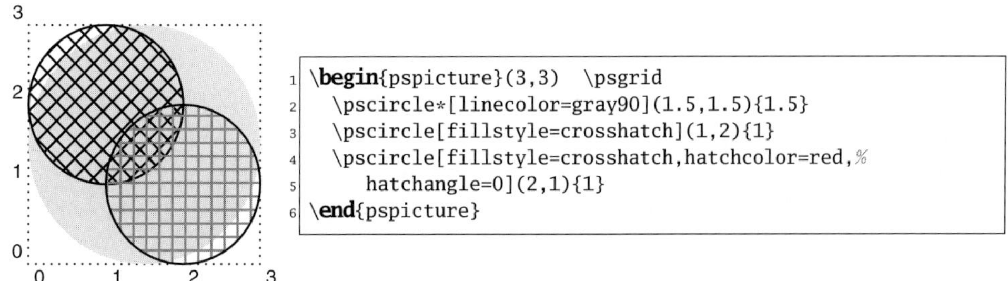

```
\begin{pspicture}(3,3) \psgrid
  \pscircle*[linecolor=gray90](1.5,1.5){1.5}
  \pscircle[fillstyle=crosshatch](1,2){1}
  \pscircle[fillstyle=crosshatch,hatchcolor=red,%
     hatchangle=0](2,1){1}
\end{pspicture}
```

```
\begin{pspicture}(3,3) \psgrid
  \pscircle*[linecolor=gray90](1.5,1.5){1.5}
  \pscircle[fillstyle=crosshatch*](1,2){1}
  \pscircle[fillstyle=crosshatch*,hatchcolor=red,%
     hatchangle=0](2,1){1}
\end{pspicture}
```

7.1.1.6 boxfill

boxfill bezieht sich auf die im Paket pst-fill angegebenen Parkettierungen und soll an dieser Stelle bis auf die Angabe eines Beispiels nicht weiter beschrieben werden. Es wird auf Abschnitt 19 auf Seite 243 verwiesen.

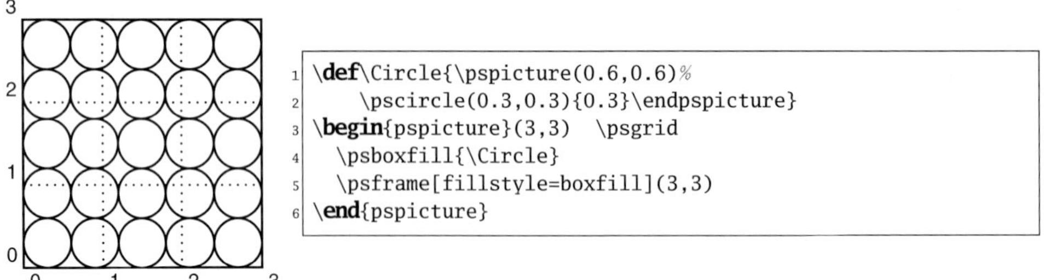

```
\def\Circle{\pspicture(0.6,0.6)%
    \pscircle(0.3,0.3){0.3}\endpspicture}
\begin{pspicture}(3,3) \psgrid
  \psboxfill{\Circle}
  \psframe[fillstyle=boxfill](3,3)
\end{pspicture}
```

7.1.2 fillcolor

fillcolor bestimmt die Füllfarbe für die Füllstile solid, vlines*, hlines* und crosshatch*.

```
\begin{pspicture}(3,3) \psgrid
  \psset{fillstyle=solid,fillcolor=red,linecolor=cyan}
  \multido{\rRow=0.2+0.4}{8}{%
    \multido{\rColumn=0.2+0.4}{8}{%
      \pscircle(\rRow,\rColumn){0.2}%
    }%
  }%
\end{pspicture}
```

\multido → Paket multido in Abschnitt 32.3 auf Seite 433

7.1.3 hatchwidth

hatchwidth bestimmt die Liniendicke für die Füllstile vlines, hlines und crosshatch einschließlich der Sternvarianten. Im angegebenen Beispiel werden die beiden „unvollständigen“ Linienzüge von PSTricks durch eine Linie vom Endpunkt zum Anfangspunkt ergänzt, um eine eindeutige Füllfläche zu erhalten.

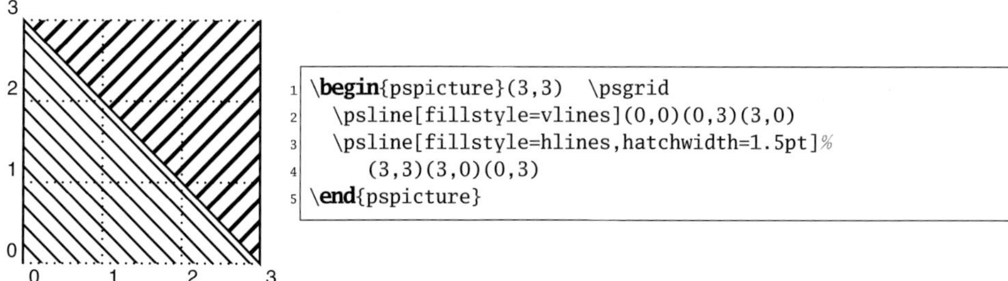


```
\begin{pspicture}(3,3)  \psgrid
  \psline[fillstyle=vlines](0,0)(0,3)(3,0)
  \psline[fillstyle=hlines,hatchwidth=1.5pt]%
     (3,3)(3,0)(0,3)
\end{pspicture}
```

7.1.4 hatchsep

hatchsep bestimmt den Linienabstand für die Füllstile vlines, hlines und crosshatch, einschließlich der Sternvarianten. Wieder wurden die beiden „unvollständigen“ Linienzüge von \psline durch PSTricks durch eine Linie vom Endpunkt zum Anfangspunkt ergänzt, um eine eindeutige Füllfläche zu erhalten.

```
\begin{pspicture}(3,3)  \psgrid
  \psline[fillstyle=crosshatch](0,0)(0,3)(3,0)
  \psline[fillstyle=crosshatch,hatchsep=10pt]%
     (3,3)(3,0)(0,3)
\end{pspicture}
```

7.1.5 hatchcolor

hatchcolor bestimmt die Linienfarbe für die Füllstile vlines, hlines und crosshatch, einschließlich der Sternvarianten. Im angegebenen Beispiel werden die beiden „unvollständigen“ Linienzüge von \psline durch PSTricks durch eine Linie vom Endpunkt zum Anfangspunkt ergänzt, um eine eindeutige Füllfläche zu erhalten.

```
\begin{pspicture}(3,3)  \psgrid
  \psline[fillstyle=crosshatch,hatchcolor=blue]%
     (0,0)(0,3)(3,0)
  \psline[fillstyle=crosshatch,hatchcolor=red]%
     (3,3)(3,0)(0,3)
\end{pspicture}
```

7.1.6 hatchangle

`hatchangle` bestimmt die Steigung der Linien für die Füllstile `vlines`, `hlines` und `crosshatch`, einschließlich der Sternvarianten. Aufgrund von Rundungsproblemen sind nicht alle Winkel möglich. Erst Modikationen am bestehenden Code erlauben jeden beliebigen Winkel (→ 7.3). Im angegebenen Beispiel werden die beiden „unvollständigen“ Linienzüge von `\psline` von `PSTricks` durch eine Linie vom Endpunkt zum Anfangspunkt ergänzt, um eine eindeutige Füllfläche zu erhalten.

```
\begin{pspicture}(3,3)  \psgrid
  \psline[fillstyle=hlines,hatchcolor=blue,%
     hatchangle=30](0,0)(0,3)(3,0)
  \psline[fillstyle=hlines,hatchcolor=red,%
     hatchangle=60](3,3)(3,0)(0,3)
\end{pspicture}
```

7.1.7 addfillstyle

`addfillstyle` bestimmt einen zusätzlichen Füllstil, sodass insbesondere im Zusammenhang mit `\psboxfill` vielfältige Möglichkeiten für das Füllen von Flächen bestehen.

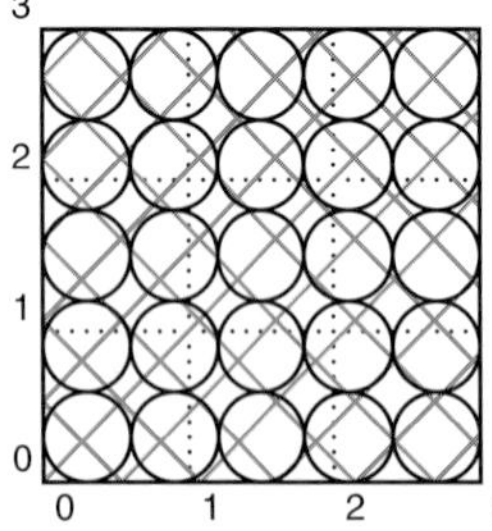

```
\def\Circle{\pspicture(0.6,0.6)%
  \pscircle(0.3,0.3){0.3}\endpspicture}
\begin{pspicture}(3,3)  \psgrid
  \psboxfill{\Circle}
  \psframe[fillstyle=crosshatch,addfillstyle=boxfill,%
    hatchsep=10pt,hatchcolor=red](3,3)
\end{pspicture}
```

Der Füllstil `boxfill` **muss** `addfillstyle` zugewiesen werden.

Der „normale“ Füllstil **muss** vor `addfillstyle` zugewiesen werden.

`\psboxfill` → Paket `pst-fill` in Abschnitt 19 auf Seite 243

7.2 „Transparente“ Farben

Transparenz ist bei PostScript zwar per Definition ohnehin gegeben, denn man überschreibt die in der Regel weiße Grundfläche. Erst mit dem Füllen eines Bereiches ist die Grundfarbe nicht mehr sichtbar. Mit Hilfe der Füllstile kann man sich „transparente“ Farben derart schaffen, dass die Fülllinien so dicht gelegt werden, dass sie einerseits nicht mehr als Linienmuster wahrgenommen werden können und andererseits die darunterliegende Farbe sichtbar bleibt. Dazu definiert man sich am besten eine kleines Makro `\defineTColor`, welches einen entsprechenden neuen Stil definiert. (→ 11.1 auf Seite 93)

Listing 7.1: Definition einer „transparenten“ Farbe

```
\def\defineTColor#1#2{% transparente "Farben"
  \newpsstyle{#1}{
    fillstyle=vlines,hatchcolor=#2,
    hatchwidth=0.1\pslinewidth,hatchsep=1\pslinewidth%
}}
```

Mit dem Laden des Pakets **pstricks-add** steht dieses Macro bereits zur Verfügung, wobei hier auch ein Überschreiben der Definitionen möglich ist. Parameter sind Optionen, Name und Grundfarbe, welche definiert sein muss.

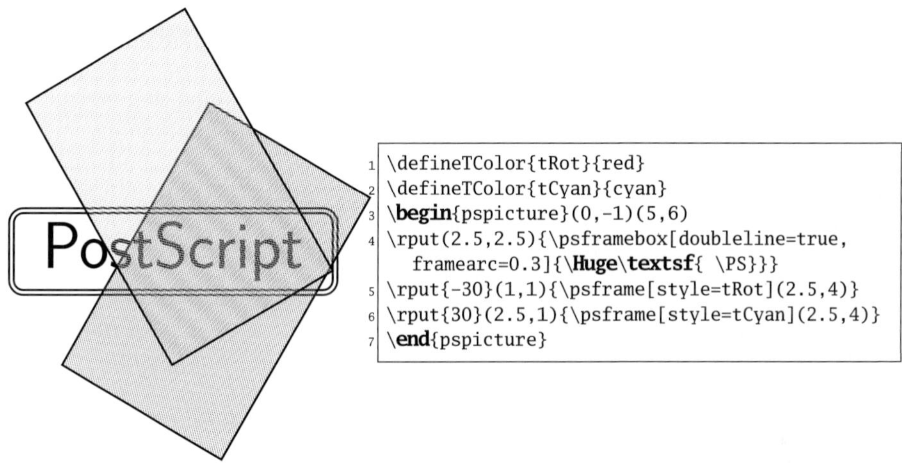

PostScript
\defineTColor{tRot}{red}
\defineTColor{tCyan}{cyan}
\begin{pspicture}(0,-1)(5,6)
\rput(2.5,2.5){\psframebox[doubleline=true,
  framearc=0.3]{\Huge\textsf{ \PS}}}
\rput{-30}(1,1){\psframe[style=tRot](2.5,4)}
\rput{30}(2.5,1){\psframe[style=tCyan](2.5,4)}
\end{pspicture}

Zu beachten ist, dass es beim Ausdrucken zu Moiréeffekten kommen kann, da sich die Linien ungünstig überlagern können. Alternativen sind andere Winkel oder den Füllstil `crosshatch` zu wählen.

7.3 Probleme

Das Füllen mit `vlines` und `hlines` erfolgt grundsätzlich durch Rotieren von vertikalen oder horizontalen Linien um den Winkel `hatchangle`. Dabei kann es zu Problemen kommen, wenn man bespielsweise ein Dreieck mit Linien parallel zu einer Seite füllen möchte.

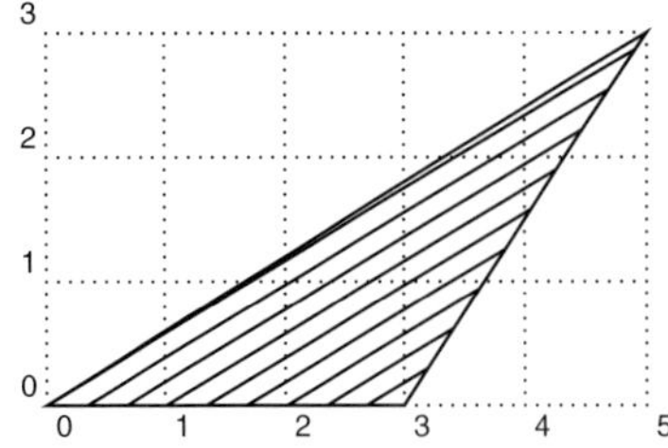

```
\begin{pspicture}(5,3) \psgrid
  \pspolygon[fillstyle=vlines,hatchangle
     =-59.036](0,0)(5,3)(3,0)
\end{pspicture}
```

Obwohl der korrekte Winkel $\alpha = -\arctan\frac{5}{3} \approx -59.036$ angegeben wurde, sind die Linien in der PostScript-Ausgabe alles andere als parallel zur längsten Seite. Dies liegt zum einen am verwendeten **dvips** Treiber und zum anderen an der in `pstricks.pro` definierten PostScript-Prozedur `LineFill`, die einen gerundeten Wert des Winkels benutzt. Dies hat keine Auswirkungen auf die mit `ps2pdf` erzeugte PDF-Ausgabe, hier wird der Winkel korrekt berücksichtigt.

Sämtliche PostScript Prozeduren, die Teil einer Headerdatei sind, können mit dem Makro `\pst@def` überschrieben werden. Wenn man sich zusätzlich die Berechnung des genauen Winkels ersparen will, kann man zusätzlich ein Makro `\setHatchAngle` definieren, welches den entsprechenden PostScript Code an `\pst@linefill` übergibt. Die entsprechenden Makros sind alle Teil des Basispakets `pstricks`.

```
\makeatletter
\def\setHatchAngle(#1,#2){%
    \edef\pst@HatchAngle{#1\space #2\space atan 90 sub rotate }}
\def\pst@linefill{%
    \pst@HatchAngle
    \psk@hatchwidth SLW
    \pst@usecolor\pshatchcolor
    \psk@hatchsep \tx@LineFill%
}
\pst@def{LineFill}<
gsave abs CLW add /a ED a 0 dtransform
% round exch round exch %<<<<------ no round (hv 2004-04-22)
2 copy idtransform exch Atan rotate idtransform pop
/a ED .25 .25 itransform pathbbox /y2 ED a Div ceiling cvi
/x2 ED /y1 ED a Div cvi /x1 ED /y2 y2 y1 sub def clip
newpath 2 setlinecap systemdict /setstrokeadjust known
    { true setstrokeadjust } if x2 x1 sub 1 add { x1
a mul y1 moveto 0 y2 rlineto stroke /x1 x1 1 add def }
repeat grestore pop pop >
\makeatother
```

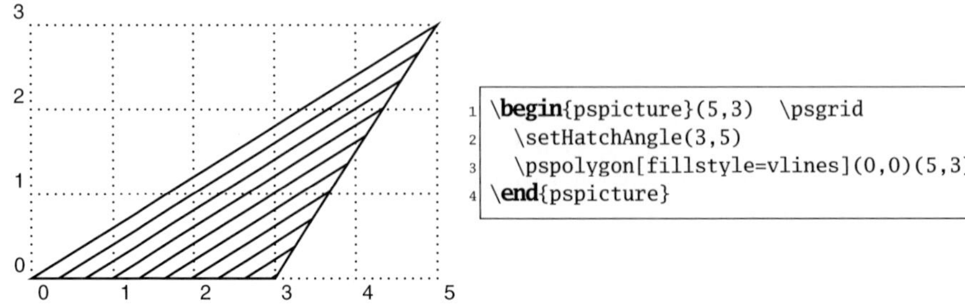

```
\begin{pspicture}(5,3)  \psgrid
  \setHatchAngle(3,5)
  \pspolygon[fillstyle=vlines](0,0)(5,3)(3,0)
\end{pspicture}
```

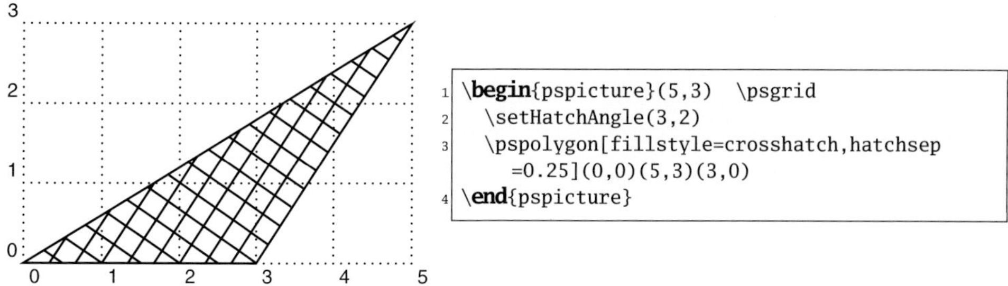


```
\begin{pspicture}(5,3) \psgrid
  \setHatchAngle(3,2)
  \pspolygon[fillstyle=crosshatch,hatchsep
    =0.25](0,0)(5,3)(3,0)
\end{pspicture}
```

Wie man den Beispielen eindeutig entnehmen kann, liegen die Linien nun parallel zu einer Seite des Dreiecks. I

7.4 Kreisförmige Farbverläufe

Kreisförmige Farbverläufe lassen sich einfach konstruieren.

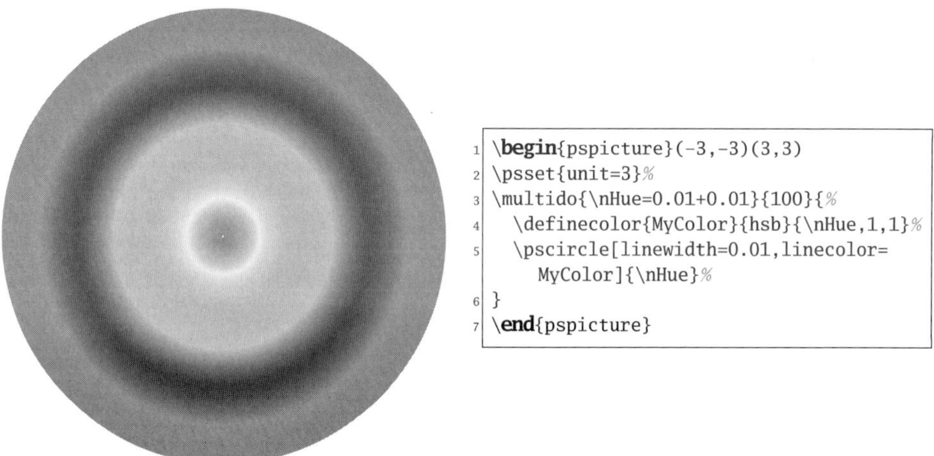

```
\begin{pspicture}(-3,-3)(3,3)
\psset{unit=3}%
\multido{\nHue=0.01+0.01}{100}{%
  \definecolor{MyColor}{hsb}{\nHue,1,1}%
  \pscircle[linewidth=0.01,linecolor=
    MyColor]{\nHue}%
}
\end{pspicture}
```

Dieses könnte man sich als Makro definieren und dann als Füllstil zusammen mit `psclip` verwenden (→ 10.10.2 auf Seite 87).

```
\def\kreisFuellung#1{%
  \psset{unit=#1}
  \begin{pspicture}(-1,-1)(1,1)
    \multido{\nHue=0.01+0.01}{100}{%
      \definecolor{MyColor}{hsb}{\nHue,1,1}%
      \pscircle[linewidth=0.01,linecolor=
        MyColor]{\nHue}%
    }
  \end{pspicture}
}
\begin{pspicture}(5,4)
\psclip{\psframe(5,4)}
   \rput(2.5,2){\kreisFuellung{3.5}}
\endpsclip
\end{pspicture}
```

Kapitel

8

Pfeile

PSTricks kennt bereits eine große Zahl an vordefinierten „Pfeilen“, die in Tabelle 8.2 zusammengestellt sind. Es wird zwar grundsätzlich von Pfeilen gesprochen, gemeint sind aber eigentlich Linienanfang und -ende, die unter anderem eben auch Pfeile sein können. Diese „Pfeile“ können alternativ über das key-value-Interface oder die spezielle Option {<Pfeil>} gesetzt werden, falls das entsprechende Makro dies vorsieht (vergleiche Abschnitt 4.1.8 auf Seite 28). Ebenso ist eine Festlegung durch \psset möglich (→ 2.3 auf Seite 11). Pfeile können grundsätzlich dort angegeben werden, wo es sich um „offene“ Linienzüge oder Kurven handelt. Dies bezieht sich auf die Definition des Makros und schließt daher auch nicht aus, dass ein Polygonzug durchaus einen gleichen Anfangs- und Endpunkt haben kann:

```
\psline[arrows=->](3,3)
\psline{->}(3,3)
{ \psset{arrows=->}
  \psline(3,3) }
```

Alle drei Möglichkeiten sind äquaivalent, wobei nur die Festlegung mit \psset in eine Gruppe gesetzt werden muss, um diese Anweisung lokal zu halten.

8.1 Parameter

Die Parameter beziehen sich zum einen auf den Stil und die Festlegung der Spitze des regulären Pfeils, die mehrfach beeinflusst werden kann und zum anderen auf das Größenverhältnis von eckiger und runder Klammer.

8.1.1 arrows

Die möglichen Stile für Linenanfänge und -enden zeigt Tabelle 8.2. Aus den Beispielen geht auch jeweils der notwendige Code hervor, sodass hier keine weiteren Erklärungen notwendig sind.

Tabelle 8.1: Zusammenfassung aller **arrows** Parameter

Name	Werte	Vorgabe
arrows	<Stil>	-
arrowsize	<Wert[Einheit] Wert>	1.5pt 2
arrowlength	<Wert>	1.4
arrowinset	<Wert>	0.4
tbarsize	<Wert[Einheit] Wert>	2pt 5
bracketlength	<Wert>	0.15
rbracketlength	<Wert>	0.15
arrowscale	<Wert1 [Wert2]>	1

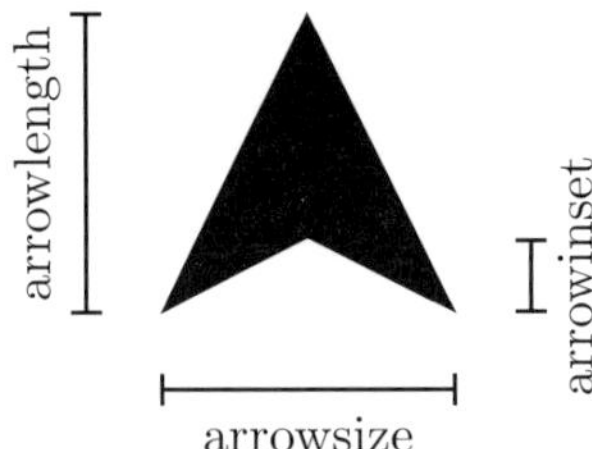

Abbildung 8.1: Abmessungen eines Pfeils

Fast sämtliche Pfeilarten können nach Belieben gemischt werden, beispielsweise wie in Tabelle 8.3.

Bei Verwendung des Pfeiltyps „-]“ ist zu beachten, dass dieser in geschweifte Klammern zu setzen ist, falls er über das allgemeine optionale Argument definiert wird, da ansonsten die eckige Klammer als schließende für die Optionen interpretiert wird!

Linienenden können zusätzlich durch drei weitere **arrows**-Werte beeinflusst werden. Zum besseren Verständnis sind alle wichtigen Größen noch einmal in Abbildung 8.1 dargestellt.

```
\begin{pspicture}(3,3)
  \psset{linewidth=0.5cm}
  \psline(0.25,0.25)(0.25,2.25)\rput(0.25,-0.25){-}
  \psline{c-c}(1,0.25)(1,2.25)\rput(1,-0.25){c-c}
  \psline{cc-cc}(1.75,0.25)(1.75,2.25)\rput(1.75,-0.25){cc-cc}
  \psline{C-C}(2.5,0.25)(2.5,2.25)\rput(2.5,-0.25){C-C}
\end{pspicture}
```

Tabelle 8.2: Zusammenstellung möglicher Pfeile mit\pssetlinecolor=red

<table>
<tr><th>Wert</th><th>Beispiel</th><th>Code</th><th>Erläuterung</th></tr>
<tr><td>-</td><td></td><td>\psline{-}(1.3,0)</td><td>none</td></tr>
<tr><td><-></td><td></td><td>\psline{<->}(1.3,0)</td><td>Pfeile</td></tr>
<tr><td>>-<</td><td></td><td>\psline{>-<}(1.3,0)</td><td>Inverse Pfeile</td></tr>
<tr><td>«-»</td><td></td><td>\psline{«-»}(1.3,0)</td><td>Doppelpfeile</td></tr>
<tr><td>»-«</td><td></td><td>\psline{»-«}(1.3,0)</td><td>Inverse Doppelpfeile</td></tr>
<tr><td>|-|</td><td></td><td>\psline{|-|}(1.3,0)</td><td>Querbalken, bündig mit Endpunkt</td></tr>
<tr><td>|*-|*</td><td></td><td>\psline{|*-|*}(1.3,0)</td><td>Querbalken, zentrisch mit Endpunkt</td></tr>
<tr><td>[-]</td><td></td><td>\psline{[-]}(1.3,0)</td><td>Eckige Klammern</td></tr>
<tr><td>]-[</td><td></td><td>\psline{]-[}(1.3,0)</td><td>Inverse eckige Klammern</td></tr>
<tr><td>(-)</td><td></td><td>\psline{(-)}(1.3,0)</td><td>Runde Ecken</td></tr>
<tr><td>)-(</td><td></td><td>\psline{)-(}(1.3,0)</td><td>Inverse runde Ecken</td></tr>
<tr><td>o-o</td><td></td><td>\psline{o-o}(1.3,0)</td><td>Kreis, zentrisch mit Endpunkt</td></tr>
<tr><td>*-*</td><td></td><td>\psline{*-*}(1.3,0)</td><td>Scheibe, zentrisch mit Endpunkt</td></tr>
<tr><td>oo-oo</td><td></td><td>\psline{oo-oo}(1.3,0)</td><td>Kreis, bündig mit Endpunkt</td></tr>
<tr><td>**-**</td><td></td><td>\psline{**-**}(1.3,0)</td><td>scheibe, bündig mit Endpunkt</td></tr>
<tr><td>|<->|</td><td></td><td>\psline{|<->|}(1.3,0)</td><td>Querbalken und Pfeil</td></tr>
<tr><td>|>-<|</td><td></td><td>\psline{|>-<|}(1.3,0)</td><td>Querbalken und inverser Pfeil</td></tr>
<tr><td>c-c</td><td></td><td>\psline{c-c}(1.3,0)</td><td>Abgerundete Enden</td></tr>
<tr><td>cc-cc</td><td></td><td>\psline{cc-cc}(1.3,0)</td><td>Abgerundete Enden, bündig mit Endpunkt</td></tr>
<tr><td>C-C</td><td></td><td>\psline{C-C}(1.3,0)</td><td>Eckiger Endpunkt</td></tr>
</table>

Tabelle 8.3: Beispiele für gemische Kombinationen \pssetlinecolor=red

<table>
<tr><th>Wert</th><th>Beispiel</th><th>Code</th></tr>
<tr><td>-></td><td></td><td>\psline{->}(1.3,0)</td></tr>
<tr><td>>-</td><td></td><td>\psline{>-}(1.3,0)</td></tr>
<tr><td><<-|</td><td></td><td>\psline{«-|}(1.3,0)</td></tr>
<tr><td>[-<<</td><td></td><td>\psline{[-«}(1.3,0)</td></tr>
<tr><td>]-|</td><td></td><td>\psline{]-|}(1.3,0)</td></tr>
<tr><td>[-></td><td></td><td>\psline{[->}(1.3,0)</td></tr>
<tr><td>]-o</td><td></td><td>\psline{]-o}(1.3,0)</td></tr>
</table>

8.1.2 arrowsize

arrowsize bezeichnet die Breite eines Pfeils in der Form Länge plus Vielfaches der Liniendicke (linewidth). Dies ermöglicht die Festlegung der Pfeilbreite ausschließlich in Abhängigkeit der aktuellen Liniendicke.

```
Breite = Wert[Einheit] + Wert * \linewidth
```

```
\begin{pspicture}(3,3) \psgrid
  \psline{->}(1,3)
  \psline[arrows=->,arrowsize=0pt 10](2,3)
  \psline[arrows=->,arrowsize=15pt](3,3)
  \psline[arrows=->,arrowsize=1](3,2)
  \psline[arrows=->,arrowsize=.2cm](3,1)
\end{pspicture}
```

8.1.3 arrowlength

`arrowlength` bezeichnet die Länge eines Pfeils als Vielfaches der Pfeilbreite (`arrowsize`), sodass die Relationen erhalten bleiben, wenn mit einer Änderung der `unit`-Werte der Maßstab verändert wird.

```
\begin{pspicture}(3,3) \psgrid
  \psset{arrows=->}
  \psline(1,3)
  \psline[arrowsize=0pt 10,arrowlength=1.5](2,3)
  \psline[arrowsize=15pt,arrowlength=0.5](3,3)
  \psline[arrowsize=1,arrowlength=3](3,2)
  \psline[arrowsize=.2cm,arrowlength=0.5](3,1)
\end{pspicture}
```

8.1.4 arrowinset

`arrowinset` bezeichnet den Einschnitt eines Pfeils am Ende als Vielfaches der Pfeillänge (`arrowsize`), sodass die Relationen erhalten bleiben, wenn mit einer Änderung der `unit`-Werte der Maßstab verändert wird.

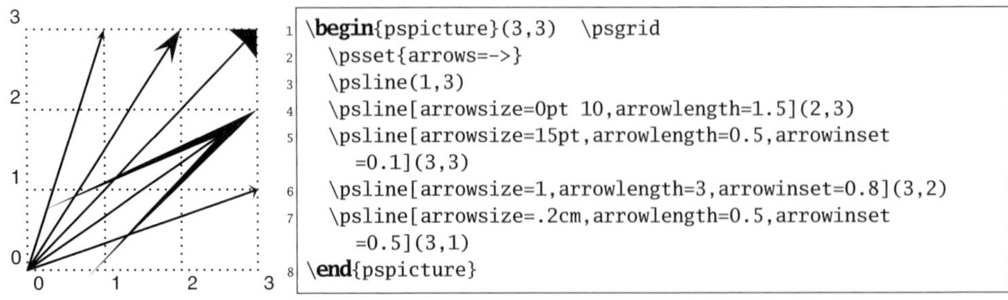

```
\begin{pspicture}(3,3) \psgrid
  \psset{arrows=->}
  \psline(1,3)
  \psline[arrowsize=0pt 10,arrowlength=1.5](2,3)
  \psline[arrowsize=15pt,arrowlength=0.5,arrowinset
    =0.1](3,3)
  \psline[arrowsize=1,arrowlength=3,arrowinset=0.8](3,2)
  \psline[arrowsize=.2cm,arrowlength=0.5,arrowinset
    =0.5](3,1)
\end{pspicture}
```

8.1.5 tbarsize

`tbarsize` bezeichnet die Breite bzw. Höhe eines Balkens, einer eckigen oder runden Klammer in der Form Länge plus Vielfaches der Liniendicke (`linewidth`).

Dies ermöglicht die Festlegung der Pfeilbreite ausschließlich in Abhängigkeit der aktuellen Liniendicke.

```
Breite = Wert[Einheit] + Wert*\linewidth
```

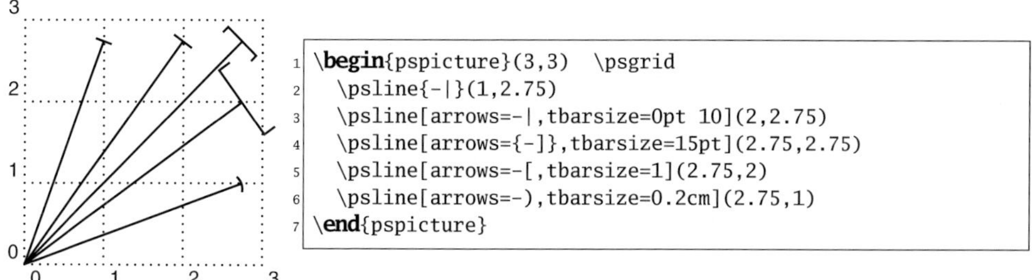


```
\begin{pspicture}(3,3) \psgrid
  \psline{-|}(1,2.75)
  \psline[arrows=-|,tbarsize=0pt 10](2,2.75)
  \psline[arrows={-]},tbarsize=15pt](2.75,2.75)
  \psline[arrows=-[,tbarsize=1](2.75,2)
  \psline[arrows=-),tbarsize=0.2cm](2.75,1)
\end{pspicture}
```

8.1.6 bracketlength

`bracketlength` bezeichnet die Länge bzw. die Höhe einer eckigen Klammer als Vielfaches der Klammerbreite.

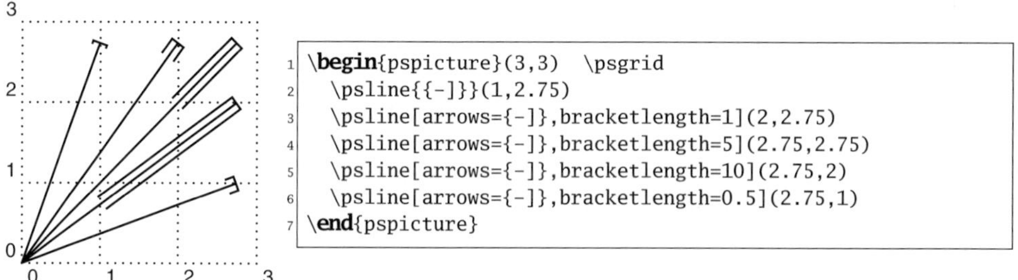


```
\begin{pspicture}(3,3) \psgrid
  \psline{{-]}}(1,2.75)
  \psline[arrows={-]},bracketlength=1](2,2.75)
  \psline[arrows={-]},bracketlength=5](2.75,2.75)
  \psline[arrows={-]},bracketlength=10](2.75,2)
  \psline[arrows={-]},bracketlength=0.5](2.75,1)
\end{pspicture}
```

8.1.7 rbracketlength

`rbracketlength` bezeichnet die Länge bzw. die Höhe einer runden Klammer als Vielfaches der Klammerbreite.

```
\begin{pspicture}(3,3) \psgrid
  \psline{{-]}}(1,2.75)
  \psline[arrows=-),rbracketlength=1](2,2.75)
  \psline[arrows=-),rbracketlength=5](2.75,2.75)
  \psline[arrows=-),rbracketlength=10](2.75,2)
  \psline[arrows=-),rbracketlength=0.5](2.75,1)
\end{pspicture}
```

8.1.8 arrowscale

`arrowscale` bezeichnet den Skalierungsfaktor mit dem der angeforderte „Pfeil“ skaliert wird. Wird nur eine Zahlenangabe gemacht, so bezieht sich diese auf Breite und Höhe gleichermaßen.

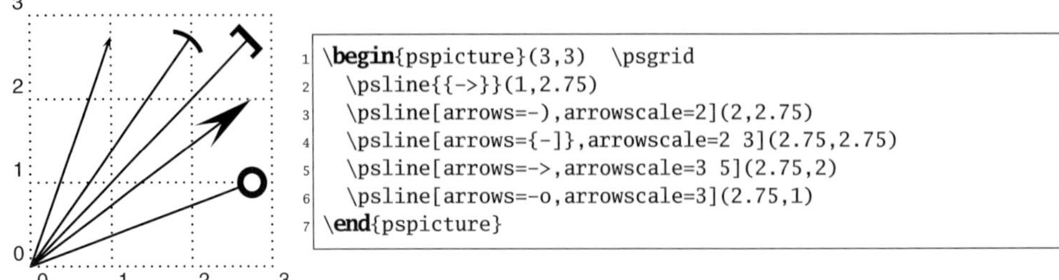

```
\begin{pspicture}(3,3)  \psgrid
  \psline{{->}}(1,2.75)
  \psline[arrows=-),arrowscale=2](2,2.75)
  \psline[arrows={-]},arrowscale=2 3](2.75,2.75)
  \psline[arrows=->,arrowscale=3 5](2.75,2)
  \psline[arrows=-o,arrowscale=3](2.75,1)
\end{pspicture}
```

8.2 Erweiterungen

Die Pfeiltypen können beliebig erweitert werden. Möchte man beispielsweise die in Abschnitt 6.3 auf Seite 54 neu definierten Symbole auch als „Pfeile“ benutzen, so braucht man nur folgendes zu definieren:

```
\makeatletter
\@namedef{psas@cm}{\psk@dotsize \psds@CircleMultiply 0 0 Dot}
\@namedef{psas@cp}{\psk@dotsize \@nameuse{psds@CirclePlus} 0 0 Dot}
\makeatother
```

Symbolisch werden die Pfeile jetzt als „`cm`“ und „`cp`“ angesprochen und in der üblichenWeise genutzt.

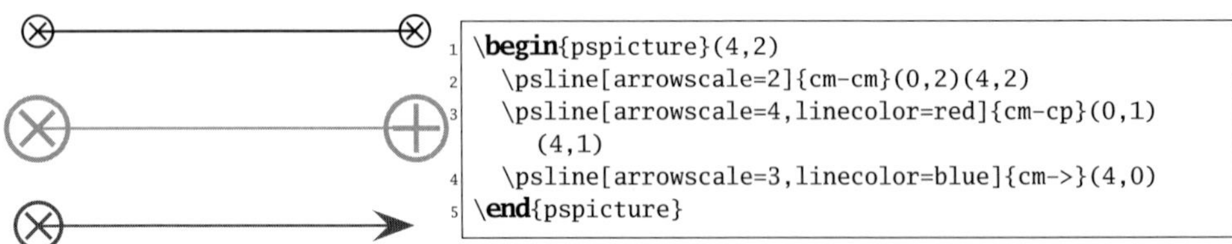

```
\begin{pspicture}(4,2)
  \psline[arrowscale=2]{cm-cm}(0,2)(4,2)
  \psline[arrowscale=4,linecolor=red]{cm-cp}(0,1)
    (4,1)
  \psline[arrowscale=3,linecolor=blue]{cm->}(4,0)
\end{pspicture}
```

Etwas aufwendiger ist der Fall, wenn man keine vorhandenen Zeichen aus einem Font nehmen kann, sondern die Symbole selbst zeichnen muss. Dies wird hier am Beispiel eines Rechtecks gezeigt, welches symbolisch das Pfeilzeichen „`B`“ für „Box“ zugeordnet bekommt.

```
% Definition neuer "Pfeile" B-B
\makeatletter
\edef\pst@arrowtable{\pst@arrowtable,B-B} % zur Pfeiltabelle dazufügen
\def\tx@ABox{ABox } %            interner PostScript-Name ABox
\@namedef{psas@B}{%              interner  Makroname
  /ABox { %                      PostScript Prozedur
    CLW mul add dup CLW sub 2 div %Liniendicke beachten
```

```
    /x ED mul %                 x-Wert speichern
    /y ED %                     y ebenfalls
    /z CLW 2 div def %          reservieren
    x neg y moveto %            Startpunkt
    x neg CLW 2 div L %         lineto
    x CLW 2 div L  %            lineto
    x y L  %                    lineto
    x neg y L  %                lineto
    stroke 0 y moveto %        zeichnen und ans Linienende gehen
  } def
  \psk@bracketlength \psk@tbarsize \tx@ABox% Breite Höhe ABox
}
\makeatother
```

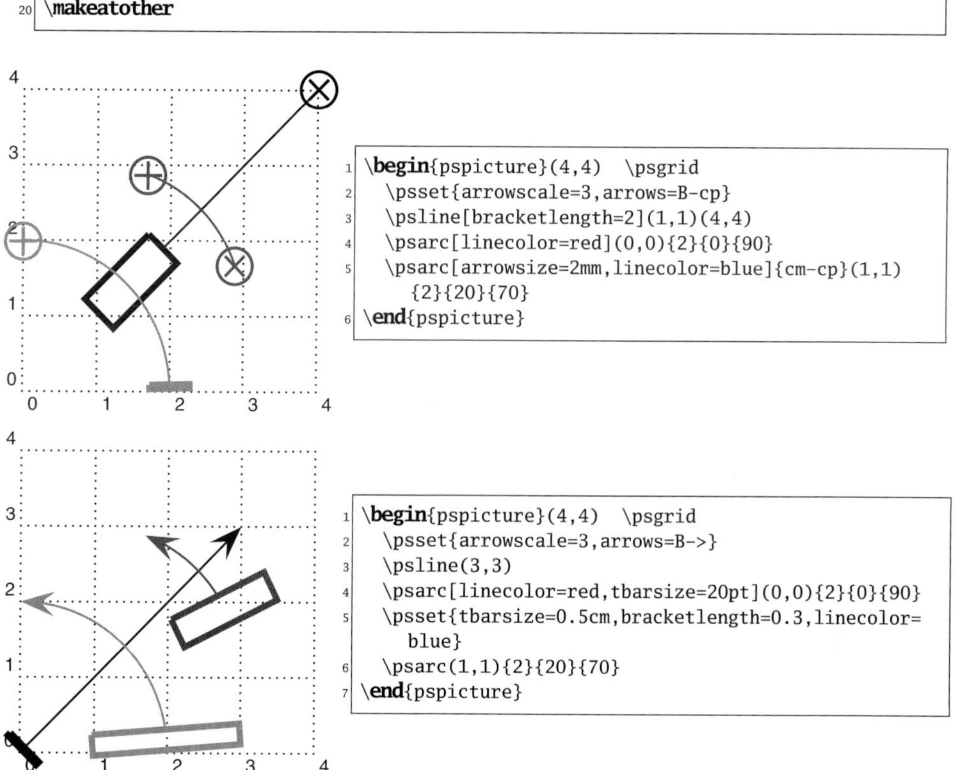

```
\begin{pspicture}(4,4)  \psgrid
  \psset{arrowscale=3,arrows=B-cp}
  \psline[bracketlength=2](1,1)(4,4)
  \psarc[linecolor=red](0,0){2}{0}{90}
  \psarc[arrowsize=2mm,linecolor=blue]{cm-cp}(1,1)
    {2}{20}{70}
\end{pspicture}
```

```
\begin{pspicture}(4,4)  \psgrid
  \psset{arrowscale=3,arrows=B->}
  \psline(3,3)
  \psarc[linecolor=red,tbarsize=20pt](0,0){2}{0}{90}
  \psset{tbarsize=0.5cm,bracketlength=0.3,linecolor=
    blue}
  \psarc(1,1){2}{20}{70}
\end{pspicture}
```

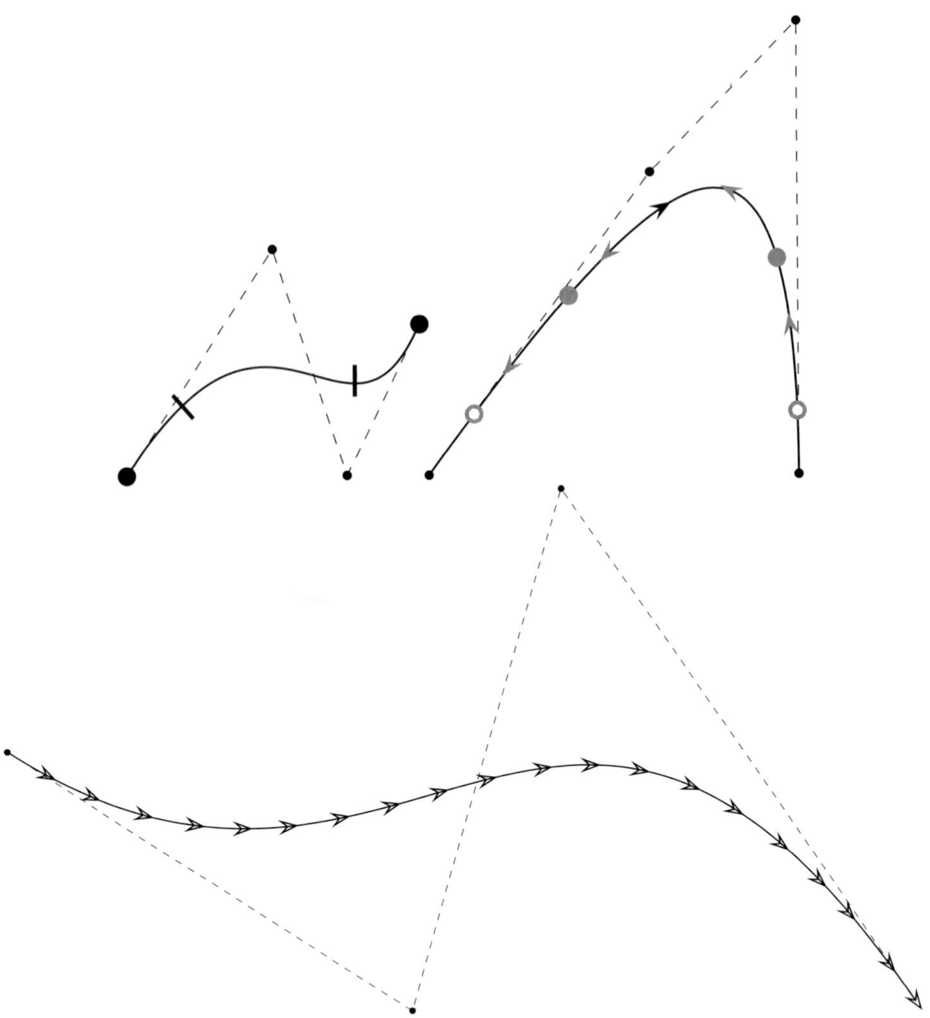

Abbildung 8.2: `bsp102.tex`: Bezierkurven mit Pfeilen.

Kapitel 9 Label

PSTricks-Makros, die Label bzw. beliebige Objekte setzen, haben alle die Endung put und prinzipiel auch dieselbe Syntax, wobei Parameter unterschiedlich interpretiert werden.

9.1 Referenzpunkte

Jedes Objekt hat eine bestimmte Breite, Höhe und Tiefe. Soll dieses an einen bestimmten Punkt (x,y) platziert werden, so muss man den Referenzpunkt des Objekts festlegen. Dieser wird dann den Koordinaten (x,y) gleichgesetzt. Nach Definition ist der Referenzpunkt im Normalfall das Zentrum des Objekts (Box). Das kann jedoch durch Angabe je eines Buchstabens für die Horizontale und die Vertikale geändert werden. Tabelle 9.1 faßt die möglichen Werte zusammen, deren Bedeutung noch einmal durch Abbildung 9.1 klar wird. Die Angaben können einzeln erfolgen aber auch beliebig gemischt werden, wobei logischerweise nicht mehr als zwei Angaben gleichzeitig möglich sind.

Tabelle 9.1: Zusammenstellung der Referenzpunkte

Horizontal		Vertikal	
l	Left	**t**	Top
r	Right	**b**	Bottom
		B	Baseline

9.2 Drehwinkel

Für die Angabe des Drehwinkels existieren als Kurzformen die Windrichtungen, die alle in Tabelle 9.2 zusammengefasst sind. Diese können der Einfachheit halber für bestimmte Winkelwerte genommen werden.

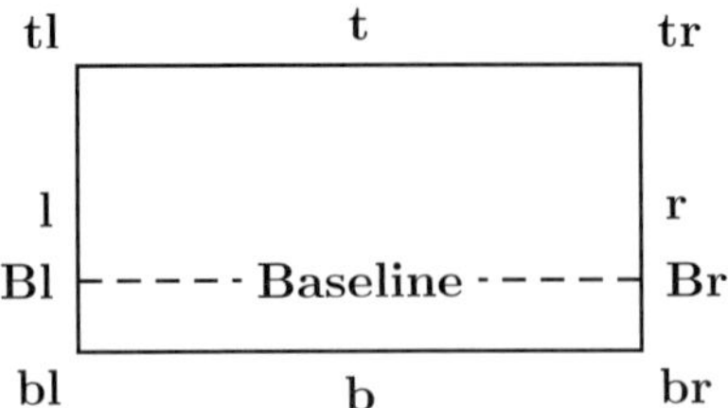

Abbildung 9.1: Die Lage der Referenzpunkte in einer Box

Tabelle 9.2: Zusammenstellung der Kurzformen für die Drehwinkel

Buchstabe	Bedeutung	Entsprechung
U	Up	0
L	Left	90
D	Down	180
R	Right	270
N	North	*0
W	West	*90
S	South	*180
E	East	*270

Sämtliche Drehwinkel, die einen Stern als Präfix aufweisen, veranlassen PSTricks alle übergeordneten Rotationen zu ignorieren und nur die mit dem Stern auszuführen.

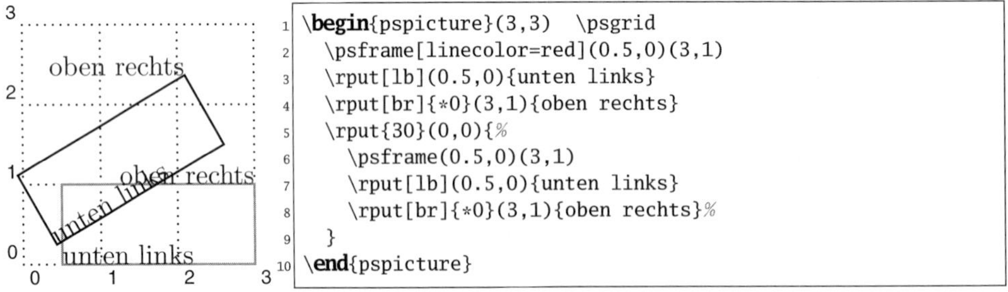


```
\begin{pspicture}(3,3)  \psgrid
  \psframe[linecolor=red](0.5,0)(3,1)
  \rput[lb](0.5,0){unten links}
  \rput[br]{*0}(3,1){oben rechts}
  \rput{30}(0,0){%
    \psframe(0.5,0)(3,1)
    \rput[lb](0.5,0){unten links}
    \rput[br]{*0}(3,1){oben rechts}%
  }
\end{pspicture}
```

9.3 Parameter

Tabelle 9.3 auf der nächsten Seite enthält nur einen Parameter, der im Zusammenhang mit Label von Interesse ist.

Tabelle 9.3: Zusammenfassung aller Parameter für Label

Name	Werte	Vorgabe
labelsep	Wert[Einheit]	5pt

9.4 \rput

\rput ist ein sehr häufig angewendetes Makro, da es schon alle Eigenschaften aufweist, die man von einem Makro erwartet, welches ein beliebiges Objekt an eine beliebige Stelle des Koordinatensystems setzt.

```
\rput[<Referenzpunkt>]{<Drehung>}(<x,y>){<Objekt>}
\rput*[<Referenzpunkt>]{<Drehung>}(<x,y>){<Objekt>}
```

Die Möglichkeiten der Anwendung sind vielfältig, wovon hier nur ein einziges Beispiel gezeigt wird.

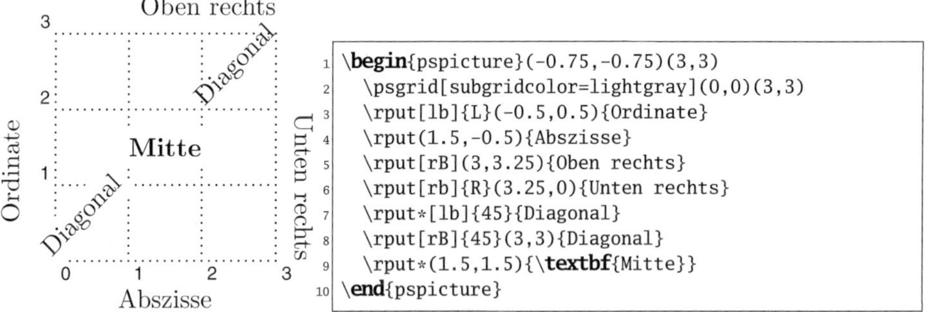


```
\begin{pspicture}(-0.75,-0.75)(3,3)
  \psgrid[subgridcolor=lightgray](0,0)(3,3)
  \rput[lb]{L}(-0.5,0.5){Ordinate}
  \rput(1.5,-0.5){Abszisse}
  \rput[rB](3,3.25){Oben rechts}
  \rput[rb]{R}(3.25,0){Unten rechts}
  \rput*[lb]{45}{Diagonal}
  \rput[rB]{45}(3,3){Diagonal}
  \rput*(1.5,1.5){\textbf{Mitte}}
\end{pspicture}
```

Die Angabe des Referenzpunktes und des Drehwinkels kann entfallen.

Die Angabe des Koordinatenpaars (x,y) kann entfallen, es wird dann vom aktuellen Punkt ausgegangen.

Die Sternversion ermöglicht ein Überschreiben (siehe Beispiel).

9.5 \multirput

\multirput ist basiert auf \rput, mit dem Unterschied, dass es n-mal ausgeführt wird, wobei jedesmal eine Verschiebung des aktuellen Punktes um (dx,dy) erfolgt.

```
\multirput[<Referenzpunkt>]{<Drehung>}(<x,y>)(<dx,dy>){<n>}{<Objekt>}
\multirput*[<Referenzpunkt>]{<Drehung>}(<x,y>)(<dx,dy>){<n>}{<Objekt>}
```

Mit \multirput lassen sich auf einfache Weise Achsenmarkierungen einschließlich der Beschriftung erreichen.

```
\begin{pspicture}(4,4)
  \psline{->}(4,0)\psline{->}(0,4)
  \multirput(0,0)(0.25,0){15}{%
    \psline[linewidth=0.1pt](0,-0.1)}
  \multirput(0,0)(0,0.25){15}{%
    \psline[linewidth=0.1pt](-0.1,0)}
  \multirput(0,0)(0.5,0){8}{\psline(0,-0.15)}
  \multirput(0,0)(0,0.5){8}{\psline(-0.15,0)}
  \uput[0](4,0){$x$}\uput[90](0,4){$y$}
\end{pspicture}
```

 Die Angabe des Referenzpunktes und des Drehwinkels kann entfallen.

 Die Angabe des Koordinatenpaars (x,y) kann entfallen, es wird dann vom aktuellen Punkt ausgegangen.

9.6 \uput

Die Anwendung von `\uput` ist etwas umständlich, wenn man beispielsweise Koordinatenachsen beschriften will, wo es im Prinzip nur darum geht, um einen bestimmten Punkt herum in Abhängigkeit von einem Drehwinkel ein Label zu setzen. Hier ist `\uput` vorteilhaft, da es den übergebenen Punkt lediglich als Zentrum nimmt und von diesem ausgehend in einem bestimmten Abstand und Drehwinkel das Label setzt.

```
\uput{<Labelabstand>}[<Winkel>]{<Drehung>}(<x,y>){<Objekt>}
\uput*{<Labelabstand>}[<Winkel>]{<Drehung>}(<x,y>){<Objekt>}
```

Der Labelabstand kann auch über den Parameter `labelsep` gesetzt werden. Zur Vereinfachung sind für die Referenzwinkel Abkürzungen definiert, die in Tabelle 9.4 zusammengefasst sind.


```
\begin{pspicture}(-0.75,-0.75)(3,3)
  \psgrid[subgridcolor=lightgray]
  \uput{0.5}[180]{90}(0,1.5){Ordinate}
  \uput{0.5}[-90](1.5,0){Abszisse}
  \qdisk(1,2){2pt}\uput[45](1,2){\small $(1,2)$}
  \qdisk(2,1){2pt}\uput*[45](2,1){\small $(2,1)$}
\end{pspicture}
```

Tabelle 9.4: Zusammenstellung der Kurzformen für die Referenzwinkel

Zeichen	Bedeutung	Entsprechung
`r`	right	0
`u`	up	90
`l`	left	180
`d`	down	270
`ur`	up-right	45
`ul`	up-left	135
`dl`	down-left	225
`dr`	down-right	315

9.7 \Rput

`\Rput` ist ein veraltetes Makro und durch `uput` ersetzt worden. Es verwendet im Gegensatz dazu die Syntax der Referenzwinkel des `rput` Makros (vergleiche Tabelle 9.5).

Tabelle 9.5: Gegenüberstellung der Kurzformen für die Referenzwinkel der Makros `\uput` und `\Rput`

Makro	Kurzformen							
`\uput`	r	u	l	d	ur	ul	dr	dl
`\Rput`	l	b	r	t	bl	br	tr	rl

```
\Rput{<Labelabstand>}[<Winkel>]{<Drehung>}(<x,y>){<Objekt>}
\Rput*{<Labelabstand>}[<Winkel>]{<Drehung>}(<x,y>){<Objekt>}
```

Im folgenden Beispiel wurden nur die `\uput` Makros durch `\Rput` ersetzt, um auf diese Weise das unterschiedliche Verhalten deutlich werden zu lassen.

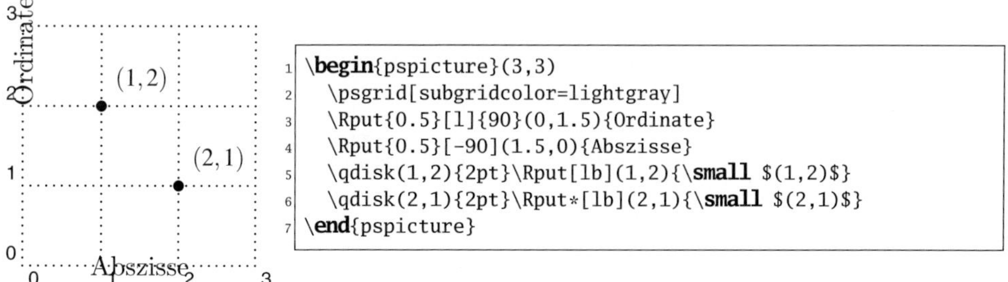


```
\begin{pspicture}(3,3)
  \psgrid[subgridcolor=lightgray]
  \Rput{0.5}[l]{90}(0,1.5){Ordinate}
  \Rput{0.5}[-90](1.5,0){Abszisse}
  \qdisk(1,2){2pt}\Rput[lb](1,2){\small $(1,2)$}
  \qdisk(2,1){2pt}\Rput*[lb](2,1){\small $(2,1)$}
\end{pspicture}
```

9.8 \cput

`\cput` kombiniert die beiden Makros `\pscirclebox` (→ 10.5 auf Seite 84) und `\rput`. `\cput` hat grundsätzlich das Zentrum des Label als Referenzpunkt, was auch nicht geändert werden kann.

```
\cput[<Optionen>]{<Drehung>}(<x,y>){<Objekt>}
```

\cput[<Optionen>]{<Drehung>}(<x,y>){<Objekt>}

```
\begin{pspicture}(2,2)  \psgrid
  \cput[doubleline=true]{45}(1,1){\textbf{Mitte}}
\end{pspicture}
```

9.9 \multips

`\multips` hat gegenüber `\multirput` den Vorzug, dass es leichter grafische Objekte wiederholt erstellen kann. Bis auf den Referenzpunkt ist die Syntax identisch zu `\multirput`, wobei allerdings keine Sternversion existiert.

```
\multips{<Drehung>}(<x,y>)(<dx,dy>){<n>}{<Objekt>}
```

```
\def\myCoil{%
  \pscurve(-0.5,0.5)(-0.1,0.45)(0.3,0)%
     (0,-0.5)(-0.3,0)(0.1,0.45)(0.5,0.5)}%
\begin{pspicture}(2,0.5)
  \psset{unit=0.5,linewidth=1.5pt}
  \multips(0,0)(1,0){4}{\myCoil}
\end{pspicture}
```

9.10 \multido

`\multido` hat gegenüber `\multirput` und `\multips` den Vorzug, dass es verschiedene Laufvariablen deklarieren kann, auf die man in der Schleife Bezug nehmen kann (→ 32.3 auf Seite 433).

Kapitel

10

Boxen

Fast alle PSTricks Makros haben ein Argument für Text, der im eingeschränkten horizontalen Modus, kurz als LR-Modus bezeichnet, verarbeitet wird. Im eingeschränkten horizontalen Modus wird das Argument, bestehend aus Buchstaben und anderen Boxen, zu einer mehr oder weniger langen Zeile zusammengefügt. Ein Zeilenumbruch ist ebenso wenig möglich wie eine abgesetzte Formel. Dies ist nicht wirklich eine Einschränkung, denn es kann ohne weiteres eine \parbox oder minipage eingefügt werden, sodass es letztlich keinen einzigen Befehl gibt, der nicht in das Argument einer LR-Box eingesetzt werden kann.

Die LR-Boxenmakros von PSTricks haben einige Eigenschaften, die etwas von den üblichen abweichen. Mit den LR-Boxen von LaTeX wird der Inhalt immer im Textmodus verarbeitet, selbst wenn dieser Inhalt im Mathematikmodus auftritt. PSTricks konserviert einerseits den Mathematikmodus und versucht andererseits, den aktuellen Modus zu speichern. TeX kennt die vier Mathematikarten \text, displaystyle, \scriptstyle und \scriptscriptstyle. PSTricks unterstützt durch zwei Befehle, dass Umschalten zwischen dem Mathematikmodus und dem normalen Textmodus (→ 10.12 auf Seite 90).

10.1 Parameter

Neben den in Tabelle 10.1 aufgeführten Parametern kann ein Großteil der Linien- oder Fülloptionen nach wie vor eingesetzt werden (→Tabelle 4.1 auf Seite 25).

Tabelle 10.1: Zusammenfassung aller Parameter für Boxen

Name	Werte	Vorgabe
framesep	<Wert[Einheit]>	3pt
boxsep	false|true	true
trimode	*U|D|R|L	U

10.1.1 framesep

`framesep` ist der Abstand zwischen dem Rand der Box und dem inneren Objekt, ähnlich dem bekannten `\fboxsep`.

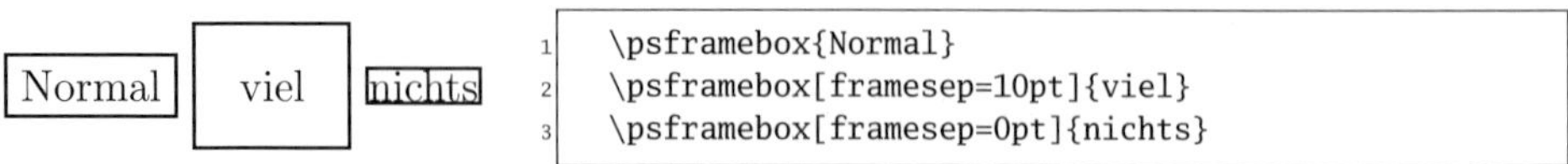
Normal
viel
nichts
\psframebox{Normal}
\psframebox[framesep=10pt]{viel}
\psframebox[framesep=0pt]{nichts}

10.1.2 boxsep

`boxsep` legt fest, worauf sich die Größe der Box beziehen soll, entweder auf die äußere Umrandung oder die größere des inneren Objekts, wobei dies nur für die Makros `\psframebox`, `\pscirclebox` und `\psovalbox` gilt. Bei allen anderen ist es immer der äußere Rahmen.

Bezieht man die Größe der Box auf das innere Objekt, wird automatisch der Rahmen gegenüber TeX transparent, denn er ist nicht Teil der Box. Dies ist insbesondere dann von Vorteil, wenn innerhalb eines Textes oder einer Abbildung etwas durch Einrahmen hervorgehoben werden soll (→Tabelle 10.6 auf Seite 85).

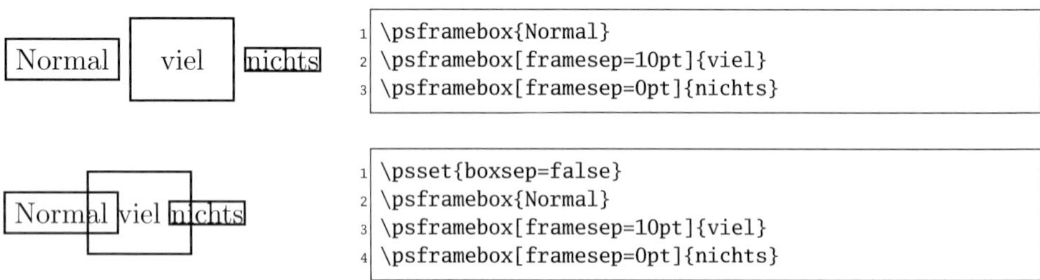
Normal
viel
nichts
\psframebox{Normal}
\psframebox[framesep=10pt]{viel}
\psframebox[framesep=0pt]{nichts}
Normal
viel
nichts
\psset{boxsep=false}
\psframebox{Normal}
\psframebox[framesep=10pt]{viel}
\psframebox[framesep=0pt]{nichts}

10.1.3 trimode

Bei einem Dreieck als Rahmen muss festgelegt werden, wie die Basis angeordnet werden soll, horizontal oder vertikal. Grundsätzlich wird von einem gleichschenkligen Dreieck ausgegangen, bei dem der Parameter `trimode` bestimmt, in welche Richtung die „Spitze“ des Dreiecks zeigen soll. Für den Fall „`U`“ kann zusätzlich durch eine Sternversion die Basis verkleinert werden, sodass ein spitzwinkliges Dreieck entsteht.

Tabelle 10.2: Parameter `trimode`

Wert	Code	Ergebnis
U	\pstribox[trimode=U]{Jana}	Jana
*U	\pstribox[trimode=*U]{Jana}	Jana
D	\pstribox[trimode=D]{Jana}	Jana
R	\pstribox[trimode=R]{Jana}	Jana
L	\pstribox[trimode=L]{Jana}	Jana

10.2 \psframebox

`\psframebox` stellt die einfachste aller zur Verfügung stehenden Boxen dar.

```
\psframebox[<Optionen>]{<Inhalt>}
\psframebox*[<Optionen>]{<Inhalt>}
```

Im Gegensatz zu allen vorhergehenden Sternversionen wird in diesem Fall der Hintergrund nicht mit der Farbe `linecolor`, sondern der eigentlichen Füllfarbe `fillcolor` gefüllt. Damit lassen sich auf einfache Weise Label bzw. Beschriftungen mit weißem Hintergrund erstellen.

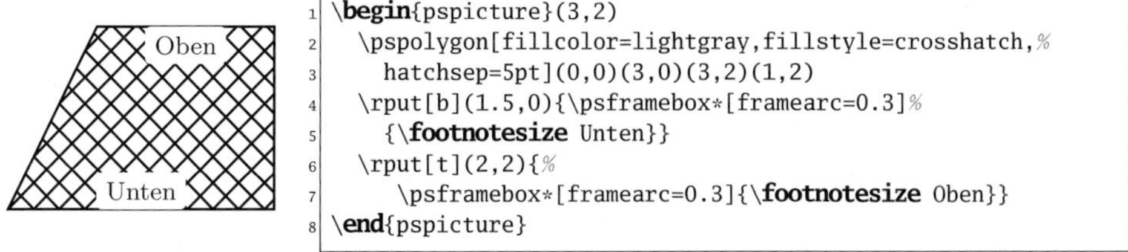


```
\begin{pspicture}(3,2)
  \pspolygon[fillcolor=lightgray,fillstyle=crosshatch,%
    hatchsep=5pt](0,0)(3,0)(3,2)(1,2)
  \rput[b](1.5,0){\psframebox*[framearc=0.3]%
    {\footnotesize Unten}}
  \rput[t](2,2){%
     \psframebox*[framearc=0.3]{\footnotesize Oben}}
\end{pspicture}
```

10.3 \psdblframebox

`\psdblframebox` unterscheidet sich nur durch den doppelten Rahmen von dem Makro `\psframebox`.

```
\psdblframebox[<Optionen>]{<Inhalt>}
\psdblframebox*[<Optionen>]{<Inhalt>}
```

Dies ist eine normale \psdblframebox*, die durch die Verwendung einer \parbox auch einen Umbruch hat!

```
\psdblframebox[framearc=0.25,framesep=10pt]{%
  \parbox{3.5cm}{Dies ist eine normale
    \CMD{psdblframebox*}, die durch die
    Verwendung einer \CMD{parbox} auch
    einen Umbruch hat!%
  }%
}
```

Zu beachten ist die Tatsache, dass bei zu großem Wert für `framearc` eine Überschneidung mit dem Text erfolgt, der nur an den **rechteckigen** Boxmaßen ausgerichtet ist.

10.4 \psshadowbox

`\psshadowbox` ist identisch zur Anwendung von `\psframebox` mit der Option `shadow=true`.

```
\psshadowbox[<Optionen>]{<Inhalt>}
\psshadowbox*[<Optionen>]{<Inhalt>}
```

\psshadowbox \psframebox

```
\psshadowbox{\CMD{psshadowbox}}
\psframebox[shadow=true]{\CMD{psframebox}}
```

10.5 \pscirclebox

`\pscirclebox` erstellt in der Regel zu große Radien für den Kreis, da die innere, rechteckige Box als Maß genommen wird. Insbesondere bei Verwendung von `\parbox` oder `tabular` addieren sich die Ränder `framesep` und `fboxsep` bzw. `tabcolsep`. Im angegebenen Beispiel werden daher auch die äußeren Abstände der Tabelle durch `@{}c@{}` auf null gesetzt.

```
\psshadowbox[<Optionen>]{<Inhalt>}
\psshadowbox*[<Optionen>]{<Inhalt>}
```

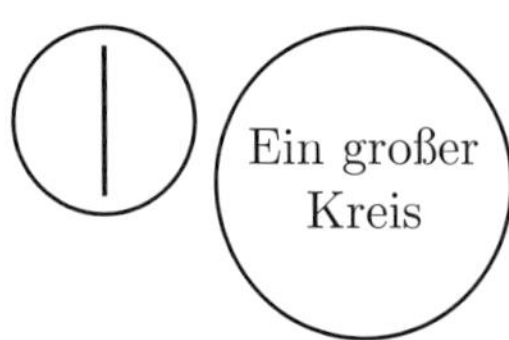


```
\pscirclebox{\rule{1pt}{1cm}}
\pscirclebox{%
  \begin{tabular}{@{}c@{}}%
    Ein gro\ss er\\ Kreis%
  \end{tabular}%
}
```

`\cput` ist eine Alternative zu `\pscirclebox`, wenn man den Inhalt an eine bestimmte Stelle setzen will. (→ 9.8 auf Seite 79)

10.6 \psovalbox

`\psovalbox` erstellt ein echtes Oval bzw. eigentlich eine Ellipse und ist somit unterschiedlich zu `\psframebox` mit abgerundeten Ecken.

Auch die ovale Box ist optisch zu groß, wenn mit einer `\parbox` oder `tabular` gearbeitet wird (→ 10.5 auf der vorherigen Seite).

```
\psovalbox[<Optionen>]{<Inhalt>}
\psovalbox*[<Optionen>]{<Inhalt>}
```

Zur Einführung kostet dieses Buch nur 24,35€, was sehr günstig ist!

```
\parbox{4cm}{%
    Zur Einführung kostet dieses
    Buch nur \psovalbox[boxsep=false,%
        linecolor=darkgray]{24,35\euro},
    was sehr günstig ist!%
}
```

10.7 \psdiabox

`\psdiabox` erstellt eine Raute, wobei die Breite gleich der doppelten Höhe ist.

```
\psdiabox[<Optionen>]{<Inhalt>}
\psdiabox*[<Optionen>]{<Inhalt>}
```

```
\psdiabox[shadow=true]{\Large Jana}
```

10.8 \pstribox

`\pstribox` wurde bereits ausreichend im Zusammenhang mit dem speziellen Parameter `trimode` (→ 10.1.3 auf Seite 82) behandelt, sodass hier keine weiteren Erläuterungen notwendig sind.

```
\pstribox[<Optionen>]{<Inhalt>}
\pstribox*[<Optionen>]{<Inhalt>}
```

```
\pstribox[shadow=true,trimode=R]{\Large Jana}
```

10.9 Boxgröße

Bei allen angegebenen Boxmakros orientiert sich die Größe ausschließlich an dem Inhalt der Box. Unterschiedliche Inhalte ergeben unterschiedliche Boxgrößen, was manchmal nicht erwünscht ist. Lediglich mit dem angegebenen \cnode (→ 16 auf Seite 165) können gleich große Kreise erreicht werden.

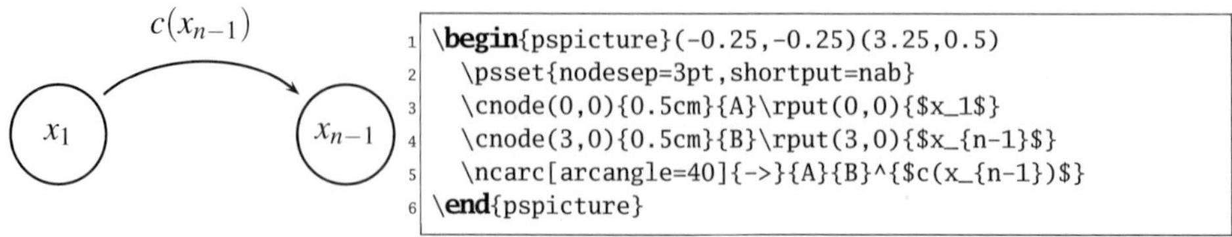


```
\begin{pspicture}(-0.25,-0.25)(3.25,0.5)
  \psset{nodesep=3pt,shortput=nab}
  \cnode(0,0){0.5cm}{A}\rput(0,0){$x_1$}
  \cnode(3,0){0.5cm}{B}\rput(3,0){$x_{n-1}$}
  \ncarc[arcangle=40]{->}{A}{B}^{$c(x_{n-1})$}
\end{pspicture}
```

Für alle anderen bietet sich die \parbox an, die sowohl Parameter für die Breite als auch die Höhe hat. Daneben kann auch nur mit \makebox gearbeitet werden, wenn nur die Breite konstant gehalten werden soll.

10.9.1 Konstante Breite

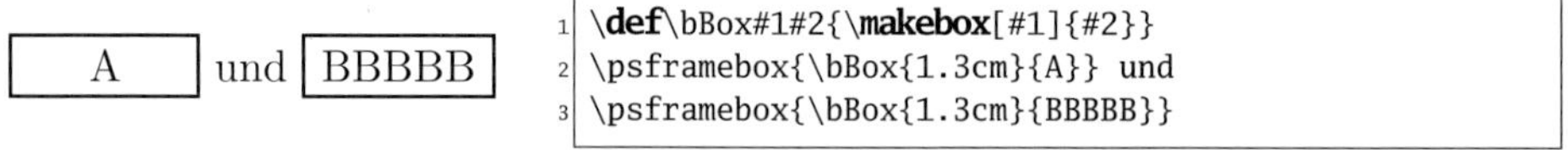


```
\def\bBox#1#2{\makebox[#1]{#2}}
\psframebox{\bBox{1.3cm}{A}} und
\psframebox{\bBox{1.3cm}{BBBBB}}
```

10.9.2 Konstante Breite und Höhe

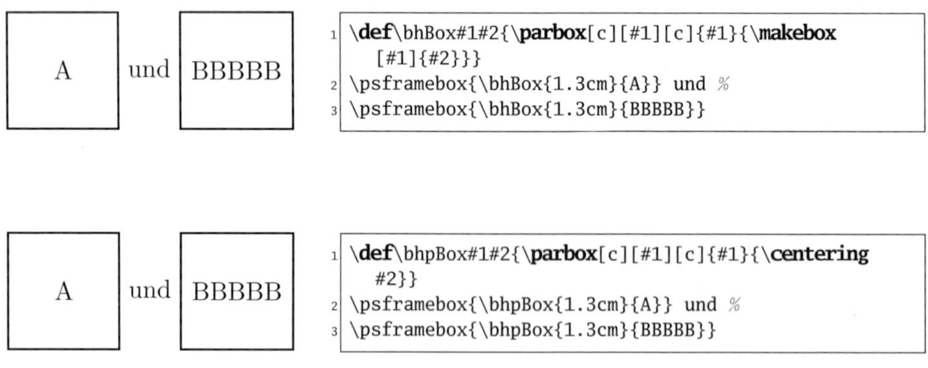


```
\def\bhBox#1#2{\parbox[c][#1][c]{#1}{\makebox
   [#1]{#2}}}
\psframebox{\bhBox{1.3cm}{A}} und %
\psframebox{\bhBox{1.3cm}{BBBBB}}
```

```
\def\bhpBox#1#2{\parbox[c][#1][c]{#1}{\centering
   #2}}
\psframebox{\bhpBox{1.3cm}{A}} und %
\psframebox{\bhpBox{1.3cm}{BBBBB}}
```

10.10 Clipping

10.10.1 \clipbox

Dieses Makro fügt beliebiges Material in eine horizontale Box und schneidet ab einem konstanten Abstand alles „überstehende" Material ab.

```
\clipbox[<Wert[Einheit]>]{<Inhalt>}
```

Die Vorgabe des optionalen Parameters ist `0pt`. Das folgende Beispiel wäre auch grundsätzlich mit der Sternversion der `pspicture`-Umgebung möglich.

HugeHuge

```
\Huge\rule{1pt}{1cm}\textbf{Huge}%
\clipbox[0pt]{%
  \pspicture(1,0.4)%
    \rule{1pt}{1cm}\textbf{Huge}%
  \endpspicture}
```

10.10.2 \psclip

Mit dieser Clipbox lässt sich beliebiges Material entlang jeder nur möglichen Kurve beschneiden.

```
\psclip{<Randkurve>}          % TeX Version
< ... Material ... >
\endpsclip
\begin{psclip}{<Randkurve>}  % LaTeX Version
< ... Material ... >
\end{psclip}
```

e were you
hurt and I was h
ss - Because the thing
you say and the things you
do surround me - While
you were hanging yourself
n someones else's words
ing to believe in wh
heard - I was st

```
\newsavebox\TBox
\savebox\TBox{\parbox{4cm}{%
  Where were you when I was burned and broken -
  While the days slipped by from my window watching -
  Where were you when I was hurt and I was helpless -
```

```
  Because the things you say and the things you do surround me -
  While you were hanging yourself on someones else's words -
  Dying to believe in what you heard -
  I was staring straight into the shining sun -
}}
\begin{pspicture}(-2,-2)(2,2)
  \psclip{ \pscircle[linestyle=none](0.5\wd\TBox,-0.15\ht\TBox){2cm} }
    \usebox\TBox
  \endpsclip
\end{pspicture}
```

Sehr häufig muss eine bestimmte Fläche zwischen verschiedenen mathematischen Funktionen markiert werden. Dies kann über das `\pscustom` Makro mit anschließendem Füllen oder dem Clipping Makro und ebenso `\pscustom` erfolgen.

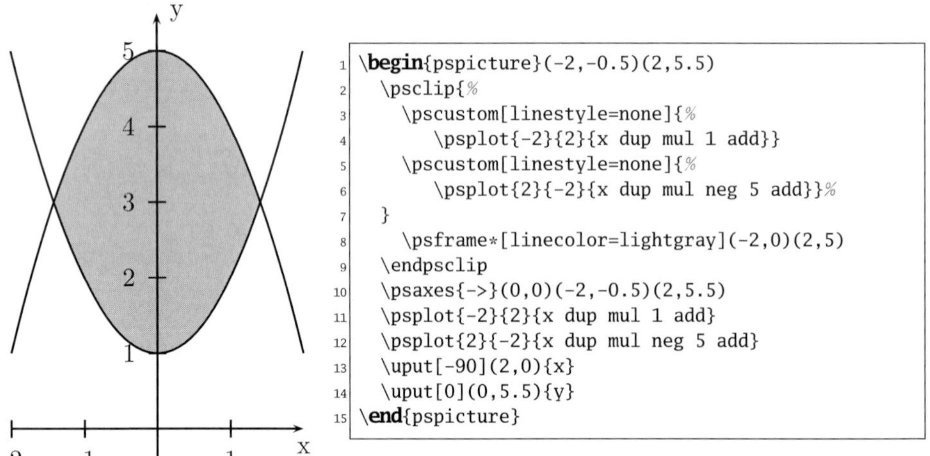


```
\begin{pspicture}(-2,-0.5)(2,5.5)
  \psclip{%
    \pscustom[linestyle=none]{%
        \psplot{-2}{2}{x dup mul 1 add}}
    \pscustom[linestyle=none]{%
        \psplot{2}{-2}{x dup mul neg 5 add}}%
  }
    \psframe*[linecolor=lightgray](-2,0)(2,5)
  \endpsclip
  \psaxes{->}(0,0)(-2,-0.5)(2,5.5)
  \psplot{-2}{2}{x dup mul 1 add}
  \psplot{2}{-2}{x dup mul neg 5 add}
  \uput[-90](2,0){x}
  \uput[0](0,5.5){y}
\end{pspicture}
```

Die Clipping Makros sind nicht sonderlich robust, insbesondere kommt es zu Problemen, wenn `\psclip` und `\endpsclip` nicht auf derselben Seite enden.

Die Anweisung `\AltClipMode` erzwingt die Anwendung von `gsave` und `grestore`.

10.11 Rotieren und Skalieren

10.11.1 Rotieren

Es existieren drei verschiedene Makros zum Rotieren von horizontalen Boxen.

```
\rotateleft{<Inhalt>}
\rotateright{<Inhalt>}
\rotatedown{<Inhalt>}
```

Left Down Right

```
\Large\rotateleft{\Large Left}
\rotatedown{\Large Down}
\rotateright{\Large Right}
```

`PSTricks` hat noch die folgenden Umgebungen zum Rotieren von LR-Boxen definiert:

```
\pslongbox{Rotateleft}{\rotateleft}
\pslongbox{Rotateright}{\rotateright}
\pslongbox{Rotatedown}{\rotatedown}
```

Diese haben den Vorteil, dass man den Verbatim-Modus (`\verb` und `verbatim` Umgebung) benutzen kann, der ansonsten als Parameter eines Makros nicht erlaubt ist.

Frage: Welches Makro erzeugt eine neue Seite?
Antwort:
clearpage und newpage.

```
Frage: Welches Makro erzeugt eine neue Seite?\\
Antwort:

\begin{Rotatedown}%
\verb+clearpage+ und \verb+newpage+.%
\end{Rotatedown}
```

Felix Jana Felix Jana

```
\rotateright{\Huge\texttt{Felix}}
\begin{Rotateright}
  \Huge\verb+Jana+%
\end{Rotateright}
  %
\rotateleft{\Huge\texttt{Felix}}
\begin{Rotateleft}
  \Huge\verb+Jana+
\end{Rotateleft}
```

10.11.2 \scalebox und \scaleboxto

Es existieren zwei Makros zum Skalieren beliebiger Inhalte.

```
\scalebox{Wert1 [Wert2]}{<Inhalt>}
\scaleboxto(<x,y>){<Inhalt>}
```

Das erste arbeitet in der üblichen Weise, ist nur ein Skalierungswert angegeben, so bezieht er sich sowohl auf die Horizontale als auch Vertikale. Im anderen Fall wird mit zwei getrennten Werten skaliert. Hierbei sind auch Werte wie `\scalebox{-1 1}{Wort}` möglich: troW, welches einem `\reflectbox` aus dem graphicx Paket entspricht. `\scaleboxto` skaliert dagegen nicht um einen Faktor, sondern auf die in der gültigen Dimension angegebenen Werte.

Auch hier werden intern zwei neue Umgebungen definiert, mit denen es möglich ist `\verb` zu benutzen.

```
\pslongbox{Scalebox}{\scalebox}
\pslongbox{Scaleboxto}{\scaleboxto}
```

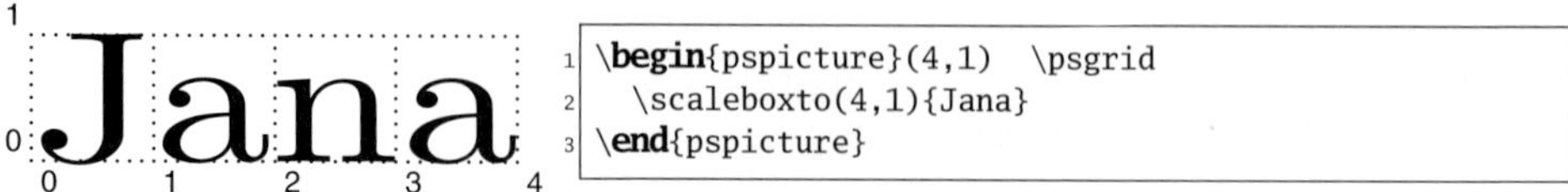


```
\begin{pspicture}(4,1)  \psgrid
  \scaleboxto(4,1){Jana}
\end{pspicture}
```

Das Paket graphicx definiert ebenfalls ein `\scalebox` Makro, allerdings mit unterschiedlicher Syntax. Je nachdem welches man verwenden möchte, ist vom Anwender die Reihenfolge der Pakete zu ändern oder durch Namensänderung beide Versionen zugänglich zu machen.

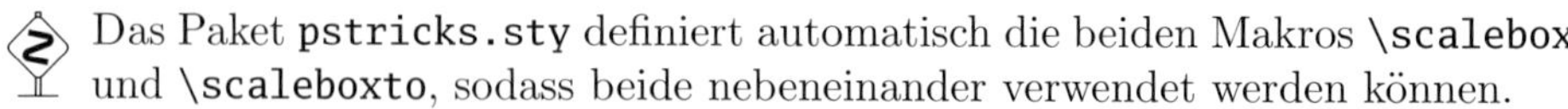

Das Paket pstricks.sty definiert automatisch die beiden Makros `\scalebox` und `\scaleboxto`, sodass beide nebeneinander verwendet werden können.

10.12 Mathematik und Verbatim-Boxen

In der Einleitung dieses Kapitels und den vorhergehenden Abschnitten wurde bereits auf das Problem mit vertikalem und „Verbatim“ Material im horizontalen Modus eingegangen. Dieses soll hier noch einmal ausführlicher behandelt werden.

10.12.1 Mathematikmodus

Möchte man innerhalb des Mathematikmodus einen Teil einer Formel einrahmen, so geht TEX mit Beginn von `\fbox` in den Textmodus, sodass man in dieser LR-Box erst wieder in den Mathematikmodus schalten muss: `$f(x)=\fbox{$x^2_3$}$` $f(x) = \boxed{x^2_3}$. PSTricks stellt hierfür zur Vereinfachung einen Schalter bereit, der dafür sorgt, dass dies automatisch erfolgt.

```
\psmathboxtrue
\psmathboxfalse
```

Mit `\psmathboxtrue` kann man jetzt ohne weiteres das Makro `\psframebox` im Mathematikmodus verwenden ohne sein Argument durch `$...$` hervorzuheben:

$f(x) = \boxed{x^2_3}$

```
\psmathboxtrue
$ f(x) = \psframebox{x^2_3} $
```

Dieses Verhalten kann mit `\psmathboxfalse` wieder zurückgeschaltet werden, womit das Beispiel dann eine Fehlermeldung liefern würde. Im Inline-Modus gibt es allerdings das Problem, dass beispielsweise Limits nicht mehr unterhalb eines Symbols erscheinen. Man kann sich hier helfen, indem man zuvor in den Stil `\displaystyle` umschaltet. `PSTricks` hat auch hierfür eine Unterstützung:

\everypsbox{<Code>}

Damit kann man `PSTricks` veranlassen in **jede** Box den angegebenen Vorspann einzufügen, beispielsweise `\displaystyle`. Grundsätzlich ist dieses Makro nicht nur für den Mathematikmodus gedacht.

$f(x) = \boxed{\textstyle\int_a^b \frac{x^2}{3}\,dx}$

```
\psmathboxtrue
$ f(x) = \psframebox{%
    \int_a^b \frac{x^2}{3}\,dx} $
```

$f(x) = \boxed{\displaystyle\int_a^b \frac{x^2}{3}\,dx}$

```
\everypsbox{\displaystyle}
$ f(x) = \psframebox{%
    \int_a^b \frac{x^2}{3}\,dx} $
```

10.12.2 Verbatimmodus

In den vorherigen Abschnitten wurden bereits mehrere Beispiele gezeigt, wie man mit den von `PSTricks` bereitgestellten Umgebungen „Verbatim“-Material in der LR-Box verwenden kann. Unabhängig von diesen Umgebungen existiert analog zum Mathematikmodus ein Schalter, der `PSTricks` veranlasst, selbständig vom LR-Modus in den vertikalen Modus zu schalten und somit auch innerhalb eines „normalen“ Boxmakros `\verb` zu verwenden.

```
\psverbboxtrue
\psverbboxfalse
```

Mit `\psverbboxtrue` kann man jetzt ohne weiteres das Makro `\psframebox` zusammen mit `\verb` verwenden ohne auf eine Umgebung ausweichen zu müssen.:

\psframebox

```
\psverbboxtrue
\Large\psframebox{\verb+\psframebox+}
```

Dieses Verhalten kann mit `\psverbboxfalse` wieder zurückgeschaltet werden, womit das Beispiel dann eine Fehlermeldung liefern würde.

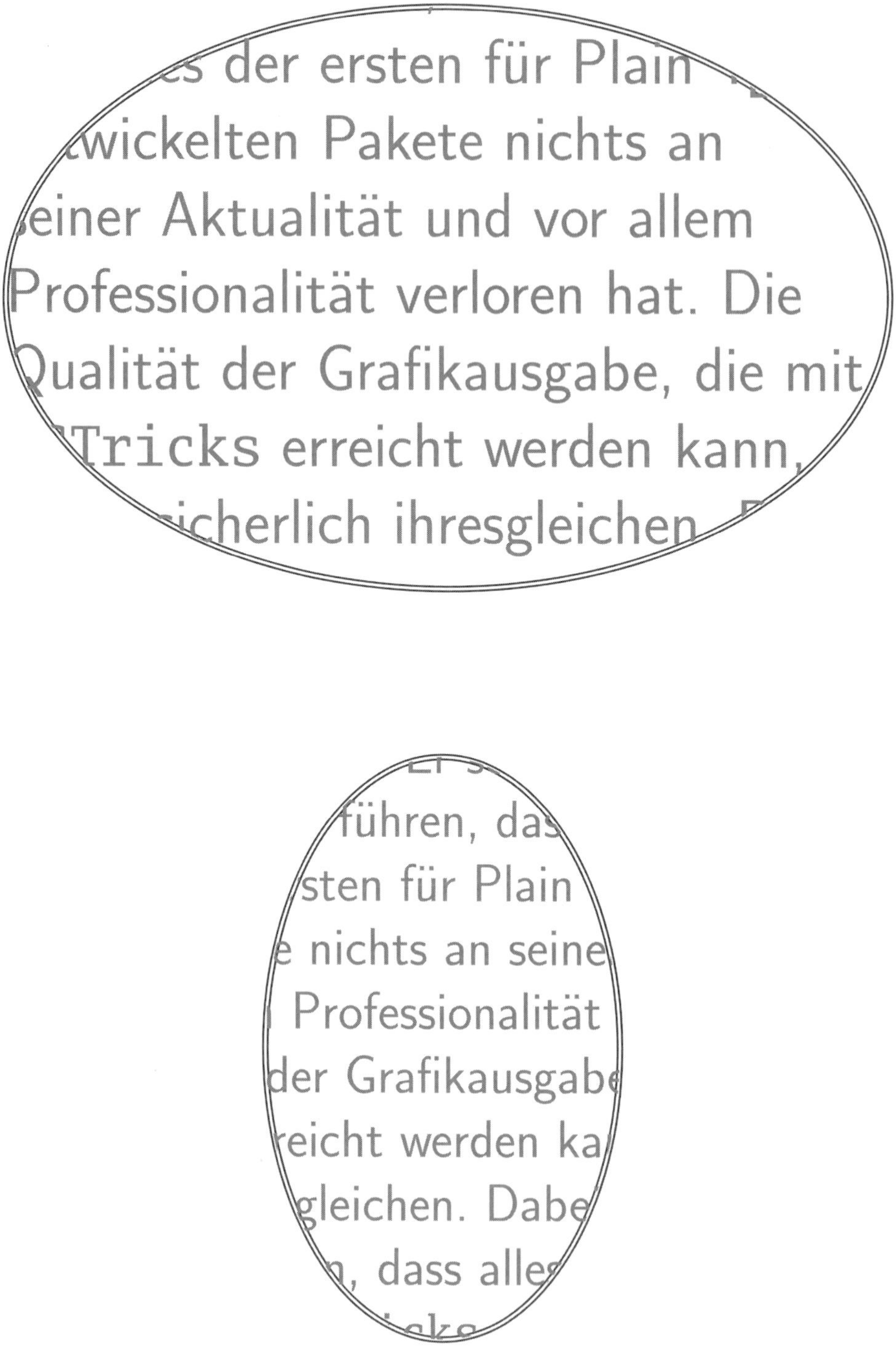

es der ersten für Plain
twickelten Pakete nichts an
seiner Aktualität und vor allem
Professionalität verloren hat. Die
Qualität der Grafikausgabe, die mit
Tricks erreicht werden kann,
sicherlich ihresgleichen.

führen, das
sten für Plain
e nichts an seine
Professionalität
der Grafikausgabe
reicht werden ka
gleichen. Dabe
n, dass alle

Abbildung 10.1: `bsp103.tex`: Demonstration eines Clippingpfades.

Kapitel 11

Anwenderstile und Anwenderobjekte

PSTricks unterstützt auf einfache Weise das Definieren von eigenen neuen Stilen, die eine Arbeitserleichterung darstellen und neuen Makros, die beliebige Flächenumrandungen zum Füllen und Überlagern (clipping) zulassen.

11.1 Anwenderstile

Bei häufigem Einsatz von bestimmten, immer wiederkehrenden Kombinationen von Parametern (→ 2.3 auf Seite 11), lassen sich dafür spezielle Stile definieren.

```
\newpsstyle{<Name>}{<Parameterliste>}
```

Dieser kann dann bei der Parameterübergabe über das Schlüsselwort `style` an ein Makro übergeben werden. Eine weitere sinnvolle Anwendung findet sich in Kapitel 7.2 auf Seite 62.

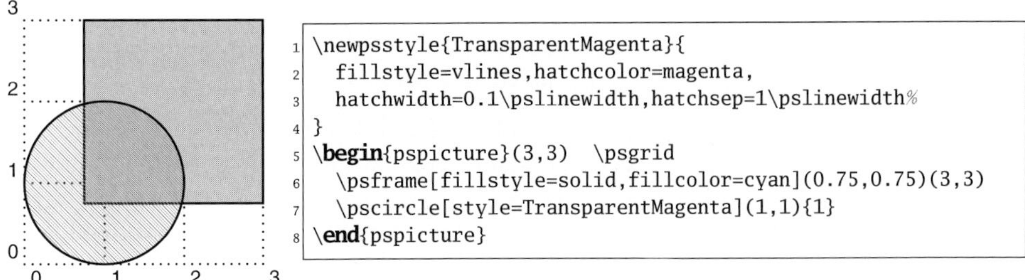


```
\newpsstyle{TransparentMagenta}{
  fillstyle=vlines,hatchcolor=magenta,
  hatchwidth=0.1\pslinewidth,hatchsep=1\pslinewidth%
}
\begin{pspicture}(3,3)  \psgrid
  \psframe[fillstyle=solid,fillcolor=cyan](0.75,0.75)(3,3)
  \pscircle[style=TransparentMagenta](1,1){1}
\end{pspicture}
```

11.2 Anwenderobjekte

Die im vorherigen Abschnitt beschriebenen Stile lassen sich auch einem bestimmten Makro zuweisen, womit sich die Anwendung noch einmal vereinfachen lässt.

Im Beispiel wird dem neuen Makro der Stil dashedV zugewiesen, wobei das Makro auf dem Objekt \psline aufbauen soll.

```
\newpsobject{<Name>}{<Objektname>}{<Parameterliste>}
```

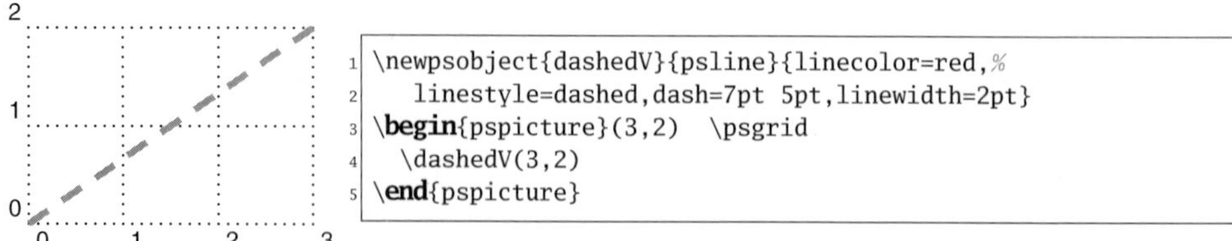

```
\newpsobject{dashedV}{psline}{linecolor=red,%
   linestyle=dashed,dash=7pt 5pt,linewidth=2pt}
\begin{pspicture}(3,2)  \psgrid
  \dashedV(3,2)
\end{pspicture}
```

11.3 \pscustom

PSTricks verfügt über vielfältige Möglichkeiten zum Erstellen von grafischen Objekten. Dennoch kann es vorkommen, dass keines der existierenden Makros den eigenen Vorstellungen genügt. Für all diese Fälle, kann \pscustom eine große Hilfe sein, wobei die Sternversion wieder den Hintergrund mit der aktuellen Linienfarbe füllt.

```
\pscustom[<Optionen>]{<beliebiger Code>}
\pscustom*[<Optionen>]{<beliebiger Code>}
```

pscustom erwartet, dass man durch Linienzüge oder Kurvenzüge, in welcher Form auch immer, einen geschlossenen Pfad erstellt. \pscustom beginnt den Pfad, während die letzte schließende Klammer diesen schließt. Der geschlossene Pfad kann dann mit der Füllfunktion beliebig mit einer Farbe oder einem Muster gefüllt bzw. parkettiert werden.

PSTricks stellt spezielle PostScript-Befehle, die häufig von PSTricks selbst angewendet werden, in einer eigenen PSTricks-komtabilen Version zur Verfügung. Dies hat den Vorteil, das man sich den Umweg über eine \special-Anweisung ersparen kann. Diese zusätzlichen Makros können **nur** im Zusammenhang mit \pscustom angewendet werden. Sie werden sämtlichst im folgenden beschrieben.

Die hin diesem Abschnitt angegeben Makros greifen faktisch ohne jegliche Kontrolle durch PSTricks in die PostScript-Ausgabe ein und sollten daher nur bei mindestens Grundkenntnissen über PostScript als Programmiersprache angewendet werden. Aufgrund des PostScript-spezifischen Codes, gilt die vereinbarte Maßeinheit nicht für die hier angegebenen Makros. Es gilt ausschließlich die üblichePostScript-Einheit bp (big points) bzw. pt.

Das Makro \pscustom benutzt \pstverb (→ 14.2.6 auf Seite 126) und \pstunit (→ 2.4 auf Seite 12), die \special in die DVI-Datei schreiben. Die Länge des Arguments ist systemspezifisch, sodass es zu Problemen kommen kann, wenn innerhalb von \pscustom sehr viele kleinere Kurvenzüge zusammengesetzt werden, denn diese sind alle Argument eines einzigen \special Befehls.

11.3.1 Parameter

Da `\pscustom` sich auf **einen** geschlossenen Pfad bezieht, kann es auch nur Parameter geben, die sich auf diesen beziehen. Im folgenden Beispiel wird `\psline` zum einen ausserhalb und zum anderen innerhalb von `pscustom` ausgeführt. Wie man anhand der Koordinaten leicht erkennt, sollte `\psline` innerhalb von `\pscustom` das untere Dreieck füllen, was jedoch nicht passiert, da die Füll-Parameter `linewidth`, `linecolor` und `fillstyle` innerhalb von `\pscustom` wirkungslos sind. Es gibt einige Ausnahmen, beispielsweise das Setzen von Pfeilen, auf die in den unten folgenden Beispielen dann gesondert hingewiesen wird.

```
\begin{pspicture}(3,3)  \psgrid
  \psline[linewidth=2pt,linecolor=blue,%
      fillstyle=vlines]{<-}(0,0)(3,3)(0,3)
  \pscustom{%
     \psline[linewidth=2pt,linecolor=blue,%
        fillstyle=hlines]{<-}(0,0)(3,3)(3,0)%
  }
\end{pspicture}
```

Es empfiehlt sich daher, grundsätzlich keine Parameter bei den Makros innerhalb von `\pscustom` zu benutzen. Obiges Beispiel müsste also korrekt lauten:

```
\begin{pspicture}(3,3)  \psgrid
  \psline[linewidth=2pt,linecolor=blue,%
     fillstyle=vlines]{<-}(0,0)(3,3)(0,3)
  \pscustom[linewidth=2pt,linecolor=blue,%
     fillstyle=hlines]{\psline{<-}(0,0)(3,3)(3,0)%
  }
\end{pspicture}
```

Ein Problem können die Linienarten `dashed` und `dotted` darstellen, denn sie wissen zu Beginn nichts über einen bestehenden Pfad. In diesen Fällen sollte `\pscustom` der in Tabelle 4.2 auf Seite 32 aufgeführte Linientyp als Parameter mitgegeben werden.

Folgende Parameter stehen innerhalb von `\pscustom` **nicht** zur Verfügung: `shadow`, `border`, `doubleline`, `showpoints`.

Die Parameter `origin` und `swapaxes` beeinflussen nur `\pscustom` selbst.

11.3.2 Offene und geschlossene Kurven

`PSTricks` unterscheidet geschlossene (closed curve) und offene (open curve) Kurven. Da `\pscustom` selbst benutzt wird, um geschlossene Linien- bzw. Kurvenzüge zu erstellen, macht es wenig Sinn, wenn man geschlossene Kurven innerhalb von `\pscustom` anwendet.

Der eigentliche Anwendungsschwerpunkt von `\pscustom` ist das Anneinanderfügen von offenen Linien bzw. Kurven, wobei zu beachten ist, dass grundsätzlich vom Ende der zuletzt gezeichneten Linie/Kurve eine direkte Linie zum Anfang der nächsten Linie oder Kurve gezogen wird, wenn diese einen **Endpfeil** definiert. Dies ist am folgenden Beispiel deutlich zu erkennen, wo bei der ersten Kurve eine Verbindung vom ersten Kreisbogen zum zweiten gezogen wird, da dieser einen Endpfeil aufweist.

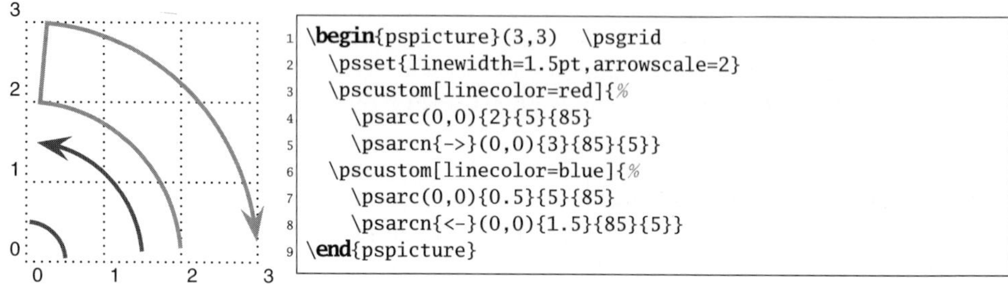


```
\begin{pspicture}(3,3) \psgrid
  \psset{linewidth=1.5pt,arrowscale=2}
  \pscustom[linecolor=red]{%
    \psarc(0,0){2}{5}{85}
    \psarcn{->}(0,0){3}{85}{5}}
  \pscustom[linecolor=blue]{%
    \psarc(0,0){0.5}{5}{85}
    \psarcn{<-}(0,0){1.5}{85}{5}}
\end{pspicture}
```

Obiges Beispiel setzt voraus, dass der Pfeil lokal definiert wird, da er hier nur für den einzelnen Kurvenzug gilt.

Zu beachten ist, dass die Makros `\psline`, `\pscurve` und `\pspezier` vom aktuellen Punkt ausgehen, wenn die Zahl ihrer Parameter „unvollständig“ ist. Dieser wird ausserhalb von `\pscustom` von `PSTricks` immer auf den Koordinatenursprung gesetzt. Im folgenden Beispiel entsteht dadurch ein Linienzug, während ohne `\pscustom` drei unabhängige Linien ausgehend vom Koordinatenursprung gezeichnet werden.

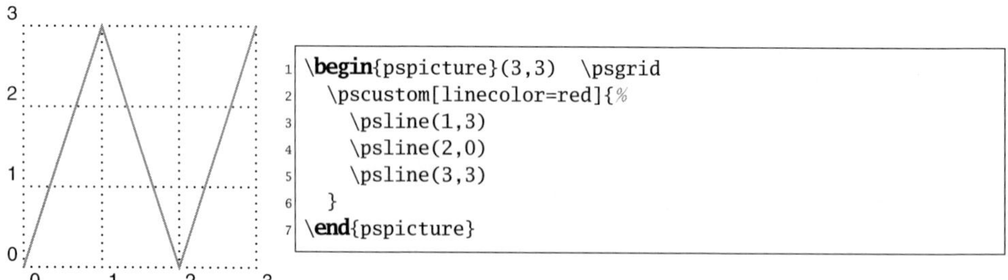


```
\begin{pspicture}(3,3) \psgrid
  \pscustom[linecolor=red]{%
    \psline(1,3)
    \psline(2,0)
    \psline(3,3)
  }
\end{pspicture}
```

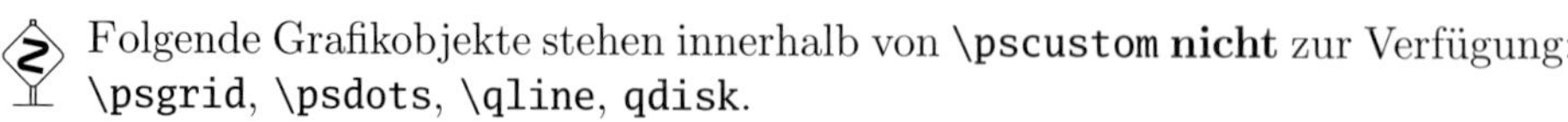
Folgende Grafikobjekte stehen innerhalb von `\pscustom` **nicht** zur Verfügung: `\psgrid`, `\psdots`, `\qline`, `qdisk`.

Geschlossenene Linien oder Kurven sollten **nicht** Teil von `\pscustom` sein, es kann zu unvorhergesehenen Nebeneffekten kommen.

11.3.3 liftpen

Dieser Parameter kontrolliert in hervorragenderweise das Verhalten innerhalb von `\pscustom`, wenn mehrere Teillinien oder -kurven verbunden werden sollen.

Tabelle 11.1: Bedeutung des **liftpen** Parameters

Wert	Bedeutung
0	Beginnt ein neuer Linien- oder Kurvenzug nicht im aktuellen Punkt, so wird eine Linie von diesem zum Startpunkt der Linie oder Kurve gezogen (Standardverhalten).
1	Der aktuelle Punkt wird bei unvollständigen Koordinaten nicht herangezogen, stattdessen wird der Koordinatnursprung genommen.
2	Einzelne Linien- oder Kurvenzüge werden als eigenständige Einheiten behandelt, sie benutzen nicht den aktuellen Punkt als Startpunkt (bei unvollständigen Koordinaten) und es wird keine Linie vom aktuellen Punkt zum Startpunkt eines Folgeobjekts gezogen.

Das folgende Beispiele ist identisch zum vorigen, mit dem Unterschied, dass die `\psline` Makros jetzt `liftpen=1` als Parameter aufweisen und somit die zweite Linie nicht den Endpunkt der ersten Kurve als aktuellen Punkt benutzt, sondern wie für `liftpen=0` üblich, den Koordinatenursprung.

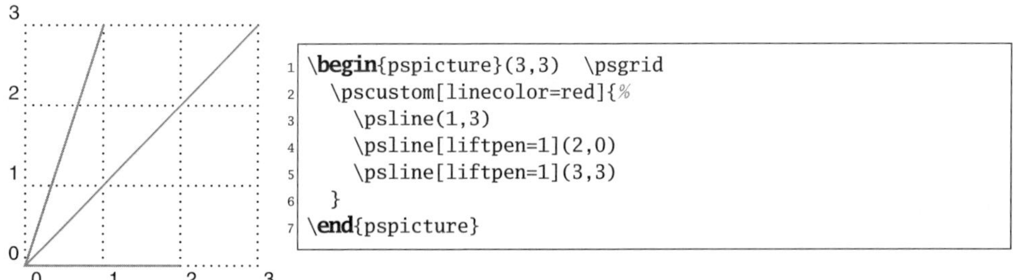


```
\begin{pspicture}(3,3) \psgrid
  \pscustom[linecolor=red]{%
    \psline(1,3)
    \psline[liftpen=1](2,0)
    \psline[liftpen=1](3,3)
  }
\end{pspicture}
```

Zur Verdeutlichung dieses etwas komplizierten Zusammenhangs sei ein weiteres Beispiel angegeben:

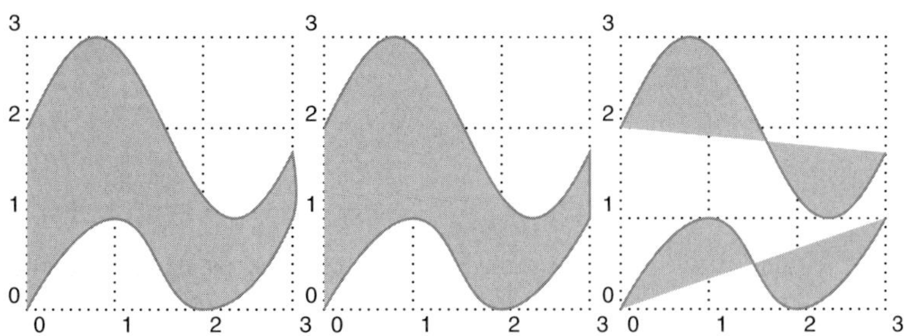


```
\begin{pspicture}(3,3) \psgrid
  \pscustom[linecolor=red,fillcolor=lightgray,fillstyle=solid]{%
    \psplot{0}{3}{x 180 mul 1.57 div sin 2 add}
    \pscurve(3,1)(2,0)(1,1)(0,0)
  }
\end{pspicture}\quad
\begin{pspicture}(3,3) \psgrid
  \pscustom[linecolor=red,fillcolor=lightgray,fillstyle=solid]{%
    \psplot{0}{3}{x 180 mul 1.57 div sin 2 add}
```

```
    \pscurve[liftpen=1](3,1)(2,0)(1,1)(0,0)
  }
\end{pspicture}\quad
\begin{pspicture}(3,3)  \psgrid
  \pscustom[linecolor=red,fillcolor=lightgray,fillstyle=solid]{%
    \psplot{0}{3}{x 180 mul 1.57 div sin 2 add}
    \pscurve[liftpen=2](3,1)(2,0)(1,1)(0,0)
  }
\end{pspicture}
```

Im linken Beispiel (`liftpen=0`) wird der Endpunkt der ersten Kurve (`\psplot`) als Startpunkt für die folgende Kurve benutzt (`\pscurve`). Im mittleren Beispiel (`liftpen=1`) wird der Endpunkt der ersten Kurve (`\psplot`) **nicht** als Startpunkt für die folgende Kurve benutzt (`\pscurve`), es wird aber eine Verbindungslinie vom Endpunkt der ersten Kurve zum Startpunkt der zweiten gezogen. Im rechten Beispiel (`liftpen=2`) wird weder der Endpunkt der ersten Kurve (`\psplot`) als Startpunkt für die folgende Kurve benutzt (`\pscurve`), noch wird eine Verbindungslinie gezogen; es entstehen zwei eigenständige Einheiten.

11.3.4 \moveto

Bewegt den aktuellen Punkt zu den neuen Koordinaten (x,y) ohne eine Linie zu ziehen.

```
\moveto(<x,y>)
```

```
\begin{pspicture}(3,3)  \psgrid
  \pscustom[linecolor=red]{%
    \psplot{0}{3}{x 180 mul 1.57 div sin 2 add}
    \moveto(1.5,1.5)
    \pscurve(3,1)(2,0)(1,1)(0,0)
  }
  \psline[linestyle=dotted]{->}%
      (! 3 dup 180 mul 1.57 div sin 2 add)(1.5,1.5)
\end{pspicture}
```

`\psplot` →Kapitel 15 auf Seite 137
`\pscurve`→Abschnitt 5.3.3 auf Seite 47

11.3.5 \newpath

Die Anwendung ist völlig identisch zu PostScript:

```
\newpath
```

Der aktuelle Pfad wird gelöscht und ein neuer begonnen, womit sämtliche Informationen über den alten Pfad verloren gehen, sodass in dem folgendem Beispiel die erste Kurve nicht gezeichnet wird.

```
\begin{pspicture}(3,3) \psgrid
  \pscustom[linecolor=red,fillcolor=lightgray,%
      fillstyle=solid]{%
    \psplot{0}{3}{x 180 mul 1.57 div sin 2 add}
    \newpath
    \pscurve(3,1)(2,0)(1,1)(0,0)
  }
\end{pspicture}
```

\psplot →Kapitel 15 auf Seite 137
\pscurve→Abschnitt 5.3.3 auf Seite 47

11.3.6 \closepath

\closepath ist das Gegenstück zu newpath und in der Anwendung ebenso völlig identisch zu PostScript:

\closepath

Der aktuelle Pfad wird geschlossen, indem der Anfangspunkt mit dem Endpunkt verbunden wird. Dabei können bei Anwendung von \moveto durchaus mehrere Teilstücke bestehen, die dann alle einzeln behandelt werden. Zum aktuellen Punkt wird der Anfangspunkt bestimmt, danach sind sämtliche Informationen über den alten Pfad verloren.

Im folgenden Beispiel wird nach closepath der Anfangspunkt (0,2) zum neuen aktuellen Punkt bestimmt, sodass die folgende Kurve ein völlig anderes Aussehen bekommt, da sie diesen Punkt als Startpunkt benutzt.

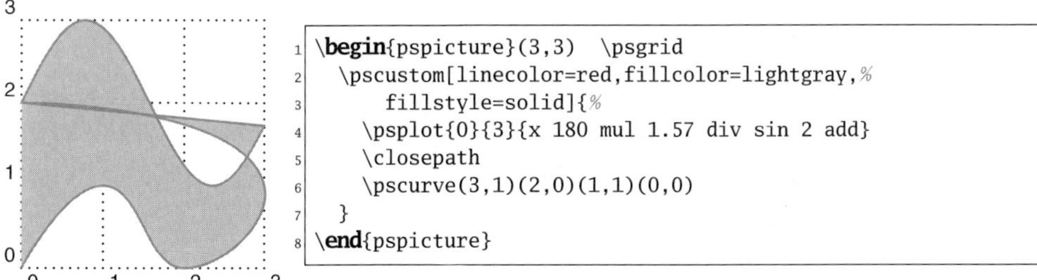

```
\begin{pspicture}(3,3) \psgrid
  \pscustom[linecolor=red,fillcolor=lightgray,%
      fillstyle=solid]{%
    \psplot{0}{3}{x 180 mul 1.57 div sin 2 add}
    \closepath
    \pscurve(3,1)(2,0)(1,1)(0,0)
  }
\end{pspicture}
```

11.3.7 \stroke

Mit \stroke ist es möglich, gesonderte Parameter an einzelne Teile innerhalb des \pscustom Makros zu übergeben und den vorher erstellen Linien- bzw. Kurvenzug zu zeichnen.

```
\stroke[<Optionen>]
```

`\stroke` ersetzt nicht das von `PSTricks` zum Ende eines Makros selbst veranlasste `stroke` im PostScript-Code. Dies bewirkt, dass man mindestens eine größere Liniendicke wählen muss, damit nicht ein Überschreiben erfolgt. Das folgende Beispiel zeigt, wie man auf einfache Weise spezielle aus mehreren Farben aufgebaute Linien erzeugen kann.

```
\begin{pspicture}(3,3) \psgrid
  \pscustom[linecolor=white]{%
    \psplot{0}{3}{x 180 mul 1.57 div sin 1.5 mul 1.5 add}
    \stroke[linecolor=red,linewidth=7pt]
    \stroke[linecolor=blue,linewidth=4pt]
    \stroke[linecolor=green,linewidth=2pt]
  }
\end{pspicture}
```

11.3.8 `\fill`

Mit `\fill` ist es analog zu `\stroke` möglich, gesonderte Parameter an einzelne Teile innerhalb des `\pscustom` Makros zu übergeben und den vorher erstellen Linien- bzw. Kurvenzug zu zeichnen.

```
\fill[<Optionen>]
```

`\fill` ersetzt nicht das von `PSTricks` zum Ende eines Makros selbst veranlasste `fill` im PostScript-Code. Da `\pscustom` ohnehin am Ende den Bereich mit der aktuellen Füllfarbe und dem aktuellen Füllstil füllt, ist der Einsatz von `\fill` stark eingegrenzt.

11.3.9 `\gsave` und `\grestore`

Mit `\gsave` ist es möglich, den aktuellen Zustand des PostScript-Stacks, soweit er die grafische Ausgabe betrifft, zu speichern (Pfadangaben, Farbe, Liniendicke, Koordinatenursprung usw.). `\grestore` schreibt dagegen alle diese Werte zurück.

```
\gsave
\grestore
```

Im folgenden Beispiel kann mit `gsave/grestore` auf einfache Weise ein Bereich gefüllt werden, ohne dass die Ränder durch Linien sichtbar werden.

```
\begin{pspicture}(3,3)  \psgrid
  \pscustom{%
    \psplot{0}{3}{x 180.0 mul 1.5 div sin 1.5 mul 1.5 add}
    \gsave
      \psline(3,3)(0,3)% wird _nicht_ gezeichnet
      \fill[fillcolor=lightgray,fillstyle=solid]
    \grestore
  }
\end{pspicture}
```

```
\begin{pspicture}(3,3)  \psgrid
  \pstVerb{/rad {180.0 mul 2 div} def}
  \pscustom[plotpoints=200]{%
    \psplot{0}{3}{x rad sin 1.5 add}
    \gsave
      \psline(! 3 dup rad sin 1.5 add)%
          (!3 dup rad sin neg 1.5 add)
      \psplot{3}{0}{x rad sin neg 1.5 add}
      \fill[fillcolor=lightgray,fillstyle=solid]
    \grestore
    \psplot[liftpen=2]{3}{0}{x rad sin neg 1.5 add}
  }
\end{pspicture}
```

Die Makros `\gsave` und `\grestore` dürfen nur **paarweise** auftreten!

`\psplot` → Kapitel 15 auf Seite 137
`\pstVerb` → Abschnitt 14.2.6 auf Seite 126

11.3.10 \translate

`translate` setzt den Koordinatenursprung nach (x,y) für alle danach folgenden Grafikoperationen.

`\translate(x,y)`

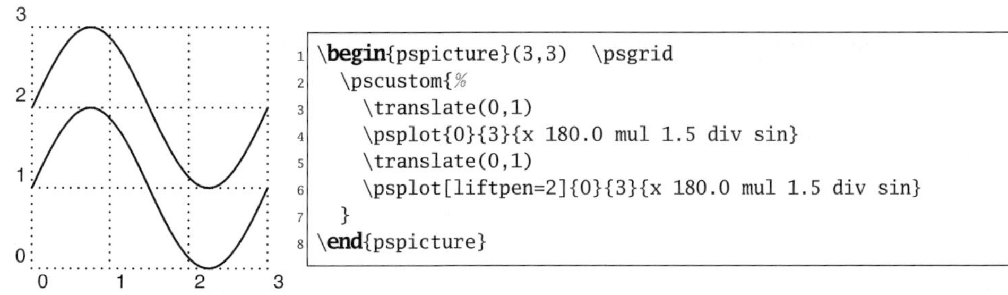

```
\begin{pspicture}(3,3)  \psgrid
  \pscustom{%
    \translate(0,1)
    \psplot{0}{3}{x 180.0 mul 1.5 div sin}
    \translate(0,1)
    \psplot[liftpen=2]{0}{3}{x 180.0 mul 1.5 div sin}
  }
\end{pspicture}
```

11.3.11 \scale

\scale={<Wert1 [Wert2]>}

Skaliert das \pscustom-Objekt mit Wert1 horizontal und mit Wert2 vertikal, wobei proportional mit Wert1 skaliert wird, falls kein zweiter Wert angegeben wurde. Wie dem Beispiel entnommen werden kann, sind ohne weiteres negative Werte möglich, was einem Skalieren mit anschließendem Spiegeln entspricht.

```
\begin{pspicture}(3,3)  \psgrid
  \pscustom{%
    \scale{1 0.5}
    \translate(0,1)
    \psplot{0}{3}{x 180.0 mul 1.5 div sin}
    \translate(0,1)
    \scale{1 -0.5}
    \psplot[liftpen=2]{0}{3}{x 180.0 mul 1.5 div sin}
  }
\end{pspicture}
```

11.3.12 \rotate

\rotate={<Winkel in Grad>}

Rotiert das \pscustom-Objekt mit dem angegebenen Winkel, wobei dieser PostScript-konform in Grad anzugeben ist.

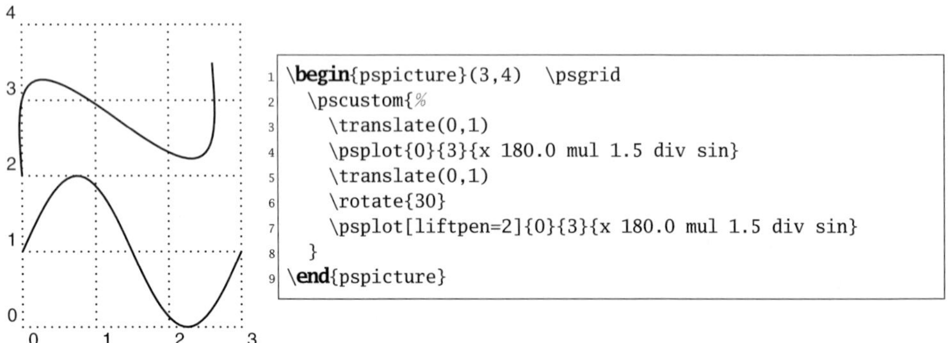

```
\begin{pspicture}(3,4)  \psgrid
  \pscustom{%
    \translate(0,1)
    \psplot{0}{3}{x 180.0 mul 1.5 div sin}
    \translate(0,1)
    \rotate{30}
    \psplot[liftpen=2]{0}{3}{x 180.0 mul 1.5 div sin}
  }
\end{pspicture}
```

11.3.13 \swapaxes

Hierzu wurde bereits in Kapitel 3 auf Seite 17 ein entsprechendes Beispiel angegeben, wobei es sich dort um einen Parameter handelte.

\swapaxes

Vertauscht die x-y-Achsen, was äquivalent ist zu:

```
\rotate{-90}
\scale{-1 1}
```

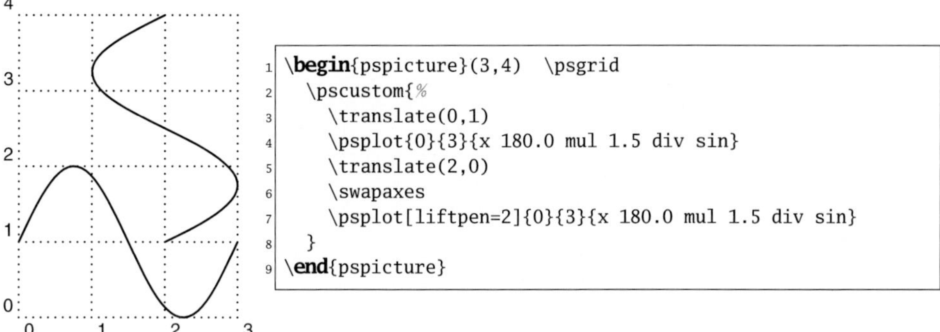


```
\begin{pspicture}(3,4) \psgrid
  \pscustom{%
    \translate(0,1)
    \psplot{0}{3}{x 180.0 mul 1.5 div sin}
    \translate(2,0)
    \swapaxes
    \psplot[liftpen=2]{0}{3}{x 180.0 mul 1.5 div sin}
  }
\end{pspicture}
```

11.3.14 \msave und \mrestore

Hiermit kann das aktuell gültige Koordinatensystem gespeichert beziehnungsweise wieder zurückgeschrieben werden. Im Unterschied zu `\gsave - \grestore` bleiben davon alle anderen Größen wie Linienart, -dicke usw. unberührt.

```
\msave
\mrestore
```

Das Beispiel zeichnet die erste Sinusfunktion mit dem Koordinatenursprung in `\translate(0,1.5)`, danach wird der Zustand des Koordinatensystems gespeichert, mit `\translate(1,2)` ein neuer Ursprung[1] gesetzt und eine weitere Sinusfunktion gezeichnet. Anschließend wird mit `\mrestore` der alte Zustand wieder hergestellt, denn der Koordinatenursprung ist nun wieder bei $(0,1.5)$ und die folgende Cosinusfunktion bezieht sich wieder darauf.

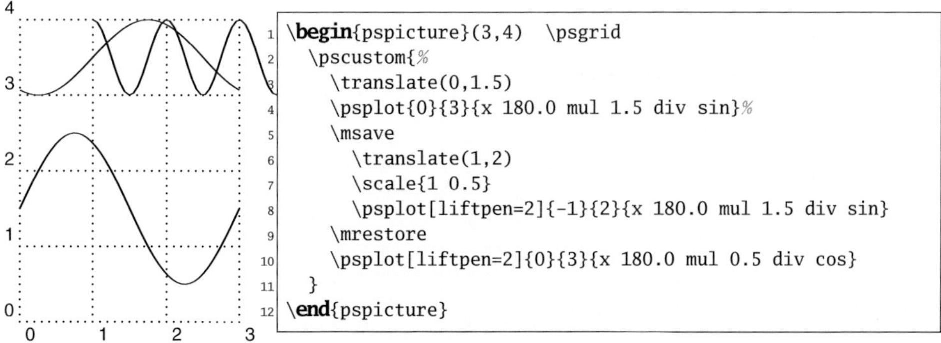


```
\begin{pspicture}(3,4) \psgrid
  \pscustom{%
    \translate(0,1.5)
    \psplot{0}{3}{x 180.0 mul 1.5 div sin}%
    \msave
      \translate(1,2)
      \scale{1 0.5}
      \psplot[liftpen=2]{-1}{2}{x 180.0 mul 1.5 div sin}
    \mrestore
    \psplot[liftpen=2]{0}{3}{x 180.0 mul 0.5 div cos}
  }
\end{pspicture}
```

[1] Bezogen auf den aktuellen Ursprung $(0,1.5)$ enspricht ein `\translate(1,2)` den absoluten Koordinaten $(0,3.5)$.

Die Makros \msave und \mrestore dürfen nur **paarweise** auftreten!

Die Makros \msave und \mrestore können sowohl mit sich selbst als auch mit \gsave und \grestore beliebig verschachtelt werden, wobei lediglich darauf zu achten ist, dass diese Schachtelung paarweise ausbalanciert ist.

11.3.15 \openshadow

openshadow erstellt eine Kopie des aktuellen Pfades, wobei die angegebenen shadow-Parameter benutzt werden.

\openshadow[<Optionen>]

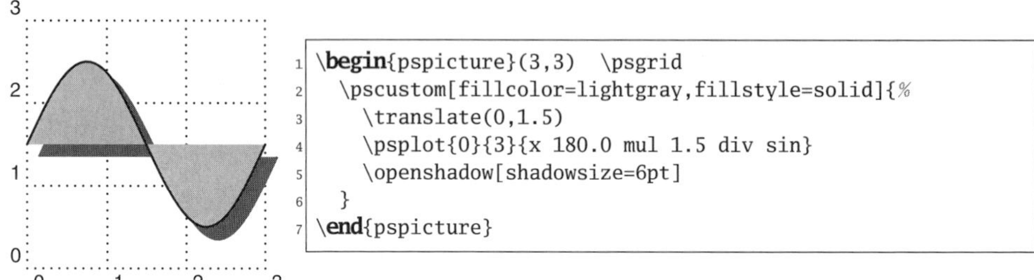

```
\begin{pspicture}(3,3)  \psgrid
  \pscustom[fillcolor=lightgray,fillstyle=solid]{%
    \translate(0,1.5)
    \psplot{0}{3}{x 180.0 mul 1.5 div sin}
    \openshadow[shadowsize=6pt]
  }
\end{pspicture}
```

11.3.16 \closedshadow

Bildet einen Schatten von der Region, die durch den gegenwärtigen Pfad umgeben ist, als ob es eine nichttransparente Umgebung wäre.

\closedshadow[<Optionen>]

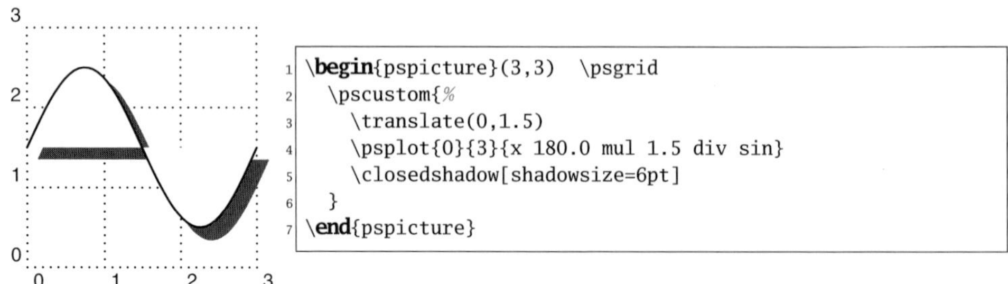

```
\begin{pspicture}(3,3)  \psgrid
  \pscustom{%
    \translate(0,1.5)
    \psplot{0}{3}{x 180.0 mul 1.5 div sin}
    \closedshadow[shadowsize=6pt]
  }
\end{pspicture}
```

Hierbei ist zu beachten, wie der Vorgang der Schattenbildung erfolgt. PSTricks erstellt einfach eine Kopie des geschlossenen Pfades, verschiebt sie entsprechend den Vorgaben von \shadowsize und shadowangle, füllt sie mit shadowcolor, und füllt anschließend den alten Pfad wieder mit fillcolor, welche standardmäßig auf white gesetzt ist. Unterdrückt man dieses zweite Füllen, so ergibt sich die im folgenden Beispiel gezeigte komplette Schattenkopie, im Gegensatz zum rechts daneben stehenden korrekten Ergebnis.

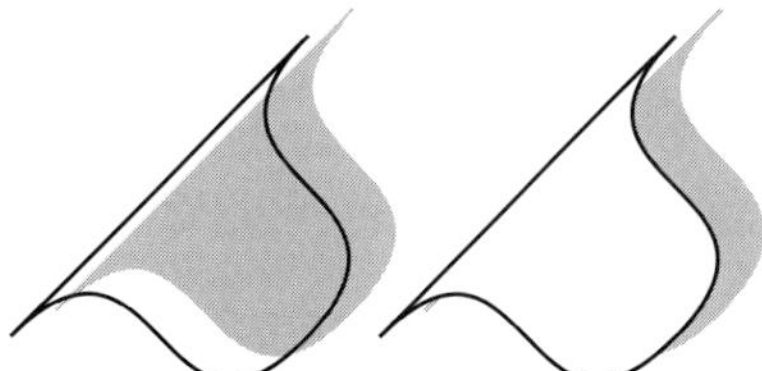

Diese Vorgehensweise ist zu beachten, wenn man bei den Optionen von `\pscustom` ein `fillcor` angibt, welches von `white` abweicht; in diesen Fällen muss das Makro `\closedshadow` mit der richtigen Füllfarbe versehen werden.

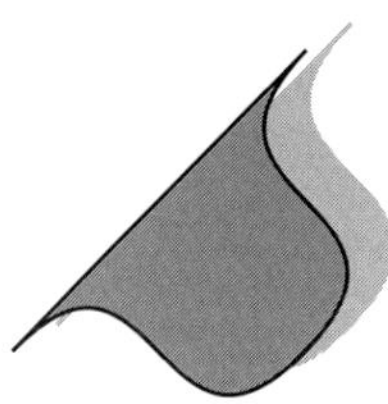

```
\begin{pspicture}(0,-0.5)(2.5,2.2)
\pscustom[fillstyle=none,shadowcolor=lightgray,fillcolor=red]{
  \psbezier(0,0)(1,1)(1,-1)(2,0)
  \psbezier(2,0)(3,1)(1,1)(2,2)
  \closepath
  \closedshadow[shadowsize=10pt,shadowangle=30]
}
\end{pspicture}
```

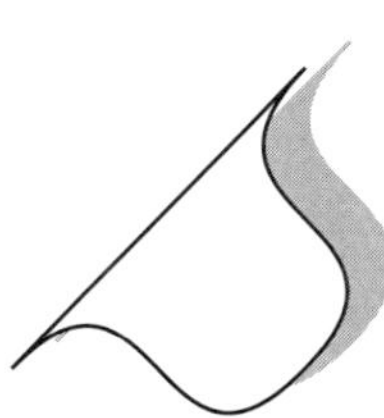

```
\begin{pspicture}(0,-0.5)(2.5,2.2)
\pscustom[fillstyle=none,shadowcolor=lightgray,fillcolor=red]{
  \psbezier(0,0)(1,1)(1,-1)(2,0)
  \psbezier(2,0)(3,1)(1,1)(2,2)
  \closepath
  \closedshadow[shadowsize=10pt,shadowangle=30,fillcolor=white]
}
\end{pspicture}
```

11.3.17 \movepath

Verschiebt den aktuellen Pfad um (dx, dy), der dadurch verloren geht. Mit `gsave` und `grestore` kann der ursprüngliche Pfad jedoch gesichert und wieder zurückgeschrieben werden.

`\movepath(<dx,dy>)`

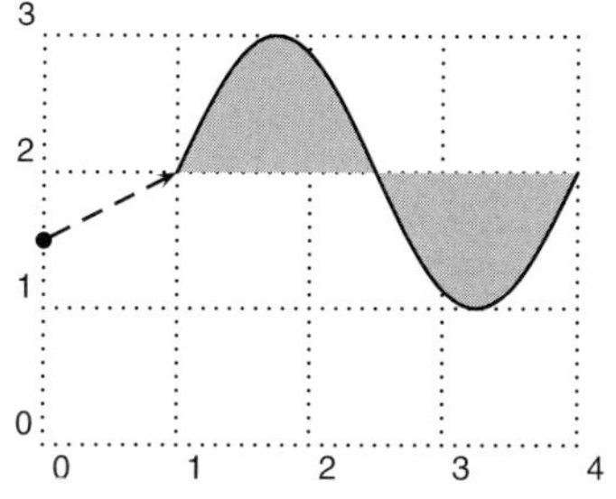


```
\begin{pspicture}(4,3)
  \psgrid
  \pscustom[fillcolor=lightgray,fillstyle=solid]{%
    \translate(0,1.5)
    \psplot{0}{3}{x 180.0 mul 1.5 div sin}
    \movepath(1,0.5)%
  }
\psline[linestyle=dashed]{*->}(0,1.5)(1,2)
\end{pspicture}
```

11.3.18 \lineto

`lineto` entspricht prinzipiell `\psline(<x,y>)`, zeichnet aber immer vom aktuellen Punkt aus (muss daher existieren) eine Linie nach (x,y).

`\lineto(<x,y>)`

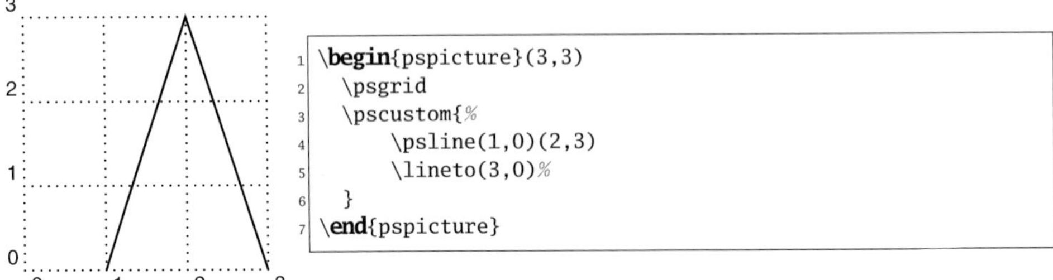

```
\begin{pspicture}(3,3)
  \psgrid
  \pscustom{%
      \psline(1,0)(2,3)
      \lineto(3,0)%
  }
\end{pspicture}
```

11.3.19 \rlineto

`rlineto` entspricht prinzipiell `\lineto(<x,y>)`, nur dass es eine relative Verschiebung vom aktuellen Punkt aus ist.

`\rlineto(<dx,dy>)`

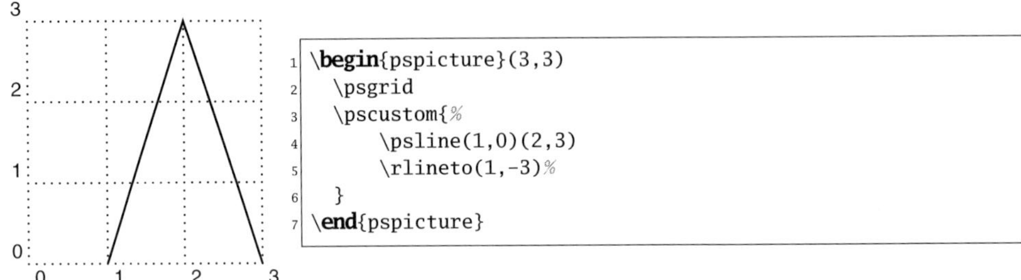

```
\begin{pspicture}(3,3)
  \psgrid
  \pscustom{%
      \psline(1,0)(2,3)
      \rlineto(1,-3)%
  }
\end{pspicture}
```

11.3.20 \curveto

Entspricht prinzipiell `\psbezier(<x1,y1>)(<x2,y2>)(<x3,y3>)`, bei dem als erster Punkt der aktuelle genommen wird.

`\curveto(<x1,y1>)(<x2,y2>)(<x3,y3>)`

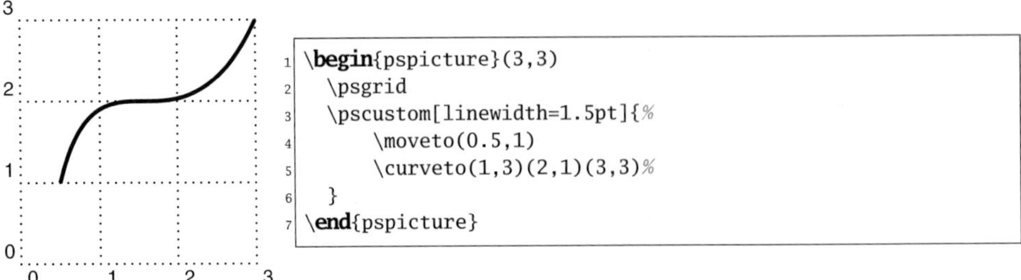

```
\begin{pspicture}(3,3)
  \psgrid
  \pscustom[linewidth=1.5pt]{%
      \moveto(0.5,1)
      \curveto(1,3)(2,1)(3,3)%
  }
\end{pspicture}
```

11.3.21 \rcurveto

rcurveto entspricht prinzipiell \curveto(<x1,y1>)(<x2,y2>)(<x3,y3>), nur dass **alle** als relative Koordinaten, bezogen auf den aktuellen Punkt, aufgefasst werden.

\rcurveto(<dx1,dy1>)(<dx2,dy2>)(<dx3,dy3>)

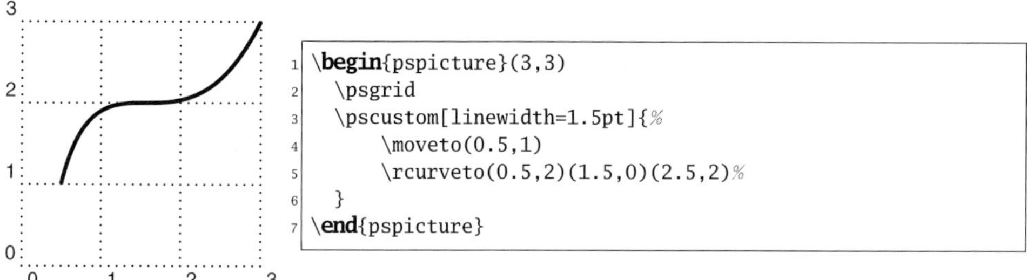

```
\begin{pspicture}(3,3)
  \psgrid
  \pscustom[linewidth=1.5pt]{%
      \moveto(0.5,1)
      \rcurveto(0.5,2)(1.5,0)(2.5,2)%
  }
\end{pspicture}
```

11.3.22 \code

\code fügt den als Parameter angegebenen PostScript-Code direkt in die PostScript-Ausgabe ein. Dieses Makro ist identisch zu \addto@pscode und sollte in **jedem** Fall der Anwendung von \special vorgezogen werden. Ein weiteres Beispiel zu \code findet man im Abschnitt 15.3.5 auf Seite 156.

\code{<PostScript>}

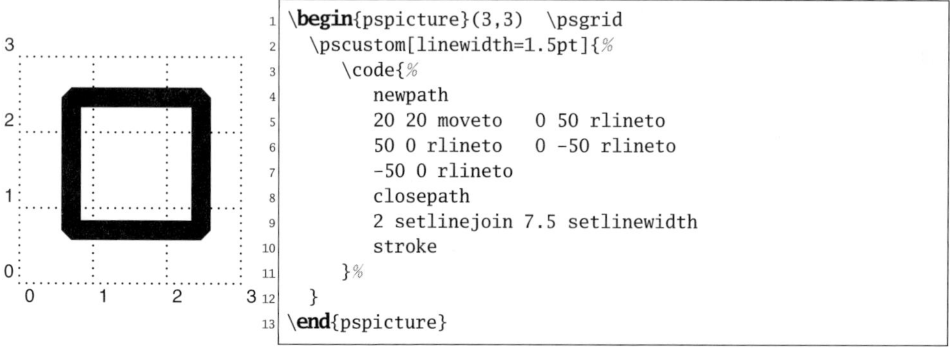

```
\begin{pspicture}(3,3)  \psgrid
  \pscustom[linewidth=1.5pt]{%
    \code{%
      newpath
      20 20 moveto   0 50 rlineto
      50 0 rlineto   0 -50 rlineto
      -50 0 rlineto
      closepath
      2 setlinejoin 7.5 setlinewidth
      stroke
    }%
  }
\end{pspicture}
```

11.3.23 \dim

\dim rechnet die PSTricks-Einheit in pt um, sodass mit den durch die pspicture Umgebung festgelegten Einheiten gerechnet werden kann und legt das Ergebnis auf den Stack von PostScript.

```
\dim{<Wert Einheit>}
```

```
\begin{pspicture}(3,3)\psgrid
  \pscustom[linewidth=1.5pt]{%
    \code{newpath}
    \dim{0cm}\dim{-2cm} \dim{2cm}\dim{0cm}
    \dim{0cm}\dim{2cm}  \dim{0.5cm}\dim{0.5cm}
    \code{
      moveto rlineto rlineto rlineto
      closepath
      2 setlinejoin 7.5 setlinewidth
      1 1 0 setrgbcolor
      stroke
    }%
  }
\end{pspicture}
```

11.3.24 \coor

`\coor` rechnet die angegebenen Koordinaten von der `PSTricks`-Einheit in `pt` um, sodass mit den durch die `pspicture` Umgebung festgelegten Einheiten gerechnet werden kann und legt das Ergebnis auf den Stack von PostScript. Die Anwendung von `\coor` ergibt gegenüber `\dim` bei mehreren Koordinaten einen klaren Vorteil. `\coor` benutzt intern das Makro `\pst@@getcoor{#1}` und wird bei mehr als einem Koordinatenpaar rekursiv aufgerufen.

```
\coor(<x1,y1>)(<x2,y2>)...(<xn,yn>)
```

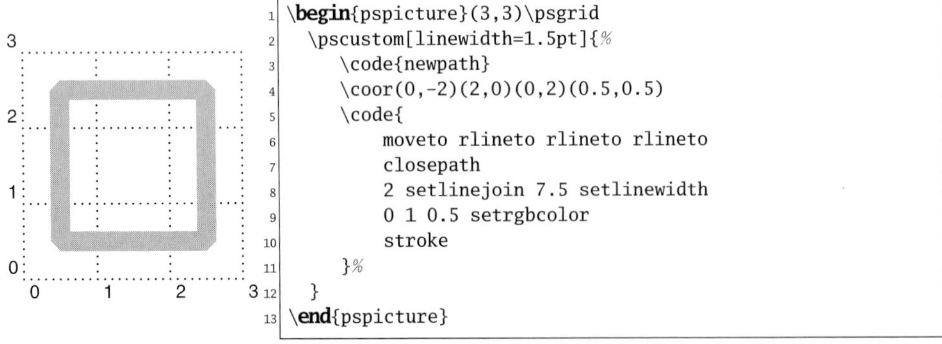

```
\begin{pspicture}(3,3)\psgrid
  \pscustom[linewidth=1.5pt]{%
    \code{newpath}
    \coor(0,-2)(2,0)(0,2)(0.5,0.5)
    \code{
       moveto rlineto rlineto rlineto
       closepath
       2 setlinejoin 7.5 setlinewidth
       0 1 0.5 setrgbcolor
       stroke
    }%
  }
\end{pspicture}
```

11.3.25 \rcoor

`\rcoor` ist prinzipiell identisch zu `\coor`, mit dem Unterschied, dass die Koordinaten in umgekehrter Reihenfolge auf den Stack gelegt werden (reverse coor).

```
\rcoor(<x1,y1>)(<x2,y2>)...(<xn,yn>)
```

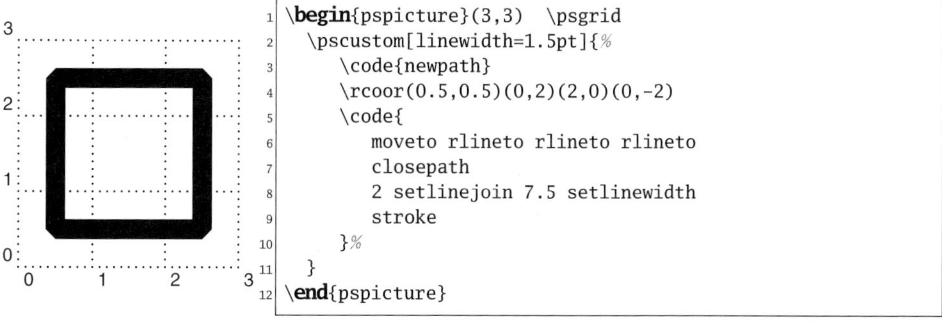

```
\begin{pspicture}(3,3) \psgrid
  \pscustom[linewidth=1.5pt]{%
    \code{newpath}
    \rcoor(0.5,0.5)(0,2)(2,0)(0,-2)
    \code{
      moveto rlineto rlineto rlineto
      closepath
      2 setlinejoin 7.5 setlinewidth
      stroke
    }%
  }
\end{pspicture}
```

11.3.26 \file

`\file` fügt den Inhalt einer Datei ohne jegliche Expansion als PostScript-Code ein. Lediglich mit „%“ beginnende Kommentarzeilen werden ignoriert.

```
\file{<Dateiname>}
```

Das folgende Beispiel liest den Inhalt der Datei **file.ps** ein.

Listing 11.1: Inhalt der Datei **file.ps**

```
% demo for \file  hv 2004-05-13
newpath
20 20 moveto
0 50 rlineto
50 0 rlineto
0 -50 rlineto
-50 0 rlineto
closepath
2 setlinejoin 7.5 setlinewidth
stroke
% end
```

```
\begin{pspicture}(3,3)
  \psgrid
  \pscustom[linewidth=1.5pt]{\file{file.ps}}
\end{pspicture}
```

11.3.27 \arrows

\arrows definiert die Art des einzufügenden Linien- bzw. Kurvenanfangs und Linien- und Kurvenendes.

```
\arrows{<Pfeilart>}
```

Intern werden die beiden PostScript-Prozeduren ArrowA und ArrowB benutzt, die wie folgt definiert sind:

```
x2 y2 x1 y1 ArrowA
x2 y2 x1 y1 ArrowB
```

Beide zeichnen einen Pfeil von $(x2,y2)$ nach $(x1,y1)$. ArrowA setzt den aktuellen Punkt auf das Ende des Pfeils und lässt $(x2,y2)$ auf dem Stack. ArrowB dagegen verändert nicht den aktuellen Punkt, lässt aber die folgenden vier Werte auf dem Stack $(x2y2x1'y1')$, wobei $(x1',y1')$ der Punkt ist, bei dem eine Linie oder Kurve anschließt.

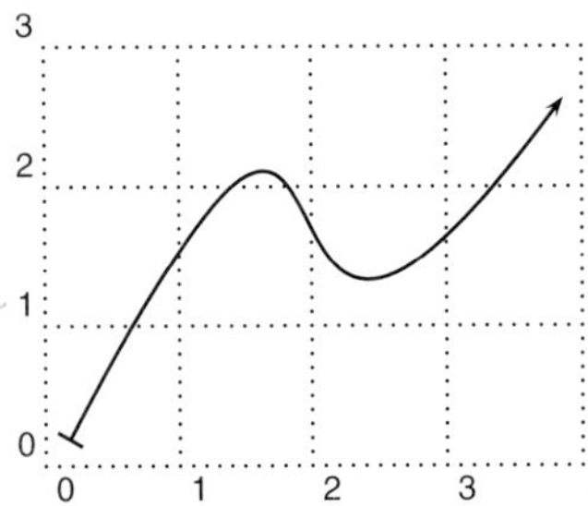


```
\begin{pspicture}(4,3)
  \psgrid
  \pscustom{%
    \arrows{|->}
    \code{%
       80 140 5 5 ArrowA
       30 -30 110 75 ArrowB
       curveto%
    }%
  }
\end{pspicture}
```

11.3.28 \setcolor

\setcolor setzt die aktuelle Farbe und benutzt dazu intern \pst@usecolor.

```
\setcolor{<Farbename>}
```

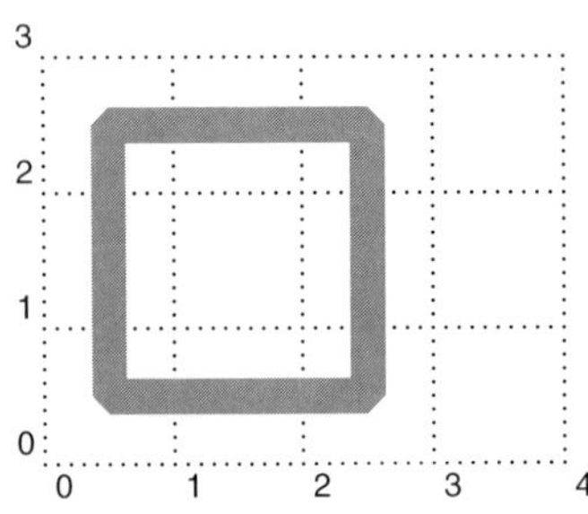


```
\begin{pspicture}(4,3)  \psgrid
  \pscustom[linewidth=1.5pt]{%
     \code{newpath}
     \rcoor(0.5,0.5)(0,2)(2,0)(0,-2)
     \setcolor{red}
     \code{
         moveto rlineto rlineto rlineto
         closepath
         2 setlinejoin 7.5 setlinewidth
         stroke
  }}
\end{pspicture}
```

Kapitel 12

Koordinaten

Grundsätzlich kann innerhalb eines Dokumentes bzw. einer `pspicture`-Umgebung beliebig zwischen der Anforderung von „normalen" und „speziellen" Koordinaten hin- und hergeschaltet werden.

```
\SpecialCoor % aktiviert spezielle Koordinatenformen
\NormalCoor  % nur (<x,y>) Zahlenpaare sind zulässig
```

Ist `SpecialCoor` aktiviert, erfolgt vor Verarbeitung von Koordinaten eine interne Untersuchung über den Typ der Werte. Dies könnte sich bei umfangreichen Berechnungen von Punkten als langwierig erweisen, sodass ein `\NormalCoor` für kartesische Koordinaten Sinn machen könnte. Aufgrund der heutigen Rechnerleistungen sind kaum Beeinträchtigungen zu erwarten, wenn man global `\SpecialCoor` aktiviert, wie für die folgenden Beispiele geschehen. Mit der Aktivierung durch `\SpecialCoor` ergeben sich die in Tabelle 12.1 dargestellten, weiteren Möglichkeiten.

Tabelle 12.1: Mögliche Koordinatenformen bei Aktivierung durch `\SpecialCoor`

Syntax	Erklärung	Beispiel
`(x,y)`	Kartesische Koordinaten (Standard).	`(2,-3)`
`(r;`α`)`	Ploarkoordinaten.	`(2;-60)`
`(!<PostScript >)`	Der PostScript Code muss mit zwei Werten für `x y` auf dem Stack beendet werden. Dazwischen ist beliebiger Code möglich. Für die Koordinaten wird `xunit` und `yunit` benutzt.	`(! 2 sin -20 cos)`
`(Paar1|Paar2)`	Vom ersten Koordinatenpaar wird der x-Wert genommen und vom zweiten Koordinatenpaar der y-Wert.	`(2;35|3,-4)`

Syntax	Erklärung	Beispiel
(Knotenname)	Die geometrische Mitte eines beliebig zuvor definierten Knotens (Node).	(A)
([Par]Knotenname)	Die Koordinaten bestimmen sich durch die geometrische Mitte vom Knoten, relativ verschoben um die Angaben bei den Parametern, die sich auf den Winkel (**angle**), eine horizontale (**nodesep**) und eine vertikale (**offset**) Verschiebung beziehen (siehe Beispiel).	([nodesep=-1]A)
([Parameter]{Knoten 2}Knoten 1)	Die Koordinaten bestimmen sich durch die geometrische Mitte vom Knoten 1, relativ verschoben um die Angaben bei den Parametern, die sich auf den Winkel (**angle**), eine horizontale (**nodesep** und [X|Y]**nodesep**) und eine vertikale (**offset**) Verschiebung beziehen, die durch die virtuelle Verbindungslinie von Knoten 2 und Knoten 1 gegeben ist (siehe Beispiel).	([nodesep=-1]BA)

Für die Angabe von Winkeln, die in geschweiften Klammern zu setzen sind, eröffnet \SpecialCoor ebenfalls weitere Möglichkeiten, die in Tabelle 12.2 zusammengefasst sind.

Tabelle 12.2: Mögliche Winkelangaben bei Aktivierung durch \SpecialCoor

Syntax	Erläuterung	Beispiel
<Winkel>	Zahlenwert, der sich auf die Angabe von **\degrees** bezieht (Standard)	{90}
!<PostScript >	Der PostScript Code muss mit einem Wert für α auf dem Stack beendet werden. Dazwischen ist beliebiger Code möglich.	{! 1 -2 atan}
(x,y)	Koordinatenpaar wird in einen zugeörigen Winkel umgerechnet ($\tan\alpha = \frac{y}{x}$)	{(3,-4)}

12.1 Polarkoordinaten

(<Radius>;<Winkel>): Für den Radius gilt der **runit**-Maßstab und für den Winkel der durch **\degrees**[<Vollkreis>] festgelegte Maßstab.

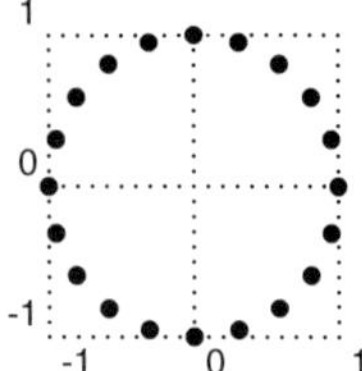


```
\begin{pspicture}(-1,-1)(1,1)  \psgrid
  \multido{\iAngle=0+18}{20}{\psdot(1;\iAngle)}
\end{pspicture}
```

12.2 Mit PostScript berechnete Koordinaten

(!<ps>): Der Ausdruck <ps> muss auf dem Stack ein x y Zahlenpaar ablegen. Die Koordinaten beziehen sich auf den durch [x|y]unit festgelegten Maßstab. Das folgende Beispiel zeigt die Umrechnung von gegebenen Polarkoorinaten in ein x y Zahlenpaar.

```
\begin{pspicture}(3,3) \psgrid
  \psset{dotscale=2,xunit=2,yunit=1.5}%
  \psdot(2;45)
  \psdot[linecolor=cyan](! 2 45 cos mul 2 45 sin mul)
  \psset{dotstyle=triangle*}%
  \psdot(1.5;70)
  \psdot[linecolor=cyan](! 1.5 70 cos mul 1.5 70 sin mul)
\end{pspicture}
```

Im nächsten Beispiel wird die rand-Funktion von PostScript benutzt, die eine zufällige reelle Zahl liefert und durch die folgenden Operationen auf das Intervall $[0;4]$ begrenzt wird. Zusätzlich wird die Farbe zufällig bestimmt ($[0;1]$).

```
\begin{pspicture}(4,4) \psgrid
  \psset{dotscale=1.25}%
  \multips(0,0){80}{%
     \psdot(! rand 401 mod 100 div
       rand 401 mod 100 div rand 101
       mod 100 div 1 1 sethsbcolor)%
  }
\end{pspicture}
```

12.3 Doppelkoordinaten

(Punkt1|Punkt2): Die Möglichkeit, das Koordinatenpaar aus zwei vorgegebenen Punkten zusammensetzen zu können, erweist sich besonders bei Verbindungen hilfreich, bei denen man nicht unbedingt beide Koordinaten kennt, wie im folgenden Beispiel „simuliert“ wird. Vom ersten Punkt wird die x-Koordinate und vom zweiten die y-Koordinate genommen. Das folgende Beispiel erläutert dies auf einfache Weise. Unter der Annahme, dass beispielsweise die Koordinaten der Knoten A und B nicht bekannt sind, was hier prinzipiell gegeben ist, denn die Mitte der beiden Wörter PSTricks und PS ist nicht bekannt. Dennoch lassen sich mit der Kombination von verschiedenen Knoten ohne weiteres Linien zeichnen, die die x-Koordinate beibehalten.

```
\begin{pspicture}(3,3)  \psgrid
  \rput[lb](0,2.5){\rnode{A}{PSTricks} is \rnode{B}{PS}}
  \psline[linecolor=red](0,0.5)(3,0.5)
  \psset{linecolor=blue}
  \psline{->}(A)(A|0,0.5)
  \psline{->}(B)(B|0,0.5)
\end{pspicture}
```

Alternativ hätte man auch neue Knoten definieren können, um dann mit `\ncline` zusätzlich die Option `nodesep` nutzen zu können. (→ 16.2.4 auf Seite 168)

12.4 Relative Verschiebungen

Damit ist es ohne weiteres möglich, horizontale und vertikale Verschiebungen zum Zielpunkt vorzunehmen. Eine Erklärung der einzelnen Linien gibt Tabelle 12.3.

Tabelle 12.3: Bedeutung der Parameter bei relativer Punktverschiebung

Befehl	Erklärung
`\psline([nodesep=1]A)`	Linie von (0,0) nach (x_A+1, y_A)
`\psline[linestyle=dashed]([nodesep=-1]A)`	Linie von (0,0) nach (x_A-1, y_A)
`\psline[linestyle=dotted,linewidth=0.08]([offset=1]A)`	Linie von (0,0) nach (x_A, y_A+1)
`\psline[linewidth=0.08]([nodesep=-1,offset=-1]A)`	Linie von (0,0) nach (x_A-1, y_A-1)

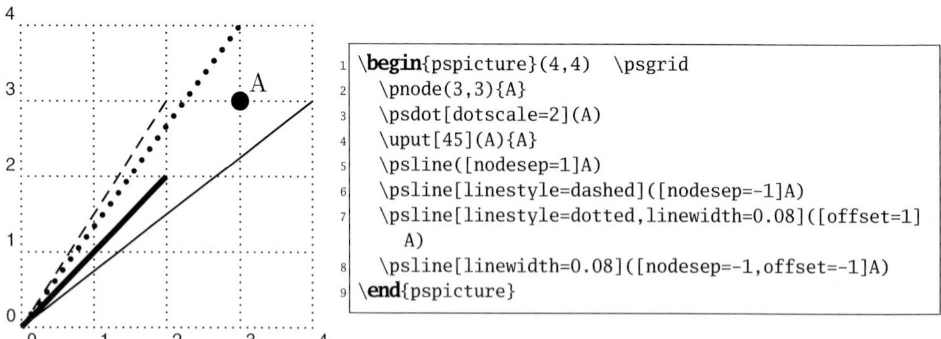


```
\begin{pspicture}(4,4)  \psgrid
  \pnode(3,3){A}
  \psdot[dotscale=2](A)
  \uput[45](A){A}
  \psline([nodesep=1]A)
  \psline[linestyle=dashed]([nodesep=-1]A)
  \psline[linestyle=dotted,linewidth=0.08]([offset=1]
    A)
  \psline[linewidth=0.08]([nodesep=-1,offset=-1]A)
\end{pspicture}
```

Gleiches lässt sich auch mit dem `angle` Parameter erreichen. Die Bedeutung der einzelnen Parameter kann jetzt Tabelle 12.4 entnommen werden.

Tabelle 12.4: Bedeutung der Parameter bei relativer Punktverschiebung mit Winkelangabe

Befehl	Erklärung
`\psline([nodesep=1,angle=-45]A)`	Linie von (0,0) nach (1;−45) mit A als Mittelpunkt
`\psline[linestyle=dashed]([nodesep=-1,angle=-45]A)`	Linie von (0,0) nach (−1;−45) mit A als Mittelpunkt
`\psline[linestyle=dotted,linewidth=0.08]([offset=1,angle=-45]A)`	Linie von (0,0) nach (1;−45) mit A als Mittelpunkt
`\psline[linewidth=0.08]([offset=1,angle=135]A)`	Linie von (0,0) nach (1;135) mit A als Mittelpunkt

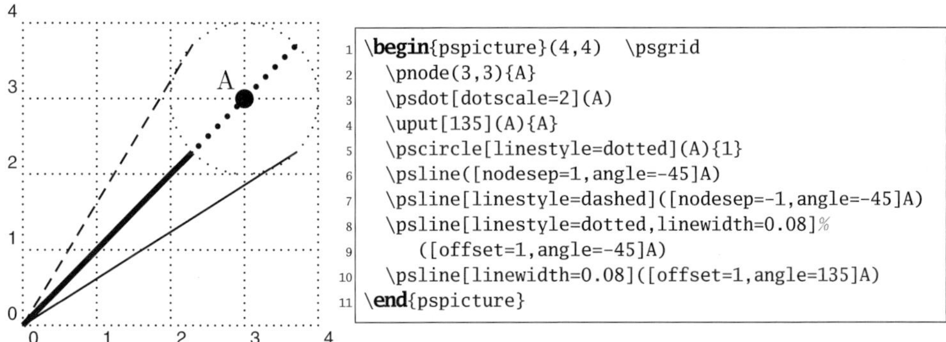


```
\begin{pspicture}(4,4)  \psgrid
  \pnode(3,3){A}
  \psdot[dotscale=2](A)
  \uput[135](A){A}
  \pscircle[linestyle=dotted](A){1}
  \psline([nodesep=1,angle=-45]A)
  \psline[linestyle=dashed]([nodesep=-1,angle=-45]A)
  \psline[linestyle=dotted,linewidth=0.08]%
     ([offset=1,angle=-45]A)
  \psline[linewidth=0.08]([offset=1,angle=135]A)
\end{pspicture}
```

Etwas komplizierter ist der zweite Fall, bei dem ein dritter Punkt für die relative Verschiebung herangezogen werden kann. Dieser Fall ist insbesondere geeignet, Linien über den Endpunkt einer Strecke hinaus gezielt zu verlängern. Tabelle 12.5 gibt zusätzliche Erläuterungen zu den einzelnen Linien aus dem folgenden Beispiel.

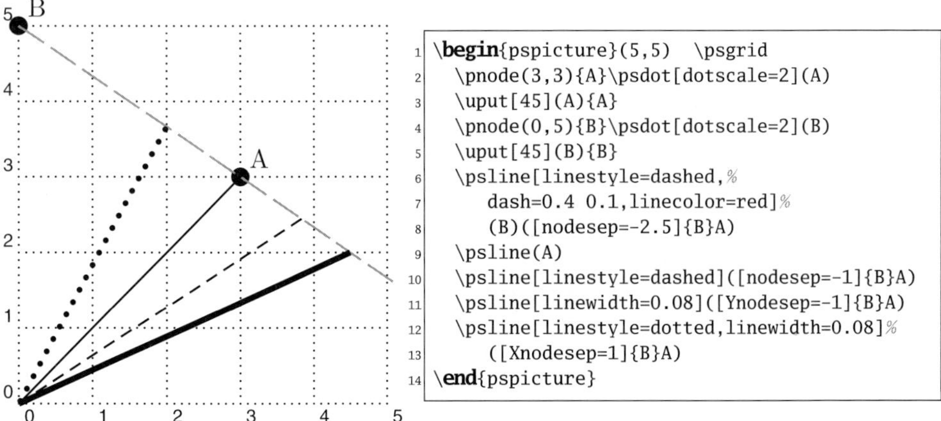


```
\begin{pspicture}(5,5)  \psgrid
  \pnode(3,3){A}\psdot[dotscale=2](A)
  \uput[45](A){A}
  \pnode(0,5){B}\psdot[dotscale=2](B)
  \uput[45](B){B}
  \psline[linestyle=dashed,%
     dash=0.4 0.1,linecolor=red]%
     (B)([nodesep=-2.5]{B}A)
  \psline(A)
  \psline[linestyle=dashed]([nodesep=-1]{B}A)
  \psline[linewidth=0.08]([Ynodesep=-1]{B}A)
  \psline[linestyle=dotted,linewidth=0.08]%
     ([Xnodesep=1]{B}A)
\end{pspicture}
```

Tabelle 12.5: Bedeutung der Parameter bei relativer Punktverschiebung in Bezug zu einem dritten Punkt

Linie	Erklärung
`\psline [linestyle=dashed,dash=0.4 0.1,linecolor=red] (B)([nodesep=-2.5]{B}A)`	Linie von (B) nach $(x_A+\Delta x, y_A+\Delta y)$ wobei $\sqrt{(\Delta x)^2+(\Delta y)^2}=2.5$ gilt und der Endpunkt auf der Verlängerung der Strecke $\overline{AB}$ liegt.
`\psline (A)`	„Normale" Linie von $(0,0)$ nach (A).
`\psline [linestyle=dashed]([nodesep=-1]{B}A)`	Linie von $(0,0)$ nach $(x_A+\Delta x, y_A+\Delta y)$ wobei $\sqrt{(\Delta x)^2+(\Delta y)^2}=1$ gilt und der Endpunkt auf der Verlängerung der Linie $\overline{AB}$ liegt.
`\psline [linewidth=0.08]([Ynodesep=-1]{B}A)`	Linie von $(0,0)$ nach $(x_A+\Delta x, y_A-1)$ wobei Δx so gewählt wird, dass der Endpunkt auf der Verlängerung der Strecke $\overline{AB}$ liegt.
`\psline [linestyle=dotted,linewidth=0.08]([Xnodesep=1]{B}A)`	Linie von $(0,0)$ nach $(x_A+\Delta x-1, y_A)$ wobei Δy so gewählt wird, dass der Endpunkt auf der Linie $\overline{AB}$ liegt.

12.5 Winkelangaben

Im folgenden Beispiel wird für das erste `\psarc` Makro statt einer expliziten Winkelangabe `(-1,1)` angegeben, was einem Winkel von $\alpha = \arctan\frac{1}{-1} = 135^\circ$ entspricht. Der Punkt $P(-1,1)$ selbst braucht nicht Teil des Kreisbogens zu sein, wie im Beispiel deutlich zu erkennen ist.

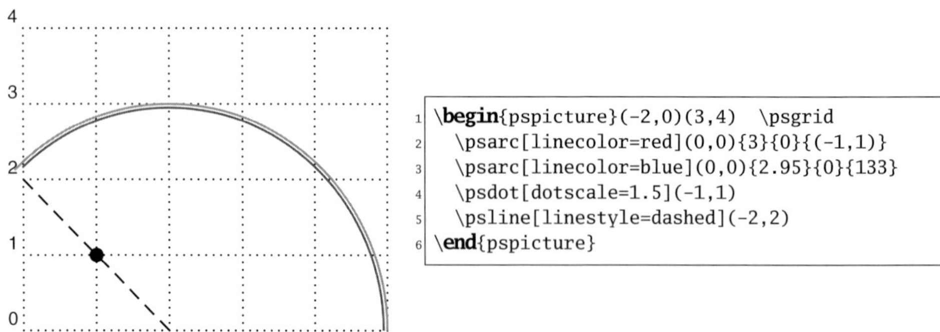


```
\begin{pspicture}(-2,0)(3,4)  \psgrid
  \psarc[linecolor=red](0,0){3}{0}{(-1,1)}
  \psarc[linecolor=blue](0,0){2.95}{0}{133}
  \psdot[dotscale=1.5](-1,1)
  \psline[linestyle=dashed](-2,2)
\end{pspicture}
```

12.6 Veraltete Makros

`PSTricks` unterstützt prinzipiell auch das Umschalten zwischen kartesischen Koordinaten und Polarkoordinaten durch zwei Makros, die jedoch nicht mehr benutzt werden sollten, da mit der `\SpecialCoor` bzw. `\NormalCoor` Option zum einen das Gleiche erreicht wird und zum anderen die Polarkoordinaten unterschiedlich dargestellt werden.

```
\Cartesian
\Cartesian(<xunit,yunit>)
\Polar
```

Die einzig sinnvolle Verwendung für `\Cartesian` liegt in der einfachen Festlegung des Maßstabs, denn `\Cartesian(1,0.5)` ist äquivalent zu

`\psset{xunit=1,yunit=0.5}`.

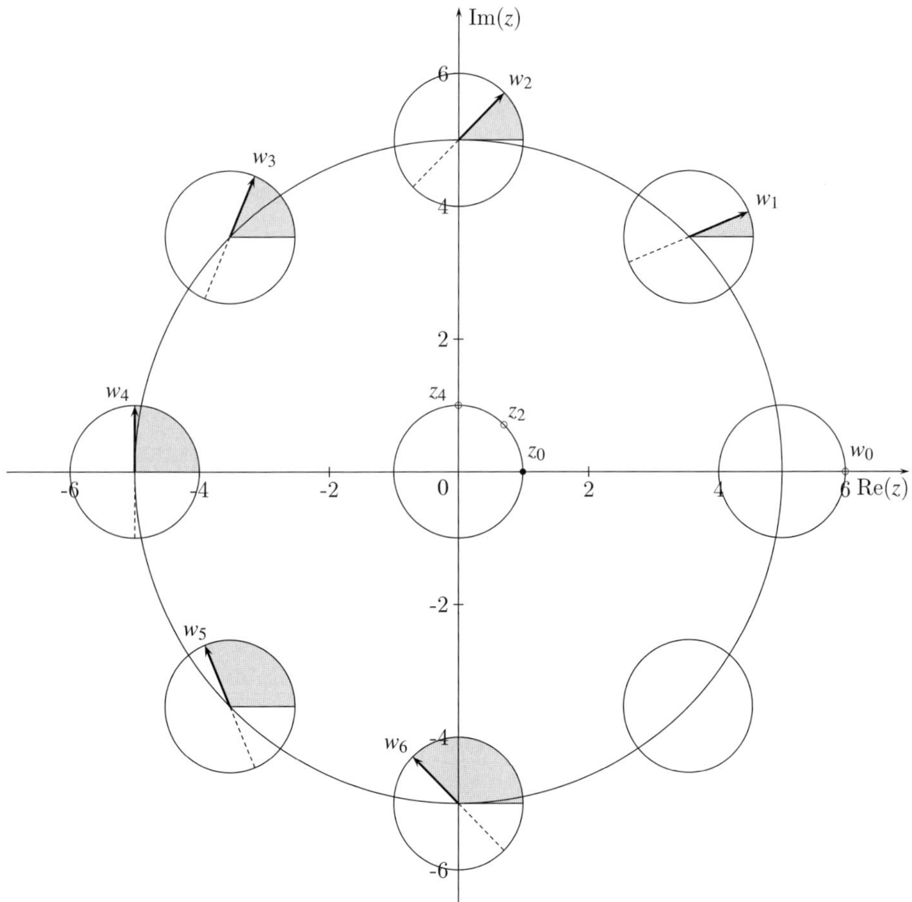

Abbildung 12.1: `bsp104.tex`: Anwendung von `\SpecialCoor` (Ulrich Dirr)

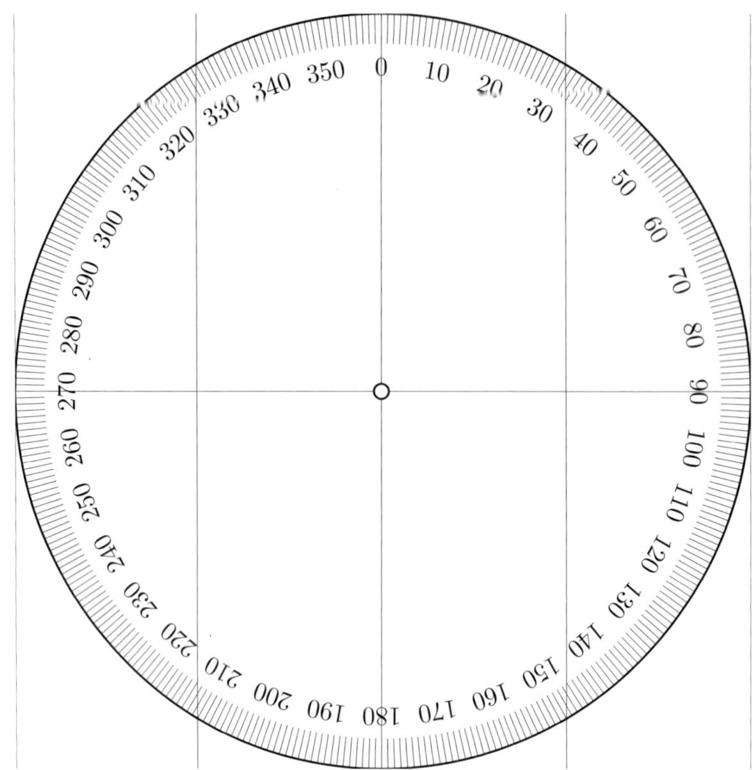

Abbildung 12.2: `bsp116.tex`: Weitere Anwendung von `\SpecialCoor`.

KAPITEL

13 Overlays

„Echte" Overlays sind hauptsächlich von Interesse für das Erstellen von Folien bzw. Präsentationen, wie sie das PSTricks-kompatible Dokumentenklasse seminar verwendet. Andererseits kann man auf bestehende EPS-Grafiken ein Gitternetz legen wollen oder irgendwelche ergänzende Text- oder grafische Angaben machen wollen. In beiden Fällen wird auf ein bestehendes Objekt ein anderes gelegt.

13.1 Folien

Der normale PSTricks-Anwender wird hier wenig finden. Mit den Overlay-Makros ist es auf einfache Weise möglich, mehrere Boxen übereinander zu legen.

```
\overlaybox              % TeX Version
  < Material >
\endoverlaybox
\begin{overlaybox}       % LaTeX Version
  < Material >
\end{overlaybox}
\psoverlay{<Name>}
\putoverlaybox{<Name>}
```

Die einzelnen Overlays sind dann entsprechend mit \rput-Makros zu platzieren. „Name" kennzeichnet die Folie (Box) und muss daher eindeutig sein. Wie man dem Beispiel entnehmen kann, erhält man gleich große Boxen (Overlays), bei denen der entsprechende Text an der richtigen Stelle ist.

Herbert

Voss

Berlin

```
\overlaybox%
  \psoverlay{all}%
  \psframebox[framearc=0.15,linewidth=1.5pt]{%
    \psoverlay{main}%
    \parbox{3cm}{Herbert {\psoverlay{one} Voss\\
        {\psoverlay{two} Berlin}}}}
\endoverlaybox

\putoverlaybox{main}

\putoverlaybox{one}

\putoverlaybox{two}
```

13.2 Überschreiben

Ein häufiger Anwendungsfall ist das nachträgliche Bezeichnen oder Bemaßen von bestehenden Grafiken, die hier lediglich in einem (LA)TEX oder PDFLATEX-kompatiblen Format vorliegen müssen. Um erst einmal die Koordinaten festzulegen, wird die Grafik mit `\savebox` in einer Box gespeichert, um auf diese Weise schon mal die Größe der Grafik einfach bestimmen zu können. Da in der Beispielgrafik auf der linken und oberen Seite Bemaßungen und Beschriftungen vorgenommen werden sollen, werden diese Seiten entsprechend vergrößert. Auf die Grafik wird mit `\psgrid` (→ 3.1 auf Seite 18) ein Koordinatengitter gelegt, welches zum Schluss wieder entfernt wird. Um eine eindeutige Zurodnung vornehmen zu können wird für den `\rput` Befehl der Positionsparameter `lb` gewählt, was der linken unteren Ecke der Grafik entspricht.

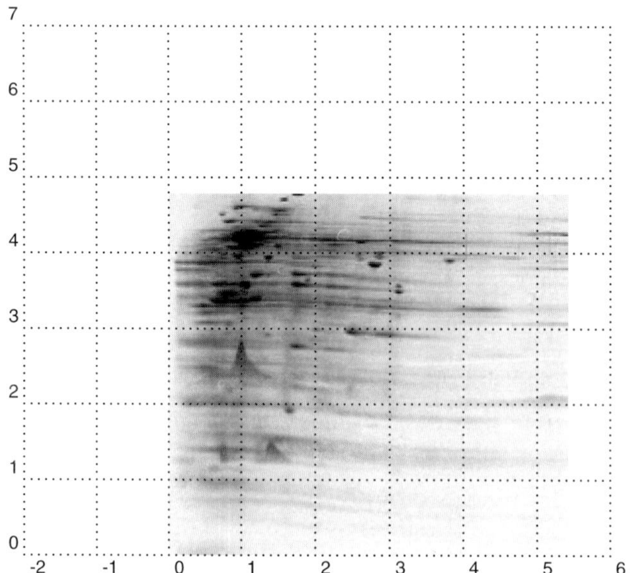

```
\newsavebox\IBox
\sbox\IBox{\includegraphics[scale=0.75]{overlay50}}
\begin{pspicture}(-2,0)(1.1\wd\IBox,1.4\ht\IBox)
  \rput[lb](0,0){\usebox\IBox}
  \psgrid
  \pnode(-0.5,0){A}\pnode(-0.5,\ht\IBox){B}
\end{pspicture}
```

Nun ist es relativ einfach, die entsprechungen `PSTricks`-Makros mit den richtigen Koordinaten anzuwenden und die Beschriftungen vorzunehmen.

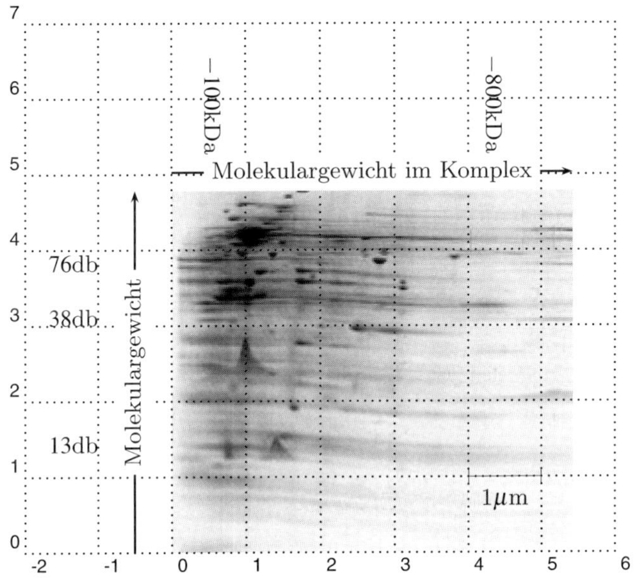


```
\begin{pspicture}(-2,0)(1.1\wd\IBox,1.4\ht\IBox)
  \rput[lb](0,0){\usebox\IBox}
  \psgrid
  \pnode(-0.5,0){A}\pnode(-0.5,\ht\IBox){B}
  \ncline{->}{A}{B}
  \ncput*[nrot=:U]{Molekulargewicht}
  \pnode(0,1.05\ht\IBox){A}\pnode(\wd\IBox,1.05\ht\IBox){B}
  \rput[rC](-1,.3\ht\IBox){$13$db}
  \rput[rC](-1,.65\ht\IBox){$38$db}
  \rput[rC](-1,.8\ht\IBox){$76$db}
  \ncline{->}{A}{B}
  \ncput*{Molekulargewicht im Komplex}
  \rput[rC]{-90}(0.1\wd\IBox,1.1\ht\IBox){$-100$kDa}
  \rput[rC]{-90}(0.8\wd\IBox,1.1\ht\IBox){$-800$kDa}
  \psline[linewidth=0.1pt,arrowscale=2]{|-|}(4,1)(5,1)
  \uput[-90](4.5,1){1$\mu$m}
\end{pspicture}
```

Die Breite der im vorliegenden Beispiel verwendeten `pspicture` Umgebung, die hier mit `(-2,0)(1.1\wd\IBox,1.4\ht\IBox)` angegeben wurde, entspricht in der

Breite 2 Einheiten plus der 1,1-fachen Bildbreite und in der Höhe der 1,4-fachen Bildhöhe. Diese Werte ergeben sich ausschließlich aus der Anwendung und sind bei einer Grafik, die lediglich Beschriftungen innerhalb der Abbildung enthält, genau der Bildgröße.

Abschließend wird dann einfach `\psgrid` auskommentiert und es ergibt sich die endgültige Grafik.

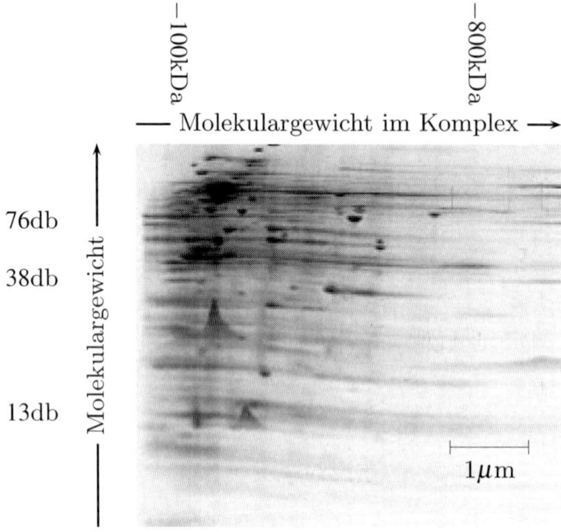

Kapitel 14

Grundlagen

In diesem Kapitel sollen einige grundlegende Dinge von PSTricks behandelt werden, die nicht unbedingt für jeden Anwender von Bedeutung sein müssen und mit denen man in der Regel erst bei der Erstellung komplexer Grafiken in Berührung kommt. Diejenigen, die eigene Makros oder auch PSTricks-Pakete entwickeln wollen, werden in diesem Kapitel wichtige Informationen finden.

14.1 Header Dateien

Ein PostScript Header (Prolog) entspricht im Prinzip einer TEX Makrodatei bzw. einer Stildatei bei LATEX, die jedoch im Gegensatz zu diesen keinen (LA)TEX Quellcode, sondern reines PostScript enthält. Der Header wird an den Beginn der PostScript-Datei gesetzt und enthält Definition und Prozeduren, auf die man im weiteren Verlauf zurückgreifen kann. Das Einbinden derartiger Header-Dateien erfolgt auf TEX-Seite mit dem \special Makro:

```
\special{header=<Header Datei>}
```

Grundsätzlich ist man nicht gezwungen, eine Header-Datei zu laden, dennoch machen viele PSTricks-Pakete davon Gebrauch. Fast alle entsprechenden Dateien haben die Endung .pro und sind in der Regel im Verzeichnis $TEXMF/dvips/pstricks/ gespeichert.

```
-rw-r--r--   1 voss    users      1832 2004-02-09 06:50 pst-blur.pro
-rw-r--r--   1 voss    users      1669 2004-02-09 06:50 pst-coil.pro
-rw-r--r--   1 voss    users      4734 2004-02-09 06:50 pst-dots.pro
-rw-r--r--   1 voss    users      2782 2004-02-09 06:50 pst-ghsb.pro
-rw-r--r--   1 voss    users      2063 2004-02-09 06:50 pst-grad.pro
-rw-r--r--   1 voss    users     12717 2004-02-09 06:50 pst-node.pro
-rw-r--r--   1 voss    users      3438 2004-02-09 06:50 pst-slpe.pro
-rw-r--r--   1 voss    users      2141 2004-02-09 06:50 pst-text.pro
-rw-r--r--   1 voss    users     12331 2004-03-30 17:07 pstricks.pro
```

Weitere findet man in den jeweiligen Paket-Verzeichnissen. Diese Dateien sind primär der Grund, warum man TEX-Dateien, die PostScript-kompatiblen Quellkode enthalten, nicht mit pdfTEX übersetzen kann. [52]

14.2 Spezielle Makros

14.2.1 \PSTricksoff

Dieses Makro schaltet sämtliche PSTricks spezifischen Eigenschaften ab, sodass das Dokument mit jedem beliebigen DVI-Viewer betrachtet werden kann. Auch sollte eine problemlose PDF-Erstellung möglich sein.

```
\PSTricksOff
```

Dies ist insbesondere bei verstärktem Einsatz von PSTricks Makros nur eine Notlösung, um einen schnellen Überblick über den reinen Text zu bekommen, denn es werden nur die PostScript-spezifischen Makros „ausgeschaltet“:

```
\def\PSTricksOff{%
  \def\pstheader##1{}%
  \def\pstverb##1{}%
  \def\pstVerb##1{}%
  \PSTricksfalse%
}
```

In den meisten Fällen wird man auf alternative Methoden für den DVI- oder PDF-Export zurückgreifen müssen (→ B auf Seite 453). Ein entsprechendes \PSTricksOn existiert nicht.

14.2.2 \KillGlue und \DontKillGlue

Innerhalb einer pspicture-Umgebung wird jeder Leerraum (whitespace) zwischen PSTricks-Objekten entfernt. Dieser in der Regel variable Leerraum wird in der TEX Terminologie als „glue“ bezeichnet. Außerhalb der pspicture Umgebung wird jedes Objekt wie ein einzelnes Zeichen behandelt, sodass zusätzlicher Leerraum nicht entfernt wird. Dies kann manchmal unerwünscht sein, beispielsweise innerhalb einer picture LATEX- Umgebung. In solchen Fällen kann mit den Schaltern KillGlue und DontKillGlue Leerraum ignoriert oder berücksichtigt werden.

```
\KillGlue
\DontKillGlue
```

```
\begin{pspicture}(3,2)
\KillGlue
\psframe*[linecolor=lightgray,shadow=true,shadowcolor=red,%
  shadowangle=90,shadowsize=15pt](3,1.75)
\quad% <---!!!!---
\psframe[fillcolor=white,fillstyle=solid,%
  framearc=0.5,shadow=true](1.25,0.25)(2.8,1.5)
\end{pspicture}
```

```
\begin{pspicture}(3,2)
\DontKillGlue
\psframe*[linecolor=lightgray,shadow=true,shadowcolor=red,%
  shadowangle=90,shadowsize=15pt](3,1.75)
\quad% <---!!!!---
\psframe[fillcolor=white,fillstyle=solid,%
    framearc=0.5,shadow=true](1.25,0.25)(2.8,1.5)
\end{pspicture}
```

14.2.3 \pslbrace und \psrbrace

Diese beiden Makros machen nur Sinn im Zusammenhang mit der PostScript-Eingabe.

```
\pslbrace
\psrbrace
```

Sie sind identisch mit { und } mit dem Unterschied, dass sie direkt in die PostScript-Ausgabe geschrieben werden, somit auch keinen Sinn innerhalb von TEX-spezifischen Teilen machen. Für PostScript spielen diese Klammern dieselbe Rolle wie für (LA)TEX, jedoch ist es manchmal schwieriger sie in die PostScript-Ausgabe zu bekommen.

14.2.4 \space

Dieses Makro macht nichts anderes als ein hartes Leerzeichen auszugeben, was insbesondere dann von Vorteil ist, wenn innerhalb eines PostScript-spezifischen Codes ein TEX-Makro eingesetzt wird, welches durch die Expansion das dem Makro folgende Leerzeichen verschluckt, welches innerhalb von PostScript aber wichtig für die Trennung von Variablen oder Konstanten sind..

```
\space
```

Hat man beispielsweise innerhalb von speziellen Koordinaten (→ 12.2 auf Seite 113) die folgende PostScript-Sequenz:

```
\psk@lineAngle abs 0 gt
```

so würde bei der Expansion durch TEX der Ausdruck

```
20abs 0 gt
```

entstehen, was eine fehlerhafte PostScript-Anweisung ist, denn bei der Expansion wurde das Leerzeichen als Ende-Kennung des vorhergehenden Makros verschluckt. Setzt man das `\space` Makro ein, so wird dieses Leerzeichen nicht verschluckt, denn ein neues Makro beendet automatisch ein vorhergehendes:

```
\psk@lineAngle\space abs 0 gt
```

14.2.5 \altcolormode

Es wurde bereits mehrfach darauf hingewiesen, dass das Zusammenspiel zwischen (LA)TEX, den Farbpaketen `color` und `xcolor` sowie `PSTricks` nicht ganz unproplematisch ist, denn TEX kennt prinzipiell gar keine Farben und die Pakete und `PSTricks` verwenden keine einheitliche Syntax. So sind Probleme im Umgang mit Farben faktisch vorprogrammiert, wenn man sich nicht an bestimmte Kriterien hält.

```
\altcolormode
```

Immer dann, wenn man eine fehlerhafte Farbsetzung nicht beseitigen kann, empfiehlt es sich, dieses Makro zu aktivieren, welches dafür sorgt, dass bei jeder Farbsetzung der gesamte PostScript-Zustand durch `gsave` vorher gespeichert wird und bei einer neuen Farbsetzung zuerst der alte Zustand wieder mit `grestore` zurückgeschrieben wird.

14.2.6 \pstverb und \pstVerb

Es existieren mehrere Makros mit denen man direkt PostScript-Code schreiben kann.

\addtopscode : `PSTricks` internes Makro, welches zu einem gültigen Objekt PostScript-Code hingezufügt.

\code : → 11.3.22 auf Seite 107

\pstverb : Schreibt direkt in die PostScript-Ausgabe, packt aber alles in eine `PSTricks`-kompatible `save-restore` Umgebung, sodass von `PSTricks` nicht mehr bekannt ist.

\pstVerb : Schreibt in die PostScript-Ausgabe, ändert aber nichts an dem augenblicklichen Zustand der grafischen Ebene wie Ursprung, Maßstab, usw.

Folgendes Beispiel soll dies näher erläutern.

```
(pstverb)
\pstverb{
    newpath 100 -100 moveto
    50 0 rlineto 0 50 rlineto -50 0 rlineto 0 -50 rlineto
    1 1 0 setrgbcolor fill
    closepath
}%
\pstVerb{newpath 100 -100 moveto
    50 0 rlineto 0 50 rlineto -50 0 rlineto 0 -50 rlineto
    1 0 0 setrgbcolor fill
    closepath
}
(pstVerb)
```

(pstverb) (pstVerb)

Theoretisch sollten beide Makros dasselbe gefüllte Quadrat zeichnen, da die absoluten Koordinaten identisch sind. Es werden aber zwei Quadrate gezeichnet, die logischerweise mitten im Text erscheinen, das kleine, dunkelblaue ganz oben auf dieser Seite und das große Quadrat mitten in diesem Absatz. Der Text „(pstverb)(pstVerb)" erscheint zusammenhängend an der aktuellen Textposition. Weiterhin ist die Schrift auf rot (100) umgestellt. Erst ein `\black` schaltet dies hier zurück. Ausserdem werden zwei verschieden große Quadrate gezeichnet, was jedoch ein Problem mit dem `dvips` Programm darstellt, denn es setzt nicht alle Werte korrekt zurück. Mit VTeX sind beide Quadrate gleich groß, wenn auch an verschiedenen Stellen. Mit `pstVerb` kann man also `PSTricks`-kompatiblen PostScript-Code in die PostScript-Ausgabe schreiben, während `\pstverb` ausschließlich lokalen PostScript-kompatiblen Code schreibt, der in `gsave - grestore` eingebettet wird. Beide Makros entsprechen den `special` Befehlen:

`\pstverb` → `\special{" ...}`
`\pstVerb` → `\special{ps: ...}`

Im folgenden Beispiel werden einige der trigonometrischen Konstanten verwendet. Anstatt sie jetzt als Zahlenwerte oder innerhalb des Arguments von `\psplot` zu definieren, kann man sie vor der `pspicture`-Umgebung mit `pstVerb` bereits in die PostScript-Ausgabe schreiben. Dies hat den Vorteil, dass sie nur einmal definiert werden und nicht für jeden zu berechnenden Punkt erneut.

Mit `\pstverb` würde dies nicht funktionieren, da die dann als lokal definierten Größen nicht mehr `PSTricks` bekannt sind.

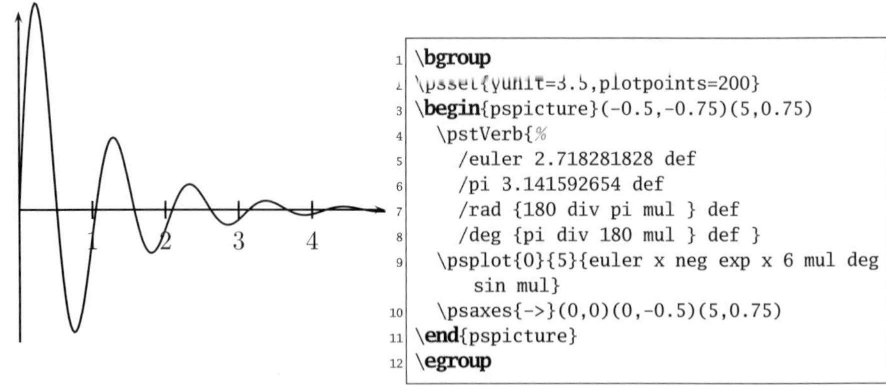


```
\bgroup
\psset{yunit=3.5,plotpoints=200}
\begin{pspicture}(-0.5,-0.75)(5,0.75)
  \pstVerb{%
    /euler 2.718281828 def
    /pi 3.141592654 def
    /rad {180 div pi mul } def
    /deg {pi div 180 mul } def }
  \psplot{0}{5}{euler x neg exp x 6 mul deg
      sin mul}
  \psaxes{->}(0,0)(0,-0.5)(5,0.75)
\end{pspicture}
\egroup
```

14.2.7 \pst@def

Dieses Makro ist zwar nur für den interen Gebrauch, hat dennoch eine gewisse Bedeutung, da es die ansonsten unveränderbaren PostScript-Funktionen, die Teil der Headerdateien sind (siehe Abschnitt 14.1 auf Seite 123), überschreiben kann.

```
\makeatletter
\pst@def{<PS-Name>}< ... Code ...>
\makeatother
```

Im PostScript-Code erscheint dann die Definition einer normalen PostScript-Funktion, wobei alle TEX-spezifischen Makros vorher expandiert werden:

```
/<PS-Name> {... Code ... } def
```

In Abschnitt 15.3.5 auf Seite 156 finden sich mehrere Beispiele.

14.3 „Low level" Makros

PSTricks kennt vier verschiedene Typen von Objekten:

```
\begin@OpenObj ... \end@OpenObj          % mit Pfeilen
\begin@AltOpenObj ... \end@OpenObj       % ohne Pfeile
\begin@ClosedObj ... \end@ClosedObj
\begin@SpecialObj ... \end@SpecialObj
```

Die Namensgebung bezieht sich prinzipiell auf den entstehenden Pfad. Exemplarisch soll jetzt an einem Beispiel der Aufbau eines derartigen Objekts gezeigt werden.

Mit PSTricks ein Hexagon zu zeichnen, ist bekanntlich kein Problem, dennoch sind mehrere Zeilen an Code zu erstellen. Also könnte bei wiederholter Anwendung der Wunsch aufkommen, ein eigenes Makro \psHexagon zu definieren, welches als spezielle Option nur die Frage nach dem Radius hat, ob dieser sich auf den Innen- oder Außenkreis beziehen soll. Da dies lediglich eine Ja/Nein-Frage ist, definiert man einen boolschen Variable mithilfe des key-value Interfaces.

```
\newif\ifHRAussen
\def\psset@HRAussen#1{\@nameuse{HRInnen#1}}
\psset@HRAussen{false}
```

Nun kann man das Objekt bzw. das Makro \psHexagon definieren mit folgender Syntax:

```
\psHexagon[<Parameter>]{<Radius>}
\psHexagon[<Parameter>](<x,y>){<Radius>}
\psHexagon*[<Parameter>]{<Radius>}
\psHexagon*[<Parameter>](<x,y>){<Radius>}
```

Der dazugehörige Code ist in Listing 14.1 dargestellt. Dabei werden einige Prozeduren verwendet, die Teil von pstricks.pro, der Headerdatei sind. Weitere Erläuterungen dazu findet man in Tabelle 14.1 und weitergehende in [50].

Listing 14.1: Definition eines neuen Grafikobjekts

```
\makeatletter
\newif\ifHRInnen
\def\psset@HRInnen#1{\@nameuse{HRInnen#1}}
\psset@HRInnen{false}
%
\def\psHexagon{\pst@object{psHexagon}}
\def\psHexagon@i{%
    \@ifnextchar({\psHexagon@do}{\psHexagon@do(0,0)}% MP angegeben?
}
\def\psHexagon@do(#1)#2{%
  \begin@ClosedObj%                   closed object
    \pst@@getcoor{#1}%                hole Mittelpunkt
    \pssetlength\pst@dimc{#2}%        setze Radius auf pt
    \addto@pscode{%                   PostScript
      \pst@coor T %                   xM yM neuer Ursprung
      \psk@dimen CLW mul %            Liniendicke setzen
      /Radius \pst@number\pst@dimc\space % Radius speichern
        \ifHRInnen\space 3 sqrt 2 div mul \fi % innen?
      def
      /angle \ifHRInnen 30 \else 0 \fi def % Anfangswinkel
      Radius angle PtoC moveto %      gehe zum ersten Punkt
      6 { %                           6 Durchlaeufe
        /angle angle 60 add def %     alpha = alpah+60
        Radius angle PtoC L %         Linie zum nächsten Punkt
      } repeat %                      Wiederhole
      closepath %                     closed object
    }%
    \def\pst@linetype{3}%             Linientyp festlegen
```

```
    \showpointsfalse%          keine Stützpunkte zeigen
  \end@ClosedObj%              Ende
  \ignorespaces%               Spaces schlucken
}
\makeatother
```

Tabelle 14.1: Erläuterung der PostScript Prozeduren aus Listing 14.1

Kurzform	Langform
T	/T /translate load def
CLW	/CLW /currentlinewidth load def
PtoC	2 copy cos mul 3 1 roll sin mul
L	/L /lineto load def

Die Anwendung des neuen Objekts ist jetzt völlig identisch zu all den anderen, die bereits behandelt wurden.

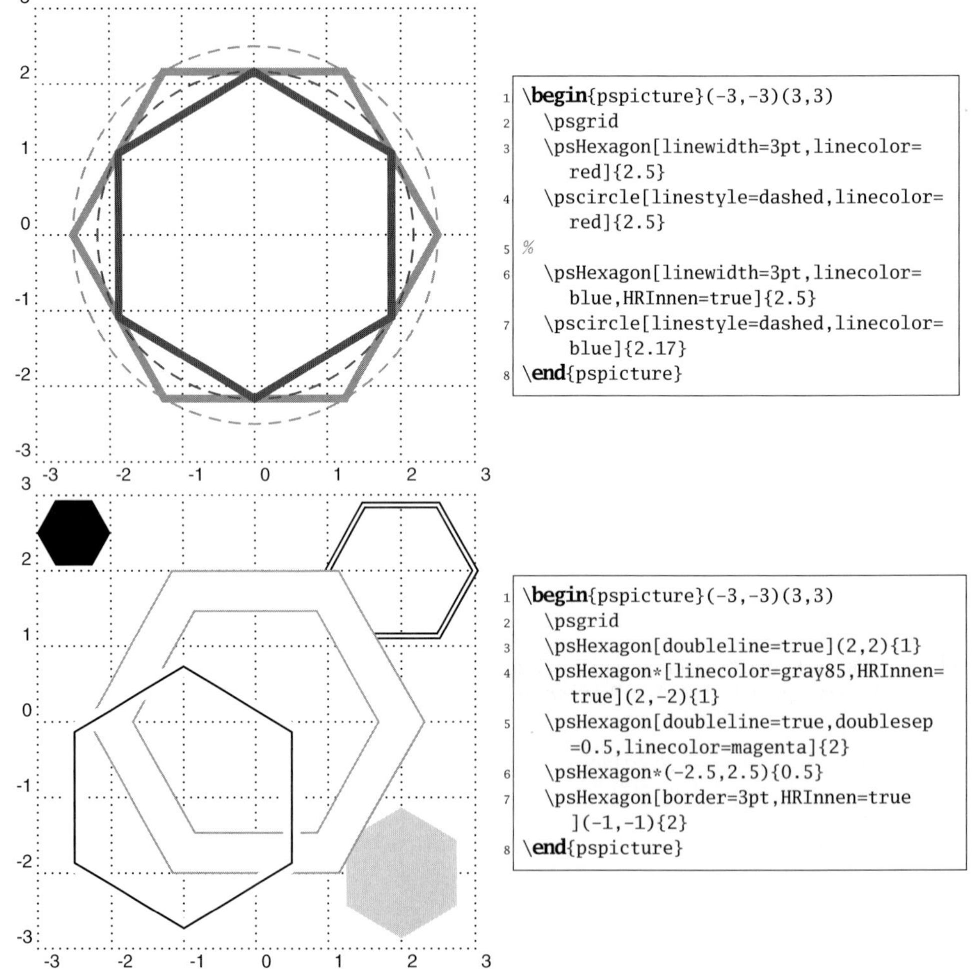

```
\begin{pspicture}(-3,-3)(3,3)
  \psgrid
  \psHexagon[linewidth=3pt,linecolor=
    red]{2.5}
  \pscircle[linestyle=dashed,linecolor=
    red]{2.5}
%
  \psHexagon[linewidth=3pt,linecolor=
    blue,HRInnen=true]{2.5}
  \pscircle[linestyle=dashed,linecolor=
    blue]{2.17}
\end{pspicture}
```

```
\begin{pspicture}(-3,-3)(3,3)
  \psgrid
  \psHexagon[doubleline=true](2,2){1}
  \psHexagon*[linecolor=gray85,HRInnen=
    true](2,-2){1}
  \psHexagon[doubleline=true,doublesep
    =0.5,linecolor=magenta]{2}
  \psHexagon*(-2.5,2.5){0.5}
  \psHexagon[border=3pt,HRInnen=true
    ](-1,-1){2}
\end{pspicture}
```

14.4 „High level“ Makros

Unter den sogenannten „high level“ Makros wird hier die Anwendung bestehender „low level“ Makros oder anderer, bereits existierender „high level“ Makros zu einem neuen Makro verstanden. Das Paket `pst-circ` [20] ist ein sehr gutes Beispiel dafür, denn es definiert faktisch kein einziges „low level“ Makro, aber eine große Zahl von neuen „high level“ Makros. Sehr häufig wird es auch eine Kombination aus beiden sein. Exemplarisch soll ein Makro definiert werden, welches den Schwerpunkt eines gegebenen Dreiecks bestimmt und durch einen Knotennamen speichert.

Der Schwerpunkt eines Dreiecks ist bekanntlich der Schnittpunkt der Seitenhalbierenden. Das Dreieck ABC sei mit den Koordinaten seiner Eckpunkte gegeben, wobei diese auch durch Knotennamen gegeben sein können. $(xA|yA)$ seien die Koordinaten von A, $(xB|yB)$ die von B und $(xC|yC)$ die von C. Ohne Beweis, der jedem Trigonometriebuch entnommen werden kann, wird festgestellt, dass die Koordinaten des Schwerpunkts das arithmetische Mittel aller drei Eckpunkte darstellen:

$$xS = (xA + xB + xC)/3 \tag{14.1}$$

$$yS = (yA + yB + yC)/3 \tag{14.2}$$

Dies lässt sich nun einfach in ein neues Makro einbringen.

Listing 14.2: Definition eines neuen high level Makros

```
\newif\ifPST@zeigeSP                  % Schwerpunkt markieren?
\define@key{psset}{zeigeSP}[true]{% zeigeSP" entspricht true
        \@nameuse{PST@zeigeSP#1}%  benutze \ifPST@zeigeSP
}
\psset{zeigeSP}{true}                        % Vorgabe
%
\def\Schwerpunkt{\@ifnextchar[{\Schwerpunkt@i}{\Schwerpunkt@i[]}}
\def\Schwerpunkt@i[#1](#2)(#3)(#4)#5{{   % {{ damit alles lokal bleibt
  \setkeys{psset}{#1}                    % Parameter setzen
  \pst@getcoor{#2}\pst@tempa% Punkt A    % hole Kordinaten als x y
  \pst@getcoor{#3}\pst@tempb% Punkt B    %  "
  \pst@getcoor{#4}\pst@tempc% Punkt C    %  "
  \pnode(!%                              % setze Knoten
     \pst@tempa /YA exch \pst@number\psyunit div def
     /XA exch \pst@number\psxunit div def % x y in user Koordinaten
     \pst@tempb /YB exch \pst@number\psyunit div def
     /XB exch \pst@number\psxunit div def
     \pst@tempc /YC exch \pst@number\psyunit div def
     /XC exch \pst@number\psxunit div def
     XA XB XC add add 3.0 div            % xSP
     YA YB YC add add 3.0 div            % ySP
  ){#5}                                  % #5 = Knotenname
  \ifPST@zeigeSP                         % markieren?
     \qdisk(#5){2pt}
  \fi
}}
\makeatother
```

Das Makro \pst@getcoor leistet hierbei wichtige Dienste, da es vor allem die Aufgabe übernimmt, die Koordinaten in normierter Form (xy) zurückzugeben, denn bei aktiviertem \SpecialCoor (→ 12 auf Seite 111) können diese in vielfältiger Form vorliegen. [50]

Die Anwendung des Makros ist jetzt einfach und im folgenden Beispiel gezeigt. Im nächsten Kapitel gibt es weitere Informationen zu pst-key.

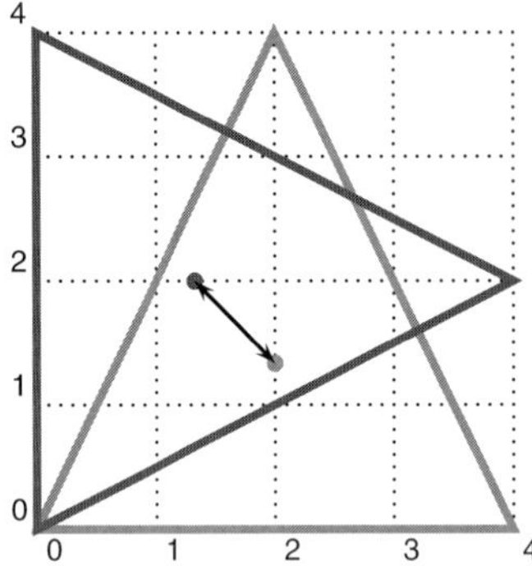


```
\begin{pspicture}(4,4)  \psgrid
  \psset{linewidth=2pt}
  \pspolygon[linecolor=red](0,0)(2,4)(4,0)%
  \Schwerpunkt[zeigeSP=true,linecolor=red](0,0)
     (2,4)(4,0){SP1}%
  \pnode(0,0){A}\pnode(0,4){B}\pnode(4,2){C}%
  \pspolygon[linecolor=blue](A)(B)(C)%
  \Schwerpunkt(A)(B)(C){SP2}%
  {\psset{linecolor=blue}%
  \qdisk(SP2){2pt}}%
  \ncline[linewidth=1pt]{<->}{SP1}{SP2}%
\end{pspicture}
```

14.5 „key value" Interface

Das Paket pst-key wird faktisch bei jedem PSTricks Paket automatisch mitgeladen, denn es unterstützt die Übergabe von Parametern in hervorragender Weise. Es beruht auf dem Paket keyval [2], hat aber einige spezielle Anpassungen für PSTricks, die allerdings für den normalen Anwender von PSTricks nicht weiter von Bedeutung sind. Daher ist dieser Abschnitt auch nur für denjenigen interessant, der bestehende Pakete erweitern oder neue entwickeln will.

Grundsätzlich würde ein einziger Typ von Parameter ausreichen, um alle Fälle abzudecken. PSTricks besitzt aber bereits die Fähigkeit, Parameter bei der Eingabe auf ihre Gültigkeit zu untersuchen und entsprechende Korrekturen vorzunehmen. Es ist daher zu empfehlen, Parameter nach ihrer Bedeutung zu unterscheiden und auch entsprechend zu definieren.

14.5.1 Boolean

Die Syntax derartiger Parameter lautet:

```
\newif\ifPST@<Name> \define@key{psset}{<Name>}[true]{%
  \@nameuse{PST@<Name>#1}%
}
```

Als Beispiel kann man das Beispiel aus dem vorhergehenden Abschnitt übernehmen.

```
\newif\ifPST@zeigeSP                       % Schwerpunkt markieren?
\define@key{psset}{zeigeSP}[true]{         % "zeigeSP" entspricht true
        \@nameuse{PST@zeigeSP#1}           % benutze \ifPST@zeigeSP
}
\setkeys{psset}{zeigeSP=false}             % Standardwert setzen
```

Die Angabe `[true]` bezieht sich nicht auf den Standardwert, sondern darauf, was für ein Wert angenommen werden soll, wenn bei der Eingabe nur der Parametername angegeben wird: `\Schwerpunkt[zeigeSP]`, in diesem Fall wird dann zu `zeigeSP=true` ergänzt. Der Präfix `PST@` ist natürlich willkürlich, dient aber einen gewissen Einheitlichkeit.

14.5.2 Integer

Die Syntax für einen ganzzahligen Parameter lautet:

```
\define@key{psset}{<Name>}{%
  \pst@getint{#1}{\Pst@<Name>}%
}
```

An `\pst@getint` wird sowohl der Parameterwert als auch der Name des Makros, welcher diesen Wert speichern soll, übergeben. Bei einer fehlerhaften Eingabe wird entweder der Standardwert genommen oder die nächst kleinere ganze Zahl des gerundeten Parameters. So würde 10.3 den Wert 9 liefern.

14.5.3 Real

Die Syntax für einen dezimalen Parameter lautet:

```
\define@key{psset}{<Name>}{%
  \pst@checknum{#1}{\Pst@<Name>}%
}
```

`\pst@checknum` überprüft, ob es sich um einen gültigen Wert handelt und speichert ihn im Makro `\Pst@<Name>`.

14.5.4 Length

Die Syntax für einen Längen-Parameter lautet:

```
\define@key{psset}{<Name>}{%
  \pst@getlength{#1}{\Pst@<Name>}%
}
```

`\pst@getlength` überprüft, ob es sich erstens um einen gültigen Zahlenwert handelt und zweitens, ob eine Einheit mit angegeben wurde. Wenn nicht, wird die Eingabe durch die gültige Einheit ersetzt und intern noch einmal nach `pt` umgerechnet.

14.5.5 String

Die Syntax für einen String Parameter lautet:

```
\define@key{psset}{<Name>}{\edef\Pst@<Name>{#1}}%
```

Dies ist der einfachste Typ, denn er macht nichts weiter, als den Parameter im angegeben Makro zu speichern.

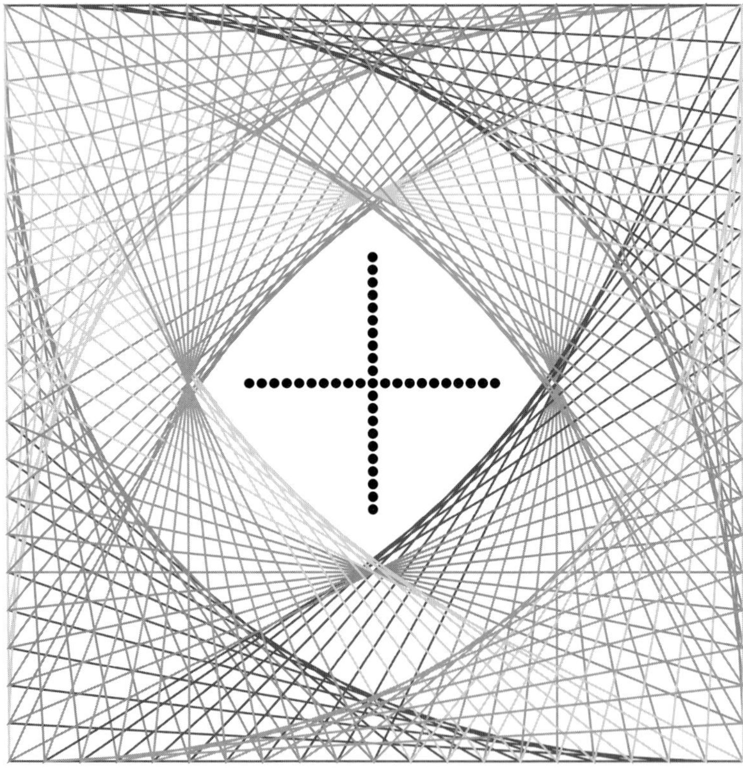

Abbildung 14.1: `bsp105.tex`: „Spielereien" mit dem Schwerrpunkt Makro

Teil II

Ergänzungspakete

KAPITEL 15

pst-plot: Plotten von Funktionen und Daten

Das Basispaket `pstricks` verfügt bereits über einige Makros, mit denen sich Funktionswerte bzw. Koordinatenpaare plotten lassen, wobei die Zahl der möglichen Koordinaten nicht begrenzt ist (Tabelle 15.1).

Tabelle 15.1: Zusammenstellung der Plotmakros des Basispakets `pstricks`

`\psdots`	→ 6.2 auf Seite 54
`\psline`	→ 4.2 auf Seite 32
`\pspolygon`	→ 4.4 auf Seite 33
`\pscurve`	→ 5.3.3 auf Seite 47
`\psecurve`	→ 5.3.4 auf Seite 48
`\psccurve`	→ 5.3.5 auf Seite 49

Das Paket `pst-plot` bietet darüber hinaus zum einen bessere Makros zum Plotten von externen Datensätzen und zum anderen Makros zum Plotten von Funktionen sowie einfaches Erstellen von Koordinatenachsen. [16] [17] [47] Grundsätzlich kann `pst-plot` nur zweidimensionale Datenpaare verarbeiten. Für das Darstellen von (x,y,z)-Datentripeln oder dreidimensionalen Funktionen kann auf das Paket `pst-3dplot` zurückgegriffen werden (→ 29 auf Seite 363). [43] [41]

15.1 Koordinatenachsen

Koordinatenachsen lassen sich prinzipiell auch mit den normalen Linienmakros zeichnen, jedoch vereinfacht sich das Problem bei Anwendung von `\psaxes` wesentlich.

```
\psaxes[<Optionen>]{<Pfeile>}(<x2,y2>)
\psaxes[<Optionen>]{<Pfeile>}(<x1,y1>)(<x2,y2>)
\psaxes[<Optionen>]{<Pfeile>}(<x0,y0>)(<x1,y1>)(<x2,y2>)
```

Sämtliche Koordinatenangaben müssen in kartesischer Form vorliegen, die Möglichkeit spezielle Angaben machen zu können (→ 12 auf Seite 111), ist hier nicht gegeben. Zwingend ist mindestens die Angabe von $(x2,y2)$. Abbildung 15.1 verdeutlicht die Zuordnung der einzelnen Punkte zu den gezeichneten Achsen.

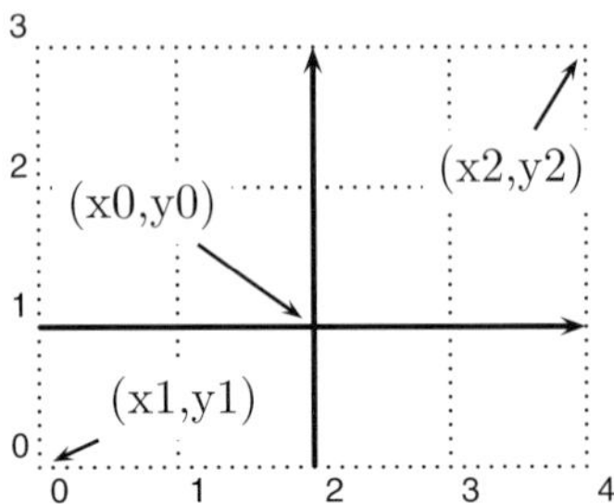

Abbildung 15.1: Bezugspunkte beim Zeichnen von Koordinatenachsen

Tabelle 15.2 zeigt eine Zusammenstellung der Parameter, die für das Erstellen von Koordinatenachsen von Interesse sind und im Folgenden eingehend erklärt werden. Hierbei hat der bereits früher definierte Parameter `labelsep` (→ 9.3 auf Seite 77) ebenfalls eine Bedeutung bei der Beschriftung der Achsen.

Tabelle 15.2: Zusammenfassung aller psaxes Parameter

Name	Werte	Vorgabe
axesstyle	axes|frame|none	axes
Ox	<Wert>	0
Oy	<Wert>	0
Dx	<Wert>	1
Dy	<Wert>	1
dx	<Wert [Einheit]>	0pt
dy	<Wert [Einheit]>	0pt
labels	all|x|y|none	all
showorigin	false|true	true
ticks	all|x|y|none	all
tickstyle	full|top|bottom	full
ticksize	<Wert [Einheit]>	3pt

15.1.1 axesstyle

15.1.1.1 axes

Dieses entspricht der häufigsten Anwendung, es werden zwei Linien gezeichnet, wobei die Angabe des Koordinatenursprungs durch $(x0,y0)$ festgelegt wird. Die Platzierung der Label orientiert sich an der Anordnung der Achsen. Um die Beschriftung der Achsen nicht ausserhalb der eigentlichen `pspicture` Umgebung zu zeichnen, wird als unterer linker Punkt `(-0.5,-0.5)` gewählt.

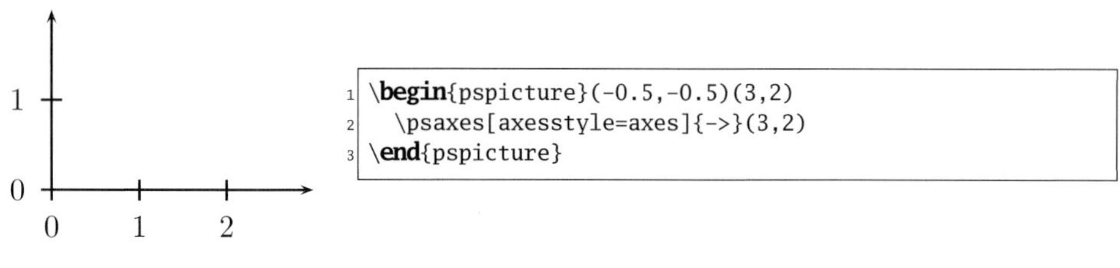

```
\begin{pspicture}(-0.5,-0.5)(3,2)
  \psaxes[axesstyle=axes]{->}(3,2)
\end{pspicture}
```

```
\begin{pspicture}(-0.5,0.5)(3,-2)
  \psaxes[axesstyle=axes,linestyle=dashed]{->}(3,-2)
\end{pspicture}
```

15.1.1.2 frame

Für diesen Fall macht es wenig Sinn, den Koordinatenursprung nicht in einer der Ecken anzuordnen.

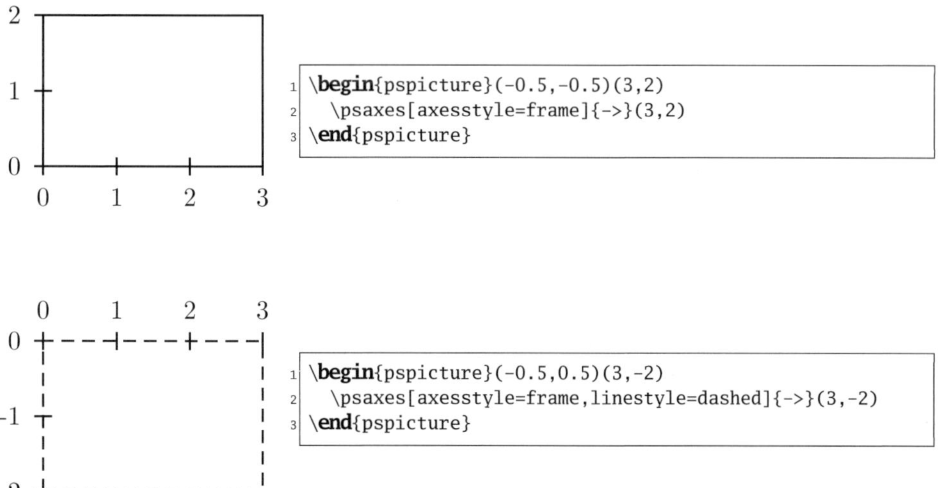

```
\begin{pspicture}(-0.5,-0.5)(3,2)
  \psaxes[axesstyle=frame]{->}(3,2)
\end{pspicture}
```

```
\begin{pspicture}(-0.5,0.5)(3,-2)
  \psaxes[axesstyle=frame,linestyle=dashed]{->}(3,-2)
\end{pspicture}
```

15.1.1.3 none

Dieser Fall erscheint formal sinnlos, dennoch bietet er die Möglichkeit, die Achsenlabels zu zeichnen, für die Linien aber eigene Vorstellungen zu verwirklichen.

```
\begin{pspicture}(-0.5,-0.5)(3,2)
  \psaxes[axesstyle=none]{->}(3,2)
\end{pspicture}
```

15.1.2 Ox und Oy

Ox und Ox legen den Koordinatenursprung fest, der nach Voraussetzung bei (0,0) liegt. Grundsätzlich können hier beliebige reelle Zahlen angegeben werden, da PSTricks jedoch für die Label \multido (→ 32.3 auf Seite 433) benutzt, kann es zu falschen Ergebnissen kommen, denn \multido benutzt nur eine rudimentäre Fließkomma-Arithmetik, die zu großen Ungenauigkeiten führen kann.

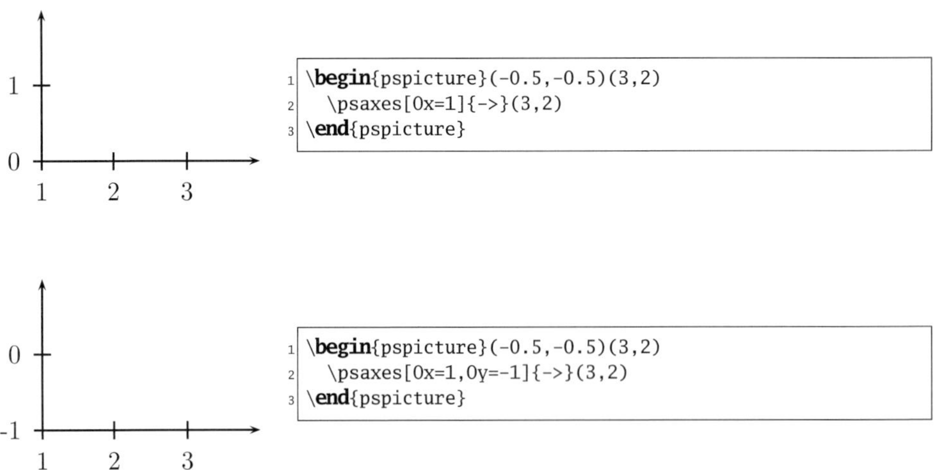

```
\begin{pspicture}(-0.5,-0.5)(3,2)
  \psaxes[Ox=1]{->}(3,2)
\end{pspicture}
```

```
\begin{pspicture}(-0.5,-0.5)(3,2)
  \psaxes[Ox=1,Oy=-1]{->}(3,2)
\end{pspicture}
```

15.1.3 Dx und Dy

Dx und Dy bezeichnen den Abstand zweier aufeinanderfolgender Label. Da sich dieser Abstand auf den aktuellen Maßstab bezieht, wird hier nur eine Zahl angegeben. Grundsätzlich können hier reelle Zahlen angegeben werden, was insbesondere bei sehr kleinen Maßstäben der Fall sein wird.

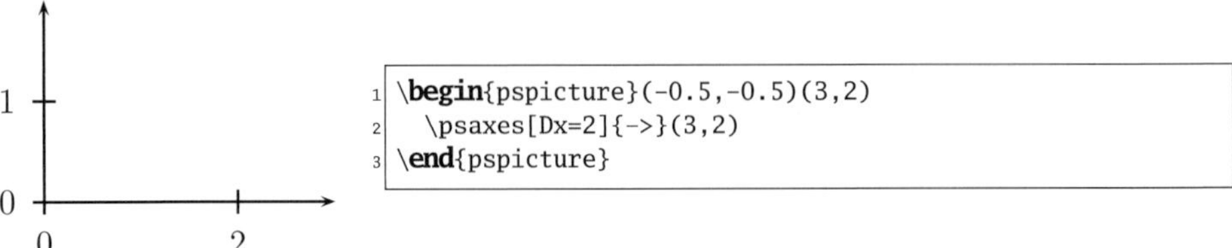

```
\begin{pspicture}(-0.5,-0.5)(3,2)
  \psaxes[Dx=2]{->}(3,2)
\end{pspicture}
```

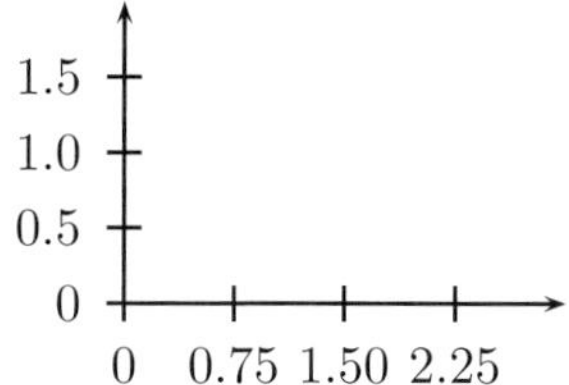


```
\begin{pspicture}(-0.5,-0.5)(3,2)
  \psaxes[Dx=0.75,Dy=0.5]{->}(3,2)
\end{pspicture}
```

15.1.4 dx und dy

dx und dy bezeichnen den physischen Abstand zweier aufeinanderfolgender Label, müssen somit eine Einheit aufweisen. Wie man Tabelle 15.2 entnehmen kann, sind diese Werte mit 0pt vorbesetzt, was auf den ersten Blick sinnlos erscheint. Intern wird aber für diesen Fall eine Ersetzung vorgenommen:

$$dx = 0 \rightarrow dx = \frac{Dx}{psxunit} \tag{15.1}$$

$$dy = 0 \rightarrow dy = \frac{Dy}{psyunit} \tag{15.2}$$

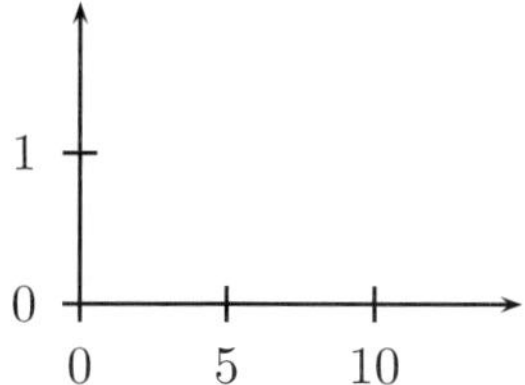


```
\begin{pspicture}(-0.5,-0.5)(3,2)
  \psaxes[Dx=5,dx=1]{->}(3,2)
\end{pspicture}
```

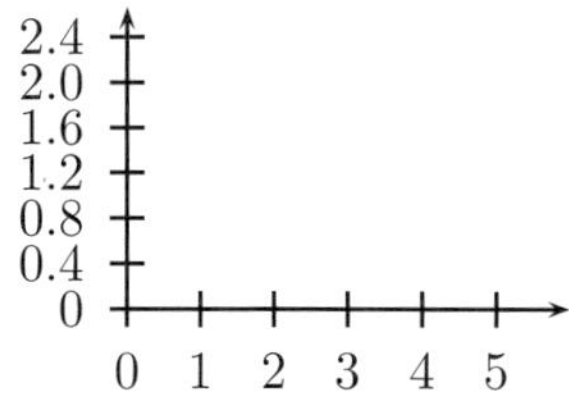


```
\begin{pspicture}(-0.5,-0.5)(3,2)
  \psaxes[Dx=1,dx=0.5,Dy=0.4,dy=0.3]{->}(3,2)
\end{pspicture}
```

15.1.5 labels

Mit labels kann man festlegen, welche der Achsen eine Beschriftung erhalten. Der Abstand kann über den Parameter labelsep (→ 9.3 auf Seite 77) beeinflusst werden. Dagegen kann der Labelstil nur über die Neudefinition der beiden Label-Makros erfolgen.

```
\def\pshlabel#1{#1}
\def\psvlabel#1{#1}
```

Sollen die Label grundsätzlich nur in der Größe `\small` gesetzt werden, so wird dieser Befehl einfach vor den Parameter gesetzt. Dies wurde für alle in diesem Kapitel angegeben Beispiele gemacht. Weitere Möglichkeiten zur Beeinflussung des Labelstils erhält man durch das Paket **pstricks-add** (→ 32.1 auf Seite 431).

```
\def\pshlabel#1{\small #1}
\def\psvlabel#1{\small #1}
```

15.1.5.1 all

Dies entspricht der Vorgabe und ist in allen vorherigen Beispielen zu sehen.

15.1.5.2 x

Nur die x-Achse bekommt Label.

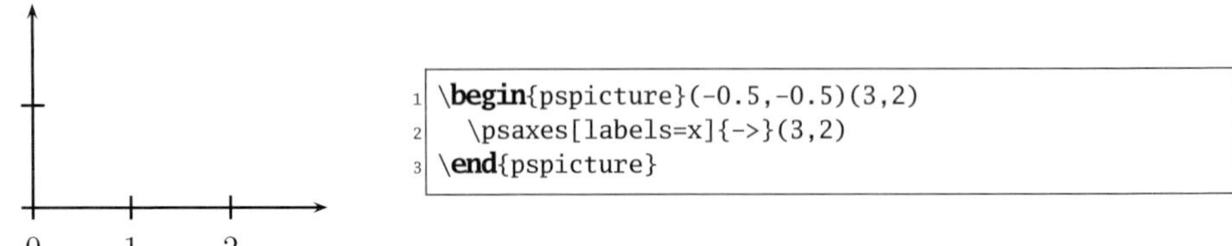


```
\begin{pspicture}(-0.5,-0.5)(3,2)
  \psaxes[labels=x]{->}(3,2)
\end{pspicture}
```

15.1.5.3 y

Nur die y-Achse bekommt Label.

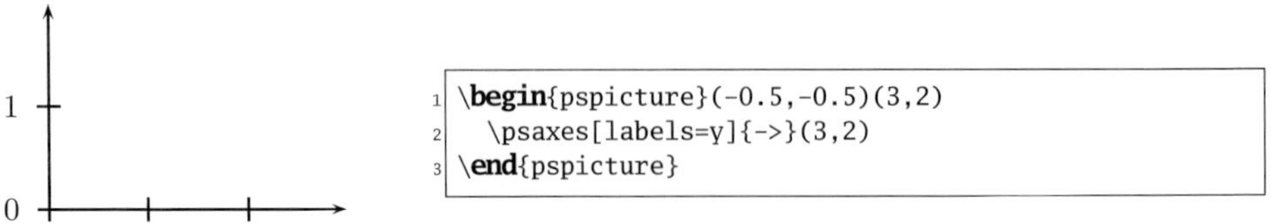


```
\begin{pspicture}(-0.5,-0.5)(3,2)
  \psaxes[labels=y]{->}(3,2)
\end{pspicture}
```

15.1.5.4 none

Es werden nur die Achsen ohne Label, aber mit den Ticks gezeichnet, was immer dann interessant ist, wenn die Beschreibung selbst vorgenommen werden soll.

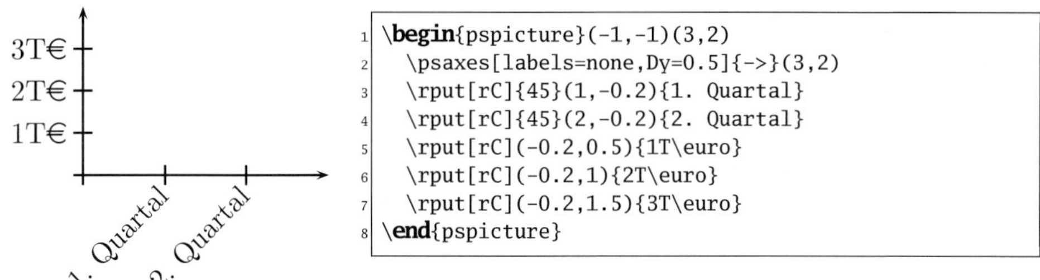


```
\begin{pspicture}(-1,-1)(3,2)
  \psaxes[labels=none,Dy=0.5]{->}(3,2)
  \rput[rC]{45}(1,-0.2){1. Quartal}
  \rput[rC]{45}(2,-0.2){2. Quartal}
  \rput[rC](-0.2,0.5){1T\euro}
  \rput[rC](-0.2,1){2T\euro}
  \rput[rC](-0.2,1.5){3T\euro}
\end{pspicture}
```

15.1.6 showorigin

Mit diesem Schalter lässt sich das Markieren des Ursprungs unterbinden, im Beispiel fehlt das Label `0`.

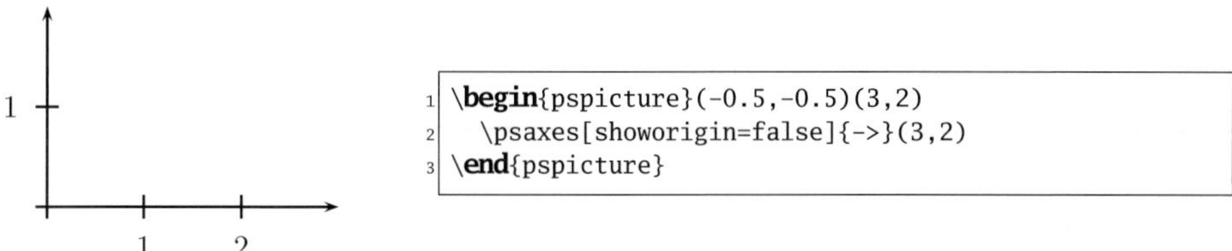


```
\begin{pspicture}(-0.5,-0.5)(3,2)
  \psaxes[showorigin=false]{->}(3,2)
\end{pspicture}
```

15.1.7 ticks

`ticks` bezeichnet, welche der Achsen Markierungen bekommen.

15.1.7.1 all

Dies entspricht der Vorgabe und ist in allen vorgehenden Beispielen zu sehen.

15.1.7.2 x

Nur die x-Achse bekommt Markierungen.

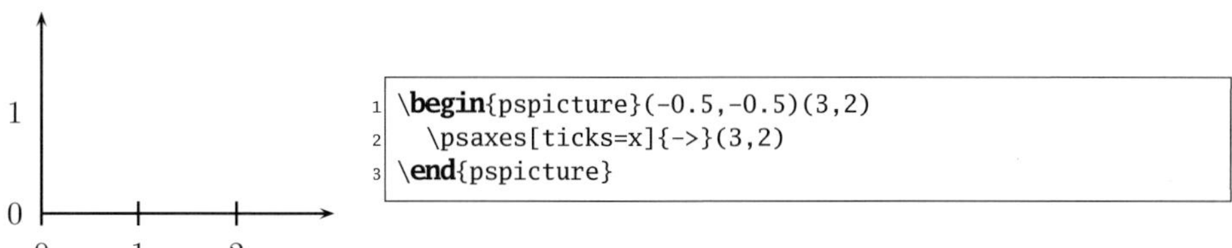


```
\begin{pspicture}(-0.5,-0.5)(3,2)
  \psaxes[ticks=x]{->}(3,2)
\end{pspicture}
```

15.1.7.3 y

Nur die y-Achse bekommt Markierungen.

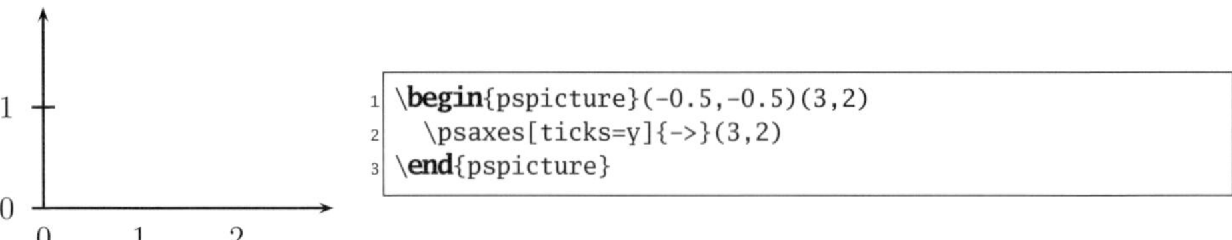


```
\begin{pspicture}(-0.5,-0.5)(3,2)
  \psaxes[ticks=y]{->}(3,2)
\end{pspicture}
```

15.1.7.4 none

Es werden nur die Achsen ohne Markierungen, aber mit den Label gezeichnet, was immer dann interessant ist, wenn die Grafik rein qualitativen Charakter hat.

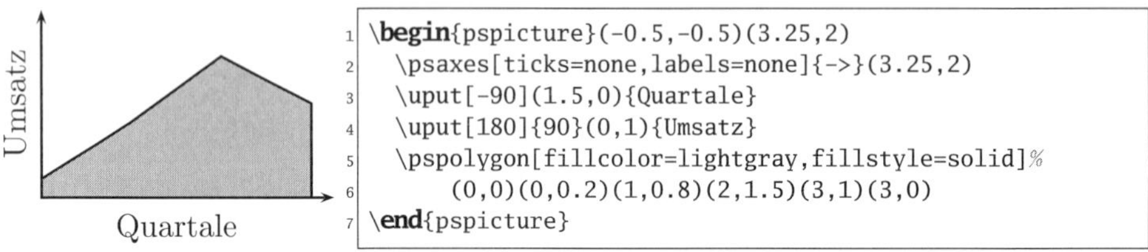


```
\begin{pspicture}(-0.5,-0.5)(3.25,2)
  \psaxes[ticks=none,labels=none]{->}(3.25,2)
  \uput[-90](1.5,0){Quartale}
  \uput[180]{90}(0,1){Umsatz}
  \pspolygon[fillcolor=lightgray,fillstyle=solid]%
      (0,0)(0,0.2)(1,0.8)(2,1.5)(3,1)(3,0)
\end{pspicture}
```

15.1.8 tickstyle

`tickstyle` gibt die Art der Markierungsstriche vor.

15.1.8.1 full

Dies entspricht der Vorgabe und ist in allen vorherigen Beispielen zu sehen.

15.1.8.2 bottom

Die Striche werden für die y-Achse nur links und für die x-Achse nur unten gezeichnet. Dies kehrt sich um, wenn die Achsen in die negative Richtung zeigen.

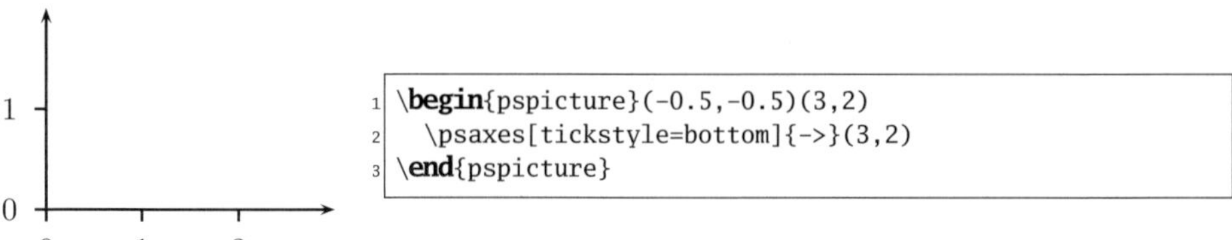


```
\begin{pspicture}(-0.5,-0.5)(3,2)
  \psaxes[tickstyle=bottom]{->}(3,2)
\end{pspicture}
```

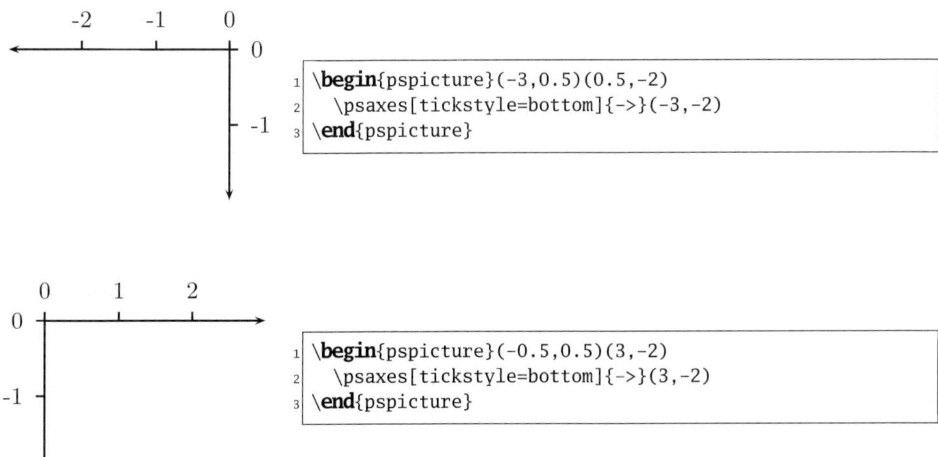


```
\begin{pspicture}(-3,0.5)(0.5,-2)
  \psaxes[tickstyle=bottom]{->}(-3,-2)
\end{pspicture}
```

```
\begin{pspicture}(-0.5,0.5)(3,-2)
  \psaxes[tickstyle=bottom]{->}(3,-2)
\end{pspicture}
```

15.1.8.3 top

Die Striche werden für die y-Achse nur rechts und für die x-Achse nur oben gezeichnet. Dies kehrt sich um, wenn die Achsen in die negative Richtung zeigen.

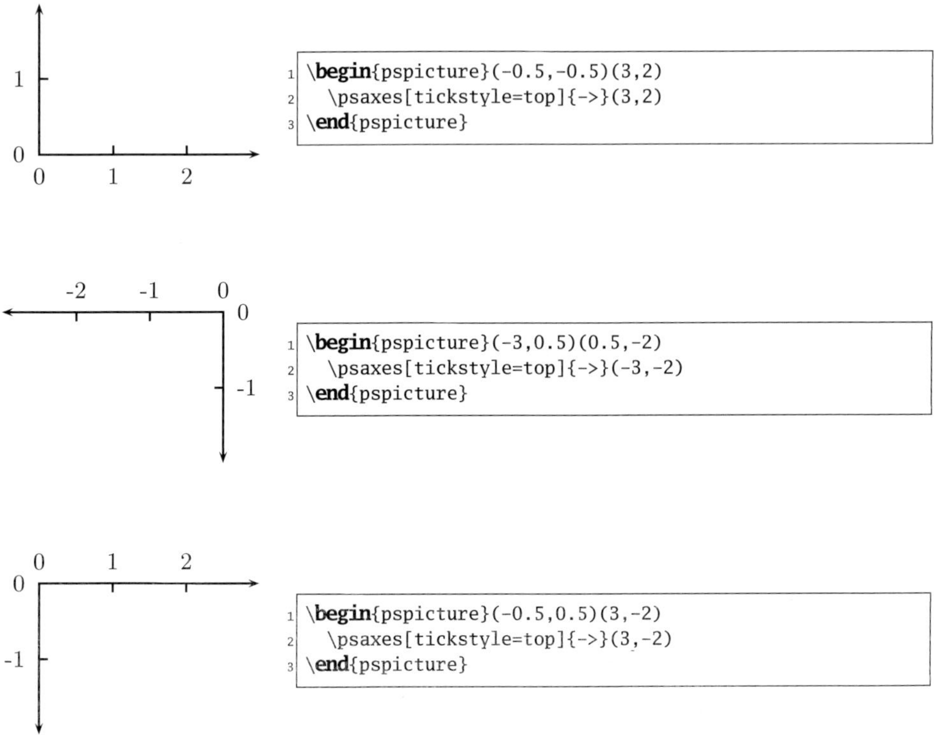


```
\begin{pspicture}(-0.5,-0.5)(3,2)
  \psaxes[tickstyle=top]{->}(3,2)
\end{pspicture}
```

```
\begin{pspicture}(-3,0.5)(0.5,-2)
  \psaxes[tickstyle=top]{->}(-3,-2)
\end{pspicture}
```

```
\begin{pspicture}(-0.5,0.5)(3,-2)
  \psaxes[tickstyle=top]{->}(3,-2)
\end{pspicture}
```

15.1.9 ticksize

`ticksize` gibt die Länge der Markierungsstriche vor, womit sich auf leichte Weise der gesamte Achsenbereich markieren lässt. Die Größenangabe bezieht sich auf die aktuelle Maßeinheit.

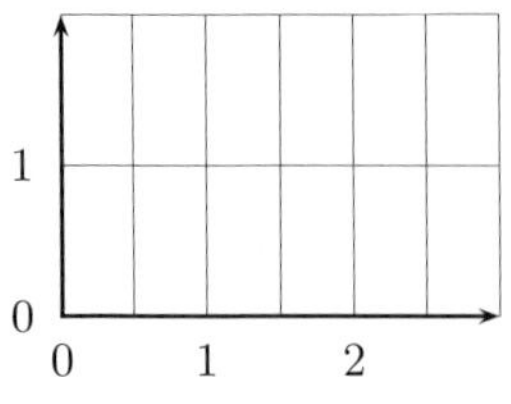


```
\begin{pspicture}(-0.5,-0.5)(3,2)
  \psaxes[ticks=none]{->}(3,2)
  \psset{linewidth=0.1pt}
  \psaxes[axesstyle=none,tickstyle=top,%
        ticksize=3,ticks=y,labels=none]{->}(3,2)
  \psaxes[axesstyle=none,tickstyle=top,ticksize=2,%
        ticks=x,Dx=0.5,labels=none]{->}(3,2)
\end{pspicture}
```

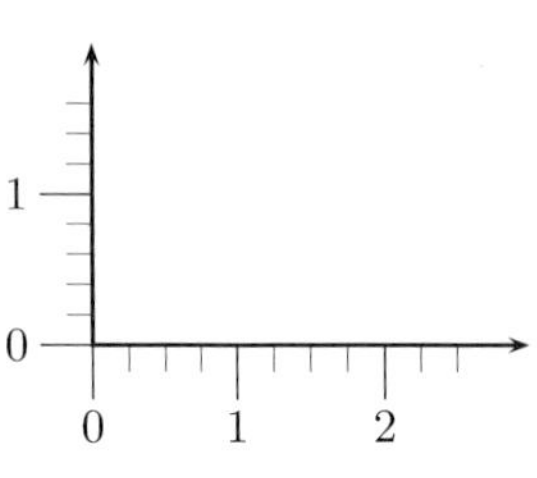


```
\begin{pspicture}(-0.5,-0.5)(3,2)
  \psaxes[ticks=none,labelsep=12pt]{->}(3,2)
  \psset{linewidth=0.1pt,axesstyle=none,%
        tickstyle=bottom,ticksize=5pt,labels=none}
  \psaxes[ticks=x,Dx=0.25]{->}(2.5,1.75)
  \psaxes[ticks=y,Dy=0.2]{->}(2.5,1.75)
  \psset{linewidth=0.4pt,ticksize=10pt}
  \psaxes[ticks=x]{->}(2.5,1.75)
  \psaxes[ticks=y]{->}(2.5,1.75)
\end{pspicture}
```

15.1.10 Erweiterungen

Häufig besteht der Wunsch, Achsen nicht mit Zahlenwerten, sondern irgendwelchen Symbolen oder Texten zu beschriften, bespielsweise den Monatsnamen. Das Beispiel in Abschnitt 15.1.5.4 auf Seite 142 zeigte bereits eine Möglichkeit, dies zu erreichen. Das Paket `arrayjob` kann hier eine weitere Untersützung liefern und die Beschriftung der Achsen erleichtern, denn es können beliebige alphanumerische Label definiert werden. [18]

Listing 15.1: Definition der Monatsnamen und relativer Werte

```
\def\Monat#1{%
  \ifcase#1\or
    Januar\or Februar\or März\or April\or Mai\or Juni\or%
    Juli\or August\or September\or Oktober\or November\or Dezember\fi
}%
\def\Level#1{%
  \ifcase#1\or Wenig\or Mittel\or Viel\fi%
}%
```

Andererseits kann man auch mit der `\ifcase` Anweisung arbeiten, die einem letztlich die gleichen Möglichkeiten gibt ohne ein externes Paket laden zu müssen. Benutzt werden weiterhin die Makros, die die Label setzen und von `PSTricks` als faktisch leer definiert sind und somit ganz einfach überschrieben werden können.

```
\def\psvlabel#1{#1}
\def\pshlabel#1{#1}
```

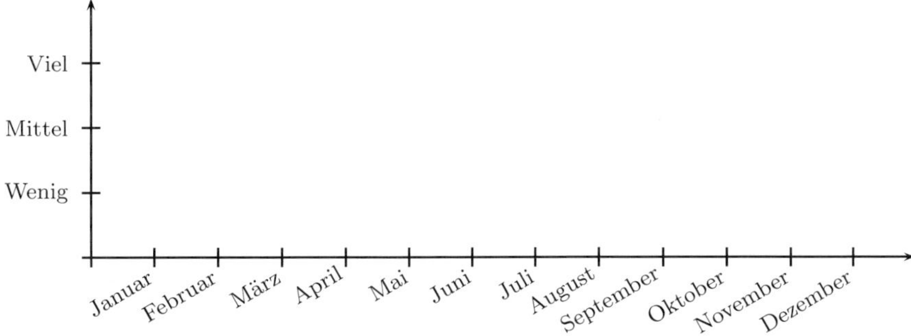


```
\def\psvlabel#1{\footnotesize\Level{#1}}
\def\pshlabel#1{\rput[rb]{30}{\footnotesize\Monat{#1}}}
\begin{center}
\psset{unit=0.8}
\begin{pspicture}(-0.5,-1)(13,4)
  \psaxes[showorigin=false]{->}(13,4)
\end{pspicture}
\end{center}
```

Gleiches lässt sich mit Winkeleinheiten im Bogenmaß erreichen, wenn man die Möglichkeit der lokalen Änderung des Maßstabes berücksichtigt. Unter der Annahme, dass man eine Sinusfunktion für das Intervall $[0;3\pi]$ zeichnen möchte, könnte man 6 Längeneinheiten für 3π nehmen, womit der Maßstabsfaktor dann $\frac{\pi}{2}$ beträgt. Die gesamte x-Achse hätte dann mindestens eine Länge von $6\cdot\frac{\pi}{2}\approx 9.424777961cm$, wenn von der Einheit 1cm ausgegangen wird. Bei jeder Einheit muss auf der Achse ein Vielfaches von $\frac{\pi}{2}$ markiert werden. Mit der durch `pstricks-add` (→ 32.1 auf Seite 431) definierten Modulo-Funktion kann man mit ein wenig TEX Kenntnissen die Achse sinnvoll beschriften.

Listing 15.2: Radiale Einheiten für eine Achse

```
\makeatletter
\let\modulo\pst@mod
\makeatother

\def\pshlabel#1{\small%
    \modulo{#1}{2}\tempa%              0 oder 1
    \ifnum1>\tempa%                    ungerade?
       \count1=#1\divide\count1 by 2%  #1/2
       $\the\count1\pi$%               n*pi
    \else
```

```
      $\frac{#1}{2}\pi$%                n/2*pi
    \fi%
}
```

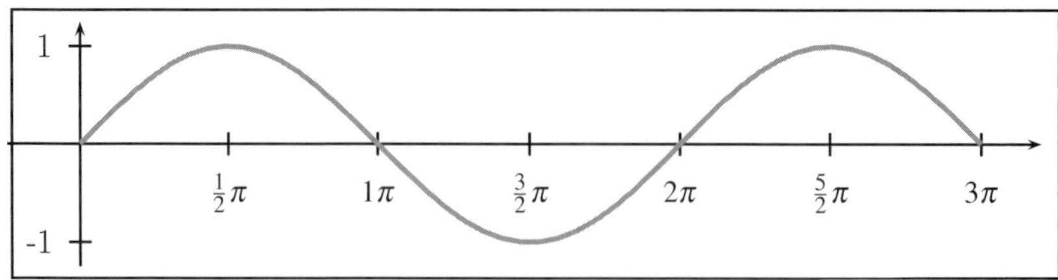

`\psplot` wird mit dem normalen Maßstab aufgerufen, sodass man einfach das Intervall $[0;2\pi]$ für die Funktion benutzen kann.

```
\psframebox{
\begin{pspicture}(-0.5,-1.25)(10,1.25)
  \psaxes[xunit=1.570796327,showorigin=false]{->}(0,0)(-0.5,-1.25)(6.4,1.25)
  \psplot[linecolor=red,linewidth=1.5pt]{0}{9.424777961}{x 180 mul 3.141592654 div
      sin}
\end{pspicture}
}
```

15.2 Parameter

Tabelle 15.3 zeigt eine Zusammenstellung der speziellen für `pst-plot` geltenden Parameter.

Tabelle 15.3: Zusammenfassung aller Parameter für `pst-plot`

Name	Werte	Vorgabe
plotstyle	dots|line|polygon|curve|ecurve|ccurve	line
plotpoints	<Wert>	50

15.2.1 plotstyle

Wie in den folgenden Beispielen zu sehen ist, unterscheiden sich die Darstellungen für die Plotstile `curve`, `ecurve` und `ccurve` faktisch nicht. Dies ist in der Regel imemr der Fall, wenn mathematische Funktionen zugrunde liegen.

15.2.1.1 dots

Es werden lediglich die Koordinaten durch Punkte markiert, deren Aussehen durch die Parameter aus Tabelle 6.1 auf Seite 51 beeinflusst werden kann. Allerdings können hier auch eigene Symbole definiert werden (→ 6.3 auf Seite 54).

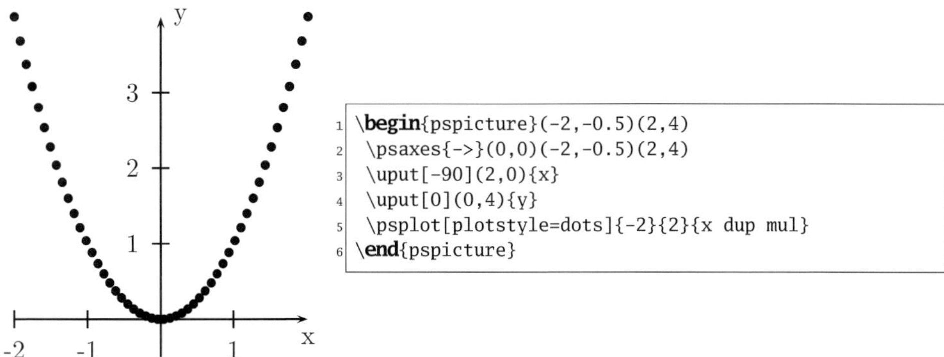


```
\begin{pspicture}(-2,-0.5)(2,4)
 \psaxes{->}(0,0)(-2,-0.5)(2,4)
 \uput[-90](2,0){x}
 \uput[0](0,4){y}
 \psplot[plotstyle=dots]{-2}{2}{x dup mul}
\end{pspicture}
```

15.2.1.2 line

Es werden die Koordinaten durch Sekanten (Linien) verbunden, deren Aussehen durch die Parameter aus Tabelle 4.1 auf Seite 25 beeinflusst werden kann.

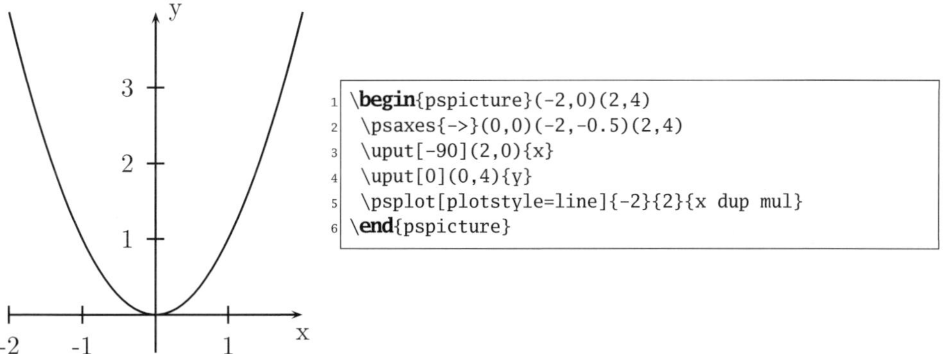


```
\begin{pspicture}(-2,0)(2,4)
 \psaxes{->}(0,0)(-2,-0.5)(2,4)
 \uput[-90](2,0){x}
 \uput[0](0,4){y}
 \psplot[plotstyle=line]{-2}{2}{x dup mul}
\end{pspicture}
```

15.2.1.3 polygon

Mit dieser Option erreicht man das gleiche Verhalten wie mit dem Makro `\pspolygon` (→ 4.4 auf Seite 33). Dies bedeutet, dass die Kurve am Ende geschlossen wird, indem der Endpunkt auf den Anfangspunkt zurückgeführt wird.

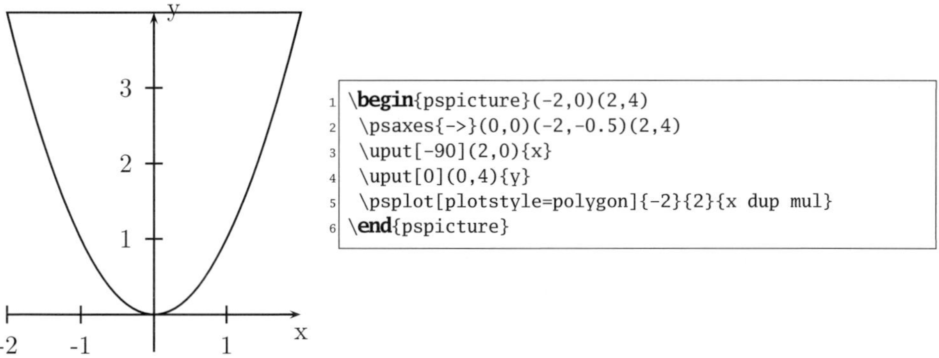


```
\begin{pspicture}(-2,0)(2,4)
 \psaxes{->}(0,0)(-2,-0.5)(2,4)
 \uput[-90](2,0){x}
 \uput[0](0,4){y}
 \psplot[plotstyle=polygon]{-2}{2}{x dup mul}
\end{pspicture}
```

15.2.1.4 curve

Insbesondere bei sehr steilen Kurven kann es mit der **curve** Option zu Schwierigkeiten kommen. Eventuell muss über den Parameter **curvature** (→ 5.1.2 auf Seite 38) eine Anpassung vorgenommen werden. Die Bedeutung von **curve** ist in Abschnitt 5.3.3 auf Seite 47 erläutert.

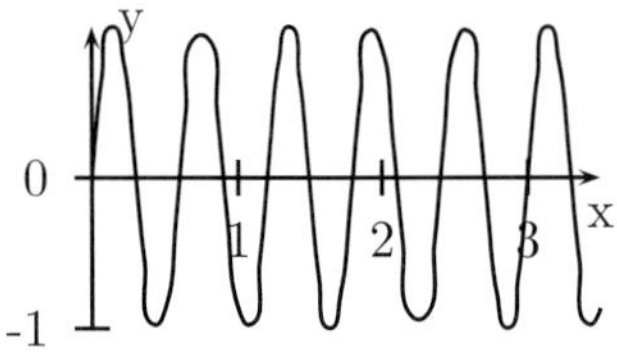


```
\begin{pspicture}(0,-1)(3.5,1)
  \psaxes{->}(0,0)(0,-1)(3.5,1)
  \uput[-90](3.5,0){x}
  \uput[0](0,1){y}
  \psplot[plotstyle=curve]{0}{3.5}{x 360 mul 0.6 div sin}
\end{pspicture}
```

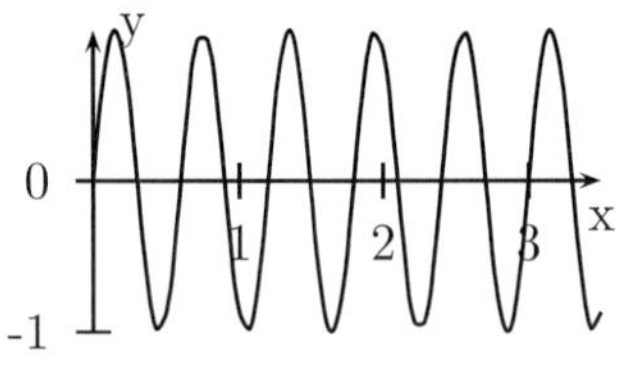


```
\begin{pspicture}(0,-1)(3.5,1)
  \psaxes{->}(0,0)(0,-1)(3.5,1)
  \uput[-90](3.5,0){x}
  \uput[0](0,1){y}
  \psplot[plotstyle=curve,curvature=1 1 -1]%
      {0}{3.5}{x 360 mul 0.6 div sin}
\end{pspicture}
```

15.2.1.5 ecurve

Auch hier kann es bei sehr steilen Kurven zu Schwierigkeiten kommen. Eventuell muss über den Parameter **curvature** (→ 5.1.2 auf Seite 38) eine Anpassung vorgenommen werden. Die Bedeutung von **ecurve** ist in Abschnitt 5.3.4 auf Seite 48 erläutert.

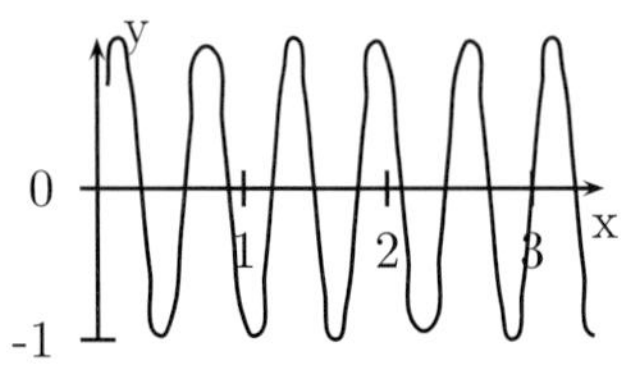


```
\begin{pspicture}(0,-1)(3.5,1)
  \psaxes{->}(0,0)(0,-1)(3.5,1)
  \uput[-90](3.5,0){x}
  \uput[0](0,1){y}
  \psplot[plotstyle=ecurve]{0}{3.5}%
        {x 360 mul 0.6 div sin}
\end{pspicture}
```

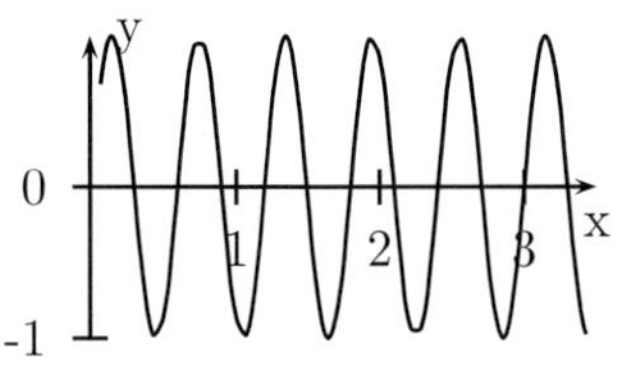


```
\begin{pspicture}(0,-1)(3.5,1)
  \psaxes{->}(0,0)(0,-1)(3.5,1)
  \uput[-90](3.5,0){x}
  \uput[0](0,1){y}
  \psplot[plotstyle=ecurve,curvature=1 1 -1]%
      {0}{3.5}{x 360 mul 0.6 div sin}
\end{pspicture}
```

15.2.1.6 ccurve

Auch die `ccurve` Option kann bei sehr steilen Kurven problematisch sein. Eventuell muss über den Parameter `curvature` (→ 5.1.2 auf Seite 38) eine Anpassung vorgenommen werden. Die Bedeutung von `ccurve` ist in Abschnitt 5.3.5 auf Seite 49 erläutert.

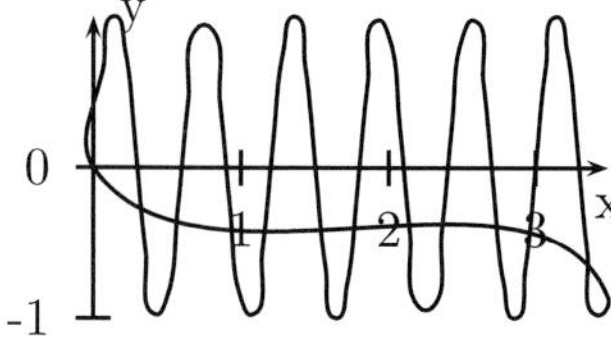


```
\begin{pspicture}(0,-1)(3.5,1)
  \psaxes{->}(0,0)(0,-1)(3.5,1)
  \uput[-90](3.5,0){x}
  \uput[0](0,1){y}
  \psplot[plotstyle=ccurve]{0}{3.5}%
      {x 360 mul 0.6 div sin}
\end{pspicture}
```

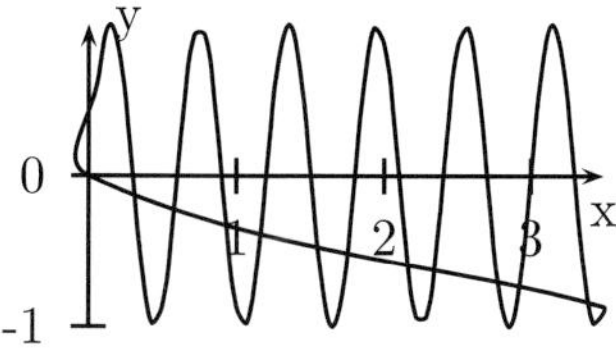


```
\begin{pspicture}(0,-1)(3.5,1)
  \psaxes{->}(0,0)(0,-1)(3.5,1)
  \uput[-90](3.5,0){x}
  \uput[0](0,1){y}
  \psplot[plotstyle=ccurve,curvature=1 1 -1]%
       {0}{3.5}{x 360 mul 0.6 div sin}
\end{pspicture}
```

15.2.2 plotpoints

Dieser Parameter beeinflusst wesentlich die Darstellung von Kurven. Die Vorgabe von 50 Punkten für das angegebene Intervall ist sicherlich für viele Funktionen ausreichend, aber sehr oft auch zu wenig. Bei den heutigen Rechnerleistungen können hier durchaus Werte von 5000 und mehr angegeben werden. Andererseits kann man bei Funktionen mit geringen Steigungsunterschieden auch sehr wenige Punkte wählen. Dabei muss eventuell die Druckerauflösung beachtet werden.

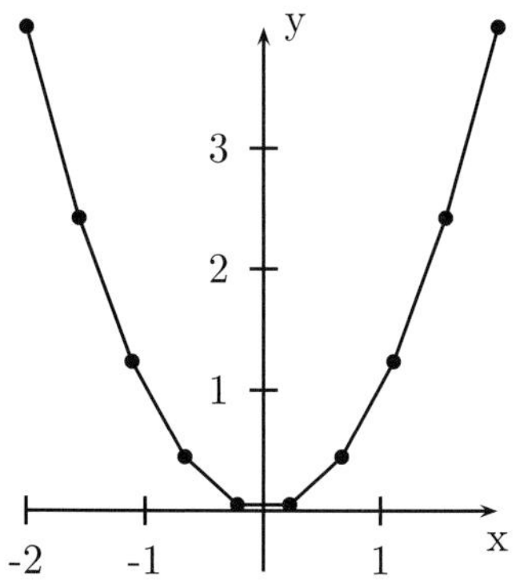


```
\begin{pspicture}(-2,-0.5)(2,4)
  \psaxes{->}(0,0)(-2,-0.5)(2,4)
  \uput[-90](2,0){x}
  \uput[0](0,4){y}
  \psplot[plotpoints=10,showpoints=true]{-2}{2}{x dup
    mul}
\end{pspicture}
```

▌ showpoints → 4.1 auf Seite 25

15.3 Plotten von Daten

pst-plot Das Paket stellt die folgenden drei Plotfunktionen zur Verfügung:

```
\fileplot[<Parameter>]{<Dateiname>}
\dataplot[<Parameter>]{<Makro>}
\listplot[<Parameter>]{<Liste>}
\readdata{<Dateiname>}
\savedata{<Dateiname>}
```

15.3.1 Datenstruktur

Die externen oder als Zahlenpaare übergebenen Daten sind als reine Zahlenwerte paarweise anzuordnen und dürfen nur auf vier verschiedene Arten getrennt sein (Leerschritt, Komma oder runde bzw. geschweifte Klammern):

```
x y
x,y
(x,y)
{x,y}
```

Alle Daten mit eckigen Klammern[1] zu versehen, beschleunigt erheblich die Leserate, denn PostScript kann die Daten dann als `array` einlesen und entsprechend schneller verarbeiten. Andererseits gelten hier gerätespezifische Begrenzungen, wieviel Daten TEX in einem Durchgang einlesen kann. Eine andere Möglichkeit, Speicherproblemen aus dem Weg zu gehen, ist die Anwendung des `PSTtoEPS`-Makros (→ 21 auf Seite 259).

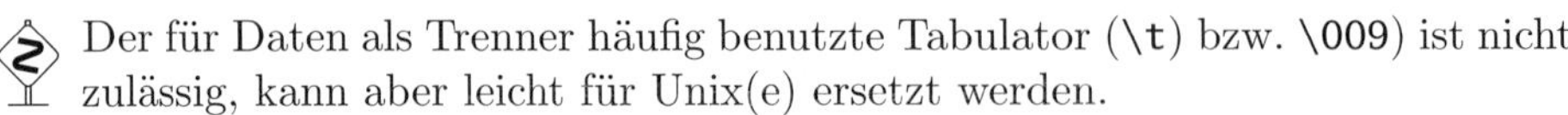

Der für Daten als Trenner häufig benutzte Tabulator (`\t`) bzw. `\009`) ist nicht zulässig, kann aber leicht für Unix(e) ersetzt werden.

```
tr '\t' ' ' < inFile > outFile
```

Diese Datendateien dürfen bis auf das TEX-übliche Kommentarzeichen „%“ keine anderen Zeichen außer den Zahlenwerten selbst enthalten.

15.3.2 \readdata und \savedata

Die Anwendung dieser beiden Makros ist denkbar einfach, denn als Parameter wird bei `\readdata` ein Makroname und ein Dateiname erwartet. Bei `\savedata` ist lediglich die Reihenfolge vertauscht. Wird kein absoluter oder relativer Pfad beim

[1] „[“ muss am Anfang einer Zeile stehen.

Dateinamen angegeben, so gilt immer das aktuelle Verzeichnis des Dokuments. Für ausreichende Schreibrechte ist selbstverständlich Sorge zu tragen.

In manchen Anwendungsfällen sind Datenpaare jeweils mit ihren Fehlern erfasst. Dabei wäre es angenehm, wenn man dies optisch neben dem eigentlichen Datum dargestellen könnte. Normalerweise kann `PSTricks` Daten nur als Zahlenpaar oder Zahlentripel (→ 29 auf Seite 363) einlesen. Benutzt man das Makro `\readdata` (→ 15.3.4 auf Seite 156), so lässt sich erst einmal **jede** Liste an Daten einlesen, denn sie werden nur in folgender Form in einem Makro gespeichert:

```
D <Wert1> D <Wert2> D <Wert3> ...
```

Damit kann man sie natürlich beliebig manipulieren, zumal man mit `\@ifnextchar D` jederzeit feststellen kann, ob noch Daten vorhanden sind. Für das Beispiel liegen folgende Daten zugrunde, die alle den Aufbau `x y dmin dmax` haben:

Listing 15.3: Inhalt der Datendatei `dataError.dat`

```
-0.7 -0.4     0.1 0.5       -0.43 3        0   0.4
 1    4.6    -0.5 0.2        1.2  2.3    -0.2 0.2
 1.7  3.9    -0.1 1          2.7 -1.1    -0.2 0.3
 3.98 -0.7   -0.4 0          4.5  0.7539 -0.5 0.4
```

`dmax` gibt die maximale Messwertabweichung nach oben und `dmin` nach unten an, jeweils in demselben Maßstab wie die Messwerte. Nach dem Einlesen mit `\readdata{dataError}{\Data}` enthält das Makro `\Data` den gesamten Datensatz in der Form:

```
D -0.7 D -0.4 D 0.1 D 0.5 D -0.43 D 3 D 0 D 0.4 D 1 D 4.6 D -0.5 D 0.2
D 1.2 D 2.3 D -0.2 D 0.2 D 1.7 D 3.9 D -0.1 D 1 D 2.7 D -1.1 D -0.2 D 0.3
D 3.98 D -0.7 D -0.4 D 0 D 4.5 D 0.7539 D -0.5 D 0.4
```

der durch `\show\Data` automatisch zur Kontrolle ins Logfile geschrieben werden kann.

Statt eines einzigen Punktes ist jetzt noch zusätzlich eine vertikale Linie in der Form `\psline{|-|}(x,y+dmax)(x,y+dmin)` zu zeichnen. Das `D` in den Datensätzen lässt sich leicht herausfiltern, wenn man insgesamt acht Variablen aus dem Makro `\Data` einließt, aber nur jede zweite berücksichtigt. Die Koordinaten für den Fehlerbalken kann man leicht mithilfe der speziellen PostScript-Koordinaten berechnen. Die entsprechende Ausgabe zeigt das folgende Beispiel.

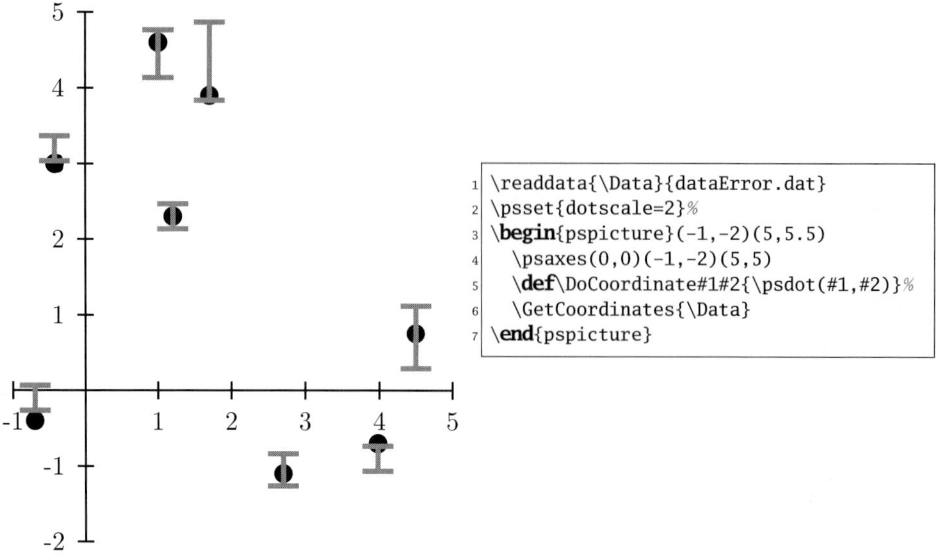

```
\readdata{\Data}{dataError.dat}
\psset{dotscale=2}%
\begin{pspicture}(-1,-2)(5,5.5)
  \psaxes(0,0)(-1,-2)(5,5)
  \def\DoCoordinate#1#2{\psdot(#1,#2)}%
  \GetCoordinates{\Data}
\end{pspicture}
```

```
\bgroup
\makeatletter
\def\errorLine{\@ifnextchar[{\pst@errorLine}{\pst@errorLine[]}}
\def\pst@errorLine[#1](#2)#3#4{{%
  \ifx#1\empty\else\psset{#1}\fi
  \pst@getcoor{#2}\pst@tempa
  \def\@errorMin{#3}
  \def\@errorMax{#4}
  \psline{|-|}(!%
     /yDot \pst@tempa exch pop \pst@number\psyunit div def
     /xDot \pst@tempa pop \pst@number\psxunit div def
     xDot yDot \@errorMin\space add%
    )(!%
     /yDot \pst@tempa exch pop \pst@number\psyunit div def
     /xDot \pst@tempa pop \pst@number\psxunit div def
     xDot yDot \@errorMax\space add)
}}
%
\def\GetCoordinates#1{\expandafter\GetCoordinates@i#1}
\def\GetCoordinates@i #1{\GetCoordinates@ii#1}
\def\GetCoordinates@ii#1 #2 #3 #4 #5 #6 #7 #8 {%
  \DoCoordinate{#2}{#4}%
  \errorLine[linecolor=red, linewidth=2pt](#2,#4){#6}{#8}% <<<<<
  \@ifnextchar D{\GetCoordinates@ii}{}%
}
\makeatother
\egroup
```

15.3.3 `\fileplot`

`\fileplot` ist das am einfachsten anzuwendende Makro und ist immer dann angebracht, wenn in einer externen Datei gespeicherte Zahlenpaare $(x|y)$ geplottet werden sollen. Auf der anderen Seite weist **`fileplot`** einige Einschränkungen auf.

- Es sind keine „**`curve`**" Plotstile möglich.
- Parameterangaben zu **`arrows`**, **`linearc`** und **`showpoints`** werden ignoriert.

Das erste Beispiel zeigt ein UV/VIS-Absorptionsspektrum ($A = \lg \frac{I_0}{I}$ als Funktion der Wellenlänge), während das zweite eine Populationsentwicklung in Abhängigkeit des Brutfaktors darstellt (Feigenbaum-Diagramm). Aus dem jeweils angegebenen Quellcode ergibt sich die Art des Plotstils.

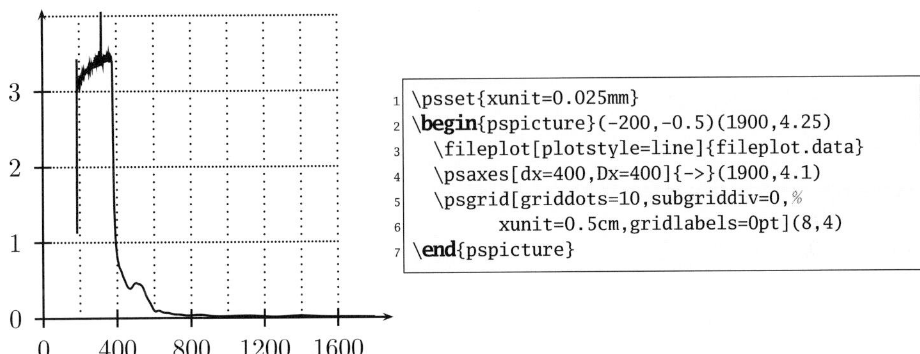


```
\psset{xunit=0.025mm}
\begin{pspicture}(-200,-0.5)(1900,4.25)
  \fileplot[plotstyle=line]{fileplot.data}
  \psaxes[dx=400,Dx=400]{->}(1900,4.1)
  \psgrid[griddots=10,subgriddiv=0,%
        xunit=0.5cm,gridlabels=0pt](8,4)
\end{pspicture}
```

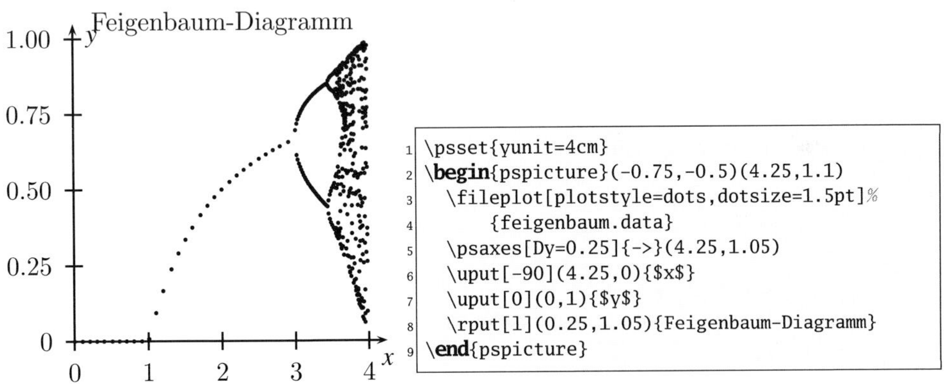


```
\psset{yunit=4cm}
\begin{pspicture}(-0.75,-0.5)(4.25,1.1)
  \fileplot[plotstyle=dots,dotsize=1.5pt]%
      {feigenbaum.data}
  \psaxes[Dy=0.25]{->}(4.25,1.05)
  \uput[-90](4.25,0){$x$}
  \uput[0](0,1){$y$}
  \rput[l](0.25,1.05){Feigenbaum-Diagramm}
\end{pspicture}
```

15.3.4 `\dataplot`

Ebenso wie `\fileplot` benötigt `\dataplot` einen externen Datensatz, der jedoch nicht als Datei, sondern als Makro vorliegt. Das Einlesen einer externen Datei und Abspeichern in einem Makro kann allerdings von `\readdata` übernommen werden, beispielsweise:

```
\readdata{\feigenbaum}{feigenbaum.data}
```

Die Zahl der eingelesenen Dateien bzw. Daten, ist nur durch den Speicher bestimmt. Mit `\dataplot` sind einfache Overlays möglich. Das angegebene Beispiel zeigt zwei getrennte Datendateien, die in einem Koordinatensystem dargestellt werden.

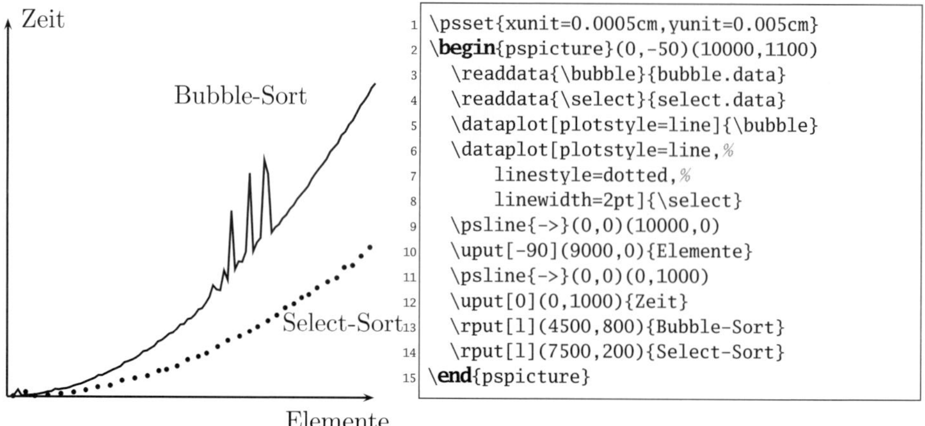


```
\psset{xunit=0.0005cm,yunit=0.005cm}
\begin{pspicture}(0,-50)(10000,1100)
  \readdata{\bubble}{bubble.data}
  \readdata{\select}{select.data}
  \dataplot[plotstyle=line]{\bubble}
  \dataplot[plotstyle=line,%
      linestyle=dotted,%
      linewidth=2pt]{\select}
  \psline{->}(0,0)(10000,0)
  \uput[-90](9000,0){Elemente}
  \psline{->}(0,0)(0,1000)
  \uput[0](0,1000){Zeit}
  \rput[l](4500,800){Bubble-Sort}
  \rput[l](7500,200){Select-Sort}
\end{pspicture}
```

Grundsätzlich bleibt festzustellen, dass für den reinen Anwender zwischen `\dataplot` und `\fileplot` formal kein wesentlicher Unterschied besteht. Bei größeren Datenmengen bringt `\dataplot` den Vorteil der schnelleren Verarbeitung und Darstellung, wobei es aber noch speicherplatzintensiver als `\fileplot` ist.

Weiterhin benutzt `\dataplot` intern das im nächsten Abschnitt beschriebene `\listplot` Makro, wenn Parameter angegeben werden. Daraus folgt, dass `\dataplot` letztlich nur Sinn macht, wenn Polygonzüge gezeichnet werden sollen. In diesem Fall zeichnet sich diese Funktion durch eine größere Plotgeschwindigkeit aus.

15.3.5 `\listplot`

Im Gegensatz zu den vorhergehenden Plotmakros wird das Argument von `\listplot` zuerst von TeX expandiert, wenn es sich um ein TeX-Befehl handelt, andernfalls wird es unverändert nach PostScript durchgereicht, dabei werden aber TeX-spezifische Makros durch ihr Argument ersetzt. Daraus folgt, dass man komplette PostScript-Programme im Argument von `\listplot` ablegen kann.

Das angegebene Beispiel zeigt in der Originaldarstellung die Entwicklung eines Henon-Attraktors. Die rechte Grafik enthält zusätzlich zum normalen Datensatz einen durch zusätzlichen PostScript-Code erzwungenen „Draft“-Hinweis.

Listing 15.4: Einfügen eines „DRAFT“ Hinweises

```
\newcommand{\DataB}{%
  [ ... data ... ]
  gsave           % save graphics state
  /Helvetica findfont 40 scalefont setfont
  45 rotate       % rotating angle
  0.9 setgray     % 1 is white
  -60 10 moveto (DRAFT) show
  grestore
}
```

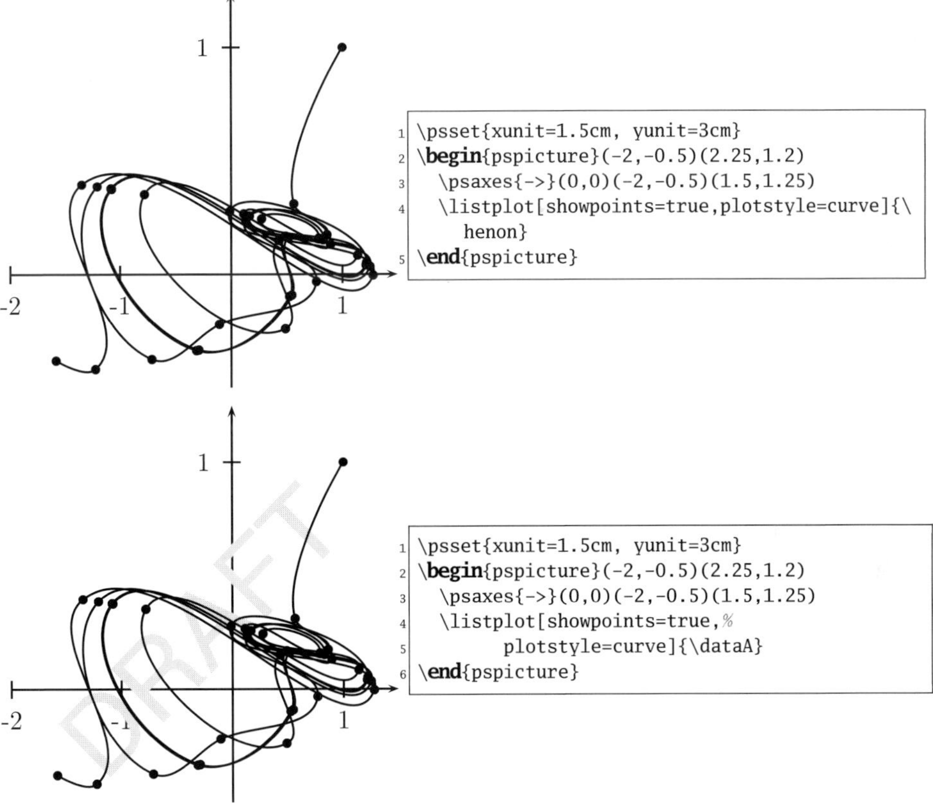


```
\psset{xunit=1.5cm, yunit=3cm}
\begin{pspicture}(-2,-0.5)(2.25,1.2)
  \psaxes{->}(0,0)(-2,-0.5)(1.5,1.25)
  \listplot[showpoints=true,plotstyle=curve]{\
    henon}
\end{pspicture}
```

```
\psset{xunit=1.5cm, yunit=3cm}
\begin{pspicture}(-2,-0.5)(2.25,1.2)
  \psaxes{->}(0,0)(-2,-0.5)(1.5,1.25)
  \listplot[showpoints=true,%
        plotstyle=curve]{\dataA}
\end{pspicture}
```

Alternativ zum Manipulieren des Datensatzes von `\listplot` kann auch die entsprechende Funktion aus `pst-plot` verändert werden. Möchte man beispielsweise, aus welchen Gründen auch immer, die x/y-Werte vertauschen und den Graphen um 45° rotieren lassen (was einer Rotation mit anschließender Drehung entspricht), so kann dies einfach durch folgende Neudefinition von `ScalePoints` erfolgen:

Listing 15.5: Drehung des Koordinatensystems

```
\makeatletter
\pst@def{ScalePoints}<%
%----------------------------------------------
  45 rotate % rotate all objects
%----------------------------------------------
  /y ED /x ED
  counttomark dup dup cvi eq not { exch pop } if
  /m exch def /n m 2 div cvi def
  n {
%----------------------------------------------
     exch % exchanges the last two stackelements
%----------------------------------------------
     y mul m 1 roll
     x mul m 1 roll
     /m m 2 sub
     def } repeat>
\makeatother
```

Dies führt dann zur folgenden Abbildung.

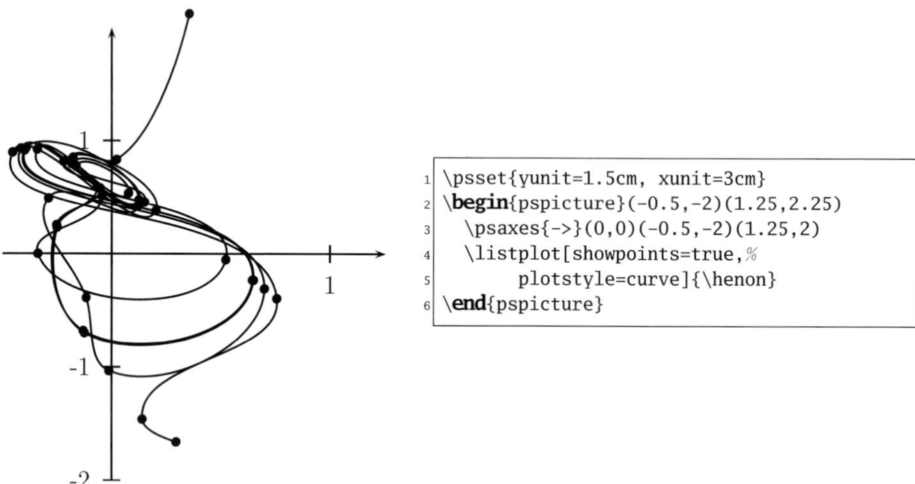


```
\psset{yunit=1.5cm, xunit=3cm}
\begin{pspicture}(-0.5,-2)(1.25,2.25)
  \psaxes{->}(0,0)(-0.5,-2)(1.25,2)
  \listplot[showpoints=true,%
        plotstyle=curve]{\henon}
\end{pspicture}
```

Mit `\pscustom` und dem PostScript-nahen Makro `\code` kann man faktisch jede beliebige Manipulation auf PostScript-Ebene durchführen, ohne dabei selbst in das `\listplot`-Makro einzugreifen. Im folgenden Beispiel werden nach dem Zeichnen der Daten zusätzlich die Koordinaten an die Punkte gesetzt.

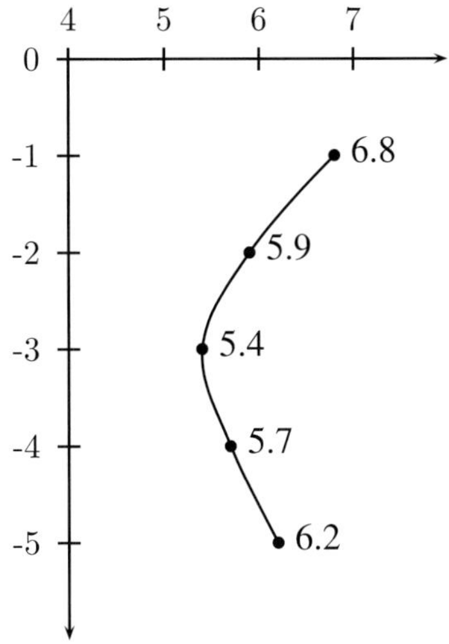


```
\makeatletter
\psset{unit=1cm}
\def\plotValues#1{%
  \pscustom{%
    \code{%
      /xOffset 5 def
      /yOffset -2 def
      /Times findfont 11 scalefont setfont
      /Feld [ #1 ] def
      /cnt 0 def
      Feld length 2 div cvi {
        /x Feld cnt get def
        /y Feld cnt 1 add get def
        x \pst@number\psxunit mul xOffset add
        y \pst@number\psyunit mul yOffset add
        moveto x 10 string cvs show
        /cnt cnt 2 add def
      } repeat
}}}
\makeatother

\begin{pspicture}(3.5,0.5)(8,-5.5)
  \psaxes[Ox=4]{->}(4,0)(8,-5.5)
  \def\data{6.8 -1 5.9 -2 5.4 -3 5.7 -4 6.2 -5}
  \listplot[plotstyle=curve, showpoints=true]{\data}
  \plotValues{\data}
\end{pspicture}
```

\pstcustom → Abschnitt 11.3 auf Seite 94
\code → Abschnitt 11.3.22 auf Seite 107
\pst@def → Abschnitt 14.2.7 auf Seite 128

15.4 Plotten von Funktionen

PostScript arbeitet mit dem so genannten Stacksystem, welches den Benutzern von HP-Taschenrechnern geläufig und auch unter dem Namen **UPN**, *Umgekehrte Polnische Notation* (Reverse Polish Notation), bekannt ist und letztlich den internen Standard für alle Computer darstellt. Die normale Notation für die Multiplikation „$a*b=$“ wird zu „a<enter>b<enter>$*$“. Es sind immer zuerst die Parameter (Variablen) auf dem Stack abzulegen (durch `<enter>` symbolisiert), bevor eine der mathematischen Funktionen aufgerufen wird. Die hier beschriebenen Befehle beziehen sich immer auf das oberste Stackelement oder die obersten beiden Stackelemente. Grundsätzlich kann man bei Problemen aber einen sogenannten `Infix-Postfix`-Konverter verwenden, der „normale“ (Infix) mathematische Ausdrücke in solche mit UPN-Notation (Postfix) wandelt. [31]

Die direkte Anwendung der PostScript-Befehle für die Darstellung mathematischer Zusammenhänge bringt gegenüber Programmen wie beispielsweise `gnuplot` nicht unbedingt Vorteile in der endgültigen Druckausgabe. Auch lässt sich nicht immer jedes mathematische Problem mit den PostScript-Befehlen einfach lösen.

Die grundsätzliche Struktur der hier behandelten Makros ist:

```
\psplot[<Optionen>]{<xmin>}{<xmax>}{<Funktion f(x)>}
\parametricplot[<Optionen>]{<tmin>}{<tmax>}{<Funktionen x(t), y(t)>}
```

Hierin bedeuten $[x_{min}; x_{max}]$ bzw. $[t_{min}; t_{max}]$ das jeweilige Definitionsintervall (Start- und Endwert). Die möglichen Parameter sind in Tabelle 15.3 auf Seite 148 zusammengefasst, wobei im Zusammenhang mit den Funktionen lediglich der Parameter `plotpoints` interessant ist, welcher die Anzahl der Stützstellen angibt und standardmäßig auf 50 gesetzt ist. Im Normalfall sollten sämtliche berechneten Punkte mit dem `plotstyle=lines` verbunden werden, sodass sich eine zu geringe Anzahl an Stützstellen durch einen Polygonzug bemerkbar macht. Mit Werten um 200 liegt man in den meisten Fällen auf der richtigen Seite.

Der Variablenname für `\psplot` ist per Definition x und für `\parametricplot` t. Beide können nicht ohne weiteres verändert werden, was jedoch bezüglich der Anwendung keinerlei Einschränkung darstellt. Die Variablen können beliebig oft innerhalb eines Ausdrucks verwendet werden, denn erst mit der schließenden Klammer für den Funktionsausdruck wird davon ausgegangen, dass die zweite Koordinate für einen Punkt des Graphen oben auf dem Stack liegt. Der einzige Unterschied zwischen diesen beiden Befehlen ist, dass bei `psplot` nur der oberste Stackwert (y) und bei `parametricplot` die obersten beiden Stackwerte ($x;y$) als Argumente verwendet werden.

Zu beachten ist unbedingt, dass mit den beiden Befehlen keine Fehlermeldungen ausgegeben werden, was insbesondere für diejenigen mathematischen Funktionen von Interesse ist, deren Definitionsbereich nicht gleich dem der reellen Zahlen entspricht. Denn bei **einem** fehlerhaften Argument, z.B. $\sqrt{-1}$, wird der komplette Graph nicht gezeichnet!

15.4.1 \psplot

15.4.1.1 Sinusfunktion

Funktion	PostScript
$y(x) = \sin x$	x sin

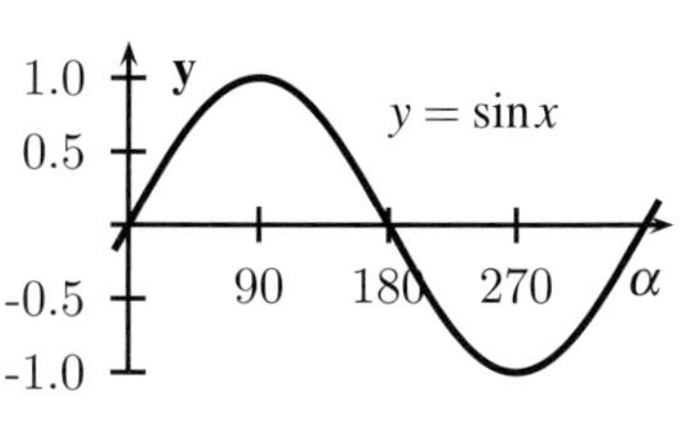


```
\psset{xunit=0.01cm,yunit=1cm}%
\begin{pspicture}(-80,-1.25)(400,1.25)%
  \psaxes[linewidth=1pt,showorigin=false,%
      Dx=90,Dy=0.5]{->}(0,0)(0,-1)(380,1.25)
  \uput{0.3}[-90](360,0){$\mathbf{\alpha}$}
  \uput{0.3}[0](0,1){$\mathbf{y}$}
  \psplot[plotstyle=curve,%
      linewidth=1.5pt]{-10}{370}{x sin}
  \rput[l](180,0.75){$y=\sin x$}%
\end{pspicture}
```

15.4.1.2 Potenzfunktion

Dargestellt wird eine Parabel dritten Grades sowie ihre Umkehrfunktion, wobei die Intervallunterscheidung nicht zwingend ist, wenn man die Exponentialschreibweise mit $y = x^{-\frac{1}{3}}$ wählt.

Funktion	PostScript
$y(x) = x^3$	x 3 exp
$y^{-1}(x) = \begin{cases} +\sqrt[3]{\lvert x\rvert} & x > 0 \\ -\sqrt[3]{\lvert x\rvert} & x < 0 \end{cases}$	x 0.333 exp (Umkehrfunktion)

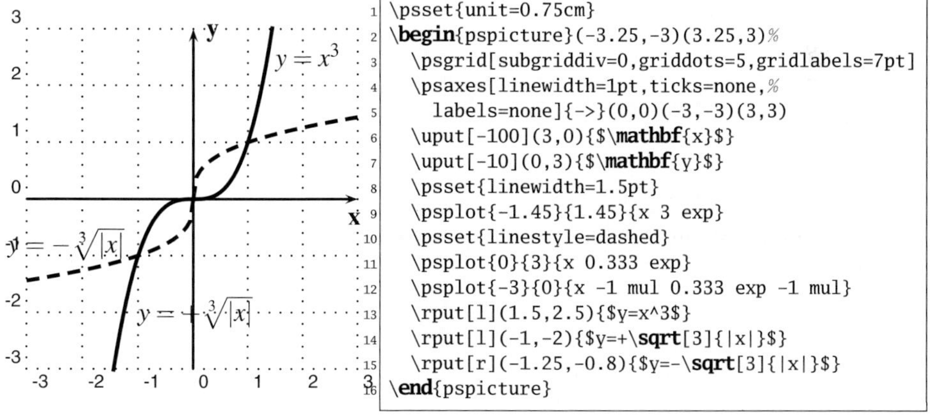


```
\psset{unit=0.75cm}
\begin{pspicture}(-3.25,-3)(3.25,3)%
  \psgrid[subgriddiv=0,griddots=5,gridlabels=7pt]
  \psaxes[linewidth=1pt,ticks=none,%
    labels=none]{->}(0,0)(-3,-3)(3,3)
  \uput[-100](3,0){$\mathbf{x}$}
  \uput[-10](0,3){$\mathbf{y}$}
  \psset{linewidth=1.5pt}
  \psplot{-1.45}{1.45}{x 3 exp}
  \psset{linestyle=dashed}
  \psplot{0}{3}{x 0.333 exp}
  \psplot{-3}{0}{x -1 mul 0.333 exp -1 mul}
  \rput[l](1.5,2.5){$y=x^3$}
  \rput[l](-1,-2){$y=+\sqrt[3]{|x|}$}
  \rput[r](-1.25,-0.8){$y=-\sqrt[3]{|x|}$}
\end{pspicture}
```

15.4.1.3 Beispiel aus der Leistungselektronik

Gezeigt wird die grafische Darstellung des relativen Strommittelwertes für eine Stromrichtersteuerung durch ein Thyristorpaar. Hierbei entspricht der Parameter φ der Phasenverschiebung zwischen Strom und Spannung. Die unabhängige Variable α bezeichnet den Steuerwinkel.

Funktion	$\frac{I(\alpha)}{I_0} = \begin{cases} \sqrt{1-\frac{\alpha}{\pi}+\frac{1}{2\pi}\sin 2\alpha} \\ \sqrt{\left(2-\frac{2\alpha}{\pi}\right)(2+\cos 2\alpha)+\frac{3}{\pi}\sin 2\alpha} \end{cases}$	$\varphi = 0$ $\varphi = \frac{\pi}{2}$
PostScript	1 x 180 div sub 1 6.28 div x 2 mul sin mul add sqrt 2 x 90 div sub x 2 mul cos 2 add mul x 2 mul sin 3 3.15 div mul add sqrt	$\varphi = 0$ $\varphi = \frac{\pi}{2}$

Zu beachten ist, dass PostScript die Argumente für die trigonometrischen Funktionen im Gradmaß erwartet, sodass für relative Winkel auf gleiche Einheiten zu achten ist. Der Ausdruck $\frac{\alpha}{\pi}$ ist daher durch $\frac{\alpha}{180}$ zu ersetzen.

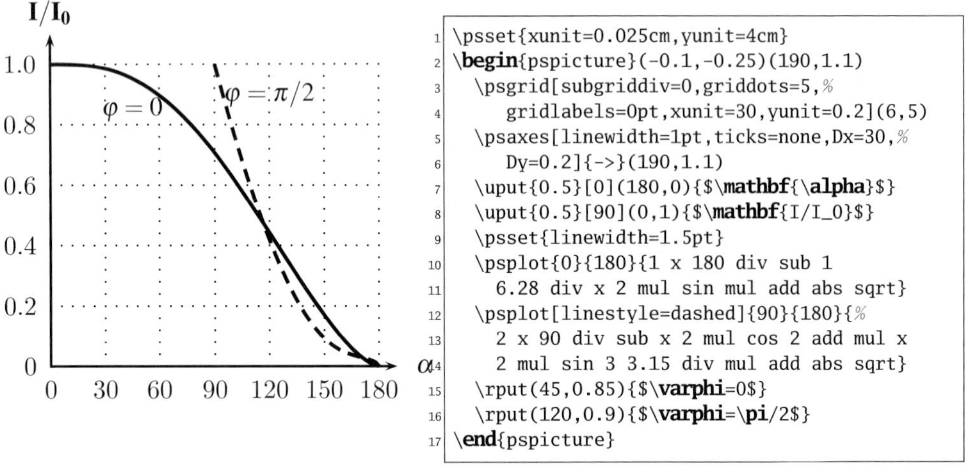


```
\psset{xunit=0.025cm,yunit=4cm}
\begin{pspicture}(-0.1,-0.25)(190,1.1)
  \psgrid[subgriddiv=0,griddots=5,%
     gridlabels=0pt,xunit=30,yunit=0.2](6,5)
  \psaxes[linewidth=1pt,ticks=none,Dx=30,%
     Dy=0.2]{->}(190,1.1)
  \uput{0.5}[0](180,0){$\mathbf{\alpha}$}
  \uput{0.5}[90](0,1){$\mathbf{I/I_0}$}
  \psset{linewidth=1.5pt}
  \psplot{0}{180}{1 x 180 div sub 1
    6.28 div x 2 mul sin mul add abs sqrt}
  \psplot[linestyle=dashed]{90}{180}{%
    2 x 90 div sub x 2 mul cos 2 add mul x
    2 mul sin 3 3.15 div mul add abs sqrt}
  \rput(45,0.85){$\varphi=0$}
  \rput(120,0.9){$\varphi=\pi/2$}
\end{pspicture}
```

15.4.2 \parametricplot

15.4.2.1 Lissajous Figur

Die aus der Physik oder Elektrotechnik bekannten Lissajoufiguren sind ein typischer Anwendungsfall für Gleichungen in Parameterform. Die hier angegebene Darstellung beruht auf den Funktionen:

Funktion	PostScript
$x = \sin 1.5t$	t 1.5 mul sin
$y = \sin\left(2t+\frac{\pi}{3}\right)$	t 2 mul 60 add sin

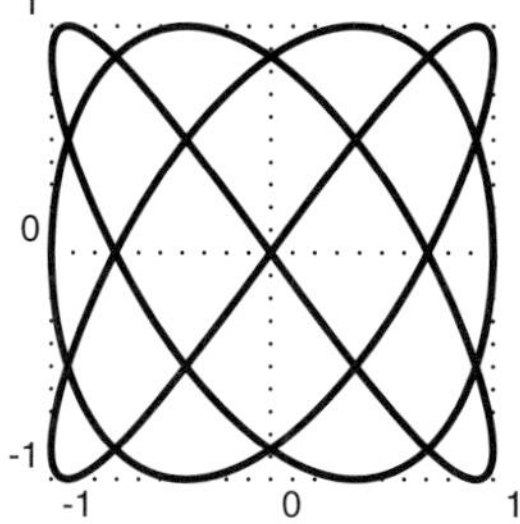


```
\psset{xunit=1.5cm,yunit=1.5cm}
\begin{pspicture}(-1.1,-1.1)(1.1,1.1)
  \psgrid[subgriddiv=0,griddots=10,%
    gridlabels=7pt](-1,-1)(1,1)
  \parametricplot[plotstyle=curve,%
    linewidth=1.5pt,plotpoints=200]{-360}{360}%
    {t 1.5 mul sin t 2 mul 60 add sin}
\end{pspicture}
```

Aufgrund der „Länge“ des Graphen wurde der Wert für **`plotpoints`** auf 200 gesetzt, sodass auch die „Ecken“ des Graphen mit starker Krümmung kontinuierlich erscheinen.

15.4.2.2 Strophoide

In den folgenden Gleichungen muss a durch einen Zahlenwert ersetzt werden kann:

Funktion	PostScript
$x(t) = \frac{a\left(t^2-1\right)}{t^2+1}$	t t mul 1 sub a mul t t mul 1 add div
$y(t) = \frac{at\left(t^2-1\right)}{t^2+1}$	t t mul 1 sub t mul a mul t t mul 1 add div

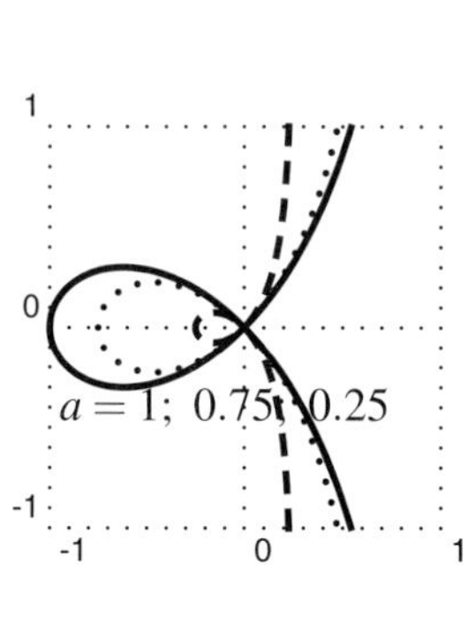


```
\psset{unit=1.5}
\begin{pspicture}(-1.25,-1.25)(1.25,1.25)
  \psgrid[subgriddiv=0,griddots=10,%
      gridlabels=7pt](-1,-1)(1,1)
  \psset{plotpoints=200,linewidth=1.5pt}
  \def\PSfunction{t t mul 1 sub \param\space mul %
      t t mul 1 add div t t mul 1 sub t mul %
      \param\space mul t t mul 1 add div}
  \def\param{1}
  \parametricplot{-1.85}{1.85}{\PSfunction}
  \def\param{0.25}
  \parametricplot[linestyle=dashed]%
        {-4.5}{4.5}{\PSfunction}
  \def\param{0.75}
  \parametricplot[linestyle=dotted]%
        {-2.1}{2.1}{\PSfunction}
  \rput[l](-0.95,-0.4){$a=1;\ 0.75;\ 0.25$}
\end{pspicture}
```

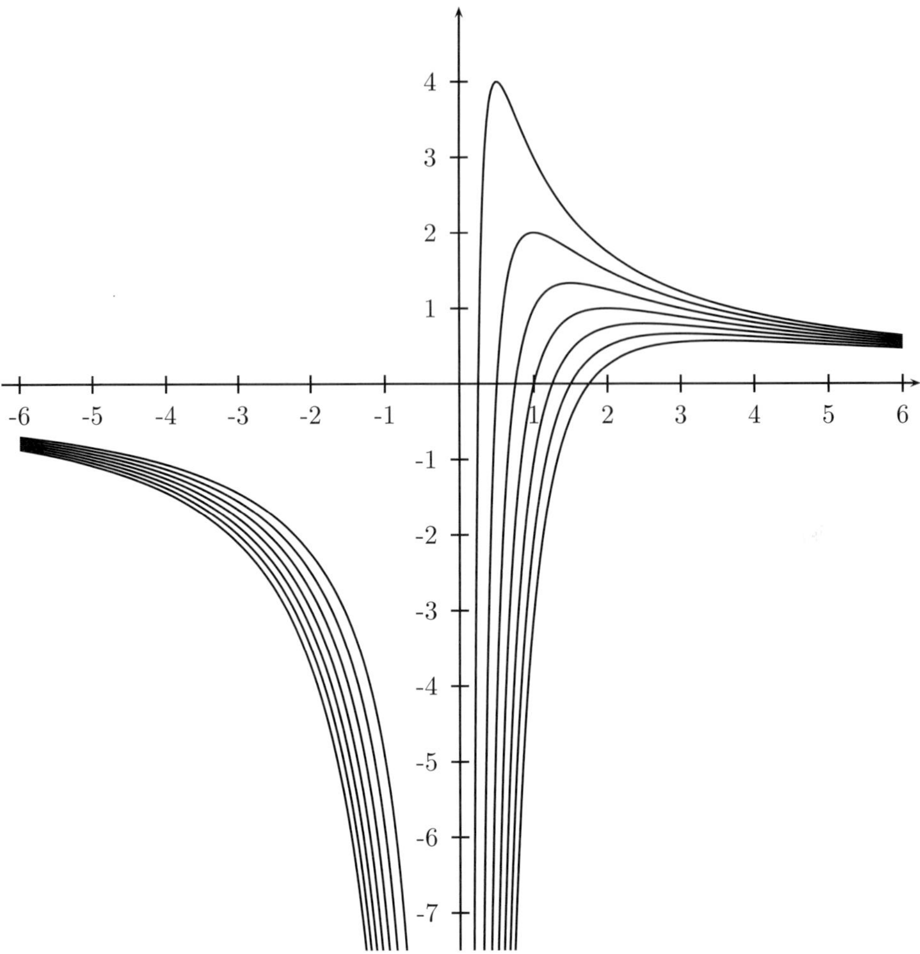

Abbildung 15.2: **bsp106.txt**: Die Kurvenschar der Gleichung $y = \frac{4x-t}{x^2}$ für $t \in \{1,...,7\}$.

KAPITEL

16

pst-node: Knoten und Verbindungen

Das Basispaket pstricks verfügt zwar über einige Makros, mit denen sich beliebige Verbindungslinien ziehen lassen, jedoch fehlt jede Unterstützung für das Setzen und Speichern von Knoten. Das Paket pst-node bietet eine hervorragende Unterstützung für Knoten und Verbindungen.

Grundsätzlich geht es hier zum einen um das Setzen von Knoten, wie \rnode{A}{tricks} aus der ersten Zeile dieses Kapitels und zum anderen um das Erstellen von Verbindungen, wie von hier zum oben definierten Knoten. Dazu braucht man keine genaue Kenntnis über die Koordinaten des jeweiligen Knotens zu haben, wenn man dafür einen symbolischen Namen definieren kann. pst-node speichert die Koordinaten in einem sogenannten „dictionary“ ab, was letztlich nichts anderes als ein zweispaltiges Feld ist, mit der Zuordnung symbolischer Knotenname→Koordinaten. Es gibt prinzipiell keinerlei Einschränkung für das Platzieren von Knoten.

Sämtliche Knotenverbindungen **müssen** auf einer TeX-Seite erfolgen, denn nach der Fertigstellung einer Seite stehen keine Informationen über die Koordinaten der vergangenen Seite zur Verfügung.

16.1 Knotennamen

Ein Knotenname besteht aus endlich vielen alphanumerischen Zeichen und sollte mit einem Buchstaben beginnen. Da den Knotennamen von PSTricks auf PostScript-Ebene grundsätzlich ein N@ vorangestellt wird, ist die Einschränkung, dass der Name mit einem Buchstaben beginnen muss, lediglich eine Vorsichtsmaßnahme auf LaTeX-Ebene, wo Makros bekanntermaßen nur aus Alphazeichen bestehen dürfen.

Alle Knotenmakros sind in der Regel zerbrechlich, sodass bei einer Anwendung in Überschriften, Verzeichnissen usw. dem Knotenmakro ein \protect voranzustellen ist.

16.2 Parameter

Tabelle 16.1 zeigt eine Zusammenstellung der für **pst-node** geltenden Parameter.

Tabelle 16.1: Zusammenfassung aller Parameter für pst-node

Name	Werte	Vorgabe
href	<Wert>	0
vref	<Wert [Einheit]>	0.7ex
radius	<Wert [Einheit]>	0.25cm
framesize	<Wert [Einheit] [Wert [Einheit]]>	10pt
nodesep	<Wert [Einheit]>	0pt
nodesepA	<Wert [Einheit]>	0pt
nodesepB	<Wert [Einheit]>	0pt
Xnodesep	<Wert [Einheit]>	0pt
XnodesepA	<Wert [Einheit]>	0pt
XnodesepB	<Wert [Einheit]>	0pt
Ynodesep	<Wert [Einheit]>	0pt
YnodesepA	<Wert [Einheit]>	0pt
YnodesepB	<Wert [Einheit]>	0pt
arcangle	<Winkel>	8
arcangleA	<Winkel>	8
arcangleB	<Winkel>	8
angle	<Winkel>	0
angleA	<Winkel>	0
angleA	<Winkel>	0
arm	<Wert [Einheit]>	10pt
armA	<Wert [Einheit]>	10pt
armB	<Wert [Einheit]>	10pt
loopsize	<Wert [Einheit]>	1cm
ncurv	<Wert>	0.67
ncurvA	<Wert>	0.67
ncurvB	<Wert>	0.67
boxsize	<Wert [Einheit]>	0.4cm
offset	<Wert [Einheit]>	0pt
offsetA	<Wert [Einheit]>	0pt
offsetB	<Wert [Einheit]>	0pt
ref	<Referenz>	c
nrot	<Rotation>	0
npos	<Wert>	{}
shortput	none|nab|tablr|tab	none
tpos	<Wert>	0.5
rot	<Rotation>	0

16.2.1 href und vref

Diese beiden Parameter haben nur für \Rnode eine Bedeutung, wo per Definition das Knotenzentrum die Mitte der Basislinie der umgebenden Box ist. Dieses Zentrum kann mit diesen Parametern beeinflusst werden. **href** verschiebt diesen Mittelpunkt um das **href**-Vielfache der Hälfte der Boxbreite des Knotens. Eine Anwendung von **href** ohne **vref** wird keine sichtbare Änderung bringen, wenn die Verbindungslinie eine Horizontale ist. Im Gegensatz zu **href** legt **vref** diesen Punkt mit einem absoluten Wert relativ zur Basislinie (vref=0pt) fest. Verwendet man relative Einheiten, wie beispielesweise ex oder em, dann bleibt die Relation auch bei unterschiedlichen Fontgrößen erhalten.

A——B

```
\Rnode{A}{\Large A}\hspace{2cm}\Rnode{B}{\Large B}
\ncline{A}{B}
```

A B

```
\Rnode[href=-3,vref=5ex]{A}{\Large A}\hspace{2cm}%
\Rnode{B}{\Large B}
\ncline{A}{B}
```

A B

```
\Rnode[href=3,vref=5ex]{A}{\Large A}\hspace{2cm}%
\Rnode{B}{\Large B}
\ncline{A}{B}
```

Die Parameter **href** und **vref** wirken nur bei Verwendung von Rnode.

16.2.2 radius

Immer dann, wenn man Knoten durch gleich große Kreise darstellen will, ist dieser Parameter eine Hilfe.

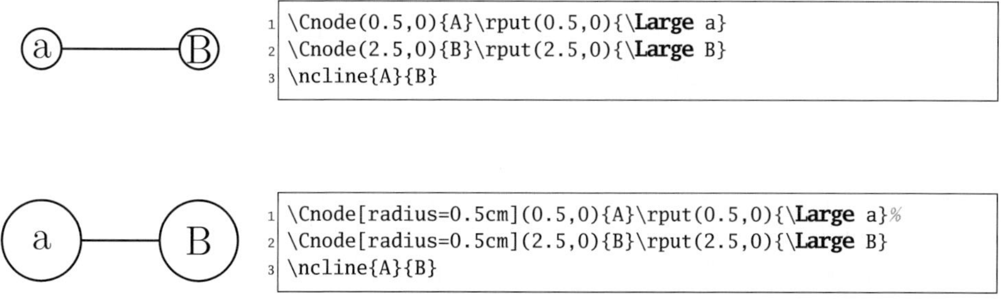


```
\Cnode(0.5,0){A}\rput(0.5,0){\Large a}
\Cnode(2.5,0){B}\rput(2.5,0){\Large B}
\ncline{A}{B}
```

```
\Cnode[radius=0.5cm](0.5,0){A}\rput(0.5,0){\Large a}%
\Cnode[radius=0.5cm](2.5,0){B}\rput(2.5,0){\Large B}
\ncline{A}{B}
```

16.2.3 framesize

Dieser Parameter hat nur eine Wirkung bei Verwendung von \fnode (→ 16.3.12 auf Seite 183). Wird nur ein Wert als Parameter übergeben, so wird dieser als Seite eines Quadrats genommen.

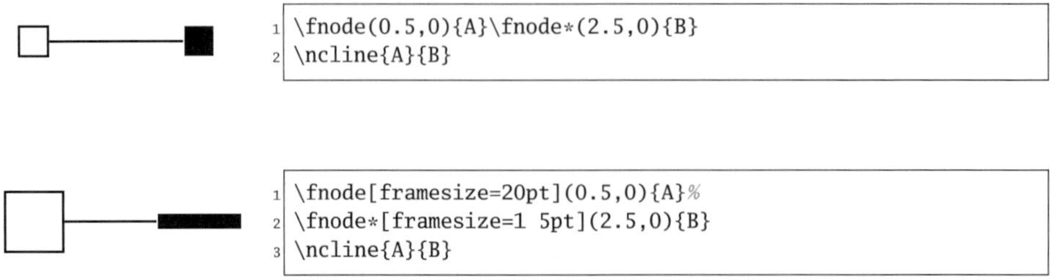

```
\fnode(0.5,0){A}\fnode*(2.5,0){B}
\ncline{A}{B}
```

```
\fnode[framesize=20pt](0.5,0){A}%
\fnode*[framesize=1 5pt](2.5,0){B}
\ncline{A}{B}
```

16.2.4 nodesep, nodesepA und nodesepB

Normalerweise erfolgt eine Verbindung immer bis an die äußere Box des Knotens. Mit nodesep lässt sich dies in beide Richtungen beeinflussen. wobei sich Angaben zu nodesep immer auf beide, zu nodesepA auf den ersten und zu nodesepB auf den zweiten Knoten bezieht.

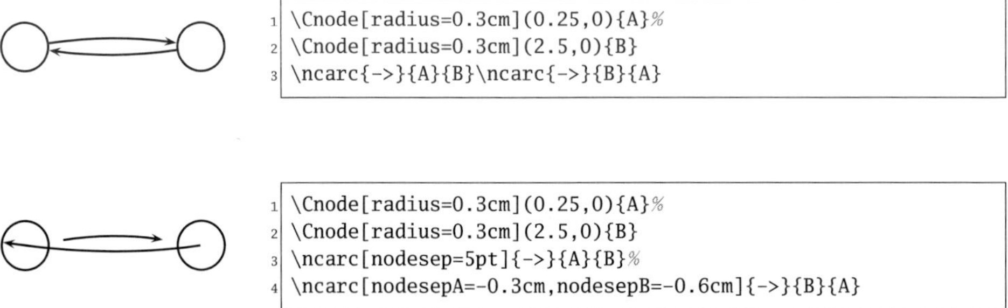

```
\Cnode[radius=0.3cm](0.25,0){A}%
\Cnode[radius=0.3cm](2.5,0){B}
\ncarc{->}{A}{B}\ncarc{->}{B}{A}
```

```
\Cnode[radius=0.3cm](0.25,0){A}%
\Cnode[radius=0.3cm](2.5,0){B}
\ncarc[nodesep=5pt]{->}{A}{B}%
\ncarc[nodesepA=-0.3cm,nodesepB=-0.6cm]{->}{B}{A}
```

16.2.5 Xnodesep, XnodesepA, XnodesepB, Ynodesep, YnodesepA und YnodesepB

Die Angaben zu [XY]nodesep beziehen sich nicht auf die direkte Verbindungslinie zum Zentrum des Knotens, sondern geben den vertikalen oder horizontalen Abstand an. Dieser bezieht sich auf die Knotenmitte, was im Gegensatz zu nodesep steht, denn deren Angabe bezieht sich auf die umgebende Box. (→ 12.4 auf Seite 114) Daher ergeben sich im Beispiel auch unterschiedliche Längen der Verbindungslinien. Weitere und besonders sinnvolle Anwendungen ergeben sich im Zusammenhang mit speziellen Koordinaten.

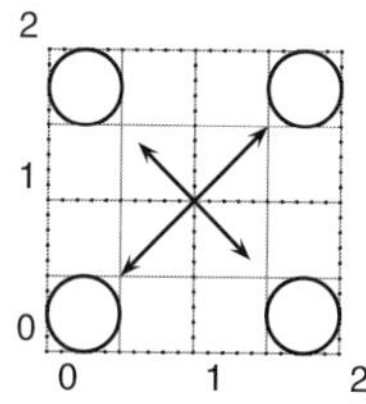


```
\begin{pspicture}(2,2)
  \psgrid[subgriddiv=2]
  \cnode(0.25,1.75){0.25cm}{A}
  \cnode(1.75,0.25){0.25cm}{B}
  \cnode(1.75,1.75){0.25cm}{C}
  \cnode(0.25,0.25){0.25cm}{D}
  \ncline[nodesep=0.25]{<->}{A}{B}
  \ncline[Ynodesep=0.25]{<->}{C}{D}
\end{pspicture}
```

16.2.6 arcangle, arcangleA und arcangleB

`arcangle` bezeichnet den Steigungswinkel der Verbindung zur Horizontalen. Im vorigen Beispiel sind die Verbindungen relativ dicht beieinander, was man durch den Parameter `arcangle` beeinflussen kann, wobei sich Angaben zu `arcangle` immer auf beide, zu `arcangleA` auf den ersten und zu `arcangleB` auf den zweiten Knoten bezieht. Dabei kann durch die Wahl der Winkel letztlich jeder beliebige Kurvenverlauf erzwungen werden.

```
\Cnode[radius=0.3cm](0.25,0){A}%
\Cnode[radius=0.3cm](2.5,0){B}
\ncarc{->}{A}{B}\ncarc{->}{B}{A}
```

```
\Cnode[radius=0.3cm](0.25,0){A}%
\Cnode[radius=0.3cm](2.5,0){B}
\ncarc[arcangle=30]{->}{A}{B}%
\ncarc[arcangleA=30,arcangleB=-60]{->}{B}{A}
```

16.2.7 angle, angleA und angleB

`angle` bezeichnet den Winkel unter dem die Verbindung den Knoten erreichen soll. Angaben zu `angle` beziehen sich immer auf beide, zu `angleA` auf den ersten und zu `angleB` auf den zweiten Knoten. Dabei kann durch die Wahl der Winkel letztlich jeder beliebige Kurvenverlauf erzwungen werden.

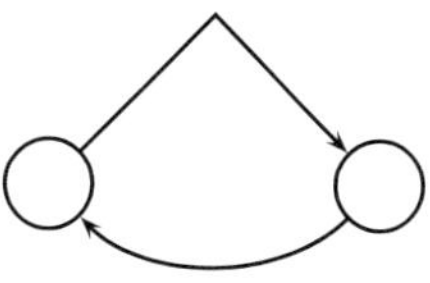

```
\Cnode[radius=0.3cm](0.25,0){A}%
\Cnode[radius=0.3cm](2.5,0){B}
\ncangle[angleA=45,angleB=135]{->}{A}{B}%
\nccurve[angleB=-45,angleA=-135]{->}{B}{A}
```

```
\Cnode[radius=0.3cm](0.25,0){A}%
\Cnode[radius=0.3cm](2.5,0){B}
\nccurve[angle=30]{->}{A}{B}%
\nccurve[angleB=-45,angleA=-135]{->}{B}{A}
```

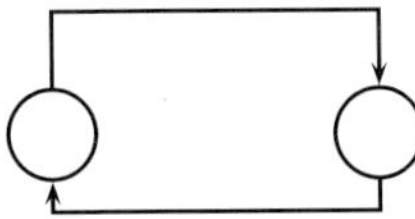

16.2.8 arm, armA und armB

Ausgehend vom Knoten, bezeichnet **arm** die Länge des Geradenstücks, sozusagen den Arm, bevor die Verbindung einen anderen Verlauf nehmen darf. Angaben zu **arm** beziehen sich immer auf beide, zu **armA** auf den ersten und zu **armB** auf den zweiten Knoten.

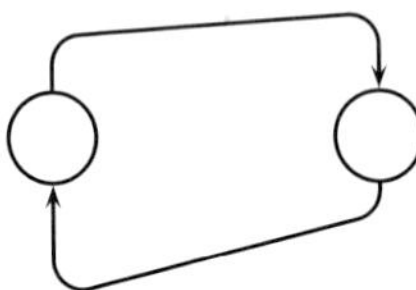

```
\Cnode[radius=0.3cm](0.25,0){A}%
\Cnode[radius=0.3cm](2.5,0){B}
\ncbar[angle=90]{->}{A}{B}%
\ncbar[angle=-90,arm=0.2cm]{->}{B}{A}
```

```
\Cnode[radius=0.3cm](0.25,0){A}%
\Cnode[radius=0.3cm](2.5,0){B}
\psset{linearc=0.2cm}
\ncdiag[angle=90]{->}{A}{B}%
\ncdiag[angle=-90,armA=0.2cm,armB=0.75cm]{->}{B}{A}
```

16.2.9 loopsize

`loopsize` bezeichnet die „Höhe“ der Verbindung.

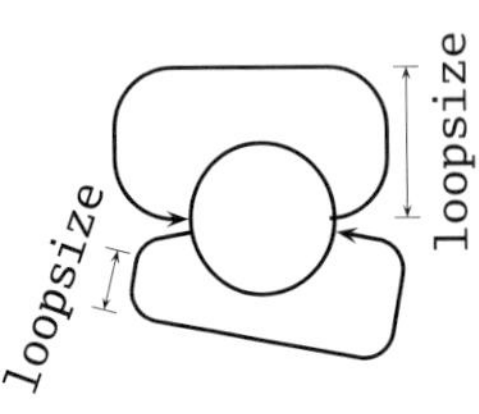


```
\Cnode[radius=0.5cm](1.5,0){A}%
\ncloop[angleA=0,angleB=180,linearc=0.4cm]{->}{A}{A}
\psline[linewidth=0.1pt,tbarsize=5pt]{|<->|}(2.5,0)(2.5,1)
\uput[0]{90}(2.5,0.5){\texttt{loopsize}}
\ncloop[angleB=-10,angleA=-170,linearc=0.2cm,%
    loopsize=0.5cm]{->}{A}{A}
\psline[linewidth=0.1pt,tbarsize=5pt]{|<->|}(0.4,-0.6)
  (0.5,-0.2)
\uput[180]{70}(.5,-0.25){\texttt{loopsize}}
```

16.2.10 ncurv, ncurvA und ncurvB

ncurv beeinflusst das Verhalten der Verbindungsart \nccurve, die eine Bezierkurve als Knotenverbindung zeichnet. Ein kleiner Wert für ncurv führt zu einer „festeren“ Kurve, die „linienähnlicher“ wird (→ 5.3.1 auf Seite 46).

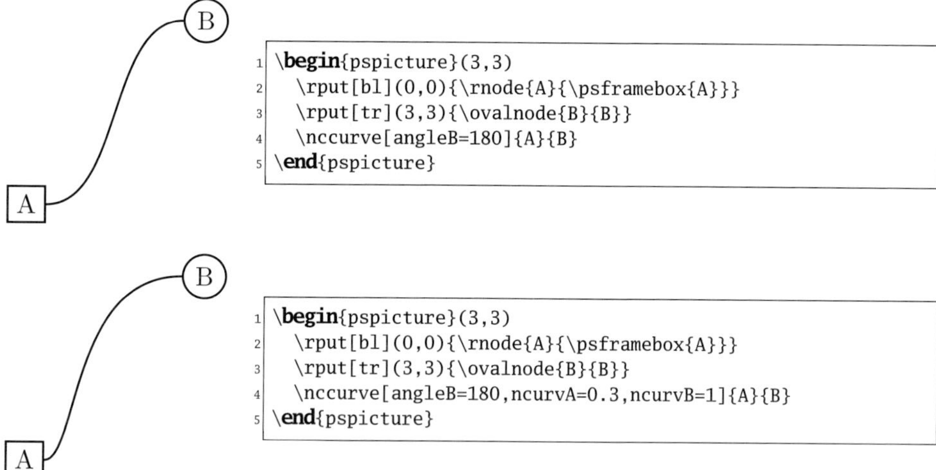


```
\begin{pspicture}(3,3)
  \rput[bl](0,0){\rnode{A}{\psframebox{A}}}
  \rput[tr](3,3){\ovalnode{B}{B}}
  \nccurve[angleB=180]{A}{B}
\end{pspicture}
```

```
\begin{pspicture}(3,3)
  \rput[bl](0,0){\rnode{A}{\psframebox{A}}}
  \rput[tr](3,3){\ovalnode{B}{B}}
  \nccurve[angleB=180,ncurvA=0.3,ncurvB=1]{A}{B}
\end{pspicture}
```

16.2.11 boxsize

boxsize bezieht sich ausschließlich auf die beiden Verbindungsarten \ncbox und ncarcbox und gibt hier die halbe Breite vor.

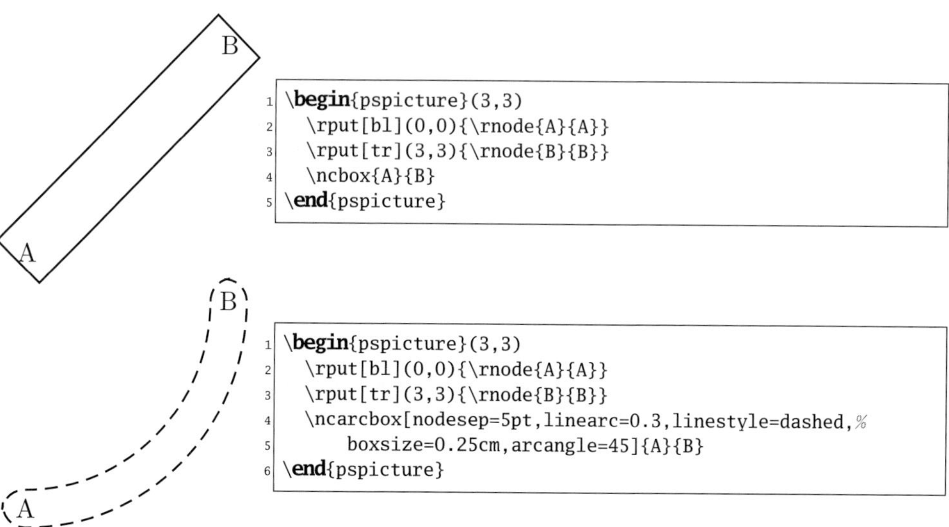


```
\begin{pspicture}(3,3)
  \rput[bl](0,0){\rnode{A}{A}}
  \rput[tr](3,3){\rnode{B}{B}}
  \ncbox{A}{B}
\end{pspicture}
```

```
\begin{pspicture}(3,3)
  \rput[bl](0,0){\rnode{A}{A}}
  \rput[tr](3,3){\rnode{B}{B}}
  \ncarcbox[nodesep=5pt,linearc=0.3,linestyle=dashed,%
      boxsize=0.25cm,arcangle=45]{A}{B}
\end{pspicture}
```

16.2.12 offset, offsetA und offsetB

`offset` verschiebt die Verbindungslinie parallel zu ihrem eigentlichen Verlauf, was insbesondere einfache Geradenverbindungen ermöglicht. Angaben zu `offset` beziehen sich immer auf beide, zu `offset` auf den ersten und zu `offset` auf den zweiten Knoten. `offset` steht nicht für `ncarcbox` zur Verfügung.

```
\begin{pspicture}(3,3)
  \rput[bl](0,0){\rnode{A}{\psframebox{A}}}
  \rput[tr](3,3){\ovalnode{B}{B}}
  \psset{offset=0.2,nodesep=2pt}
  \ncline{->}{A}{B}
  \ncline{->}{B}{A}
\end{pspicture}
```

16.2.13 ref

`ref` bezieht sich auf die in Tabelle 9.1 auf Seite 75 angegebenen Referenzpunkte und hat nur Sinn für Label, die mit `\ncput` gesetzt werden. Hier entscheidet der Parameter, wie das Label in die Mitte der Verbindungslinie zu setzen ist. `rb` bedeutet, dass die untere rechte Ecke genau in die Mitte der Verbindungslinie gesetzt wird.

```
\cnode(0.5,0){.5cm}{root}
\cnode*(3,1.5){4pt}{A}
\cnode*(3,0){4pt}{B}
\cnode*(3,-1.5){4pt}{C}
\psset{nodesep=3pt}
\ncline{root}{A}  \ncput*{above}
\ncline{root}{B}  \ncput*{on}
\ncline{root}{C}  \ncput*{below}
```

```
\cnode(0.5,0){.5cm}{root}
\cnode*(3,1.5){4pt}{A}
\cnode*(3,0){4pt}{B}
\cnode*(3,-1.5){4pt}{C}
\psset{nodesep=3pt}
\ncline{root}{A}  \ncput*[ref=rt]{above}
\ncline{root}{B}  \ncput*[ref=lb]{on}
\ncline{root}{C}  \ncput*[ref=lt]{below}
```

16.2.14 nrot

`nrot` ermöglicht das Rotieren der Label vor dem Setzen. Die möglichen Werte beziehen sich auf die in Tabelle → 9.2 auf Seite 76 angegebenen Referenzwinkel, die in der Form `{:<Winkel/Kürzel>}` anzugeben sind.

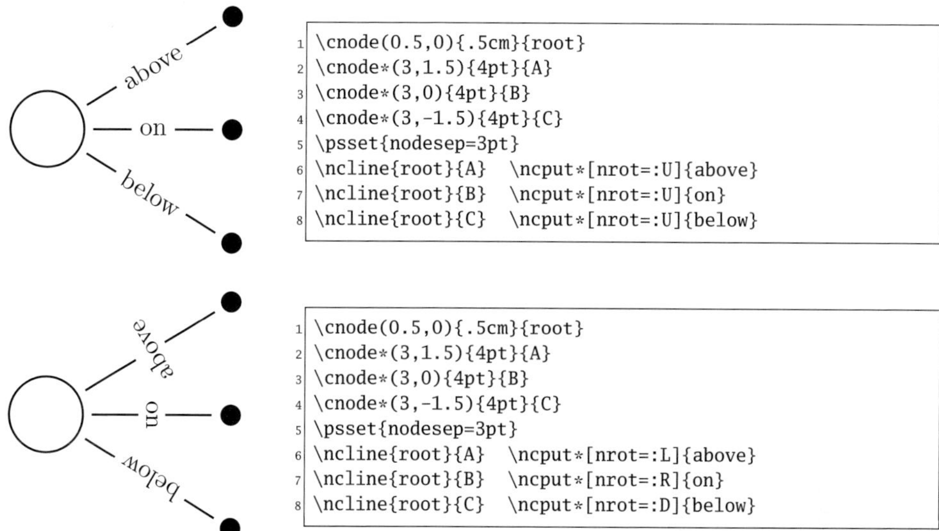


```
\cnode(0.5,0){.5cm}{root}
\cnode*(3,1.5){4pt}{A}
\cnode*(3,0){4pt}{B}
\cnode*(3,-1.5){4pt}{C}
\psset{nodesep=3pt}
\ncline{root}{A}  \ncput*[nrot=:U]{above}
\ncline{root}{B}  \ncput*[nrot=:U]{on}
\ncline{root}{C}  \ncput*[nrot=:U]{below}
```

```
\cnode(0.5,0){.5cm}{root}
\cnode*(3,1.5){4pt}{A}
\cnode*(3,0){4pt}{B}
\cnode*(3,-1.5){4pt}{C}
\psset{nodesep=3pt}
\ncline{root}{A}  \ncput*[nrot=:L]{above}
\ncline{root}{B}  \ncput*[nrot=:R]{on}
\ncline{root}{C}  \ncput*[nrot=:D]{below}
```

16.2.15 npos

Jede Verbindung zwischen zwei Knoten besteht aus mindestens einem Segment (`\ncline`) und maximal fünf Segmenten (`\ncloop`). `npos` ermöglicht jetzt die Angabe, in welches dieser Segmente das Label platziert werden soll. Dabei gibt die reelle Zahl zum einen die Segmentnummer und zum anderen den relativen Ort innerhalb des Segments an. 1.6 bedeutet beispielsweise, dass das Label in das zweite Segment mit einem Abstand von 60% vom Segmentanfang gesetzt wird. Tabelle 16.2 gibt die Zahl der Segmente für die unterschiedlichen Verbindungsarten, einschließlich der möglichen Werte für `npos` an.

```
\begin{pspicture}(3.5,3)
  \rput[tl](0,3){\rnode{A}{\psframebox{Kn. A}}}
  \rput[br](3.5,0){\ovalnode{B}{Kn. B}}
  \ncangles[angleA=-90,arm=.4cm,linearc=.15]{->}{A}{B}
  \ncput*{d}
  \nbput[nrot=:D,npos=2.5]{par}
\end{pspicture}
```

Bei geschlossenen Verbindungen wie `\ncbox` und `\ncarcbox` werden die einzelnen Segmente im Uhrzeigersinn gezählt, beginnend mit der unteren Seite der Box.

Tabelle 16.2: Vergleich der verschiedenen Knotenverbindungen

Verbindung	Segmente	Bereich	Vorgabe
\ncline	1	$0 \leq npos \leq 1$	0.5
\nccurve	1	$0 \leq npos \leq 1$	0.5
\ncarc	1	$0 \leq npos \leq 1$	0.5
\ncbar	3	$0 \leq npos \leq 3$	1.5
\ncdiag	3	$0 \leq npos \leq 3$	1.5
\ncdiagg	2	$0 \leq npos \leq 2$	0.5
\ncangle	3	$0 \leq npos \leq 3$	1.5
\ncloop	5	$0 \leq npos \leq 4$	2.5
\nccircle	1	$0 \leq npos \leq 1$	0.5

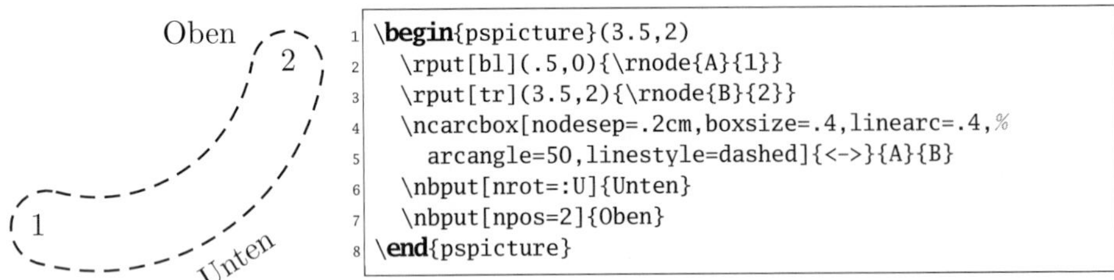


```
\begin{pspicture}(3.5,2)
  \rput[bl](.5,0){\rnode{A}{1}}
  \rput[tr](3.5,2){\rnode{B}{2}}
  \ncarcbox[nodesep=.2cm,boxsize=.4,linearc=.4,%
    arcangle=50,linestyle=dashed]{<->}{A}{B}
  \nbput[nrot=:U]{Unten}
  \nbput[npos=2]{Oben}
\end{pspicture}
```

16.2.16 shortput

Dieser Parameter ermöglicht Kurzformen beim Setzen von Labels, die man grundsätzlich nicht braucht, denn es gibt immer entsprechende „Langformen".

16.2.16.1 none

shortput hat keine Bedeutung.

16.2.16.2 nab

Es stehen folgende Kurzformen zur Verfügung:

Kurzform	Langform
^{<Text>}	\naput{<Text>}
_{<Text>}	\nbput{<Text>}

Die Kurzformen müssen **direkt** einer Verbindung folgen, womit sich eine vereinfachte Schreibweise ergibt.

```
\cnode(0.5,0){.25cm}{root}
\cnode*(3,1){4pt}{A}
\cnode*(3,-1){4pt}{C}
\psset{nodesep=3pt,shortput=nab}
\ncline{root}{A}^{$x$}
\ncline{root}{C}_{$y$}
\ncline{A}{C}\ncput*{$z$}
```

Die Symbole für die Kurzform können mit folgendem Makro verändert werden, falls man keinen Einfluss auf den Mathematikmodus haben möchte, denn dort haben diese Zeichen bekanntermaßen eine andere Bedeutung. Setzt man sie dagegen in eine Gruppe `{...}`, so wird **PSTricks** daran gehindert, die Zeichen `^` und `_` auszuwerten und zu den entsprechenden Langformen zu expandieren.

```
\MakeShortNab{<Zeichen1>}{<Zeichen2>}
```

16.2.16.3 tablr

Es stehen folgende Kurzformen zur Verfügung:

Kurzform	Langform
`^{<Text>}`	`\taput{<Text>}`
`_{<Text>}`	`\tbput{<Text>}`
`<{<Text>}`	`\tlput{<Text>}`
`>{<Text>}`	`\trput{<Text>}`

Die Kurzformen müssen **direkt** einer Verbindung folgen, womit sich eine vereinfachte Schreibweise ergibt.

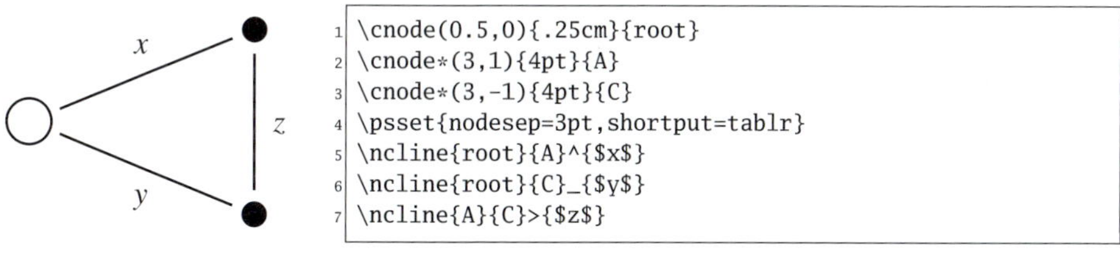

```
\cnode(0.5,0){.25cm}{root}
\cnode*(3,1){4pt}{A}
\cnode*(3,-1){4pt}{C}
\psset{nodesep=3pt,shortput=tablr}
\ncline{root}{A}^{$x$}
\ncline{root}{C}_{$y$}
\ncline{A}{C}>{$z$}
```

Auch hier können die Symbole für die Kurzform mit einem Makro verändert werden, falls man keinen Einfluss auf den Mathematikmodus haben möchte:

```
\MakeShortTablr{<Zeichen1>}{<Zeichen2>}{<Zeichen3>}{<Zeichen4>}
```

16.2.16.4 tab

Es stellt die vereinfachte Form des vorherigen dar:

Kurzform	Langform
^{<Text>}	\taput{<Text>}
_{<Text>}	\tbput{<Text>}

Die Kurzformen müssen **direkt** einer Verbindung folgen, womit sich eine vereinfachte Schreibweise ergibt. Das Beispiel entspricht prizipiell dem vorigen, wobei lediglich dort die <>-Symbole nicht erlaubt sind.

16.2.17 tpos

`tpos` bezeichnet die relative Lage eines Labels innerhalb eines Liniensegments einer Verbindungslinie aus der Reihe der `tXXput`-Makros.

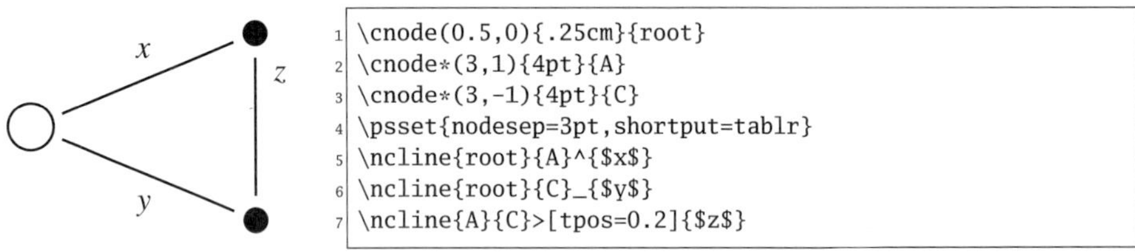


```
\cnode(0.5,0){.25cm}{root}
\cnode*(3,1){4pt}{A}
\cnode*(3,-1){4pt}{C}
\psset{nodesep=3pt,shortput=tablr}
\ncline{root}{A}^{$x$}
\ncline{root}{C}_{$y$}
\ncline{A}{C}>[tpos=0.2]{$z$}
```

16.2.18 rot

`rot` kann jeden Wert annnehmen, der für `\rput` zulässig ist. (→ 9.2 auf Seite 76) `rot` hat jedoch nur Auswirkungen auf das `nput` Makro (16.6.3 auf Seite 195).

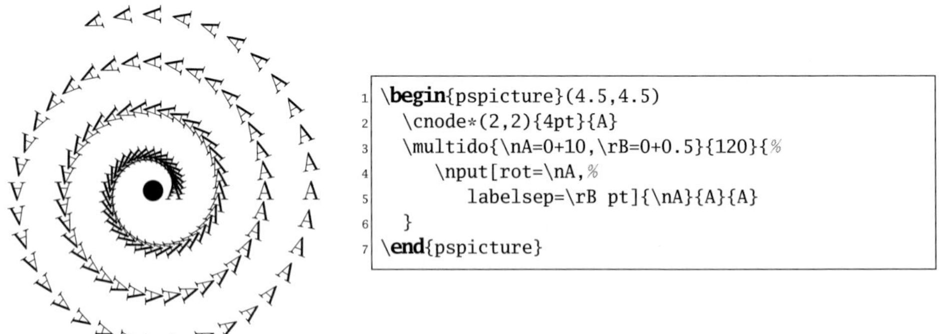

```
\begin{pspicture}(4.5,4.5)
  \cnode*(2,2){4pt}{A}
  \multido{\nA=0+10,\rB=0+0.5}{120}{%
    \nput[rot=\nA,%
      labelsep=\rB pt]{\nA}{A}{A}
  }
\end{pspicture}
```

16.3 Knoten

`PSTricks` verfügt über eine sehr große Anzahl an verschiedensten Makros um Knotenverbindungen zu erstellen. Dabei ist es nicht einfach, immer die richtige Verbindung für ein bestimmtes Problem zu finden.

16.3.1 \rnode

Dies stellt die einfachste Form eines Knotenmakros dar, wobei der Name in Anlehnung an `\rput` entstanden ist, da beide sich auf dieselben Referenzpunkte beziehen. Das Zentrum des Knotens wird durch den optionalen Parameter festgelegt. Fehlt dieser, so wird das Zentrum der umgebenen Box genommen. Die möglichen Referenzpunkte sind alle in Tabelle 9.1 auf Seite 76 zusammengefasst.

```
\rnode[<Referenzpunkt>]{<Name>}{<Material>}
```

```
\rnode{A}{\Large g}\hspace{2cm}%
  \rnode{B}{\Large G}
\ncline{A}{B}
```

```
\rnode[lB]{A}{\Large g}\hspace{2cm}%
  \rnode[lB]{B}{\Large G}
\ncline{A}{B}
```

`\rnode` kann beliebig ineinander geschachtelt werden, sodass man selbst für ein einzelnes Zeichen beispielsweise vier Knoten in die Eckpunkte der umgebenen Box setzen kann.

```
\quad\rnode[lb]{A}{\rnode[rb]{B}{\rnode[rt]{C}{%
   \rnode[lt]{D}{\Huge g}}}}
\psset{nodesep=5pt}
\ncline{A}{B}\ncline{B}{C}\ncline{C}{D}\ncline{D}{A}
```

Vorstehendes Beispiel kann erweitert werden, um beliebige Bereiche „einzukreisen“. Mit der Definition aus Listing 16.1 kann jeder Bereich mit seinen vier Eckknoten belegt werden, die dann mit dem Makro `\psccurve` (→ 5.3.5 auf Seite 49) zu einer geschlossenen Kurve verbunden werden können. Für das folgende Beispiel muss `\SpecialCoor` aktiviert sein (→ 12 auf Seite 111). Durch diese „Rundumdefinition“ von Knoten kann jeder praktisch beliebige Kurvenverlauf erreicht werden.

Listing 16.1: Knotendefinition

```
\def\DefNodes#1#2{%
  \rnode[tl]{#1-tl}{%
    \rnode[tr]{#1-tr}{%
      \rnode[bl]{#1-bl}{%
        \rnode[br]{#1-br}{#2}%
}}}}
```

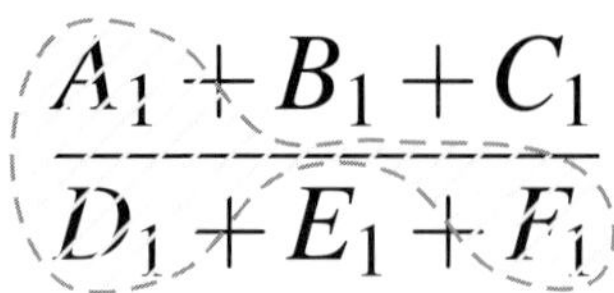

Listing 16.2: Spezielle Anwendung für \rnode

```
\huge
\[
  \frac{\DefNodes{A}{A_1}+\DefNodes{B}{B_1}+C_1}
     {\DefNodes{D}{D_1}+\DefNodes{E}{E_1}+\DefNodes{F}{F_1}}
\]
\psccurve[linecolor=red,linestyle=dashed,%
  fillstyle=hlines,hatchcolor=yellow]
    (D-bl)(A-tl)(A-tr)([angle=-90,nodesep=0.1]B-bl)
    ([angle=-90,nodesep=0.1]B-br)(F-tr)(F-br)(F-bl)
    ([angle=90,nodesep=0.1]E-tr)([angle=90,nodesep=0.1]E-tl)
    (D-br)(D-bl)
```

16.3.2 \Rnode

\Rnode unterscheidet sich von \rnode nur durch die Festlegung des Zentrums, welches bei \Rnode relativ zur Basislinie festgelegt wird, sodass man auch dann parallele Linien erhalten kann, wenn das eigentliche Zentrum unterschiedlich ist. (→ 16.2.1 auf Seite 167)

\Rnode[<Optionen>]{<Name>}{<Material>}

g————G

```
\Rnode{A}{\Large g}\hspace{2cm}%
  \Rnode{B}{\Large G}
\ncline{A}{B}
```

g————G

```
\Rnode[vref=0pt]{A}{\Large g}\hspace{2cm}%
  \Rnode[vref=0pt]{B}{\Large G}
\ncline{A}{B}
```

16.3.3 \pnode

\pnode definiert einen Knoten mit dem Radius null, was primär in normalen Liniengrafiken benötigt wird. Anderseits kann auch an beliebiger Stelle in einem Text einfach ein Knoten gesetzt werden, so wie hier in der Überschrift geschehen (\subsection{\CMD{pnode}\protect\pnode{A}}), wobei \protect wegen der Zerbrechlichkeit nicht vergessen werden darf. Von diesem kann dann beispielsweise nach hier \pnode{B} eine Linie gezogen werden, auch wenn der eigentliche Befehl dazu erst jetzt erfolgt: \nccurve[linestyle=dashed,angleB=90]{A}{B}.

```
\pnode{<Name>}
\pnode(<x,y>){<Name>}
```

Die zweite Variante mit Angabe der Koordinaten ermöglicht, unabhängig vom aktuellen Punkt, beliebige Knoten zu setzen. Möchte man beispielsweise den Mittelpunkt zwischen zwei beliebigen Punkten bestimmen, so kann dieser bei gesetztem \SpecialCoor (→ 12 auf Seite 111) leicht mit \pnode bestimmt werden.

Listing 16.3: Spezielle Anwendung für \pnode

```
\def\nodeBetween(#1)(#2)#3{%
  \pst@getcoor{#1}\pst@tempa
  \pst@getcoor{#2}\pst@tempb
  \pnode(!%
    \pst@tempa /YA exch \pst@number\psyunit div def
    /XA exch \pst@number\psxunit div def
    \pst@tempb /YB exch \pst@number\psyunit div def
    /XB exch \pst@number\psxunit div def
    XB XA add 2 div YB YA add 2 div){#3}
}
```

Mit \pnode(! weist man PSTricks an, dass jetzt die Koordinaten in PostScripteigenem Code berechnet werden und zum Schluss x y auf dem Stack liegen. Das folgende Beispiel zeigt eine einfache Anwendung des Makros \nodeBetween.

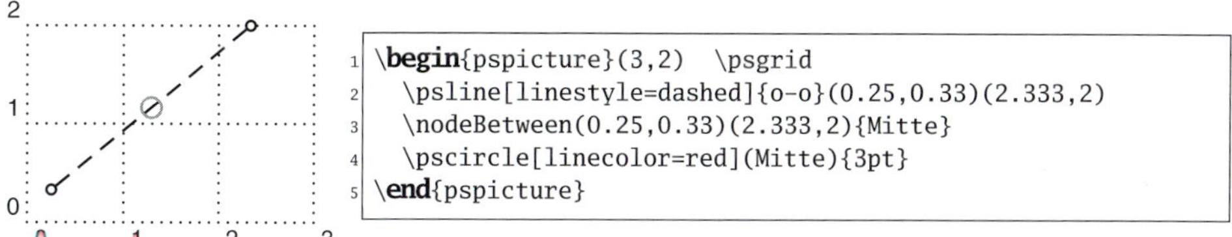

```
\begin{pspicture}(3,2)  \psgrid
  \psline[linestyle=dashed]{o-o}(0.25,0.33)(2.333,2)
  \nodeBetween(0.25,0.33)(2.333,2){Mitte}
  \pscircle[linecolor=red](Mitte){3pt}
\end{pspicture}
```

16.3.4 \cnode

\cnode erstellt im Gegensatz zu \pnode einen kreisförmigen Knoten mit definiertem Radius, der wieder mitten im laufenden Text gesetzt werden kann (\cnode{2ex}{A}), wobei allerdings das Zentrum des Knoten auf der Basislinie liegt. Zu beachten ist, dass \cnode im laufenden Text keinen eigenen Platz reserviert, sodass es hier ratsam ist, ein \makebox zu verwenden.

```
\cnode[<Optionen>]{<Radius>}{<Name>}
\cnode[<Optionen>](<x,y>){<Radius>}{<Name>}
```

```
\begin{pspicture}(2,2)  \psgrid
  \cnode[linecolor=red](1,1){3pt}{B}
  \nccurve[arrows=->,linestyle=dashed,angleA=-90]{A}{B}
\end{pspicture}
```

16.3.5 \Cnode

\Cnode entspricht prinzipiell \cnode, nur dass der Radius über den Parameter **radius** gesetzt werden muss. Dies erspart in umfangreichen Dokumenten, dass bei jedem Knoten der Radius angegeben werden muss, wenn sowieso alle gleich groß sein sollen.

```
\Cnode[<Optionen>]{<Name>}
\Cnode[<Optionen>](<x,y>){<Name>}
\Cnode*[<Optionen>]{<Name>}
\Cnode*[<Optionen>](<x,y>){<Name>}
```

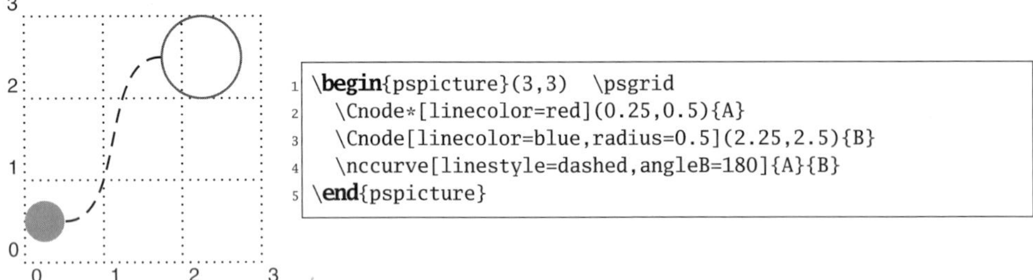


```
\begin{pspicture}(3,3)  \psgrid
  \Cnode*[linecolor=red](0.25,0.5){A}
  \Cnode[linecolor=blue,radius=0.5](2.25,2.5){B}
  \nccurve[linestyle=dashed,angleB=180]{A}{B}
\end{pspicture}
```

16.3.6 \circlenode

\circlenode entspricht prinzipiell \pscirclebox, nur dass der Box gleichzeitig die Bedeutung eines Knotens gegeben wird. Die Größe des Kreises orientiert sich ausschließlich an ihrem Inhalt.

```
\circlenode[<Optionen>]{<Name>}{<Material>}
\circlenode*[<Optionen>]{<Name>}{<Material>}
```

A B

```
\psframe[fillcolor=lightgray,%
    fillstyle=solid](-0.1,1)(3.75,-0.5)
\circlenode[linecolor=red]{A}{A}\hspace{2cm}%
\circlenode*{B}{\huge B}
\ncline[linestyle=dashed]{A}{B}
```

16.3.7 \cnodeput

\cnodeput entspricht prinzipiell \cput und daraus folgend einer Kombination aus \rput und \circlenode: \rput{<Winkel>}{\circlenode{<Name>}{>Material>}}.

```
\cnodeput[<Optionen>]{<Name>}{<Material>}
\cnodeput[<Optionen>](<x,y>){<Name>}{<Material>}
\cnodeput[<Optionen>]{<Winkel>}(<x,y>){<Name>}{<Material>}
\cnodeput*[<Optionen>]{<Name>}{<Material>}
\cnodeput*[<Optionen>](<x,y>){<Name>}{<Material>}
\cnodeput*[<Optionen>]{<Winkel>}(<x,y>){<Name>}{<Material>}
```

```
\begin{pspicture}(3,3)  \psgrid
  \cnodeput*[linecolor=red]{45}(0.25,0.5){A}{\large A}
  \cnodeput[linecolor=blue]{-45}(2.25,2.5){B}{\Large B}
  \nccurve[linestyle=dashed,angleB=180]{A}{B}
\end{pspicture}
```

16.3.8 \ovalnode

`\ovalnode` entspricht prinzipiell `\psovalbox`, nur dass der Box gleichzeitig die Bedeutung eines Knotens gegeben wird. Die Größe des Ovals orientiert sich ausschließlich an ihrem Inhalt.

```
\ovalnode[<Optionen>]{<Name>}{<Material>}
\ovalnode*[<Optionen>]{<Name>}{<Material>}
```

```
\psframe[fillcolor=lightgray,%
    fillstyle=solid](-0.1,1)(4,-0.5)
\ovalnode{A}{AA}\hspace{1.25cm}%
\ovalnode*{B}{\huge BB}%
\ncline[linestyle=dashed]{A}{B}%
```

16.3.9 \dianode

`\dianode` entspricht prinzipiell `\psdiabox`, nur dass der Box gleichzeitig die Bedeutung eines Knotens gegeben wird. Die Größe der Raute orientiert sich ausschließlich an ihrem Inhalt.

```
\dianode[<Optionen>]{<Name>}{<Material>}
\dianode*[<Optionen>]{<Name>}{<Material>}
```

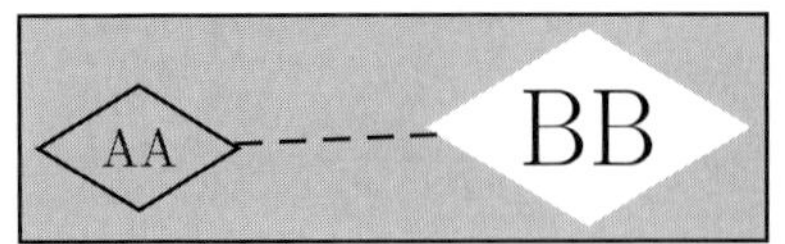


```
\psframe[fillcolor=lightgray,%
    fillstyle=solid](-0.1,1)(5,-0.5)
\dianode{A}{AA}\hspace{1.25cm}%
\dianode*{B}{\huge BB}%
\ncline[linestyle=dashed]{A}{B}%
```

16.3.10 \trinode

`\trinode` entspricht prinzipiell `\pstribox` (→ 10.8 auf Seite 85), nur dass der Box gleichzeitig die Bedeutung eines Knotens gegeben wird. Die Größe des Dreiecks orientiert sich ausschließlich an ihrem Inhalt.

```
\trinode[<Optionen>]{<Name>}{<Material>}
\trinode*[<Optionen>]{<Name>}{<Material>}
```

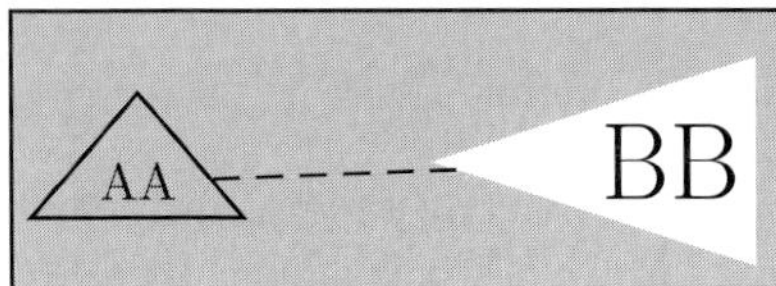


```
\psframe[fillcolor=lightgray,%
    fillstyle=solid](-0.1,1.25)(5.2,-0.6)
\trinode{A}{AA}\hspace{1.25cm}%
\trinode*[trimode=L]{B}{\huge BB}%
\ncline[linestyle=dashed]{A}{B}%
```

16.3.11 \dotnode

`\dotnode` entspricht prinzipiell `\psdot`, nur dass der Box gleichzeitig die Bedeutung eines Knotens gegeben wird. Die Größe des Symbols orientiert sich ausschließlich an der Vorgabe durch `dotsize` und `dotscale` (→ 6.1 auf Seite 51).

```
\dotnode[<Optionen>](<x,y>){<Name>}
```

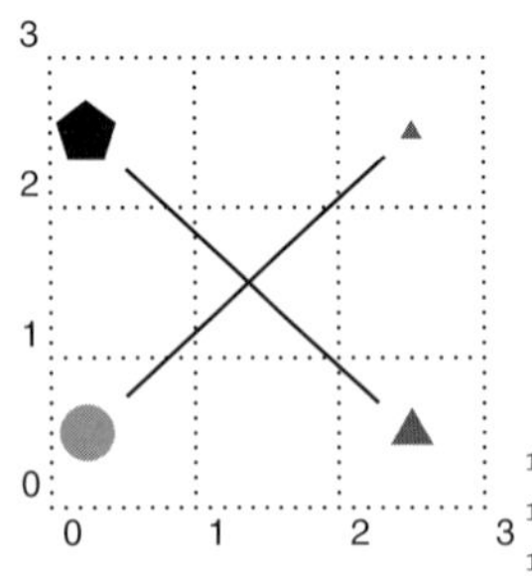


```
\begin{pspicture}(3,3)  \psgrid
  \rput(0.25,0.5){\dotnode[linecolor=red,%
      dotscale=3]{A}}
  \rput(2.5,2.5){\dotnode*[linecolor=blue,%
      dotstyle=triangle*]{B}}
  \ncline[nodesep=5pt]{A}{B}
  \rput(0.25,2.5){\dotnode[dotscale=3,%
      dotstyle=pentagon*]{A}}
  \rput(2.5,0.5){\dotnode[linecolor=blue,%
      dotscale=2,dotstyle=triangle*]{B}}
  \ncline[nodesep=5pt]{A}{B}
\end{pspicture}
```

16.3.12 \fnode

\fnode entspricht prinzipiell \psframe, erspart jedoch den Weg über \rput, wie im vorherigen Beispiel für \dotnode gezeigt wurde. Ohne Angabe eines Koordinatenpaares wird das Zentrum des Rahmens auf die aktuellen Koordinaten gesetzt, andernfalls auf die angegebenen. Die Größe des Rahmens kann über einen Parameter beeinflusst werden (→ 16.2.3 auf Seite 168).

```
\fnode[<Optionen>]{<Name>}
\fnode[<Optionen>](<x,y>){<Name>}
\fnode*[<Optionen>]{<Name>}
\fnode*[<Optionen>](<x,y>){<Name>}
```

```
\begin{pspicture}(3,3)  \psgrid
  \fnode(0.25,0.5){A}
  \fnode*(2.5,2.5){B}
  \ncline{A}{B}
  \fnode[framesize=0.25](0.25,2.5){A}
  \fnode*[framesize=1,linecolor=cyan](2.5,0.5){B}
  \ncline{A}{B}
\end{pspicture}
```

16.4 nc-Verbindungen

Sämtliche Makros beginnen mit nc und haben dieselbe Syntax, sodass darauf im Folgenden nicht weiter eingegangen wird.

```
\nc????[<Optionen>]{<Pfeile>}{KnotenA}{KnotenB}
\nc????*[<Optionen>]{<Pfeile>}{KnotenA}{KnotenB}
```

Eine Linie oder Kurve wird von Knoten A zu Knoten B gezeichnet. Einige der Verbindungsmakros sind ein wenig verwirrend, aber mit ein wenig Experimentieren lässt sich leicht das Vorteilhafte einer jeden einzelnen Verbindungsart herausfinden. Knoten A bzw. Knoten B bedeuten im Folgenden immer auch die Reihenfolge, so sie für das Beispiel von Interesse ist. Die Verwendung der Sternoption ist nicht in jedem Fall sinnvoll, wenn auch formal möglich. Die nc-Verbindungen sind immer auf das Zentrum des Knotens gerichtet, Angaben zu nodesep und zu den verschiedenen Winkeln beziehen sich jedoch auf die Boxumrandung.

16.4.1 \ncline

Die einfachste aller Verbindungsarten, die lediglich eine direkte Linie von einem zum anderen Knoten zieht.

```
\begin{pspicture}(3,3)
  \psgrid[griddots=5]
  \rput[bl](0,0){\rnode{A}{Idea 1}}
  \rput[tr](3,3){\rnode{B}{Idea 2}}
  \ncline[nodesep=3pt,doubleline=true]{<->}{A}{B}
  \rput[lt](0,3){\rnode{A}{Idea 3}}
  \rput[rb](3,0){\rnode{B}{Idea 4}}
  \ncline*[nodesep=3pt,doubleline=true]{<->}{A}{B}
\end{pspicture}
```

16.4.2 \ncarc

Es wird eine Kurve gezogen, deren Steigungswinkel am Beginn des ersten Knotens gegenüber der direkten Linie gleich **arcangle** ist (→ 16.2.6 auf Seite 169).

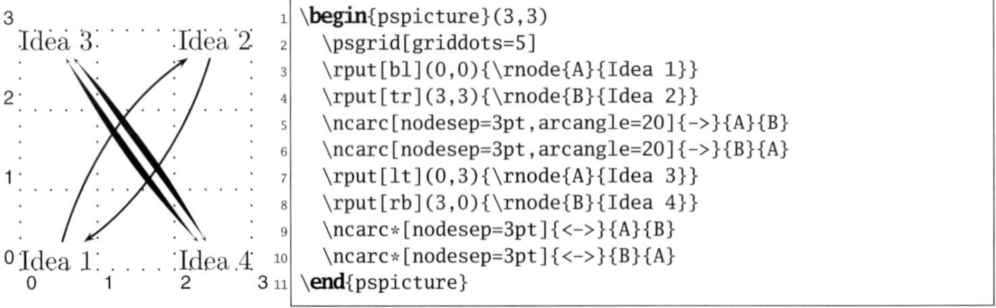


```
\begin{pspicture}(3,3)
  \psgrid[griddots=5]
  \rput[bl](0,0){\rnode{A}{Idea 1}}
  \rput[tr](3,3){\rnode{B}{Idea 2}}
  \ncarc[nodesep=3pt,arcangle=20]{->}{A}{B}
  \ncarc[nodesep=3pt,arcangle=20]{->}{B}{A}
  \rput[lt](0,3){\rnode{A}{Idea 3}}
  \rput[rb](3,0){\rnode{B}{Idea 4}}
  \ncarc*[nodesep=3pt]{<->}{A}{B}
  \ncarc*[nodesep=3pt]{<->}{B}{A}
\end{pspicture}
```

16.4.3 \ncdiag

\ncdiag zieht ebenfalls eine Linie, allerdinga bestehend aus drei Segmenten, womit diese Verbindungsart letztlich keinen Sinn bei Knoten macht, die direkt horizontal oder vertikal zueinander liegen. Die Länge der einzelnen Segmente kann über den Parameter **arm** beeinflusst werden (→ 16.2.8 auf Seite 170).

Das erste Beispiel verdeutlicht, dass die Sternvariante von **ncdiag** hier völlig sinnlos erscheint. Wie bereits erwähnt, gilt dies für viele der angegebenen Verbindungen. Im Folgenden wird daher nur noch eine Sternvariante benutzt, wenn dies entsprechend Sinn macht.

```
\begin{pspicture}(3,3)  \psgrid[griddots=5]
  \rput[bl](0,0){\ovalnode{A}{Idea 1}}
  \rput[tr](3,3){\ovalnode{B}{Idea 2}}
  \ncdiag[angleA=90,angleB=-90]{->}{A}{B}
  \rput[lt](0,3){\rnode{A}{Idea 3}}
  \rput[rb](3,0){\rnode{B}{Idea 4}}
  \ncdiag*[angleA=-90,angleB=90]{->}{A}{B}
\end{pspicture}
```

```
\begin{pspicture}(3,3)  \psgrid[griddots=5]
  \rput[bl](0,0){\ovalnode{A}{Idea 1}}
  \rput[tr](3,3){\ovalnode{B}{Idea 2}}
  \ncdiag[angleA=90,angleB=-90,arm=1.25cm]{->}{A}{B}
  \rput[lt](0,3){\rnode{A}{Idea 3}}
  \rput[rb](3,0){\rnode{B}{Idea 4}}
  \ncdiag[angleA=-90,angleB=90,arm=0]{->}{A}{B}
\end{pspicture}
```

In manchen Anwendungsfällen ist es sinnvoller **ncdiag** anstelle von **ncline** zu verwenden und zwar immer dann, wenn man eine Verbindungslinie nicht unbedingt auf das Zentrum des Knotens ausrichten möchte. Mit der Angabe von **arm=0** erzwingt man eine durchgehende Linie, kann aber andererseits weiterhin die Winkeloption benutzen, um auf diese Weise einen anderen Punkt am Knoten anzusteuern.

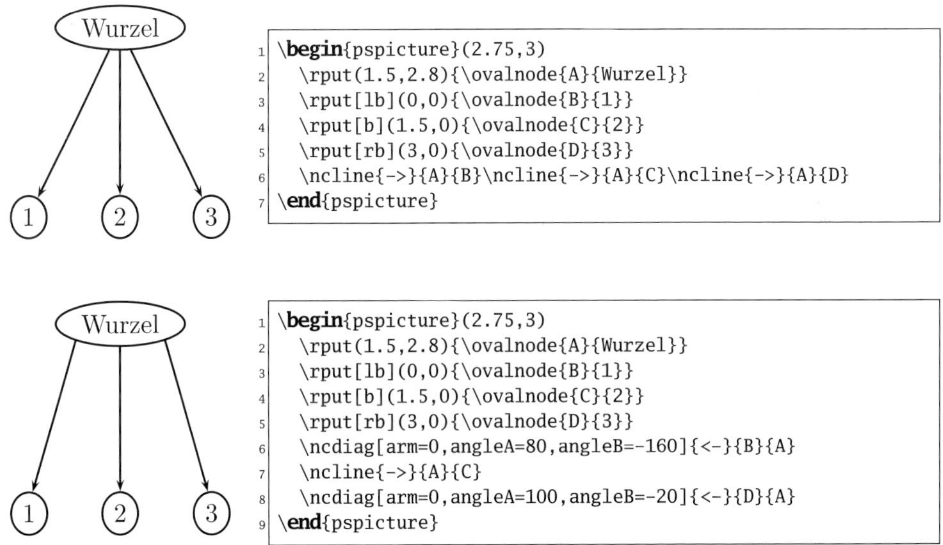


```
\begin{pspicture}(2.75,3)
  \rput(1.5,2.8){\ovalnode{A}{Wurzel}}
  \rput[lb](0,0){\ovalnode{B}{1}}
  \rput[b](1.5,0){\ovalnode{C}{2}}
  \rput[rb](3,0){\ovalnode{D}{3}}
  \ncline{->}{A}{B}\ncline{->}{A}{C}\ncline{->}{A}{D}
\end{pspicture}
```

```
\begin{pspicture}(2.75,3)
  \rput(1.5,2.8){\ovalnode{A}{Wurzel}}
  \rput[lb](0,0){\ovalnode{B}{1}}
  \rput[b](1.5,0){\ovalnode{C}{2}}
  \rput[rb](3,0){\ovalnode{D}{3}}
  \ncdiag[arm=0,angleA=80,angleB=-160]{<-}{B}{A}
  \ncline{->}{A}{C}
  \ncdiag[arm=0,angleA=100,angleB=-20]{<-}{D}{A}
\end{pspicture}
```

16.4.4 \ncdiagg

\ncdiagg ist ähnlich zu **\ncdiag**, mit dem einzigen Unterschied, dass nur ein „Arm" für den ersten Knoten gezeichnet wird, die Verbindung somit nur aus zwei Liniensegmenten besteht. Prinzipiell könnte man jetzt denken, dass **\ncdiag** mit **armB=0pt** sich ähnlich verhalten sollte. Wie das folgende Beispiel zeigt, ist dies nicht der Fall, denn für **\ncdiag** gilt nach wie vor die Festlegung **angleB=0**, während **\ncdiagg** jedoch diesen Winkel variabel gestaltet, da die Verbindung auf das Knotenzentrum ausgerichtet ist.

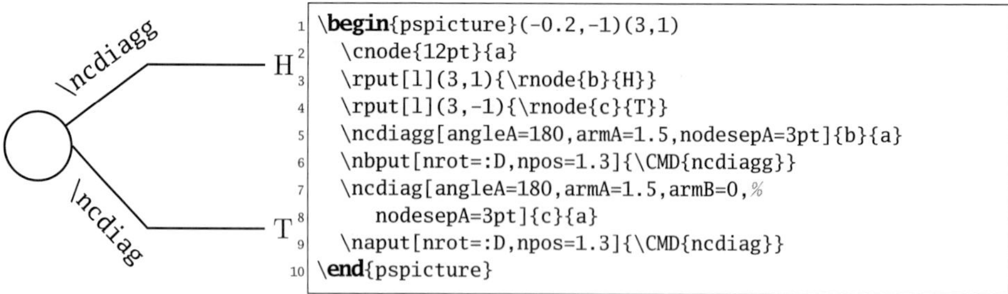


```
\begin{pspicture}(-0.2,-1)(3,1)
  \cnode{12pt}{a}
  \rput[l](3,1){\rnode{b}{H}}
  \rput[l](3,-1){\rnode{c}{T}}
  \ncdiagg[angleA=180,armA=1.5,nodesepA=3pt]{b}{a}
  \nbput[nrot=:D,npos=1.3]{\CMD{ncdiagg}}
  \ncdiag[angleA=180,armA=1.5,armB=0,%
     nodesepA=3pt]{c}{a}
  \naput[nrot=:D,npos=1.3]{\CMD{ncdiag}}
\end{pspicture}
```

`\ncdiagg` kann auch benutzt werden, um eine einzelne Linie zu ziehen, die unter einem bestimmten Winkel vom ersten Knoten ausgeht und in das Zentrum des zweiten gerichtet ist.

16.4.5 \ncbar

`\ncbar` ist ähnlich zu `\ncdiag`, nur das hier die Winkel zwischen den einzelnen Segmenten grundsätzlich 90° betragen. Bei unterschiedlicher Armlänge oder einem Austrittswinkel ungleich 90° entsteht dann eine entsprechend „schiefe“ Verbindung. Der Winkel kann nur für beide Knoten gemeinsam verändert werden, `angleA` und `angleB` müssen die gleichen Werte haben. (→ 16.2.7 auf Seite 169)

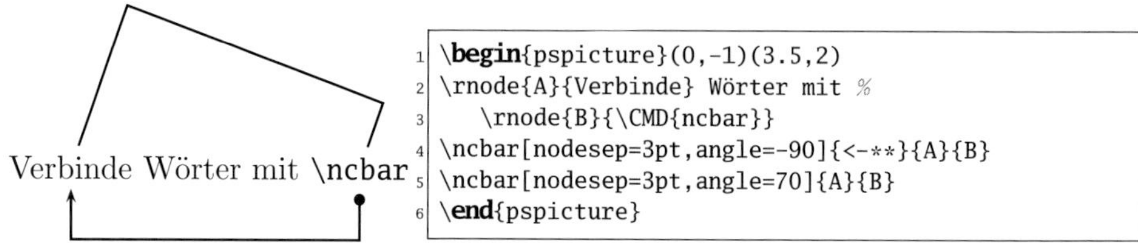


```
\begin{pspicture}(0,-1)(3.5,2)
\rnode{A}{Verbinde} Wörter mit %
   \rnode{B}{\CMD{ncbar}}
\ncbar[nodesep=3pt,angle=-90]{<-**}{A}{B}
\ncbar[nodesep=3pt,angle=70]{A}{B}
\end{pspicture}
```

16.4.6 \ncangle

`\ncangle` ist ähnlich zu `\ncdiag`, nur dass hier die Armlängen und Winkel berechnet werden sodass sie in Abhängigkeit der Vorgaben die richtigen Werte annehmen können.

Knoten A

Knoten B

```
\begin{pspicture}(4,3)
  \rput[tl](0,3){\rnode{A}{\psframebox{Knoten A}}}
  \rput[br](4,0){\ovalnode{B}{Knoten B}}
\ncangle[angleA=-90,angleB=90,armB=1cm]{A}{B}
\end{pspicture}
```

```
\begin{pspicture}(4,3)
  \rput[tl](0,3){\rnode{A}{\psframebox{Knoten A}}}
  \nput[labelsep=0]{-70}{A}{%
     \psarcn(0,0){.4cm}{0}{-70}
     \uput{.4cm}[-35](0,0){\texttt{angleA}}}
  \rput[br](4,0){\ovalnode{B}{Knoten B}}
  \ncangle[angleA=-70,angleB=90,armB=1cm,linewidth=1.2pt]{A}{B}
  \nput[labelsep=0]{90}{B}{%
    \rput[bl](2pt,1pt){%
      \valign{%
        \vfil#\vfil\cr
        \hbox{\psscaleboxto(.3,.95cm){\}}}\cr%
        \hbox{\kern 1pt{\texttt{armB}}}\cr}}}
  \ncput[nrot=:U,npos=1]{\psframe[dimen=middle](0,0)(.35,.35)}
\end{pspicture}
```

```
\begin{pspicture}(4,3)
  \rput[tl](0,2){\rnode{A}{\psframebox{Knoten A}}}
  \rput[br](4,0){\ovalnode{B}{Knoten B}}
  \ncangle[angleB=90,armB=0,linearc=.5]{A}{B}
\end{pspicture}
```

16.4.7 \ncangles

\ncangles ist sozusagen der „Plural“ von \ncangle, denn es kann insgesamt vier Liniensegmente aufweisen. Die Länge von armA liegt durch Vorgabe fest (→ 16.2.8 auf Seite 170). Die Verbindung zu armB erfolgt über zwei Linienelemente, die zum einen an armB und zum anderen zueinander senkrecht stehen. Der Winkel, den das vorletzte Segment mit armB bildet, ergibt sich durch die Vorgabe der anderen Größen.

```
\begin{pspicture}(4,3)
\rput[tl](0,3){\rnode{A}{\psframebox{Knoten A}}}
\rput[br](4,0){\ovalnode{B}{Knoten B}}
\ncangle[angleA=-90,angleB=90,armB=1cm]{A}{B}
\end{pspicture}
```

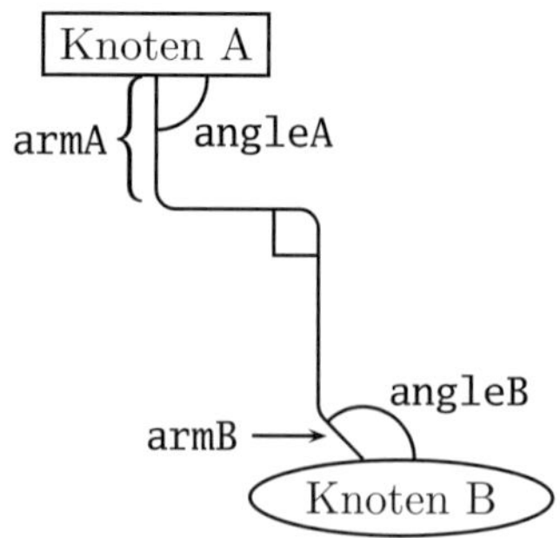


```
\begin{pspicture}(4,4)
  \rput[tl](0,4){\rnode{A}{\psframebox{Knoten A}}}
  \rput[br](4,0){\ovalnode{B}{Knoten B}}
  \ncangles[angleA=-90,angleB=135,armA=1cm,armB=.5cm,
     linearc=.15]{A}{B}
  \nput[labelsep=0]{-90}{A}{%
    \psarcn(0,0){.4cm}{0}{-90}
    \uput{.4cm}[-45](0,0){\texttt{angleA}}
    \rput[tr](-2pt,0){%
      \valign{%
        \vfil#\vfil\cr
        \hbox{\texttt{armA}\kern 1pt}\cr
        \hbox{\psscaleboxto(.28,.95cm){\{}}\cr%
        \cr}}}
  \nput[labelsep=0]{135}{B}{%
    \psarc(0,0){.4cm}{0}{133}
    \uput{.4cm}[50.5](0,0){\texttt{angleB}}
    }

  \ncput[nrot=:L,npos=2]{\psline(0,-0.35)(-0.35,-0.35)(-0.35,0)}
  \ncput[npos=3.5]{%
    \rput[r](-.8,0){\rnode{arm}{\texttt{armB}}}
    \pnode{brak}}%
  \ncline[nodesep=3pt]{->}{arm}{brak}
\end{pspicture}
```

16.4.8 \ncloop

`\ncloop` unterscheidet sich von den ähnlichen `\ncangle` und `\ncangles` durch die Zahl der Liniensegmente, denn hier sind es insgesamt fünf. Beginnend mit dem vorgegebenen Wert von `armA` wird das nächste Liniensegment so angesetzt, dass zum einen das vorletzte Linienelement in einem Winkel von 90° auf das `armB`-Segment trifft und zum anderen nach einer Länge von `loopsize` (→ 16.2.9 auf Seite 170) das nächste Segment angesetzt wird, ebenfalls im Winkel von 90°. Sämtliche Richtungsänderungen erfolgen links herum, sodass sich daraus folgend ergibt, ob die gesamte Linie oberhalb oder unterhalb gezeichnet wird. Ein Loop kann auf sich selbst zurückgeführt werden, indem zweimal derselbe Knoten verwendet wird. Wenn diese Rückführung eher einem Kreis gleich kommen soll, dann bietet sich `\nccircle` an (→ 16.4.10 auf Seite 190).

```
\hspace*{0.5cm}\rnode[lB]{A}{%
   \psframebox{\Huge loooop}}
\ncloop[angleB=180,loopsize=1,arm=.5,%
   linearc=.2]{->}{A}{A}
\psset{npos=3.5}
\ncput[nrot=:U]{\psline{|<->|}%
   (0.5,-0.2)(-0.5,-0.2)}
\nbput[nrot=:D,labelsep=.35cm]{%
    {\small\texttt{loopsize}}}
```

```
\hspace*{0.5cm}\rnode{A}{\psframebox{%
   \large\textbf{Anfang}}} vom
\rnode{B}{\psframebox{\large\textbf{Ende}}
\ncloop[angleA=180,loopsize=0.9,arm=0.5,%
    linearc=.2]{->}{A}{B}}
\ncput[npos=1.5,nrot=:U]{%
   \psline{|<->|}(.45,-.2)(-.45,-.2)}
\nbput[npos=1.5,nrot=:D,labelsep=.35cm]%
   {\small\texttt{loopsize}}
\ncloop[angleA=10,angleB=180,%
   linecolor=cyan,linearc=.2]{->}{B}{A}
```

ncloop kann auch hervorragend für die so genannten „railroad diagrams" angewendet werden, indem man durch eine entsprechende Winkelvorgabe beide Knoten von der gleichen Seite erreicht.

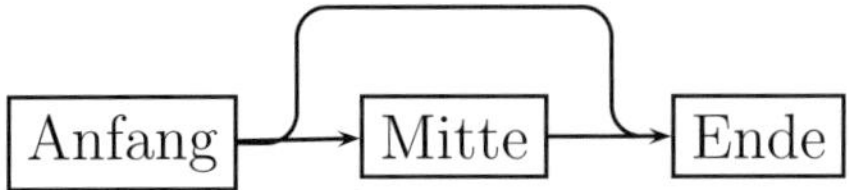


```
\large
\rnode{A}{\psframebox{Anfang}}\qquad%
\rnode{M}{\psframebox{Mitte}}\qquad
\rnode{B}{\psframebox{Ende}}
\ncline{->}{A}{M}\ncline{->}{M}{B}
\ncloop[loopsize=0.9,arm=0.4,linearc=.2,angleB=180]{->}{A}{B}
```

16.4.9 \nccurve

nccurve erstellt eine Bezierkurve zwischen zwei Knoten. Diese kann nur über die beiden Winkel angleA und angleB sowie den Kurvenparameter ncurv (→ 16.2.10 auf Seite 171) beeinflusst werden.

```
\begin{pspicture}(4,2)
\rput[tl](0,2){\rnode{A}{\psframebox{Knoten A}}}
\rput[br](4,0){\ovalnode{B}{Knoten B}}
\nccurve[angleB=180,ncurv=0.9]{A}{B}
\end{pspicture}
```

16.4.10 \nccircle

`\nccircle` bezieht sich grundsätzlich nur auf einen Knoten, dennoch werden auch hier zwei Parameter benötigt.

```
\nccircle[<Optionen>]{<Pfeile>}{<Knoten>}{<Radius>}
```

Der Kreis geht formal durch das Zentrum des Knotens und kann durch `angleA` sowie den Radius beeinflusst werden.

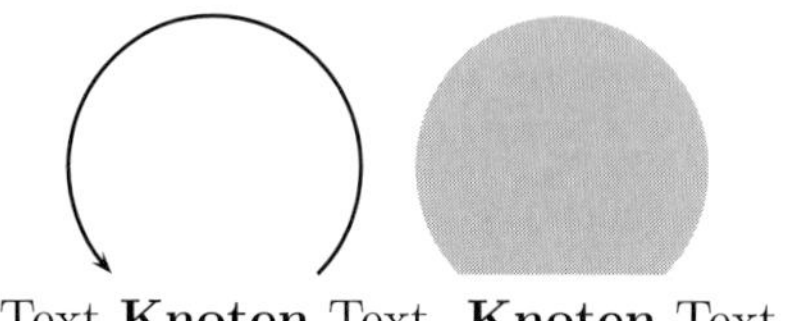


```
\begin{pspicture}(5.5,2)
Text \rnode{A}{\textbf{Knoten}} Text%
\nccircle[nodesep=3pt]{->}{A}{1cm} %
\kern0.7em\rnode{A}{\textbf{Knoten}} Text %
\nccircle*[linecolor=lightgray,%
   nodesep=3pt]{A}{1cm}
\end{pspicture}
```

16.4.11 \ncbox

Bei `\ncbox` muss man selbst sicherstellen, dass Knoteninhalte auch wirklich von der Box umschlossen werden. Der entsprechende Parameter `boxsize` (siehe Abschnitt 16.2.11) bietet neben `nodesep` (siehe 16.2.4) dazu eine einfache Möglichkeit. Im folgenden Beispiel wird unabhängig von `ncbox` der Parameter `border` verwendet, der hier diesen Überlagerungseffekt verdeutlicht (siehe auch Abschnitt 4.1.13).

Entgegen der allgemeinen Definition von `nc`-Verbindungen stehen Pfeile für `ncbox` nicht zur Verfügung.

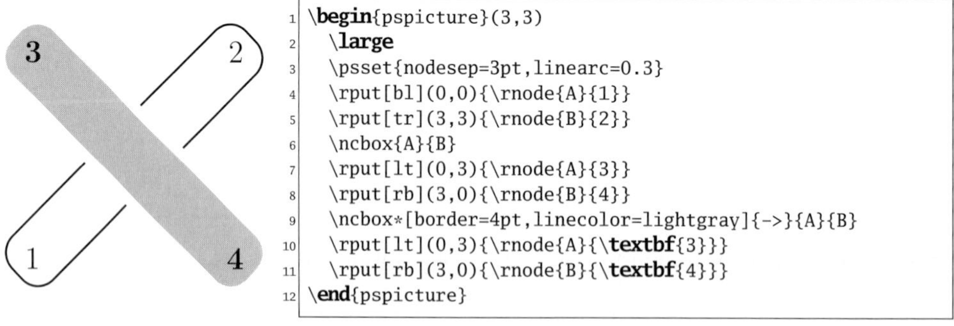


```
\begin{pspicture}(3,3)
  \large
  \psset{nodesep=3pt,linearc=0.3}
  \rput[bl](0,0){\rnode{A}{1}}
  \rput[tr](3,3){\rnode{B}{2}}
  \ncbox{A}{B}
  \rput[lt](0,3){\rnode{A}{3}}
  \rput[rb](3,0){\rnode{B}{4}}
  \ncbox*[border=4pt,linecolor=lightgray]{->}{A}{B}
  \rput[lt](0,3){\rnode{A}{\textbf{3}}}
  \rput[rb](3,0){\rnode{B}{\textbf{4}}}
\end{pspicture}
```

16.4.12 \ncarcbox

Bei `\ncarcbox` muss ebenfalls vom Anwender sicherstellt sein, dass Knoteninhalte auch wirklich von der Box umschlossen werden. Der entsprechende Parameter `boxsize` (→ 16.2.11 auf Seite 171) bietet neben `nodesep` (→ 16.2.4 auf Seite 168) dazu eine einfache Möglichkeit. Im folgenden Beispiel wird unabhängig von `ncarcbox` der Parameter `border` verwendet, der hier diesen Überlagerungseffekt verdeutlicht (→ 4.1.13 auf Seite 31). Die Winkelzählung erfolgt im mathematisch positiven Sinn, also gegen den Uhrzeigersinn.

Die Box ist letztlich Teil eines Kreises mit einer Liniendicke `boxsize`. Ein Winkel von `arcangle=-30` führt dann dazu, dass zusätzlich zum Steigungswinkel von 30° (zwischen Strecke $\overline{AB}$ und der Anfangssteigung) der Bogen anders herum gezeichnet wird, wenn die Knoten vertauscht werden (siehe Beispiel).

```
\begin{pspicture}(-0.5,0)(3,3)
  \large
  \psset{nodesep=3pt,linearc=0.3}
  \rput[bl](0,0){\rnode{A}{1}}
  \rput[tr](3,3){\rnode{B}{2}}
  \ncarcbox[arcangle=30]{A}{B}
  \rput[lt](0,3){\rnode{A}{3}}
  \rput[rb](3,0){\rnode{B}{4}}
  \ncarcbox*[border=4pt,linecolor=lightgray,%
     arcangle=45]{A}{B}
  \rput[lt](0,3){\rnode{A}{\textbf{3}}}
  \rput[rb](3,0){\rnode{B}{\textbf{4}}}
\end{pspicture}
```

```
\begin{pspicture}(0.5,0)(4,3)
  \large
  \psset{nodesep=3pt,linearc=0.3,boxsize=2mm}
  \rput(3,3){\rnode{A}{1}}
  \rput(1,1){\rnode{B}{2}}
  \ncarcbox[arcangle=60]{A}{B}
  \ncarcbox[arcangle=-60,%
     linecolor=lightgray]{B}{A}
\end{pspicture}
```

16.5 pc-Verbindungen

Sämtliche Makros beginnen mit `pc` und haben jeweils die gleiche Syntax und das gleiche Verhalten wie ihre `nc`-Entsprechungen, wie sie im vorigen Abschnitt behandelt wurden. Der Unterschied ist lediglich, dass die `pc`-Verbindungen **grundsätzlich** bis zum Knotenzentrum gehen und nicht an der umgebenden Box beginnen, bzw. aufhören. Somit handelt es sich hier primär um Linien oder Kurven, was auch dadurch deutlich wird, dass die Koordinaten nun in runde Klammern `()` einzuschließen sind. Mit der gesetzten Option `SpecialCoor` (→ 12 auf Seite 111) können aber weiterhin Knotennamen als Koordinaten übergeben werden. Andererseits hat man aber jetzt auch die Möglichkeit, von einem Punkt auf einen Knoten zu verweisen. Tabelle 16.3 zeigt eine Zusammenstellung.

```
\pc????[<Optionen>]{<Pfeile>}(KnotenA)(KnotenB)
\pc????*[<Optionen>]{<Pfeile>}(KnotenA)(KnotenB)
```

Tabelle 16.3: Gegenüberstellung der nc- und der pc-Verbindungen

Name	Entsprechung
\pcline[<Optionen>]{<Pfeile>}(<x1,y1>)(<x2,y2>)	\ncline
\pccurve[<Optionen>]{<Pfeile>}(<x1,y1>)(<x2,y2>)	\nccurve
\pcarc[<Optionen>]{<Pfeile>}(<x1,y1>)(<x2,y2>)	\ncarc
\pcbar[<Optionen>]{<Pfeile>}(<x1,y1>)(<x2,y2>)	\ncbar
\pcdiag[<Optionen>]{<Pfeile>}(<x1,y1>)(<x2,y2>)	\ncdiag
\pcdiagg[<Optionen>]{<Pfeile>}(<x1,y1>)(<x2,y2>)	\ncdiagg
\pcangle[<Optionen>]{<Pfeile>}(<x1,y1>)(<x2,y2>)	\ncangle
\pcangles[<Optionen>]{<Pfeile>}(<x1,y1>)(<x2,y2>)	\ncangles
\pcloop[<Optionen>]{<Pfeile>}(<x1,y1>)(<x2,y2>)	\ncloop
\pcbox[<Optionen>](<x1,y1>)(<x2,y2>)	\ncbox
\pcarcbox[<Optionen>](<x1,y1>)(<x2,y2>)	\ncarcbox

Rein exemplarisch werden hier zwei Beispiele angegeben, die denen aus Abschnitt 16.4.3 auf Seite 184 entsprechen. Mit dem **nodesep** Parameter lassen sich Verbindungsanfang und -ende wieder verlängern (negative Werte) oder verkürzen (positive Werte).

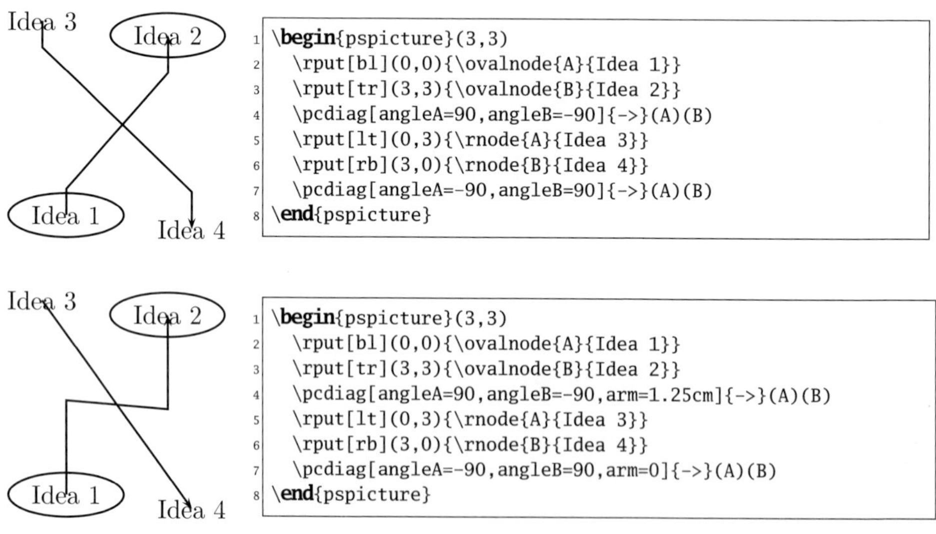


```
\begin{pspicture}(3,3)
  \rput[bl](0,0){\ovalnode{A}{Idea 1}}
  \rput[tr](3,3){\ovalnode{B}{Idea 2}}
  \pcdiag[angleA=90,angleB=-90]{->}(A)(B)
  \rput[lt](0,3){\rnode{A}{Idea 3}}
  \rput[rb](3,0){\rnode{B}{Idea 4}}
  \pcdiag[angleA=-90,angleB=90]{->}(A)(B)
\end{pspicture}
```

```
\begin{pspicture}(3,3)
  \rput[bl](0,0){\ovalnode{A}{Idea 1}}
  \rput[tr](3,3){\ovalnode{B}{Idea 2}}
  \pcdiag[angleA=90,angleB=-90,arm=1.25cm]{->}(A)(B)
  \rput[lt](0,3){\rnode{A}{Idea 3}}
  \rput[rb](3,0){\rnode{B}{Idea 4}}
  \pcdiag[angleA=-90,angleB=90,arm=0]{->}(A)(B)
\end{pspicture}
```

16.6 Label

In Kapitel 9 auf Seite 75 wurden bereits mehrere Makros angegeben, die es gestatten, Markierungen bzw. Label an beliebiger Stelle zu platzieren. Im Zusammenhang mit Verbindungen gibt es dennoch einige spezielle Makros, denn nachdem eine Verbindung gezeichnet wurde, bleiben die Koordinaten der beiden Punkte temporär erhalten, bis eine neue Verbindung gezeichnet wird. Diese Kenntnis kann dann sehr hilfreich beim Setzen folgender Label sein. Andererseits folgt daraus, dass Label-Makros unmittelbar den Verbindungs-Makros folgen sollten.

Im Abschnitt 16.2 auf Seite 166 wurden im Zusammenhang mit den möglichen Parametern sehr viele Beispiele für das Setzen von Label gezeigt. Hier werden nur noch einmal die verschiedenen Makros erläutert.

16.6.1 n-Label

Die n Label-Makros beziehen sich grundsätzlich auf die sichtbare Länge der Verbindung, die eigentlichen Zentren der Knoten sind hier nicht von Interesse. Voreingestellt ist, dass ein Label in die Mitte dieser sichtbaren Verbindung gesetzt wird, was sich selbstverständlich über den entsprechenden Parameter ändern lässt.

```
\ncput[<Optionen>]{<Material>}
\naput[<Optionen>]{<Material>}
\nbput[<Optionen>]{<Material>}
\ncput*[<Optionen>]{<Material>}
\naput*[<Optionen>]{<Material>}
\nbput*[<Optionen>]{<Material>}
```

Hierbei bedeutet c **auf** der Linie, a **über** (above) der Linie und b **unter** (below) der Linie. Die Sternversionen arbeiten nicht transparent, dies bedeutet, dass man Linien überschreiben kann, womit das Label besser sichtbar ist.

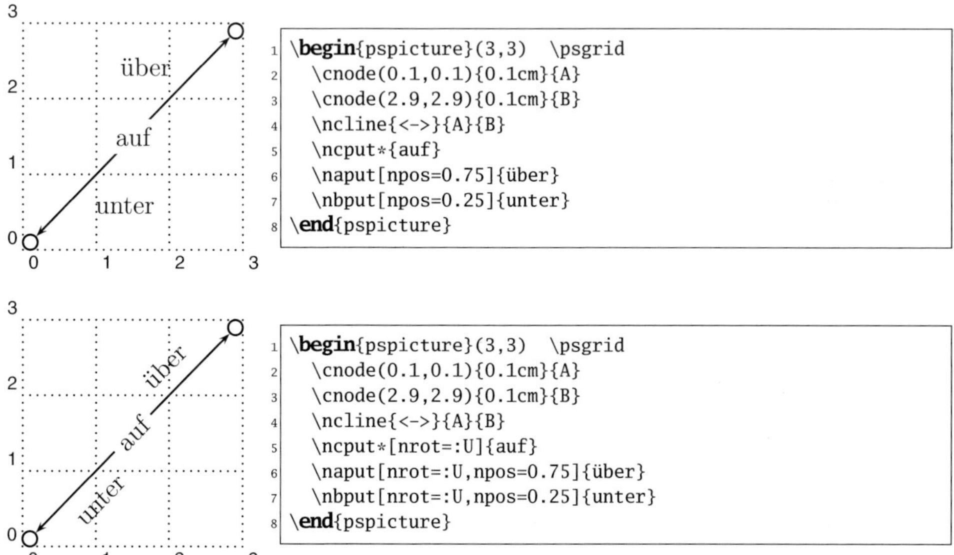


```
\begin{pspicture}(3,3)  \psgrid
  \cnode(0.1,0.1){0.1cm}{A}
  \cnode(2.9,2.9){0.1cm}{B}
  \ncline{<->}{A}{B}
  \ncput*{auf}
  \naput[npos=0.75]{über}
  \nbput[npos=0.25]{unter}
\end{pspicture}
```

```
\begin{pspicture}(3,3)  \psgrid
  \cnode(0.1,0.1){0.1cm}{A}
  \cnode(2.9,2.9){0.1cm}{B}
  \ncline{<->}{A}{B}
  \ncput*[nrot=:U]{auf}
  \naput[nrot=:U,npos=0.75]{über}
  \nbput[nrot=:U,npos=0.25]{unter}
\end{pspicture}
```

Zu beachten ist, dass sich „oben“ und „unten“ auf die vorgegebene Richtung „von links nach rechts“ bezieht. Vertauscht man im letzten Beispiel die Reihenfolge der

Knoten, so wird auch die Zuordnung „oben-unten“ vertauscht, was natürlich leicht korrigiert werden könnte, inem man die Winkelangabe `:U` (Up) mit `:D` (Down) vertauscht.

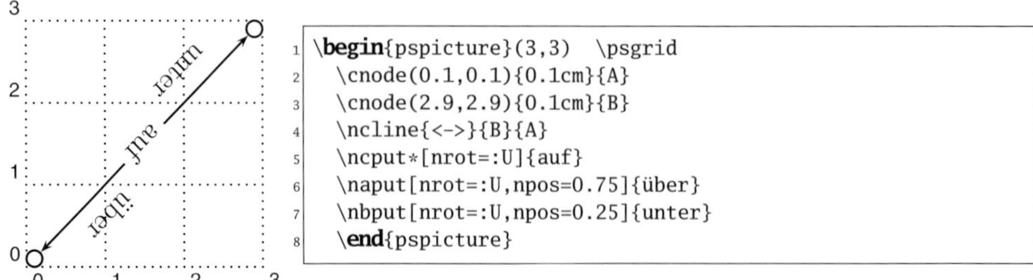


```
\begin{pspicture}(3,3)  \psgrid
  \cnode(0.1,0.1){0.1cm}{A}
  \cnode(2.9,2.9){0.1cm}{B}
  \ncline{<->}{B}{A}
  \ncput*[nrot=:U]{auf}
  \naput[nrot=:U,npos=0.75]{über}
  \nbput[nrot=:U,npos=0.25]{unter}
  \end{pspicture}
```

16.6.2 t-Label

Diese Makros beziehen sich bei der Position grundsätzlich auf die Zentren der Knoten, jetzt unabhängig davon, welche Verbindung sichtbar ist. Das folgende Beispiel verdeutlicht diesen Unterschied, bei dem `\tvput` das Label tiefer setzt als `ncput`.

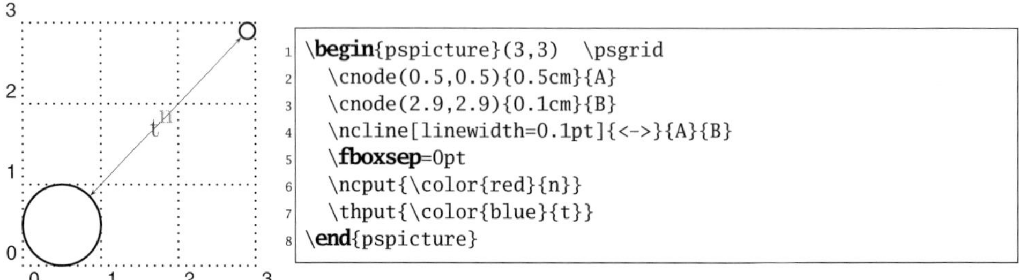


```
\begin{pspicture}(3,3)  \psgrid
  \cnode(0.5,0.5){0.5cm}{A}
  \cnode(2.9,2.9){0.1cm}{B}
  \ncline[linewidth=0.1pt]{<->}{A}{B}
  \fboxsep=0pt
  \ncput{\color{red}{n}}
  \thput{\color{blue}{t}}
\end{pspicture}
```

Die `\t?put` Makros sind primär für Bäume und kommutative Diagramme gedacht, sodass es hier zusätzliche Links/Rechts-Makros sowie unterschiedliche Makros für das horizontale und vertikale Zentrieren gibt.

```
\tvput[<Optionen>]{<Material>}
\thput[<Optionen>]{<Material>}
\taput[<Optionen>]{<Material>}
\tbput[<Optionen>]{<Material>}
\tlput[<Optionen>]{<Material>}
\trput[<Optionen>]{<Material>}
\tvput*[<Optionen>]{<Material>}
\thput*[<Optionen>]{<Material>}
\taput*[<Optionen>]{<Material>}
\tbput*[<Optionen>]{<Material>}
\tlput*[<Optionen>]{<Material>}
\trput*[<Optionen>]{<Material>}
```

Hierbei bedeutet v **vertical mittig** auf der Linie, h **horizontal mittig** auf der Linie, a **über** der Linie (above), b **unter** (below) der Linie, l **links** der Linie und r **rechts** der Linie. Die Sternversionen arbeiten nicht transparent, dies bedeutet, dass man Linien überschreiben kann, womit das Label besser sichtbar ist. Im folgenden Beispiel werden die Knoten mit `\Rnode` definiert, ansonsten erhält man keine horizontale Linien. (→ 16.3.2 auf Seite 178)

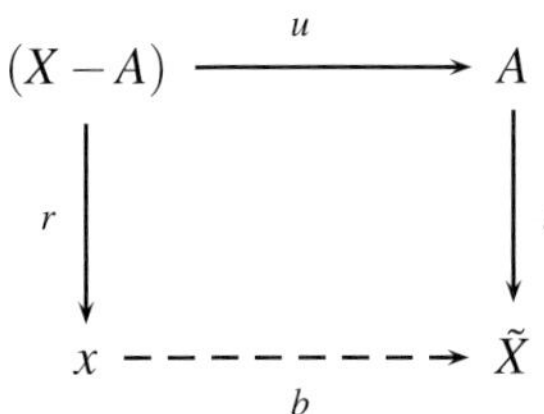


```
\[
 \arraycolsep=1.1cm
  \begin{array}{cc}
    \Rnode{a}{(X-A)} & \Rnode{b}{A} \\[1.5cm]
        \Rnode{c}{x} & \Rnode{d}{\tilde{X}}
  \end{array}
  \psset{nodesep=5pt,arrows=->}
  \everypsbox{\scriptstyle}
  \ncline{a}{c}                     \tlput{r}
  \ncline{a}{b}                     \taput{u}
  \ncline[linestyle=dashed]{c}{d}   \tbput{b}
  \ncline{b}{d}                     \trput{s}
\]
```

16.6.3 \nput – Knotenlabel

`\nput` ist prinzipiell identisch zu `\uput` (→ 9.6 auf Seite 78), nur dass es sich auf einen Knoten bezieht.

```
\nput[<Optionen>]{<Referenzwinkel>}{<Knotenname>}{<Material>}
\nput*[<Optionen>]{<Referenzwinkel>}{<Knotenname>}{<Material>}
```

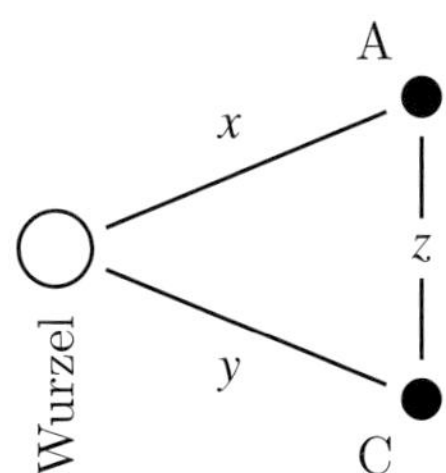


```
\cnode(0.5,0){.25cm}{root}
\nput[rot=90]{-90}{root}{Wurzel}
\cnode*(3,1){4pt}{A}  \nput{130}{A}{A}
\cnode*(3,-1){4pt}{C} \nput{-130}{C}{C}
\psset{nodesep=3pt,shortput=nab}
\ncline{root}{A}^{$x$}
\ncline{root}{C}_{$y$}
\ncline{A}{C}\ncput*{$z$}
```

16.6.4 Veraltete Makros

pst-node verfügt über einige veraltete Makros zum Setzen von Labels, die zwar nach wie vor unterstützt werden, aber dennoch nicht mehr benutzt werden sollten.

```
\lput*[<Referenzwinkel>]{<Rotation>}(<x,y>){<Material>}
\Lput*{<Labelabstand>}[<Referenzwinkel>]{<Rotation>}(<x,y>){<Material>}
\mput*[<Referenzwinkel>]{<Material>}
\Lput*{<Labelabstand>}[<Referenzwinkel>]{<Material>}
\aput*[<Labelabstand>]{<Drehwinkel>}(<x,y>){<Material>}
\Aput*[<Labelabstand>]{<Material>}
\bput*[<Labelabstand>]{<Drehwinkel>}(<x,y>){<Material>}
\Bput*[<Labelabstand>]{<Material>}
```

16.7 Spezielles

In manchen Anwendungsfällen möchte man von einem Knoten mehrere Verbindungen ausgehen bzw. bei diesem ankommen lassen. Mit offset lassen sich auf einfache Weise zwei Verbindungen gleichen Typs „trennen".

Wort1 nach Wort2 nach Wort3

```
\rnode{A}{Wort1} nach \rnode{B}{Wort2} %
    nach \rnode{C}{Wort3}
\psset{angleA=-90,nodesep=3pt,%
    arm=0.4,linearc=0.2}
\ncbar[offsetB=4pt]{->}{A}{B}
\ncbar[offsetA=4pt]{->}{B}{C}
```

Zeigen Verbindungen auf zwei Objekte, die eine unterschiedliche große Boxumrandung haben, dann enden die Verbindungen logischerweise nicht auf der selben Höhe.

A a

```
\begin{pspicture}(-0.5,0)(3,3)
  \Huge
  \cnode(1,3){4pt}{A}
  \rput[B](0,0){\Rnode{B}{A}}
  \rput[B](2,0){\Rnode{C}{a}}
  \psset{angleA=90,armA=1,nodesepA=3pt}
  \nccurve[angleB=-135]{<-}{B}{A}
  \nccurve[angleB=-45]{<-}{C}{A}
\end{pspicture}
```

Mit nodesep allein kann man hier nicht gut arbeiten, da der Unterschied vom kleinen zum großen Buchstaben nicht genau bekannt ist. Da die unteren Knoten über `\Rnode` definiert sind, liegt das Knotenzentrum relativ zur Basislinie und damit für beide gleich weit von dieser entfernt (→ 16.3.2 auf Seite 178). Jetzt könnte man statt der `nc`-Verbindung die äquivalente `pc`-Variante wählen, denn die bezieht sich immer auf das Knotenzentrum. Mit einem gleichen Abstand von diesem Zentrum erreicht man gleich lange Verbindungen.

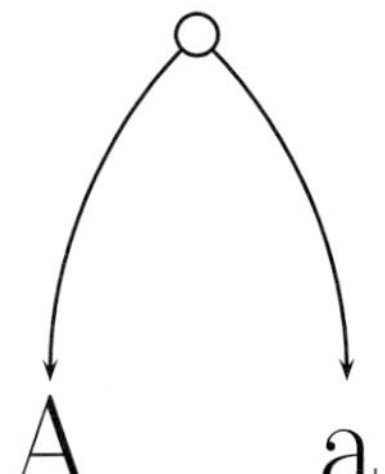


```
\begin{pspicture}(3,3)
  \cnode(1,3){4pt}{A}
  \rput[B](0,0){\Rnode[vref=20pt]{B}{\Huge A}}
  \rput[B](2,0){\Rnode[vref=20pt]{C}{\Huge a}}
  \psset{angleA=90,nodesepB=4pt}
  \pccurve[angleB=-135]{<-}(B)(A)
  \pccurve[angleB=-45]{<-}(C)(A)
\end{pspicture}
```

Man kann auch mit den `nc`-Varianten arbeiten, wenn man den Parameter `Ynodesep` benutzt, der absolute Abstände vom Zentrum festlegt.

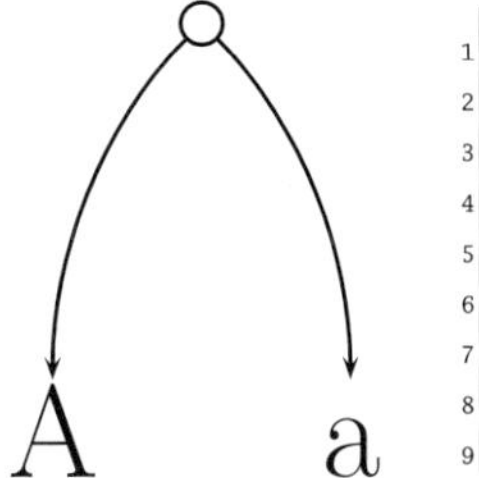


```
\begin{pspicture}(-0.5,0)(3.5,3)
  \Huge
  \cnode(1,3){4pt}{A}
  \rput[B](0,0){\Rnode{B}{A}}
  \rput[B](2,0){\Rnode{C}{a}}
  \psset{angleA=90,YnodesepA=1ex}
  \nccurve[angleB=-135]{<-}{B}{A}
  \nccurve[angleB=-45]{<-}{C}{A}
\end{pspicture}
```

16.8 \psmatrix

Es wurde bereits mehrfach erwähnt, dass man Knoten an jede beliebige Stelle eines Dokuments setzen kann, unabhängig davon, ob dies im laufenden Text oder in einer Tabelle oder einem anderen Objekt erfolgt. Die einzige Voraussetzung war, dass Knotenverbindungen sich auf Knoten beziehen müssen, die auf derselben TeX-Seite definiert sind. Dagegen sind Verbindungen vom normalen Text in eine Gleitumgebung möglich, wenn obige Voraussetzung erfüllt ist.

Das beliebige Anordnen von Knoten ermöglicht für größere Projekte eine Matrix zugrunde zu legen und sich dann auf die einzelnen Zellen zu beziehen, die durch ihre Zeilen- und Spaltennummer eindeutig bestimmt sind, sodass statt des Knotennamens `{<Zeile,Spalte>}` angegeben wird. Grundsätzlich könnte man dafür jede `matrix` oder `array` von (LA)TeX nehmen, jedoch bietet die `\psmatrix` eine bessere Unterstützung.

```
\psmatrix[<Optionen>]          % TeX Version
```

```
...
\endpsmatrix
%
\begin{psmatrix}[<Optionen>] % LaTeX Version
...
\end{psmatrix}
```

Das Makro `\psmatrix` baut auf `array` auf, sodass sie nur im mathematischen Modus benutzt werden kann. Für aufrechte Schrift ist dann `mathrm` oder `\text` aus `amsmath` zu benutzen.

Das Makro `\psmatrix` kann geschachtelt werden, wobei dann zwingend alle Knotenverbindungen innerhalb der sie betreffenden Schachtelungstiefe erfolgen müssen.

Jeder Eintrag kann selbst wieder als Knoten definiert werden. Damit können individuelle Formen erreicht werden.

Zu Beginn jeder Zeile wird `\psrowhook#` und zu Beginn einer Spalte wird `\pscolhook#` aufgerufen, wobei `#` für die jeweilige Zeilennummer bzw. Spaltennumer als römische Zahl steht, beispielsweise `vi` für die sechste Zeile oder Spalte.

16.8.1 Parameter

Tabelle 16.4: Zusammenfassung aller Parameter für psmatrix

Name	Werte	Vorgabe
mnode	R|r|C|f|p|circle|oval|dia|tri|dot|none	R
emnode	R|r|C|f|p|circle|oval|dia|tri|dot|none	none
name	<Name>	
nodealign	false|true	false
mcol	l|r|c	c
rowsep	<Wert [Einheit]>	1.5cm
colsep	<Wert [Einheit]>	1.5cm
mnodesize	<Wert [Einheit]>	-1pt

16.8.1.1 mnode

`mnode` bezeichnet die Art der Knoten und kann sowohl global als auch lokal geändert werden. Die Knotenbezeichnungen beziehen sich auf die in Abschnitt 16.3 auf Seite 176 behandelten Knotenarten.

Tabelle 16.5: Zusammenhang zwischen `mnode` und Knotenname

mnode	Knotentyp
R	\Rnode

mnode	Knotentyp
r	\rnode
C	\Cnode
f	\fnode
p	\pnode
circle	\circlenode
oval	\ovalnode
dia	\dianode
tri	\trinode
dot	\dotnode
none	no node

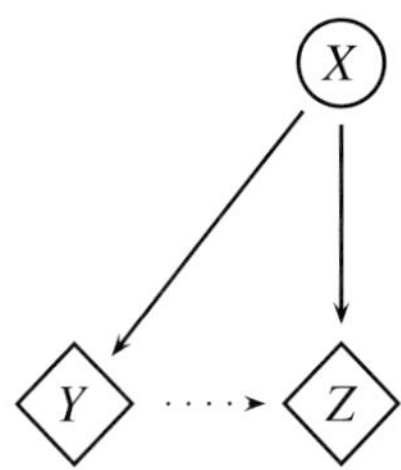


```
$
  \psmatrix[mnode=dia,colsep=1cm]
      & [mnode=circle] X \\
    Y & Z
  \endpsmatrix
  \psset{nodesep=3pt,arrows=->}
  \ncline{1,2}{2,1}
  \ncline{1,2}{2,2}
  \ncline[linestyle=dotted]{2,1}{2,2}
$
```

16.8.1.2 emnode

emmode bezeichnet die Art der Knoten für leere Zellen und kann sowohl global als auch lokal festgelegt werden, wobei Letzteres nicht sonderlich viel Sinn macht.

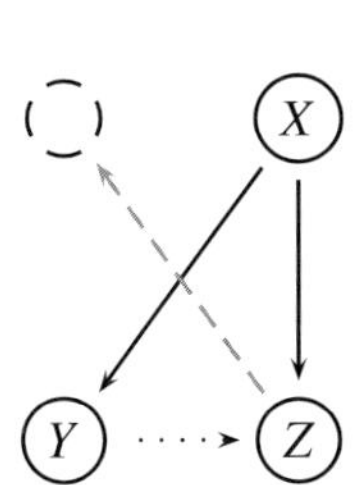


```
\psset{linestyle=solid}
$
  \psmatrix[mnode=circle,emnode=C,colsep=1cm]
      & X \\
    Y & Z
  \endpsmatrix
  \psset{nodesep=3pt,arrows=->}
  \ncline{1,2}{2,1}
  \ncline{1,2}{2,2}
  \ncline[linestyle=dotted]{2,1}{2,2}
  \ncline[linestyle=dashed,linecolor=red]{->}{2,2}{1,1}
$
```

16.8.1.3 name

name ermöglicht jeder beliebigen Zelle einen Namen zuzuordnen. Dieser Name **muss** zu Beginn einer Zelle festgelegt werden, was zu Problemen bei der ersten

Zelle einer Zeile führt, wenn ein Zeilenwechsel vorhergeht. In diesem Fall würde ein

```
 ...  & ... & ... \\
[K21] & ...
```

für TEX als `\\[K21]` erscheinen und daraus folgend das `[K21]` als optionaler Zeilenvorschub interpretiert werden mit entsprechender Fehlermeldung, dass es sich um einen falschen Wert handelt. Mögliche Abhilfe sind hier:

- `\\[0pt]`
- `\\\space`

X
Y ····› Z

```
$
\psmatrix[mnode=dia,colsep=1cm]
    & [mnode=circle,name=X] X \\[0pt]
  [name=Y] Y & [name=Z] Z
\endpsmatrix
\psset{nodesep=3pt,arrows=->}
\ncline{X}{Y}
\ncline{X}{Z}
\ncline[linestyle=dotted]{Y}{Z}
$
```

Die Knotennamen mit ihren zugeordneten Koordinaten bleiben so lange gültig, bis sie neu vergeben werden, unabhängig davon, ob eine neue `\psmatrix` begonnen wurde.

16.8.1.4 nodealign

Die Basislinie eines Knotens ist normalerweise die Unterseite des Knotens. Mit `nodealign=true` kann dies derart geändert werden, dass das Zentrum des Knotens auf der Basislinie liegt. Dies hat in der Regel auf `\psmatrix` nur geringen Einfluss, da jede Zellen de facto als Ganzes den Knoteninhalt darstellt.

aa—X—bb—X—cc+

```
aa\rule{1em}{0.5pt}\rnode{X}{\Huge X}\rule{1em}{0.5pt
  }bb%
\psset{nodealign=true}%
\rule{1em}{0.5pt}\rnode{X}{\Huge X}\rule{1em}{0.5pt}
  cc+
```

16.8.1.5 mcol

`mcol` gibt die horizontale Ausrichtung innerhalb der einzelnen Zellen an und kann sowohl global als auch lokal verwendet werden.

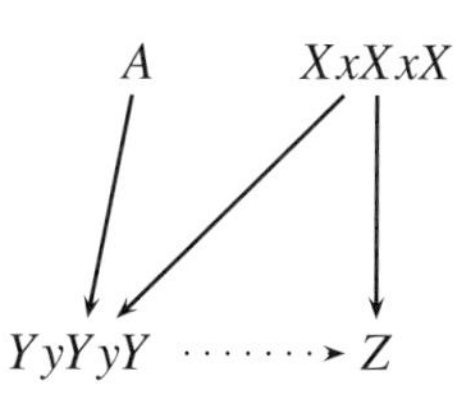


```
$
\psmatrix[colsep=1cm,mcol=c]
  [name=A,mcol=r] A & [name=X] XxXxX \\[0pt]
  [name=Y] YyYyY    & [name=Z] Z
\endpsmatrix
\psset{nodesep=3pt,arrows=->}
\ncline{X}{Y}
\ncline{X}{Z}
\ncline{A}{Y}
\ncline[linestyle=dotted]{Y}{Z}
$
```

16.8.1.6 rowsep und colsep

Diese Parameter entsprechen den Werten **arraycolsep** und **arraystretch** und geben den **zusätzlichen** vertikalen und horizontalen Abstand zwischen den einzelnen Zellen an. Sie können auf jeden beliebigen Wert gesetzt werden, auch auf negative Werte.

ab
cd

```
$ \psmatrix[colsep=0pt,rowsep=0pt]
      a & b \\
      c & d
  \endpsmatrix $
```

16.8.1.7 mnodesize

Normalerweise bestimmt, wie bei **arrays** üblich, der längste Eintrag die Breite einer Spalte. Mit **mnodesize** kann allen Spalten dieselbe Breite gegeben werden, vorausgesetzt, dass diese Angabe für alle Spalten ausreichend ist.

111	a	$bbbb$
2	c	$ddddd$

```
$ \psmatrix[colsep=0pt,rowsep=12pt,mnodesize=1cm]
      111 & a & bbbb \\
      2   & c & ddddd
  \endpsmatrix  $
```

16.8.2 Multicolumn

\psmatrix unterstützt auch das von TEX bekannte **\multispan** bzw. das von LATEX bekannte **\multicolumn**. Die Syntax ist allerdings eine andere:

```
\psspan{<n>}
```

n bezeichnet die Anzahl der Spalten, die zusammengefasst werden sollen. **\psspan** muss **am Ende** derjenigen Zelle angegeben werden, die die folgenden $n-1$ Zellen mit umfassen soll.

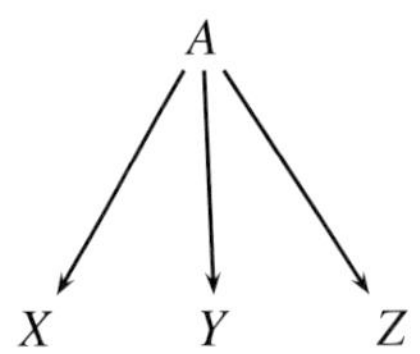

```
$ \psmatrix[colsep=1cm]
    [name=A] A \psspan{3} \\[0pt]
    [name=X] X  & [name=Y] Y  & [name=Z] Z
  \endpsmatrix
  \psset{nodesep=3pt,arrows=->}
  \ncline{A}{X}
  \ncline{A}{Y}
  \ncline{A}{Z} $
```

16.8.3 \psrowhook und \pscolhook

Man kann außerhalb von `\psmatrix` festlegen, ob für eine bestimmte Zeile oder Spalte etwas ausgeführt werden soll, bevor die eigentliche Zeile oder Spalte bearbeitet wird. Die Zuordnung zu den einzelnen Zeilen bzw. Spalten erfolgt durch anzuhängende kleine römische Zahlen.

```
\psrowhook<Zeilennummer>{<...>}
\pscolhook<Zeilennummer>{<...>}
```

Zulässige Makronamen wären daher `\psrowhookii` oder `\pscolhookxi` für die zweite Zeile und elfte Spalte. Man muss selbst sicherstellen, dass es auch entsprechend viele Zeilen und Spalten gibt, wobei die Zählung hier wegen der fehlenden römischen null mit 1 beginnt.

A B C

a b c

1 2 3

```
\def\psrowhookii{\huge}
\def\pscolhookiii{\green}
$ \psmatrix[colsep=0.5cm,rowsep=0.5cm]
   A & B & C \\
   a & b & c \\
   1 & 2 & 3
  \endpsmatrix $
```

16.8.4 Beispiele

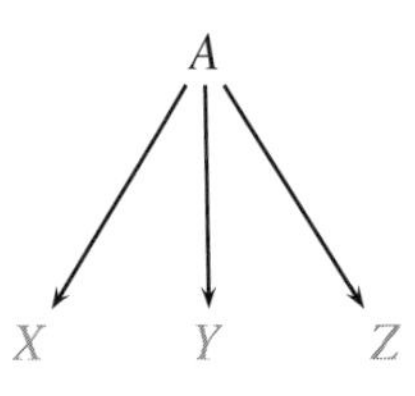

```
\def\psrowhookii{\red}
$ \psmatrix[colsep=1cm]
    [name=A]A \psspan{3}\\[0pt]
    [name=X] X  & [name=Y] Y  & [name=Z] Z
  \endpsmatrix
  \psset{nodesep=3pt,arrows=->}
  \ncline{A}{X}
  \ncline{A}{Y}
  \ncline{A}{Z} $
```

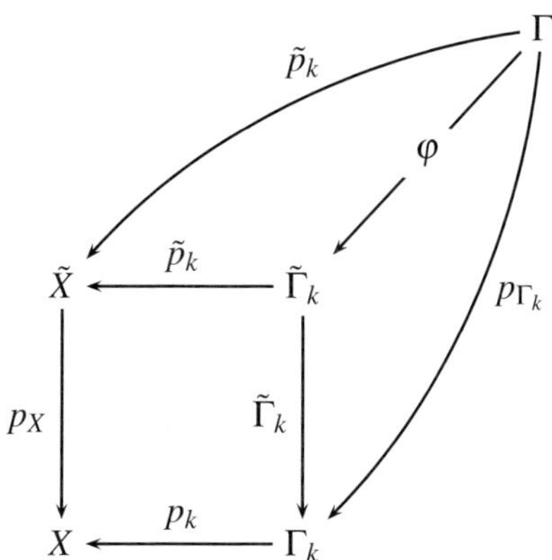


```
\def\ds{\displaystyle}
$
\begin{psmatrix}[colsep=2cm,rowsep=2cm]
              &                        &  \Gamma \\
  \tilde X & {\ds \tilde \Gamma_k} & \\
          X & {\ds \Gamma_k}         &
  \psset{arrows=->,labelsep=3pt,nodesep=3pt}
  \ncarc[arcangle=-20]{1,3}{2,1}^{\tilde p_k}
  \ncline{1,3}{2,2}
  \ncput*{\varphi }
  \ncarc[arcangle=20]{1,3}{3,2}>{p_{\Gamma_k}}
  \ncline{2,2}{2,1}^{\tilde p_k}
  \ncline{2,1}{3,1}<{p_X}
  \ncline{2,2}{3,2}<{ \tilde \Gamma_k}
  \ncline{3,2}{3,1}^{p_k}
\end{psmatrix}
$
```

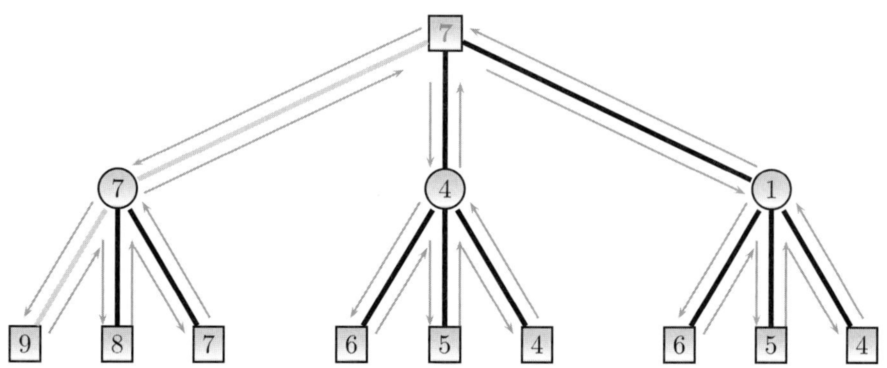


```
\def\ncIII#1#2#3#4#5#6#7{
  \ncline[linecolor=#5,linewidth=2pt]{#1}{#2}
  \ncline[linecolor=magenta,offset=2mm,arrows=<-,nodesepA=4mm]{#1}{#2}
  \ncline[linecolor=magenta,offset=-2mm,arrows=->]{#1}{#2}
%
  \ncline[linecolor=#6,linewidth=2pt]{#1}{#3}
  \ncline[linecolor=magenta,offset=2mm,arrows=<-,nodesepA=4mm]{#1}{#3}
  \ncline[linecolor=magenta,offset=-2mm,arrows=->,nodesepA=4mm]{#1}{#3}
```

```
%
  \ncline[linecolor=#7,linewidth=2pt]{#1}{#4}
  \ncline[linecolor=magenta,offset=2mm,arrows=<-]{#1}{#4}
  \ncline[linecolor=magenta,offset=-2mm,arrows=->,nodesepA=4mm]{#1}{#4}
}

\psset{fillstyle=gradient,gradbegin=cyan,gradend=white}
\begin{psmatrix}[colsep=0.75cm]
& & & & & [name=a]\psframebox{\textcolor{red}{\textbf{7}}} \\
& [name=b]\pscirclebox{7} & & & & [name=c]\pscirclebox{4} & & & &  [name=d]\
   pscirclebox{1}\\[0pt]
[name=e]\psframebox{9} & [name=f]\psframebox{8} & [name=g]\psframebox{7} & &
[name=h]\psframebox{6} & [name=i]\psframebox{5} & [name=j]\psframebox{4} & &
[name=k]\psframebox{6} & [name=l]\psframebox{5} & [name=m]\psframebox{4}
\end{psmatrix}
\ncIII{a}{b}{c}{d}{cyan}{black}{black}
%
\ncIII{b}{e}{f}{g}{cyan}{black}{black}
\ncIII{c}{h}{i}{j}{black}{black}{black}
\ncIII{d}{k}{l}{m}{black}{black}{black}
```

Listing 16.4: Quellkode zu Beispiel 16.1

```
\end{minipage}
\begin{psmatrix}[rowsep=.5cm, colsep=2cm]
  &  &  & & empty & \boxed{S_0^{+\dots+}}\\
  &  &  & \boxed{S_0^{+++}} & empty & leer \\
  &  & \boxed{S_0^{++}} & leer & empty & \boxed{S_0^{+\dots+-}}\\
  & \boxed{S_0^+} & leer & \boxed{S_0^{++-}} & empty & leer\\
 \boxed{S_0} & leer & \boxed{S_0^{+-}} & leer & empty & \dots\\
  & \boxed{S_0^-} & leer & \boxed{S_0^{+--}} & empty & leer\\
  &  & \boxed{S_0^{--}} & leer & empty & \boxed{S_T^{+\dots-}}\\
  &  & & \boxed{S_0^{---}} & empty & leer\\
  &  & & & empty & \boxed{S_T^{-\dots-}}\\
 \psset{linewidth=1pt}
 \ncline{5,1}{4,2}>{$p$}
 \ncline{4,2}{3,3}>{$p$}
 \ncline{6,2}{5,3}>{$p$}
 \ncline{3,3}{2,4}>{$p$}
 \ncline{5,3}{4,4}>{$p$}
 \ncline{7,3}{6,4}>{$p$}
 \ncline{5,1}{6,2}<{$1-p$}
 \ncline{4,2}{5,3}<{$1-p$}
 \ncline{6,2}{7,3}<{$1-p$}
 \ncline{3,3}{4,4}<{$1-p$}
 \ncline{5,3}{6,4}<{$1-p$}
 \ncline{7,3}{8,4}<{$1-p$}
 \psset{linewidth=0.5pt,linestyle=dotted}
 \ncline{2,4}{1,5}
 \ncline{2,4}{3,5}
 \ncline{4,4}{3,5}
 \ncline{4,4}{5,5}
 \ncline{6,4}{5,5}
 \ncline{6,4}{7,5}
 \ncline{8,4}{7,5}
 \ncline{8,4}{9,5}
\end{psmatrix}
```

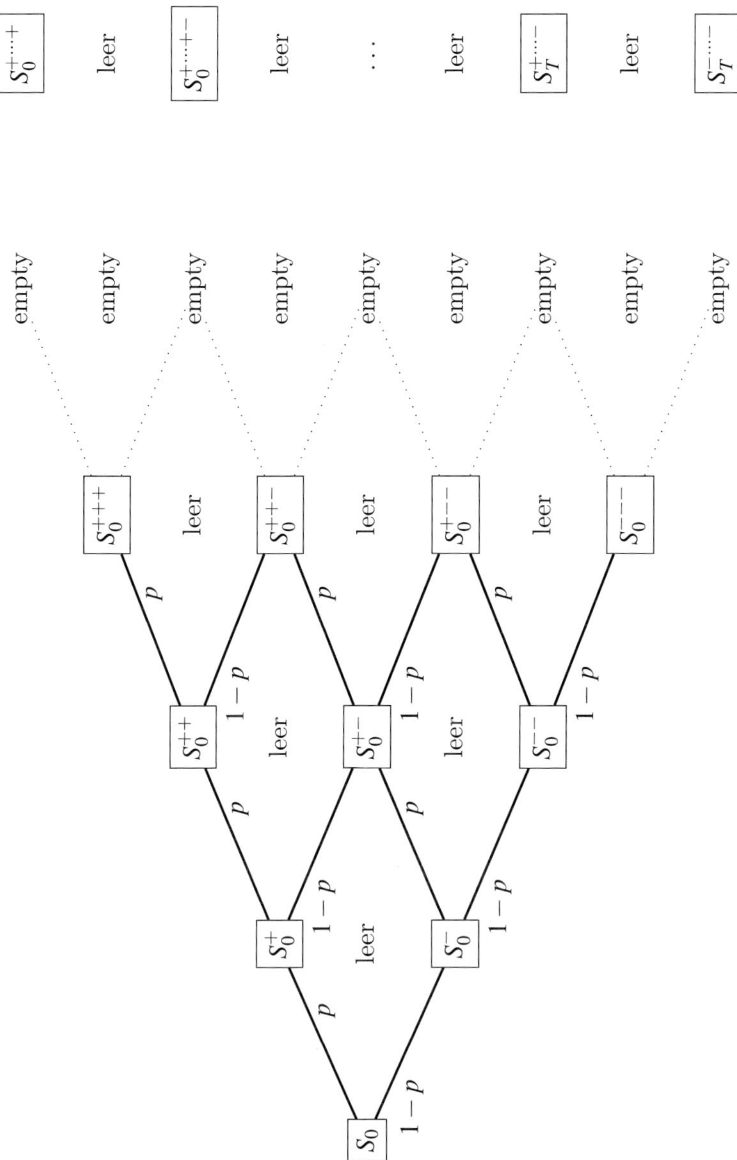

Abbildung 16.1: Komplexes Beispiel zu \psmatrix

16.9 TEX und PostScript, eine einseitige Sache

Das Verhältnis von TEX und PostScript ist ziemlich einseitig, denn man kann jede Information von TEX nach PostScript zu jedem Zeitpunkt weitergeben, ist aber nicht in der Lage, irgendeine Information von PostScript zurückzubekommen. Dies geht entweder nur über Zwischenschritte, indem PostScript Informationen in eine Datei schreibt, die bei einem erneuten TEX-Lauf eingelesen werden oder durch Verwendung von VTEX(→ B.4 auf Seite 457), womit dann das TEX-Dokument nicht mehr auf anderen System übersetzt werden kann.

Speziell bei der Definition von Knoten `\cnode{3pt}{A}` ● deren Koordinaten unbekannt sind, weil sie mitten im Text erscheinen oder das Ergebnis einer Zwischenrechnung sind, möchte man manchmal gerne ihre Koordinaten wissen. Dies ist wie gesagt nicht auf TEX-Ebene möglich, man kann aber wieder auf die Möglichkeiten von `PSTricks` zurückgreifen.

```
\begin{pspicture}(1,1) \psgrid
  \Cnode(0.5,0.5){B}
  \makeatletter
  \psline[arrowscale=2,linestyle=dashed]{->}(B)(!%
    tx@NodeDict begin%
      /N@B load GetCenter % Mitte von Knoten B
      /yB ED /xB ED
      /N@A load GetCenter % Mitte von Knoten A
      /yA ED /xA ED
      xA xB sub 0.6 mul xB add \pst@number\psxunit div
      yA yB sub 0.6 mul yB add \pst@number\psyunit div
    end)
  \makeatother
\end{pspicture}
```

Im obigen Beispiel wird eine Linie zu dem am Anfang dieses Absatzes definierten Knotens gezogen, die genau das 0.6-fache des normalen Abstandes zwischen diesen beiden Knoten ist. Wie man erkennen kann, zeigt der Pfeil genau in die Richtung des Knotens A.

In dem Beispiel wird das `tx@NodeDict` Dictionary verwendet, um auf die in entsprechenden Prozeduren zugreifen zu können. `ED` (Austausch und definiere Variable) entspricht `exch def` und ist in `pstricks.pro` definiert. Obwohl es sich um reinen PostScript-Code handelt, muss in obigem Beispiel `\psline` in `\makeatletter` ... `\makeatother` eingebettet werden, da es sich zu diesem zeitpunkt noch um TEX-Code handelt, der erst noch einmal expandiert wird, bevor er nach PostScript weitergereicht wird.

Kapitel 17

pst-tree: Bäume

Das Basispaket `pstricks` verfügt bereits über einige Makros, mit denen sich Rahmen, Kreise, Ovale usw. zeichnen lassen, die dann mit unterschiedlichsten Linien verbunden werden können. Das Paket `pst-tree` bietet darüber hinaus aber eine weitaus bessere Unterstützung zur Erstellung unterschiedlichster Bäume. Es verwendet selbst `\pst-node` (→ 16 auf Seite 165) und kann damit eine hervorragende Unterstützung für das Erstellen von Bäumen sein.

Die grundsätzliche Syntax eines Baumes ist

```
\pstree{Wurzel}{<Nachfolger>}    % TeX
\psTree{Wurzel}{Wurzel}          % TeX
    <Nachfolger>
\endpsTree
\begin{psTree}{Wurzel}           % LaTeX
    <Nachfolger>
\end{psTree}
```

Inhaltlich besteht kein Unterschied zwischen diesen beiden Versionen, `\psTree` ist lediglich die „long"-Variante. Beide setzen den gesamten Baum in eine Box dessen Baseline durch das Zentrum der Wurzel geht.

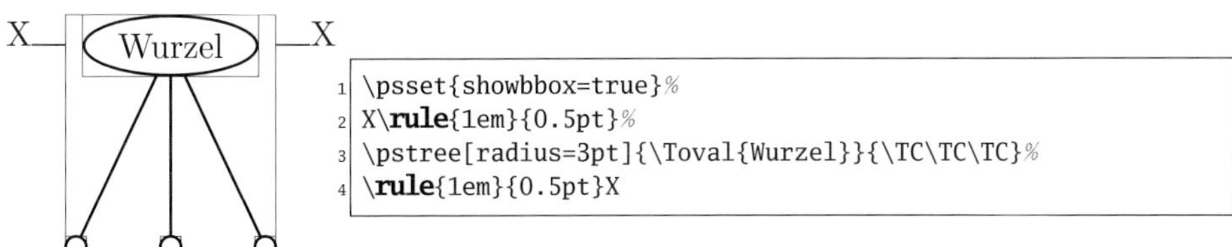


```
\psset{showbbox=true}%
X\rule{1em}{0.5pt}%
\pstree[radius=3pt]{\Toval{Wurzel}}{\TC\TC\TC}%
\rule{1em}{0.5pt}X
```

```
X\rule{1em}{0.5pt}%
\psset{showbbox=true}%
\begin{psTree}[radius=3pt]{\Toval{Wurzel}}
  \TC\TC\TC
\end{psTree}%
\rule{1em}{0.5pt}X
```

Damit es dadurch keine Schwierigkeiten mit dem vertikalen Zeilenabstand gibt, sollte man das `\pstree`-Makro bzw. die `psTree`-Umgebung entweder in eine `pspicture`-Umgebung einschließen oder mit `\vspace` für entsprechenden Leerraum sorgen. Im obigen Beispiel wird `pspicture` verwendet, wobei die Koordinaten hier natürlich nach unten, in den negativen Bereich gehen müssen. Baum und Baumverbindungen werden im Folgenden als Baumobjekte bezeichnet.

Die Wurzel sollte ein einzelnes Baumobjekt sein während ein Nachfolger beliebig zusammengesetzt sein kann. Unterbäume entstehen rekursive, ein Nachfolger besteht aus einer neuen Wurzel.

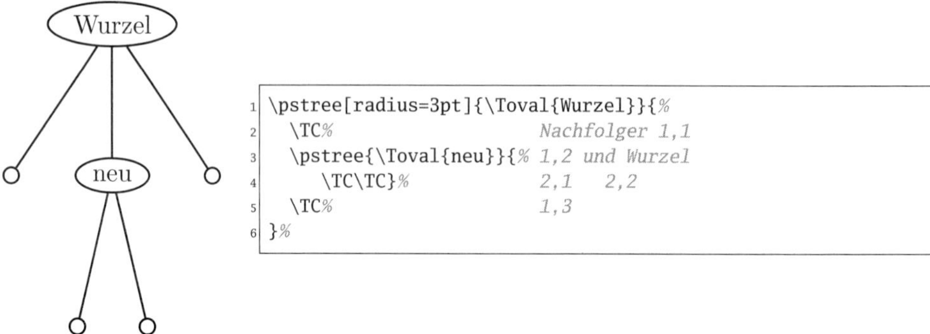


```
\pstree[radius=3pt]{\Toval{Wurzel}}{%
  \TC%                    Nachfolger 1,1
  \pstree{\Toval{neu}}{% 1,2 und Wurzel
    \TC\TC}%              2,1   2,2
  \TC%                    1,3
}%
```

An obigem Beispiel ist schon leicht zu erkennen, dass bei der Erstellung umfangreicher Bäume unbedingt eine äußere Form anzustreben ist, die die Struktur bzw. den Aufbau des Baumes leicht erkennen lässt. Ansonsten wird es sehr schwierig sein, eventuelle Fehler aufzuspüren.

17.1 Parameter für Baumknoten

Tabelle 17.1 zeigt eine Zusammenstellung der speziellen, für `pst-tree` geltenden Parameter.

Tabelle 17.1: Zusammenfassung aller Parameter für pst-tree

Name	Werte	Vorgabe
fansize	<Wert [Einheit]>	1cm
treemode	D|U|R|L	D

Name	Werte	Vorgabe
treeflip	false|true	false
treesep	<Wert [Einheit]>	0.75cm
treefit	loose|tight	tight
treenodesize	<Wert [Einheit]>	-1pt
levelsep	<*Wert [Einheit]>	2cm
edge	<Makro>	\ncline
bbl	<Wert [Einheit]>	{}
bbr	<Wert [Einheit]>	{}
bbh	<Wert [Einheit]>	{}
bbd	<Wert [Einheit]>	{}
xbbl	<Wert [Einheit]>	0
xbbr	<Wert [Einheit]>	0
xbbh	<Wert [Einheit]>	{}
xbbd	<Wert [Einheit]>	{}
showbbox	false|true	false
thistreesep	<Wert [Einheit]>	{}
thistreenodesize	<Wert [Einheit]>	{}
thistreefit	<Wert [Einheit]>	{}
thislevelsep	<*Wert [Einheit]>	{}

17.1.1 fansize

Bündel von Verzweigungen können symbolisch durch ein Dreieck dargestellt werden, wobei die Grundseite durch **fansize** vorgegeben werden kann. Das Dreieck kann mit den Parametern **nodesep** (→ 16.2.4 auf Seite 168) und **offset** (→ 16.2.12 auf Seite 172) entsprechend verschoben werden.

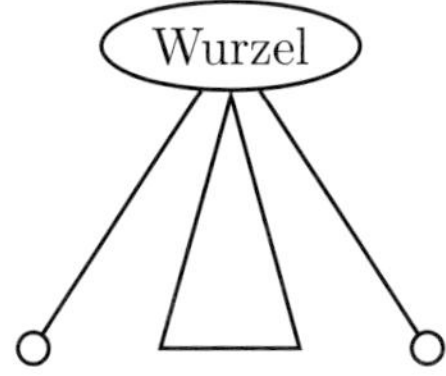


```
\pstree[radius=3pt]{\Toval{Wurzel}}{%
  \TC%
  \Tfan%
  \TC%
}%
```

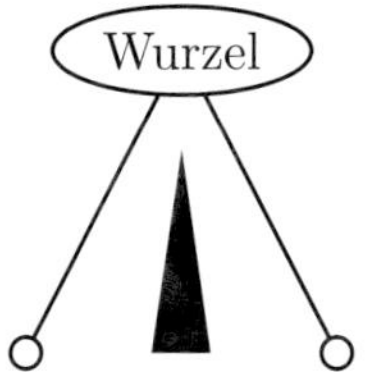


```
\pstree[radius=3pt]{\Toval{Wurzel}}{%
  \TC%
  \Tfan*[fansize=0.4cm,nodesepA=10pt]%
  \TC%
}%
```

17.1.2 treemode

Dieser Parameter legt die Richtung des Hauptbaumes oder der Teilbäume fest: (D)own, (L)eft, (R)ight, (U)p.

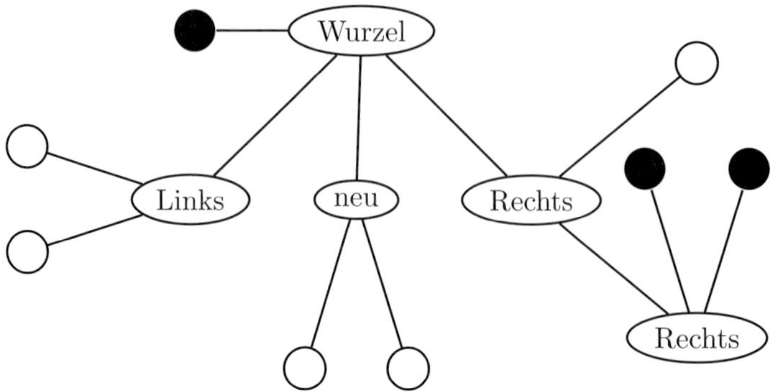

Listing 17.1: Ausrichtung der Bäume

```
\begin{pspicture}(-0.75,0.25)(0.75,-4)
  \pstree{\pstree[treemode=L]{\Toval{Wurzel}}{\TC*}}{%
      \pstree[treemode=L]{\Toval{Links}}{%
        \TC\TC}%
      \pstree{\Toval{neu}}{%
        \TC\TC}%
      \pstree[treemode=R]{\Toval{Rechts}}{%
        \TC%
        \pstree[treemode=U]{\Toval{Rechts}}{%
          \TC*\TC*}%
      }
  }%
\end{pspicture}
```

17.1.3 treeflip

Normalerweise werden alle Knoten von links nach rechts und von oben nach unten angeordnet. Diese Reihenfolge lässt sich mit dem Parameter `treeflip` sowohl global als auch lokal ändern. Die Beispiele machen dies deutlich, wo sich die Reihenfolge der Knotenenden lokal umkehrt, denn die Anordnung A-B bleibt erhalten.

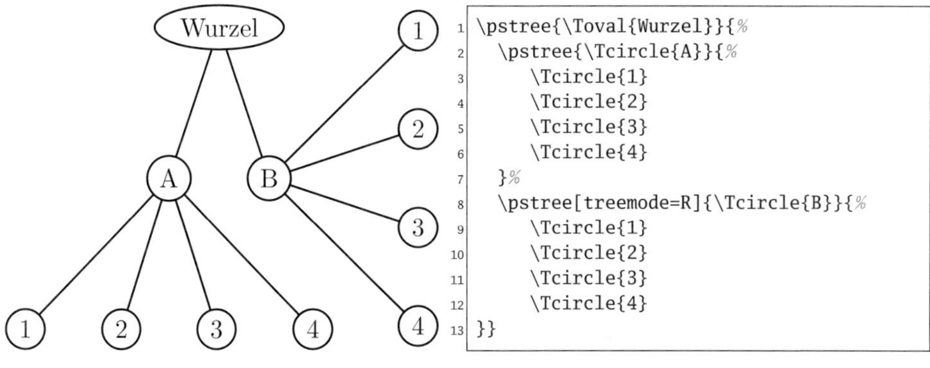


```
\pstree{\Toval{Wurzel}}{%
  \pstree{\Tcircle{A}}{%
    \Tcircle{1}
    \Tcircle{2}
    \Tcircle{3}
    \Tcircle{4}
  }%
  \pstree[treemode=R]{\Tcircle{B}}{%
    \Tcircle{1}
    \Tcircle{2}
    \Tcircle{3}
    \Tcircle{4}
}}
```

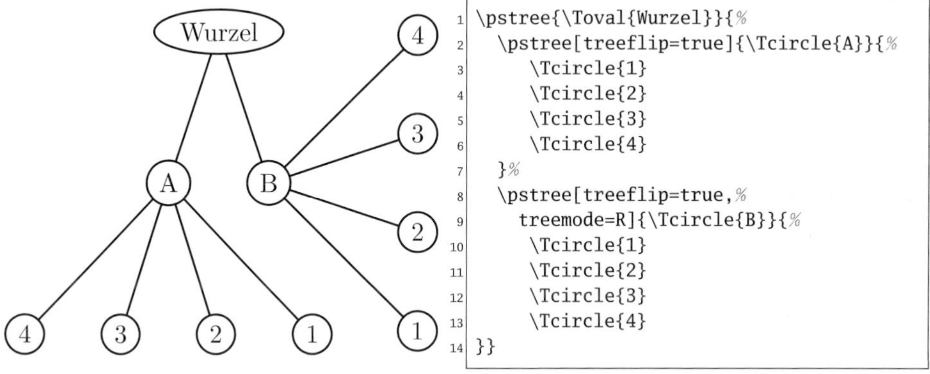


```
\pstree{\Toval{Wurzel}}{%
  \pstree[treeflip=true]{\Tcircle{A}}{%
    \Tcircle{1}
    \Tcircle{2}
    \Tcircle{3}
    \Tcircle{4}
  }%
  \pstree[treeflip=true,%
    treemode=R]{\Tcircle{B}}{%
    \Tcircle{1}
    \Tcircle{2}
    \Tcircle{3}
    \Tcircle{4}
}}
```

17.1.4 treesep und thistreesep

Der Abstand zwischen den Baumknoten kann mit dem Parameter `treesep` festgelegt werden. Dadurch wird der Gesamtbaum automatisch schmaler bzw. kleiner, was bei größeren Baumstrukturen durchaus angenehm sein kann.

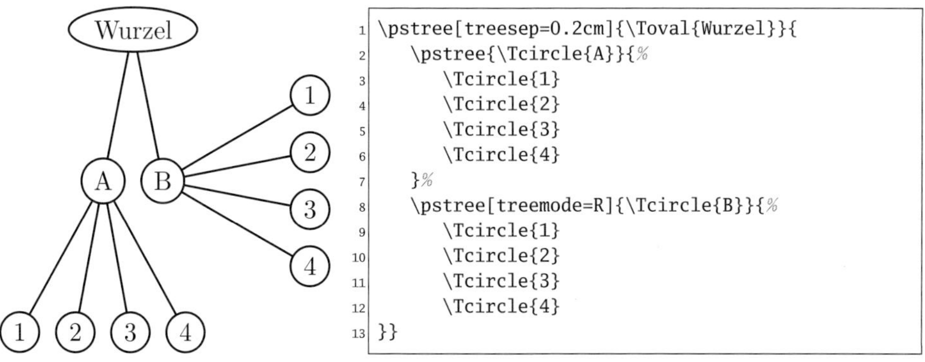


```
\pstree[treesep=0.2cm]{\Toval{Wurzel}}{
  \pstree{\Tcircle{A}}{%
    \Tcircle{1}
    \Tcircle{2}
    \Tcircle{3}
    \Tcircle{4}
  }%
  \pstree[treemode=R]{\Tcircle{B}}{%
    \Tcircle{1}
    \Tcircle{2}
    \Tcircle{3}
    \Tcircle{4}
}}
```

Mit `thistreesep` lassen sich die Änderungen auf eine einzige Ebene beschränken.

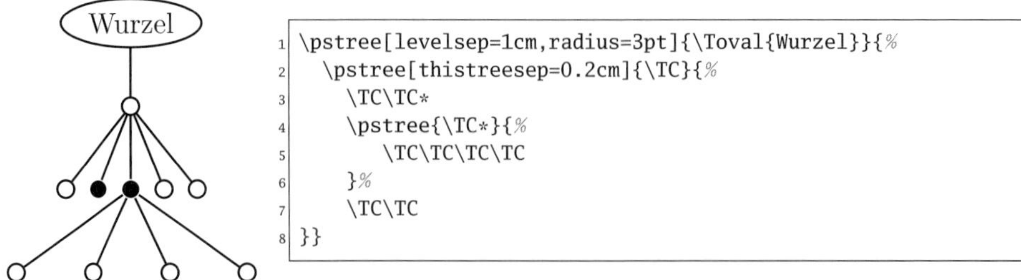


```
\pstree[levelsep=1cm,radius=3pt]{\Toval{Wurzel}}{%
  \pstree[thistreesep=0.2cm]{\TC}{%
    \TC\TC*
    \pstree{\TC*}{%
       \TC\TC\TC\TC
    }%
    \TC\TC
}}
```

17.1.5 treefit und thistreefit

`PSTricks` bestimmt den Abstand zwischen den Endknoten in Abhängigkeit von ihrem Inhalt. Dieser Abstand kann global oder lokal mit dem Parameter `treesep` fest vorgegeben werden, man kann `PSTricks` aber auch anweisen, den Abstand grundsätzlich etwas großzügiger zu bemessen.

Mit `treefit=tight` (Standard) ist der Minimalabstand zwischen zwei Knoten einer Ebene gleich `treesep` und wird nur dann nicht eingehalten, wenn Knoteninhalte sich überlappen würden.

Mit `treefit=loose` ist jetzt der Abstand der Senkrechten **aller** Knoten mindestens gleich `treesep`. Dadurch können Knoten höherliegender Ebenen weiter auseinanderliegen als Knoten tieferer Ebenen.

Liegen **alle** Knoten auf derselben Ebene, so ist zwischen `loose` und `tight` kein Unterschied.

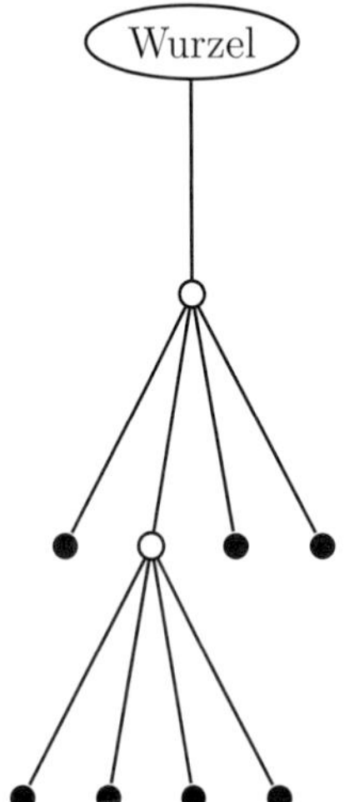


```
\pstree[treesep=0.5,radius=3pt]{\Toval{Wurzel}}{%
   \pstree{\TC}{%
      \TC*
      \pstree{\TC}{%
         \TC*
         \TC*
         \TC*
         \TC*
      }%
      \TC*
      \TC*
   }
}
```

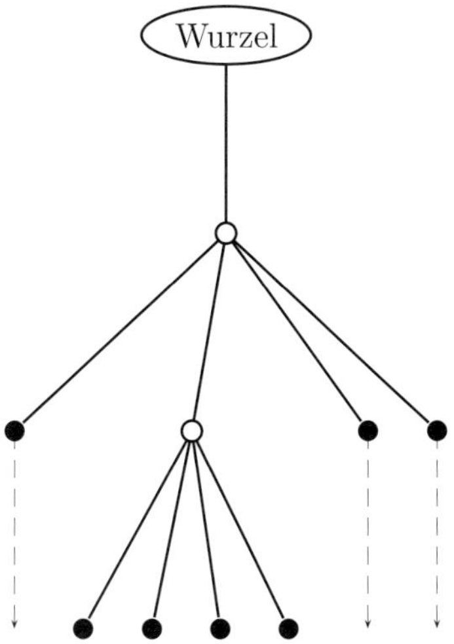

```
\pstree[treesep=0.5,radius=3pt,%
   treefit=loose]{\Toval{Wurzel}}{%
  \pstree{\TC}{%
     \TC*\rnode{A}{}
     \pstree{\TC}{%
        \TC*
        \TC*
        \TC*
        \rnode{D}{\TC*}
     }%
     \TC*\rnode{B}{}
     \TC*\rnode{C}{}%
}}
\psset{linestyle=dashed,linewidth=0.2pt,%
   arrows=->}
\pcline(A)(A|D)\pcline(B)(B|D)\pcline(C)(C|D)
```

Lokale Änderungen, bezogen auf einen Unterbaum, kann man mit **thistreefit** erreichen.

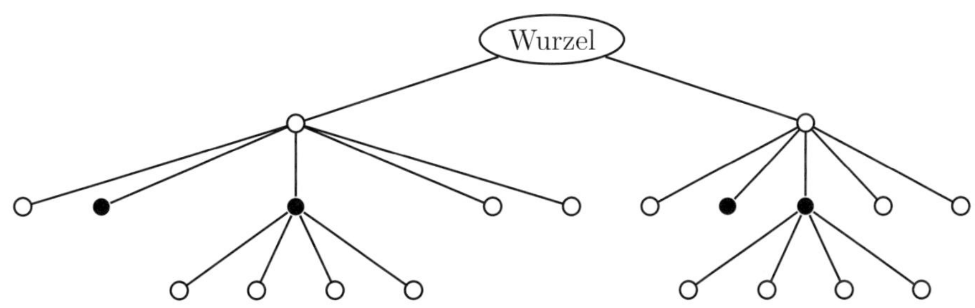

Listing 17.2: Lokale Änderung von **thistreenodesize**

```
\begin{center}
  \pstree[levelsep=1cm,radius=3pt]{%
    \Toval{Wurzel}}{%
      \pstree[thistreefit=loose]{\TC}{%
          \TC\TC*
          \pstree{\TC*}{\TC\TC\TC\TC}%
          \TC\TC
      }
      \pstree[thistreefit=tight]{\TC}{%
          \TC\TC*
          \pstree{\TC*}{\TC\TC\TC\TC}%
          \TC\TC
      }
  }
```

17.1.6 treenodesize und thistreenodesize

Befinden sich ungeradzahlig viele Knoten auf einer Ebene, die unterschiedlich breiten Inhalt aufweisen, so ist die mittlere Baumverbindung sehr häufig keine senkrechte Linie, was optisch nicht gerade ansprechend aussieht. Mit dem Parameter `treenodesize` kann man die Box auf eine feste Breite bzw. für vertikale ausgerichtete Bäume auf eine feste Höhe und Tiefe setzen, sodass die Anordnung symmetrisch wird und daher eine senkrechte Linie entsteht. In Fällen, wo man mit dieser Methode nicht das erwartete Resultat erzielt, kann mit `\space` (→ 17.2.6 auf Seite 223) individuell Zwischenraum, auch negativen einfügen.

Wurzel

1 121 12321

```
\pstree[nodesepB=4pt]{\Toval{Wurzel}}{%
   \TR{1}
   \TR{121}
   \TR{12321}
}
```

Wurzel

1 121 12321

```
\pstree[nodesepB=4pt,treenodesize=0.3cm]{%
  \Toval{Wurzel}}{%
    \TR{1}
    \TR{121}
   \TR{12321}
}
```

Lokale Änderungen, die sich ab Definition nur auf tieferliegende Bäume beziehen, kann man mit `thistreenodesize` einstellen.

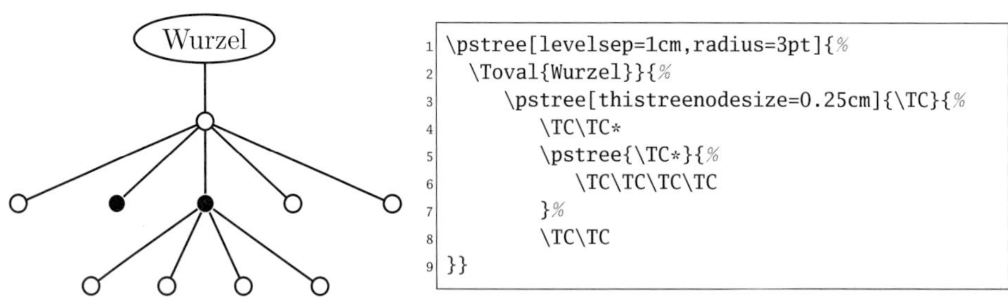


```
\pstree[levelsep=1cm,radius=3pt]{%
  \Toval{Wurzel}}{%
     \pstree[thistreenodesize=0.25cm]{\TC}{%
       \TC\TC*
       \pstree{\TC*}{%
          \TC\TC\TC\TC
       }%
       \TC\TC
}}
```

17.1.7 levelsep und thislevelsep

Bezeichnet den vertikalen bzw. horizontalen Abstand zweier Ebenen, bezogen auf das jeweilige Zentrum. Wird dem Wert des Parameters ein Stern vorangestellt, so bezieht sich die Angabe auf die Unterkante der aktuellen Box zur Oberkante der Nachfolgerbox, womit der Abstand innerhalb einzelner Level variabel ist.

```
\pstree[levelsep=1cm,radius=3pt]{\Toval{Wurzel}}{%
  \pstree{\TC}{%
    \TC
    \pstree{\TC*}{%
      \TC\TC\TC\TC
    }%
    \TC\TC
}}
```

Insbesondere für horizontal angeordnete Bäume kann damit eine bessere Darstellung erreicht werden. Das folgende Beispiel wurde mit `levelsep=3cm` erstellt. Durch die unterschiedlich langen Namen kommt es zu ungünstigen Linienlängen.

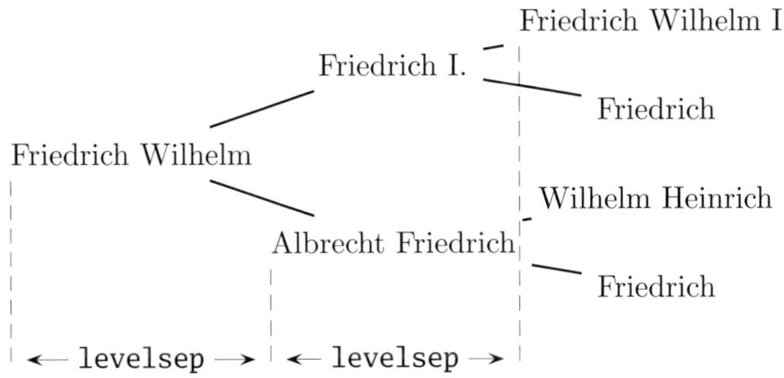

Listing 17.3: `levelsep=3cm`

```
\psset{nodesep=5pt}
\pstree[treemode=R,levelsep=3cm]{%
    \rnode{A}{}\Tr{\rnode{A}{}Friedrich Wilhelm}}{%
        \pstree{\Tr{Friedrich I.}}{%
            \Tr{\rnode{C}{}Friedrich Wilhelm I.}
            \Tr{Friedrich}%
        }
    \pstree{\Tr{\rnode{B}{}Albrecht Friedrich}}{%
        \Tr{Wilhelm Heinrich}
        \Tr{Friedrich}%
    }%
}
\psset{arrowscale=2,linewidth=0.2pt}
\pcline[linestyle=dashed](A)(A|0,-2.5)
\pcline[linestyle=dashed](B)(B|0,-2.5)
\pcline[linestyle=dashed](C)(C|0,-2.5)
\pnode(A|0,-2.3){A1}\pnode(B|0,-2.3){A2}
\ncline[arrows=<->]{A1}{A2}\ncput*{\texttt{levelsep}}
\pnode(C|0,-2.3){A3}
\ncline[arrows=<->]{A2}{A3}\ncput*{\texttt{levelsep}}
```

Mit einer Angabe von `levelseo=0.5` lässt sich dies etwas besser gestalten.

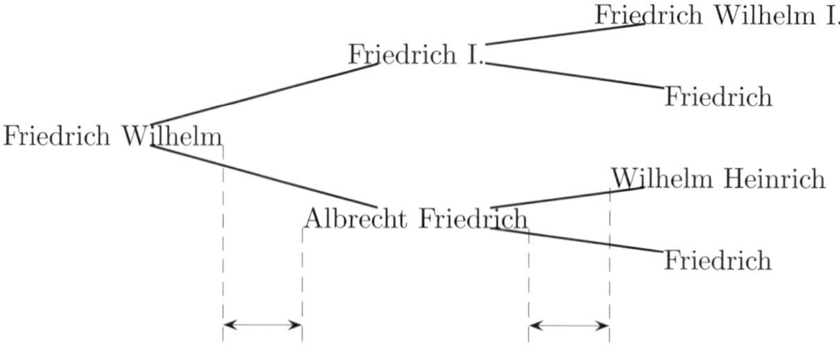

Listing 17.4: `levelsep=3cm`

```
\pstree[treemode=R,levelsep=*1cm]{%
    \Tr{Friedrich Wilhelm\rnode{A}{}}}{%
       \pstree{\Tr{Friedrich I.}}{%
           \Tr{Friedrich Wilhelm I.}
           \Tr{Friedrich}%
       }
    \pstree{\Tr{\rnode{B1}{}Albrecht Friedrich\rnode{C}{}}}{%
       \Tr{\rnode{B2}{}Wilhelm Heinrich}
       \Tr{Friedrich}%
    }%
}
\psset{arrowscale=2,linewidth=0.2pt}
\pcline[linestyle=dashed](A)(A|0,-2.5)
\pcline[linestyle=dashed](B1)(B1|0,-2.5)
\pcline[linestyle=dashed](B2)(B2|0,-2.5)
\pcline[linestyle=dashed](C)(C|0,-2.5)
\psline{<->}(A|0,-2.3)(B1|0,-2.3)
\psline{<->}(B2|0,-2.3)(C|0,-2.3)
```

Im Gegensatz zu `levelsep` kann man mit `thislevelsep` den Abstand ausschließlich für den tieferliegenden Baum festlegen.

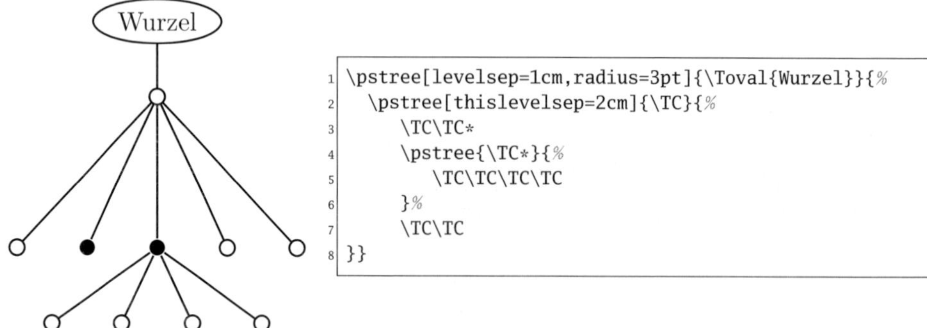


```
\pstree[levelsep=1cm,radius=3pt]{\Toval{Wurzel}}{%
  \pstree[thislevelsep=2cm]{\TC}{%
     \TC\TC*
     \pstree{\TC*}{%
        \TC\TC\TC\TC
     }%
     \TC\TC
}}
```

`PSTricks` benötigt mindestens zwei (LA)TEX-Durchläufe, um den richtigen Abstand zu berechnen. Die Werte der Zwischenrechnungen werden in der `aux`-Datei (LATEX) oder `\jobname.tmp` gespeichert.

17.1.8 edge

Am Ende einer jeden Definition eines neuen Baumknotens wird `\pssucc` cIndexpssucc (successor) auf den Namen des gerade definierten Knotens gesetzt und `\pspred` (predessessor) auf den Vorgängerknoten. Dies macht es möglich, dass man eine beliebige Linie/Kurve zwischen diesen beiden Knoten erstellen kann, beispielsweise

```
\ncline{\pspred}{\pssucc}
```

`PSTricks` hat dafür ein eigenes Makro definiert:

```
\psedge{\pspred}{\pssucc}
```

wobei `\psedge` identisch zu `\ncline`, solange man dieses Makro nicht umdefiniert, wie im folgenden Beispiel, wo man statt der einfachen Linien eben Kurven haben möchte. Eine derartige Neudefinition wirkt global auf den gesamten Baum. Mit der Option **edge** lässt sich dies auch lokal bewerkstelligen, indem als Wert ein zuvor definiertes Makro übergibt, wie ebenfalls im folgenden Beispiel zu sehen.

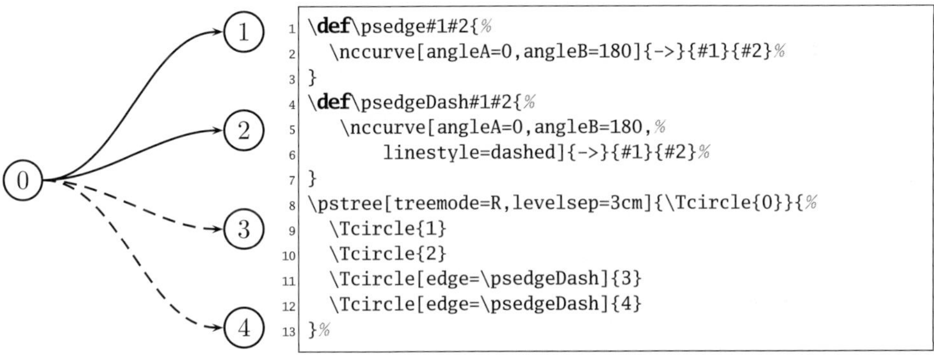


```
\def\psedge#1#2{%
  \nccurve[angleA=0,angleB=180]{->}{#1}{#2}%
}
\def\psedgeDash#1#2{%
   \nccurve[angleA=0,angleB=180,%
       linestyle=dashed]{->}{#1}{#2}%
}
\pstree[treemode=R,levelsep=3cm]{\Tcircle{0}}{%
  \Tcircle{1}
  \Tcircle{2}
  \Tcircle[edge=\psedgeDash]{3}
  \Tcircle[edge=\psedgeDash]{4}
}%
```

Das letzte Beispiel aus Abschnitt 17.1.7 auf Seite 214 lässt sich damit ebenfalls noch besser gestalten, wenn man für die Verbindungen `\ncdiagg` (→ 16.4.4 auf Seite 185) benutzt.

Listing 17.5: Definition neuer Verbindungsarten

```
\def\edgeCyan#1#2{\ncdiagg[angleA=180,arm=0pt,nodesep=2pt,%
    linecolor=cyan]{#2}{#1}}
\def\edgeBlue#1#2{\ncdiagg[angleA=180,arm=0pt,nodesep=2pt,%
    linecolor=blue]{#2}{#1}}
```

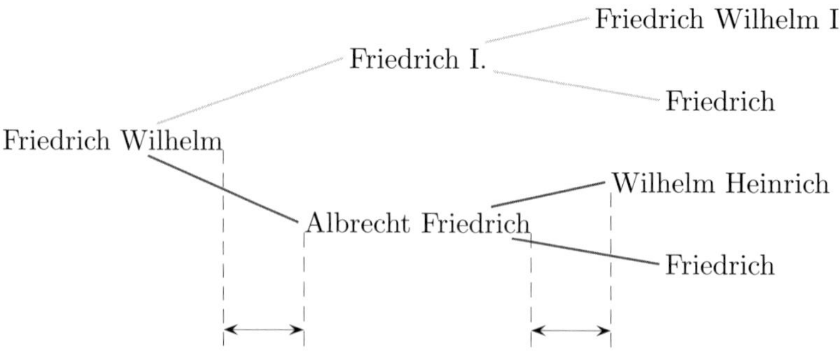

Listing 17.6: `levelsep=3cm`

```
\def\edgeRed#1#2{\ncdiagg[angleA=180,arm=0pt,%
    nodesep=2pt,linecolor=cyan]{#2}{#1}}
\def\edgeBlue#1#2{\ncdiagg[angleA=180,arm=0pt,%
    nodesep=2pt,linecolor=blue]{#2}{#1}}
\pstree[treemode=R,levelsep=*1cm]{%
    \Tr{Friedrich Wilhelm\rnode{A}{}}}{%
        \pstree{\Tr[edge=\edgeRed]{Friedrich I.}}{%
            \Tr[edge=\edgeRed]{Friedrich Wilhelm I.}
            \Tr[edge=\edgeRed]{Friedrich}%
        }
    \pstree{\Tr[edge=\edgeBlue]{%
        \rnode{B1}{}Albrecht Friedrich\rnode{C}{}}}{%
        \Tr[edge=\edgeBlue]{\rnode{B2}{}Wilhelm Heinrich}
        \Tr[edge=\edgeBlue]{Friedrich}%
    }%
}
\psset{arrowscale=2,linewidth=0.2pt}
\pcline[linestyle=dashed](A)(A|0,-2.5)
\pcline[linestyle=dashed](B1)(B1|0,-2.5)
\pcline[linestyle=dashed](B2)(B2|0,-2.5)
\pcline[linestyle=dashed](C)(C|0,-2.5)
\psline{<->}(A|0,-2.3)(B1|0,-2.3)
\psline{<->}(B2|0,-2.3)(C|0,-2.3)
```

Möchte man die Makros nicht extra ausserhalb von **pstree** definieren, so kann man sie auch direkt **edge** zuweisen. Sollen diesen Makros ebenfalls Parameter zugewiesen werden, so muss die gesamte Definition in {} eingeschlossen werden.

```
\qquad%
\pstree[nodesepB=3pt,arrows=->,levelsep=2cm]{%
  \Tdia{$\substack{o|o\\\_}$}}{%
    \TR[edge={\ncbar[angle=180,armB=0.3cm]}]{$x$}
    \TR{$y$}
    \TR[edge={\ncbar[armB=0.3cm]}]{$z$}
  }
```

17.1.9 showbbox

Label werden grundsätzlich unabhängig von der jeweiligen Boxgröße gesetzt. Dies bedeutet, dass Label ohne weiteres außerhalb der regulären Box liegen können, womit ein `\psframebox` ein falsches Ergebnis liefert, wie in der Abbildung 17.1 gezeigt wird.

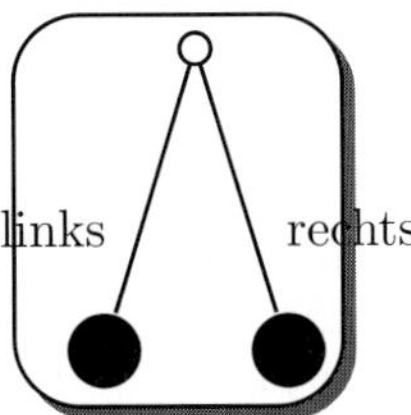

Abbildung 17.1: Falsche Bounding-Box

Mit `showbox=true` kann man sich die aktuelle Boxumrandung anzeigen lassen, um dann mit den Boxoptionen korrekte Maße zu erreichen. Dies wird im folgenden Abschnitt am gleichen Beispiel gezeigt.

17.1.10 bb? und xbb?

In einigen der vorhergehenden Beispiele war es manchmal schwierig, die Größe der Bounding Box korrekt vorzugeben. `pst-tree` stellt insgesamt acht Parameter bereit, mit denen die umgebende Box des Knotens beeinflusst werden kann.

bb? Die Bounding-Box wird auf die angegebenen Werte gesetzt.

xbb? Die Bounding-Box wird um die angegebenen Werte erhöht bzw. verkleinert.

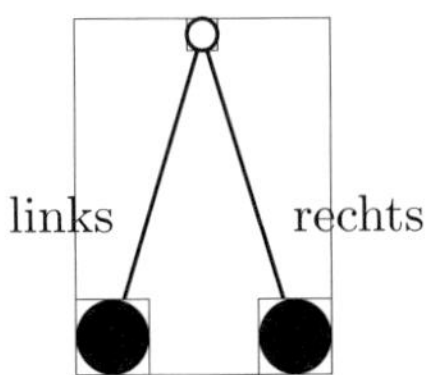


```
\psset{tpos=.6,showbbox=true}
\pstree{\Tc{3pt}}{%
    \TC*^{links}
    \TC*_{rechts}
}
```

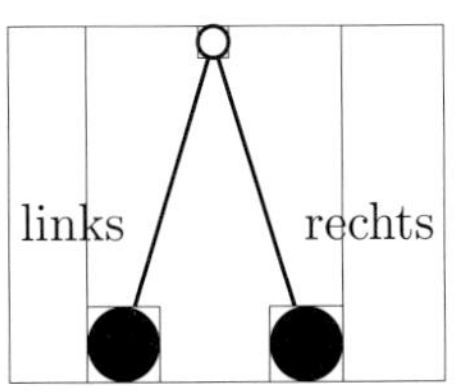


```
\psset{tpos=.6,showbbox=true}
\pstree[xbbl=15pt,xbbr=20pt]{\Tc{3pt}}{%
    \TC*^{links}
    \TC*_{rechts}
}
```

Mit der Korrektur der umgebenden Box kann man jetzt erfolgreich auch beispielsweise `\psshadowbox` nutzen (Abbildung 17.2).

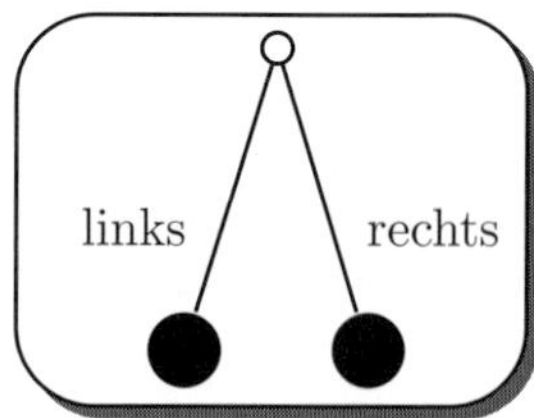

Abbildung 17.2: Korrekte Bounding-Box

17.2 Baumknoten

Für die meisten in Kapitel 16 auf Seite 165 behandelten Knotenmakros gibt es hier Entsprechungen, die in Tabelle 17.2 zusammengefasst sind.

Bis auf die im Folgenden beschriebenen Unterschiede ist ihr Verhalten identisch, sodass hier nicht weiter darauf eingegangen werden muss.

- Für sämtliche Baumknoten existiert ein optionales Argument, selbst wenn die Originaldefinition aus Kapitel 16 auf Seite 165 keines zulässt.
- Baumknoten haben kein Argument für einen Knotennamen.
- Baumknoten werden grundsätzlich automatisch positioniert, Koordinaten können nicht vorgegeben werden.
- Referenzpunkte für `\Tr` sind über den Parameter `ref` zu setzen.
- `\TCircle` steht nur zur Verfügung, wenn `pstricks-add` geladen wird.

Tabelle 17.2: Aus Kapitel 16 abgeleitete Baumknoten

Name	Sternversion	Langform
\Tp[<Parameter>]	ja	\pnode
\Tc[<Parameter>]{<Wert [Einheit]}	ja	\cnode
\TC[<Parameter>]	ja	\Cnode
\Tf[<Parameter>]	ja	\fnode
\Tdot[<Parameter>]	ja	\dotnode
\Tr[<Parameter>]{<Material>}	ja	\rnode
\TR[<Parameter>]{<Material>}	ja	\Rnode
\Tcircle[<Parameter>]{<Material>}	ja	\circlenode
\TCircle[<Parameter>]{<Material>}	ja	\Circlenode
\Toval[<Parameter>]{<Material>}	ja	\ovalnode
\Tdia[<Parameter>]{<Material>}	ja	\dianode
\Ttri[<Parameter>]{<Material>}	ja	\trinode

Listing 17.7: `levelsep=3cm`

```
\psset{levelsep=3cm,labelsep=5pt}
\pstree[treemode=U,angleB=-90,angleA=90,treenodesize=0.7cm]{%
  \pstree[treemode=D,angleA=-90,angleB=90,%
     treenodesize=0.3cm]{\Toval{Baumknoten}}{
```

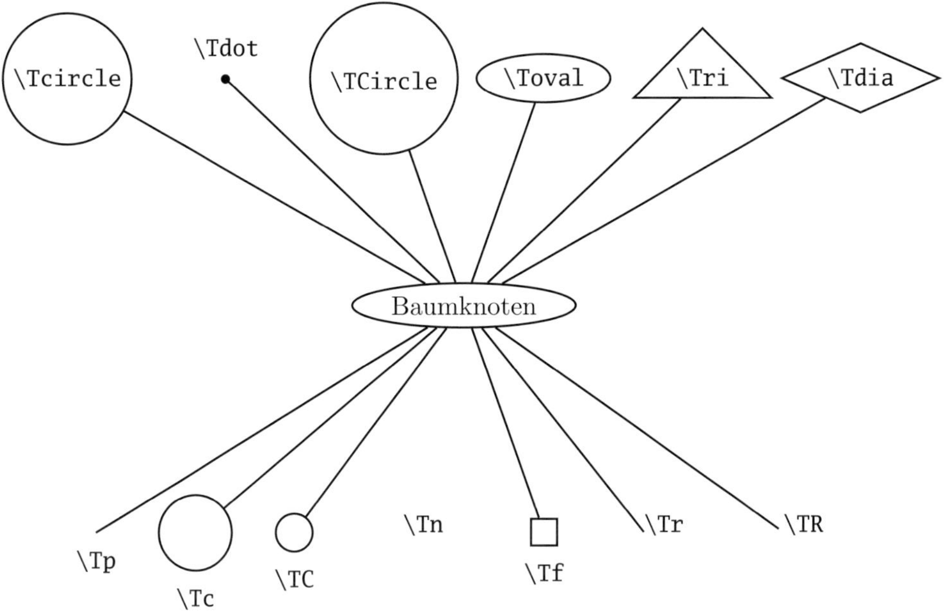

Abbildung 17.3: Zusammenstellung der verschiedenen Baumknoten

```
      \Tp~{\CMD{Tp}}
      \Tc{.5}~{\CMD{Tc}}
      \TC~{\CMD{TC}}
      \Tn~{\CMD{Tn}}
      \Tf~{\CMD{Tf}}
      \Tr~{\CMD{Tr}}
      \TR~{\CMD{TR}}
   }%
}{
   \Tcircle{\CMD{Tcircle}}
   \Tdot~{\CMD{Tdot}}
   \TCircle[radius=1]{\CMD{TCircle}}
   \Toval{\CMD{Toval}}
   \Ttri{\CMD{Tri}}
   \Tdia{\CMD{Tdia}}
}
```

17.2.1 \TR und \Tr

In der Abbildung 17.3 wird der Unterschied zwischen den beiden Knotenvarianten nicht unbedingt deutlich, sodass er hier noch einmal behandelt werden soll. Im Abschnitt 16.3.2 auf Seite 178 wurde auf der reinen Knotenebene der Unterschied von \rnode zu \Rnode herausgestellt, der Knotenmittelpunkt ist bei \rnode der geometrische Mittelpunkt der Box und bei \Rnode. der Mittelpunkt der Baseline innerhalb der Box. Insbesondere bei vertikalen Baumstrukturen ist es besser, wenn

Text horizontal betrachtet auf derselben Basislinie liegt. In solchen Fällen macht dann nur die Anwendung von \TR Sinn.

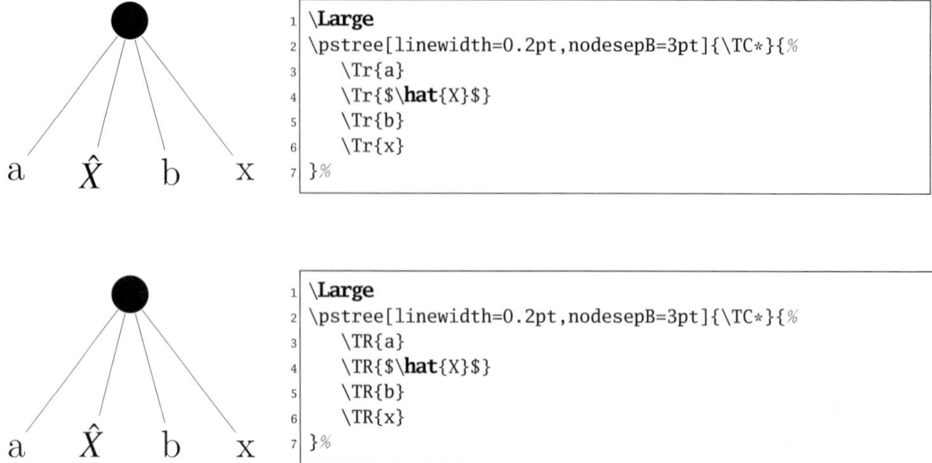


```
\Large
\pstree[linewidth=0.2pt,nodesepB=3pt]{\TC*}{%
    \Tr{a}
    \Tr{$\hat{X}$}
    \Tr{b}
    \Tr{x}
}%
```

```
\Large
\pstree[linewidth=0.2pt,nodesepB=3pt]{\TC*}{%
    \TR{a}
    \TR{$\hat{X}$}
    \TR{b}
    \TR{x}
}%
```

17.2.2 \Tn – Nullknoten

Immer dann, wenn man sich den Platz für einen zukünftigen Knoten freihalten oder ganz einfach eine Gruppe von Knoten gegenüber anderen absetzen will, bietet sich der Einsatz des Nullknotens an, der nichts weiter macht, als eben den Platz belegen.

```
\Tn{<Material>}
```

Diesem Knoten kann man dennoch beliebiges Material, beispielweise einen Text zuordnen.

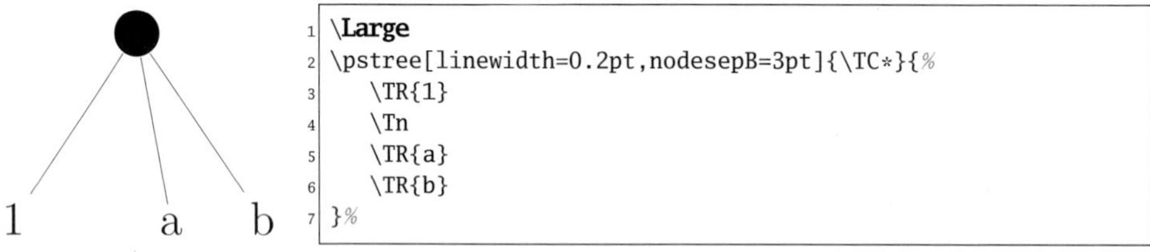


```
\Large
\pstree[linewidth=0.2pt,nodesepB=3pt]{\TC*}{%
    \TR{1}
    \Tn
    \TR{a}
    \TR{b}
}%
```

17.2.3 \Tfan

Ein weiterer spezieller Knoten ist \Tfan, den man beispielsweise als symbolische Baumfortsetzung einsetzen kann, wenn die Baumstruktur zu weit gefächert wäre.

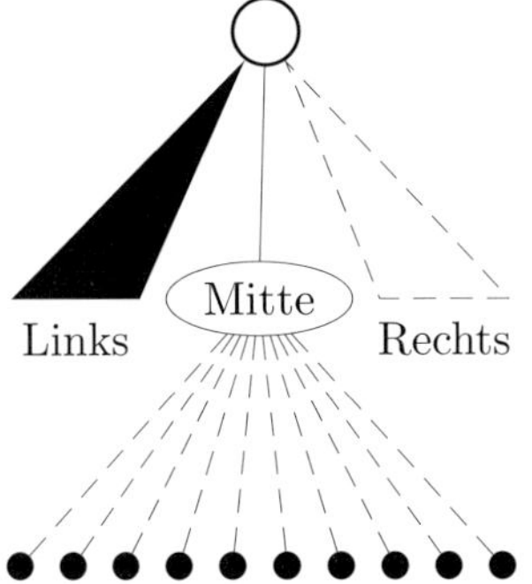


```
\pstree[treesep=0.2cm,linewidth=0.2pt,%
    radius=3pt]{\TC}{%
  \Tfan*{\uput[-90](0,0){Links}}
  \pstree[linestyle=dashed]{\Toval{Mitte}}{%
      \TC*\TC*\TC*\TC*\TC*\TC*\TC*\TC*\TC*\TC*
  }
  \Tfan[linestyle=dashed]{%
    \uput[-90](0,0){Rechts}}
}%
```

17.2.4 \pssucc

\pssucc enthält jeweils **nach** der Definition eines Baumknotens den internen Namen dieses neuen Knotens.

17.2.5 \pspred

\pspred enthält jeweils **nach** der Definition eines Baumknotens den internen Namen des auf diesen Knoten weisenden Vorgängers.

17.2.6 tspace

Für spezielle Fälle, in denen die vorstehend beschriebenen Methoden nicht zum Ziel führen, kann man mit \tspace individuellen Zwischenraum einfügen.

```
\tspace{<Wert [Einheit]>}
```

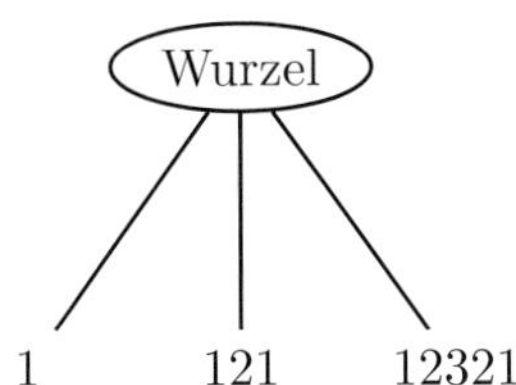


```
\begin{pspicture}(0,0.25)(0.5,-2)
\pstree[nodesepB=4pt]{\Toval{Wurzel}}{%
  \TR{1}
  \tspace{10pt}
  \TR{121}
  \TR{12321}
}
\end{pspicture}
```

17.2.7 \psedge

Auf \psedge wurde bereits in Abschnitt 17.1.8 auf Seite 217 hingewiesen, wo sich auch entsprechende Beispiele finden. Hier soll nur noch einmal der Vollständigkeit halber die Syntax angegeben werden.

```
\psedge{<KnotenA>}{<KnotenB>}{<Verbindungsmakro>}
```

`\psedge` kann auch als leer definiert werden, wenn keine Verbindungslinien erwünscht sind `\def\psedge#1#2{}`. Die beiden Knoten sind prinzipiell durch die beiden Knoten `\pssucc` `\pspred` vorgegeben.

17.3 Label

Unmittelbar nach einer Neudefinition eines Knotens (Ausnahme Wurzel) wird die Verbindungslinie vom Vorgänger zu diesem aktuellen Knoten erstellt. Da intern die Makros aus `pst-node` benutzt werden, sind nach dem Erstellen dieser Verbindung die Koordinaten der beiden Knoten `\pssucc` und `\pspred` nach wie vor gespeichert, sodass die aus Kapitel 16 auf Seite 165 bekannten Labelmakros benutzt werden können. Insbesondere mit den `\t?put`-Varianten konnte man auf einfache Weise vertikal oder horizontal angeordnete Label erstellen.

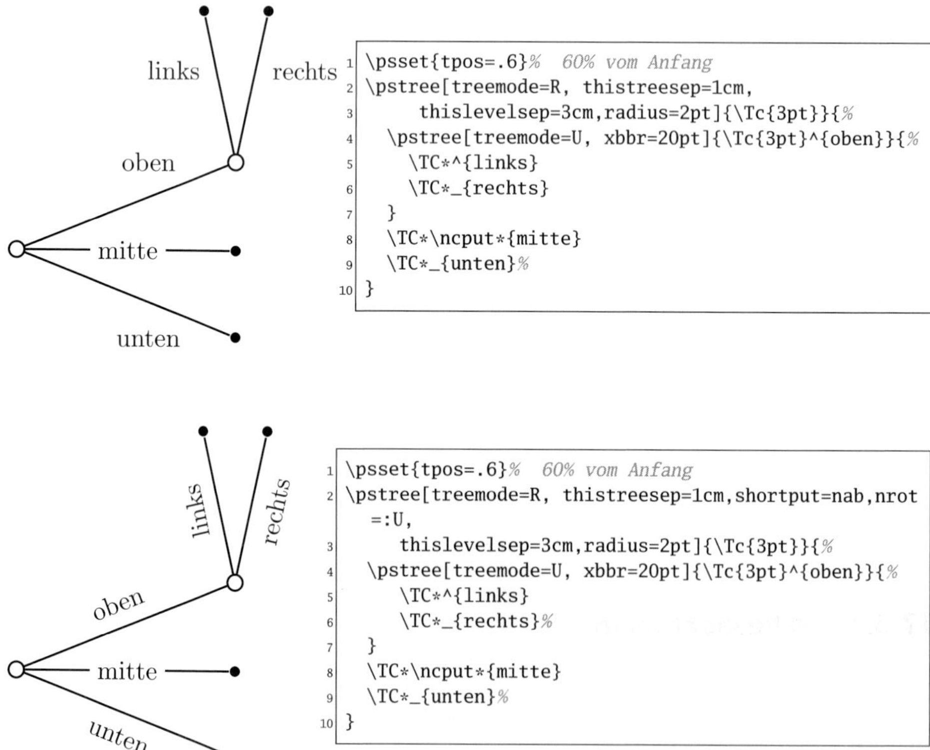


```
\psset{tpos=.6}% 60% vom Anfang
\pstree[treemode=R, thistreesep=1cm,
      thislevelsep=3cm,radius=2pt]{\Tc{3pt}}{%
  \pstree[treemode=U, xbbr=20pt]{\Tc{3pt}^{oben}}{%
    \TC*^{links}
    \TC*_{rechts}
  }
  \TC*\ncput*{mitte}
  \TC*_{unten}%
}
```

```
\psset{tpos=.6}% 60% vom Anfang
\pstree[treemode=R, thistreesep=1cm,shortput=nab,nrot
   =:U,
      thislevelsep=3cm,radius=2pt]{\Tc{3pt}}{%
  \pstree[treemode=U, xbbr=20pt]{\Tc{3pt}^{oben}}{%
    \TC*^{links}
    \TC*_{rechts}%
  }
  \TC*\ncput*{mitte}
  \TC*_{unten}%
}
```

Ebenso steht das Makro `\nput` (→ 16.6.3 auf Seite 195) zur Verfügung, welches sich auf einen einzelnen Knoten bezieht, was hier dann immer `\pssucc` wäre. Weiterhin definiert `pst-tree` noch spezielle Optionen:

```
~[<Optionen>]{<Material>}
~*[<Optionen>]{<Material>}
```

Sie entsprichen im Wesentlichen dem `\nput`, nur hier ausschließlich für Baumverbindungen gedacht. Dabei kann diese Kurzform ohne weiteres in Kombination mit anderen Kurz- oder Langformen auftreten, sodass man in einem Schritt zwei Label setzen kann. Es gilt dabei nur Folgendes zu beachten:

> Wird die „~“-Variante in Kombination mit anderen Labelmakros eingesetzt, so muss „~“ zwingend als erstes nach dem Knotenmakro folgen.

Das folgende Beispiel zeigt faktisch jede mögliche Kombination an Labeln.

shortput=nab Anweisung, dass die Kurzformen durch die `n?put`-Langformen ersetzt werden sollen.

nrot=:U Sämtliche Label sollen parallel zur Linie erscheinen.

~{B}^{oben} Der Knoten erhält als Label „B“ und die vom Vorgänger kommende Verbindung über dieser Linie das Lebel „oben“.

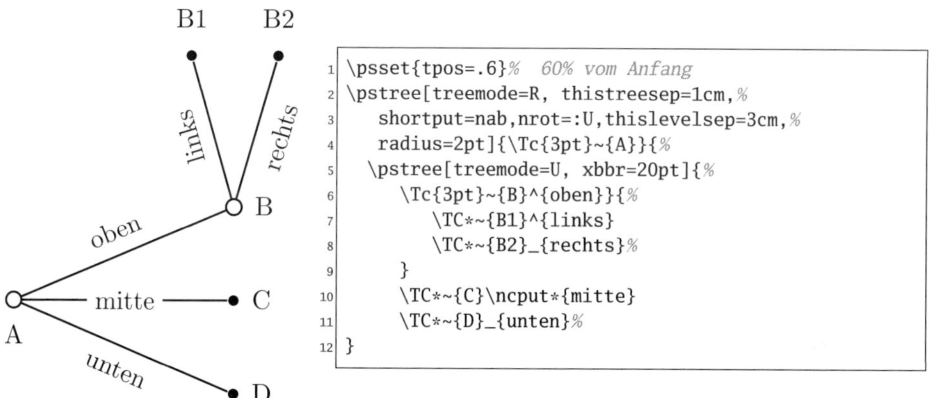


```
\psset{tpos=.6}% 60% vom Anfang
\pstree[treemode=R, thistreesep=1cm,%
  shortput=nab,nrot=:U,thislevelsep=3cm,%
  radius=2pt]{\Tc{3pt}~{A}}{%
 \pstree[treemode=U, xbbr=20pt]{%
   \Tc{3pt}~{B}^{oben}}{%
     \TC*~{B1}^{links}
     \TC*~{B2}_{rechts}%
   }
   \TC*~{C}\ncput*{mitte}
   \TC*~{D}_{unten}%
}
```

17.3.1 MakeShortTnput

Analog zu den Abschnitten 16.2.16 auf Seite 174 und 16.2.16.3 auf Seite 175 kann man auch für das `pst-tree` spezielle Makro „~“ ein anderes Zeichen oder aber auch einen längeren Namen definieren.

```
\MakeShortTnput{<Zeichen>}
```

Eine zulässige Definition wäre beispielsweise `\MakeShortTnput{\tnput}`, wenn man den Problemen, die auch für das „~“ bestehen, aus dem Weg gehen will.

Tabelle 17.3: Zusammenfassung aller Label-Parameter

Name	Werte	Vorgabe
tnpos	l|r|a|b	{}
tnsep	<Wert[Einheit]>	{}
tnheight	<Wert[Einheit]>	\ht\strutbox
tndepth	<Wert[Einheit]>	\dp\strutbox
tnyref	<Zahl>	{}

17.3.2 Label Parameter

17.3.2.1 tnpos

Mit dieser Option lassen sich die Label beliebig anordnen, „(l)eft, (r)ight, (a)bove, (b)elow".

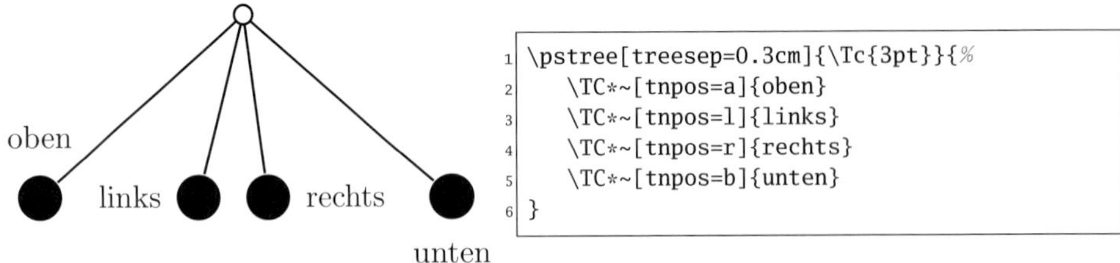


```
\pstree[treesep=0.3cm]{\Tc{3pt}}{%
   \TC*~[tnpos=a]{oben}
   \TC*~[tnpos=l]{links}
   \TC*~[tnpos=r]{rechts}
   \TC*~[tnpos=b]{unten}
}
```

17.3.3 tnsep

Im Normalfall nimmt PSTricks für den Abstand des Labels zur Box labelsep. Wird tnsep auf einen beliebigen Wert gesetzt, so wird dieser genommen. Ist er zudem negativ, so wird der Abstand vom Knotenzentrum aus und nicht vom Knotenrand gemessen.

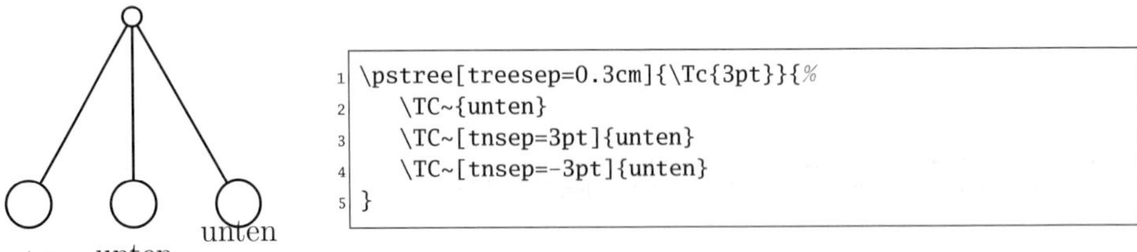


```
\pstree[treesep=0.3cm]{\Tc{3pt}}{%
   \TC~{unten}
   \TC~[tnsep=3pt]{unten}
   \TC~[tnsep=-3pt]{unten}
}
```

17.3.4 tnheight und tndepth

Label sind horizontal betrachtet immer auf dieselbe Baseline bezogen. In manchen Anwendungsfällen kann es jedoch erwünscht sein, die Ausrichtung an den Knoten vorzunehmen. Für diesen Fall kann man mit `tnheight=0pt` dafür sorgen, dass die Labelboxen faktisch keine Höhe, sondern nur noch eine Tiefe aufweisen, sodass alle Label gleich weit von den Knoten entfernt angeordnet sind. Gleiches gilt für `tndepth`, wenn der Baum nach oben angeordnet ist.

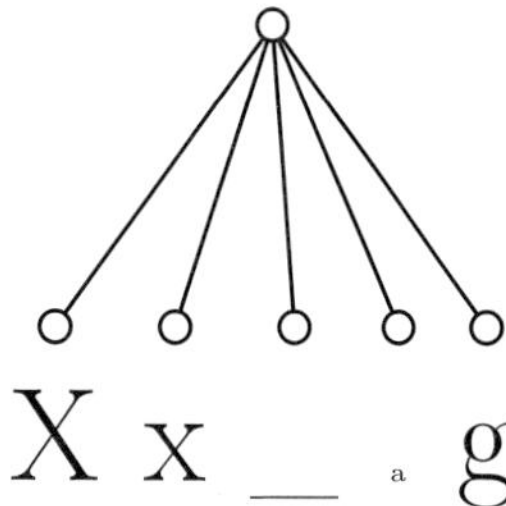


```
\Huge
\pstree[treesep=0.3cm,radius=3pt]{\Tc{3pt}}{%
    \TC~{X}
    \TC~{x}
    \TC~{\_}
    \TC~{\tiny a}
    \TC~{g}
}
```

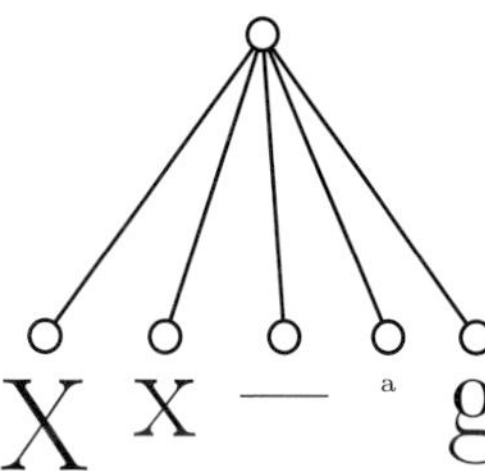


```
\Huge
\pstree[treesep=0.3cm,radius=3pt,%
     tnheight=0pt]{\Tc{3pt}}{%
   \TC~{X}
   \TC~{x}
   \TC~{\_}
   \TC~{\tiny a}
   \TC~{g}
}
```

17.3.5 tnyref

Wenn diese Option leer ist, was `{}` entspricht, dann wird für die vertikale Positionierung des Labels `\vref` benutzt (→ 16.2.1 auf Seite 167), wobei `vref` den vertikalen Abstand von der Baseline bis zur Oberkante der umgebenden Box bezeichnet. Mit 0 <`tnyref`< 1 kann stattdessen ein beliebiger Wert dieser Länge gewählt werden.

```
\psset{levelsep=3cm,levelsep=1cm,labelsep=5pt,%
    treenodesize=0.4}
\Huge
\pstree[treemode=L,angleB=-90,angleA=90]{%
   \pstree[treemode=R,angleA=-90,angleB=90]{\TC*}{
      \TC~{j}\TC~{G}\TC~{X}\TC~{g}\TC~{\_}\TC~{H}
   }%
}{\TC~{G}\TC~{g}\TC~{j}\TC~{X}\TC~{\_}\TC~{H}}
%
\psset{tnyref=0.3}% <-----
\pstree[treemode=L,angleB=-90,angleA=90]{%
   \pstree[treemode=R,angleA=-90,angleB=90]{\TC*}{
      \TC~{j}\TC~{G}\TC~{X}\TC~{g}\TC~{\_}\TC~{H}
   }%
}{\TC~{G}\TC~{g}\TC~{j}\TC~{X}\TC~{\_}\TC~{H}}
```

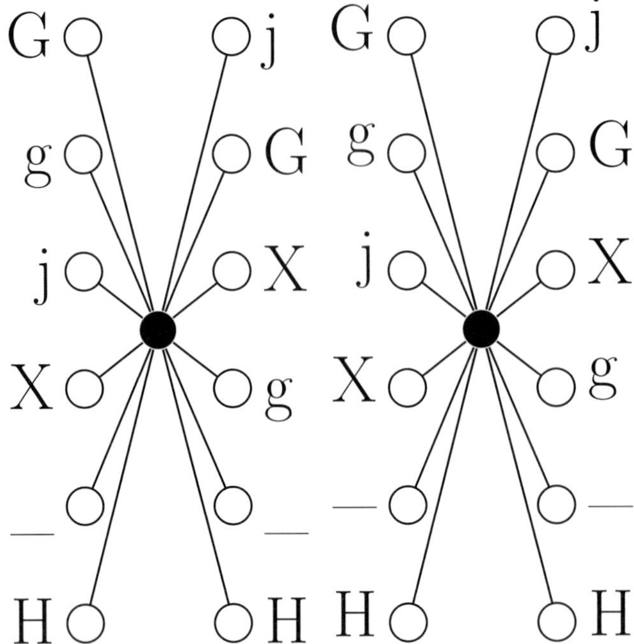

17.4 \skiplevel und \skiplevels

Normalerweise geht eine Verbindung von einer Ebene zur nächsten. Mit den Makros \skiplevel bzw. \skiplevels kann man einzelne Ebenen überspringen und eine Verbindung zum Vor-Vorgänger gehen lassen.

```
\skiplevel[<Parameter>]{<Knoten oder Unterbaum>}
\skiplevels[<Parameter>]{int}%                TeX
    <Knoten oder Unterbäume>
\endskiplevels
\begin{skiplevels}[<Parameter>]{int}%         LaTeX
    <Knoten oder Unterbäume>
\end{skiplevels}
```

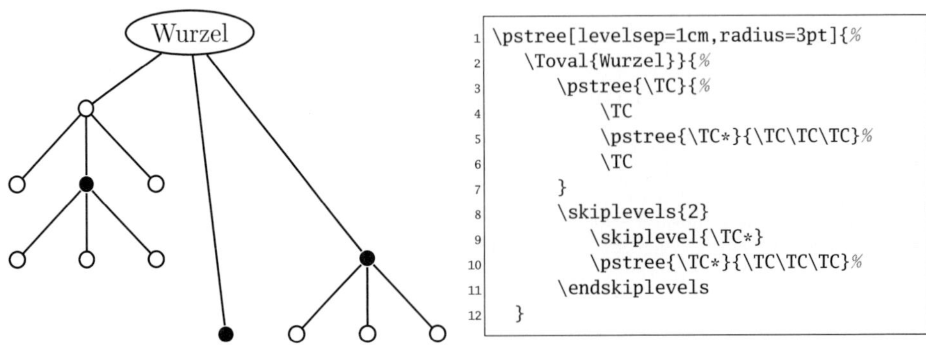


```
\pstree[levelsep=1cm,radius=3pt]{%
   \Toval{Wurzel}}{%
      \pstree{\TC}{%
         \TC
         \pstree{\TC*}{\TC\TC\TC}%
         \TC
      }
      \skiplevels{2}
         \skiplevel{\TC*}
         \pstree{\TC*}{\TC\TC\TC}%
      \endskiplevels
   }
```

`\skiplevels` lässt sich durch geschachtelte `\skiplevel ersetzen`, sodass man die Methode, die einem mehr zusagt, verwenden kann.

17.5 Beispiele

Hier sollen nur zwei komplexere Beispiele angegeben werden, weitere findet man auf den PSTricks-Webseiten http://PSTricks.de und http://www.tug.org/applications/PSTricks/.

pst-node hat insbesondere für das `\psmatrix`-Makro die Option **name** definiert. Diese kann auch hier verwendet werden, um so auf einfache Weise Knoten symbolische Namen zu geben, um dann auf sie zugreifen zu können. Die Syntax ist am Beispiel des `\TC`-Knoten gezeigt, ist aber für alle anderen Knotentypen identisch:

```
\TC[name=<Knotenname>]
```

Listing 17.8: Anwendung der **name**-Option

```
\psset{dotsize=4pt}
\pstree[thislevelsep=0,edge=none,levelsep=2.5cm]{\Tn}{%
   \pstree{\TR{Player 1}}{%
      \pstree{\TR{Player 2}}{\TR{Player 3}}%
   }
   \psset{edge=\ncline}
    \pstree{\pstree[treemode=R]{\Tcircle{\Large A}}{\Tdot~{(0,0,0)}^{N}}}{%
         \pstree{\Tcircle[name=A]{\Large B}^{L}}{%
           \Tdot ~{(-10,10.-10)} ^{l}
           \pstree{\Tcircle[name=C]{\Large D} _{r}}{%
             \Tdot ~{(3,8,-4)} ^{c}
             \Tdot ~{(-8,3,4)} _{d}}}
         \pstree{\Tcircle[name=B]{\Large C}_{R}}{%
           \Tdot ~{(10,-10.0)} ^{l}
           \pstree{\Tcircle[name=D]{\Large D}_{r}}{%
             \Tdot ~{(4,8,-3)} ^{c}
             \Tdot ~{(0,-5,0)} _{d}}%
         }%
    }%
}
\psset{linearc=0.3,boxsize=0.5,linestyle=dashed,nodesep=0.4,arcangle=20}
\ncbox[linecolor=red]{A}{B}
\ncarcbox[linecolor=blue]{D}{C}
```

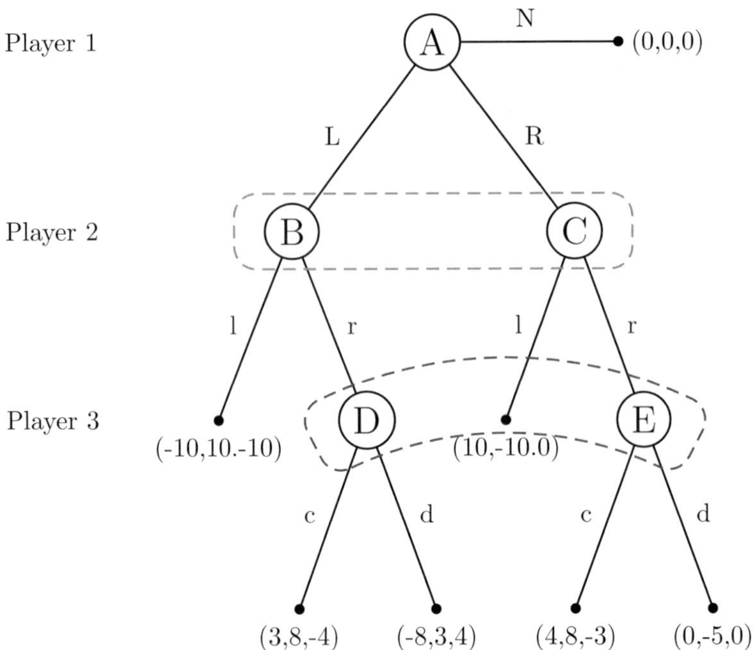

Listing 17.9: Quellcode zu Abbildung 17.4

```
\makeatletter
\def\MyNodeA{\@ifnextchar[{\MyNodeA@i}{\MyNodeA@i[]}}
\def\MyNodeA@i[#1]#2{\Tr[#1]{\psframebox{#2}}}
\def\MyNodeB{\@ifnextchar[{\MyNodeB@i}{\MyNodeB@i[]}}
\def\MyNodeB@i[#1]#2{\TR[#1]{\psframebox{#2}}}
\def\MyNodeC{\@ifnextchar[{\MyNodeC@i}{\MyNodeC@i[]}}
\def\MyNodeC@i[#1]#2#3{\Tr[#1]{\rnode[b]{#2}{\psframebox{#3}}}}
\makeatother

\rotateleft{%
\pstree[arrows={-*},arrowscale=2,nodesepB=0.1]{\MyNodeA[ref=b]{matrix package}}{%
    \pstree[treesep=-2,levelsep=1.5] {\MyNodeC[ref=t]{Types}{matrix types}}{%
        \psset{levelsep=0.8,labelsep=0.1}%
        \def\pspred{Types}%
        \MyNodeB[href=-0.4]{\Rnode[href=-0.4]{Dense}{dense matrices}}
        \tlput[tpos=0.44]{0.7}
        \skiplevels{1}
            \MyNodeB{\Rnode{Sparse}{sparse matrices}}
            \tlput[tpos=0.58]{0.3}
        \endskiplevels
        \pspolygon*([nodesep=3.3]{\pspred}Dense)(\pspred)([nodesep=2.8]{\pspred}
          Sparse)
        \skiplevels{2}
            \MyNodeB[href=0.3]{\Rnode[href=0.3]{Real}{real matrices}}
            \tlput[tpos=0.65]{0.7}
        \endskiplevels
        \skiplevels{3}
            \MyNodeB[href=0.3]{\Rnode[href=0.3]{Complex}{complex matrices}}
            \tlput[tpos=0.7]{0.3}
        \endskiplevels
```

```
      \pspolygon*([nodesep=2.75]{\pspred}Real)(\pspred)([nodesep=2.3]{\pspred}
        Complex)
      \skiplevels{4}
          \MyNodeB[href=0.4]{rectangular matrices}
      \endskiplevels
      \psset{arrows={-o},tpos=0.78}%
      \skiplevels{5}
          \MyNodeB[href=0.4]{symmetric matrices}
          \tlput[tpos=0.74]{0.3}
      \endskiplevels
      \skiplevels{6}
          \MyNodeB[href=0.5]{diagonal matrices}
          \tlput{0.3}
      \endskiplevels
      \skiplevels{7}
          \MyNodeB[href=0.5]{triangular matrices}
          \tlput{0.3}
      \endskiplevels
      \skiplevels{8}
          \MyNodeB[href=1]{band matrices}
          \tlput[labelsep=0]{0.1}
      \endskiplevels
      \tspace{6}\Tn%
  }
  \pstree[treesep=-3.5,levelsep=1.5]%
    {\MyNodeC[ref=t]{Computation}{matrix computation types}}{%
      \def\pspred{Computation}%
      \MyNodeB[href=0.6]{factorizations}
      \psset{levelsep=0.8,labelsep=0.05,tpos=0.8}%
      \skiplevels{1}
          \MyNodeB[href=-0.4]{%
          \Rnode[href=-0.4]{Linear}{linear systems}}
          \tlput[tpos=0.7]{0.3}
      \endskiplevels
      \skiplevels{2}
          \MyNodeB[href=-0.6]{least squares}
          \tlput[tpos=0.75]{0.2}
      \endskiplevels
      \skiplevels{3}
          \MyNodeB[href=-0.6]{eigenvalues}
          \tlput{0.2}
      \endskiplevels
      \skiplevels{4}
          \MyNodeB[href=-0.8]{%
          \Rnode[href=-0.8]{Iterative}{iterative methods}}
          \tlput{0.2}
      \endskiplevels
      \pnode([nodesep=0.8]{\pspred}Linear){LinearB}
      \pnode([nodesep=3.3]{\pspred}Iterative){IterativeB}
      \pscustom*[arrows=-]{%
          \psline(IterativeB)(\pspred)(LinearB)
          \ncarc[arcangle=40]{LinearB}{IterativeB}%
      }%
  }%
}
}
```

17.6 Probleme

Soll eine einzelne Verbindung in einer anderen Linienform gezeichnet werden, so hat man das Problem, dass sich die Parameteränderungen nicht nur auf die Verbindung, sondern auch auf den eigentlichen Knoten beziehen. Um dies voneinander zu trennen muss zum einen ein Parameter global mit `\psset` verändert und dann zum anderen wieder lokal über den optionalen Parameter zurückgesetzt werden. Die folgenden drei Beispiele verdeutlichen das Problem.

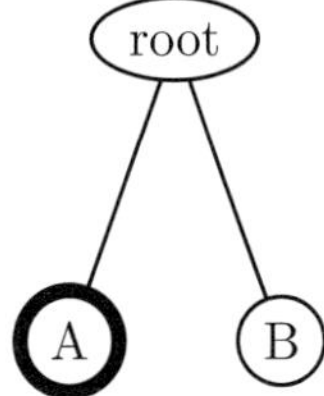


```
\pstree{\Toval{root}}{%
  \Tcircle[linewidth=3pt]{A}
  \Tcircle{B}
}
```

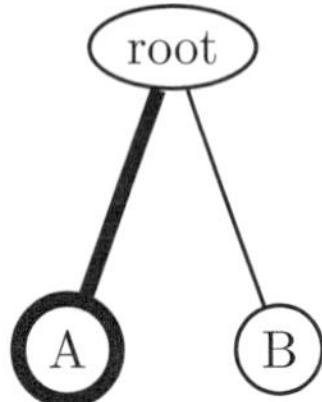


```
\pstree{\Toval{root}}{%
  {\psset{linewidth=3pt}\Tcircle{A}}
  \Tcircle{B}
}
```

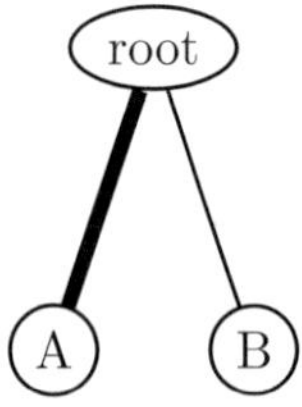


```
\newlength\lw
\lw=\pslinewidth% save old value
\pstree{\Toval{root}}{%
  {\psset{linewidth=3pt}\Tcircle[linewidth=\lw]{A}}
  \Tcircle{B}
}
```

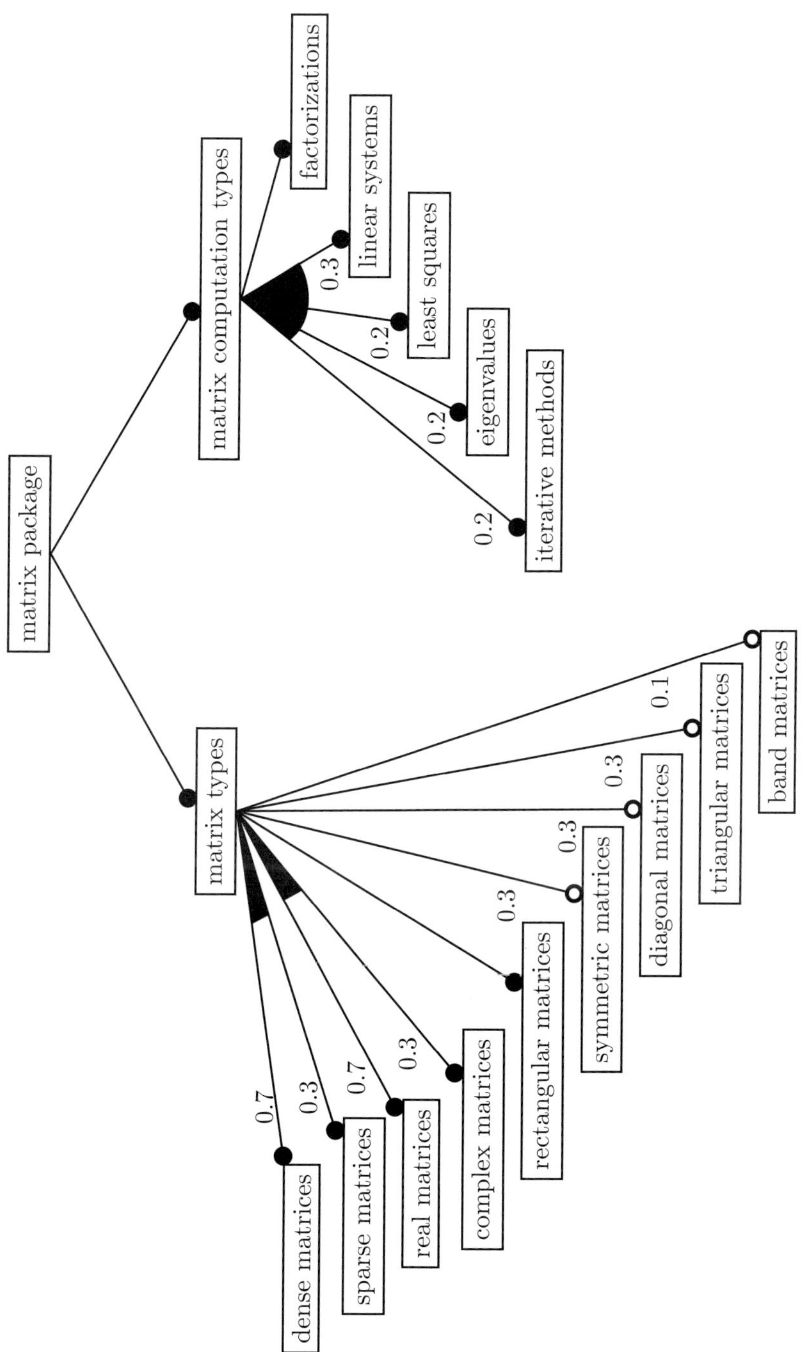

Abbildung 17.4: Ein komplexes Beispiel zu `pst-tree` (Denis Girou).

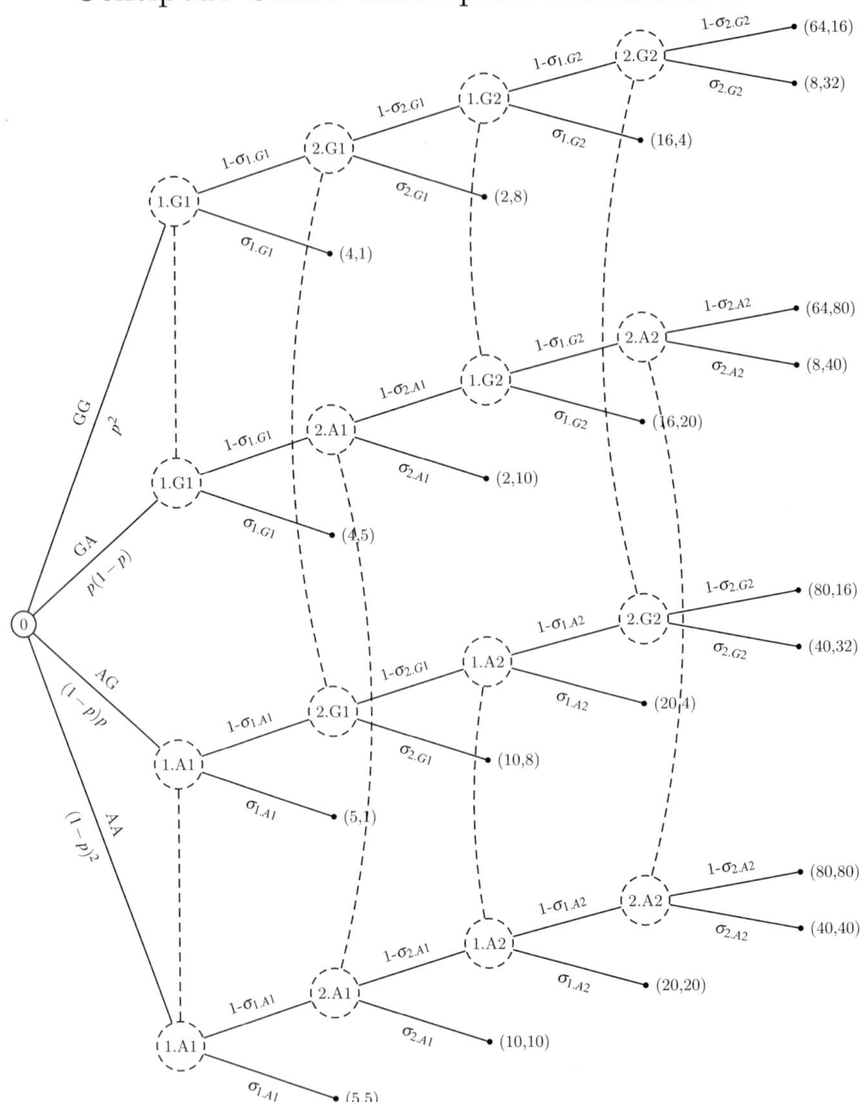

Abbildung 17.5: **bsp107.tex**: Ein Beispiel aus der Spieltheorie (Dave Schmidt).

KAPITEL

18

pst-text und pst-char: Text und Zeichen manipulieren

PostScript kennt prinzipiell keine Linien im eigentlichen Sinne, sondern nur Pfade und diese können jeden beliebigen Verlauf aufweisen. Und entlang derartiger Pfade lässt sich auch jeder beliebige Text anordnen. Das Paket `pst-text` unterstützt das Setzen von Text längs eines Pfades, während das Paket `pst-char` Zeichenmanipulationen unterstützt, wobei mehrere Zeichen natürlich schon wieder einen Text ergeben.

Zu beachten ist noch, dass nicht mit jedem `DVI-PS`-Treiber das korrekte Ergebnis zu erwarten ist. Garantiert wird dies nur für Rokickis `dvips` Programm, welches faktisch Teil einer jeden TEX-Distribution ist.

18.1 Textmanipulationen

Das Paket `pst-text` definiert faktisch nur ein einziges Makro.

```
\pstextpath[<Position>](<x,y>){<Grafikobjekt>}{<Text>}
```

<Position> gibt die Anordnung des Textes bezogen auf den Pfad an.

- **l** Text beginnt am Anfang des Pfades (Standard).
- **c** Text ist symmetrisch zur Mitte des Pfades angeordnet.
- **r** Text endet am Ende des Pfades.

Grundsätzlich gilt zu beachten, dass diese Option keine Wirkung hat, wenn der Text länger als der Pfad ist, dieser wird dann mit Text aufgefüllt, der restliche Text verschwindet.

<x,y> ist ein Offset und bezeichnet, um welche Werte die einzelnen Zeichen in x- bzw. y-Richtung versetzt werden sollen. `(<x,y>)` müssen kartesische Koordinaten sein; die von `PSTricks` gewährte Unterstützung für spezielle

Koordinaten (siehe Kapitel 12 auf Seite 111) ist hier nicht möglich. Die Angaben beziehen sich auf den aktuellen Maßstab. Vorgabe ist `(0,\TPoffset)`, wobei `\TPoffeset` auf eine Länge von `-0.7ex` gesetzt ist.

<Grafikobjekt> jedes beliebige Objekt, welches einen Pfad erzeugt.

<Text> der zu setzende Text, der nur aus alphanumerischen Zeichen bestehen darf, es sind daher keinerlei Makros inerhalb des Textes möglich, andererseits kann der Text in eine `\parbox` gepackt werden.

PostScript reserviert keinerlei Platz für die Ausgabe, sodass in jedem Fall der aktuelle Text überschrieben wird, wenn nicht von TEX-Seite aus entprechender Freiraum zur Verfügung steht. Dieser kann mit einem vertikalen Vorschub (`\vspace`) oder mit einer `pspicture`-Umgebung erreicht werden.

```
\begin{pspicture}(-2,-2.5)(2,2.5)
\psset{linewidth=0.2pt}
\pstextpath[c](0,0){\pscircle{2}}%
    {\Large Jetzt wird einfach mal
        ein Text im Kreis geschrieben.}
\end{pspicture}
```

Dieses erste Beispiel zeigt die relativ einfache Anwendung des Makros. Soll der Pfad nicht mitgezeichnet werden, so kann man einfach den Linienstil auf `none` setzen. Das folgende Beispiel zeigt die Anwendung der Offset-Option. Es wird deutlich, dass jedes einzelne Zeichen versetzt wird, denn Anfang und Ende des Textes sind gleich geblieben. Da der Text im Kreis geschrieben wurde, bewirkt eine positive Angabe für `\TPoffset` eine Verschiebung zum Mittelpunkt.

```
\begin{pspicture}(-2,-2.5)(2,2.5)
\psset{linewidth=0.2pt}
\pstextpath[c](0,2ex){\pscircle{2}}%
    {\Large Jetzt wird einfach mal
        ein Text im Kreis geschrieben.}
\end{pspicture}
```

18.1.1 Beispiele

Mit `\pscustom` (→ 11 auf Seite 93) stehen einem unbegrenzte Möglichkeiten für einen Pfad zur Verfügung. Das folgende Beispiel greift wieder den Kreis auf, bildet aber eine Acht, die aus vier Kreisteilen zusammengebaut ist, um einen unterbrechungsfreien Pfad zu bekommen. Im zweiten Beispiel wurde ein Quadrat an den Kreis angehängt. Anfangspunkt des Pfades ist jeweils der Kreis bei 0°, hier durch ⇒ jeweils markiert.

```
\psset{unit=0.75,linestyle=none}
\begin{pspicture}(-2,-4)(2,4)
\pstextpath[l](0,0){%
    \pscustom{
        \psarcn(0,2){2}{0}{-90}
        \psarc(0,-2){2}{90}{0}
        \psarc(0,-2){2}{0}{90}
        \psarcn(0,2){2}{-90}{0}
    }%
}{\large $\Rightarrow$Jetzt wollen wir einfach mal
   einen Text in einer ziemlich großen ACHT
   schreiben, aber richtig rum.}
\end{pspicture}
```

Es ist leicht zu erkennen, dass in obigem Beispiel der obere Kreis größer als der untere ist. Dies liegt daran, dass der Text immer auf dem Pfad geschrieben wird, der durch die Richtungsänderung dann einmal nach innen und einmal nach außen gerichtet ist.

```
\begin{pspicture}(-2,-3.25)(2,3.25)
\psset{linestyle=none}
\pstextpath[l](0,0){%
    \pscustom[unit=0.75]{
        \psarcn(0,2){2}{0}{-90}
        \pspolygon(0,0)(-1.7,0)(-1.7,-3.4)(1.7,-3.4)
           (1.7,0)(0,0)
        \psarcn(0,2){2}{-90}{0}
    }%
}{\large $\Rightarrow$Jetzt wollen wir
   einfach mal einen Text in einer
   ziemlich großen ACHT  schreiben,
   aber richtig rum.}
\end{pspicture}
```

Das Setzen des Textes entlang des Pfades ist auf PostScript-Seite sehr speicher- und rechenintesiv, sodass bei längeren Texten selbst auf schnellen Rechnern einige Sekunden vergehen können, bis das gewünschte Ergebnis erscheint. Dies wird im folgenden Beispiel gezeigt, wobei der Text der Anfang des Liedes „Into the shining sun" von Pink Floyd ist.

```
\begin{pspicture}(-3,-3)(3,3)
\psset{linestyle=none}
\pstextpath[l](0,0){%
  \parametricplot[plotstyle=curve,%
     plotpoints=500]{0}{3000}{%
       /r {t 1000 div} def t sin r mul t cos r mul }
}{
Where were you when I was burned and broken -
While the days slipped by from my window watching -
Where were you when I was hurt and I was helpless -
Because the things you say and the things you do surround me -
While you were hanging yourself on someones else's words -
Dying to believe in what you heard -
I was staring straight into the shining sun -

Lost in thought and lost in time -
While the seeds of life and the seeds of change were planted
Outside the rain fell dark and slow
While I pondered on this dangerous but irresistible pastime
}
\end{pspicture}
```

18.2 Zeichenmanipulationen

Bezüglich des DVI-PS-Treibers gelten wieder dieselben Einschränkungen. Weiterhin werden nur die Outline-Fonts von PostScript unterstützt.

18.2.1 \pscharpath

Dieses Makro hat zwar einen ähnlichen Namen wie \pstextpath, aber eine völlig andere Bedeutung.

```
\pscharpath[<Parameter>]{<Text>}
\pscharpath*[<Parameter>]{<Text>}
```

<Parameter> Sämtliche `PSTricks`-Parameter, soweit sie hier Sinn machen, können angegeben werden.

<Text> Der zu setzende Text, der nur aus alphanumerischen Zeichen bestehen darf, es sind daher keinerlei Makros inerhalb des Textes möglich.

In der Regel wird man sich eine eigene Fontgröße definieren, was am besten mit `\DeclareFixedFont` erfolgt, da dieses Makro sehr schnell arbeitet, denn es legt einfach die Größen fest, ohne irgendwelche Fonttabellen durchsuchen zu müssen.

```
\DeclareFixedFont{\RM}{T1}{ptm}{b}{n
  }{2cm}
\pscharpath{\RM TeXnik}\\
\pscharpath[linecolor=lightgray]{\RM
  TeXnik}\\
\psset{fillstyle=gradient,gradbegin=
  red,gradend=cyan}
\pscharpath[gradangle=90]{\RM TeXnik
  }\\
\pscharpath[linestyle=none,gradangle
  =-90]{\RM TeXnik}
```

Im Normalfall wird der Pfad, hier die äußere Linie der Zeichen, nach Beendigung des Makros `\pscharpath` gelöscht. Mit der Sternversion bleibt dieser erhalten und kann für andere „Spielereien" verwendet werden, beispielsweise für `\pstextpath`, wo man den gespeicherten Pfad als Eingabe für den zu setzenden Text benutzen kann.

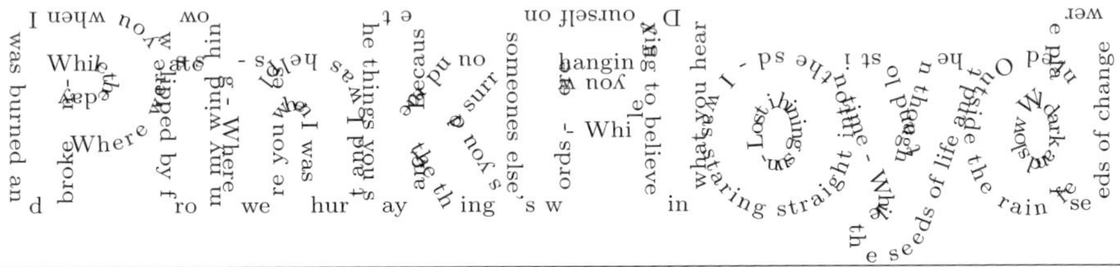

```
\DeclareFixedFont{\SF}{T1}{phv}{b}{n}{2.5cm}
\pstextpath(0,-1ex){%
  \pscharpath*[linestyle=none]{\SF Pink Floyd}}{
    \scriptsize < ... Text ... >
  }
```

18.2.2 \pscharclip

`\pscharclip` ist faktisch identisch zu `\pscharpath`, mit dem einzigen Unterschied, dass es den clipping Pfad gleich dem aktuellen Pfad setzt.

```
\pscharclip[<Parameter>]{<Text>} %  TeX
  ...
\endpscharclip
\pscharclip*[<Parameter>]{<Text>}%  TeX
  ...
\endpscharclip
\begin{pscharclip}[<Parameter>]{<Text>} %  LaTeX
  ...
\end{pscharclip}
\begin{pscharclip*}[<Parameter>]{<Text>}%  LaTeX
  ...
\end{pscharclip}
```

Damit kann man dann *in* einer Schrift „schreiben“, wobei es nicht ganz einfach ist, die „Unterlage“ deckungsgleich zu bekommen. Wie man dabei am besten vorgeht, soll im Folgenden gezeigt werden. Die Unterlage bildet man am besten als `minipage`, um sie an beliebige Stellen schieben zu können. Damit zum einen eindeutige Koordinaten vorliegen und zum anderen auch gleich nur der interessante Bereich gezeigt wird, verwendet man am besten eine `pspicture*`-Umgebung. Nehmen wir einmal an, dass wir eine Schriftgröße von 3cm verwenden und über die ganze Seitenbreite gehen wollen.

```
\begin{pspicture*}(\linewidth,3cm)
...
\end{pspicture}
```

Den Text können wir jetzt mit einer `\rput`-Anweisung genau in die Mitte setzen.

```
\DeclareFixedFont{\RM}{T1}{ptm}{b}{n}{3cm}
\begin{pspicture*}(\linewidth,3cm)
  \psgrid%
  \begin{pscharclip}[linewidth=0.1pt]{%
    \rput(0.5\linewidth,1.5){\RM PSTricks}}%
  \end{pscharclip}
\end{pspicture*}
```

Den „darunter liegenden“ Text packt man in eine `minipage` der Breite `\linewidth`. Da dieser Text dem clipping Pfad unterliegt, spielt es keine Rolle, wie lang er wirklich ist, Hauptsache die gesamte Fläche wird überdeckt. Dies ist besonders dann wichtig, wenn man den Text zusätzlich rotieren lässt. Eine

Verkleinerung der `minipage`-Breite kann dann hilfreich sein. Dazu betrachte man sich einfach das folgende Beispiel mit `\begin{minipage}{\linewidth}`.

```
\DeclareFixedFont{\Rm}{T1}{ptm}{m}{n}{2mm}
\begin{pspicture*}(\linewidth,3cm)
  \psgrid%
  \rput{60}(0.5\linewidth,1.5){%
    \begin{minipage}{0.6\linewidth}
      \setstretch{0.5}
      \color{red}
      \multido{\i=1+1}{500}{\Rm PSTricks }
    \end{minipage}%
  }
\end{pspicture*}
```

Nun können beide übereinandergelegt werden, wobei aufgrund des clipping Pfades nur das Innere der großen Buchstaben transparent erscheint. Im zweiten Beispiel wurde die `minipage` noch zusätzlich gedreht, die Linienfarbe ignoriert und der Zeilenabstand in der `minipage` halbiert (Paket `setspace`).

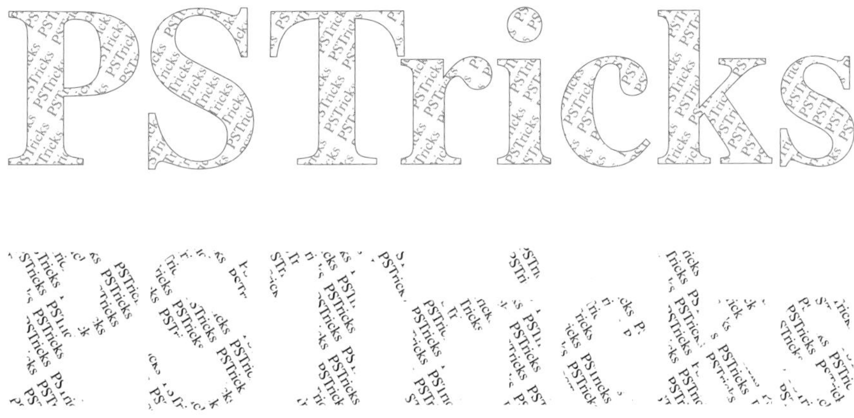


```
\DeclareFixedFont{\RM}{T1}{ptm}{b}{n}{3cm}
\DeclareFixedFont{\Rm}{T1}{ptm}{m}{n}{2mm}
\begin{pspicture*}(\linewidth,3cm)
  \begin{pscharclip}[linewidth=0.1pt]{%
    \rput(0.5\linewidth,1.5){\RM PSTricks}}%
  \rput{60}(0.5\linewidth,1.5){%
```

```
    \begin{minipage}{0.6\linewidth}
      \setstretch{0.5}
      \color{red}
      \multido{\i=1+1}{500}{\Rm PSTricks }
    \end{minipage}%
  }
  \end{pscharclip}
\end{pspicture*}

\begin{pspicture*}(\linewidth,3cm)
  \begin{pscharclip}[linewidth=0.1pt,linestyle=none]{%
    \rput(0.5\linewidth,1.5){\RM PSTricks}}%
    \rput{-60}(0.5\linewidth,1.5){%
      \begin{minipage}{0.6\linewidth}
        \setstretch{0.5}
        \multido{\i=1+1}{500}{\Rm  PSTricks }
      \end{minipage}%
  }
  \end{pscharclip}
\end{pspicture*}
```

Grundsätzlich ist es uninteressant, was man `\pscharclip` unterlegt, es kann auch eine Grafik sein, wodurch manchmal interessante Effekte möglich sind. Zu beachten ist noch, dass man alternativ auch `pscharpath` zusammen mit `psboxfill` (→ 19 auf der nächsten Seite) verwenden kann.

Kapitel

19 pst-fill: Füllen und Parkettieren

Das Füllen von Outline-Fonts wurde bereits im Abschnitt 18.2 auf Seite 238 mithilfe der Pakete `pst-text` und `pst-char` gezeigt. Das Paket `pst-fill` optimiert den Vorgang des Füllens und Parkettierens (filling and tiling)

Der Unterschied zwischen Füllen und Parkettieren ist, dass ersteres eine Fläche ohne jegliche Kontrolle über das zugrundeliegende Koordinatensystem mit einer Farbe, einem Farbmuster oder einem Bildmuster überdeckt, während das Parkettieren die Geometrie der zugrundeliegenden Fläche berücksichtigt, um beispielsweise eine Symmetrie zu erreichen. Parkettieren, auch als Kacheln bezeichnet, ist ein uraltes Thema der Mathematik und nicht unbedingt einfach zu verstehen. [38] [40] [9] Das Paket `pst-fill` beansprucht daher auch nicht, alle Felder abzudecken, es beschränkt sich ohnehin nur auf monohedrale Parkettierungen.[1] Trotzdem kann man mit `\multido` (→ 32.3 auf Seite 433) oder `\multirput` (→ 9.5 auf Seite 77) einzelne Grundmuster schaffen, die dann zu monohedralen Parkettierungen führen.

`pst-fill` hat zwei verschiedene Modi, den **manuellen** und den **automatischen** Modus. Beide füllen ausgehend von einem Punkt die gesamte Fläche und schneiden abschließend überstehende Teile ab (clipping).

Manueller Modus Für das Füllen einer Fläche wird ein Muster *n*-mal gesetzt und auch entsprechend oft in die PostScript-Ausgabe geschrieben.

Automatischer Modus Für das Füllen einer Fläche wird ein Muster zwar *n*-mal gesetzt aber nur einma in die PostScript-Ausgabe geschrieben. Die Wiederholung wird dann von PostScript selbst vorgenommen. Da dabei die Information über den Startpunkt verloren geht, kann diese Methode nur für das Füllen mit anschließendem Clipping eingesetzt werden, nicht jedoch für eine Parkettierung.

[1] Parkettierungen, die aus vielen Exemplaren eines einzigen Grundbausteins (prototile) bestehen, nennt man einsteinig (monohedral) im Gegensatz zu Mustern, die verschiedene Grundbausteine verwenden, diese nennt man n-steinige Parkettierungen (n-hedral).

Prinzipiell gibt es keine Gründe, den manuellen Modus zu bevorzugen. Erreicht wird der automatische Modus, indem `pst-fill` mit der Option `tiling` geladen wird bzw. für TEX nach dem Einlesen von `pst-fill.tex` das Makro `\PstTiling` definiert wird.

```
\usepackage[tiling]{pst-fill}%       LaTeX
\input pstricks.tex%                 TeX
\def\PstTiling{true}
```

19.1 Parameter

Tabelle 19.1 zeigt eine Zusammenstellung der speziellen, für `pst-fill` geltenden Parameter.

Tabelle 19.1: Zusammenfassung aller Parameter für pst-fill

Name	Werte	Vorgabe
fillangle	<Winkel>	0
fillsep[2]	<Wert [Einheit]>	0pt
fillsepx[3]	<Wert [Einheit]>	0pt
fillsepy[3]	<Wert [Einheit]>	0pt
fillcycle	<Wert>	0
fillcyclex[3]	<Wert>	0
fillcycley[3]	<Wert>	0
fillmove	<Wert [Einheit]>	0pt
fillmovex[3]	<Wert [Einheit]>	0pt
fillmovey[3]	<Wert [Einheit]>	0pt
fillsize	auto|{(x0,y0)(x1,y1)}	auto
fillloopadd[3]	<Wert>	0
fillloopaddx[3]	<Wert>	0
fillloopaddy[3]	<Wert>	0
PstDebug[3]	0|1	0

Für die meisten der Beispiele wird, wenn nichts anderes angegeben ist, eines der nachfolgend definierten Muster verwendet.

Listing 19.1: Definition einfacher Muster

```
\newcommand{\FSquare}{%
  \begin{pspicture}(0.5,0.5)
     \psframe[dimen=middle](0.5,0.5)
  \end{pspicture}%
}
\newcommand{\FRectangle}{%
```

[2]Ohne `tiling`-Option ist der Wert auf `2pt` gesetzt.
[3]Nur mit `tiling`-Option verfügbar.

```
  \begin{pspicture}(0.5,0.75)
    \psframe[dimen=middle](0.5,0.75)
  \end{pspicture}%
}
```

Man erhält damit das folgende einfache Muster:

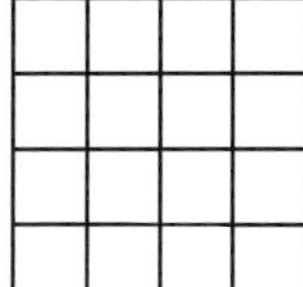

```
\psboxfill{\FSquare}
\begin{pspicture}(2,2)
  \psframe[fillstyle=boxfill,fillloopadd=2](2,2)
\end{pspicture}
```

19.1.1 fillangle

`fillangle` gibt den Winkel der Musteranordnung an, bezogen auf die Horizontale.

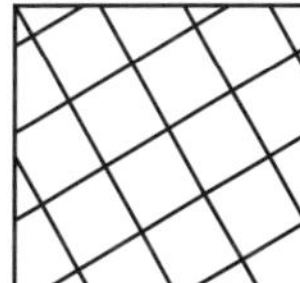

```
\psboxfill{\FSquare}
\begin{pspicture}(2,2)
  \psframe[fillstyle=boxfill,fillangle=30](2,2)
\end{pspicture}
```

19.1.2 fillsep, fillsepx und fillsepy

`fillsep` gibt den Abstand zwischen den einzelnen Mustern an. Dieser kann auch negative Werte annehmen, wie im folgenden rechten Beispiel gezeigt. `fillsepx` und `fillsepy` sind identisch, beziehen sich jedoch nur auf eine Seite.

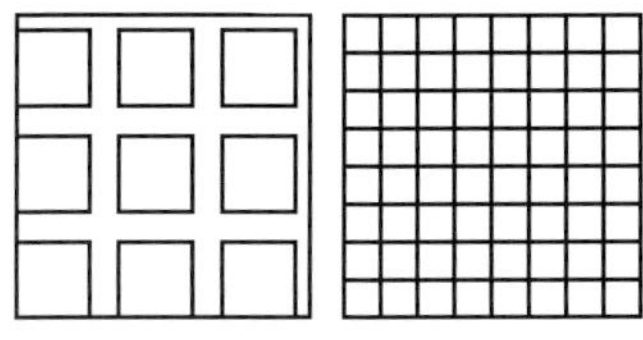

```
\psboxfill{\FSquare}
\begin{pspicture}(2,2)
  \psframe[fillstyle=boxfill,fillsep=0.2cm](2,2)
\end{pspicture}~
\begin{pspicture}(2,2)
  \psframe[fillstyle=boxfill,fillsep=-0.25cm](2,2)
\end{pspicture}
```

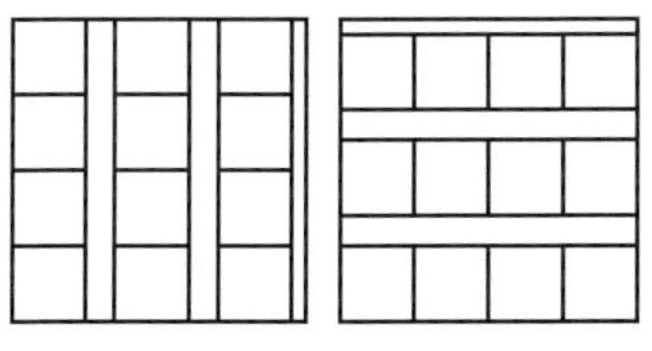

```
\psboxfill{\FSquare}
\begin{pspicture}(2,2)
  \psframe[fillstyle=boxfill,fillsepx=0.2cm](2,2)
\end{pspicture}~
\begin{pspicture}(2,2)
  \psframe[fillstyle=boxfill,fillsepy=0.2cm](2,2)
\end{pspicture}
```

19.1.3 fillcycle, fillcyclex und fillcycley

`fillcycle` bezeichnet den Abstand, um den jede zweite Reihe und/oder Spalte verschoben wird. Der angegebene Wert ist der Nenner des Bruches, der die Verschiebung angibt. Ein Wert von 2 bedeutet eine Schiebung von $\frac{1}{2} = 0.5$ um 50% einer Musterbreite nach rechts. Negative Werte sind möglich.

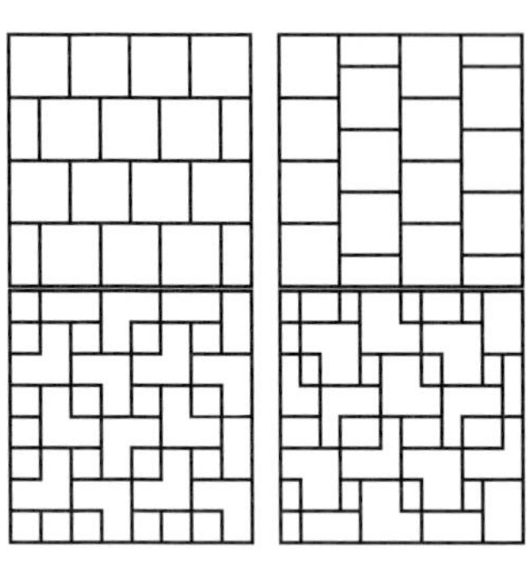

```
\psboxfill{\FSquare}
\begin{pspicture}(2,2)
  \psframe[fillstyle=boxfill,fillcyclex=2](2,2)
\end{pspicture}~
\begin{pspicture}(2,2)
  \psframe[fillstyle=boxfill,fillcycley=2](2,2)
\end{pspicture}

\begin{pspicture}(2,2)
  \psframe[fillstyle=boxfill,fillcycle=2](2,2)
\end{pspicture}~
\begin{pspicture}(2,2)
  \psframe[fillstyle=boxfill,fillcyclex=3,
    fillcycley=-2](2,2)
\end{pspicture}
```

19.1.4 fillmove, fillmovex und fillmovey

`fillmove` bezeichnet die Verschiebung zwischen zwei aufeinanderfolgenden Mustern. Mit `fillmovex` erfolgt dies nur für die Horizontale und mit `fillmovey` nur für die Vertikale. Negative Werte sind möglich. Dies ist im Gegensatz zu `fillcycle`, wo jedes zweite Muster um denselben Wert verschoben war. Um dies hier deutlicher werden zu lassen, wurde als Füllmuster ein Rechteck verwendet.

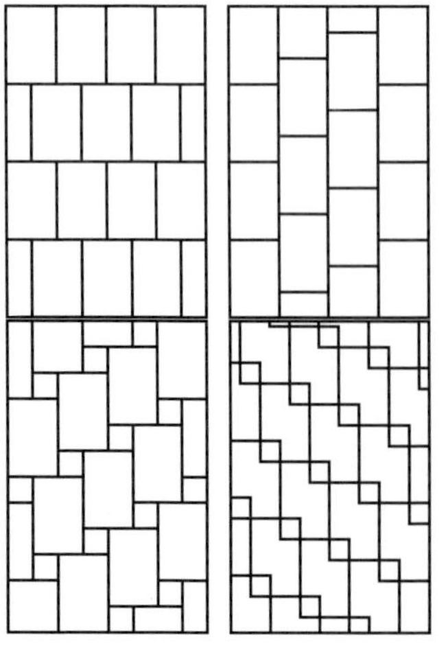

```
\psboxfill{\FRectangle}
\begin{pspicture}(2,3)
  \psframe[fillstyle=boxfill,fillmovex=0.25](2,3)
\end{pspicture}~
\begin{pspicture}(2,3)
  \psframe[fillstyle=boxfill,fillmovey=0.25](2,3)
\end{pspicture}

\begin{pspicture}(2,3)
  \psframe[fillstyle=boxfill,fillmove=0.25](2,3)
\end{pspicture}~
\begin{pspicture}(2,3)
  \psframe[fillstyle=boxfill,fillmovex=0.2,
    fillmovey=-0.2](2,3)
\end{pspicture}
```

19.1.5 fillsize

`fillsize` legt die Art des Füllens fest, entweder den automatischen Modus oder den manuellen, der durch die Angabe des Füllbereiches markiert wird.

auto Dies ist der Standardwert bei Wahl der Paketoption `tiling`. In diesem Fall wird ein Bereich von $(-15cm, -15cm)(15cm, 15cm)$ parkettiert, indem die Muster so angeordnet werden, dass sie, bezogen auf den sichtbaren Bereich, symmetrisch erscheinen.

$(x0, y0)(x1, y1)$ Wird nur ein Wertepaar angegeben, so wird $(x0, y0)$ automatisch auf $(0, 0)$ gesetzt und der angegebene Wert als $(x1, y1)$ genommen.

Nur in Ausnahmefällen wird man den manuellen Modus wählen wollen, wenn beispielsweise eine EPS-Grafik als Muster genommen wird.

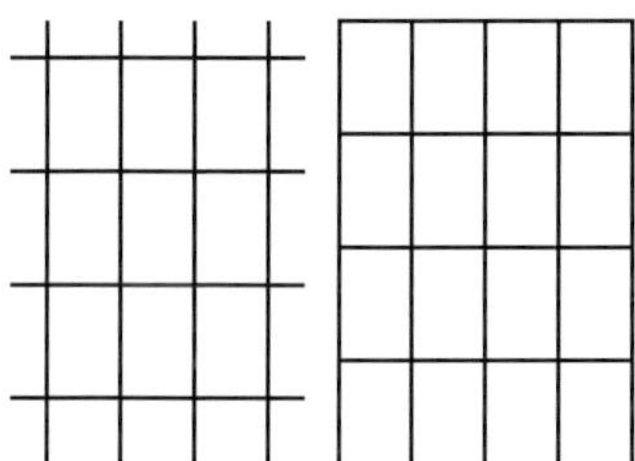

```
\psboxfill{\FRectangle}
\begin{pspicture}(2,3)
  \psframe[fillstyle=boxfill,fillsize
    ={(-0.25,-0.25)(4,4)}](2,3)
\end{pspicture}~
\begin{pspicture}(2,3)
  \psframe[fillstyle=boxfill](2,3)
\end{pspicture}
```

19.1.6 fillloopadd, fillloopaddx und fillloopaddy

Diese Parameter, die nur im `tiling` Modus zur Verfügung stehen, machen nur Sinn bei komplexeren Mustern, bei denen eine oder mehrere Reihen fehlen. Mit `fillloopadd` kann man angeben, wieviel Reihen angefügt werden sollen.

Listing 19.2: Definition eines Hexagons

```
\def\HRadius{0.25}%
\newcommand\FHexagon{%
  \begin{pspicture}(0.433,0.375)%
    \pspolygon(\HRadius;30)(\HRadius;90)%
      (\HRadius;150)(\HRadius;210)(\HRadius;270)(\HRadius;330)%
  \end{pspicture}}
```

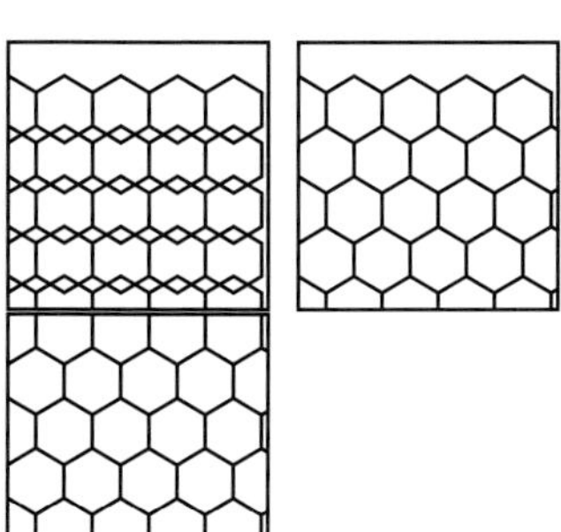

```
\psboxfill{\FHexagon}
\begin{pspicture}(2,2)
  \psframe[fillstyle=boxfill](2,2)
\end{pspicture}~
\begin{pspicture}(2,2)
  \psframe[fillstyle=boxfill,fillcyclex=2](2,2)
\end{pspicture}\\
\begin{pspicture}(2,2)
  \psframe[fillstyle=boxfill,fillcyclex=2,
    fillloopaddy=1](2,2)
\end{pspicture}
```

19.1.7 PstDebug

`PstDebug` ist kein eigentlicher Debugger, sondern zeigt nur den Vorgang des Pakettierens, sodass eventuelle Probleme bei speziellen Mustern leichter zu erkennen sind. Die folgenden Beispiele sind identisch zu den vorhergehenden, hier nur mit der zusätzlichen Option `PstDebug=1`.

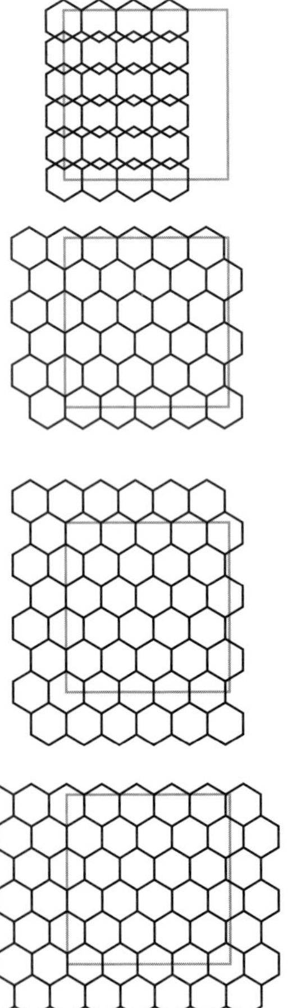

```
\psboxfill{\FHexagon}
\begin{pspicture}(-0.5,-0.5)(2.5,2.5)
  \psframe[linecolor=red,fillstyle=boxfill,PstDebug=1](2,2)
\end{pspicture}\\[-10pt]
\begin{pspicture}(-0.5,-0.5)(2.5,2.5)
  \psframe[linecolor=red,fillstyle=boxfill,fillcyclex=2,PstDebug=1](2,2)
\end{pspicture}
```

```
\psboxfill{\FHexagon}
\begin{pspicture}(-0.5,-0.5)(2.5,2.5)
  \psframe[linecolor=red,fillstyle=boxfill,fillcyclex=2,fillloopaddy=1,PstDebug=1](2,2)
\end{pspicture}\\[5pt]
\begin{pspicture}(-0.5,-0.5)(2.5,2.5)
  \psframe[linecolor=red,fillstyle=boxfill,fillcyclex=2,fillloopadd=1,PstDebug=1](2,2)
\end{pspicture}
```

19.2 Beispiele

`\psboxfill` kann man prinzipiell alles als Argument übergeben, beispielsweise auch eine Grafik, die natürlich entsprechend skaliert werden muss. Weitere Beispiele findet man in der Dokumentation zu `pst-fill`. [6]

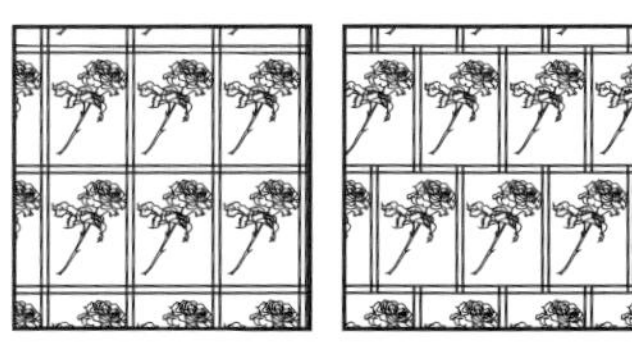

```
\psboxfill{\includegraphics[scale=0.15]{rose}}
\begin{pspicture}(2,2)
  \psframe[fillstyle=boxfill,fillloopadd=1](2,2)
\end{pspicture}~
\begin{pspicture}(2,2)
  \psframe[fillstyle=boxfill,fillcyclex=2,
    fillloopadd=1](2,2)
\end{pspicture}
```

Das nächste Beispiel ließe sich ebensogut mit `\pscharpath` lösen (→ 18.2.1 auf Seite 238). Wieder muss man darauf achten, dass man die verschiedenen Objekte deckungsgleich bekommt.

```
\DeclareFixedFont{\SF}{T1}{phv}{b}{n}{3.5cm}
\DeclareFixedFont{\Rm}{T1}{ptm}{m}{n}{3mm}
\psboxfill{\Rm PSTricks!}
\begin{pspicture*}(\linewidth,4)
  \rput(\linewidth,2){%
    \pscharpath[linestyle=none,fillstyle=solid,
        addfillstyle=boxfill,fillangle=60,fillsep=0.7mm]
      {\rput(-0.5\linewidth,0){\SF DANTE}}%
  }
\end{pspicture*}
```

Interessante Parkettierungen ergeben sich meistens spielerisch durch Anwendung einfacher Grundmuster, die durch ihre Symmetrie vielfältige Manipulationen erlauben.

Listing 19.3: Definition neuer Muster

```
\newcommand\FArc{%
  \begin{pspicture}(-0.25,-0.25)(0.25,0.25)%
    \psarc(-0.25,-0.25){0.25}{0}{90}
    \psarc(0.25,0.25){0.25}{180}{270}
    \psframe[linewidth=0.1pt](-0.25,-0.25)(0.25,0.25)
  \end{pspicture}%
}
\newcommand\FArcL{\FArc\rotateleft{\FArc}}
\newcommand\FArcW{%
  \begin{pspicture}(-0.25,-0.25)(0.25,0.25)%
    \pswedge*(-0.25,-0.25){0.25}{0}{90}
```

```
    \pswedge*(0.25,0.25){0.25}{180}{270}
    \psframe[linewidth=0.1pt](-0.25,-0.25)(0.25,0.25)
  \end{pspicture}%
}
\newcommand\FArcLW{\FArcW\rotateleft{\FArcW}}
```

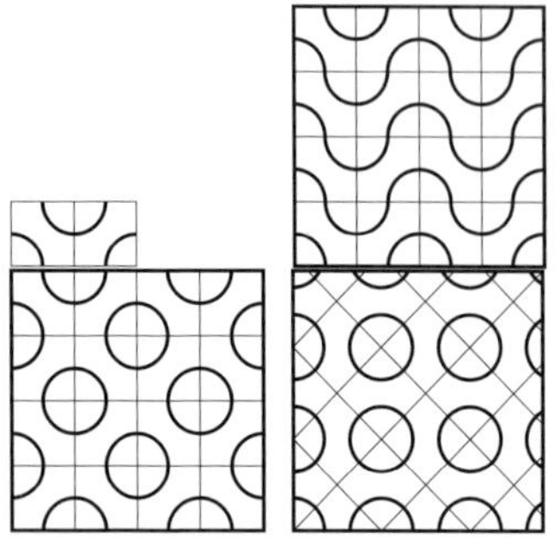

```
\FArcL\hspace{1.25cm}%
\psboxfill{\FArcL}
\begin{pspicture}(2,2)
  \psframe[fillstyle=boxfill](2,2)
\end{pspicture}

\begin{pspicture}(2,2)
  \psframe[fillstyle=boxfill,fillcyclex=2](2,2)
\end{pspicture}~
\begin{pspicture}(2,2)
  \psframe[fillstyle=boxfill,fillcyclex=2,
    fillangle=45](2,2)
\end{pspicture}
```

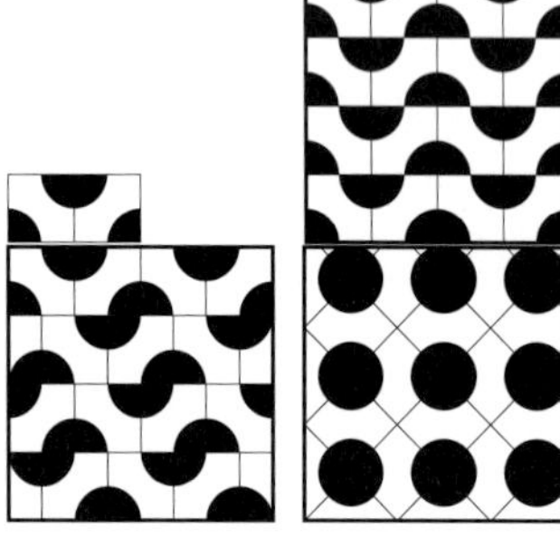

```
\FArcLW\hspace{1.25cm}%
\psboxfill{\FArcLW}
\begin{pspicture}(2,2)
  \psframe[fillstyle=boxfill](2,2)
\end{pspicture}

\begin{pspicture}(2,2)
  \psframe[fillstyle=boxfill,fillcyclex=4](2,2)
\end{pspicture}~
\begin{pspicture}(2,2)
  \psframe[fillstyle=boxfill,fillcyclex=2,
    fillangle=45](2,2)
\end{pspicture}
```

Kapitel

20

pst-coil: Spulen, Federn und Zickzacklinien

Spulen, Federn und zickzackförmige Linien gehören nicht gerade zum Alltäglichen bei der Erstellung von Grafiken. Dennoch haben sie einige Bedeutung, wenn es darum geht, spulenartige Verbindungen zu erstellen. Sie können auch für Knotenverbindungen (→ 16 auf Seite 165) eingesetzt werden, was am Ende dieses Kapitels gezeigt wird.

Die Parameter sind insbesondere für die `coil`-Varianten nur dann leicht zu verstehen, wenn man sich immer wieder klar macht, dass es sich hier um dreidimensionale Schraubenlinien handelt, die lediglich auf die zweidimensionale Papierebene projiziert werden. Darauf wird an den entsprechenden Stellen noch einmal näher eingegangen.

20.1 Parameter

Tabelle 20.1 zeigt eine Zusammenstellung der speziellen für `pst-fill` geltenden Parameter.

Tabelle 20.1: Zusammenfassung aller Parameter für pst-coil

Name	Werte	Vorgabe
coilwidth	<Wert[Einheit]>	1cm
coilheight	<Wert>	1
coilarm	<Wert[Einheit]>	0.5cm
coilarmA	<Wert[Einheit]>	0.5cm
coilarmB	<Wert[Einheit]>	0.5cm
coilaspect	<Winkel>	45
coilinc	<Winkel>	45

20.1.1 coilwidth

`coilwidth` bezeichnet den Durchmesser der Spule bzw. die Höhe einer Zickzacklinie. Der Durchmesser entspricht der Höhe bei einer senkrechten Parallelprojektion quer zur Länge.

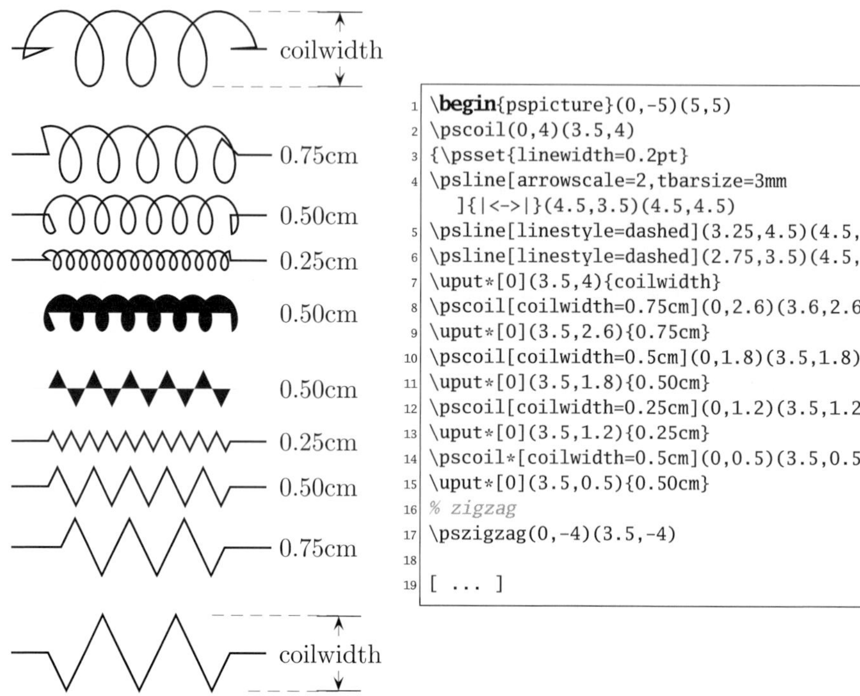


```
\begin{pspicture}(0,-5)(5,5)
\pscoil(0,4)(3.5,4)
{\psset{linewidth=0.2pt}
\psline[arrowscale=2,tbarsize=3mm
   ]{|<->|}(4.5,3.5)(4.5,4.5)
\psline[linestyle=dashed](3.25,4.5)(4.5,4.5)
\psline[linestyle=dashed](2.75,3.5)(4.5,3.5)}
\uput*[0](3.5,4){coilwidth}
\pscoil[coilwidth=0.75cm](0,2.6)(3.6,2.6)
\uput*[0](3.5,2.6){0.75cm}
\pscoil[coilwidth=0.5cm](0,1.8)(3.5,1.8)
\uput*[0](3.5,1.8){0.50cm}
\pscoil[coilwidth=0.25cm](0,1.2)(3.5,1.2)
\uput*[0](3.5,1.2){0.25cm}
\pscoil*[coilwidth=0.5cm](0,0.5)(3.5,0.5)
\uput*[0](3.5,0.5){0.50cm}
% zigzag
\pszigzag(0,-4)(3.5,-4)

[ ... ]
```

20.1.2 coilheight

`coilheight` ist im Gegensatz zu `coilwidth` keine Länge, sondern nur ein Faktor, wobei sich der Abstand zwischen zwei Wicklungen bzw. Zacken wie folgt zusammensetzt:

$$dx = coilheight \cdot coilwidth \tag{20.1}$$

Wie im folgenden Beispiel zu sehen, ergibt sich nicht derselbe physikalische Abstand. Dies liegt an der internen dreidimensionalen Darstellung der Spule; man sieht sie nicht direkt unter 90°, sondern unter 45°. (→ 20.1.4 auf Seite 254)

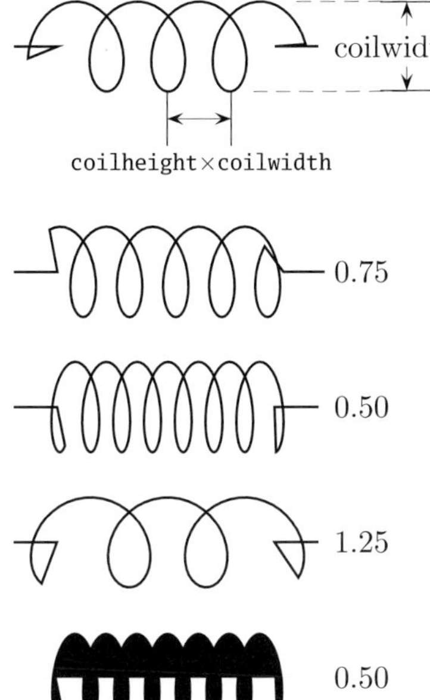


```
\begin{pspicture}(0,-4)(5,5)
\pscoil(0,4)(3.5,4)
{\psset{linewidth=0.2pt}
\psline[arrowscale=2,tbarsize=3mm
  ]{|<->|}(4.5,3.5)(4.5,4.5)
\psline[linestyle=dashed](3.25,4.5)(4.5,4.5)
\psline[linestyle=dashed](2.75,3.5)(4.5,3.5)
\psline[arrowscale=2,tbarsize=3mm
  ]{|<->|}(1.75,3.2)(2.5,3.2)
\uput[-90](2.15,3){\footnotesize\texttt{
  coilheight$\times$coilwidth}}}
\uput*[0](3.5,4){coilwidth}
\pscoil[coilheight=0.75](0,1.5)(3.6,1.5)
\uput*[0](3.5,1.5){0.75}
\pscoil[coilheight=0.5](0,0)(3.5,0)
\uput*[0](3.5,0){0.50}
\pscoil[coilheight=1.25](0,-1.5)(3.5,-1.5)
\uput*[0](3.5,-1.5){1.25}
\pscoil*[coilheight=0.5](0,-3)(3.5,-3)
\uput*[0](3.5,-3){0.50}
\end{pspicture}
```

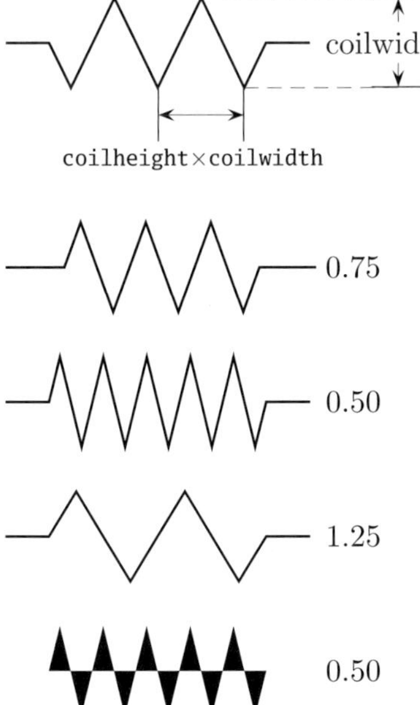


```
\begin{pspicture}(0,-4)(5,5)
\pszigzag(0,4)(3.5,4)
{ \psset{linewidth=0.2pt}
\psline[arrowscale=2,tbarsize=3mm
  ]{|<->|}(4.5,3.5)(4.5,4.5)
\psline[linestyle=dashed](2.5,4.5)(4.5,4.5)
\psline[linestyle=dashed](2.75,3.5)(4.5,3.5)
\psline[arrowscale=2,tbarsize=3mm
  ]{|<->|}(1.75,3.2)(2.75,3.2)
\uput[-90](2.15,3){\footnotesize\texttt{
  coilheight$\times$coilwidth}} }
\uput*[0](3.5,4){coilwidth}
\pszigzag[coilheight=0.75](0,1.5)(3.6,1.5)
\uput*[0](3.5,1.5){0.75}
\pszigzag[coilheight=0.5](0,0)(3.5,0)
\uput*[0](3.5,0){0.50}
\pszigzag[coilheight=1.25](0,-1.5)(3.5,-1.5)
\uput*[0](3.5,-1.5){1.25}
\pszigzag*[coilheight=0.5](0,-3)(3.5,-3)
\uput*[0](3.5,-3){0.50}
\end{pspicture}
```

20.1.3 coilarm, coilarmA and coilarmB

`coilarm` bezeichnet das links und rechts angesetzte Geradenstück. Negative Werte sind möglich, machen jedoch in der Regel wenig Sinn. Wie man dem Beispiel entnehmen kann, wird in diesem Fall die Spule um den negativen Wert verlängert, sodass das Geradenstück wieder auf den angegebenen Start- bzw. Endpunkt zurückgeführt wird und somit eine negative „Richtung“ hat. Dieser Parameter steht nicht für `\psCoil` zur Verfügung.

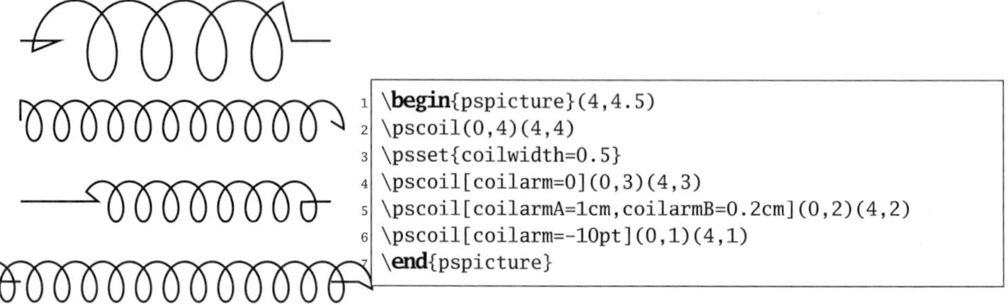

```
\begin{pspicture}(4,4.5)
\pscoil(0,4)(4,4)
\psset{coilwidth=0.5}
\pscoil[coilarm=0](0,3)(4,3)
\pscoil[coilarmA=1cm,coilarmB=0.2cm](0,2)(4,2)
\pscoil[coilarm=-10pt](0,1)(4,1)
\end{pspicture}
```

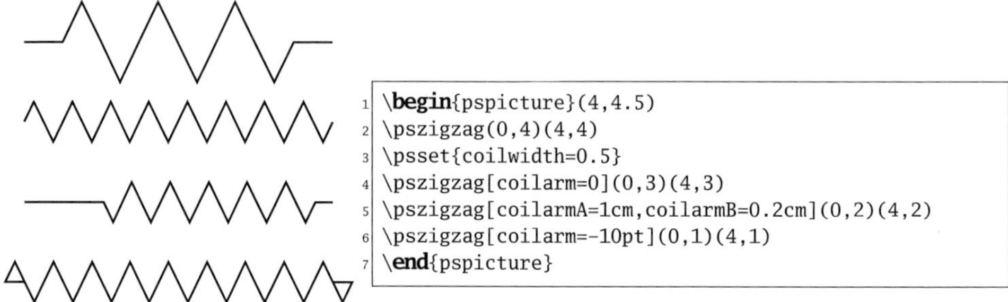

```
\begin{pspicture}(4,4.5)
\pszigzag(0,4)(4,4)
\psset{coilwidth=0.5}
\pszigzag[coilarm=0](0,3)(4,3)
\pszigzag[coilarmA=1cm,coilarmB=0.2cm](0,2)(4,2)
\pszigzag[coilarm=-10pt](0,1)(4,1)
\end{pspicture}
```

20.1.4 coilaspect

Im Abschnitt 20.1.2 auf Seite 252 wurde bereits auf die dreidimensionale Darstellung der Spule hingewiesen. Würde man sie rechtwinklig zur ihrer Längsachse betrachten, so wäre nicht die Wicklung zu erkennen. Mit `coilaspect` kann man jetzt diesen „Blickwinkel“ beeinflussen, was jedoch logischerweise nur für die „coil“-Varianten möglich ist. `coilaspect=0` ergibt eine Sinuskurve.

```
\begin{pspicture}(4,4.5)
\pscoil(0,4)(4,4)
\psset{coilwidth=0.75}
\pscoil[coilaspect=0](0,3)(4,3)
\pscoil[coilaspect=30,coilheight=0.3](0,2)(4,2)
\pscoil[coilaspect=-30,coilheight=0.3](0,1)(4,1)
\end{pspicture}
```

20.1.5 coilinc

Die Kurve wird mit der `lineto`-Prozedur von PostScript gezeichnet, wobei `coilinc` den Drehwinkel im Gradmaß angibt, bei dem der nächste Punkt berechnet wird. Es wurde bereits erwähnt, dass die Berechnung als dreidimensionale Spirale erfolgt und erst zum Schluss auf die zweidimensionale Ebene projiziert wird.

`coilinc` macht ebenfalls keinen Sinn für Zickzacklinien, sodass dieser Parameter wieder nur für die `coil`-Variante zur Verfügung steht. Große Winkel ergeben einen Polygonzug, kleine Winkel harmonische Verläufe bei allerdings erhöhtem Rechenaufwand.

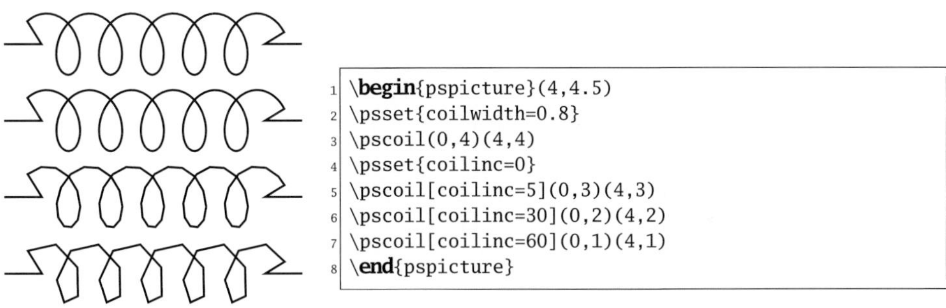

```
\begin{pspicture}(4,4.5)
\psset{coilwidth=0.8}
\pscoil(0,4)(4,4)
\psset{coilinc=0}
\pscoil[coilinc=5](0,3)(4,3)
\pscoil[coilinc=30](0,2)(4,2)
\pscoil[coilinc=60](0,1)(4,1)
\end{pspicture}
```

20.2 Makros

`pst-coil` definiert drei Makros, die die Erstellung von spulen- oder zickzackförmigen Linien ermöglichen.

```
\pscoil[<Parameter>](<x1,y1>)
\pscoil[<Parameter>](<x0,y0>)(<x1,y1>)
\pscoil[<Parameter>]{<Pfeile>}(<x0,y0>)(<x1,y1>)
\pscoil*[<Parameter>](<x1,y1>)
\pscoil*[<Parameter>](<x0,y0>)(<x1,y1>)
```

```
\pscoil*[<Parameter>]{<Pfeile>}(<x0,y0>)(<x1,y1>)
\psCoil[<Parameter>]{<Winkel1>}{<Winkel2>}
\psCoil*[<Parameter>]{<Winkel1>}{<Winkel2>}
\pszigzag[<Parameter>](<x1,y1>)
\pszigzag[<Parameter>](<x0,y0>)(<x1,y1>)
\pszigzag[<Parameter>]{<Pfeile>}(<x0,y0>)(<x1,y1>)
\pszigzag*[<Parameter>](<x1,y1>)
\pszigzag*[<Parameter>](<x0,y0>)(<x1,y1>)
\pszigzag*[<Parameter>]{<Pfeile>}(<x0,y0>)(<x1,y1>)
```

- Wird nur ein Koordinatenpaar angegeben, so wird automatisch der erste Punkt auf den Koordinatenursprung (0,0) gesetzt.
- Pfeile können über den eigenen Parameter oder über den optionalen Parameter mit arrows=<Pfeile> gesetzt werden. (→ 8 auf Seite 67)
- Für \psCoil werden die Spulen grundsätzliche ohne „Arme“ gezeichnet.

Die Sternversionen sind im Prinzip sinnlos, da sie keine sinnvolle Darstellung ermöglichen. Einige waren bereits bei der Beschreibung der Parameter zu sehen, werden jedoch im Folgenden nicht weiter beschrieben.

20.2.1 \pscoil

Da \pscoil nichts anderes als ein Polygonzug ist, stehen hier auch sämtliche Parameter zur Verfügung, die für Linien gelten (→ 4 auf Seite 25).

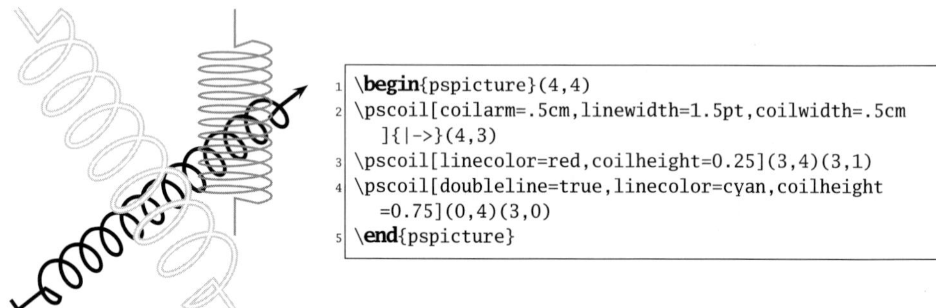

```
\begin{pspicture}(4,4)
\pscoil[coilarm=.5cm,linewidth=1.5pt,coilwidth=.5cm
  ]{|->}(4,3)
\pscoil[linecolor=red,coilheight=0.25](3,4)(3,1)
\pscoil[doubleline=true,linecolor=cyan,coilheight
  =0.75](0,4)(3,0)
\end{pspicture}
```

20.2.2 \psCoil

\psCoil zeichnet ausgehend vom aktuellen Punkt bis zum Winkel α eine unsichtbare Linie und dann von α bis β die Schraubenlinie. Es muss mit \rput gearbeitet werden, wenn sie an eine bestimmte Position gesetzt werden soll. Der Vorteil ist, dass man mit \psCoil genau vorgeben kann, wieviele Schraubenlinien gezeichnet werden sollen.

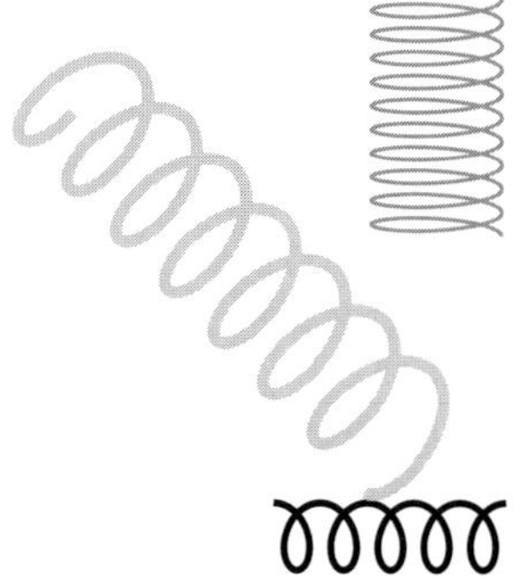

```
\begin{pspicture}(4,4)
\psCoil[linewidth=1.5pt,coilwidth=.5cm]{1800}{3600}
\rput{-90}(3,4){\psCoil[linecolor=red,coilheight
   =0.25]{0}{3600}}
\rput{-45}(0,3.5){\psCoil[doubleline=true,linecolor=
   cyan,coilheight=0.75]{100}{2700}}
\end{pspicture}
```

20.2.3 \pszigzag

Dieses Makro stellt die zweidimensionale Variante dar und ist entsprechend einfach in der Handhabung. Insbesondere die `linearc`-Option kann für `\pszigzag` gute Ergebnisse bringen. Die Vorgabe der „Armlänge" ist hier nicht absolut, da grundsätzlich die Linie in der geometrischen Mitte beendet wird und dann auf die vorgegebene Armlänge geführt wird.

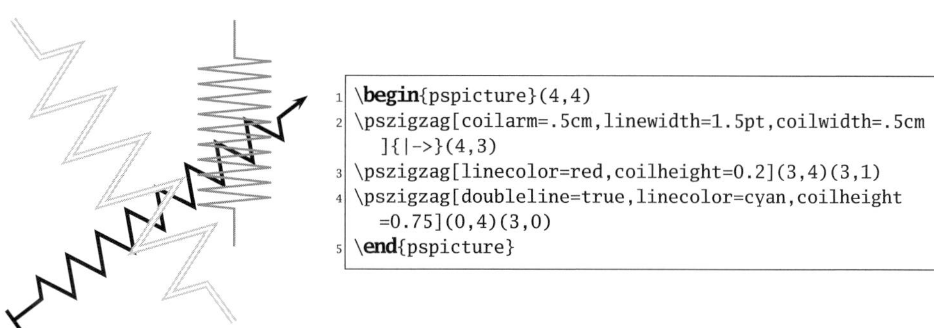

```
\begin{pspicture}(4,4)
\pszigzag[coilarm=.5cm,linewidth=1.5pt,coilwidth=.5cm
   ]{|->}(4,3)
\pszigzag[linecolor=red,coilheight=0.2](3,4)(3,1)
\pszigzag[doubleline=true,linecolor=cyan,coilheight
   =0.75](0,4)(3,0)
\end{pspicture}
```

20.3 Knotenverbindungen

Voraussetzung für diese Makros ist das Laden von `pst-node` (→ 16 auf Seite 165), dann stehen folgende Knotenverbindungen zur Verfügung:

```
\nccoil[<Parameter>]{<KnotenA>}{<KnotenB>}
\nccoil[<Parameter>]{<Pfeile>}{<KnotenA>}{<KnotenB>}
\nccoil*[<Parameter>]{<KnotenA>}{<KnotenB>}
\nccoil*[<Parameter>]{<Pfeile>}{<KnotenA>}{<KnotenB>}
\nczigzag[<Parameter>]{<KnotenA>}{<KnotenB>}
\nczigzag[<Parameter>]{<Pfeile>}{<KnotenA>}{<KnotenB>}
\nczigzag*[<Parameter>]{<KnotenA>}{<KnotenB>}
\nczigzag*[<Parameter>]{<Pfeile>}{<KnotenA>}{<KnotenB>}
\pccoil[<Parameter>](<KnotenA>)(<KnotenB>)
\pccoil[<Parameter>]{<Pfeile>}(<KnotenA>)(<KnotenB>)
\pccoil*[<Parameter>](<KnotenA>)(<KnotenB>)
```

```
\pccoil*[<Parameter>]{<Pfeile>}(<KnotenA>)(<KnotenB>)
\pczigzag[<Parameter>](<KnotenA>)(<KnotenB>)
\pczigzag[<Parameter>]{<Pfeile>}(<KnotenA>)(<KnotenB>)
\pczigzag*[<Parameter>](<KnotenA>)(<KnotenB>)
\pczigzag*[<Parameter>]{<Pfeile>}(<KnotenA>)(<KnotenB>)
```

Diese Verbindungen verhalten sich völlig analog zu den in Kapitel 16.4 auf Seite 183 und Kapitel 16.5 auf Seite 191 behandelten, sodass hier keine weiteren Erklärungen notwendig sind.

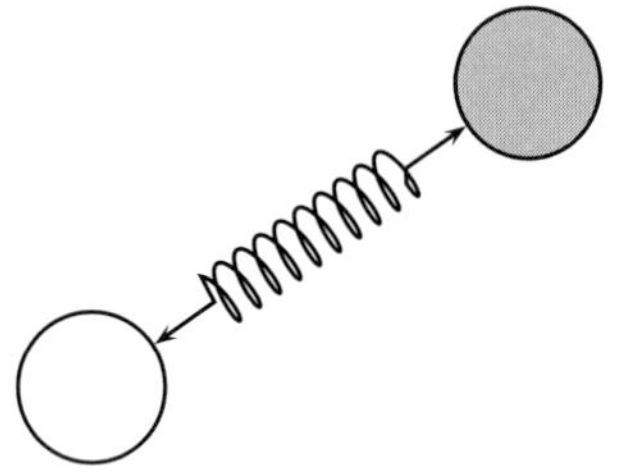

```
\begin{pspicture}(4,3)
\cnode(0.5,0.5){0.5}{A}
\cnode[fillstyle=solid,fillcolor=lightgray](3.5,2.5)
   {0.5}{B}
\nccoil[coilwidth=0.4,coilaspect=35,coilheight
   =0.5]{<->}{A}{B}
\end{pspicture}
```

Kapitel

21

pst-eps: Exportieren von PSTricks-Umgebungen

Es ist prinzipiell relativ einfach, einzelne PSTricks-Grafiken als PostScript-Datei zu speichern. Wichtig ist im Prinzip nur, dass man

- einen Rahmen mit \fbox um das PSTricks-Objekt legt,
- dabei die Rahmenfarbe mit \color{white} unsichtbar macht,
- \fboxsep auf null setzt, um keinen zusätzlichen Abstand zu bekommen,
- \pagestyle{empty} wählt, um die Seitenzahl zu unterdrücken.

Nun kann man mit

```
dvips spirale.dvi -E -o spirale.eps
```

eine EPS-Datei erzeugen, die zum einen die korrekte Bounding-Box aufweist (für Abbildung 21.1 %%BoundingBox: 148 456 364 668) und zum anderen ohne Probleme anschließend als normale Grafik im Dokument eingefügt werden kann. Abbildung 21.1 zeigt eine derartig erstellte Grafik und Listing 21.1 den zugehörigen Quellcode.

Listing 21.1: Quellcode zur Abbildung 21.1

```
\documentclass{article}
\usepackage{pstricks}% lädt automatisch xcolor
\usepackage{pst-plot}
\pagestyle{empty}
\begin{document}

\color{white}% fbox nicht sichtbar
\fboxsep=0pt
\fbox{%
  \begin{pspicture}(-4,-4)(4,4)
  \parametricplot[plotpoints=1000]{0}{3600}{t dup cos 1000 div mul t dup sin 1000 div mul}
\end{pspicture}
}
\end{document}
```

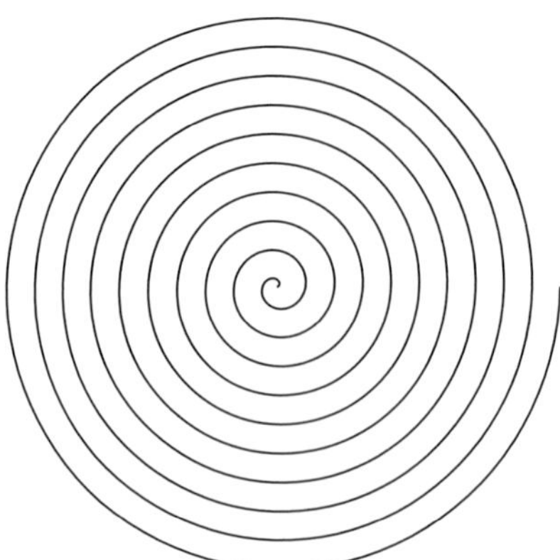

Abbildung 21.1: Mit der „-E“- Option erzeugte EPS-Datei

Bei dieser Methode ist man gezwungen, mit `fbox` zu arbeiten, da `dvips` sonst nicht in der Lage ist, eine korrekte Bounding-Box zu bestimmen, denn `dvips` beachtet keine grafischen Elemente als Begrenzungen. Dazu konvertiere man einfach obiges Beispiel ohne die Anwendung von `\fbox`. Da `\fbox` als Textelement eine eindeutige Begrenzung auf Textebene darstellt, bereitet es `dvips` kein Problem, die Bounding-Box eindeutig festzulegen. Für einzelne zu konvertierende Grafiken ist diese Methode sicher sehr effizient, für eine größere Anzahl jedoch sehr zeitaufwendig. Hier versucht das Paket `pst-eps` anzusetzen, um diesen Vorgang zu automatisieren.

21.1 \TeXtoEPS

Dieses Makro hat die Aufgabe den oben gezeigten Trick mit `\fbox` überflüssig zu machen, somit `dvips` eine Möglichkeit zu geben, die Bounding-Box korrekt zu ermitteln.

```
\TeXtoEPS%          TeX
  ...
\endTeXtoEPS
\begin{TeXtoEPS}%   LaTeX
  ...
\end{TeXtoEPS}
```

Das gleiche Beispiel aus Listing 21.1 wird noch einmal aufgegriffen, sodass sich nun der Quellkode nach Listing 21.2 ergibt.

Listing 21.2: Alternativer Quellcode zur Abbildung 21.1

```
\documentclass{article}
```

```
\usepackage{pst-eps}
\usepackage{pst-plot}
\pagestyle{empty}
\begin{document}

\begin{TeXtoEPS}
  \begin{pspicture}(-3.7,-3.7)(3.7,3.7)
    \parametricplot[plotpoints=1000]{0}{3600}{t dup cos 1000 div mul t dup sin
      1000 div mul}
  \end{pspicture}
\end{TeXtoEPS}

\end{document}
```

Wieder wird die DVI-Datei mit **dvips** wie oben beschrieben konvertiert, wobei sich diesmal eine korrekte Bounding-Box ergibt: `%%BoundingBox: 71 509 286 721`, die nur in den absoluten, nicht jedoch in den relativen Werten von den oben angegebenen abweicht.

21.2 \PSTtoEps

Mit \PSTtoEPS lässt sich die PSTricks-Umgebung gleich in einer externen Datei speichern.

```
\PSTtoEPS[<Parameter>]{<Dateiname>}{<Grafikobjet>}
```

Mit diesem Makro ergibt sich wieder das Problem, dass die Bounding-Box nicht korrekt bestimmt werden kann. Über entsprechende Parameter (Tabelle 21.1) lässt sie sich vorgeben. Die Datei wird sofort erstellt, sodass sie unmittelbar danach als EPS-Datei eingelesen werden kann, so wie im folgenden Beispiel.

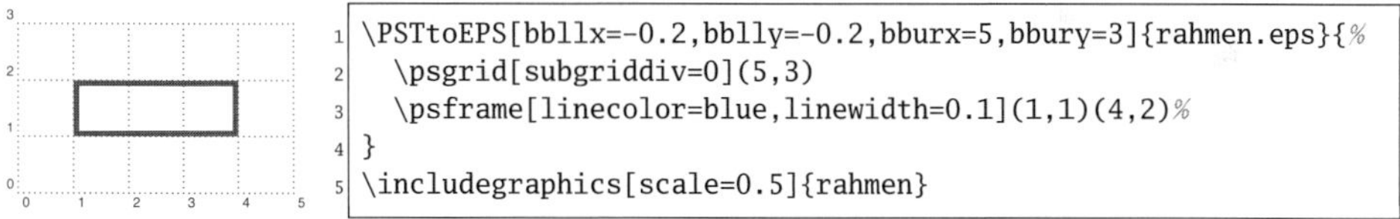


```
\PSTtoEPS[bbllx=-0.2,bblly=-0.2,bburx=5,bbury=3]{rahmen.eps}{%
  \psgrid[subgriddiv=0](5,3)
  \psframe[linecolor=blue,linewidth=0.1](1,1)(4,2)%
}
\includegraphics[scale=0.5]{rahmen}
```

21.3 Parameter

Tabelle 21.1 zeigt eine Zusammenstellung der speziellen für **pst-eps** geltenden Parameter.

Tabelle 21.1: Zusammenfassung aller Parameter für pst-eps

Name	Werte	Vorgabe
bbllx	<Wert[Einheit]>	0pt
bblly	<Wert[Einheit]>	0pt

Name	Werte	Vorgabe
bburx	<Wert[Einheit]>	0pt
bburx	<Wert[Einheit]>	0pt
makeeps	none|new|all|all*	new
headerfile	<filename>	{}
headers	none|all|user	none
GraphicsRef	<x,y>	{}
Translation	<x,y>	{}
Rotation	<Wert>	{}
Scale	<Wert1 Wert2>	{}

Die Parameter sollen hier nicht im einzelnen behandelt werden, da das Paket **pst-eps** mittlerweile durch andere Möglichkeiten ersetzt werden kann. (→ B auf Seite 453)

Eine praktische Anwendung für **pst-eps** ergibt sich, wenn die Berechnung einzelner Objekte intensive Rechenzeit erfordert, beispielsweise dreidimensionale Objekte, wie Zylinder oder Kugeln. Statt bei jeder Übersetzung des Dokumentes diese Berechnungen erneut durchzuführen, könnte man gleich beim ersten Mal die Grafik als EPS-Datei exportieren und beim folgenden LaTeX-Lauf nur noch einlesen.

KAPITEL 22

Beispiele

Die im folgenden willkürlich ausgewählten Beispiele sollen nur einen allgemeinen Überblick über das geben, was unter anderem bei Einsatz von Farbe möglich ist. [29] Aus rein drucktechnischen Gründen erscheinen sie bereits an dieser Stelle. Weitere Beispiele findet man zum einen auf der „offiziellen" Homepage von `PSTricks` `http://www.tug.org/applications/PSTricks`, auf Manuel Luques sehr umfangreichen Seiten `http://members.aol.com/Mluque5130` oder auf der deutschen Seite `http://PSTricks.de`.

Der Quellcode zu den Beispielen steht hier zum allgemeinen Download bereit: `http://PSTricks.de/Examples/Buch/` oder `CTAN:/graphics/pstricks/doc/voss/`. Die Dateinamen beziehen sich dabei auf die in den Abbildungsunterschriften angegeben und stellen jeweils eigenständige TEX-Dateien dar, die man mit `latex` oder `vlatex` bearbeiten kann. Die ebenfalls vorhandenen `PDF` Dateien wurden in der Regel mit `vlatex` erzeugt. Aus rein formalen Gründen ist die Bezeichnung der fortlaufenden Nummer bei den Beispielnamen nicht chronologisch angeordnet, sondern es wurde versucht, den Platz möglichst optimal auszunutzen. Bei der folgenden Zusammenstellung ist zu beachten, dass das Basispaket `pstricks` grundsätzlich bei jedem Beispiel benutzt wird und daher nur die zusätzlichen Pakete aufgeführt sind.

Beispiel	Anwendung der Pakete	Beispiel	Anwendung der Pakete
bsp00	-	bsp01	pst-slpe, multido
bsp02	pst-grad, multido	bsp03	pst-node, multido
bsp04	pst-slpe, multido	bsp05	pst-plot, multido
bsp06	pst-node, pst-coil	bsp07	bigdelim, multirow, colortbl, array, pst-node
bsp08	pst-grad, multido	bsp09	-
bsp10	pst-plot	bsp11	pst-plot, multido
bsp12	lmodern, shapepar, babel	bsp13	pst-grad, pstricks-add, bm
bsp14	pst-node	bsp15	pst-plot, pstricks-add

Beispiel	Anwendung der Pakete	Beispiel	Anwendung der Pakete
bsp16	pst-plot, fb	bsp17	pst-grad, fancyxrb
bsp18	pst-plot	bsp19	pst-grad, pst-fill, pst-char
bsp20	multido, random	bsp21	pst-grad, multido
bsp22	multido	bsp23	pst-3dplot
bsp24	pst-plot, pstricks-add	bsp25	pst-node
bsp26	pst-node, pstricks-add	bsp27	pst-node
bsp28	calc, multido	bsp29	-
bsp30	-	bsp31	-
bsp32	pst-map2d	bsp33	calendrierfp
bsp34	pst-eucl	bsp35	pst-fill, multido
bsp36	pst-tree	bsp37	pst-plot, pst-stru, multido
bsp38	pst-optic, pstricks-add	bsp39	-
bsp40	-	bsp41	-
bsp42	-	bsp43	multido
bsp44	-	bsp45	pst-node, multido
bsp46	pst-node, pstricks-add	bsp47	pst-coil, pstricks-add
bsp48	pst-plot, pst-slpe	bsp49	pst-3d
bsp50	pst-vue3d	bsp51	pst-vue3d
bsp52	pst-3dplot	bsp53	pst-blur
bsp54	pst-circ	bsp55	multido, random
bsp56	pst-plot, amsmath	bsp57	pst-plot, mutido
bsp58	pstricks-add	bsp59	pst-plot, pstricks-add
bsp60	pstricks-add	bsp61	-
bsp62	pst-grad	bsp63	pst-3dplot
bsp64	pst-3dplot	bsp65	pst-plot
bsp66	pst-node, pst-plot, amsmath	bsp67	pst-3dplot, pst-text
bsp68	pstricks-add	bsp69	pst-plot, amsmath
bsp70	pst-plot, amsmath	bsp71	pst-plot, pst-node, amsmath, amssymb
bsp72	pstricks-add	bsp73	-
bsp74	pst-char, pst-grad, graphicx		

NAME	CMYK	COLOR	NAME	CMYK	COLOR
GreenYellow	0.15,0,0.69,0		RoyalPurple	0.75,0.90,0,0	
Yellow	0,0,1,0		BlueViolet	0.86,0.91,0,0.04	
Goldenrod	0,0.10,0.84,0		Periwinkle	0.57,0.55,0,0	
Dandelion	0,0.29,0.84,0		CadetBlue	0.62,0.57,0.23,0	
Apricot	0,0.32,0.52,0		CornflowerBlue	0.65,0.13,0,0	
Peach	0,0.50,0.70,0		MidnightBlue	0.98,0.13,0,0.43	
Melon	0,0.46,0.50		NavyBlue	0.94,0.54,0,0	
YellowOrange	0,0.42,1,0		RoyalBlue	1,0.50,0,0	
Orange	0,0.61,0.87,0		Blue	1,1,0,0	
BurntOrange	0,0.51,1,0		Cerulean	0.94,0.11,0,0	
Bittersweet	0,0.75,1,0.24		Cyan	1,0,0,0	
RedOrange	0,0.77,0.87,0		ProcessBlue	0.96,0,0,0	
Mahogany	0,0.85,0.87,0.35		SkyBlue	0.62,0,0.12,0	
Maroon	0,0.87,0.68,0.32		Turquoise	0.85,0,0.20,0	
BrickRed	0,0.89,0.94,0.28		TealBlue	0.86,0,0.34,0.02	
Red	0,1,1,0		Aquamarine	0.82,0,0.30,0	
OrangeRed	0,1,0.50,0		BlueGreen	0.85,0,0.33,0	
RubineRed	0,1,0.13,0		Emerald	1,0,0.50,0	
WildStrawberry	0,0.96,0.39,0		JungleGreen	0.99,0,0.52,0	
Salmon	0,0.53,0.38,0		SeaGreen	0.69,0,0.50,0	
CarnationPink	0,0.63,0,0		Green	1,0,1,0	
Magenta	0,1,0,0		ForestGreen	0.91,0,0.88,0.12	
VioletRed	0,0.81,0,0		PineGreen	0.92,0,0.59,0.25	
Rhodamine	0,0.82,0,0		LimeGreen	0.50,0,1,0	
Mulberry	0.34,0.90,0,0.02		YellowGreen	0.44,0,0.74,0	
RedViolet	0.07,0.90,0,0.34		SpringGreen	0.26,0,0.76,0	
Fuchsia	0.47,0.91,0,0.08		OliveGreen	0.64,0,0.95,0.40	
Lavender	0,0.48,0,0		RawSienna	0,0.72,1,0.45	
Thistle	0.12,0.59,0,0		Sepia	0,0.83,1,0.70	
Orchid	0.32,0.64,0,0		Brown	0,0.81,1,0.60	
DarkOrchid	0.40,0.80,0.20,0		Tan	0.14,0.42,0.56,0	
Purple	0.45,0.86,0,0		Gray	0,0,0,0.50	
Plum	0.50,1,0,0		Black	0,0,0,1	
Violet	0.79,0.88,0,0		White	0,0,0,0	

Abbildung 22.1: `bsp00.tex`: Die vordefinierten Farben von `dvips`, die mit dem Laden von `pstricks.sty` zur Verfügung stehen.

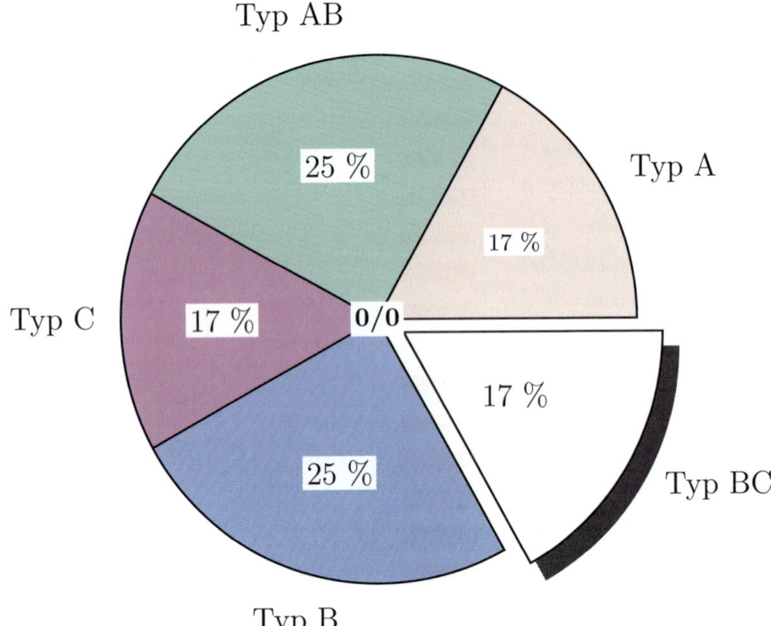

Abbildung 22.2: `bsp09.tex`: Anwendung von `\uput` und `\rput`.

Warum ist die Natur so nahezu symmetrisch? Niemand hat eine Idee, warum. Das
einzige, was wir vorschlagen könnten, ist etwas wie dies: Es gibt ein Tor in Japan, ein Tor
in Neiko, das die Japaner manchmal das schönste
Tor in ganz Japan nennen; es wurde zu einer Zeit ge-
baut, als die chinesische Kunst großen Einfluß hatte. Dies
Tor ist sehr kunstvoll gear- beitet mit zahlreichen Giebeln
und schönen Schnitze- reien und vielen Säu-
len und Drachenköp- fen und Fürsten, die in
die Säulen eingemei- ßelt sind, usw. Aber
wenn man genau hin- schaut, sieht man, daß
in dem kunstvollen und komplizierten Muster
entlang einer der Säulen eines der kleinen Mus-
terelemente kopfüber gemeißelt ist; sonst ist
alles vollständig sym- metrisch. Wenn man
danach fragt, warum dies so ist, ist die Erklärung, daß es kopf- über gemeißelt worden
ist, damit die Götter auf die Vollkommenheit des
Menschen nicht eifersüchtig sind. So machten sie absicht-
lich einen Fehler, damit die Götter nicht eifersüchtig und
auf die Menschen zornig sein würden. Wir könnten den
Gedanken umdrehen und daran denken, daß die wah-
re Erklärung der näherungsweisen Symmetrie der
Natur diese ist: Gott machte die Gesetze nur
ungefähr symmetrisch, damit wir nicht auf
seine Vollkommenheit eifersüchtig sind!
Richard Feynman

Abbildung 22.3: `bsp12.tex`: Anwendung von `\rput`, `\pscircle`, `\psarc` (nach einer Idee von Thomas Siegel).

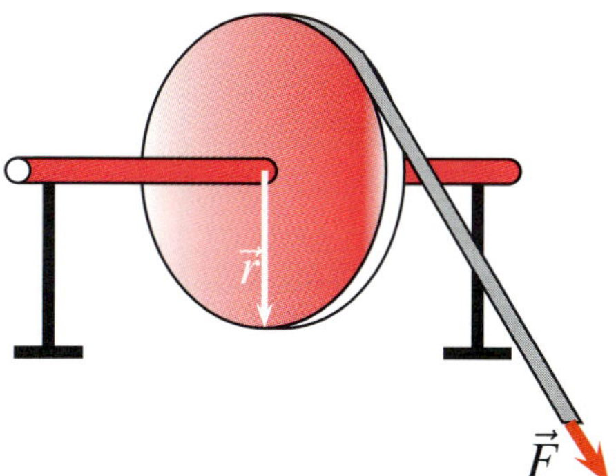

Abbildung 22.4: `bsp13.tex`: Anwendung von `\rput`, `\pscircle`, `\psarc`, `\psellipticarc`.

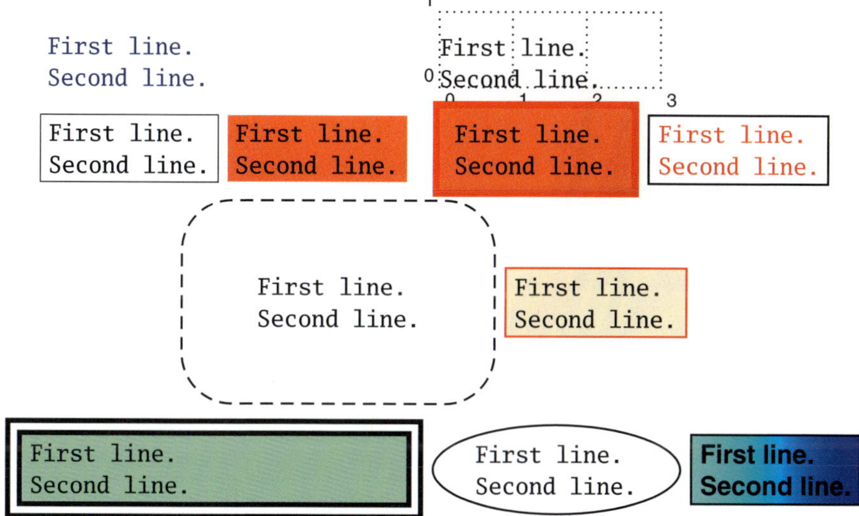

Abbildung 22.5: `bsp17.tex`: Verbatim in verschiedenen Boxen (Denis Girou)

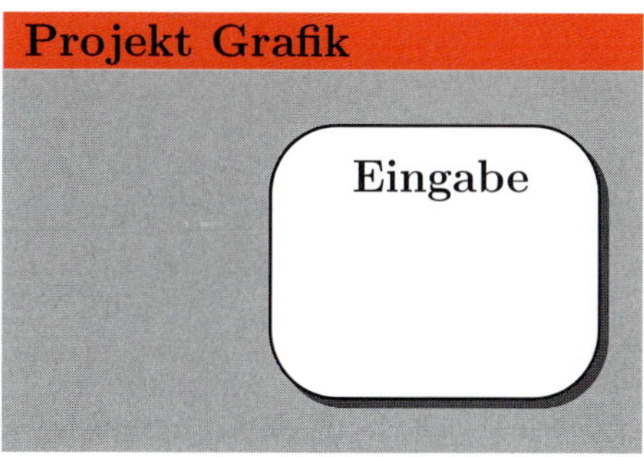

Abbildung 22.6: `bsp40.tex`: `\psframe` und `\rput`.

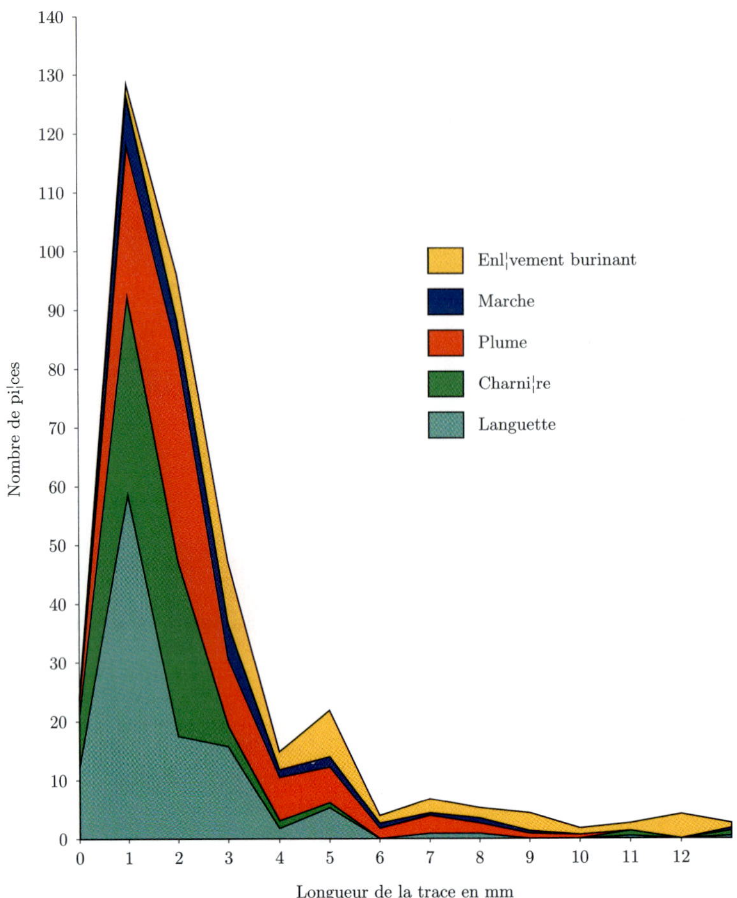

Abbildung 22.7: `bsp18.tex`: Überlagerung von gefüllten Flächen.

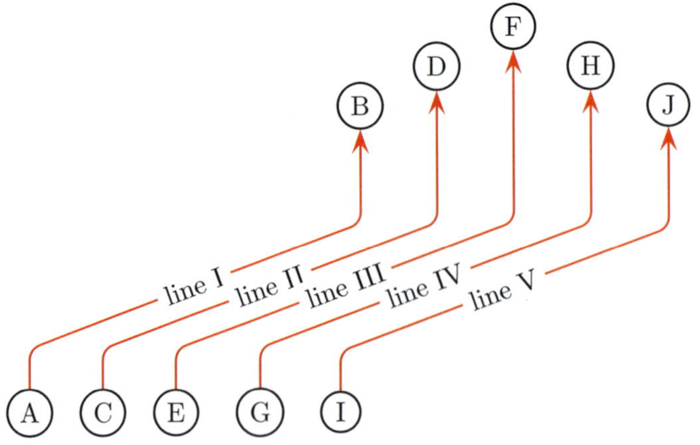

Abbildung 22.8: `bsp58.tex`: Knotenverbindungen bei konstantem Winkel.

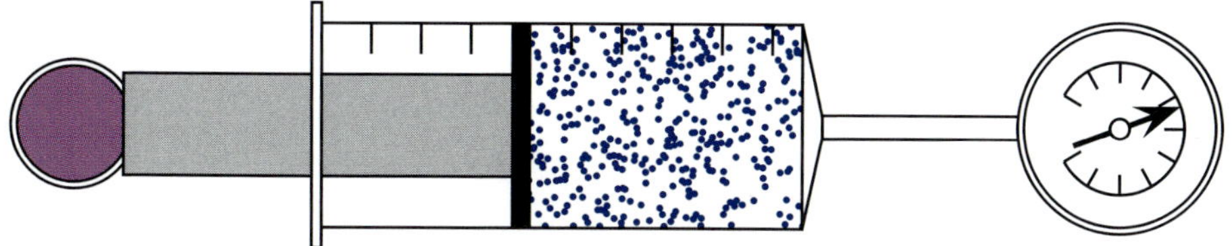

Abbildung 22.9: `bsp20.tex`: Anwendung des `\psclip` und des `random` Makros (Manuel Luque).

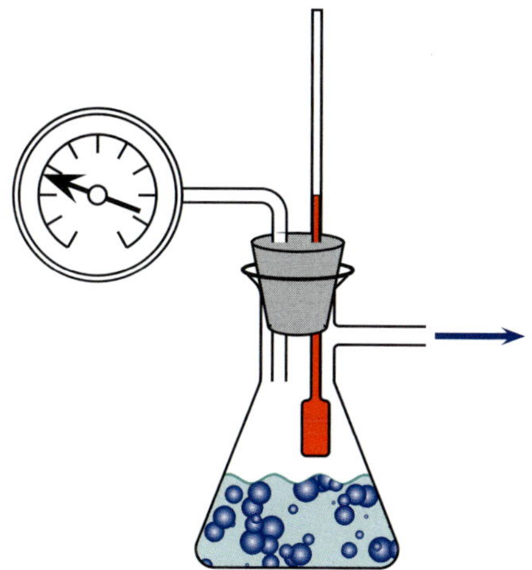

Abbildung 22.10: `bsp21.tex`: Anwendung des `random` Makros (Manuel Luque).

$$\begin{aligned}
y &= x^2+bx+c \\
&= x^2+2\cdot\frac{b}{2}x+c \\
&= \underbrace{x^2+2\cdot\frac{b}{2}x+\left(\frac{b}{2}\right)^2}_{\left(x+\frac{b}{2}\right)^2}-\left(\frac{b}{2}\right)^2+c \\
&= \left(x+\frac{b}{2}\right)^2-\left(\frac{b}{2}\right)^2+c && \Bigg|+\left(\frac{b}{2}\right)^2-c \\
y+\left(\frac{b}{2}\right)^2-c &= \left(x+\frac{b}{2}\right)^2 && |(\text{Scheitelpunktform}) \\
y-y_S &= (x-x_S)^2 \\
S(x_S;y_S) \quad &\text{bzw.} \quad S\left(-\frac{b}{2};\left(\frac{b}{2}\right)^2-c\right)
\end{aligned}$$

Abbildung 22.11: `bsp27.tex`: „Rechenkästchen“ …

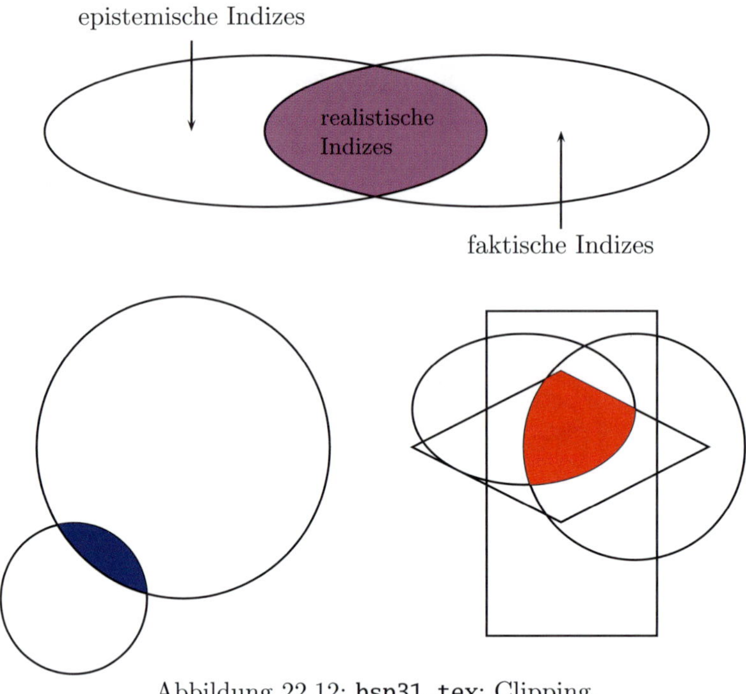

Abbildung 22.12: `bsp31.tex`: Clipping.

Abbildung 22.13: `bsp29.tex`: Boxen mit unterschiedlichen Ecken.

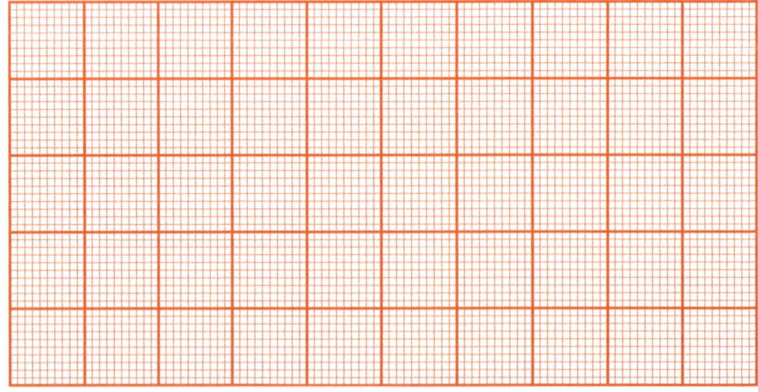

Abbildung 22.14: `bsp39.tex`: Millimeterpapier mit `\psgrid` und `subgriddiv`.

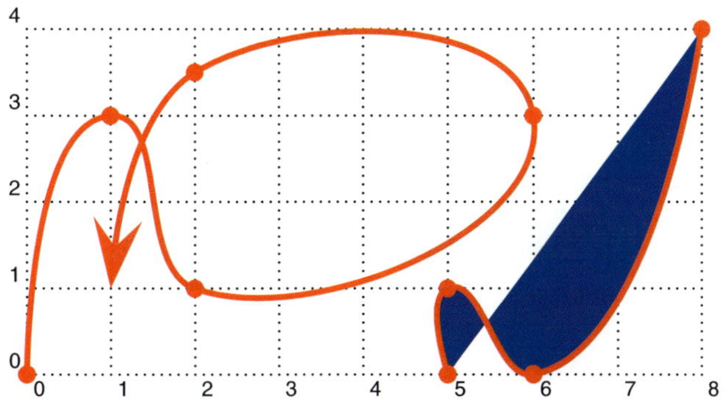

Abbildung 22.15: `bsp41.tex`: `\pscurve`.

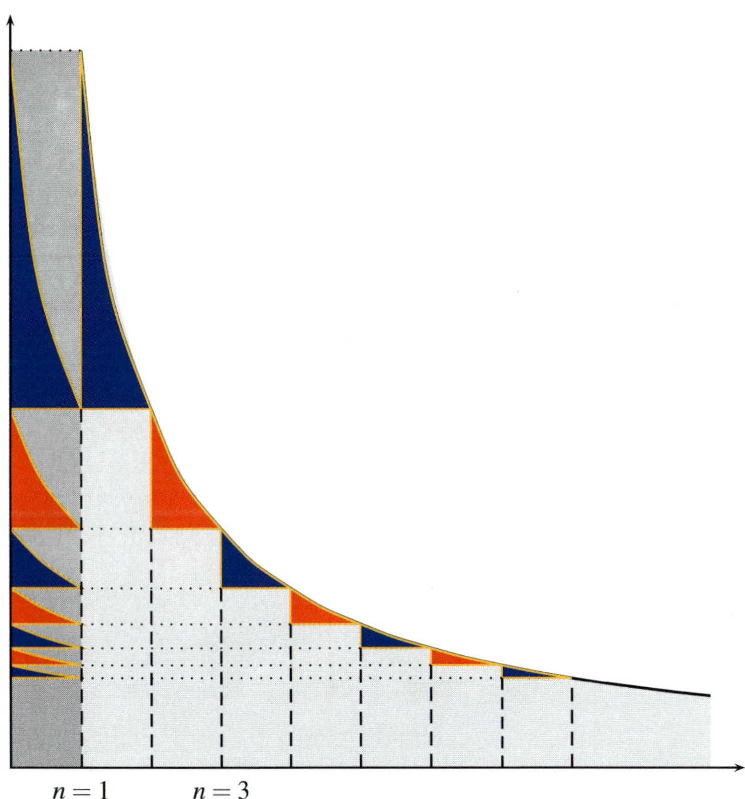

Abbildung 22.16: `bsp57.tex`: `\pscustom` und `\multido` (Philippe Esperet).

Abbildung 22.17: `bsp61.tex`: Anwendung der `double`-Option.

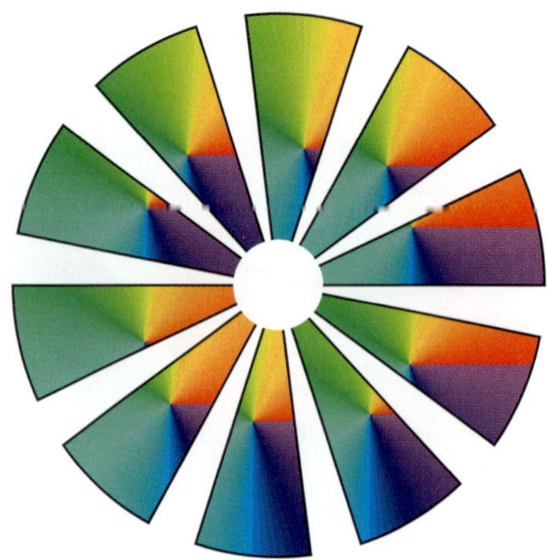

Abbildung 22.18: `bsp01.tex`: Anwendung von `\multido`.

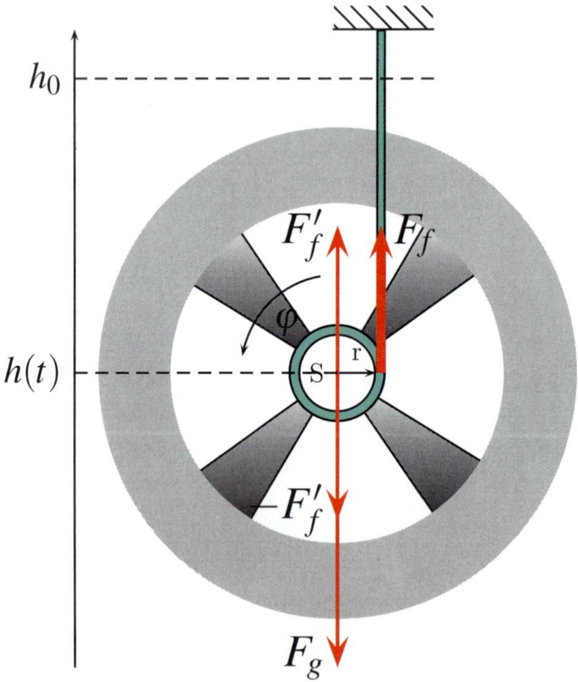

Abbildung 22.19: `bsp02.tex`: Anwendung von `\multido` und `pswedge`.

Abbildung 22.20: `bsp61.tex`: Besondere Linien mit `pstricks-add`.

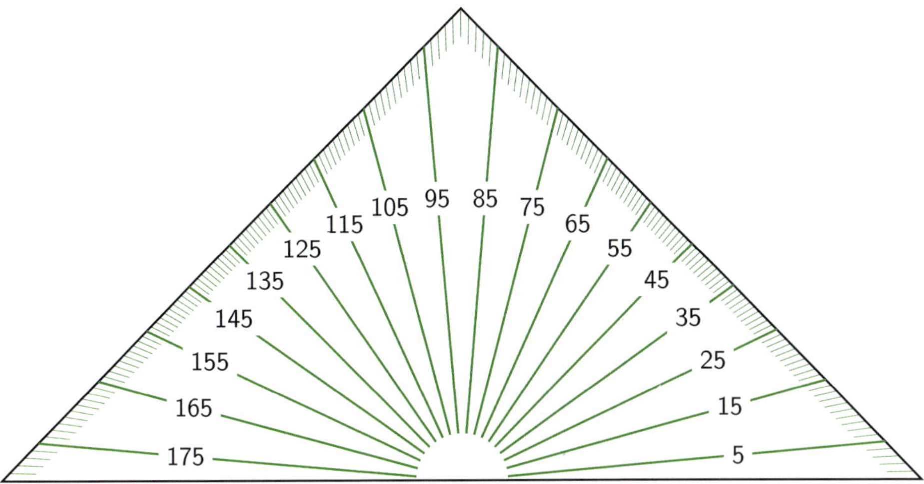

Abbildung 22.21: `bsp03.tex`: Anwendung von `\pnode` und `multido` (Weitere Beispiele bei `http://melusine.eu.org/syracuse/pstricks/rapporteurs/`.

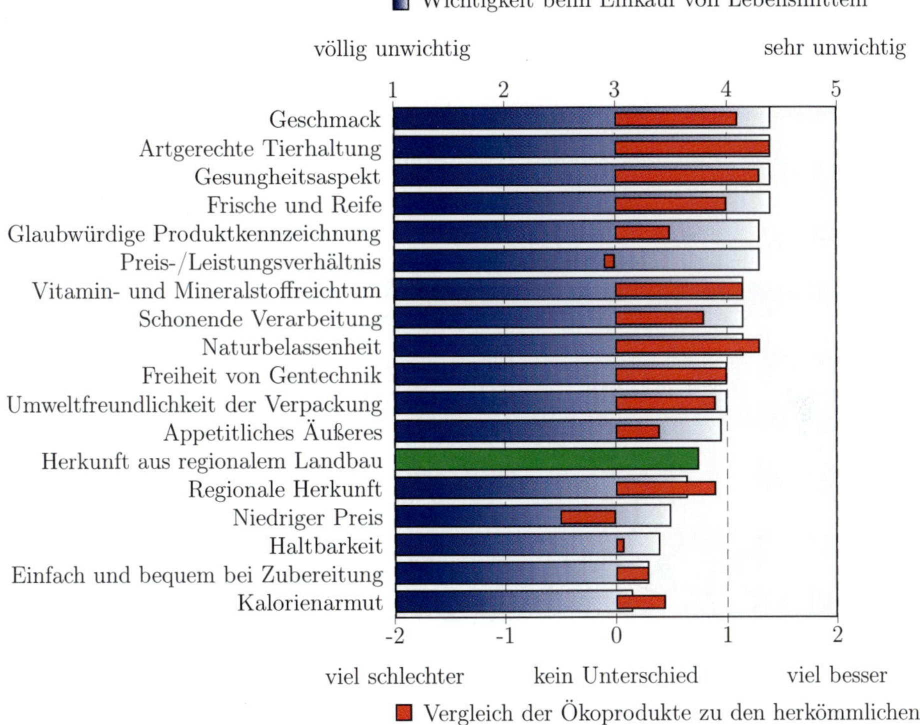

Abbildung 22.22: `bsp08`: Anwendung von `\multido` und `pst-grad`.

Abbildung 22.23: `bsp22.tex`: Anordnung von Farbboxen.

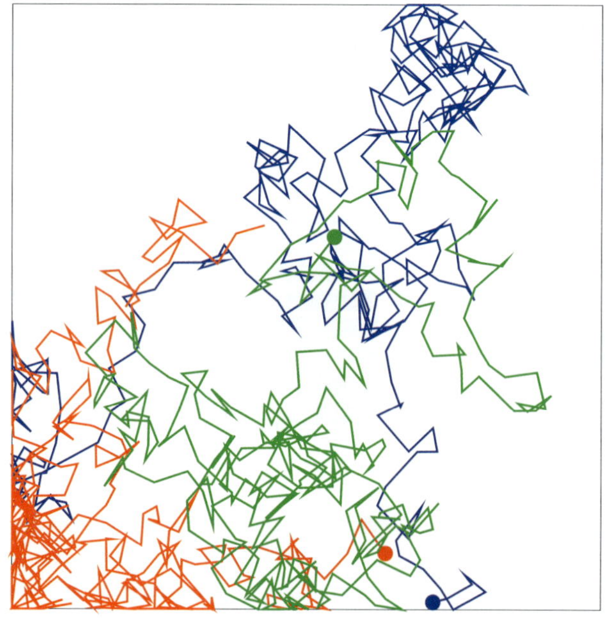

Abbildung 22.24: `bsp55.tex`: Simulation eines „Random walks“ (Denis Girou).

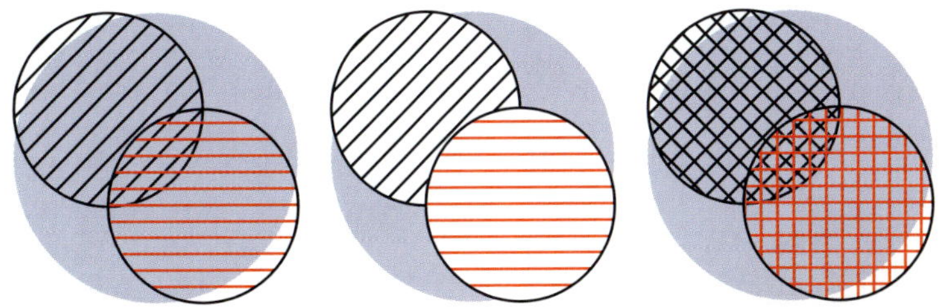

Abbildung 22.25: `bsp42.tex`: `\pscircle` und `fillstyle`

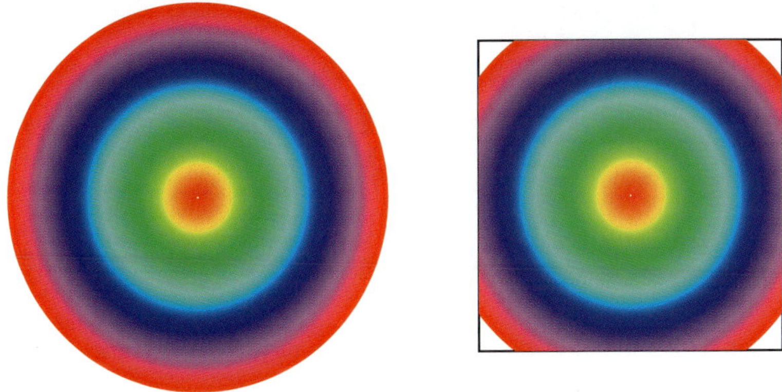

Abbildung 22.26: `bsp43.tex`: `\psframe`, `\psclip`, `\pscircle` und `\multido`.

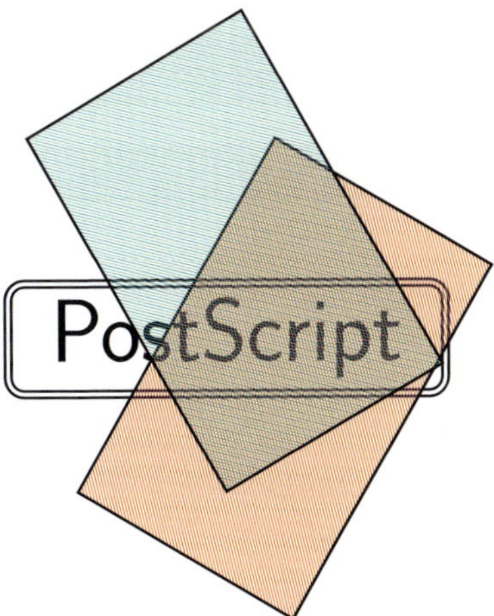

Abbildung 22.27: `bsp44.tex`: Definition eigener Füllstile zur Erzeugung von „Tranparenz“

Abbildung 22.28: `bsp35.tex`: Anwendung von `pst-fill` (Manuel Luque).

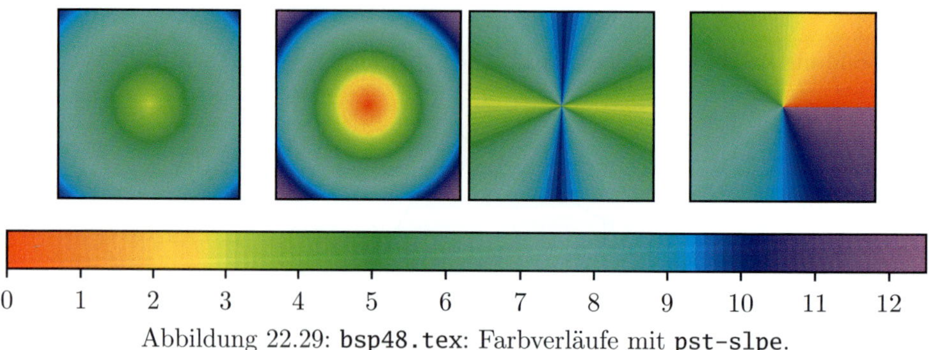

Abbildung 22.29: `bsp48.tex`: Farbverläufe mit `pst-slpe`.

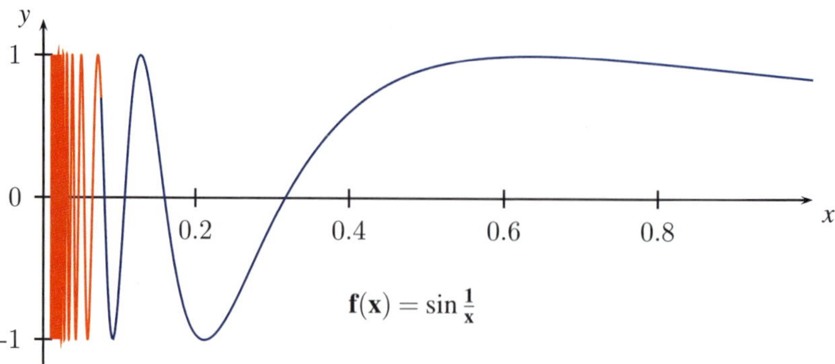

Abbildung 22.30: `bsp10`: Anwendung von `\psplot` mit verschiedenen Intervallen.

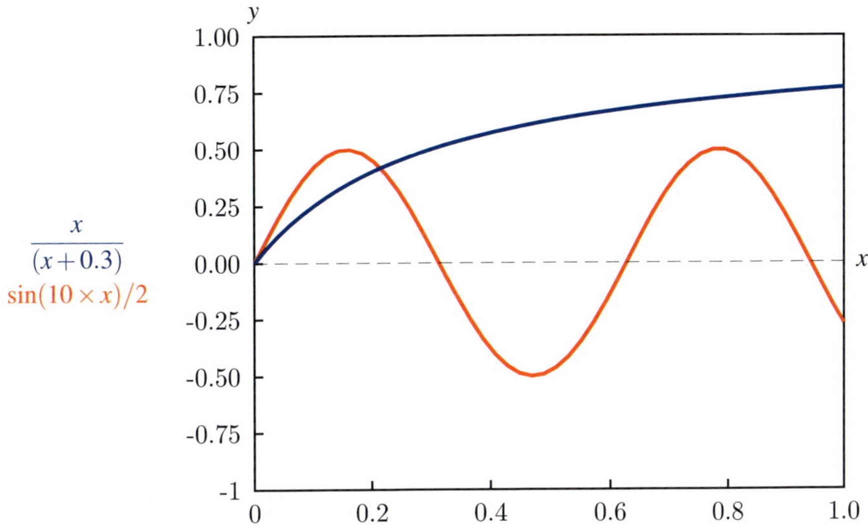

Abbildung 22.31: `bsp56.tex`: Darstellung einfacher Funktionen (Denis Girou, Ricardo Sanchez Carmenes).

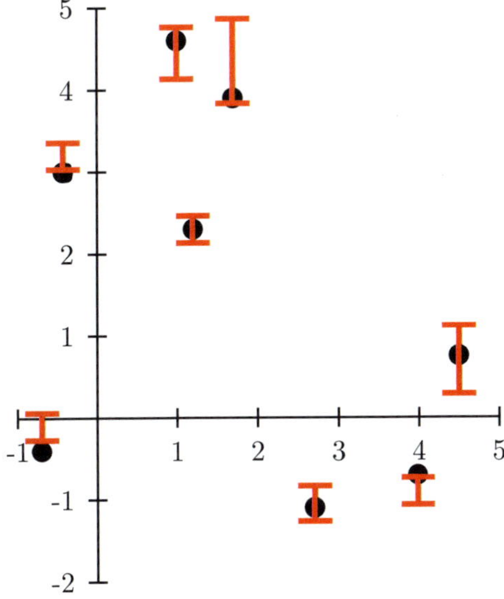

Abbildung 22.32: `bsp05.tex`: Anwendung von `pst-plot`.

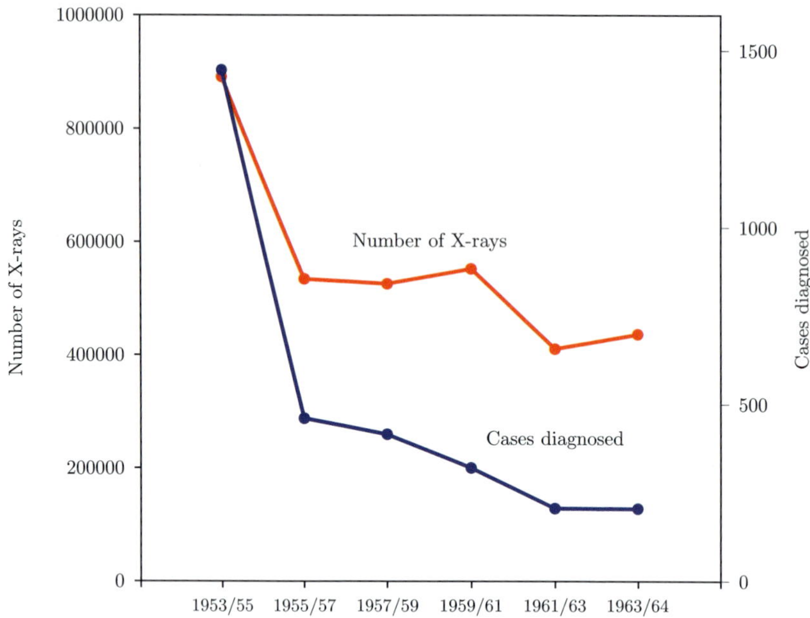

Abbildung 22.33: `bsp11.tex`: Plotten unterschiedlicher Daten mit `\listplot`.

Das folgende Beispiel berechnet zuerst mithilfe des Paketes `fp` Punkte, speichert diese in einer Datei ab und ließt sie anschließend wieder ein, um sie dann in üblicher Weise darzustellen.

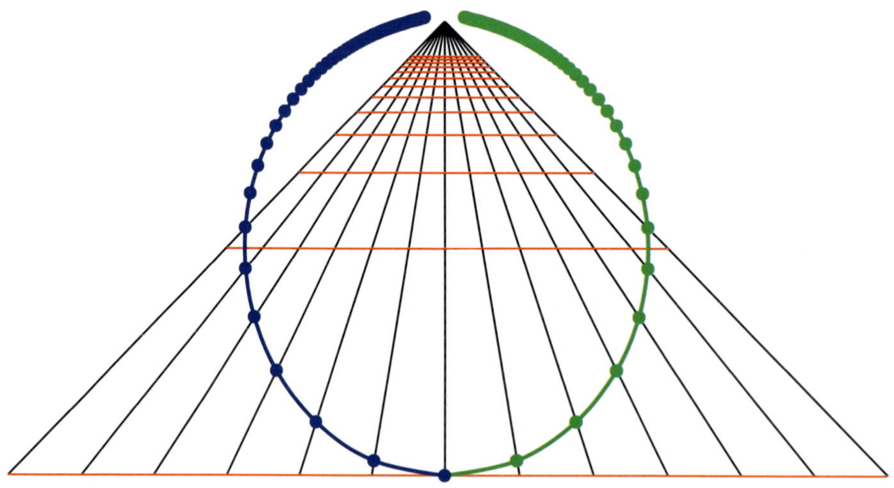

Abbildung 22.34: `bsp16.tex`: Berechnen der Wertepaare durch TEX und Darstellung mit `\dataplot` (Chris Sangwin).

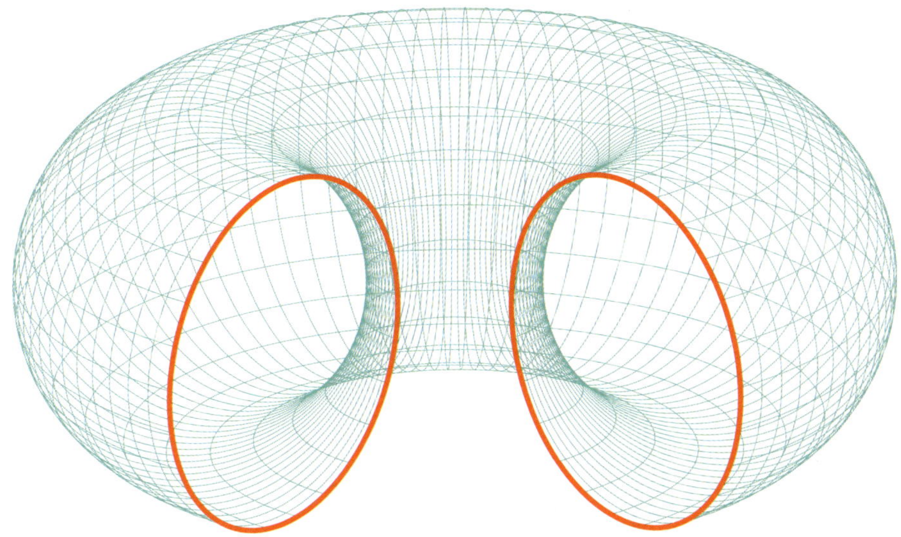

Abbildung 22.35: `bsp23.tex`: Das Titelbild ...

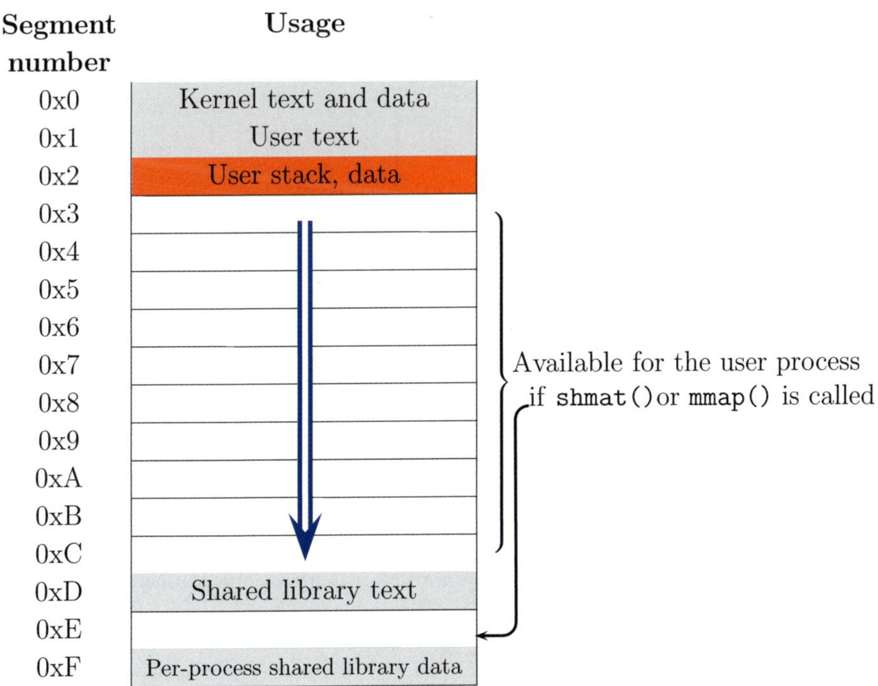

Abbildung 22.36: `bsp07`: Anwendung von `ncline` und `ncdiag` innerhalb einer normalen `tabular`-Umgebung.

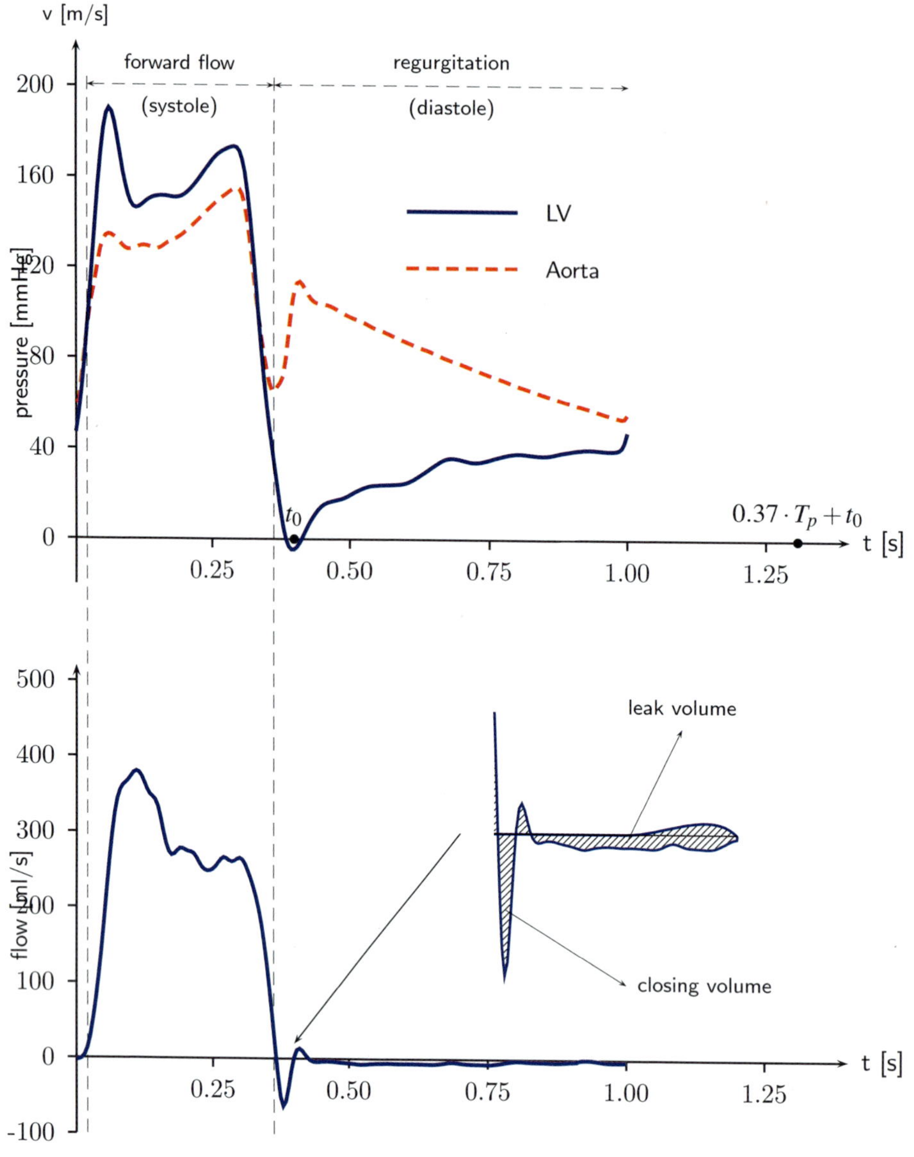

Abbildung 22.37: `bsp24.tex`: Zoomen eines Datenausschnitts (Kris Dumont).

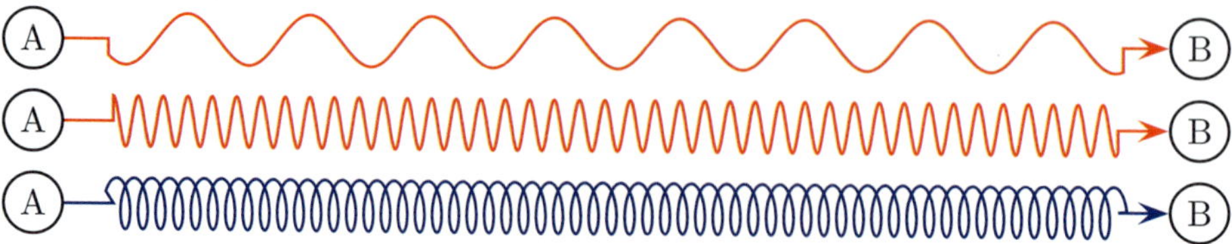

Abbildung 22.38: `bsp06.tex`: Anwendung von `circlenode` und `nccoil`.

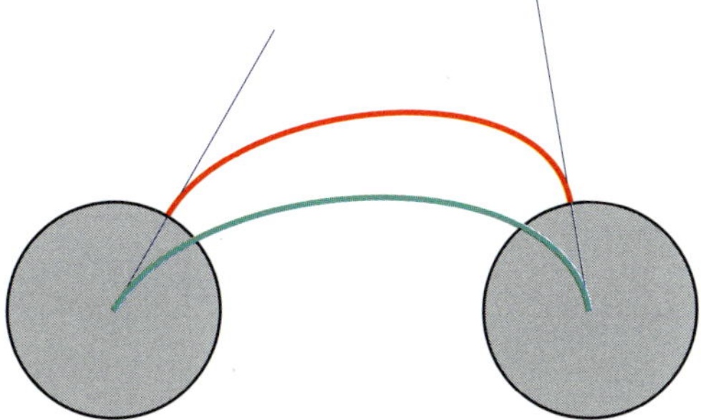

Abbildung 22.39: `bsp25.tex`: Zusammenhang zwischen Steigung und Knotenverbindung.

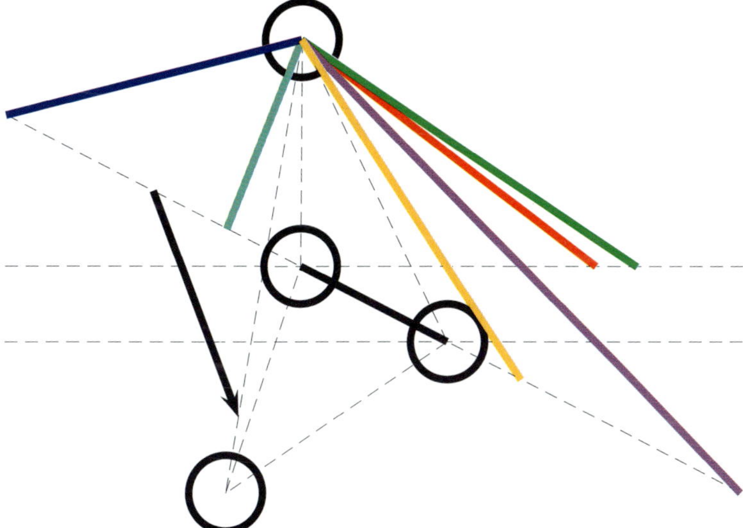

Abbildung 22.40: `bsp26.tex`: Relative Knotenkoordinaten mit `[X|Y]nodesep`.

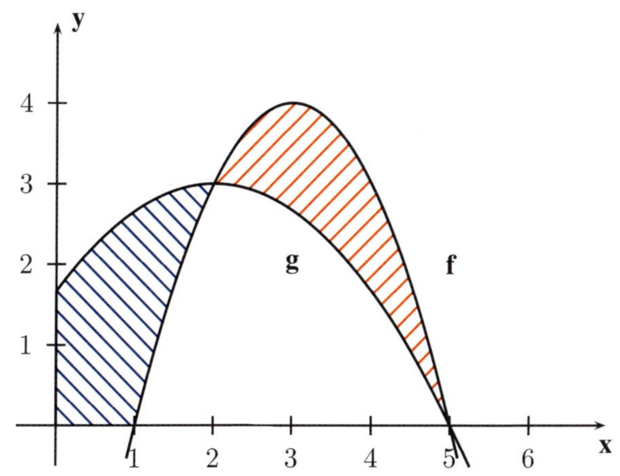

Abbildung 22.41: `bsp59.tex`: Anwendung von `\pscustom`.

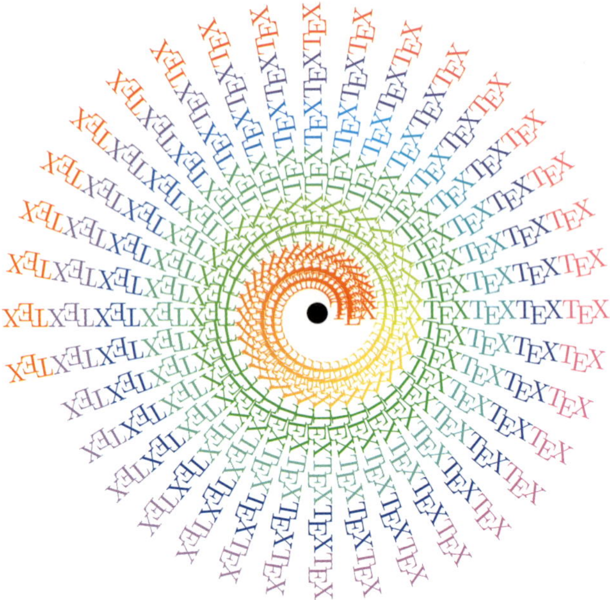

Abbildung 22.42: `bsp45.tex`: `\nput` mit Optionen `rot` und `labelsep`

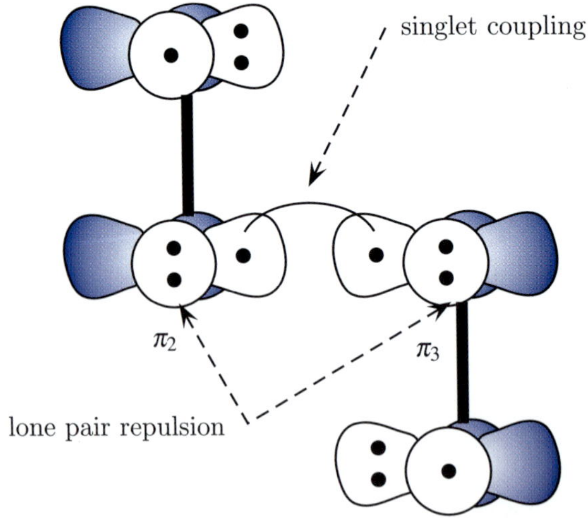

Abbildung 22.43: `bsp04.tex`: Anwendung von `\psmatrix` und `pst-slpe`.

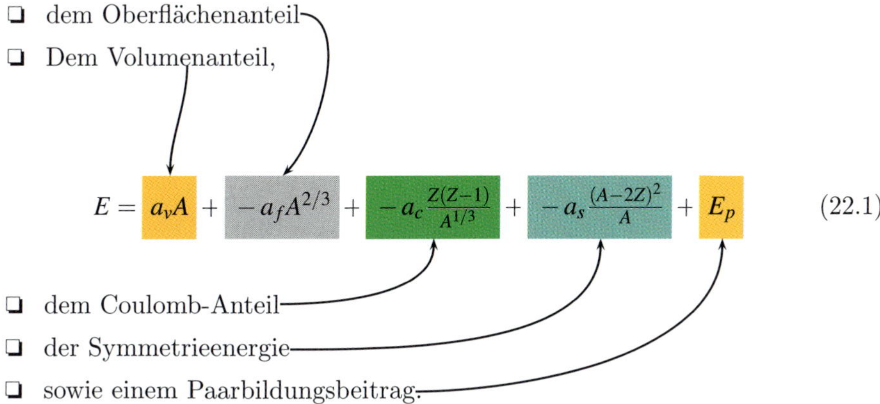

Abbildung 22.44: `bsp27.tex`: Knoten im mathematischen Modus.

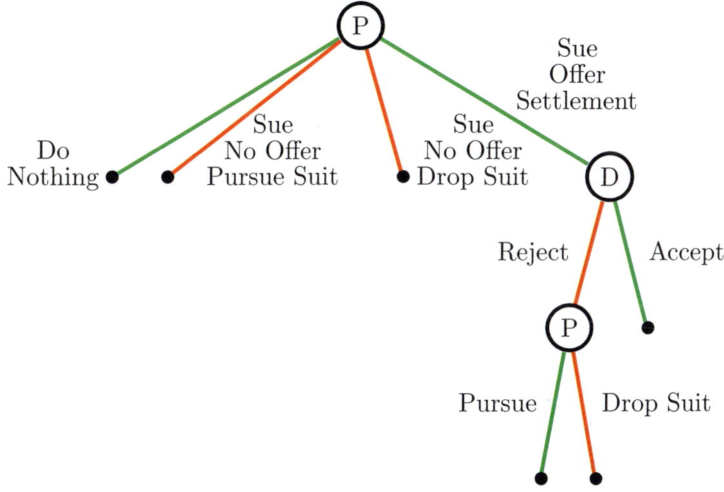

Abbildung 22.45: `bsp36.tex`: Unterschiedliche Farben in einer Baumstruktur.

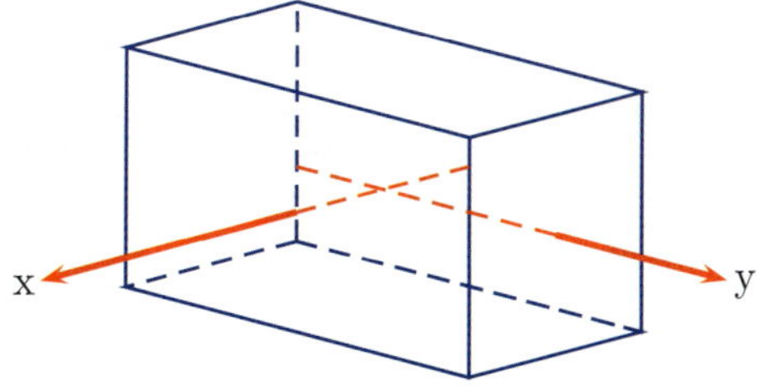

Abbildung 22.46: `bsp63.tex`: Einfache Anwendung von `pst-3dplot`.

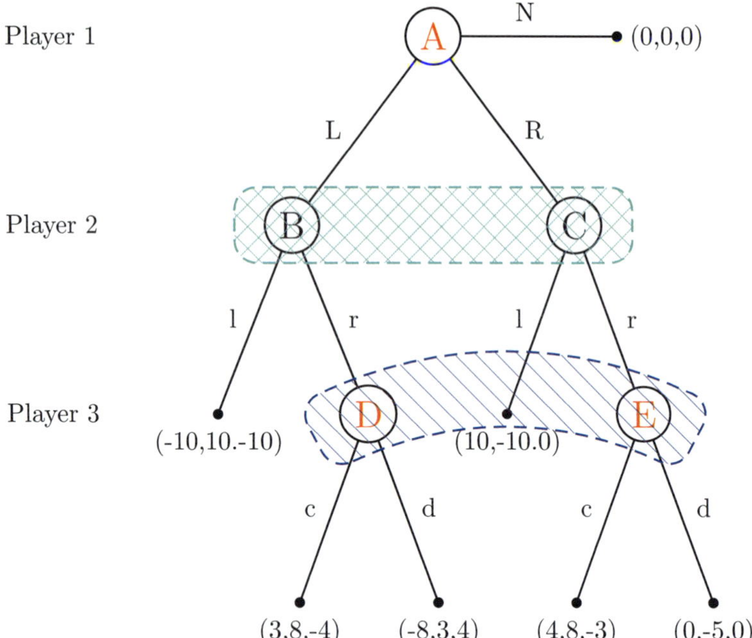

Abbildung 22.47: `bsp46.tex`: Anwendung von `pst-tree` und `pst-node`.

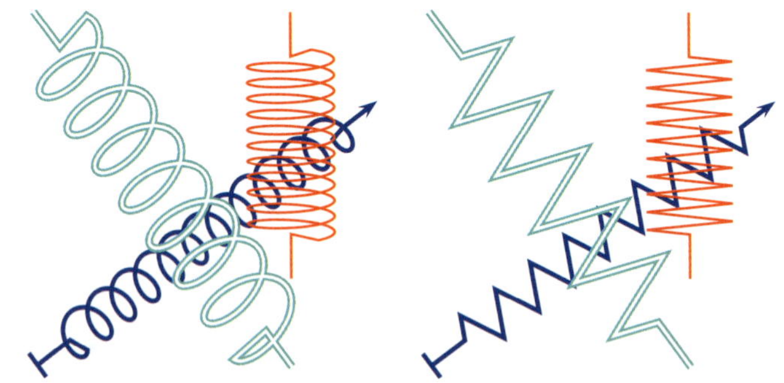

Abbildung 22.48: `bsp47.tex`: Spulen und Federn mit `pst-coil`.

Abbildung 22.49: `bsp19.tex`: Anwendung von `\pscharpath` und `\psboxfill`.

Abbildung 22.50: `bsp52.tex`: Anwendung mit `pst-blur`.

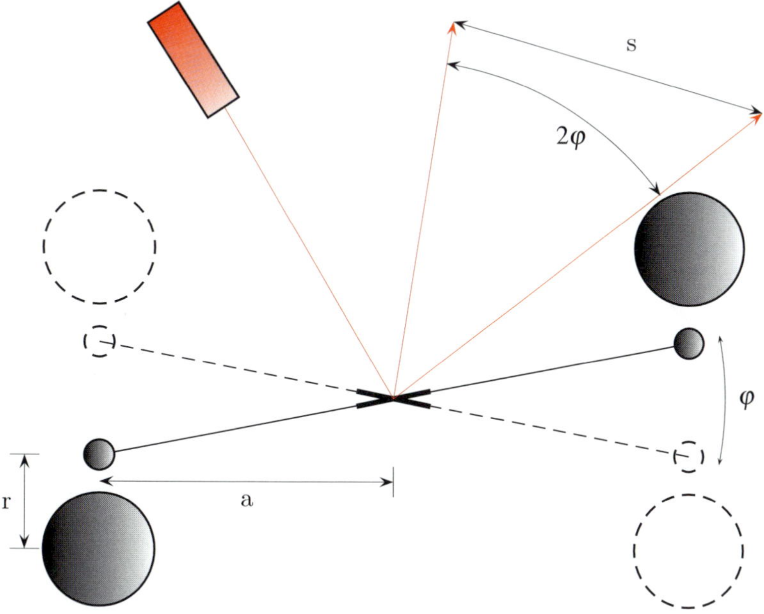

Abbildung 22.51: `bsp62.tex`: Anwendung der Standardmakros.

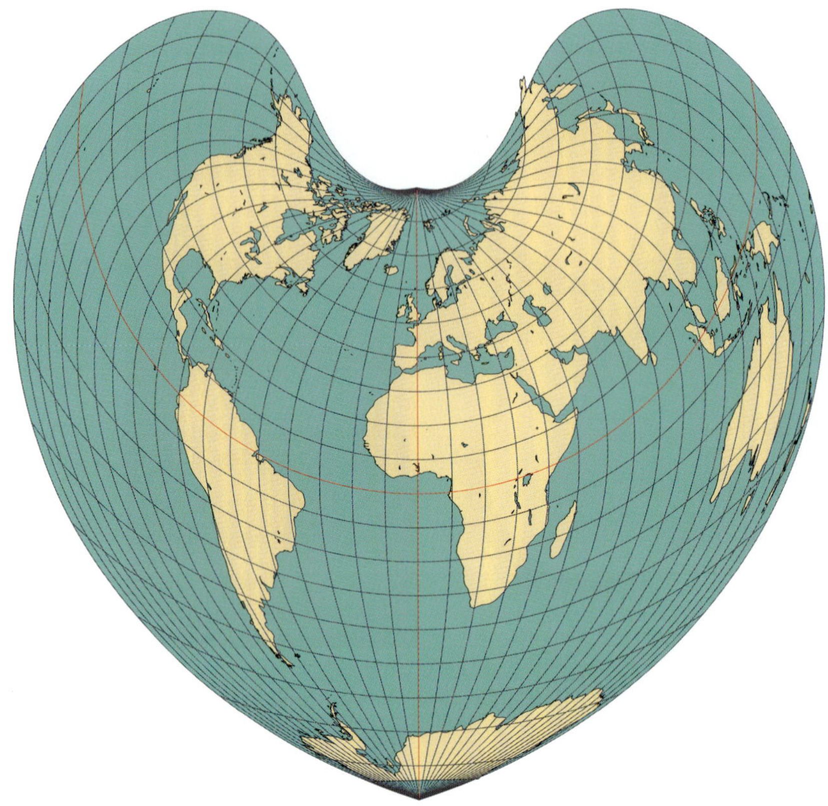

Abbildung 22.52: `bsp32.tex`: Zum „Valentinstag“, eine Anwendung von `pst-map2d` (Manuel Luque, Giuseppe Mattarazzo).

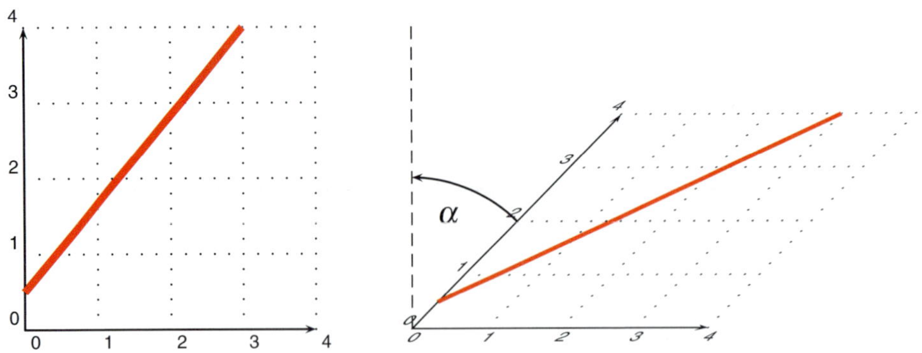

Abbildung 22.53: `bsp64.tex`: Anwendung von `\pstilt` aus `pst-3d`.

Abbildung 22.54: **bsp33.tex**: Ein etwas ungewöhnlicher Kalender, benötigt das Paket **calendrierfp.sty** (Manuel Luque).

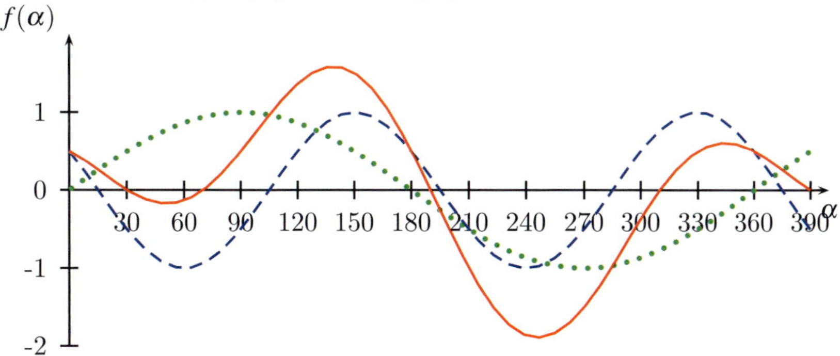

Abbildung 22.55: **bsp65.tex**: Anwendung von `\psplot` aus `pst-plot`.

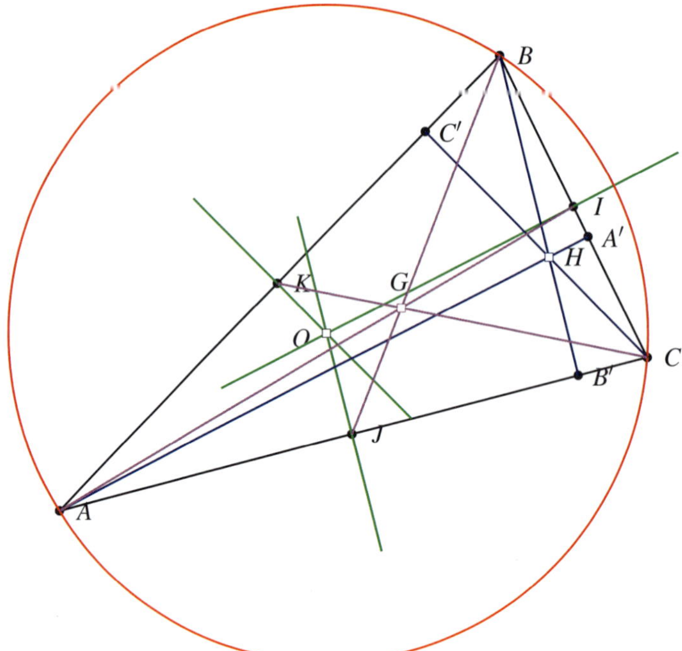

Abbildung 22.56: `bsp34.tex`: Eine Anwendung mit `pst-eucl` (Dominique Rodriguez).

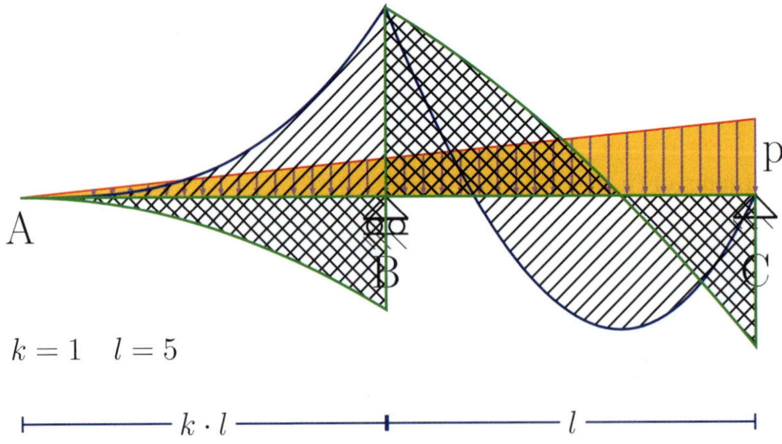

Abbildung 22.57: `bsp37.tex`: Eine Anwendung mit `pst-stru` (Giuseppe Mattarazzo).

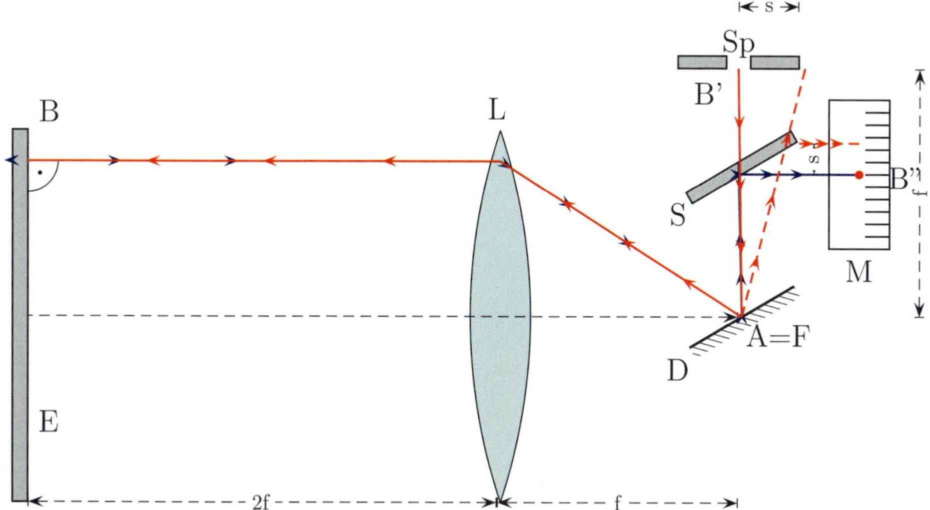

Sp Spalt; D Drehspiegel; L Sammellinse; E Endspiegel; S halbdurchlässiger Spiegel; M Maßstab

Abbildung 22.58: `bsp38.tex`: Eine Anwendung mit `pst-optic`.

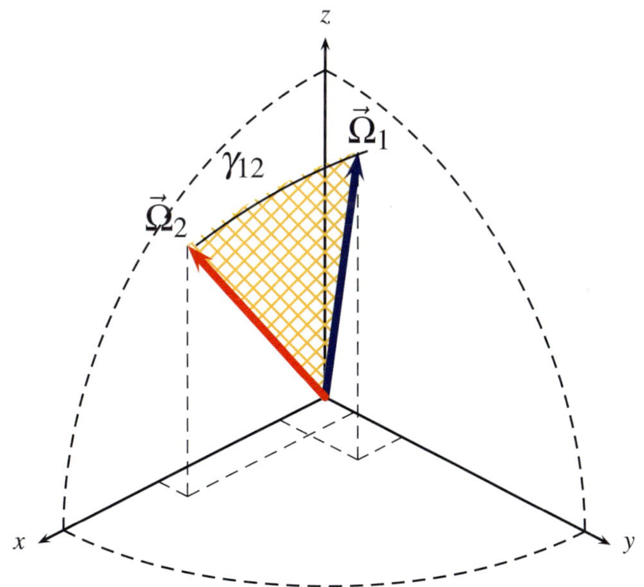

Abbildung 22.59: `bsp52.tex`: Anwendung von `pst-3dplot`.

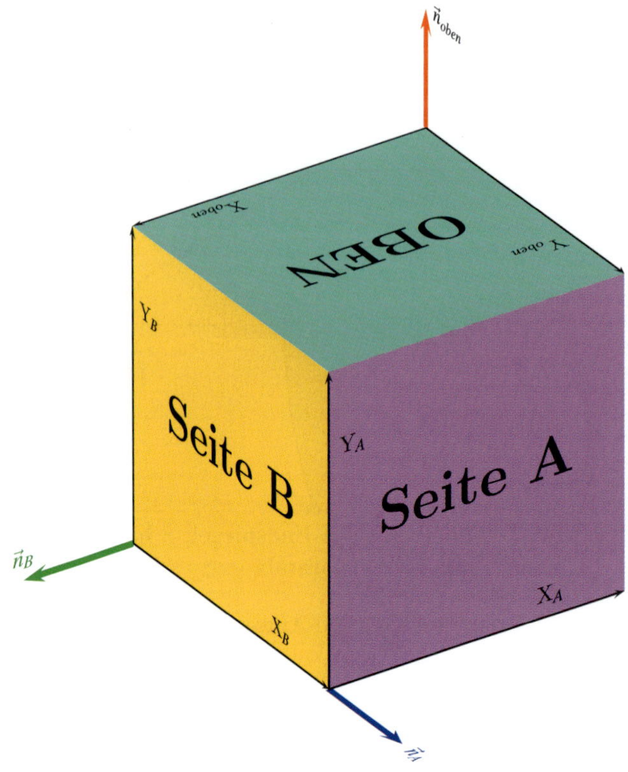

Abbildung 22.60: `bsp49.tex`: Eine Anwendung mit `pst-3d`.

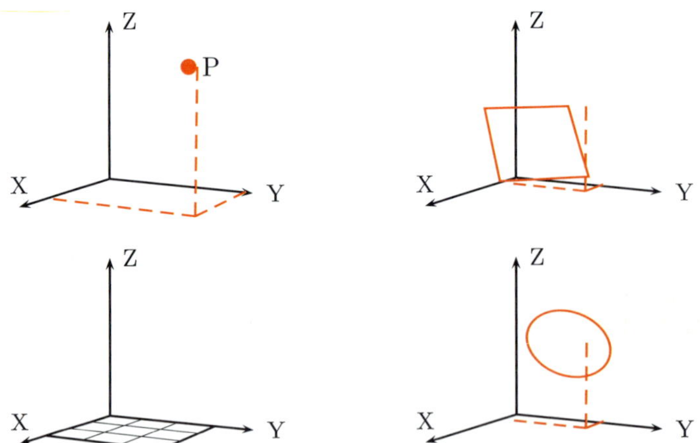

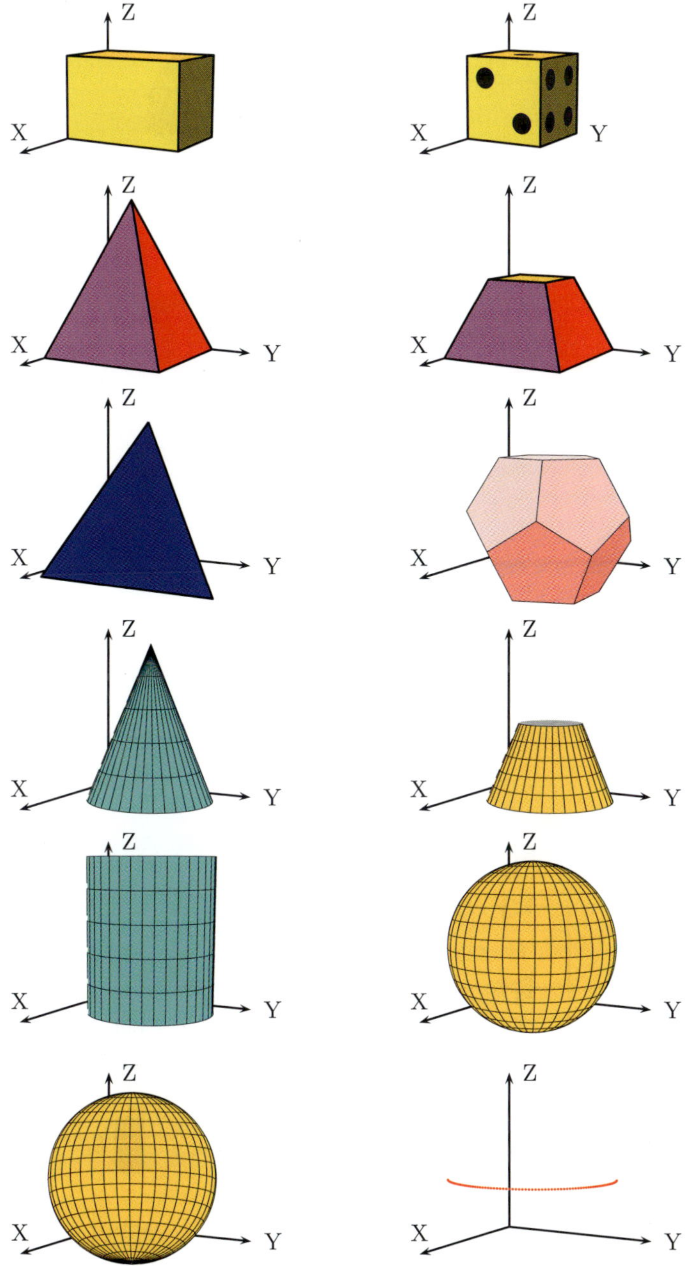
Z
X
Z
X
Y
Z
X
Y
Z
X
Y
Z
X
Y
Z
X
Y
Z
X
Y
Z
X
Y
Z
X
Y
Z
X
Y
Z
X
Y
Z
X
Y

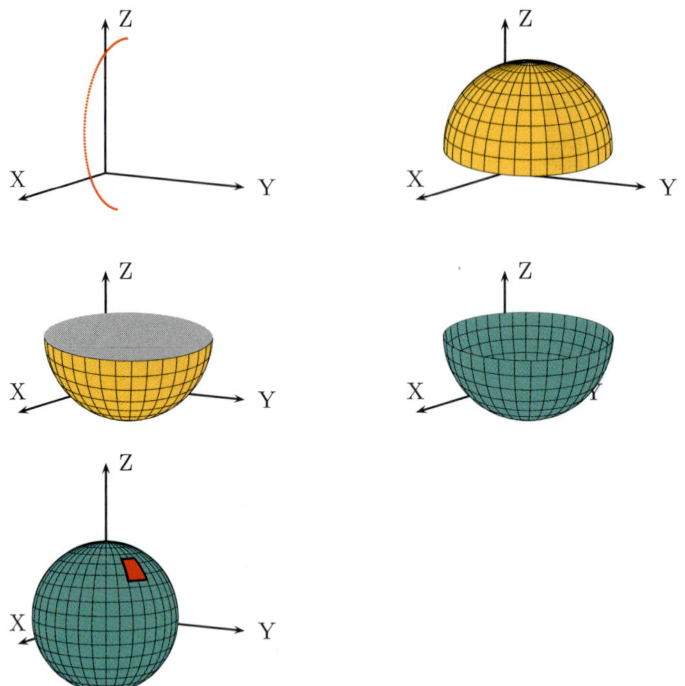

Abbildung 22.61: `bsp50.tex`: 3D-Objekte von `pst-vue3d`.

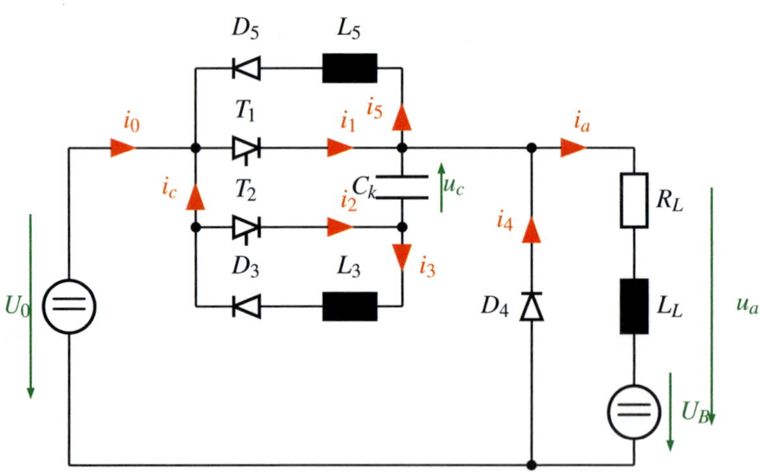

Abbildung 22.62: `bsp54.tex`: Eine Anwendung mit `pst-circ`.

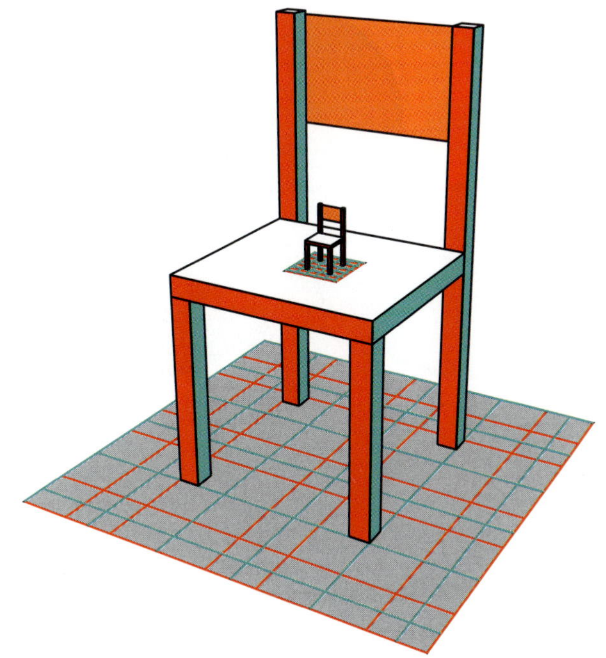

Abbildung 22.63: `bsp51.tex`: Anwendung mit `pst-vue3d`.

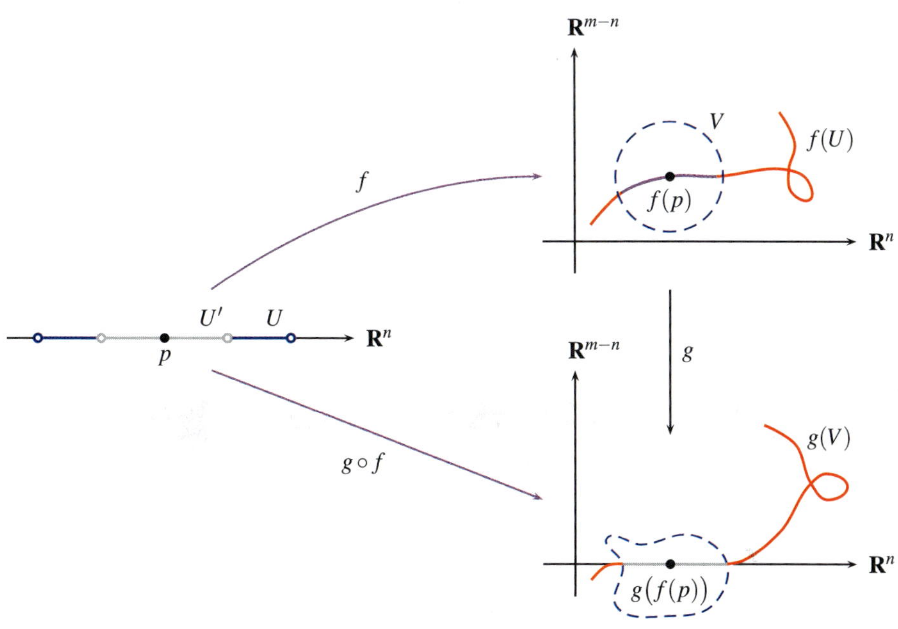

Abbildung 22.64: `bsp66.tex`: Anwendung von Standardmakros (Rubens Agapito).

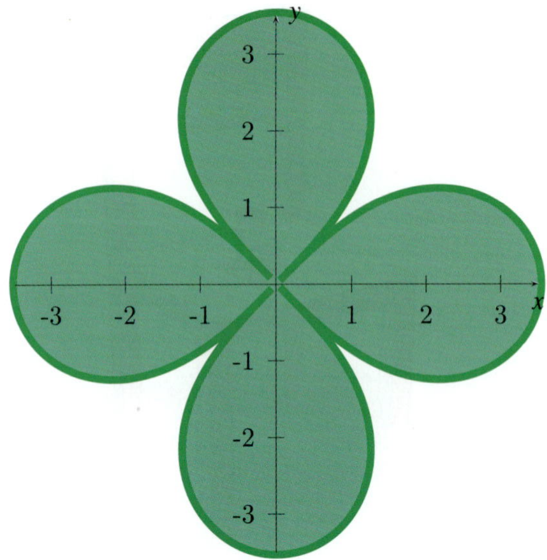

Abbildung 22.65: `bsp68.tex`: Die „doppelte“ Lemniskate mit `\psplot` und der `polar`-Option aus `pstricks-add` erstellt.

Abbildung 22.66: `bsp67.tex`: `\pstextpath` und `\parametricplotThreeD`.

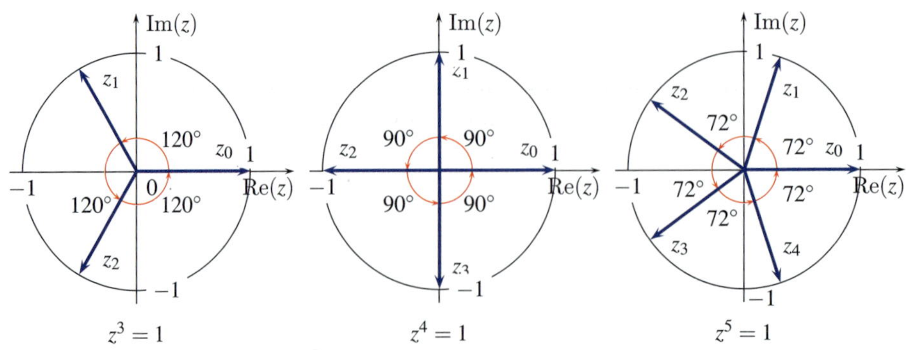

Abbildung 22.67: `bsp69.tex`: Anwendung der Standardmakros (Ulrich Dirr).

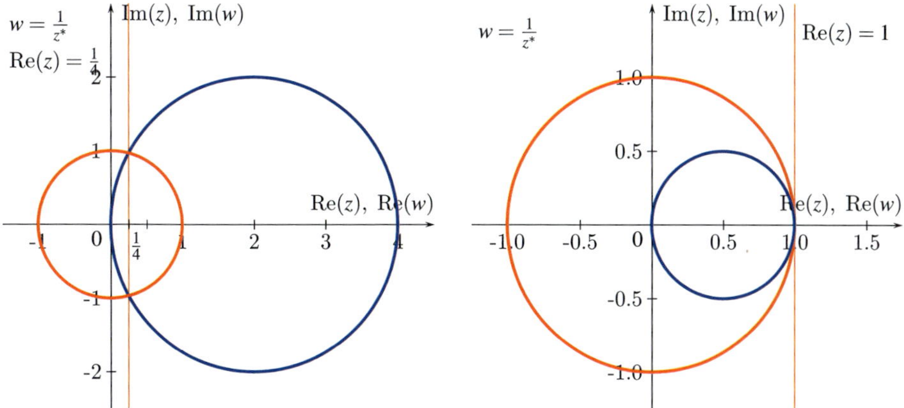

Abbildung 22.68: `bsp70.tex`: Anwendung der Standardmakros (Ulrich Dirr).

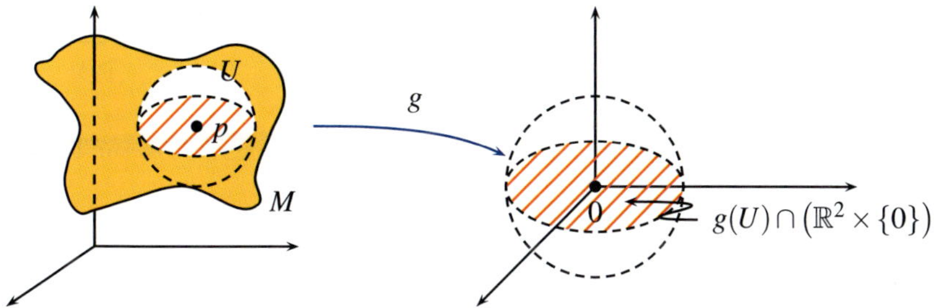

Abbildung 22.69: `bsp71.tex`: Anwendung der Standardmakros (Rubens Agapito).

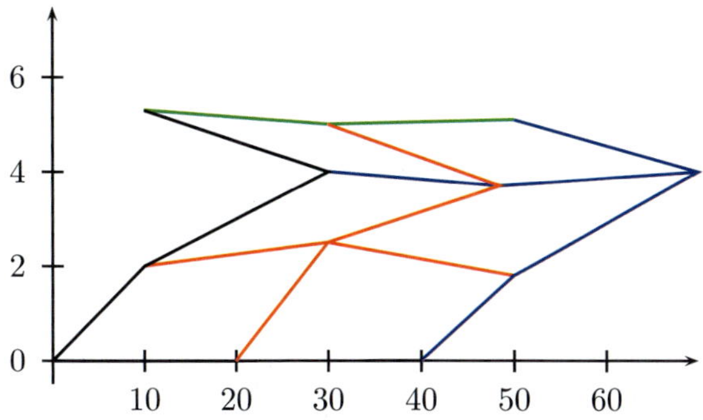

Abbildung 22.70: `bsp72.tex`: Spezielle Anwendung des `\listplot`-Makros.

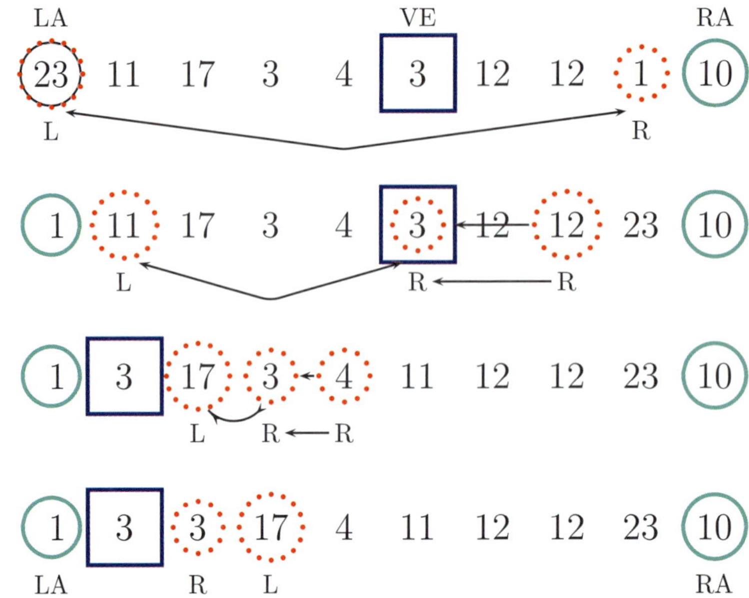

Abbildung 22.71: `bsp73.tex`: Anwendung der Standardmakros zur Demonstration von Quick-Sort.

Abbildung 22.72: `bsp74.tex`: :-) …

KAPITEL 23

pst-grad und pst-ghsb: Farbverläufe

pst-grad ist ebenfalls eines der älteren und zusammen mit pst-ghsb eines der kleineren Pakete. Beide stellen nur einen Füllstil zur Verfügung, der wie ausführlich in Kapitel 7 auf Seite 57 beschrieben, anzuwenden ist.Grundsätzlich ließe sich ein Farbverlauf auch mit den bereits von PSTricks bekannten Makros erstellen, dennoch bietet die Anwendung von pst-grad Vorteile, da man sich nicht um die Berechnungen der Zwischenfarbwerte kümmern muss.

Der einzige Unterschied zwischen den beiden Paketen ist, dass pst-ghsb HSB-Farbdefinitionen unterstützt, während pst-grad letztlich nur für RGB-Farben optimiert ist. pst-ghsb ist eine Erweiterung von pst-grad, dennoch muss man beide Pakete laden, da ansonsten nicht die Headerdatei von pst-grad berücksichtigt wird.

- Alle Parameter stehen nur zur Verfügung, wenn als Füllstil **gradient** verwendet wird.
- Wenn man sowohl HSB als auch RGB Farbverläufe erzeugen möchte, müssen beide Pakete in der Reihenfolge pst-grad – pst-ghsb geladen werden.

Es existieren weitere Pakete, die derartige Füllstile unterstützen, vor allem auch für kreisförmige Farbverläufe (pst-slpe → 24 auf Seite 303).

23.1 Parameter

Tabelle 23.1 zeigt eine Zusammenstellung der speziellen, für pst-grad und pst-ghsb geltenden Parameter, wobei alle für pst-ghsb. gelten, jedoch nur ein Teil für pst-grad.

Tabelle 23.1: Zusammenfassung aller Parameter für pst-grad und pst-ghsb

Name	Werte	Vorgabe
gradbegin	<Farbe>	gradbegin
gradend	<Farbe>	gradend
gradlines	<Wert>	500
gradmidpoint	<Wert>	0.9
gradangle	<Winkel>	0
gradientHSB	false|true	false
GradientCircle	false|true	false
GradientScale	<Wert>	1.0
GradientPos	<(x,y)>	(0,0)

23.1.1 gradbegin

gradbegin bezeichnet sowohl den Parameter als auch den Namen der Anfangsfarbe, was hier etwas verwirrend ist.

```
\newrgbcolor{gradbegin}{0 .1 .95} % Vorgabe
```

Somit kann man diese Anfangsfarbe zum einen über eine Neudefinition dieser Farbe oder durch Zuweisung über den Parameter geändert werden.

```
\newrgbcolor{gradbegin}{0 0 1}
\definecolor{rgb}{gradbegin}{0 0 1} % benötigt color/xcolor Paket
\psset{gradbegin=blue}
```

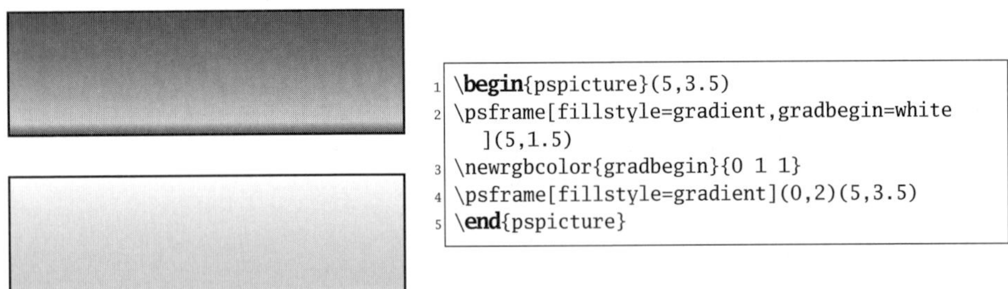

```
\begin{pspicture}(5,3.5)
\psframe[fillstyle=gradient,gradbegin=white
  ](5,1.5)
\newrgbcolor{gradbegin}{0 1 1}
\psframe[fillstyle=gradient](0,2)(5,3.5)
\end{pspicture}
```

- gradbegin sollte als RGB-Farbe definiert werden, da eine einwandfreie Funtkion für CMYK oder Graustufen nicht unbedingt gewährleistet ist.
- ConTEXt Anwender ändern die Farbe mit `\definecolor{rgb}{gradbegin}{r=0,g=0,b=1}`

23.1.2 gradend

`gradend` ist **nicht** das Gegenstück zu `gradbegin`, denn es ist die Farbe, die am relativen Punkt `gridmidpoint` erreicht wird. In jedem Fall ist sie wieder wie `gradbegin` doppeldeutig.

```
\newrgbcolor{gradend}{0 1 1} % Vorgabe
```

Eine Änderung kann wieder unterschiedlich erfolgen.

```
\newrgbcolor{gradend}{1 0 0}
\definecolor{rgb}{gradend}{1 0 0} % benötigt color/xcolor Paket
\psset{gradend=red}
```

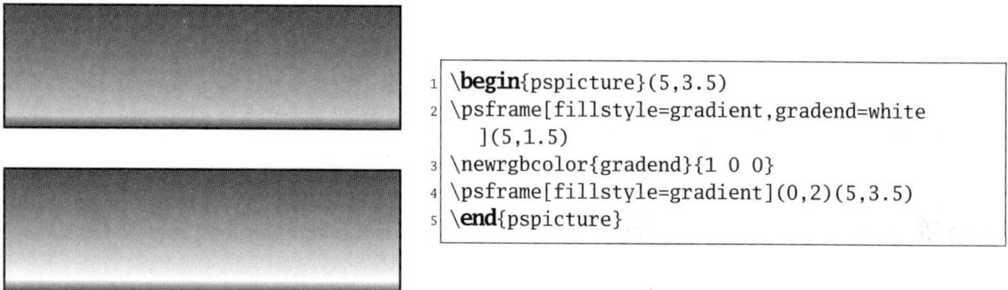

```
\begin{pspicture}(5,3.5)
\psframe[fillstyle=gradient,gradend=white
  ](5,1.5)
\newrgbcolor{gradend}{1 0 0}
\psframe[fillstyle=gradient](0,2)(5,3.5)
\end{pspicture}
```

- `gradend` sollte als `RGB` Farbe definiert werden, da eine einwandfreie Funktion für `CMYK` oder Graustufen nicht unbedingt gewährleistet ist.
- ConTEXt Anwender ändern die Farbe mit `\definecolor{rgb}{gradend}{r=1,g=1,b=0}`

23.1.3 gradlines

Ein Farbverlauf ist nichts anderes als ein Aneinanderreihen von farbigen Linien. Deren Dicke ist letztlich nur durch die Auflösung des Bildschirms bzw. Druckers abhängig. Da dies jedoch sehr anwenderspezifisch ist, lässt `pst-grad` jede Anzahl an Linien zu, deren Zahl über `gradlines` geändert werden kann.

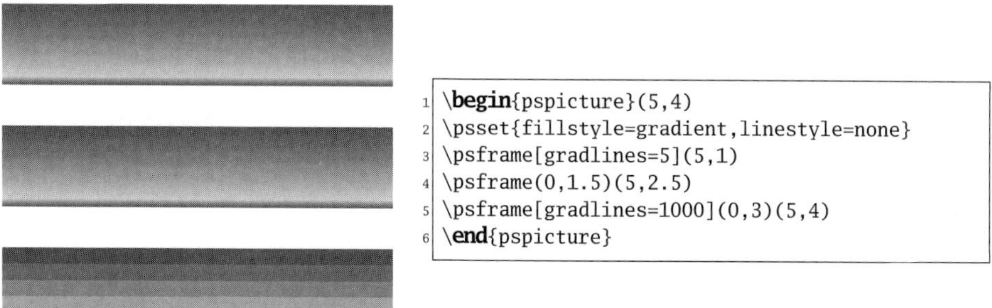

```
\begin{pspicture}(5,4)
\psset{fillstyle=gradient,linestyle=none}
\psframe[gradlines=5](5,1)
\psframe(0,1.5)(5,2.5)
\psframe[gradlines=1000](0,3)(5,4)
\end{pspicture}
```

23.1.4 gradmidpoint

Bezeichnet den relativen Punkt, bei dem die Farbe **gradend** erreicht wird. Danach geht es in umgekehrter Reihenfolge weiter.

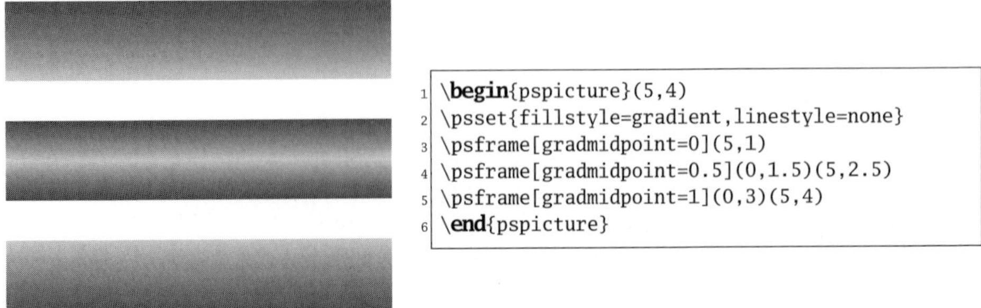

```
\begin{pspicture}(5,4)
\psset{fillstyle=gradient,linestyle=none}
\psframe[gradmidpoint=0](5,1)
\psframe[gradmidpoint=0.5](0,1.5)(5,2.5)
\psframe[gradmidpoint=1](0,3)(5,4)
\end{pspicture}
```

23.1.5 gradangle

`gradangle` legt den Steigungswinkel der Geraden fest.

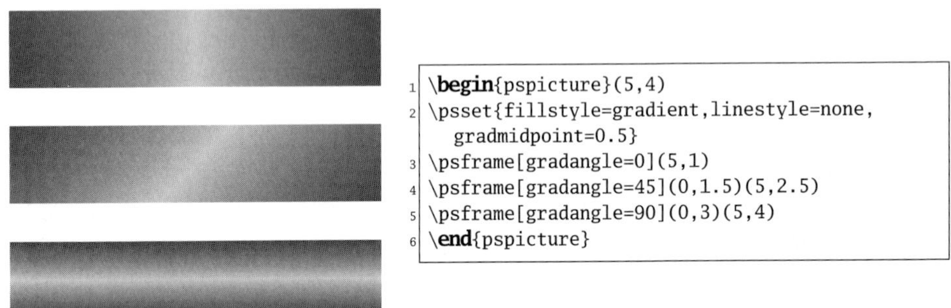

```
\begin{pspicture}(5,4)
\psset{fillstyle=gradient,linestyle=none,
  gradmidpoint=0.5}
\psframe[gradangle=0](5,1)
\psframe[gradangle=45](0,1.5)(5,2.5)
\psframe[gradangle=90](0,3)(5,4)
\end{pspicture}
```

23.1.6 gradientHSB

`gradientHSB` steht nur beim Laden des Paketes **pst-ghsb** zur Verfügung und veranlasst die Verwendung des HSB-Farbschemas, falls diese boolsche Variable auf `true` gesetzt wird.

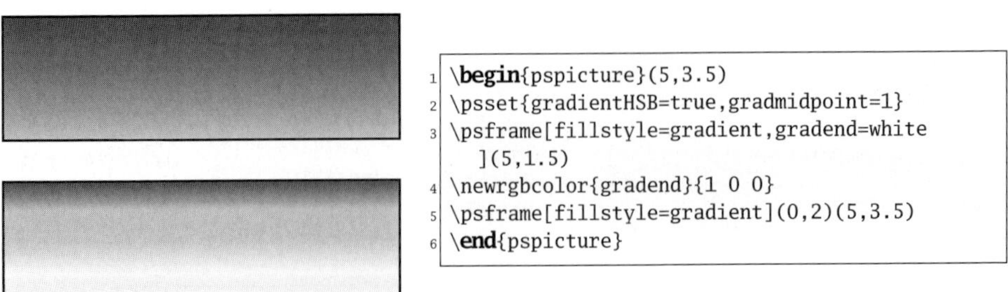

```
\begin{pspicture}(5,3.5)
\psset{gradientHSB=true,gradmidpoint=1}
\psframe[fillstyle=gradient,gradend=white
  ](5,1.5)
\newrgbcolor{gradend}{1 0 0}
\psframe[fillstyle=gradient](0,2)(5,3.5)
\end{pspicture}
```

23.1.7 GradientCircle, GradientScale und GradientPos

Mit der Option `GradientCircle` lassen sich kreisförmige Farbverläufe erstellen, deren Radius mit `GradientScale` und Mittelpunkt mit `GradientPos` beeinflusst werden kann. Die Angabe der Koordinaten bezieht sich auf das zugrundeliegende Koordinatensystem, welches in der Regel durch die `pspicture` Umgebung gegeben ist.

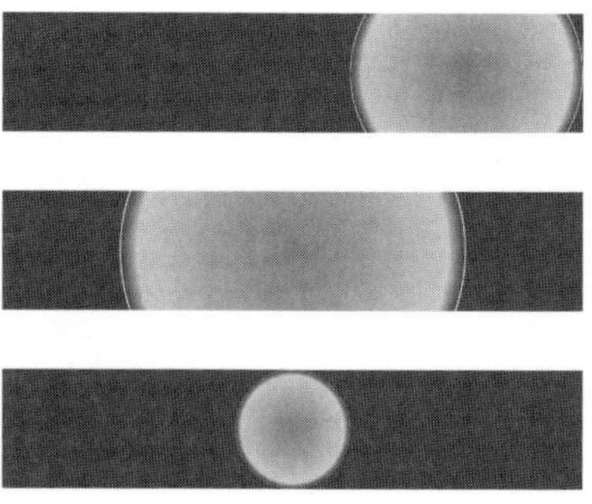

```
\begin{pspicture}(5,4)
\psset{fillstyle=gradient,linestyle=none}
\psframe[GradientCircle=true](5,1)%
\psframe[GradientCircle=true,GradientScale
  =3](0,1.5)(5,2.5)%
\psframe[GradientCircle=true,GradientScale=2,%
         GradientPos={(4,3.5)}](0,3)(5,4)%
\end{pspicture}
```

Abbildung 23.1: `bsp108.tex`: Schattenspiele ...

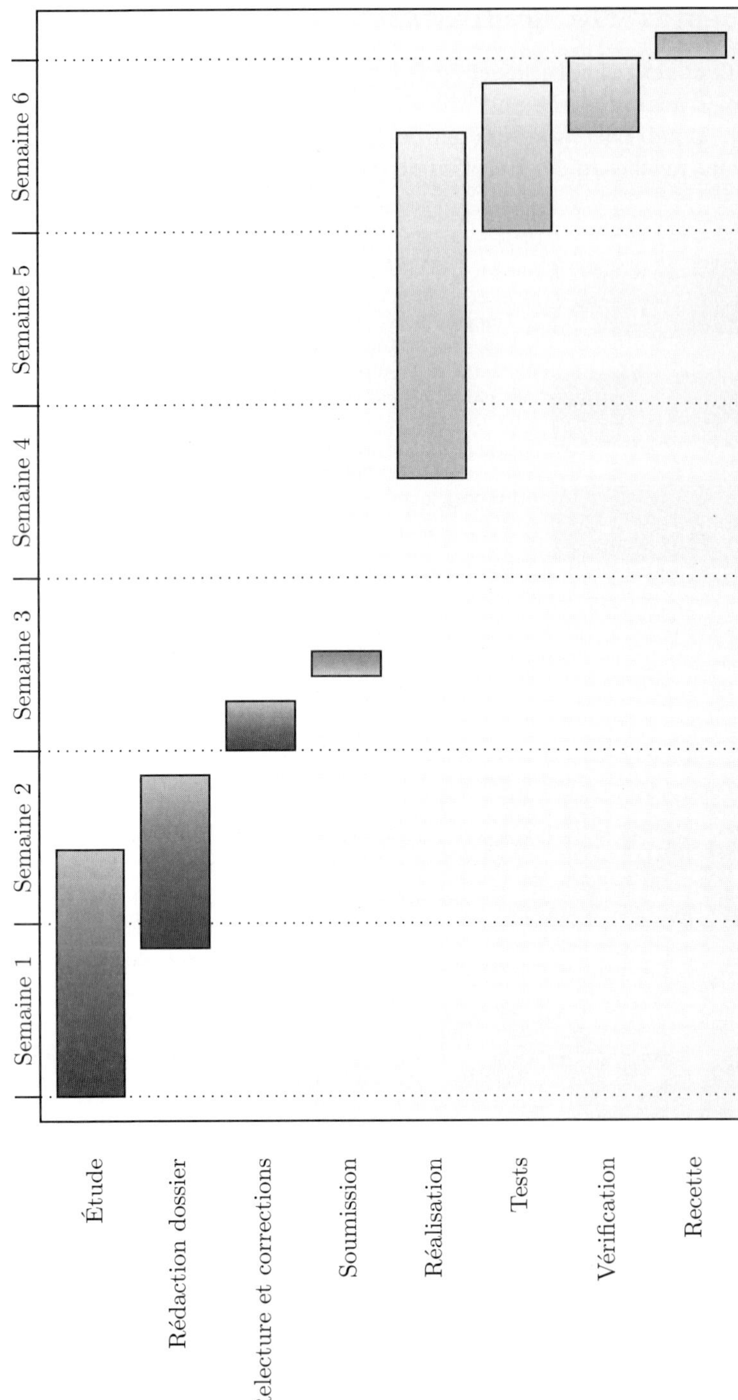

Abbildung 23.2: bsp109.tex: Zeitablaufplan (Denis Girou).

KAPITEL 24

pst-slpe: Lineare und kreisförmige Farbverläufe

Das Paket pst-slpe füllt die Lücke, die durch die beiden Pakete pst-grad und pst-ghsb (siehe Kapitel 23 auf Seite 297) nicht abgedeckt wird. Dies sind zum einen kreisförmige Farbverläufe und zum anderen mehrere, frei zu definierende Farben bei einem Verlauf zu nutzen. Zusätzlich unterstützt pst-slpe auch lineare Farbverläufe, sodass man grundsätzlich kein weiteres Paket laden muss.

24.1 Füllstile

Tabelle 24.1 zeigt eine Aufstellung aller verfügbaren neuen Füllstile, die grundsätzlich über den Parameter `fillstyle` (→ 7.1.1 auf Seite 58) zuzuweisen sind, beispielsweise `fillstyle=slope`. Bei linearer Interpolation erfolgt die Farbänderung von beispielsweise Rot $(1,0,0)$ nach Grün $(0,1,0)$ linear mit $(1-dz,0,0)$ und $(0,dz,0)$, wobei dz die Schrittweite $(0 < dz < 1)$ bezeichnet. In vielen Fällen genügt dieser Übergang den Ansprüchen, doch erscheint es manchmal sinnvoller, nicht linear zu interpolieren, sondern über Zwischenfarben zu gehen. In diesem Beispiel über Gelb $(1,1,0)$ und Braun $(0.5,0.5,0)$. Diese Methode wird grundsätzlich dann angewendet, wenn die Pluralform des Füllstils gewählt wird.

Tabelle 24.1: Zusammenfassung aller durch pst-slpe definierten neuen Füllstile

Name	Erklärung
`slope`	lineare Interpolation
`slopes`	zusätzlich mit Zwischenfarben
`ccslope`	kreisförmig mit linearer Interpolation
`ccslopes`	zusätzlich mit Zwischenfarben
`radslope`	radial mit linearer Interpolation
`radslopes`	zusätzlich mit Zwischenfarben

24.1.1 slope und slopes

Der Füllstil `slope` entspricht vollständig dem Stil `gradient` des Pakets `pst-grad` (→ 23 auf Seite 297), während `slopes` nur von `pst-slpe` unterstützt wird.

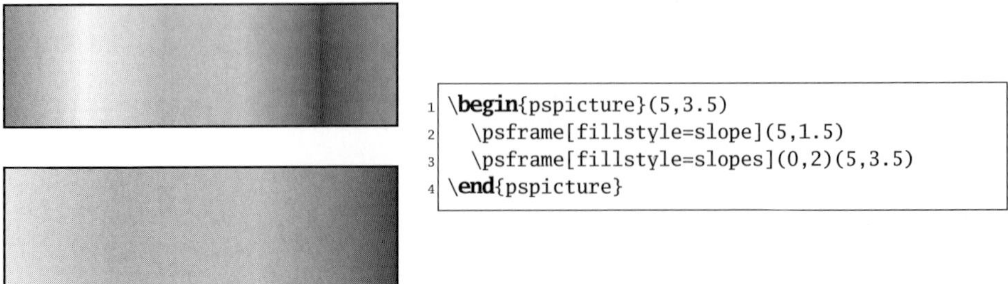

```
\begin{pspicture}(5,3.5)
  \psframe[fillstyle=slope](5,1.5)
  \psframe[fillstyle=slopes](0,2)(5,3.5)
\end{pspicture}
```

24.1.2 ccslope und ccslopes

Die Füllstile ermöglichen kreisfärmige Farbverläufe.

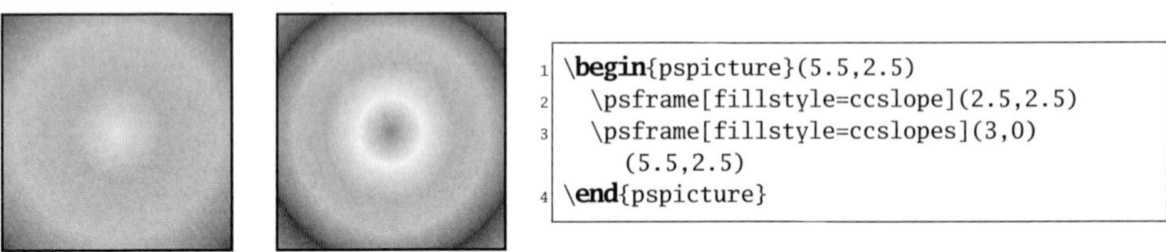

```
\begin{pspicture}(5.5,2.5)
  \psframe[fillstyle=ccslope](2.5,2.5)
  \psframe[fillstyle=ccslopes](3,0)
    (5.5,2.5)
\end{pspicture}
```

24.1.3 radslope und radslopes

Die Füllstile ermöglichen radiale Farbverläufe.

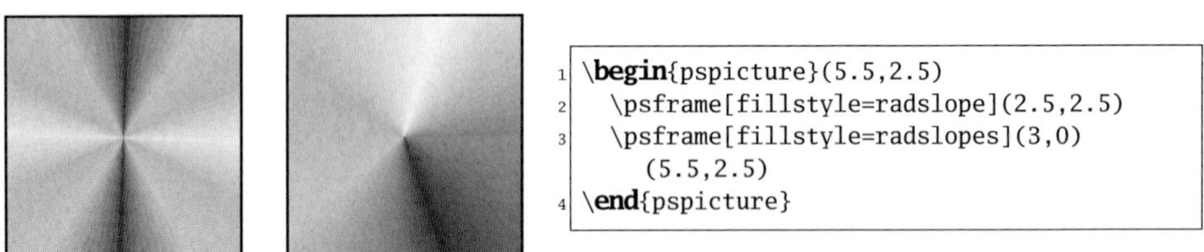

```
\begin{pspicture}(5.5,2.5)
  \psframe[fillstyle=radslope](2.5,2.5)
  \psframe[fillstyle=radslopes](3,0)
    (5.5,2.5)
\end{pspicture}
```

24.2 Parameter

Tabelle 24.2 zeigt eine Aufstellung aller verfügbaren Parameter.

24.2.1 slopebegin

`slopebegin` bezeichnet sowohl den Parameter als auch den Namen der Anfangsfarbe, was hier etwas verwirrend ist.

Tabelle 24.2: Zusammenfassung aller Parameter für `pst-slpe`

Name	Werte	Vorgabe
slopebegin	<Farbe>	slopebegin
slopeend	<Farbe>	slopeend
slopecolors	<Farbliste>	0.0 1 0 0 0.4 0 1 0 0.8 0 0 1 1.0 0 1 0
slopesteps	<Wert>	100
slopecenter	<x y>	0.5 0.5
slopeangle	<Winkel>	0
sloperadius	<Wert[Einheit]>	0

```
\newrgbcolor{slopebegin}{0.9 1 0} % Vorgabe
```

Somit kann man diese Anfangsfarbe über eine Neudefinition dieser Farbe oder durch Zuweisung über den Parameter ändern.

```
\newrgbcolor{slopebegin}{0 0 1}
\definecolor{rgb}{slopebegin}{0 0 1} % benötigt color/xcolor Paket
\psset{slopebegin=blue}
```

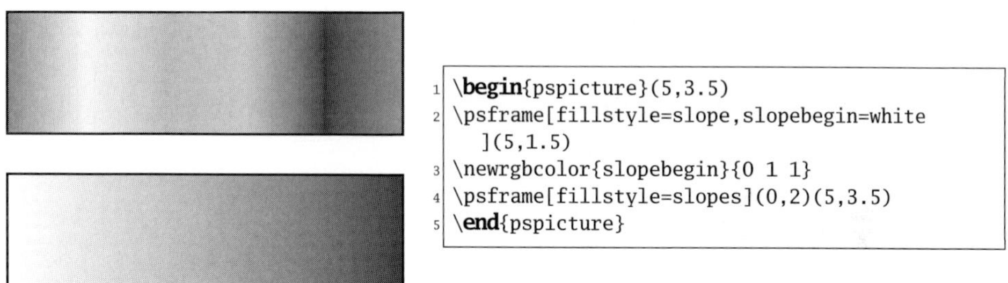

```
\begin{pspicture}(5,3.5)
\psframe[fillstyle=slope,slopebegin=white
   ](5,1.5)
\newrgbcolor{slopebegin}{0 1 1}
\psframe[fillstyle=slopes](0,2)(5,3.5)
\end{pspicture}
```

24.2.2 slopeend

`slopeend` ist **nicht** das Gegenstück zu `slopebegin`, denn es ist die Farbe, die am Ende erreicht wird. In jedem Fall ist sie wieder wie `slopebegin` doppeldeutig.

```
\newrgbcolor{slopeend}{0 0 1} % Vorgabe
```

Eine Änderung kann wieder unterschiedlich erfolgen.

```
\newrgbcolor{slopeend}{1 0 0}
\definecolor{rgb}{slopeend}{1 0 0} % benötigt color/xcolor-Paket
\psset{slopeend=red}
```

```
\begin{pspicture}(5,3.5)
  \psframe[fillstyle=slope,slopeend=white](5,1.5)
  \newrgbcolor{slopeend}{1 0 0}
  \psframe[fillstyle=slopes](0,2)(5,3.5)
\end{pspicture}
```

24.2.3 slopecolors

`slopecolors` definiert die Farbliste bei nicht-linearer Verteilung mittels `slopebegin` und `slopeend`. `slopecolors` wird immer dann angewendet, wenn die Plural-Fülloption aus Tabelle 24.1 gewählt wurde. Die Farbliste setzt sich zusammen aus einer eindimensionalen Koordinate und der zugehörigen Farbe. Die Liste wird abgeschlossen mit der Anzahl der Stützpunkte (Farben).

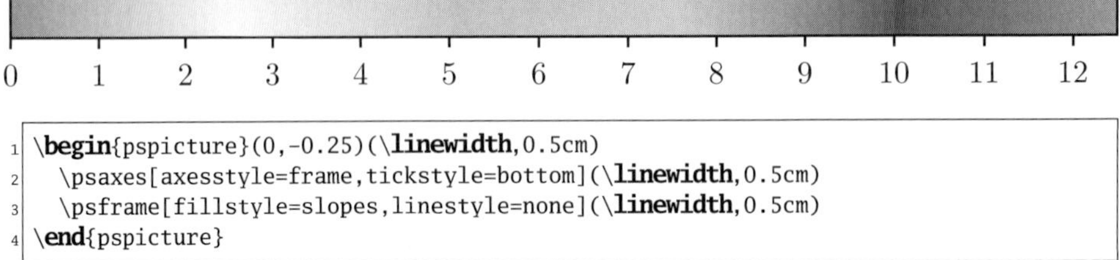


```
\begin{pspicture}(0,-0.25)(\linewidth,0.5cm)
  \psaxes[axesstyle=frame,tickstyle=bottom](\linewidth,0.5cm)
  \psframe[fillstyle=slopes,linestyle=none](\linewidth,0.5cm)
\end{pspicture}
```

Obiges Beispiel zeigt den vorgebenen Verlauf, der einen Regenbogen darstellt.

```
0.0 1 0 0 % Startfarbe Rot
0.4 0 1 0 % Zwischenfarbe bei 40% gleich Grün
0.8 0 0 1 % Zwischenfarbe bei 80% gleich Blau
1.0 1 0 1 % Endfarbe Violett
4         % Anzahl der Stufen
```

Die vier Stützpunkte werden auf die komplette x-Breite des zu füllenden Bereiches bezogen und gegebenfalls angepasst. Für obiges Beispiel kann man direkt die x-Achse als Maßstab für die Farbpunkte wählen.

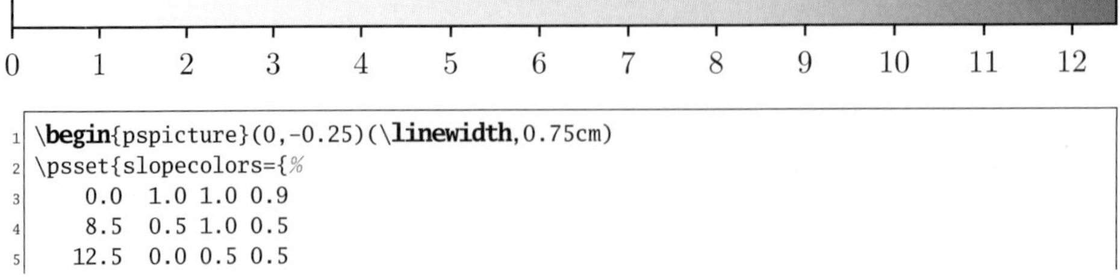


```
\begin{pspicture}(0,-0.25)(\linewidth,0.75cm)
\psset{slopecolors={%
    0.0  1.0 1.0 0.9
    8.5  0.5 1.0 0.5
   12.5  0.0 0.5 0.5
```

```
  3}
\psaxes[axesstyle=frame,tickstyle=bottom](\linewidth,0.5cm)
\psframe[fillstyle=slopes](\linewidth,0.5cm)
```

24.2.4 slopesteps

Ein Farbverlauf ist nichts anderes als ein Aneinanderreihen von farbigen Linien. Deren Dicke ist letztlich nur durch die Auflösung des Bildschirmes bzw. Druckers abhängig. Da dies jedoch sehr anwenderspezifisch ist, lässt `pst-slpe` jede Anzahl von Schritten zu, die über `slopesteps` geändert werden können.

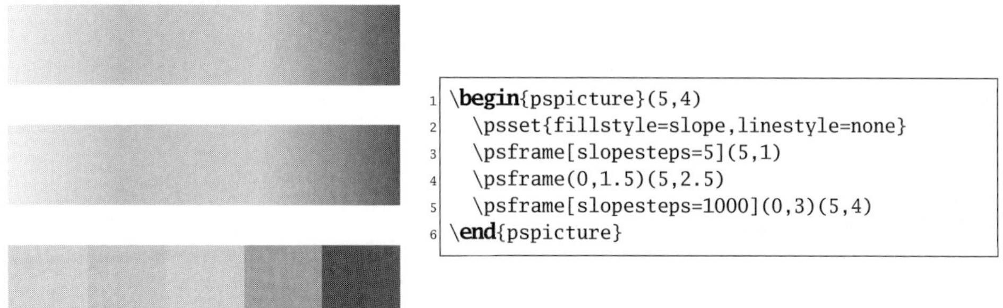

```
\begin{pspicture}(5,4)
  \psset{fillstyle=slope,linestyle=none}
  \psframe[slopesteps=5](5,1)
  \psframe(0,1.5)(5,2.5)
  \psframe[slopesteps=1000](0,3)(5,4)
\end{pspicture}
```

24.2.5 slopeangle

`slopeangle` legt den Steigungswinkel der Geraden fest. Bei dem Füllstil `radslope[s]` wird entsprechend rotiert und bei `ccslope[s]` ist dieser Parameter wirkungslos.

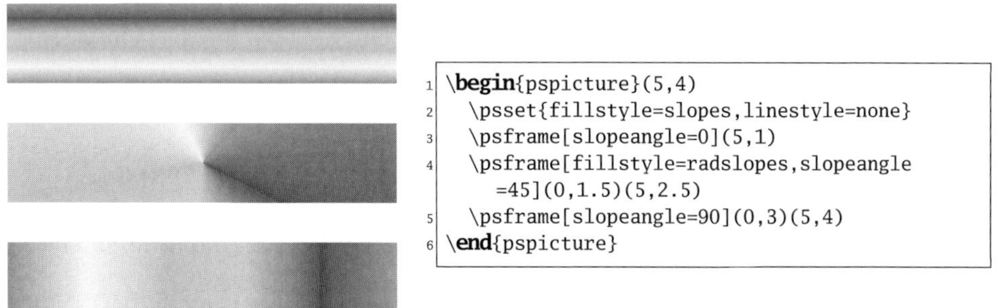

```
\begin{pspicture}(5,4)
  \psset{fillstyle=slopes,linestyle=none}
  \psframe[slopeangle=0](5,1)
  \psframe[fillstyle=radslopes,slopeangle
    =45](0,1.5)(5,2.5)
  \psframe[slopeangle=90](0,3)(5,4)
\end{pspicture}
```

24.2.6 slopecenter

`slopecenter` legt das Zentrum für den Füllstil `radslope[s]` fest. Die Koordinatenangaben beziehen sich relativ auf die aktuelle Bounding-Box. Um sicherzustellen, dass diese eindeutig definiert ist, empfiehlt es sich, `\pscustom` (→ 11 auf Seite 93) zu benutzen. In beiden folgenden Beispielen wird das Zentrum auf 60% der Breite und 25% der Höhe gesetzt.

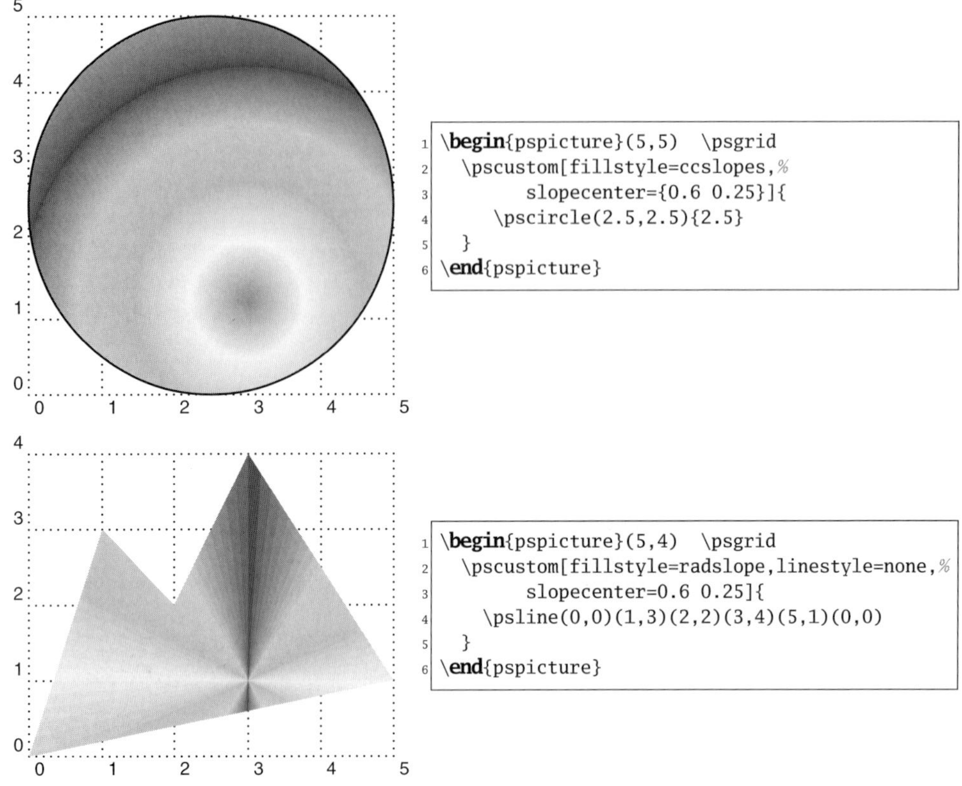

```
\begin{pspicture}(5,5) \psgrid
  \pscustom[fillstyle=ccslopes,%
        slopecenter={0.6 0.25}]{
     \pscircle(2.5,2.5){2.5}
  }
\end{pspicture}
```

```
\begin{pspicture}(5,4) \psgrid
  \pscustom[fillstyle=radslope,linestyle=none,%
        slopecenter=0.6 0.25]{
     \psline(0,0)(1,3)(2,2)(3,4)(5,1)(0,0)
  }
\end{pspicture}
```

24.2.7 sloperadius

Grundsätzlich wird der Farbverlauf bei kreisförmigem bzw. radialem Verlauf ausgehend vom Zentrum erstellt, beginnend mit der ersten Farbe bis zum Rand der Bounding-Box und endend mit der letzten Farbe, sodass der gesamte Bereich gefüllt wird. Dies kann mit dem Parameter `sloperadius` beeinflussen. Dieser gibt den relativen maximalen Radius vor.

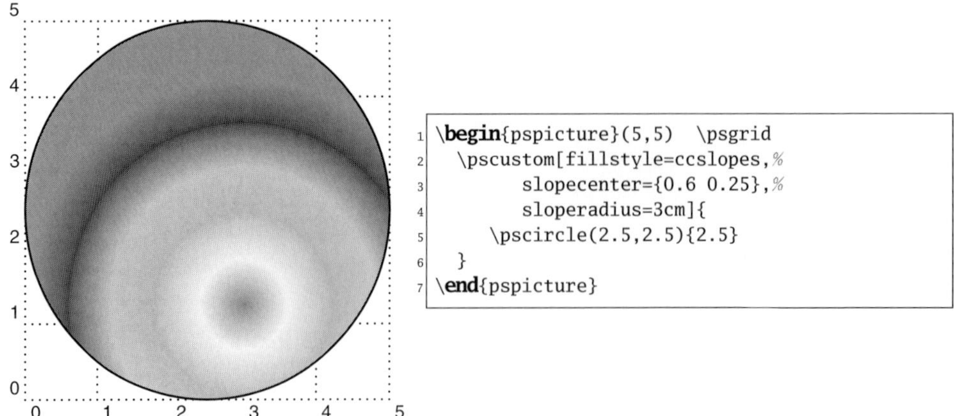

```
\begin{pspicture}(5,5) \psgrid
  \pscustom[fillstyle=ccslopes,%
        slopecenter={0.6 0.25},%
        sloperadius=3cm]{
     \pscircle(2.5,2.5){2.5}
  }
\end{pspicture}
```

```
\begin{pspicture}(5,4) \psgrid
  \pscustom[fillstyle=radslope,linestyle=none,%
        slopecenter=0.6 0.25,%
        sloperadius=2cm]{
    \psline(0,0)(1,3)(2,2)(3,4)(5,1)(0,0)
  }
\end{pspicture}
```

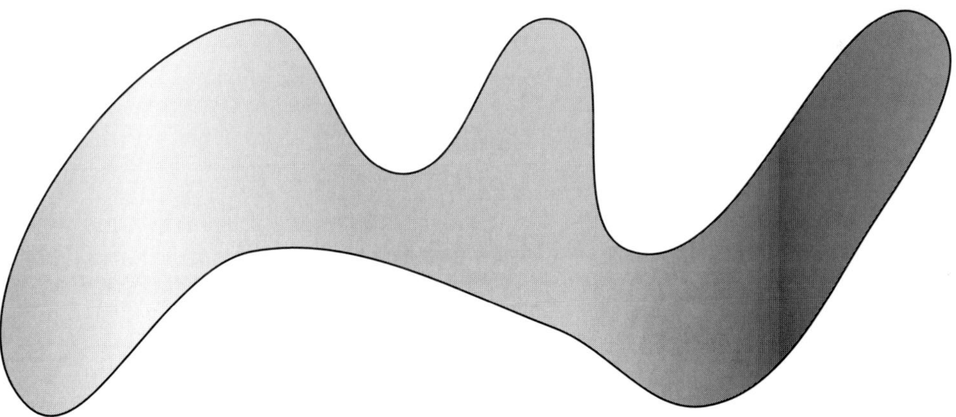

Abbildung 24.1: `bsp111.tex`: Farbverläufe mit `\pscustom`

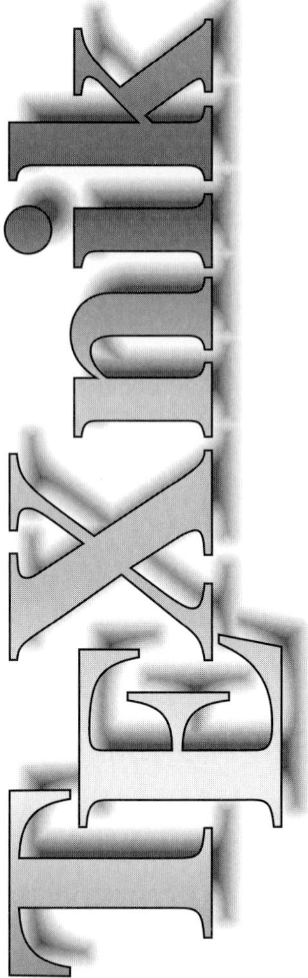

Abbildung 24.2: `bsp110.tex`: Weitere „Spielereien" …

KAPITEL

25 pst-blur: Verschwommene Schatten

In Kapitel 4.1.14 auf Seite 31 und Kapitel 26 auf Seite 315 wurden bereits verschiedene Möglichkeiten der Erstellung eines Schattens angegeben. In allen fällen wurde dabei ausschließlich eine einzige Schattenfarbe verwendet. Das Paket `pst-blur` unterstützt dagegen die Erstellung von verschwommenen Schatten, was einen erheblich besseren Eindruck macht. Voraussetzung ist eine geschlossene Fläche, also zum Beispiel keine offenenen Linienzüge. Wie derartige Schatten von `pst-blur` gebildet werden, wird in Abschnitt 11.3.16 auf Seite 104 behandelt.

25.1 Parameter

Tabelle 25.1 zeigt eine Zusammenstellung der speziellen, für `pst-grad` geltenden Parameter und Abbildung 25.1 die Zuordnung. [3] Einige der von `pst-blur` verwendeten Parameter sind identisch zu den in 4.1.14 auf Seite 31 beschriebenen, sodass hier nicht weiter darauf eingegangen werden muss.

Tabelle 25.1: Zusammenfassung aller Parameter für pst-blur

Name	Werte	Vorgabe
blur	false|true	false
blurradius	<Wert[Einheit]>	1.5pt
blursteps	<Wert>	20
blurbg	<Farbe>	white

25.1.1 blur

`blur=true` ist Voraussetzung für die Aktivierung des Paketes. Anderfalls erfolgt die normale Schattenbildung, wie in Kapitel 4.1.14 auf Seite 31 beschrieben. Voraussetzung ist jedoch, dass `shadow=true` gilt, anderfalls ist `blur` ohne jede Wirkung.

25.1.2 blurradius

Wie in Abbildung 25.1 dargestellt, bezeichnet `blurradius` den Radius der abgerundeten Ecken, bzw. den darausfolgenden Bereich des verschwimmenden Schattens. Wie man dem Beispiel entnehmen kann, hängen `shadowsize` (→ 4.1.14 auf Seite 31) und `blurradius` zusammen, denn der optische Eindruck kehrt sich ins Negative, wenn `blurradius` größer wird als `shadowsize`.

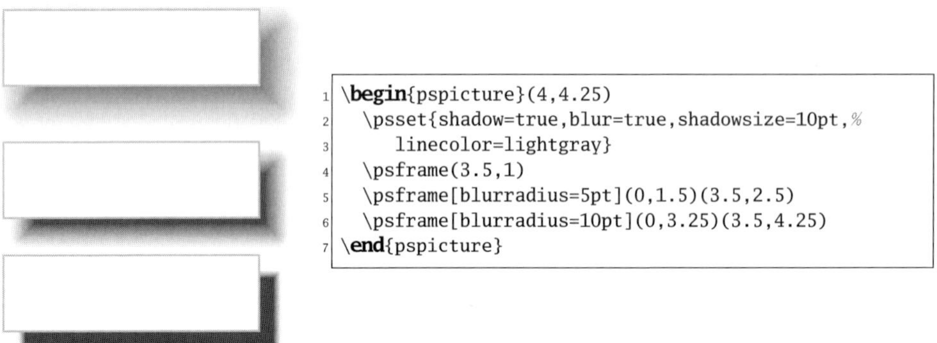

```
\begin{pspicture}(4,4.25)
  \psset{shadow=true,blur=true,shadowsize=10pt,%
     linecolor=lightgray}
  \psframe(3.5,1)
  \psframe[blurradius=5pt](0,1.5)(3.5,2.5)
  \psframe[blurradius=10pt](0,3.25)(3.5,4.25)
\end{pspicture}
```

25.1.3 blursteps

Dieser Parameter gibt an, in wieviel verschiedene Stufen die Schattenfarbe unterteilt wird, beginnend mit `shadowcolor`, endend bei `blurbg`. Je größer die Zahl der Zwischenschritte ist, desto länger die Rechenzeit.

```
\begin{pspicture}(4,4.25)
  \psset{shadow=true,blur=true,shadowsize=15pt,%
     blurradius=10pt,linecolor=lightgray}
  \psframe(3.5,1)
  \psframe[blursteps=5](0,1.5)(3.5,2.5)
  \psframe[blursteps=50](0,3.25)(3.5,4.25)
\end{pspicture}
```

25.1.4 blurbg

`blurbg` bezeichnet die Hintergrundfarbe, womit die auslaufende Schattenfarbe gemeint ist, der von `shadowcolor` nach `blurbg` geht. Grundsätzlich kann man hierfür jede beliebige Farbe nehmen, nur bekommt man dann einen gänzlich anderen Schatteneffekt.

```
\begin{pspicture}(4,4)
  \psset{shadow=true,blur=true,shadowsize=10pt,%
    blurradius=5pt,linestyle=none,linecolor=lightgray}
  \psframe[shadow=false](2,2)
  \pscircle[linestyle=solid](0.8,1.2){0.75}
  \psframe*[shadow=false](0,2)(2,4)
  \pscircle[linestyle=solid,fillcolor=yellow,blurbg=lightgray](0.8,3.2){0.75}
  \psframe*[linecolor=red,shadow=false](2,0)(4,2)
  \pscircle[linestyle=solid,fillcolor=blue,blurbg=red](2.8,1.2){0.75}
  \psframe*[linecolor=cyan,shadow=false](2,2)(4,4)
  \pscircle[linestyle=solid,fillcolor=magenta,blurbg=cyan](2.8,3.2){0.75}
\end{pspicture}
```

25.2 \psblurbox

Wenn man in einem ganz normalen Text die bereits in Kapitel 10.2 auf Seite 83 behandelte \psframebox mit der `blur=true` Option benutzt, so gibt dies in der Regel ein schlechtes Ergebnis, da TEX nicht berücksichtigt, dass aufgrund des Schattens eigentlich eine einmalige Vergrößerung des Zeilenabstandes notwendig wäre. Anders sieht das Ergebnis mit \psshadowbox aus (→ 10.4 auf Seite 84), ist aber immer noch unbefriedigend bei Anwendung der Option `blur=true` Option, denn der `blurradius` wird nicht berücksichtigt. \psblurbox sorgt hingegen dafür, dass auch hier eine korrekte Zeilenschaltung erfolgt. Für dieses Makro kann der Schattenwinkel allerdings nicht verändert werden, er ist konstant auf `shadowangle=45` gesetzt.

```
\psblurbox[<Parameter>]{<Material>}
```

Über Sinn oder Unsinn derartiger Boxen im laufenden Text soll hier nicht weiter diskutiert werden.

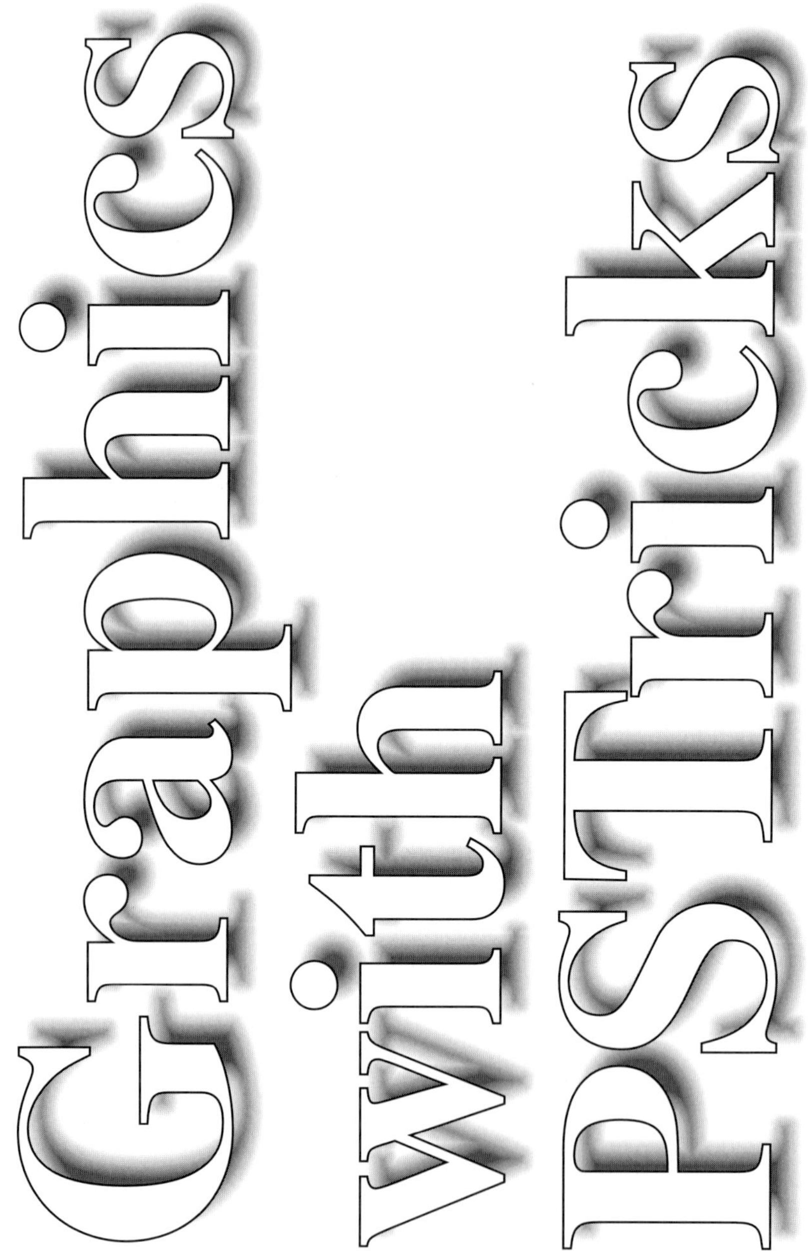

Abbildung 25.1: `bsp115.tex`: Schattenspiele ...

Kapitel

26 pst-3d: Schatten, Kippen und dreidimensionale Darstellungen

Das Basispaket pstricks verfügt bereits über einige Makros, mit denen sich dreidimensionale Effekte erzielen lassen. Es existieren jedoch mehrere Pakete, die das Erstellen von dreidimensionalen Objekten oder Funktionen unterstützen. Eine Zusammenstellung zeigt Tabelle 26.1. Hierbei überlappen sich schon einmal mehrere der Pakete, da parallele Entwicklungen in der TeX-Welt nun einmal nichts Ungewöhnliches ist. Obwohl pst-3d eines der älteren Pakete ist, soll es dennoch behandelt werden, da es auch die Vorstufe der 3D-Darstellungen enthält, nämlich Schattenbildung und Kippen.

Tabelle 26.1: Zusammenfassung aller 3d-Pakete

Pakett	Inhalt
pst-3d	basic 3D operations
pst-3dplot	Three dimensional plots
pst-fr3d	Three dimensional framed Boxes
pst-gr3d	3D grids
pst-map3dII	3D Geographical Projection
pst-ob3d	Three dimensional basic objects
pst-vue3d	Three dimensional views

26.1 Schattenwurf

pst-3d definiert das Makro \psshadow mit der folgenen Syntax:

```
\psshadow[<Parameter>]{<Material>]
```

Als Parameter stehen die in Tabelle 26.2 angegebenen Parameter neben all den bereits definierten zur Verfügung, so sie eine Bedeutung für das Material haben, für das ein Schattenwurf erfolgen soll. Dieses kann aus allem, was textähnlichen

Charakter hat, erfolgen, Text, Rules und mathematische Ausdrücke im Inlinemodus.

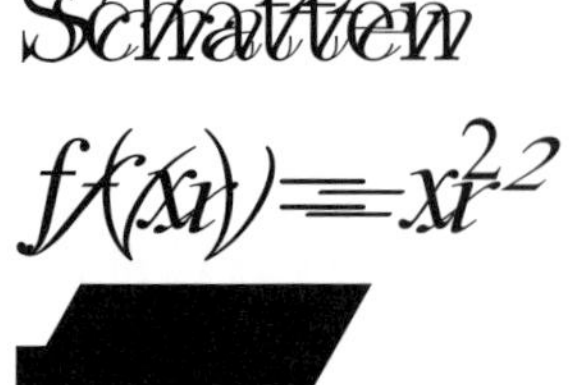

```
\psshadow{\Huge Schatten}\\[10pt]
\psshadow{\Huge $f(x)=x^2$}\\[15pt]
\psshadow[Tshadowsize=2.5]{%
    \rule{2cm}{10pt}}\\
```

26.1.1 Parameter

Tabelle 26.2 zeigt eine Zusammenstellung der verwendeten Parameter.

Tabelle 26.2: Zusammenfassung aller shadow-Parameter

Name	Werte	Vorgabe
Tshadowangle	<Winkel>	60
Tshadowcolor	<Farbe>	lightgray
Tshadowsize	<Wert>	1

26.1.1.1 Tshadowangle

Tshadowangle bezeichnet den Winkel, den der Schatten, bezogen auf die Senkrechte zur Papierebene, wirft. Der Winkel von 90° entspricht somit der Schrift selbst. Negative Winkel bewirken, dass der Schatten aus der Papierebene heraustritt.

```
\psshadow{\Huge Schatten}\\[5pt]
\psshadow[Tshadowangle=30]{\Huge Schatten}\\[5pt]
\psshadow[Tshadowangle=70]{\Huge Schatten}\\[5pt]
\psshadow[Tshadowangle=-30]{\Huge Schatten}
```

- Winkelwerte von 0° und 180° sind nicht erlaubt.

26.1.1.2 Tshadowcolor

Tshadowcolor bezeichnet die Schattenfarbe.

```
\psshadow{\Huge Schatten}\\[5pt]
\psshadow[Tshadowcolor=red]{\Huge Schatten}\\[5pt]
\psshadow[Tshadowcolor=green]{\Huge Schatten}\\[5pt]
\psshadow[Tshadowcolor=blue]{\Huge Schatten}
```

26.1.1.3 Tshadowsize

`Tshadowsize` bestimmt als Skalierungsfaktor die Größe des Schattens.

```
\psshadow{\Huge Schatten}\\[5pt]
\psshadow[Tshadowsize=0.5]{\Huge Schatten}\\[10pt]
\psshadow[Tshadowsize=1.5]{\Huge Schatten}\\[20pt]
\psshadow[Tshadowsize=2.5]{\Huge Schatten}
```

26.2 Kippen

Mit dem Kippen (tilting) von Objekten kann man perspektivische Ansichten dreidimensionaler Objekte simulieren. `pst-3d` definiert dazu zwei Makros.

```
\pstilt[<Parameter>]{<Winkel>}{<Material>}
\psTilt[<Parameter>]{<Winkel>}{<Material>}
```

Abbildung 26.1 zeigt den Unterschied zwischen diesen beiden Makros. Grundsätzlich lässt sich alles als Argument an diese beiden Makros übergeben und somit kippen. Bei vertikalem Material, wie abgesetzten Formeln, muss man eventuell das Argument vorher in eine `\parbox` packen (vergleiche Beispiel).

❑ Winkelwerte von 0° und 180° sind nicht erlaubt.

26.2.1 \pstilt

`\pstilt` kippt Objekte derart, dass ihre ursprüngliche Höhe als neue Länge des gekippten Objekts erscheint, womit das Objekt kleiner wird. Die Hypotenuse des Dreiecks aus Fußpunkt, Höhe und Lot entspricht jetzt der alten Höhe (siehe Abbildung 26.1). Hierbei wird die Länge von der Mitte der Fußseite aus gerechnet.

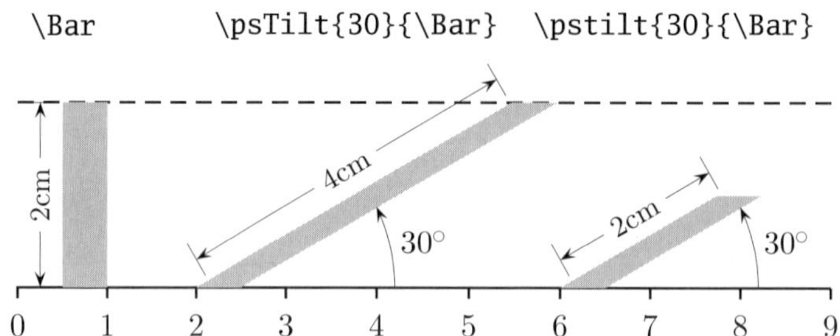

Abbildung 26.1: Demonstration des Unterschiedes zwischen `\pstilt` und `\psTilt`

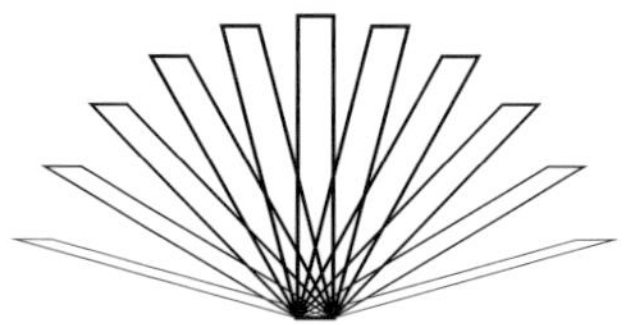

```
\begin{pspicture}(5,2)
\def\Bar{\psframe(0,0)(0.25,2)}
\multido{\nA=15+15}{11}{\rput(2.5,0){\pstilt{\nA}{\Bar}}}
\end{pspicture}
```

$$f(x) = \int_1^{\infty} \frac{1}{x} dx = 1$$

```
\pstilt{60}{\parbox{0.5\linewidth}{%
    \[ f(x)=\int_1^{\infty}\frac{1}{x}\,dx=1 \]
}}
```

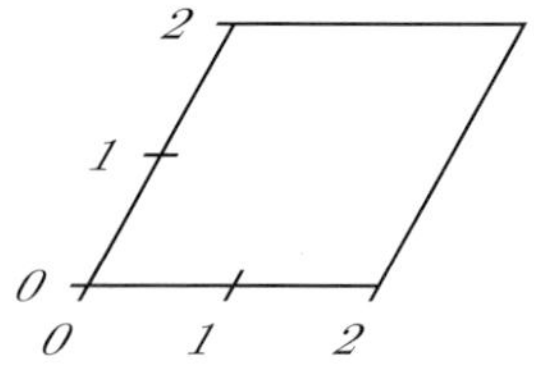


```
\pstilt{60}{%
  \begin{pspicture}(-0.5,-0.5)(2,2)
    \psaxes[axesstyle=frame](2,2)
  \end{pspicture}%
}
```

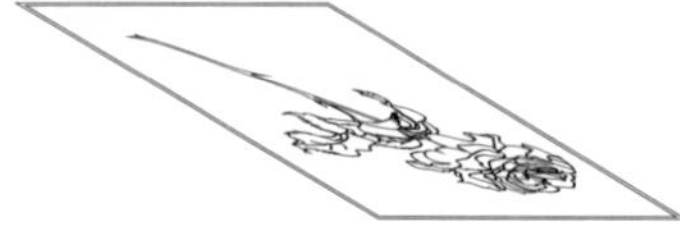

```
\pstilt{-30}{\includegraphics[scale=0.5]{rose}}
```

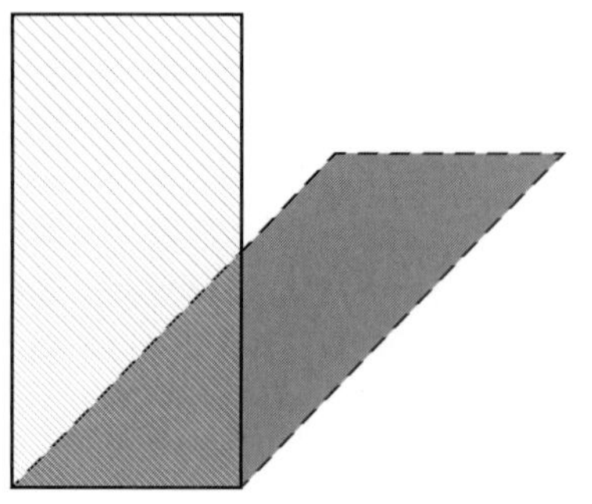

```
\newpsstyle{TransparencyCyan}{%
  fillstyle=vlines,hatchcolor=cyan,
  hatchwidth=0.1\pslinewidth,hatchsep=1.5\pslinewidth}
\begin{pspicture}(2,4)
  \rput[lb](0,0){\pstilt{45}{\psframe[linestyle=dashed,%
     fillstyle=solid,fillcolor=red](2,4)}}
  \psframe[style=TransparencyCyan](0,0)(2,4)
\end{pspicture}
```

26.2.2 \psTilt

`\psTilt` kippt Objekte derart, dass ihre ursprüngliche Höhe erhalten bleibt, sodass das Objekt theoretisch unendlich lang werden kann (siehe Abbildung 26.1).

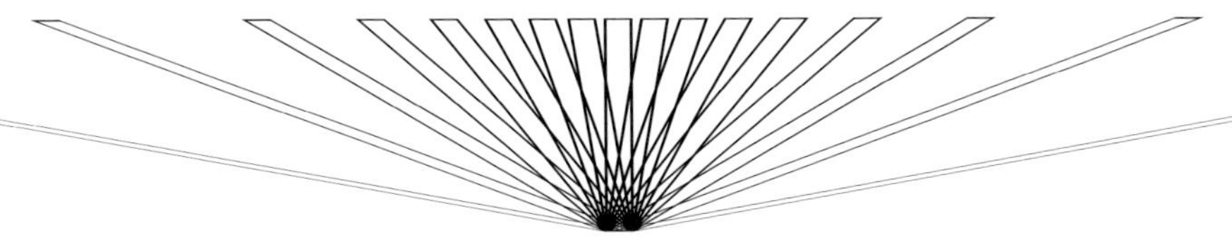

```
\begin{pspicture*}(\linewidth,2)
\def\Bar{\psframe(0,0)(0.25,2)}
\multido{\nA=10+10}{17}{\rput(0.5\linewidth,0){\psTilt{\nA}{\Bar}}}
\end{pspicture*}
```

$$f(x)=\int_1^{\infty}\frac{1}{x}\,dx=1$$

```
\psTilt{60}{\parbox{0.5\linewidth}{%
    \[ f(x)=\int_1^{\infty}\frac{1}{x}\,dx
      =1 \]
}}
```

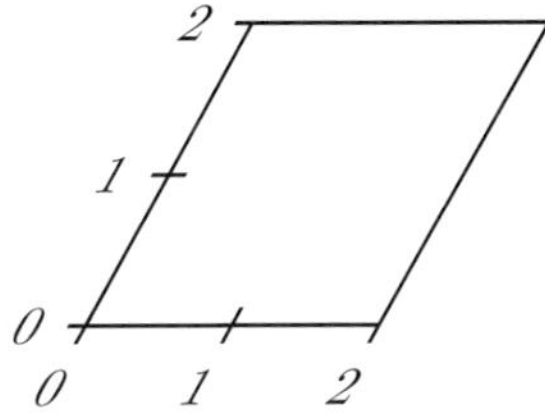


```
\psTilt{60}{%
  \begin{pspicture}(-0.5,-0.5)(2,2)
    \psaxes[axesstyle=frame](2,2)
  \end{pspicture}%
}
```

```
\psTilt{-30}{\includegraphics[scale=0.5]{
  rose}}
```

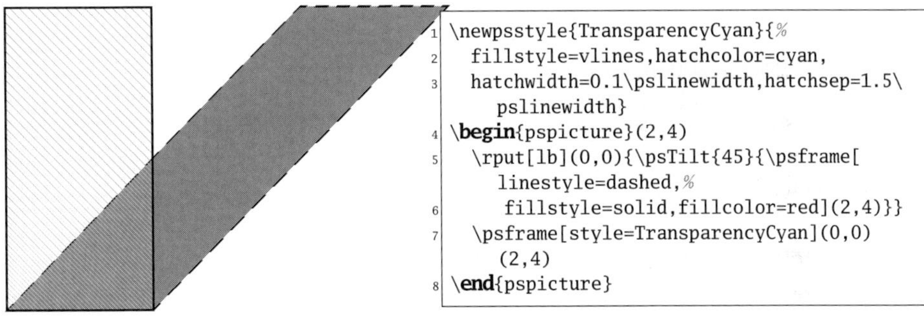

```
\newpsstyle{TransparencyCyan}{%
  fillstyle=vlines,hatchcolor=cyan,
  hatchwidth=0.1\pslinewidth,hatchsep=1.5\
     pslinewidth}
\begin{pspicture}(2,4)
  \rput[lb](0,0){\psTilt{45}{\psframe[
     linestyle=dashed,%
      fillstyle=solid,fillcolor=red](2,4)}}
  \psframe[style=TransparencyCyan](0,0)
     (2,4)
\end{pspicture}
```

26.2.3 Anwendungsbeispiel für \pstilt

Mit dem Paket `rotating` werden entsprechende Makros zum Drehen von Text zur Verfügung gestellt, um beispielsweise schräge Tabellenüberschriften zu erreichen. Schwieriger ist es, wenn diese mit einem Rahmen zu versehen sind. Mit `\pstilt` oder `\psTilt` ist dies kein Problem. Das unten angegebene Programmlisting zeigt nur die Anwendung von `\pstilt`, da man dieses Makro nur durch `\psTilt` ersetzen muss, um das andere Beispiel zu erhalten.

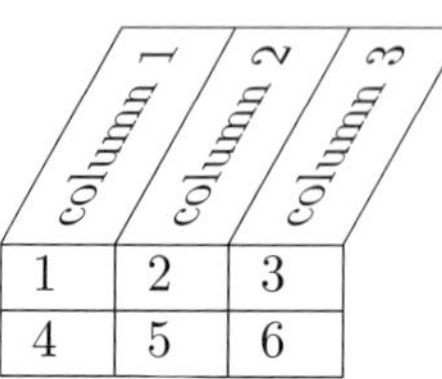

Tabelle 26.3: Anwendung von `\pstilt`

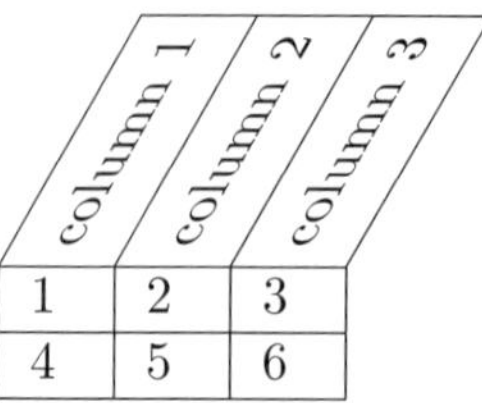

Tabelle 26.4: Anwendung von `\psTilt`

```
\begin{tabular}{l}
\pstilt{60}{%
\begin{tabular}{|p{1em}|p{1em}|p{1em}|}\hline
\rotateleft{column 1\ } & \rotateleft{column 2\ } &
  \rotateleft{column 3\ }
\end{tabular}
}\\
\begin{tabular}{|p{1em}|p{1em}|p{1em}|}\hline
 1 & 2 & 3 \\\hline
 4 & 5 & 6 \\\hline
\end{tabular}
\end{tabular}
```

26.3 Dreidimensionale Darstellungen

`pst-3d` unterstützt nur Parallelprojektionen, sodass geometrische Objekte wie Kugeln oder Zylinder können nur eingeschränkt dargestellt werden können. Obwohl `pst-3d` im Prinzip nur ein einziges Makro für die 3D-Projektion definiert, ist das Paket dennoch sehr effizient in der Anwendung und wird auch als Grundlage für andere Pakete benutzt. [43] [24]

26.3.1 \ThreeDput

`pst-3d` definiert nur dieses eine Makro, mit dem aber letztlich jede beliebige Darstellung von linien- oder flächenförmigen Objekten im dreidimensionalen Raum möglich ist.

```
\ThreeDput[<Parameter>]{<Material>}
\ThreeDput[<Parameter>](<x,y,z>){<Material>}
```

Ohne Angabe von Koordinaten wird grundsätzlich (0,0,0) als Koordinatenursprung angenommen. Unter „Material“ wird grundsatzlich alles verstanden, was in eine Box gesetzt werden darf. Handelt es sich im TeX-Sinne um vertikales Material, so ist dieses vorher in eine `\parbox` oder eine `minipage` zu packen.

Zur Vereinfachung der angegebenen Quelltexte wird im Folgenden das Makro `\DreiDKOSystem` verwendet, welches die Koordinatenachsen mit dem Gitter zeichnet und im Folgenden dann nicht mehr angegeben wird.

```
\makeatletter
\def\xyEbene#1{%
  \ThreeDput[normal=0 0 1](0,0,0){% xy-Ebene
    \psgrid(0,0)(#1,#1)%
    \psline{->}(0,0)(0,#1)
    \psline{->}(0,0)(#1,0)
    \ifdim\psk@gridlabels pt>\z@
      \uput[180]{0.2}(0,#1){$y$}%
      \uput[-90]{0.2}(#1,0){$x$}%
    \fi
  }}
\def\xzEbene#1{%
  \ThreeDput[normal=0 -1 0](0,0,0){% xz-Ebene
    \psgrid(0,0)(#1,#1)%
    \psline{->}(0,0)(0,5)
    \psline{->}(0,0)(#1,0)
    \ifdim\psk@gridlabels pt>\z@
      \uput[180]{0.2}(0,#1){$z$}%
      \uput[-90]{0.2}(#1,0){$x$}%
    \fi
  }}
\def\yzEbene#1{%
  \ThreeDput[normal=1 0 0](0,0,0){% yz-Ebene
    \psgrid(0,0)(#1,#1)%
    \psline{->}(0,0)(0,#1)
    \psline{->}(0,0)(#1,0)
    \ifdim\psk@gridlabels pt>\z@
      \uput[180]{0.2}(0,#1){$z$}%
      \uput[-90]{0.2}(#1,0){$y$}%
    \fi
}}
%
\def\DreiDKOSystem{\@ifnextchar[{\DreiDKOSystem@i}{\DreiDKOSystem@i[]}}
\def\DreiDKOSystem@i[#1]#2{%
  \psset{#1}%
  \xyEbene{#2}\xzEbene{#2}\yzEbene{#2}}
\makeatother
%
\begin{pspicture}(-3,-2.5)(-3,5)
  \psset{unit=0.75}
  \psset{viewpoint=1 1 0.5}
  \DreiDKOSystem{5}
\end{pspicture}\hfill
\begin{pspicture}(-3,-2.5)(2.2,5)
  \psset{unit=0.75}
  \psset{viewpoint=1 1.5 0.5}
  \psset{gridlabels=6pt}
  \DreiDKOSystem{5}
```

```
\end{pspicture}
```

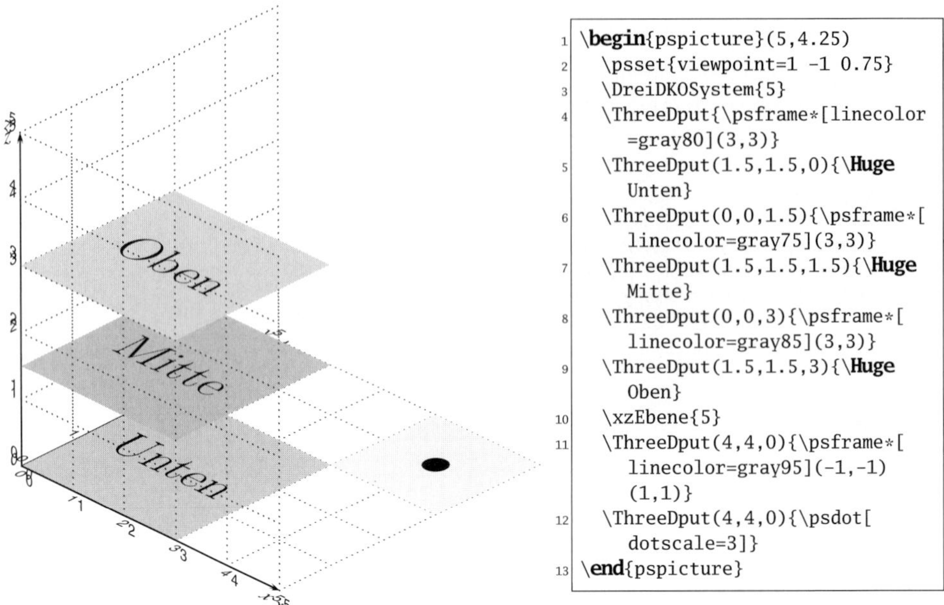


```
\begin{pspicture}(5,4.25)
  \psset{viewpoint=1 -1 0.75}
  \DreiDKOSystem{5}
  \ThreeDput{\psframe*[linecolor
    =gray80](3,3)}
  \ThreeDput(1.5,1.5,0){\Huge
    Unten}
  \ThreeDput(0,0,1.5){\psframe*[
    linecolor=gray75](3,3)}
  \ThreeDput(1.5,1.5,1.5){\Huge
    Mitte}
  \ThreeDput(0,0,3){\psframe*[
    linecolor=gray85](3,3)}
  \ThreeDput(1.5,1.5,3){\Huge
    Oben}
  \xzEbene{5}
  \ThreeDput(4,4,0){\psframe*[
    linecolor=gray95](-1,-1)
    (1,1)}
  \ThreeDput(4,4,0){\psdot[
    dotscale=3]}
\end{pspicture}
```

Die Koordinaten von `ThreeDput` beziehen sich auf das Zentrum des Objektes, welches nicht notwendigerweise auch das geometrische Zentrum sein muss.

```
\psframe(2,2)%          Zentrum unten links (0,0)
\psframe(-1,-1(1,1)%    Zentrum in der Mitte (0,0)
Beliebiger Text%        Zentrum in der Mitte der Baseline
```

In obigem Beispiel ist das kleinere Quadrat mit seinem Zentrum $(0,0)$ genau auf die Koordinaten $(4,4,0)$ gesetzt worden.

Das Makro `ThreeDput` lässt sich vielfältig anwenden, was insbesondere vom Paket `pst-vue3d` [24] gemacht wird. Man kann mit Angabe des Normalenvektors $\vec{n}$ und eines Punktes $P(x,y,z)$ der Geraden und/oder Ebene eindeutig die Lage im Raum bestimmen. Flächen kann man mit unterschiedlichen Helligkeitsstufen versehen, um so den räumlichen Eindruck zu verstärken.

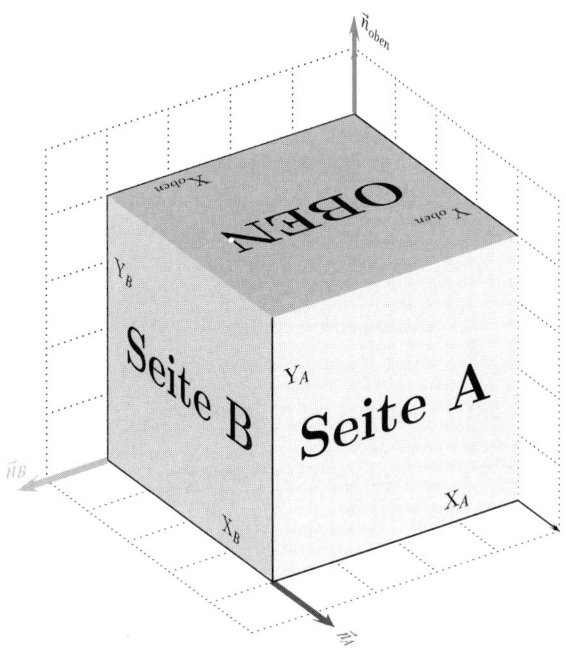


```
\begin{pspicture}(-4.5,-3.5)(3,4.75)
\psset{viewpoint=1 1.5 1}
\DreiDKOSystem[gridlabels=0pt]{5}
\ThreeDput[normal=0 0 1]{% xy-Ebene
  \psline[linewidth=3pt,linecolor=blue]{->}(4,4)(4,5.5)
  \uput[90](4,5.5){%
    \rotateleft{\textcolor{blue}{$\vec{n}_A$}}}}
\ThreeDput[normal=0 -1 0]{% xz-Ebene
  \psline[linewidth=3pt,linecolor=green]{->}(4,0)(5.5,0)
  \uput[90](5.5,0){%
      \psscalebox{-1 1}{\textcolor{green}{$\vec{n}_B$}}}}
\ThreeDput[normal=1 0 0]{% yz-Ebene
  \psline[linewidth=3pt,linecolor=red]{->}(0,4)(0,5.5)
  \uput[0](0,5.5){$\vec{n}_{oben}$}} % Würfel und Achsen
\ThreeDput[normal=0 0 1](0,0,4){%
  \psframe*[linecolor=gray75](4,4)
  \rput(2,2){\Huge\textbf{OBEN}}}
\ThreeDput[normal=0 1 0](4,4,0){%
  \psframe*[linecolor=gray95](4,4)
  \rput(2,2){\Huge\textbf{Seite A}}}
\ThreeDput[normal=1 0 0](4,0,0){%
  \psframe*[linecolor=gray85](4,4)
  \rput(2,2){\Huge\textbf{Seite B}}}
% Die kleinen Achsen
\ThreeDput[normal=0 0 1](0,0,4){%
  \psline(4,0)\uput[90](3,0){X$_{oben}$}
  \psline(0,4)\uput[0](0,3){Y$_{oben}$}}
\ThreeDput[normal=0 1 0](4,4,0){%
  \psline(4,0)\uput[90](3,0){X$_{A}$}
  \psline(0,4)\uput[0](0,3){Y$_{A}$}}
\ThreeDput[normal=1 0 0](4,0,0){%
  \psline(4,0)\uput[90](3,0){X$_{B}$}
```

```
  \psline(0,4)\uput[0](0,3){Y$_{B}$}}
\end{pspicture}
```

26.3.2 3D-Parameter

Tabelle 26.5 zeigt eine Zusammenstellung der Parameter, mit denen die 3D-Darstellungen beeinflusst werden können.

Tabelle 26.5: Zusammenfassung aller 3D-Parameter

Name	Werte	Vorgabe
`viewpoint`	`<Wertx Werty Wertz>`	`1 -1 1`
`viewangle`	`<Winkel>`	`0`
`normal`	`<Wertx Werty Wertz>`	`0 0 1`
`embedangle`	`<Winkel>`	`0`

26.3.2.1 `viewpoint`

Die Blickrichtung auf das 3D-Objekt beeinflusst wesentlich die Darstellung. Mit `viewpoint` legt man die (x, y, z)-Koordinaten fest, die den Vektor der Blickrichtung bezeichnen. Aufgrund der Parallelprojektion spielt die Länge dieses Vektors keine Rolle, sodass `(1 0.5 1.5)` und `(2 1 3)` gleiche Darstellungen ergeben. Abbildung 26.2 zeigt, wie jemand eine derartige Darstellung betrachten würde, wobei die Abbildung selbst in diesem Fall natürlich von einem anderen Punkt aus betrachtet wird, sonst hätte man direkt auf den Vektor sehen müssen.

Für Abbildung 26.2 wurde ein Betrachtungpunkt von `viewpoint=3 5 2` definiert. Möchte man sich das Ganze beispielsweise von der y-Achse aus größerer Höhe betrachten, so könnte man `viewpoint=0 1 3` wählen. Der Betrachter ist vom Zentrum (Ursprung) eine Einheit in y-Richtung und vier Einheiten in z-Richtung gegangen und betrachtet sich alles von dort aus.

- Der `viewpoint` **muss** grundsätzlich mit Werten ungleich null definiert werden, da es ansonsten zu einer Division durch null kommt. Angaben von 0.001 für eine Koordinate sind schon ausreichend, um zum einen der Division durch Null zu entgehen und zum anderen eine Koordinate bei der Betrachtung auszublenden.

Ein guter Wert für einen Betrachtungspunkt wäre zum Beispiel `viewpoint=1 1 0.5`, was einer horizontalen Drehung um 45 Grad und einer vertikalen um ca. 20 Grad entspricht. Ein anderer sinnvoller Punkt ist auch `viewpoint=1.5 1 0.5`, was nun einer horizontalen Drehung um 33 Grad bei gleicher vertikaler Drehung entspricht. Beides ist in den folgenen beiden Beispielen zu sehen.

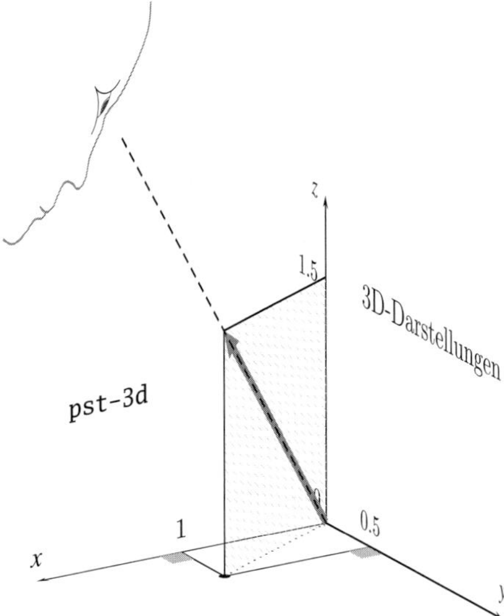

Abbildung 26.2: Festlegung des `viewpoints`

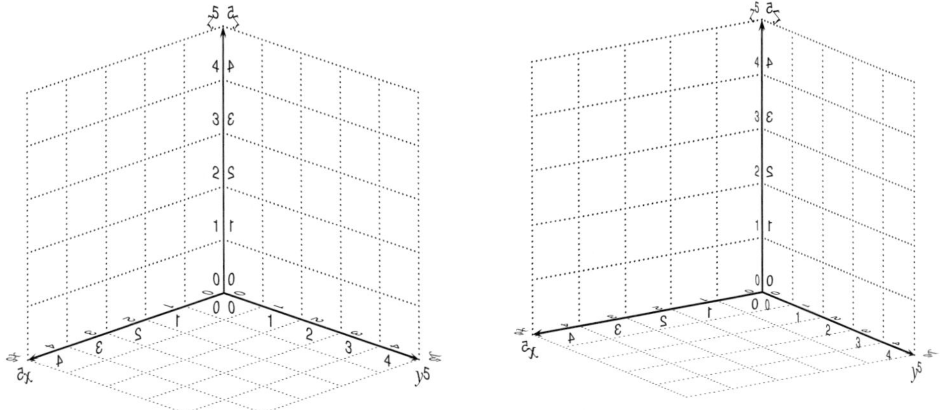

26.3.2.2 viewangle

Zusätzlich zum `viewpoint` kann man alles noch einmal um einen Winkel `viewangle` rotieren lassen. Dies ließe sich auch noch auf andere Weise erreichen, beispielsweise mit `\rotatebox`, bietet aber hier einige Vorteile. Da man bei den so genannten „Drahtmodellen" schnell den Überblick bezüglich Oben/Unten verliert, wurde in den Beispielen ein Rechteck in die xy-Ebene gelegt.

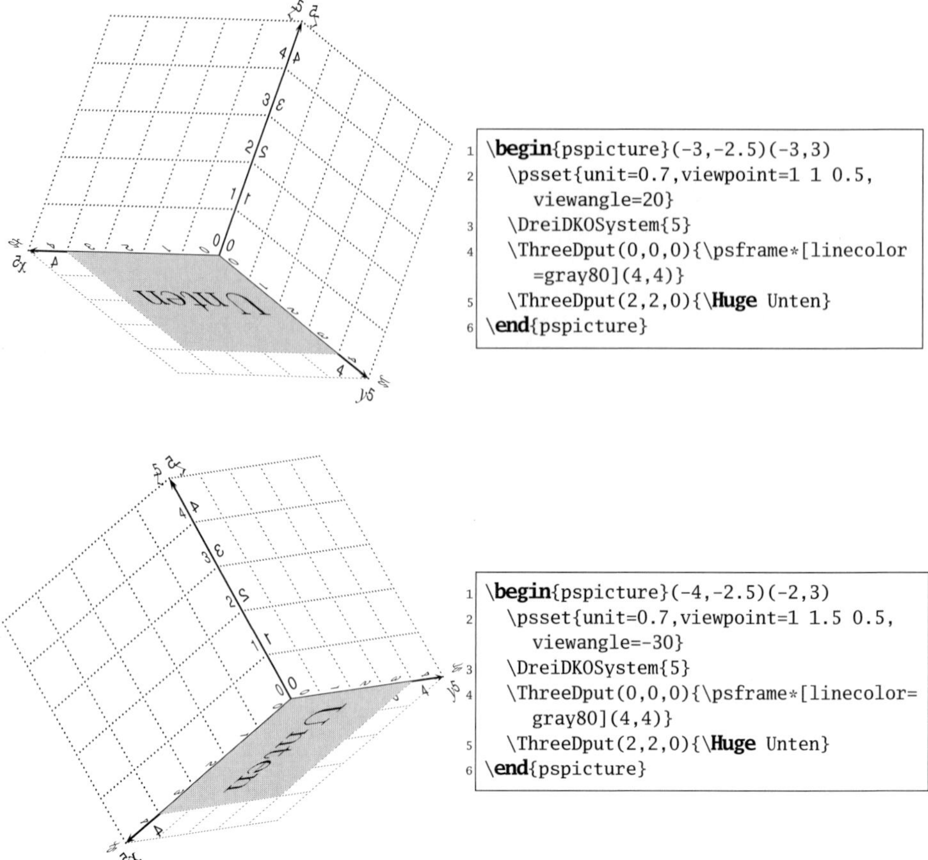

```
\begin{pspicture}(-3,-2.5)(-3,3)
  \psset{unit=0.7,viewpoint=1 1 0.5,
    viewangle=20}
  \DreiDKOSystem{5}
  \ThreeDput(0,0,0){\psframe*[linecolor
    =gray80](4,4)}
  \ThreeDput(2,2,0){\Huge Unten}
\end{pspicture}
```

```
\begin{pspicture}(-4,-2.5)(-2,3)
  \psset{unit=0.7,viewpoint=1 1.5 0.5,
    viewangle=-30}
  \DreiDKOSystem{5}
  \ThreeDput(0,0,0){\psframe*[linecolor=
    gray80](4,4)}
  \ThreeDput(2,2,0){\Huge Unten}
\end{pspicture}
```

26.3.2.3 normal

`normal` bezeichnet die Richtung des Normalenvektors, der senkrecht auf einer zugehörigen Fläche steht. Damit liegt durch den Normalenvektor eindeutig fest, wie ein Objekt im dreidimensionalen Raum liegt.

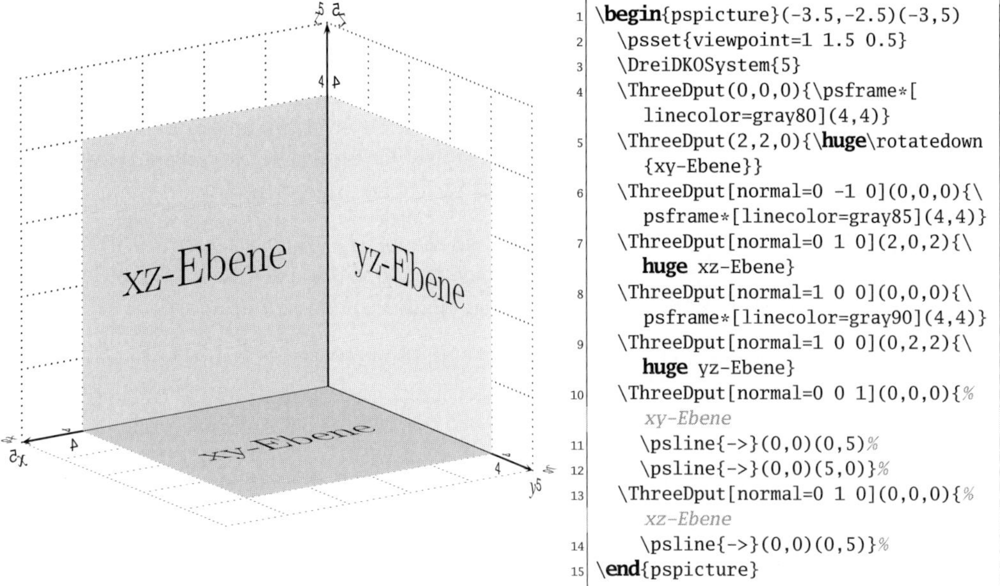


```
\begin{pspicture}(-3.5,-2.5)(-3,5)
  \psset{viewpoint=1 1.5 0.5}
  \DreiDKOSystem{5}
  \ThreeDput(0,0,0){\psframe*[
    linecolor=gray80](4,4)}
  \ThreeDput(2,2,0){\huge\rotatedown
    {xy-Ebene}}
  \ThreeDput[normal=0 -1 0](0,0,0){\
    psframe*[linecolor=gray85](4,4)}
  \ThreeDput[normal=0 1 0](2,0,2){\
    huge xz-Ebene}
  \ThreeDput[normal=1 0 0](0,0,0){\
    psframe*[linecolor=gray90](4,4)}
  \ThreeDput[normal=1 0 0](0,2,2){\
    huge yz-Ebene}
  \ThreeDput[normal=0 0 1](0,0,0){%
    xy-Ebene
    \psline{->}(0,0)(0,5)%
    \psline{->}(0,0)(5,0)}%
  \ThreeDput[normal=0 1 0](0,0,0){%
    xz-Ebene
    \psline{->}(0,0)(0,5)}%
\end{pspicture}
```

Ohne eine Zuordnung durch den Normalenvektor hätte obiges Beispiel nicht so einfach erstellt werden können. Betrachten wir zum besseren Verständnis den Code schrittweise.

`\psset{viewpoint=1 1.5 0.5}`: der `viewpoint` wird auf den Punkt $P(1,1.5,0.5)$ gesetzt.

`\DreiDKOSystem{5}`: zuerst wird das Koordinatensystem mit dem Gitternetz gezeichnet, sodass Achsen und Gitter auf den Flächen sichtbar bleiben, was eine bessere optische Zuordnung ermöglicht.

`\ThreeDput(0,0,0){\psframe*[linecolor=gray80](4,4)}`: setzt ein Quadrat der Seitenlänge vier mit der unteren linken Kante in den Koordinatenursprung. Da hier kein Normalenvektor angegeben wurde, wird der Standardwert $\vec{n} = (0,0,1)$ genommen, womit die Fläche im ersten Quadranten der xy-Ebene angeordnet wird.

`\ThreeDput(2,2,0){\huge\rotatedown{xy-Ebene}}`: setzt mittig zum Punkt $(2,2,0)$ den um 180° gedrehten Text in die `xy-Ebene`.

`\ThreeDput[normal=0 -1 0](0,0,0){\psframe*[linecolor=gray85](4,4)}`: setzt ein Quadrat der Seitenlänge vier mit der unteren linken Kante in den Koordinatenursprung. Da der Einheitsvektor aber die „negative" y-Achse ist, wird das Quadrat im ersten Quadranten der xz-Ebene angeordnet. Mit `normal=0 1 0` wäre es der zweite Quadrant gewesen.

`\ThreeDput[normal=0 1 0](2,0,2){\huge xz-Ebene}`: setzt mittig zum Punkt $(2,0,2)$ den Text in die `xy-Ebene`. Weil die xz-Ebene vom Beobachtungspunkt aus gesehen, von hinten betrachtet wird, muss der Normalenvektor der Fläche umgedreht werden, ansonsten wäre der Schriftzug von „hinten“ zu lesen.

\ThreeDput[normal=1 0 0](0,0,0){\psframe*[linecolor=gray90](4,4)}: setzt ein Quadrat der Seitenlänge vier mit der unteren linken Kante in den Koordinatenursprung. Der Einheitsvektor ist die „positive“ x-Achse, daher wird das Quadrat im 1. Quadranten der yz-Ebene angeordnet.

\ThreeDput[normal=1 0 0](0,2,2){\huge yz-Ebene}: setzt mittig zum Punkt (0,2,2) den Text in die `yz-Ebene`. Da der Text auf der „postiven“ Seite der Fläche geschrieben wird, bleibt der Normalenvektor derselbe.

\ThreeDput[normal=0 0 1](0,0,0): die Koordinatenachsen sind durch die drei Flächen überschrieben worden und werden jetzt noch einmal neu gezeichnet, zuerst die xy-Achsen.

\ThreeDput[normal=0 1 0](0,0,0): und jetzt wird noch die z-Achse gezeichnet.

26.3.2.4 embedangle

Mit `viewangle` konnte man eine Rotation senkrecht zur Betrachterebene vornehmen. Mit `embedangle` kann man eine Rotation senkrecht zum Normalenvektor durchführen. Die Winkelzählung erfolgt im mathematischen Sinne, also linksherum.

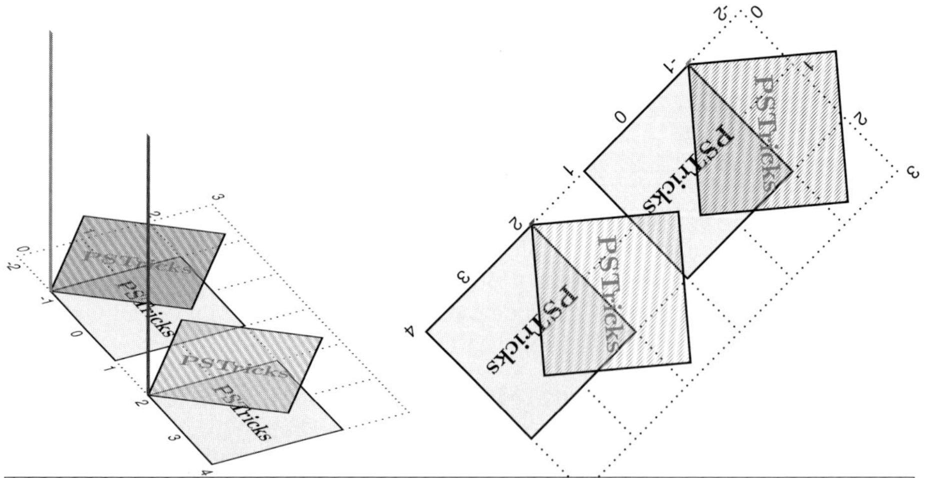


```
\def\tBlack#1#2{%
  \psframe[style=#2](2,2)
  \rput(1,1){\textcolor{#1}{\textbf{PSTricks}}}
}
\newpsstyle{SolidYellow}{% Text
    fillstyle=solid,fillcolor=yellow}
\newpsstyle{TransparencyRed}{% Text
    fillstyle=vlines,hatchcolor=red,
    hatchwidth=0.1\pslinewidth,hatchsep=1\pslinewidth}
```

```
\newpsstyle{TransparencyBlue}{% Grid
    fillstyle=vlines,hatchcolor=gray75,%
    hatchwidth=0.1\pslinewidth,%
    hatchsep=1\pslinewidth}
\begin{pspicture}(-1.2,-1.75)(4.8,3.7)
\ThreeDput{\psgrid[subgriddiv=0](-2,0)(4,3)} % embedangle=0
\ThreeDput(-1,0,0){\tBlack{black}{SolidYellow}}
\ThreeDput(2,0,0){\tBlack{black}{SolidYellow}}
\ThreeDput[embedangle=50](-1,0,0){\tBlack{gray}{TransparencyRed}}
\ThreeDput[embedangle=50](2,0,0){\tBlack{gray}{TransparencyBlue}}
% Die Normalenvektoren
\ThreeDput[normal=0 1 0](-1,0,0){\psline[linewidth=0.1,linecolor=red](0,4)}
\ThreeDput[normal=0 1 0](2,0,0){\psline[linewidth=0.1,linecolor=blue](0,4)}
\end{pspicture}
%
\psset{viewpoint=1 1 100}
\begin{pspicture}(-2.5,-4.5)(2.8,1.7)
\ThreeDput{\psgrid[subgriddiv=0](-2,0)(4,3)} % embedangle=0
\ThreeDput(-1,0,0){\tBlack{black}{SolidYellow}}
\ThreeDput(2,0,0){\tBlack{black}{SolidYellow}}
\ThreeDput[embedangle=50](-1,0,0){\tBlack{gray}{TransparencyRed}}
\ThreeDput[embedangle=50](2,0,0){\tBlack{gray}{TransparencyBlue}}
% Die Normalenvektoren
\ThreeDput[normal=0 1 0](-1,0,0){\psline[linewidth=0.1,linecolor=red](0,4)}
\ThreeDput[normal=0 1 0](2,0,0){\psline[linewidth=0.1,linecolor=blue](0,4)}
\end{pspicture}
```

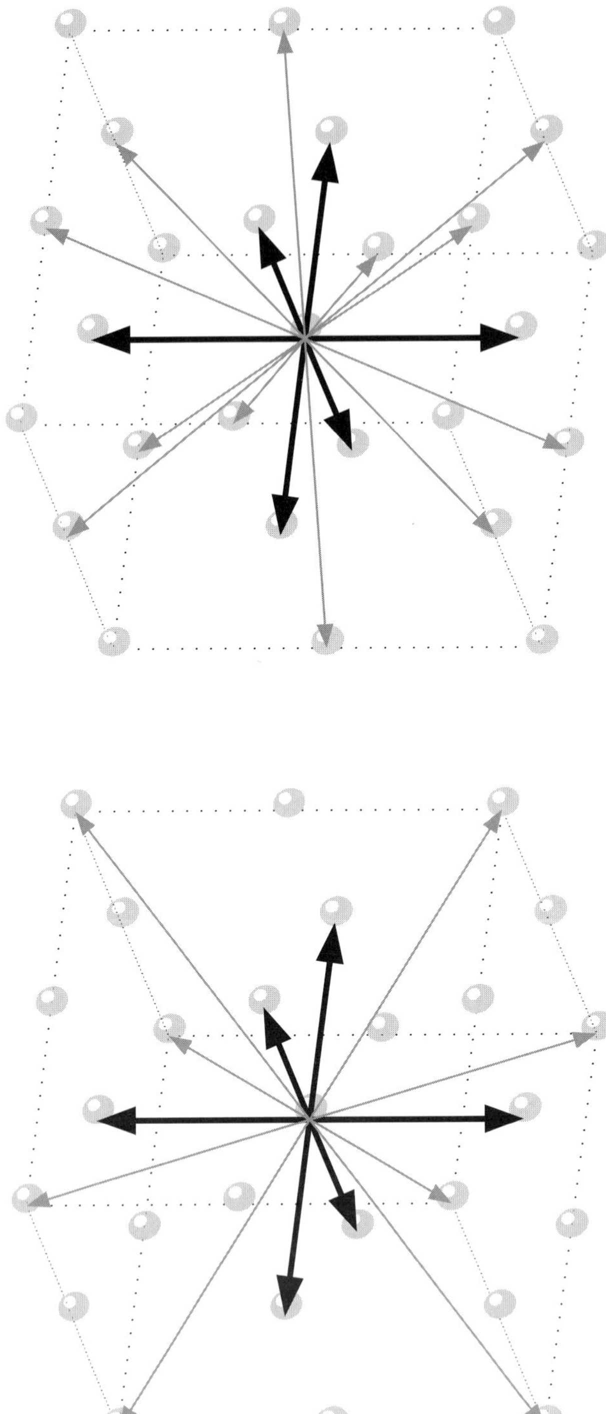

Abbildung 26.3: `bsp112.tex`: Networks at 15 and 19 speeds for the simulation of `Navier-Stokes` equations by the `Boltzmann` Method on network (Laurent Giraud, Denis Girout).

Kapitel

27

pst-gr3d: Dreidimensionale Gitter

Dieses Paket baut im Wesentlichen auf pst-3d auf, vereinfacht aber die Handhabung erheblich. Dreidimensionale Gittermodelle treten sehr häufig in Anwendungen auf, sodass dieses Paket eine echte Hilfe sein kann, obwohl man mit den meisten der anderen 3D-Pakete gleiches erreichen könnte, jedoch nicht in dieser für Gitter optimierten Form. [7] Das Paket benutzt ausschließlich \ThreeDput aus pst-3d (→ 26.3.1 auf Seite 320), sowie \psgrid aus dem Basispaket pstricks (→ 3.1 auf Seite 18).

27.1 Parameter

Als Parameter stehen die in Tabelle 27.1 angegebenen Parameter neben den bereits in Abschnitt 26.3.1 auf Seite 320 definierten zur Verfügung.

Tabelle 27.1: Zusammenfassung aller Parameter für pst-gr3d

Name	Werte	Vorgabe
PstDebug	0|1	0
PstPicture	false|true	true
GridThreeDXUnit	<Wert>	1
GridThreeDYUnit	<Wert>	1
GridThreeDZUnit	<Wert>	1
GridThreeDXPos	<Wert>	0
GridThreeDYPos	<Wert>	0
GridThreeDZPos	<Wert>	0
GridThreeNodes	false|true	false

27.1.1 PstDebug

`PstDebug` kann auf den Wert 1 gesetzt werden, um die zugehörige Bounding-Box anzeigen zu lassen, falls es Probleme mit dem Positionieren gibt.

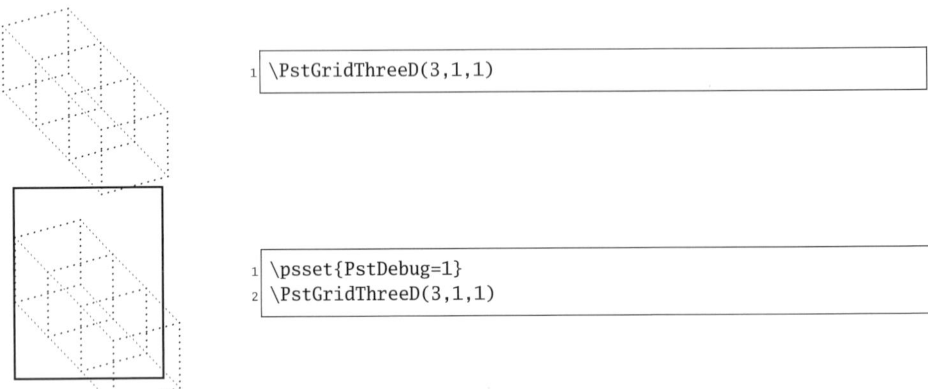

```
\PstGridThreeD(3,1,1)
```

```
\psset{PstDebug=1}
\PstGridThreeD(3,1,1)
```

Zu beachten ist unbedingt, dass das Paket **pst-fill** (→ 19.1.7 auf Seite 248) ebenfalls diese Option definiert und es zu Überschneidungen kommt, wenn man beide Pakete zusammen benutzt und nicht **pst-fill vor pst-gr3d** lädt. Nur bei dieser Reihenfolge funktioniert diese Option wie erwartet.

27.1.2 PstPicture

Die boolsche Variable `PstPicture` legt fest, ob die erstellte Grafik in eine `pspicture`-Umgebung eingefügt werden soll oder nicht. Der Standardwert ist auf `true` gesetzt, um den notwendigen Platz zu reservieren. Dies kann aber ungünstig sein, wenn man einen anderen `viewpoint` (→ 26.3.2.1 auf Seite 324) als den vordefinierten benutzt, denn dann hat die Grafik durch die veränderte Betrachtungsrichtung eine andere Größe, die nicht mehr zur intern festgelegten der `pspicture`-Umgebung passt.

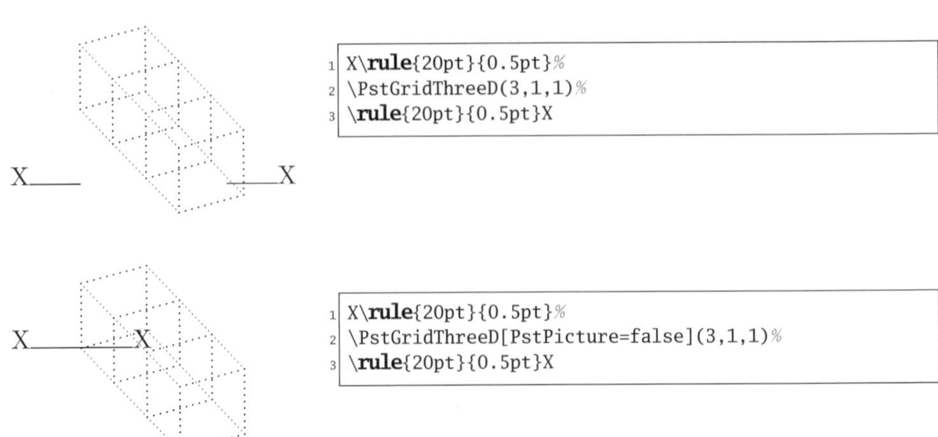


```
X\rule{20pt}{0.5pt}%
\PstGridThreeD(3,1,1)%
\rule{20pt}{0.5pt}X
```

```
X\rule{20pt}{0.5pt}%
\PstGridThreeD[PstPicture=false](3,1,1)%
\rule{20pt}{0.5pt}X
```

Wie man dem ersten Beispiel entnehmen kann, ist die intern festgelegte Größe der `pspicture`-Umgebung nicht optimiert, denn dann hätte die Linie, die der Basislinie entspricht, nicht innerhalb der Grafik beginnen dürfen. Im zweiten Beispiel ist es korrekt, dass beide Linien komplett in der Grafik liegen, denn es wird keine `pspicture`-Umgebung erstellt, die entsprechenden Platz freihält.

27.1.3 GridThreeDXUnit, GridThreeDYUnit und GridThreeDZUnit

Diese Parameter bezeichnen den Skalierungsfaktor für die drei Dimensionen, wobei dieser Faktor ein **ganzzahlig** Vielfaches sein muss; Dezimalzahlen sind daher nicht möglich.

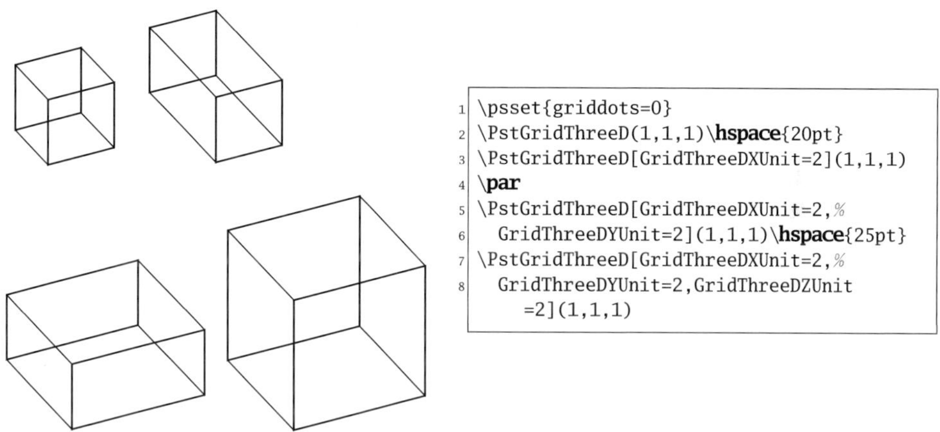

```
\psset{griddots=0}
\PstGridThreeD(1,1,1)\hspace{20pt}
\PstGridThreeD[GridThreeDXUnit=2](1,1,1)
\par
\PstGridThreeD[GridThreeDXUnit=2,%
  GridThreeDYUnit=2](1,1,1)\hspace{25pt}
\PstGridThreeD[GridThreeDXUnit=2,%
  GridThreeDYUnit=2,GridThreeDZUnit
    =2](1,1,1)
```

27.1.4 GridThreeDXPos, GridThreeDYPos und GridThreeDZPos

Diese drei Parameter verschieben den Eckpunkt des Koordinatengitters, der normalerweise in $(0,0,0)$ liegt, um die angegebenen Einheiten, wobei diese ein **ganzzahlig** Vielfaches sein müssen. Dezimalzahlen sind daher nicht möglich, aber sehr wohl negative ganze Zahlen. Im Beispiel ist der Quader um zwei Einheiten in die x-Richtung, eine Einheit in die y-Richtung und drei Einheiten in die z-Richtung verschoben worden. Der größte Teil des Quellcodes ist hier überflüssig, denn er dient nur dazu, den Vorgang anschaulicher zu machen. `\PstGridThreeDHookEnd` wird weiter unten noch behandelt werden.

Die Festlegung von `PstPicture=false` in Zeile 7 des Beispiel-Quellkodes ist hier wichtig, denn sonst würde dieses in eine neue `pspicture`-Umgebung gesetzt werden, womit unweigerlich ein Offset des Quaders verbunden ist, da die Koordinatenursprünge dann nicht mehr identisch wären.

```
\psset{griddots=0}
\psset{GridThreeDNodes=true,arrowscale=2}
\def\PstGridThreeDHookEnd{%
    \ThreeDput(0,0,0){\rnode{A}{}}%
    \ThreeDput(2,1,3){\rnode{B}{}}%
    \pcline[linestyle=dashed]{*->}(A)(B)%
    \PstGridThreeD[PstPicture=false,gridcolor=black,%
        GridThreeDXPos=0,GridThreeDYPos=0,GridThreeDZPos
          =0](1,1,1)%
}%
\PstGridThreeD[linecolor=red,gridcolor=red,%
    GridThreeDXPos=2,GridThreeDYPos=1,GridThreeDZPos
      =3](1,1,1)
\def\PstGridThreeDHookEnd{}%
```

27.1.5 GridThreeDNodes

Diese boolsche Variable legt fest, ob alle Gitterpunkte mit einem Knotennamen versehen werden sollen. Standardmäßig ist diese Option auf `false` gesetzt, da der Speicherbedarf bei großen Gitternetzen nicht unerheblich ist. Die Knotenbezeichnung erfolgt in Matrixform:

```
Gr3dNode<x><y><z>
```

`Gr3dNode` wird von einer dreistelligen Zahl gefolgt, die den Koordinaten entspricht, beispielsweise ist dann `Gr3dNode132` der Knoten den man erreicht, wenn man eine Einheit in x-, drei Einheiten in y- und zwei Einheiten in z-Richtung geht. Wie man dem Beispiel entnehmen kann, stehen die Knotennamen auch nach der Anwendung des Makros `\PstGridThreeD` zur Verfügung. Zu beachten ist, dass sie grundsätzlich global sind und durch wiederholte Anwendung von `\PstGridThreeD` überschrieben werden.

Mit diesen definierten Knoten lassen sich nun vielfältige Dinge machen, beispielsweise beliebige Knotenverbindungen erstellen (siehe Beispiel).

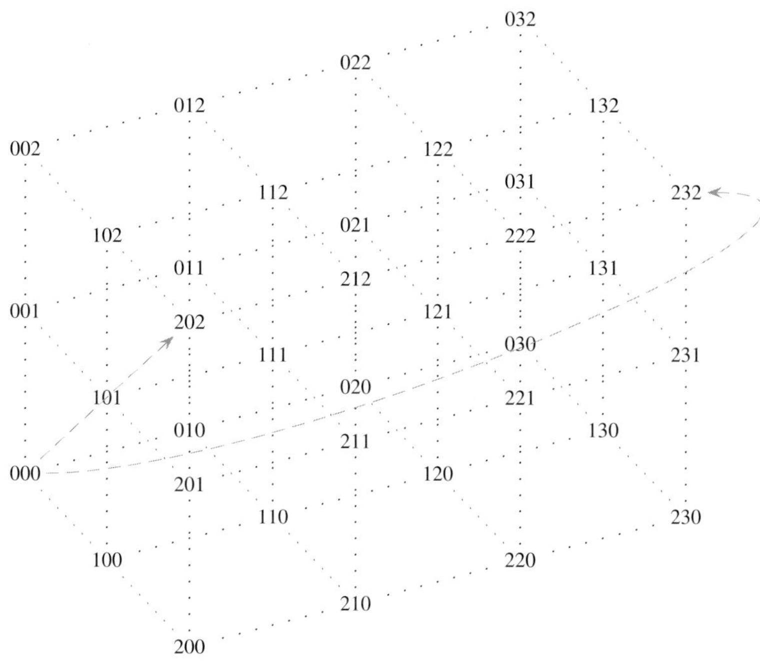


```
\psset{unit=2.5}
\footnotesize
\PstGridThreeD[GridThreeDNodes=true](2,3,2)
\multido{\ix=0+1}{3}{%
    \multido{\iy=0+1}{4}{%
        \multido{\iz=0+1}{3}{%
            \rput*(|Gr3dNode\ix\iy\iz|){\footnotesize $\ix\iy\iz$}
}}}
\psset{linecolor=red,linestyle=dashed,%
    linewidth=0.3pt,arrowscale=2,nodesep=8pt}
\pcline{->}(|Gr3dNode000|)(|Gr3dNode202|)
\pccurve{->}(|Gr3dNode000|)(|Gr3dNode232|)
```

27.2 Makros

27.2.1 \PstGridThreeD

Zu Beginn dieses Kapitels wurde bereits darauf hingewiesen, dass pst-gr3d eine spezielle Anwendung des Pakets pst-3d ist, jedoch wird der Bezugspunkt anders festgesetzt:

```
\psset@viewpoint{1.2 -0.6 0.8}
```

Dieser kann natürlich jederzeit wieder geändert und eigenen Ansprüchen angepasst werden. `\PstGridThreeD` erwartet mindestens die *xyz*-Einheiten.

```
\PstGridThreeD[<Parameter>](<x,y,z>)
```

Dieses Makro macht letztlich nichts anderes, als mithilfe von `\multido` (→ 32.3 auf Seite 433) mehrmals `\ThreeDput{\psgrid}` aufzurufen, um die Gitternetze zu zeichnen. Daraus folgt, dass man die Form des Gitters nicht mit den Optionen für Linien ändern kann, sondern mit den in Tabelle 3.2 auf Seite 19 zusammengefassten Optionen für `\psgrid`.

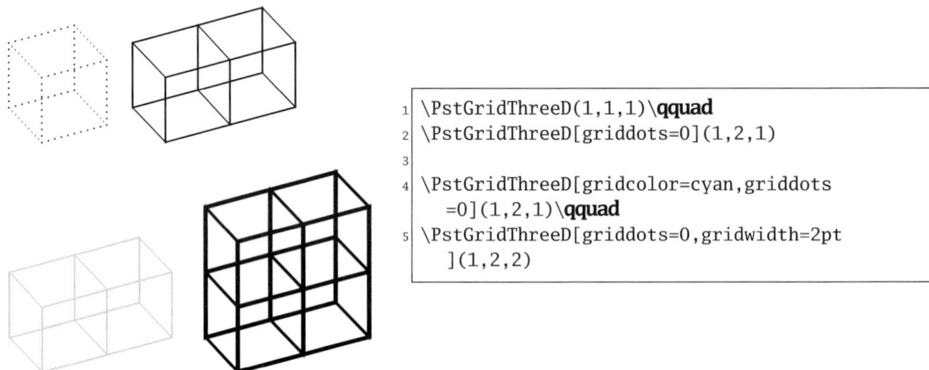

```
\PstGridThreeD(1,1,1)\qquad
\PstGridThreeD[griddots=0](1,2,1)

\PstGridThreeD[gridcolor=cyan,griddots
   =0](1,2,1)\qquad
\PstGridThreeD[griddots=0,gridwidth=2pt
   ](1,2,2)
```

27.2.2 \PstGridThreeDHookEnd

Durch die Verknüpfung der verschiedenen Makros, bei denen `\psgrid` am Ende stand, hatte man nur wenig Möglichkieten, direkt einzugreifen. Insbesondere dann, wenn alles noch in eine `pspicture`-Umgebung eingebettet wurde. Hier versucht `\PstGridThreeDHookEnd` anzusetzen, denn dieses Makro wird **vor** dem Ende der `pspicture`-Umgebung aufgerufen. Zuerst ist es als leeres Makro definiert.

```
\PstGridThreeDHookEnd{}
```

Als Anwender kann man dieses Makro jetzt neu definieren und faktisch alles damit machen. Möchte man beispielsweise in einem erstellten Gitter einen bestimmten Bereich farbig hervorheben, so kann man diesen einfach über `\PstGridThreeDHookEnd` noch einmal mit einer anderen Farbe neu zeichnen lassen. Wichtig ist dabei wieder die Option `PstPicture` auf `false` zu setzen, um keine neue `pspicture`-Umgebung zu öffnen.

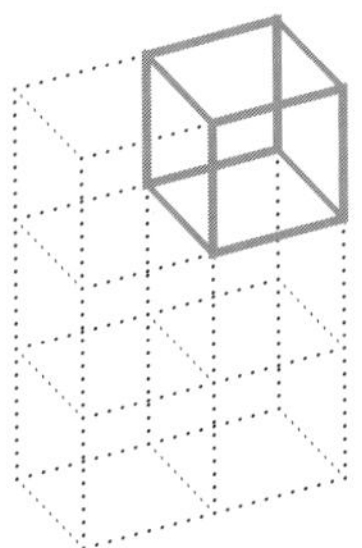

```
\def\PstGridThreeDHookEnd{%
    \PstGridThreeD[PstPicture=false,griddots=0,%
        gridcolor=red,gridwidth=2pt,%
        GridThreeDYPos=1,GridThreeDZPos=2](1,1,1)%
}%
\PstGridThreeD(1,2,3)
```

27.2.3 \PstGridThreeDHookXFace, \PstGridThreeDHookYFace und \PstGridThreeDHookZFace

Im Gegensatz zu `\PstGridThreeDHookEnd` werden diese Makros aufgerufen, wenn die jeweilige Koordinate gezeichnet wird. Damit kann man individuell in den Aufbau des Gitters eingreifen. Alle drei Makros sind als leer definiert und können beliebig neu definiert werden.

```
\PstGridThreeDHookXFace{}
\PstGridThreeDHookYFace{}
\PstGridThreeDHookZFace{}
```

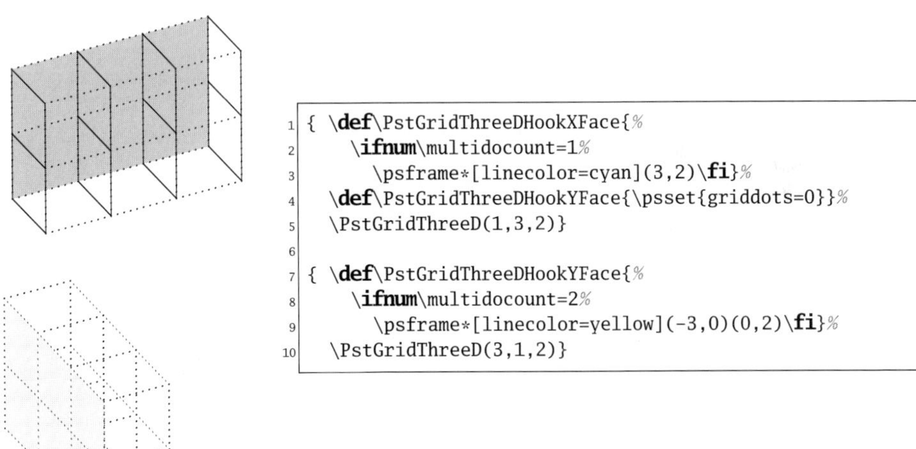

```
{ \def\PstGridThreeDHookXFace{%
    \ifnum\multidocount=1%
      \psframe*[linecolor=cyan](3,2)\fi}%
  \def\PstGridThreeDHookYFace{\psset{griddots=0}}%
  \PstGridThreeD(1,3,2)}

{ \def\PstGridThreeDHookYFace{%
    \ifnum\multidocount=2%
      \psframe*[linecolor=yellow](-3,0)(0,2)\fi}%
  \PstGridThreeD(3,1,2)}
```

27.2.4 \PstGridThreeDHookNode

Dieses Makro wird **nach** der Definition des Knotens aufgerufen und ist ebenfalls als leer definiert.

```
\PstGridThreeDHookNode{}
\PstGridThreeDNodeProcessor{<Farbe>}
```

Möchte man alle Knoten mit einem kleinen Kreis zeichnen, so kann man das intern definierte Makro `\PstGridThreeDNodeProcessor` verwenden, welches genau dies macht.

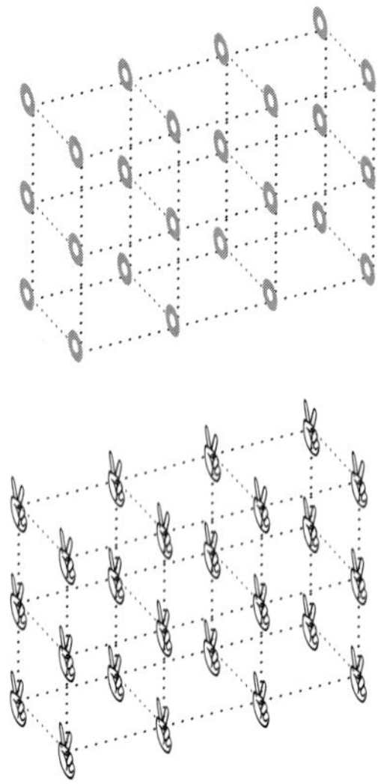

```
{ \def\PstGridThreeDHookNode{%
  \PstGridThreeDNodeProcessor{red}}%
  \PstGridThreeD(1,3,2) }

{ \def\PstGridThreeDHookNode{%
  \scalebox{2}{\ding{44}}}%
  \PstGridThreeD(1,3,2) }
```

Kapitel

28

pst-vue3d: Perspektivische 3D-Ansichten

Die dreidimensionale Ansicht eines grafischen Objektes oder einer Landschaft gehört zu den interessantesten Dingen der Computergrafik und hat daher auch vielfältige Anwendungsprogramme zutage gefördert, die nicht zuletzt in den 3D-Spielen eingesetzt werden. Für Veröffentlichungen im Bereich der Printmedien ist dagegen keine Animation notwendig, sodass häufig einfache 3D-Ansichten ausreichen. Diese sind dennoch grafisch relativ anspruchsvoll und nicht immer einfach zu erstellen.

Die Festlegung des Betrachtungspunktes erfolgt durch die Option `viewpoint=x y z` und ist bereits durch Abbildung 26.2 auf Seite 325 erklärt worden. Diese Abbildung veranschaulicht den Unterschied zwischen einem internen (relativen) und einen externen (absoluten) Beobachter. Der abgebildete Kopf als interner Beobachter ist an das Bezugssystem gebunden, während wir als außenstehende Leser externe Beobachter sind, die in Form einer zentrischen Streckung, vom `viewpoint` ausgehend, das „Geschehen“ beobachten.

Das Paket `pst-vue3d` [24] erweitert das Paket `pst-3d` durch unterschiedlichste Betrachtungsmöglichkeiten von beliebigen 3D-Objekten, was im Folgenden an verschiedenen Beispielen gezeigt wird. Insbesondere wird die perspektivische Betrachtung der Objekte unterstützt, was eine wesentliche Erweiterung darstellt. Andererseits steigt dadurch der mathematische Anspruch, was sich zum einen in längeren Rechnerzeiten und zum anderen in größeren Dateien zeigt.

`pst-vue3d` basiert auf der französischen Sprache, sodass die meisten Namen der Makros oder Optionen ungewöhnlich erscheinen, was aber der Anwendung nicht entgegensteht.

28.1 Parameter

Tabelle 28.1: Zusammenstellung der verfügbaren Optionen für das Paket `pst-vue3d`

Name	Wert	Bedeutung
`THETA`	30	Drehwinkel des Koordinatensystems
`PHI`	10	Kippwinkel des Koordinatensystems
`Dobs`	100	zentrischer Bildabstand
`Decran`	10	paralleler Bildabstand (Vergrößerungsfaktor)
`normaleLongitude`	45	Winkel des vertikalen Normalenvektors einer Ebene
`normaleLatitude`	45	Winkel des horizontalen Normalenvektors einer Ebene
`PhiCercle`	0	Breitengrad
`ThetaMeridien`	0	Längengrad
`grille`	10	Gitterabstand der Schraffur
`scale`	1	Skalierungsfaktor
`RotX`	0	Rotationswinkel um die x-Achse
`RotY`	0	Rotationswinkel um die y-Achse
`RotZ`	0	Rotationswinkel um die z-Achse
`A`	10	Halbe Seitenlänge eines Quaders
`B`	10	Halbe Seitenlänge eines Quaders
`C`	10	Halbe Seitenlänge eines Quaders
`Rtetraedre`	5	Radius des Innenkreises einer Tetraederseitenfläche
`ColorFaceA`	magenta	Seitenfarbe des Quaders
`ColorFaceB`	red	Seitenfarbe des Quaders
`ColorFaceC`	blue	Seitenfarbe des Quaders
`ColorFaceD`	cyan	Seitenfarbe des Quaders
`ColorFaceE`	yellow	Seitenfarbe des Quaders
`fracHeight`	1	Höhenverhältnis eines Kegel- oder Pyramidenstumpfes
`DeltaTHETA`	10	relativer Drehwinkel für den Ausschnitt einer Kugeloberfläche
`DeltaPHI`	10	relativer Kippwinkel für den Ausschnitt einer Kugeloberfläche
`PortionSphereTHETA`	0	absoluter Drehwinkel für den Ausschnitt einer Kugeloberfläche
`PortionSpherePHI`	0	absoluter Drehwinkel für den Ausschnitt einer Kugeloberfläche
`CubeColorFaceOne`	1 1 0	Seitenflächenfarbe des Würfels (Angabe der Farbe im RGB-Farbmodell)
`CubeColorFaceTwo`	0.9 0.9 0	
`CubeColorFaceThree`	0.8 0.8 0	
`CubeColorFaceFour`	0.7 0.7 0	

Name	Wert	Bedeutung
CubeColorFaceFive	0.6 0.6 0	
CubeColorFaceSix	0.5 0.5 0	
CubeInside	false	offene oder geschlossene Box
SphericalCoor	false	Koordinatentripel (x,y,z) wird sphärisch interpretiert (R,θ,ϕ)

28.1.1 THETA

THETA bezeichnet den horizontalen Drehwinkel des Koordinatensystems, wobei THETA=0 der Sicht auf die x-Achse entspricht und die Drehrichtung im mathematischen Sinne erfolgt: in Richtung der z-Achse gesehen links herum. Sollen sich alle Objekte auf den selben Drehwinkel beziehen, so muss dieser für jedes Objekt als Parameter übergeben oder der Einfachheit halber global gesetzt werden.

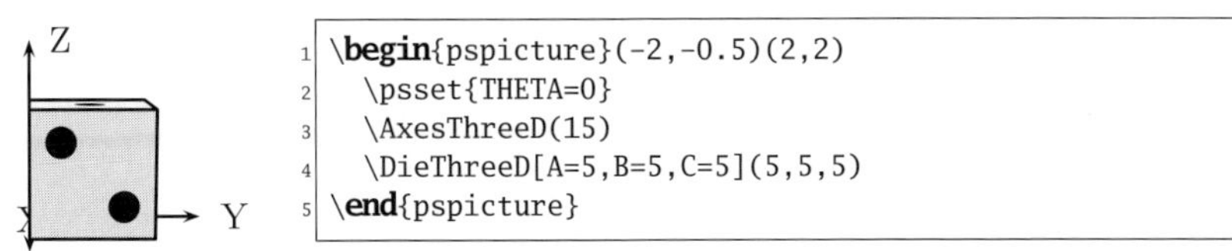


```
\begin{pspicture}(-2,-0.5)(2,2)
  \psset{THETA=0}
  \AxesThreeD(15)
  \DieThreeD[A=5,B=5,C=5](5,5,5)
\end{pspicture}
```

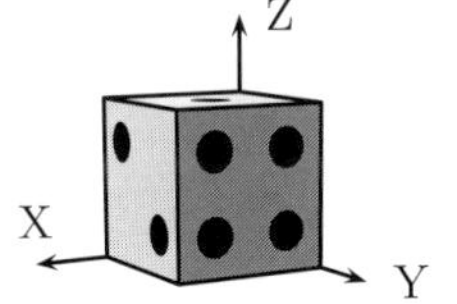


```
\begin{pspicture}(-2,-0.5)(2,2)
  \psset{THETA=60}
  \AxesThreeD(15)
  \DieThreeD[A=5,B=5,C=5](5,5,5)
\end{pspicture}
```

28.1.2 PHI

PHI bezeichnet den vertikalen Drehwinkel (Kippwinkel) des Koordinatensystems, wobei PHI=0 der Frontalsicht auf die z-Achse entspricht und die Drehrichtung aus der Papierebene heraus positiv gezählt wird. Sollen sich alle Objekte auf den selben Drehwinkel beziehen, so muss dieser für jedes Objekt als Parameter übergeben oder der Einfachheit halber global gesetzt werden.

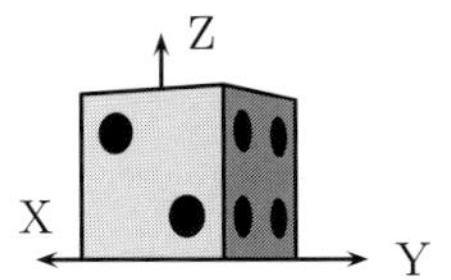


```
\begin{pspicture}(-2,-0.5)(2,2)
  \psset{PHI=0}
  \AxesThreeD(15)
  \DieThreeD[A=5,B=5,C=5](5,5,5)
\end{pspicture}
```

```
\begin{pspicture}(-2,-1)(2,1.5)
  \psset{PHI=30}
  \AxesThreeD(15)
  \DieThreeD[A=5,B=5,C=5](5,5,5)
\end{pspicture}
```

28.1.3 Dobs

Dobs leitet sich aus „d'observation d'écran“ ab und bezeichnet den zentrischen Abstand vom Objekt. Bezogen auf die Vorgabe von Dobs=100, bedeuten kleinere Werte eine Vergrößerung und größere Werte eine Verkleinerung des Objektes.

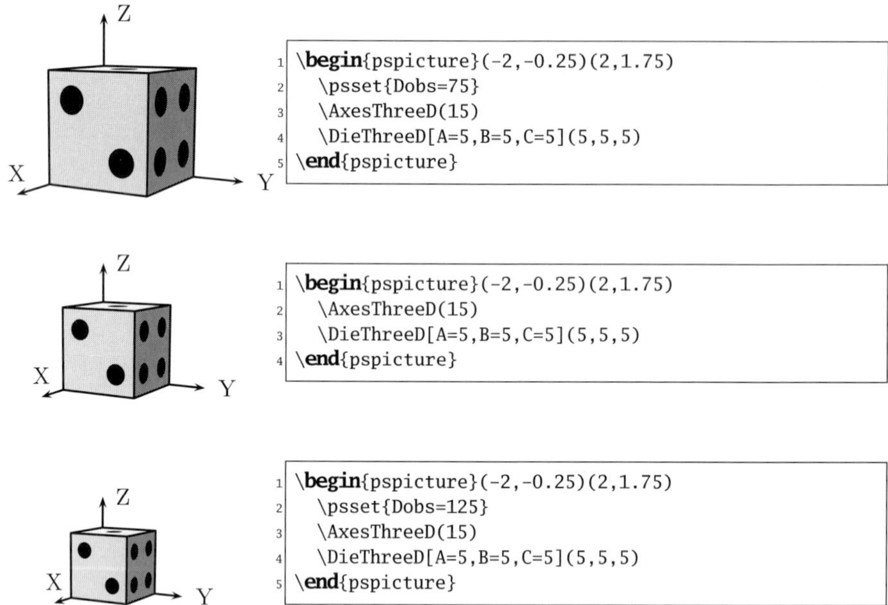


```
\begin{pspicture}(-2,-0.25)(2,1.75)
  \psset{Dobs=75}
  \AxesThreeD(15)
  \DieThreeD[A=5,B=5,C=5](5,5,5)
\end{pspicture}
```

```
\begin{pspicture}(-2,-0.25)(2,1.75)
  \AxesThreeD(15)
  \DieThreeD[A=5,B=5,C=5](5,5,5)
\end{pspicture}
```

```
\begin{pspicture}(-2,-0.25)(2,1.75)
  \psset{Dobs=125}
  \AxesThreeD(15)
  \DieThreeD[A=5,B=5,C=5](5,5,5)
\end{pspicture}
```

28.1.4 Decran

Dobs leitet sich ebenfalls aus „d'observation d'écran“ ab und bezeichnet den Vergrößerungsfaktor bei unveränderter Perspektive, was einer Parallelprojektion entspricht. Ausgehend von der Vorgabe Dobs=10, bedeuten kleinere Werte Verkleinerung und größere Werte eine Vergrößerung.

```
\begin{pspicture}(-2,-0.25)(2,1)
  \psset{Decran=5}
  \AxesThreeD(15)
  \DieThreeD[A=5,B=5,C=5](5,5,5)
\end{pspicture}
```

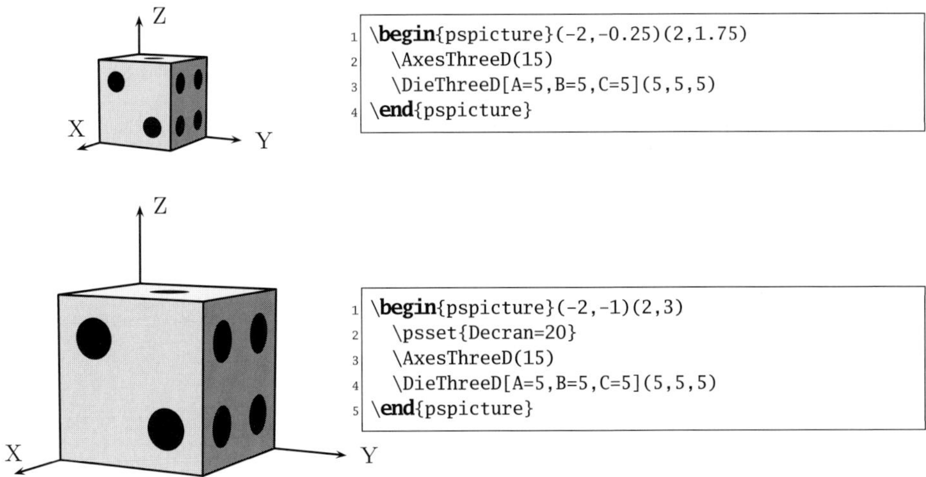


```
\begin{pspicture}(-2,-0.25)(2,1.75)
  \AxesThreeD(15)
  \DieThreeD[A=5,B=5,C=5](5,5,5)
\end{pspicture}
```

```
\begin{pspicture}(-2,-1)(2,3)
  \psset{Decran=20}
  \AxesThreeD(15)
  \DieThreeD[A=5,B=5,C=5](5,5,5)
\end{pspicture}
```

28.1.5 normaleLongitude und normaleLatitude

Die Lage einer Ebene im Raum lässt sich durch zwei Winkel beschreiben, die hier als `normaleLongitude` und `normaleLatitude` bezeichnet werden. Der erste ist der horizontale Drehwinkel um die z-Achse (Längengrad) und der zweite der vertikale Drehwinkel bezogen auf die xy-Ebene. Die Vorgabe von jeweils 45° erscheint nicht unbedingt glücklich gewählt, denn sehr häufig werden Ebenen parallel zu einer der Koordinatenebenen gesetzt.

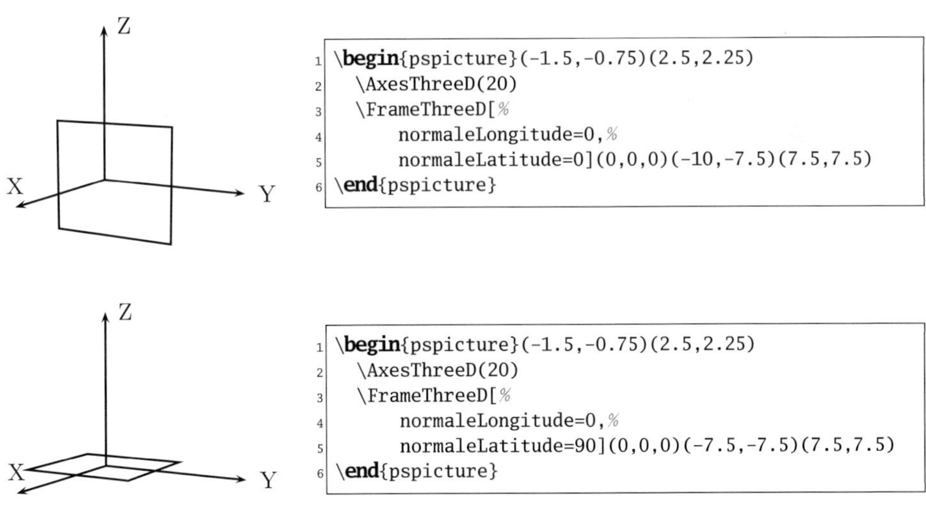


```
\begin{pspicture}(-1.5,-0.75)(2.5,2.25)
  \AxesThreeD(20)
  \FrameThreeD[%
      normaleLongitude=0,%
      normaleLatitude=0](0,0,0)(-10,-7.5)(7.5,7.5)
\end{pspicture}
```

```
\begin{pspicture}(-1.5,-0.75)(2.5,2.25)
  \AxesThreeD(20)
  \FrameThreeD[%
      normaleLongitude=0,%
      normaleLatitude=90](0,0,0)(-7.5,-7.5)(7.5,7.5)
\end{pspicture}
```

```
\begin{pspicture}(-1.5,-0.75)(2.5,2.25)
  \AxesThreeD(20)
  \FrameThreeD[%
      normaleLongitude=90,%
      normaleLatitude=0](0,0,0)(-7.5,-7.5)(7.5,7.5)
\end{pspicture}
```

Die Flächen liegen jeweils mit ihrem Mittelpunkt im Koordinatenursprung und liegen im ersten Beispiel in der *yz*-Ebene, im zweiten in der *xy*-Ebene und im dritten in der *xz*-Ebene des Koordinatensystems.

28.1.6 PhiCercle

`PhiCercle` bezeichnet den Breitengrad, der für den sichtbaren Bereich mit dem Makro `\SphereCercleThreeD` gezeichnet werden kann.

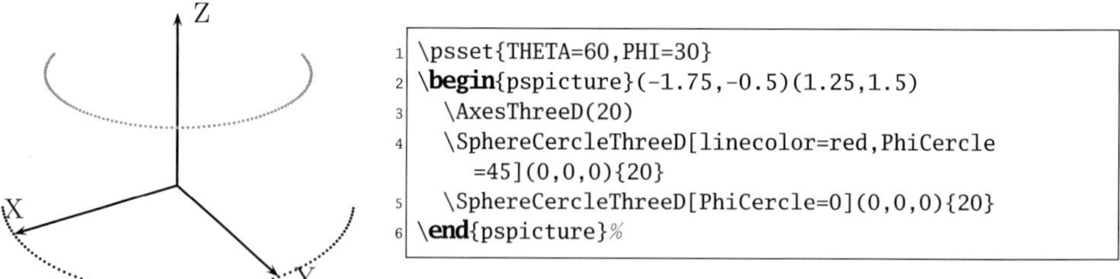


```
\psset{THETA=60,PHI=30}
\begin{pspicture}(-1.75,-0.5)(1.25,1.5)
  \AxesThreeD(20)
  \SphereCercleThreeD[linecolor=red,PhiCercle
    =45](0,0,0){20}
  \SphereCercleThreeD[PhiCercle=0](0,0,0){20}
\end{pspicture}%
```

28.1.7 ThetaMeridien

`ThetaMeridien` bezeichnet den Längengrad, der für den sichtbaren Bereich mit dem Makro `\ThetaMeridienThreeD` gezeichnet werden kann.

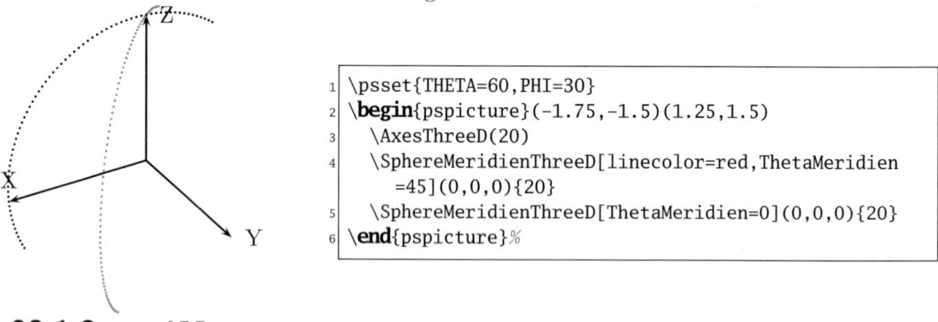


```
\psset{THETA=60,PHI=30}
\begin{pspicture}(-1.75,-1.5)(1.25,1.5)
  \AxesThreeD(20)
  \SphereMeridienThreeD[linecolor=red,ThetaMeridien
    =45](0,0,0){20}
  \SphereMeridienThreeD[ThetaMeridien=0](0,0,0){20}
\end{pspicture}%
```

28.1.8 grille

`grille` bezeichnet den Abstand der Gitterlinien beim Zeichnen von Karomustern.

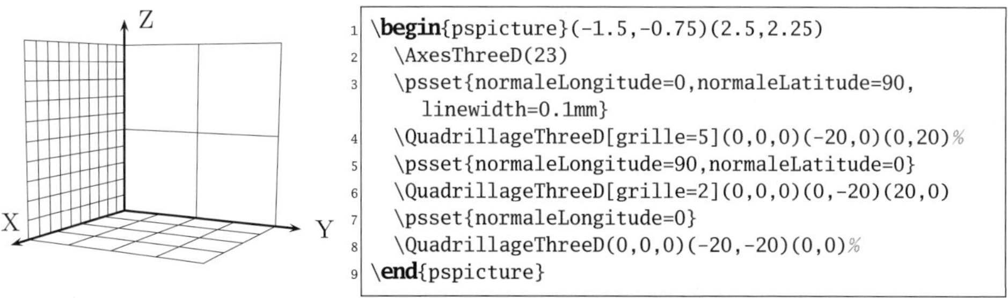


```
\begin{pspicture}(-1.5,-0.75)(2.5,2.25)
  \AxesThreeD(23)
  \psset{normaleLongitude=0,normaleLatitude=90,
    linewidth=0.1mm}
  \QuadrillageThreeD[grille=5](0,0,0)(-20,0)(0,20)%
  \psset{normaleLongitude=90,normaleLatitude=0}
  \QuadrillageThreeD[grille=2](0,0,0)(0,-20)(20,0)
  \psset{normaleLongitude=0}
  \QuadrillageThreeD(0,0,0)(-20,-20)(0,0)%
\end{pspicture}
```

28.1.9 scale

`scale` bezeichnet den „normalen“ Skalierungsfaktor, arbeitet aber in der derzeitigen Version nicht fehlerfrei.

28.1.10 RotX, RotY und RotZ

Mit diesen Optionen kann individuell um die jeweiligen Achsen rotiert werden, wobei auch alle Optionen gleichzeitig angewendet werden können.

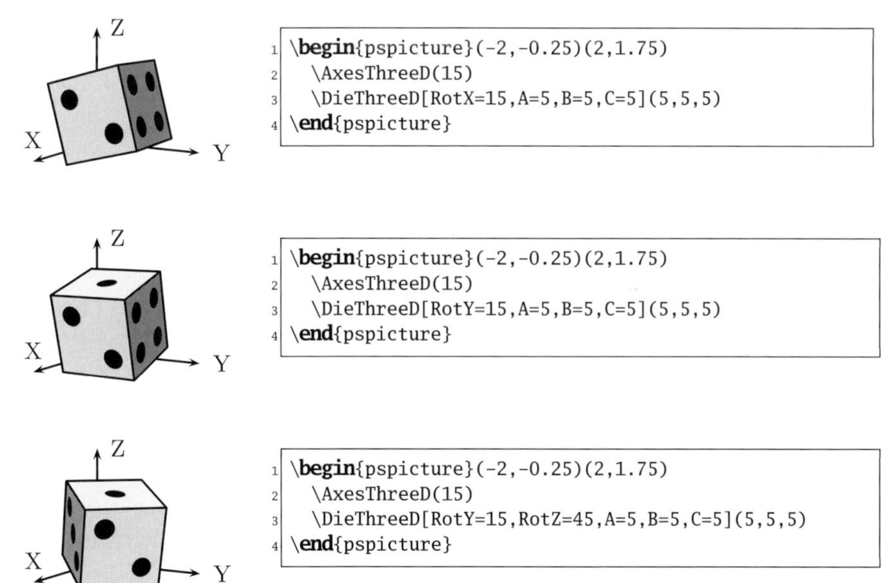


```
\begin{pspicture}(-2,-0.25)(2,1.75)
  \AxesThreeD(15)
  \DieThreeD[RotX=15,A=5,B=5,C=5](5,5,5)
\end{pspicture}
```

```
\begin{pspicture}(-2,-0.25)(2,1.75)
  \AxesThreeD(15)
  \DieThreeD[RotY=15,A=5,B=5,C=5](5,5,5)
\end{pspicture}
```

```
\begin{pspicture}(-2,-0.25)(2,1.75)
  \AxesThreeD(15)
  \DieThreeD[RotY=15,RotZ=45,A=5,B=5,C=5](5,5,5)
\end{pspicture}
```

28.1.11 A, B und C

Diese Optionen wurden bereits die ganze Zeit beim Würfel angewendet, sodass hier kein weiteres Beispiel nötig ist.

28.1.12 Rtetraedre

`Rtetraedre` bezeichnet den Radius des Innenkreises einer Tetraederseitenfläche.

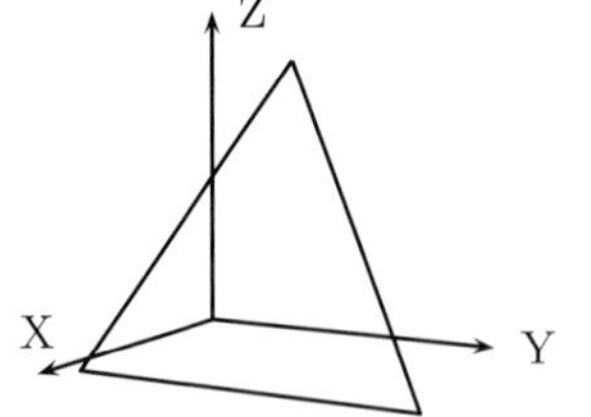


```
\begin{pspicture}(-1.5,-0.75)(2.5,2.25)
  \AxesThreeD(20)
  \TetraedreThreeD[Rtetraedre=12](12,12,0)
\end{pspicture}
```

28.1.13 ColorFaceA, ColorFaceB, ColorFaceC, ColorFaceD, und ColorFaceE

Mit diesen Parametern werden die Farben der Seitenflächen von Körpern festgelegt, die keinem Quader entsprechen.

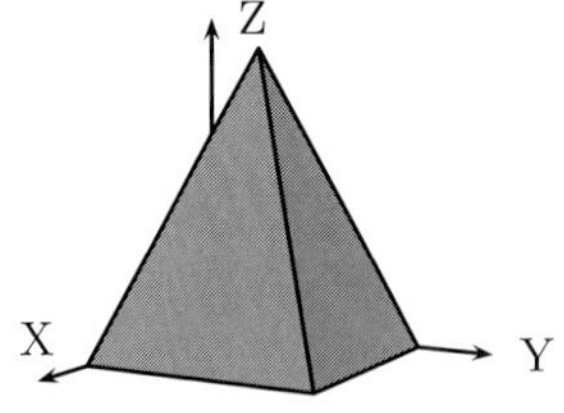


```
\begin{pspicture}(-1.5,-0.5)(2.5,2.25)
  \AxesThreeD(20)
  \psset{A=7.5,B=7.5,C=7.5}
  \PyramideThreeD[fillstyle=solid](7.5,7.5,0){18}
\end{pspicture}
```

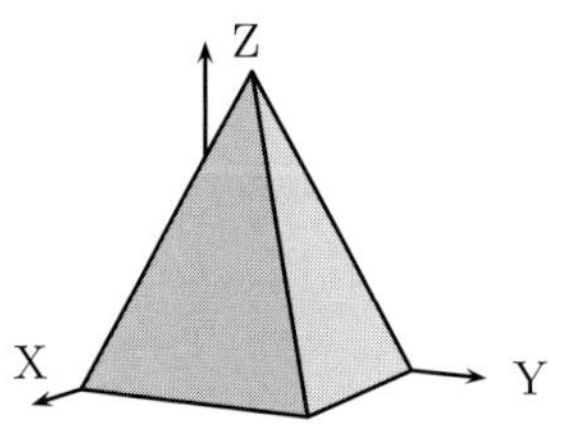


```
\begin{pspicture}(-1.5,-0.5)(2.5,2.25)
  \AxesThreeD(20)
  \psset{A=7.5,B=7.5,C=7.5,%
     ColorFaceA=gray75,ColorFaceB=gray85,%
     ColorFaceC=gray80,ColorFaceD=gray95}
  \PyramideThreeD[fillstyle=solid](7.5,7.5,0){18}
\end{pspicture}
```

28.1.14 fracHeight

`fracHeight` bezeichnet das Höhenverhältnis eines Kegel- oder Pyramidenstumpfes.

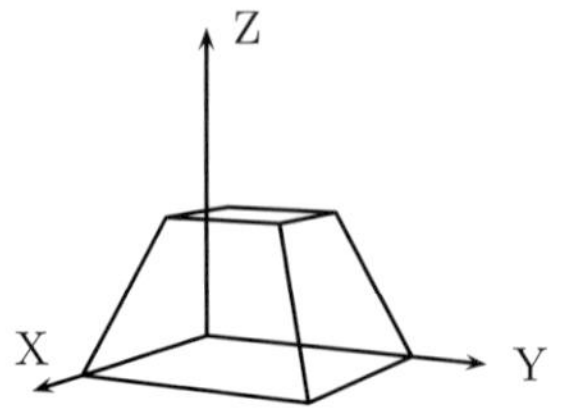


```
\begin{pspicture}(-1.5,-0.5)(2.5,2.25)
  \psset{A=7.5,B=7.5,C=7.5}
  \AxesThreeD(20)
  \PyramideThreeD[fracHeight=0.5](7.5,7.5,0){18}
\end{pspicture}
```

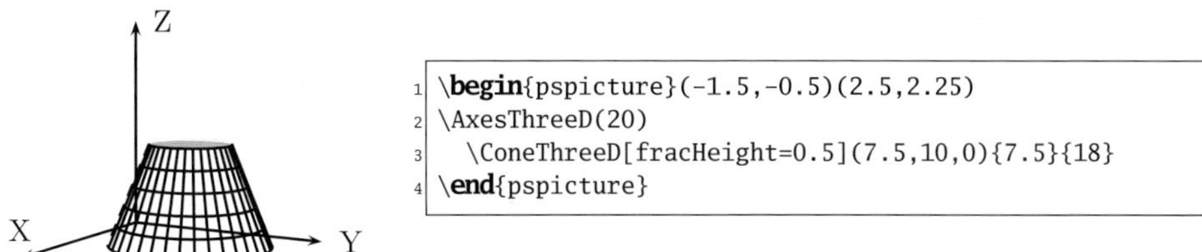


```
\begin{pspicture}(-1.5,-0.5)(2.5,2.25)
\AxesThreeD(20)
  \ConeThreeD[fracHeight=0.5](7.5,10,0){7.5}{18}
\end{pspicture}
```

28.1.15 DeltaTHETA und DeltaPHI

`DeltaTHETA` und `DeltaPHI` bezeichnen den relativen Dreh- bzw. Kippwinkel für den Ausschnitt einer Kugeloberfläche.

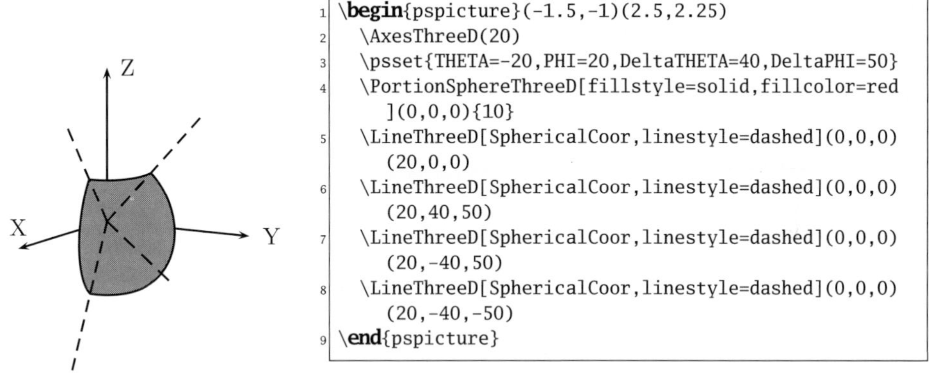


```
\begin{pspicture}(-1.5,-1)(2.5,2.25)
  \AxesThreeD(20)
  \psset{THETA=-20,PHI=20,DeltaTHETA=40,DeltaPHI=50}
  \PortionSphereThreeD[fillstyle=solid,fillcolor=red
    ](0,0,0){10}
  \LineThreeD[SphericalCoor,linestyle=dashed](0,0,0)
    (20,0,0)
  \LineThreeD[SphericalCoor,linestyle=dashed](0,0,0)
    (20,40,50)
  \LineThreeD[SphericalCoor,linestyle=dashed](0,0,0)
    (20,-40,50)
  \LineThreeD[SphericalCoor,linestyle=dashed](0,0,0)
    (20,-40,-50)
\end{pspicture}
```

28.1.16 PortionSphereTHETA und PortionSpherePHI

`PortionSphereTHETA` und `PortionSpherePHI` bezeichnen den absoluten Dreh- bzw. Kippwinkel für den Ausschnitt einer Kugeloberfläche. Ausgehend von diesen Werten wird dann mit den relativen Angaben `DeltaTHETA` und `DeltaPHI` der Kugelausschnitt gezeichnet.

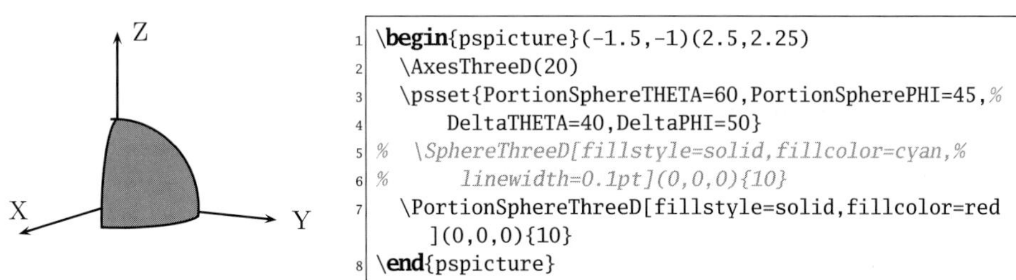


```
\begin{pspicture}(-1.5,-1)(2.5,2.25)
  \AxesThreeD(20)
  \psset{PortionSphereTHETA=60,PortionSpherePHI=45,%
      DeltaTHETA=40,DeltaPHI=50}
%  \SphereThreeD[fillstyle=solid,fillcolor=cyan,%
%      linewidth=0.1pt](0,0,0){10}
  \PortionSphereThreeD[fillstyle=solid,fillcolor=red
    ](0,0,0){10}
\end{pspicture}
```

28.1.17 CubeColorFaceOne, CubeColorFaceTwo, CubeColorFaceThree, CubeColorFaceFour, CubeColorFaceFive, CubeColorFaceSix,

Hiermit werden die sechs Seiten eines Quaders bzw. Würfels gekennzeichnet, wobei die Farben im RGB-Farbmodell anzugeben sind. Beim Würfel kennzeichnen sie gleichzeitig die Seite mit der entsprechenden Augenzahl.

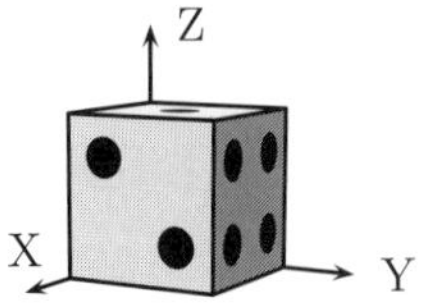


```
\begin{pspicture}(-2,-0.25)(2,1.75)
  \AxesThreeD(15)
  \DieThreeD[A=5,B=5,C=5](5,5,5)
\end{pspicture}
```

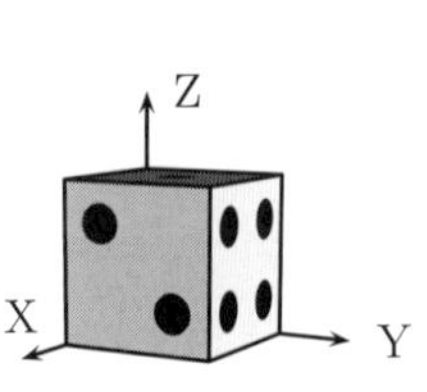


```
\begin{pspicture}(-2,-0.25)(2,1.75)
\psset{%
  CubeColorFaceOne=0.2 0.2 0.2,%
  CubeColorFaceTwo=0.7 0.7 0.7,%
  CubeColorFaceThree=0.6 0.6 0.6,%
  CubeColorFaceFour=0.8 0.8 0.8,%
  CubeColorFaceFive=0.9 0.9 0.9,%
  CubeColorFaceSix=0.95 0.95 0.95}
  \AxesThreeD(15)
  \DieThreeD[A=5,B=5,C=5](5,5,5)
\end{pspicture}
```

28.1.18 CubeInside

`CubeInside=true` bewirkt, dass die obere, sichtbare Seite des Würfels (Deckel) nicht gezeichnet wird.

```
\begin{pspicture}(-2,-1)(2,1.25)
  \psset{A=10,B=10,C=10,PHI=60,THETA=-60}
  \DieThreeD[CubeInside=true](0,0,0)%
\end{pspicture}
```

```
\begin{pspicture}(-2,-1)(2,1)
  \psset{A=10,B=10,C=10,PHI=60,THETA=-60}
  \DieThreeD(0,0,0)%
  \begin{psclip}{%
    \FrameThreeD[normaleLongitude=0,%
       normaleLatitude=90](0,0,10)(-10,-10)(10,10)}%
    \DieThreeD[CubeInside=true](0,0,0)%
  \end{psclip}%
\end{pspicture}
```

28.1.19 `SphericalCoor`

`CubeInside=true` bewirkt, dass das Koordinatentripel als Kugelkoordinaten interpretiert wird in der Form $(Radius, \theta, \phi)$. Ein sinnvolles Anwendungsbeispiel ist Abbildung 28.7 auf Seite 359.

28.2 Grafische Objekte

Die Position eines externen Beobachters kann sowohl durch kartesische Koordinaten als auch Kugelkoordinaten vorgegeben werden. Letztere sind die Winkel für den Längengrad θ und den Breitengrad ϕ, sowie den Radius, der den Abstand vom Koordinatenursprung markiert.

Im Folgenden sollen die verwendeten grafischen Objekte kurz zusammengestellt werden. Dabei ist der Einfachheit halber nur der Makroname des Objektes angegeben. Dieser ist Teil der folgenden Umgebung und für `([ ... ]` einzusetzen.

```
\begin{pspicture}(-1.5,-0.75)(2.5,2.25)
    \AxesThreeD(20)
    [ ... ]
\end{pspicture}
```

Das jeweils zusätzlich mit eingezeichnete Koordinatensystem dient lediglich der besseren räumlichen Zuordnung.

Tabelle 28.2: Zusammenstellung der 3D Grafikobjekte

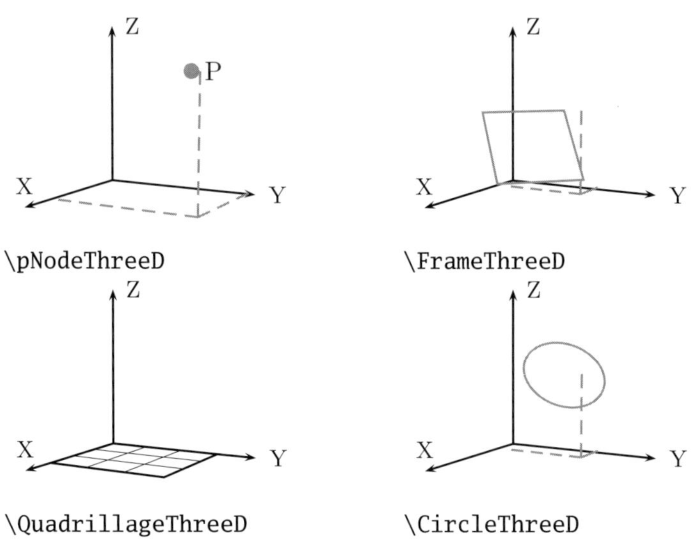

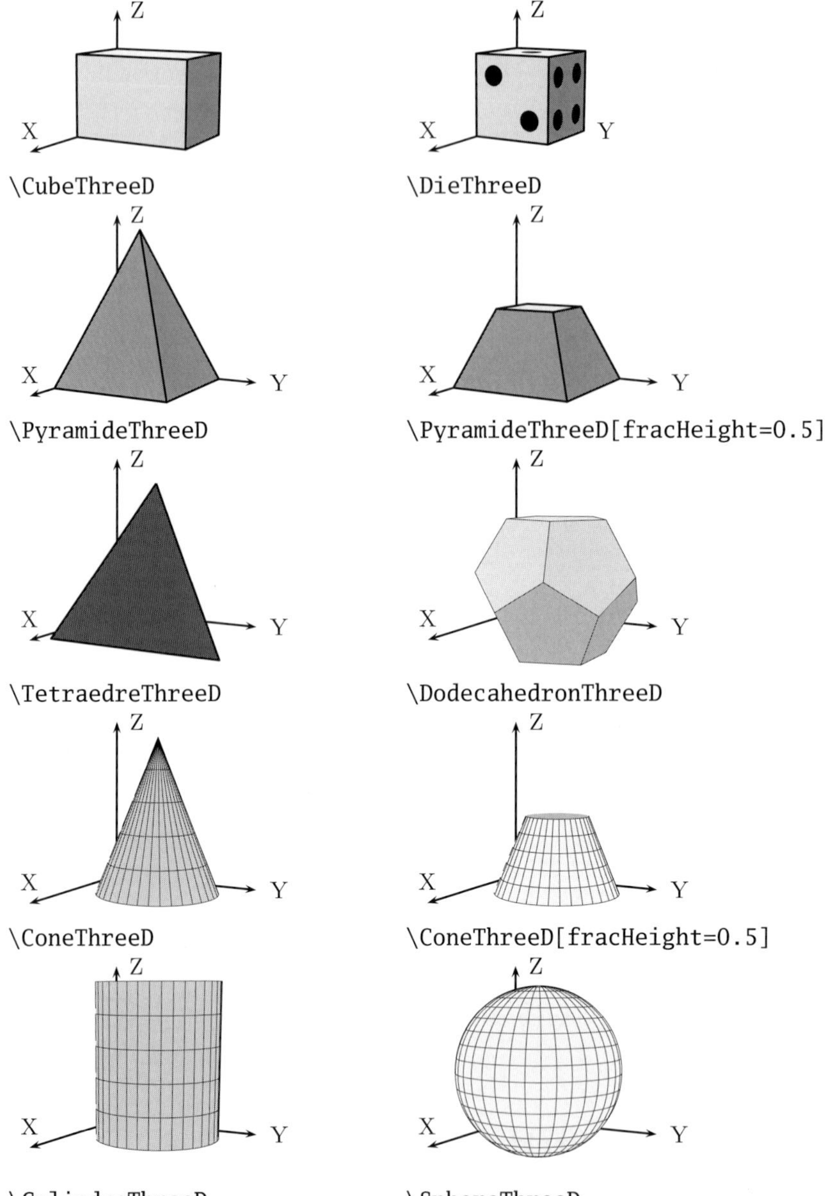
Z
X
\CubeThreeD
Z
X
Y
\DieThreeD
Z
X
Y
\PyramideThreeD
Z
X
Y
\PyramideThreeD[fracHeight=0.5]
Z
X
Y
\TetraedreThreeD
Z
X
Y
\DodecahedronThreeD
Z
X
Y
\ConeThreeD
Z
X
Y
\ConeThreeD[fracHeight=0.5]
Z
X
Y
\CylindreThreeD
Z
X
Y
\SphereThreeD

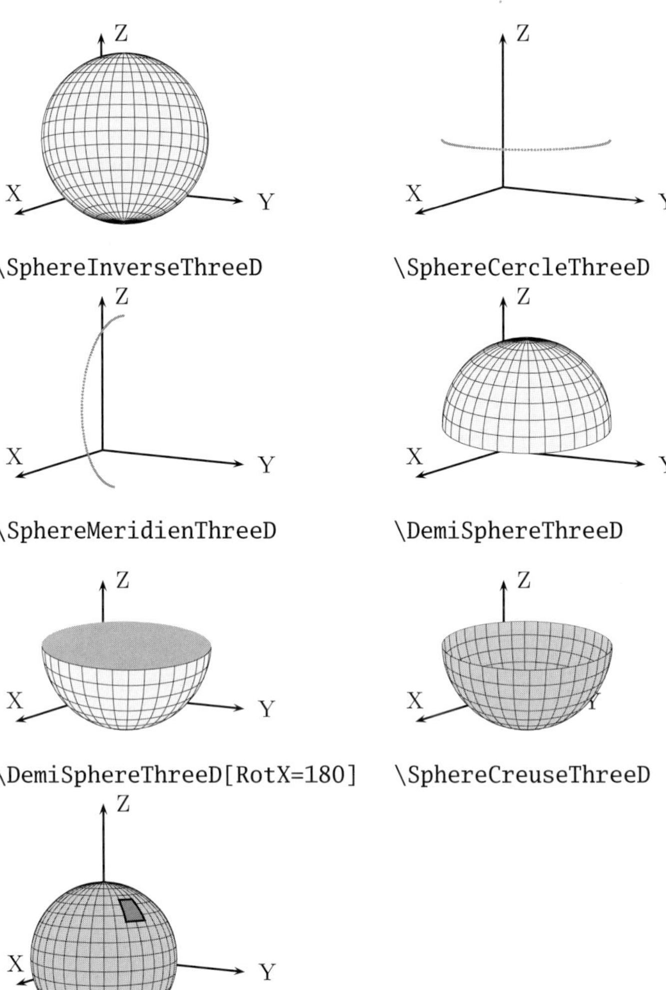

\PortionSphereThreeD

28.2.1 Knoten - Punkt

Ein Knoten (Punkt) ist gegeben durch

- seine kartesischen Koordinaten (x,y,z),
- oder seine Kugelkoordinaten $(r;\theta;\phi)$, wobei θ für den Längengrad und ϕ für den Breitengrad steht.

```
\pNodeThreeD[<Optionen>](<x,y,z>){<Knotenname>}
\pNodeThreeD[<Optionen>](Radius;Theta;Phi){<Knotenname>}
```

Die Angaben werden also durch die Art des Trennzeichens unterschieden. Diese sind analog zu **PSTricks**, ein Komma markiert kartesische und ein Semikolon sphärische Koordinaten. Sämtliche Punkte werden als Knoten (node) definiert, sodass der Knotennamen hier zwingend ist. Auf diesen kann dann auch mit zweidimensionalen Objekten bezug genommen werden. Mit dem Makro showCoor[<Optionen>](<x,y,z>) bzw. showCoor[<Optionen>](<x;y;z>)können die kartesischen Koordinaten durch gestrichelte Linien angezeigt werden, diese allerdings nur im kartesischen Koordinatensystem.

28.2.2 Linie

Eine Linie verbindet zwei dreidimensionale Punkte:

```
\LineThreeD[<Optionen>](<x1,y1,z1>)(<x2,y2,z2>)
```

28.2.3 Rechteck

Ein Rechteck mit dem Spezialfall Quadrat ist durch zwei diagonale gegenüberliegende Punkte festgelegt, die beide in der xy-Ebene liegen.

```
\FrameThreeD[<Optionen>](x,y,z)(<x1,y1>)(<x2,y2>)
```

Die räumliche Lage des Rechtecks kann durch die Optionen **normaleLongitude** und **normaleLatitude** beeinflusst werden (Abbildung 28.1), wobei sich räumliche Situationen konstruieren lassen. Diese beiden Parameter sind auf 45 Grad voreingestellt, sodass sich ohne weitere Änderung ein schräg im Raum liegendes Rechteck ergibt. Man kann sich die Bedeutung der Parameter so vorstellen, dass man ein Rechteck beliebig auf einer Kugel derart verschieben kann, dass der Bezugspunkt des Rechtecks die Kugel im Punkt (Radius,normaleLatitude,normaleLongitude) berührt.

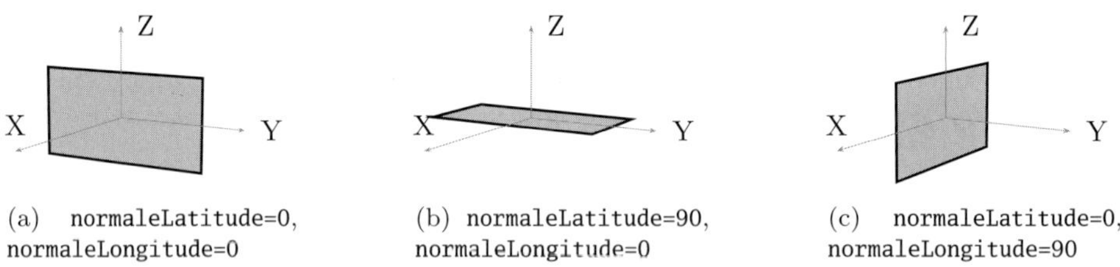

(a) normaleLatitude=0, normaleLongitude=0

(b) normaleLatitude=90, normaleLongitude=0

(c) normaleLatitude=0, normaleLongitude=90

Abbildung 28.1: Bedeutung der Optionen **normaleLongitude normaleLatitude**

Im Beispiel von Tabelle 28.2 sind drei Rechtecke so angeordnet, dass sie eine Raumecke darstellen. Um diese besser hervorzuheben, kann in die einzelnen Rechtecke mit dem Makro \QuadrillageThreeD eine Netzstruktur eingezeichnet werden.

```
\QuadrillageThreeD[<Optionen>](x,y,z)(XMin,YMin)(XMax,YMax)
```

Der Abstand der Linien kann über die Option `grille` beeinflusst werden.

28.2.4 Kreis

Ein Kreis ist durch seinen Radius definiert.

```
\CircleThreeD[<Optionen>](<x>,<y>,<z>){<Radius>}
```

Alternativ dazu lassen sich noch die Breitenkreise einer Kugel mit dem Makro `\SphereCercleThreeD` zeichnen. Die Lage eines Kreises im dreidimensionalen Raum wird analog zu einem Rechteck über die gleichen Optionen gesteuert.

28.2.5 Quader

Ein Quader ist ausgehend von seinem räumlichen Mittelpunkt durch seine drei orthogonalen Seitenvektoren gegeben. Deren Beträge entsprechen den halben Seitenlängen und sind sämtlichst als Optionen `A,B,C` zu übergeben. Ein Quader mit beispielsweise `\CubeThreeD[A=5,B=7.5,C=5](0,0,0)` definiert hat somit die Seitenlängen `a=10`, `b=15` und `c=10` in der jeweils gültigen Längeneinheit und wird mit seinem Mittelpunkt in den Koordinatenursprung gesetzt. Soll der Quader mit den oben angegebenen Seitenlängen mit einem seiner Eckpunkte in den Koordinatenursprung gesetzt werden, so kann dies durch `\CubeThreeD[A=5,B=7.5,C=5](5,7.5,5)` geschehen.

```
\CubeThreeD[<Optionen>](<x,y,z>)
```

Im Gegensatz zu den vorhergehenden Grafikobjekten handelt es sich hier um einen Körper mit unterschiedlichen Seitenflächen, deren Färbung durch entsprechende Parameter geändert werden kann. Abbildung 28.2 zeigt ein entsprechendes Beispiel, wobei die entsprechenden Farbnummern auf die Option `CubeColorFace???` verweisen.

Der Würfel ist lediglich ein Spezialfall des Quaders und hat bei `pst-vue3d` insofern eine Bedeutung, weil ein eigenes Makro `DieThreeD` für den „echten" Würfel existiert, der standardmäßig in der hier abgebildeten Form erscheint. Durch entsprechende Rotationsoptionen kann aber auch jede beliebige andere Seite gezeigt werden.

28.2.6 Pyramide

Die senkrechte, viereckge Pyramide oder ein entsprechender Pyramidenstumpf sind gegeben durch ihre Grundfläche und ihre Höhe. Erstere ist wieder ausgehend vom Mittelpunkt des Rechtecks durch die zwei halben Seitenlängen `A,B` gegeben, die anderen Punkte werden intern durch die zwei gegebenen berechnet.

```
\psset{%
  CubeColorFaceOne=1 0 0,  %
  CubeColorFaceTwo=0 1 0,  %
  CubeColorFaceThree=0 0 1,%
  CubeColorFaceFour=1 1 0, % yellow
  CubeColorFaceFive=0 1 1, % cyan
  CubeColorFaceSix=1 0 1   % pink
}
```

Abbildung 28.2: Quader mit seinen Parallelprojektionen und den zugeordneten Farben

\PyramideThreeD[<Optionen>](<x,y,z>){<Höhe>}

Die Farbe der Seiten kann wie beim Würfel individuell festgelegt werden. Zuständig sind die Optionen `ColorFaceA`, `ColorFaceB`, `ColorFaceC`, `ColorFaceD`, `ColorFaceE`. Letztere ist die Farbe für die Grund- und die Deckfläche.

Der Pyramidenstumpf wird einfach über eine Option ($0 < \texttt{fracHeight} \leq 1$) realisiert.

28.2.7 Tetraeder

Das Tetraeder ist durch den Radius des Innenkreises der Seitenflächen gegeben, wobei der Mittelpunkt der unteren Fläche den räumlichen Bezugspunkt darstellt. Der Radius wird über die Option `Rtetraedre` festgelegt und ist mit dem Wert 5 vordefiniert.

\TetraedeThreeD[<Optionen>](<x,y,z>)

Im Gegensatz zur Pyramide können die einzelnen Seitenflächen nicht getrennten Farben zugeordnet werden. Ohne weitere Angaben zur Rotation ist nur eine Seitenfläche des Tetraeders sichtbar.

28.2.8 Kegel

Der senkrechte Kegel und senkrechte Kegelstumpf sind gegeben durch den Radius der Grundfläche und die Höhe des Gesamtkegels. Der Mittelpunkt der Grundfläche ist wieder der räumliche Bezugspunkt des Kegels. Standardmäßig wird ein Gitternetz zur besseren optischen Darstellung gezeichnet. Dies kann „unterdrückt“ werden, wenn die Linienfarbe gleich der Füllfarbe gesetzt wird.

```
\ConeThreeD[<Optionen>](<x,y,z>){<Radius>}{<Höhe>}
```

Über eine Option $(0 < \texttt{fracHeight} \leq 1)$ kann ein Kegelstumpf realisiert werden.

28.2.9 Zylinder

Der senkrechte Zylinder ist gegeben durch den Radius der Grundfläche und die Höhe. Der Mittelpunkt der Grundfläche ist wieder der räumliche Bezugspunkt des Kegels. Standardmäßig wird wie beim Kegel ein Gitternetz zur besseren optischen Darstellung gezeichnet.

```
\CylindreThreeD[<Optionen>](<x,y,z>){<Radius>}{<Höhe>}
```

28.2.10 Kugel

Die Kugel ist gegeben durch ihren Radius, der standardmäßig der räumliche Bezugspunkt der Kugel ist.

```
\SphereThreeD[<Optionen>](<x,y,z>){<Radius>}
```

Wie beim Kegel wird zur besseren optischen Darstellung ein Gitternetz gezeichnet und zusätzlich leicht nach vorne gekippt. Für die Kugel gibt es eine Vielzahl an weitern Makros:

- SphereInverseThreeD: Kugel wird leicht nach hinten gekippt.
- \SphereCercleThreeD: Einzeichnen eines Breitengrades.
- \SphereMeridienThreeD: Einzeichnen eines Längengrades.
- \DemiSphereThreeDThreeD: nur Obere Halbkugel; diese kann über Rotationsoptionen in jede beliebige andere Richtung gebracht werden.
- \SphereCreuseThreeD: zeichnet eine Halbkugel mit einem innenliegenden Gitternetz, welches ebenfalls über die Rotationsoptionen in andere Richtungen gebracht werden kann.
- \PortionSphereThreeD: zeichnet nur einen Teil der Kugel, der durch die Parameter DeltaTHETA, DeltaPHI, PortionSphereTHETA und PortionSpherePHI festgelegt werden kann.

28.3 Anordnung des Koordinatensystems

Hier sind im Wesentlichen die beiden Optionen Dobs und Decrans zu beachten, welche zusammen mit den beiden Winkeln THETA und PHI und den Rotationsangaben RotX, RotY und RotZ eine beliebige Sicht auf die grafischen Objekte ermöglichen.

Der Programmkode der Abbildung 28.3(d) ist relativ einfach, was hier nicht über die Komplexität der einzelnen Makros hinwegtäuschen darf.

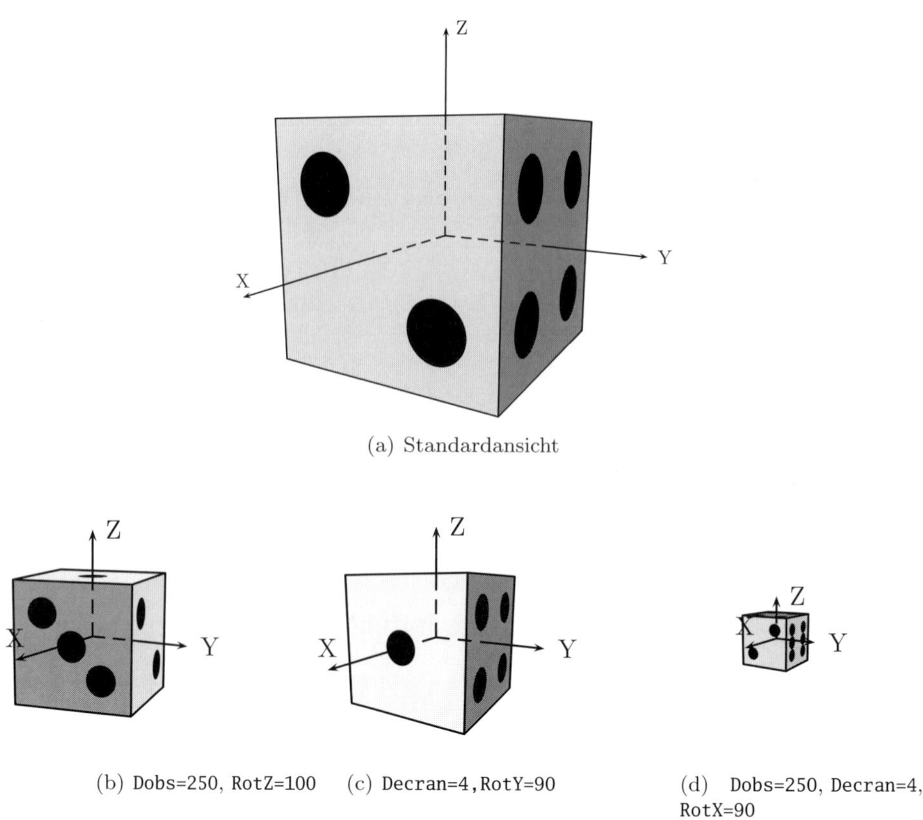

(a) Standardansicht

(b) Dobs=250, RotZ=100 (c) Decran=4,RotY=90 (d) Dobs=250, Decran=4, RotX=90

Abbildung 28.3: 3D-Koordinaten und die Bedeutung der Parameter, die die Sicht beeinflussen.

```
\begin{pspicture}(-3.6,-3.25)(4,3.75)
  \DieThreeD[A=20,B=20,C=20](0,0,0)%
  \AxesDie
\end{pspicture}
```

Die Standardwerte für die Abbildungsfaktoren sind `Dobs=100` und `Decrans=10`. `Decrans` ist letztlich nichts weiter als eine Vergrößerung des Originalobjekts, wobei zugehörige Strecken parallel zueinander bleiben. Mit dem Faktor `Dobs` wird die perspektivische Darstellung beeinflusst, dies bedeutet, dass zugehörige Strecken nicht parallel zueinander bleiben. Dies lässt sich sehr gut an der Abbildungen 28.4 und 28.3 erkennen.

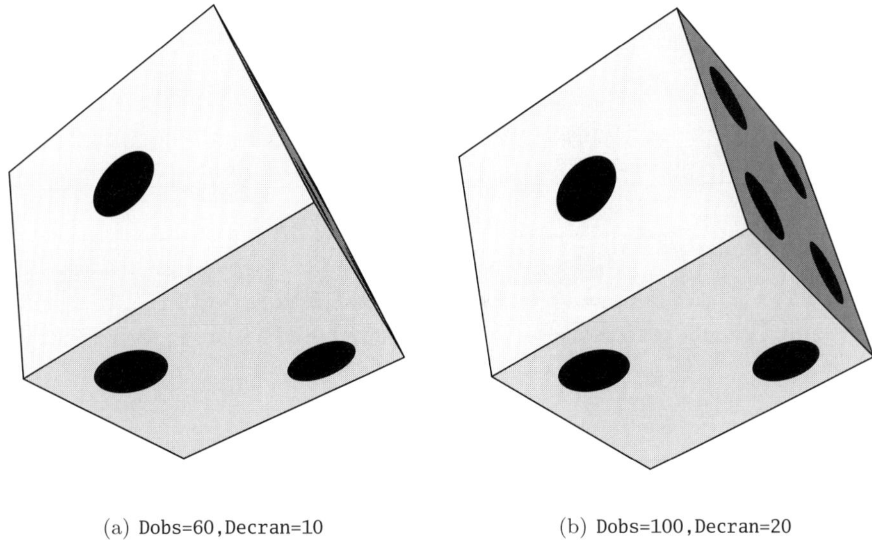

(a) `Dobs=60,Decran=10` (b) `Dobs=100,Decran=20`

Abbildung 28.4: Bedeutung der Optionen `Decran` und `Dobs`.

28.4 Lage eines Würfels im Raum

Ein Würfel kann grundsätzlich frei im dreidimensionalen Raum platziert werden, wobei die Kantenlänge eines Würfels hier 10 Längeneinheiten betragen soll. Der relative Mittelpunkt eines Würfels `\DieThreeD` hat dann die Koordinaten $M(5|5|5)$. Zum besseren Verständnis ist ein zusätzliches Gitter mit den diagonalen Punkten $P_1(0|0|0)$ und $P_2(40|40|40)$ in das 3D-Koordinatensystem eingezeichnet (Abbildung 28.5(a)). Diese Abbildung ergibt sich unter anderem durch die gewählten Parameter `\psset{THETA=30,PHI=30,Dobs=200,Decran=12}`. Um in diese Darstellung hinein zu zoomen, wird, wie in Abbildung 28.5(b) gezeigt, auf die Standardwerte zurückgegangen (`THETA=30`, `PHI=10`, `Dobs=100`, `Decran=10`).

Die Würfel aus Abbildung 28.5 lassen sich ohne Weiteres von hinten betrachten, wenn man den horizontalen Betrachtungswinkel `Theta` um 180°verändert. Das entsprechende Ergebnis ist in Abbildung 28.6 zu sehen, aus der ersichtlich ist, dass man von dem im Ursprung liegenden Würfel tatsächlich die Rückseite mit den entsprechenden Augenzahlen sieht.

28.5 Beispiele

`pst-vue3d` kann für faktisch alle Bereiche, die dreidimensionale Abbildungen benötigen, eingesetzt werden. Sicher wird man für umfangreiche Abbildungen professionelle Programme einsetzen, doch immer dann, wenn man für Veröffentlichungen oder in der Lehre komplexe und dennoch relativ übersichtliche Abbildungen einsetzen will, lohnt sich die Anwendung von `pst-vue3d`.

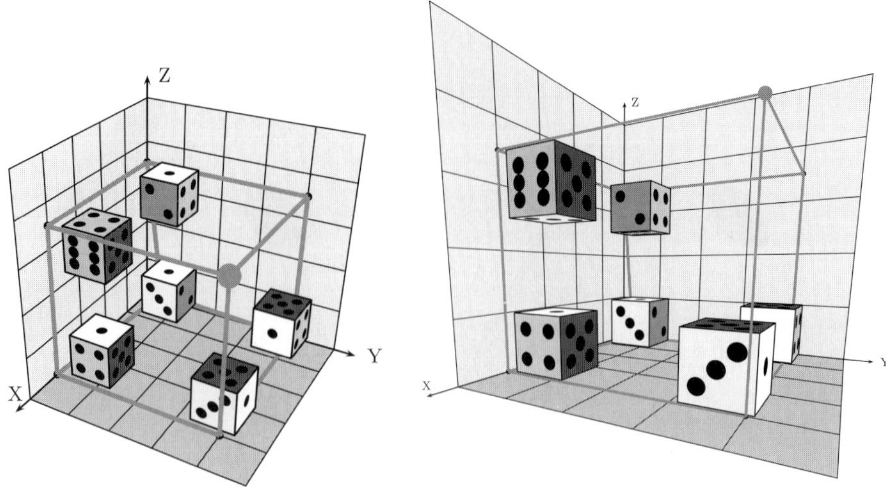

(a) Würfel in einem Würfel ...

(b) Änderung der Ansicht

Abbildung 28.5: 3D-Ansichten

Abbildung 28.6: 180° Drehung der Abbildung 28.5

Abbildung 28.7 zeigt, wie man mit relativ wenigen Befehlen Teile einer Kugel in Form einer Explosionszeichnung darstellen kann, während Abbildung 28.8 als Spielerei abgetan werden kann, wenn auch gerade im Bereich der Statik in Grundlagenvorlesungen derartige Darstellungen benötigt werden.

```
\begin{pspicture}(-3.75,-3.25)(5,5.5)
  \AxesThreeD(45,40,50)
  \psset{PortionSphereTHETA=60,PortionSpherePHI=45,linewidth=0.1pt}
  \SphereThreeD[fillstyle=solid,fillcolor=cyan,linewidth=0.1pt](0,0,0){30}
  \PortionSphereThreeD[fillstyle=solid,fillcolor=red](0,0,0){30}
  \LineThreeD[SphericalCoor,linestyle=dashed](0,0,0)(30,70,35)
  \LineThreeD[SphericalCoor,linestyle=dashed](0,0,0)(30,50,35)
```

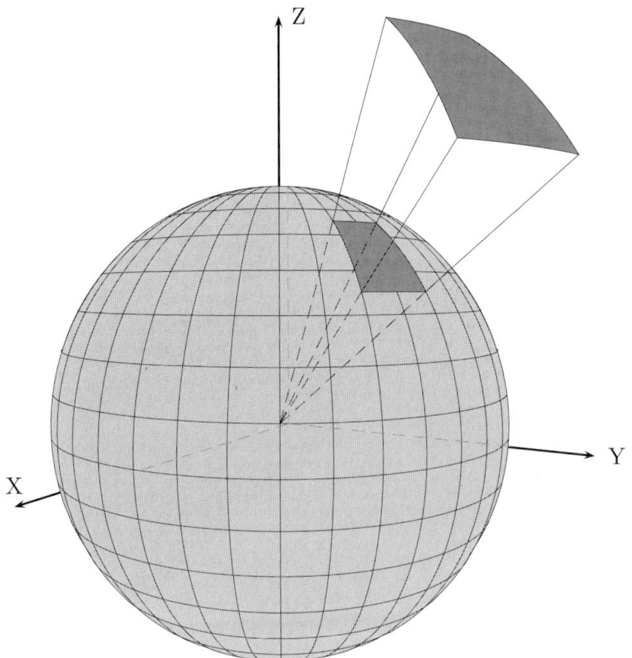

Abbildung 28.7: Teile einer Kugel hervorheben

```
  \LineThreeD[SphericalCoor,linestyle=dashed](0,0,0)(30,70,55)
  \LineThreeD[SphericalCoor,linestyle=dashed](0,0,0)(30,50,55)
  \LineThreeD[SphericalCoor](30,70,35)(50,70,35)
  \LineThreeD[SphericalCoor](30,50,35)(50,50,35)
  \LineThreeD[SphericalCoor](30,70,55)(50,70,55)
  \LineThreeD[SphericalCoor](30,50,55)(50,50,55)
  \PortionSphereThreeD[fillstyle=solid,fillcolor=red](0,0,0){50}
  \psset{linestyle=dashed,linecolor=red,linewidth=\pslinewidth}
  \LineThreeD(0,0,0)(30,0,0)
  \LineThreeD(0,0,0)(0,30,0)
  \LineThreeD(0,0,0)(0,0,30)
\end{pspicture}
```

Sämtliche Objekte können beliebig gedreht und verschoben werden. Wenn ein Objekt von einem anderen teilweise verdeckt wird, dann ist auf die Reihenfolge der Eingabe zu achten; das am weitesten hinten liegende Objekt ist zuerst einzugeben. Verändert man beispielweise die Ansicht der Brücke aus Abbildung 28.8 zu `\psset{PHI=0,THETA=0,Dobs=15}`, was einer frontalen Sicht entspricht, dann wird hier das Problem der verdeckten Linien offensichtlich. In diesem Fall müsste die Reihenfolge der Makros aus dem folgenden Listing verändert werden.

```
\psset{dimen=middle}
\newcommand{\cables}{%
  \multido{\iY=-2+4}{2}{%
    \parametricplot[linewidth=3\pslinewidth]{-5}{5}{%
```

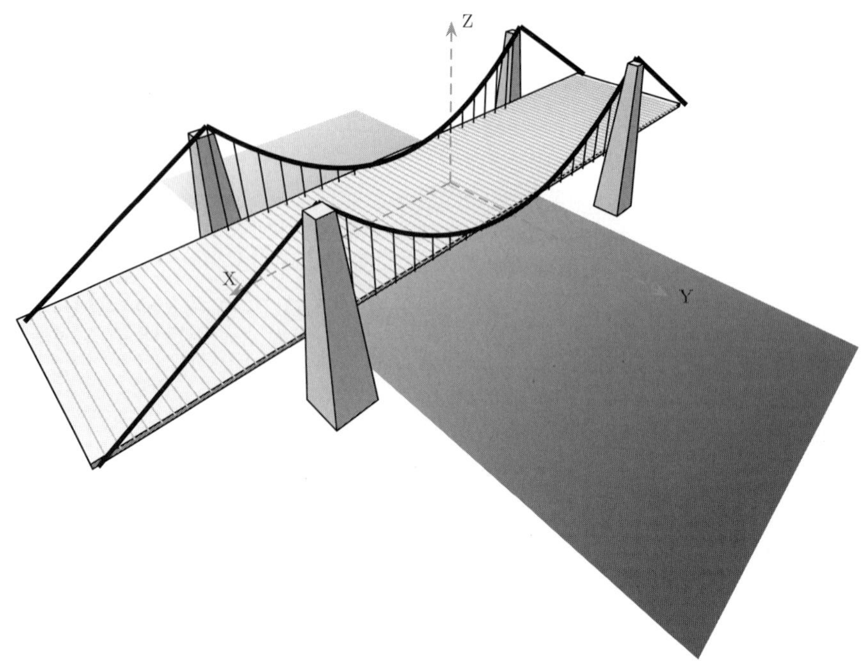

Abbildung 28.8: Pont du Riviere ...

```
      \variablesTroisD
      /Xabscisse t def
      /Yordonnee \iY\space def
      /Zcote 0.1 Xabscisse dup mul mul def
      tx@3DDict begin
        formulesTroisD
        Xi Yi
      end
    }
    \multido{\nCable=-4.5+0.5}{20}{%
      \Rmul\cote\nCable\nCable
      \Rmul\cote\cote{0.1}
      \LineThreeD(\nCable,\iY,\cote)(\nCable,\iY,0)
    }%
  }%
  \LineThreeD[linewidth=3\pslinewidth](-9,-2,0)(-5,-2,2.5)
  \LineThreeD[linewidth=3\pslinewidth](9,-2,0)(5,-2,2.5)
  \LineThreeD[linewidth=3\pslinewidth](-9,2,0)(-5,2,2.5)
  \LineThreeD[linewidth=3\pslinewidth](9,2,0)(5,2,2.5)
}
\psset{PHI=30,THETA=45,Dobs=15,Decran=10}
\begin{pspicture}(-7.5,-8.5)(7.5,4.5)
  \FrameThreeD[normaleLongitude=90,normaleLatitude=90,% the river
      linestyle=none,fillstyle=gradient,gradbegin=white,%
      gradend=blue,gradangle=45](0,0,-2)(-4,-9)(4,9)
  { \psset{fracHeight=0.62, fillstyle=solid,ColorFaceA=lightgray,ColorFaceB=gray}
    \PyramideThreeD[A=.4,B=.4,C=.4](-5,-2,-2){7}% Bridge
```

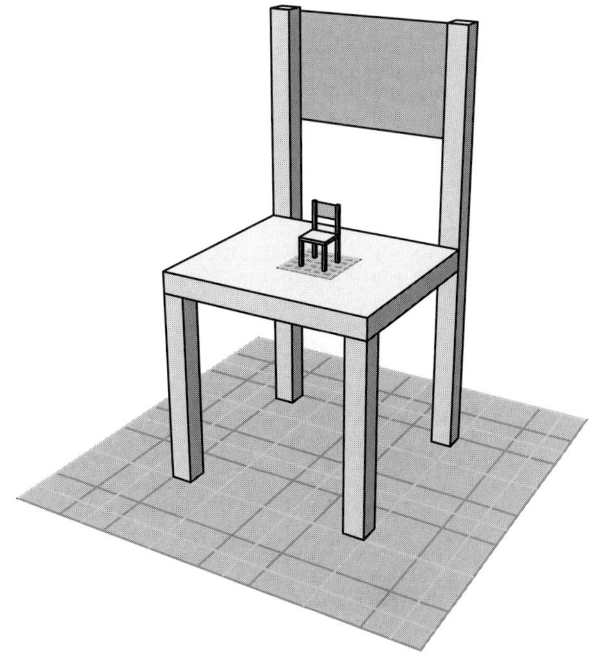

Abbildung 28.9: Ein Stuhl für einen Stuhl ...

```
    \PyramideThreeD[A=.5,B=.5,C=.5](5,-2,-2){7}}
    \CubeThreeD[normaleLongitude=90,% the street
       normaleLatitude=90,fillstyle=solid,A=9,B=2,C=0.05](0,0,0)
    \multido{\nL=-8.8+0.2}{89}{%
    \LineThreeD[linecolor=lightgray](\nL,-2,0)(\nL,2,0)
  }
  \AxesThreeD[linestyle=dashed,arrowsize=0.2,linecolor=red](6)
  \cables
  \psset{fracHeight=0.62, fillstyle=solid,ColorFaceA=lightgray,ColorFaceB=gray}
  \PyramideThreeD[A=.4,B=.4,C=.4](-5,2,-2){7}% Bridge
  \PyramideThreeD[A=.5,B=.5,C=.5](5,2,-2){7}
\end{pspicture}
```

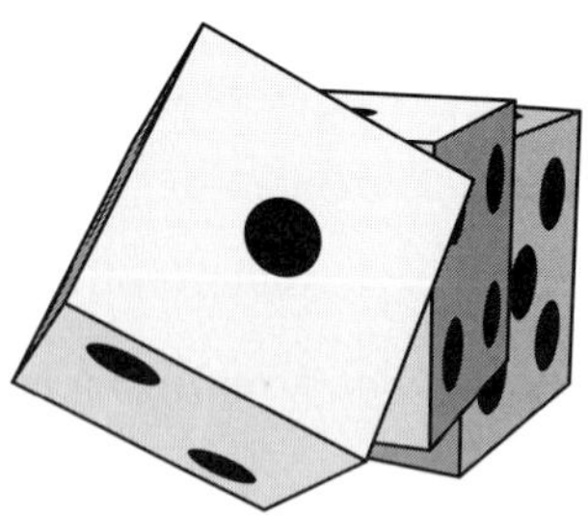

Abbildung 28.10: `bsp113.tex`: Zufällige Anordungen von Würfeln.

KAPITEL

29 pst-3dplot: 3D-Parallelprojektionen von Funktionen und Daten

Dieses ist das letzte Paket aus der „3D-Reihe“, welches hier behandelt werden soll. Es unterstützt die Darstellung von dreidimensionalen mathematischen Funktionen sowie das Plotten dreidimensionaler Datensätze, wobei es hier auf dem Paket `pst-plot` aufbaut (→ 15 auf Seite 137) und auch prinzipiell die gleiche Syntax verwendet. Weiterhin stellt `pst-3dplot` Makros für die parallele Projektion von einfachen dreidimensionalen Punkten, Geraden, Kurven, Figuren und Körpern zur Verfügung. Der Unterschied zum ebenfalls hier behandelten Paket `pst-3d` und `pst-view3d` (→ 26 auf Seite 315, → 28 auf Seite 339) ist der Wegfall des `viewpoint`, sodass die Handhabung dadurch etwas einfacher wird, allerdings auch weniger Möglichkeiten bietet.

29.1 Die Parallelprojektion

Abbildung 29.1 zeigt einen dreidimensionalen Punkt $P(x,y,z)$ in einem kartesischen Koordinatensystem (x,y,z) mit einer Transformation in den zweidimensionalen Punkt $P^*(x^*,y^*)$ des Koordinatensystems (x_E,y_E).

Der Winkel α stellt die horizontale Rotation quer zur z-Achse dar und wird, in z-Richtung betrachtet, links herum positiv gezählt. Der Winkel β ist die vertikale Rotation, bezogen auf die Papierebene. In Abbildung 29.2 ist $\alpha = \beta = 0$ gesetzt, sodass man direkt auf die y-Achse sieht, die senkrecht aus der Papierebene herauskommt. Abbildung 29.3 zeigt die gleiche Anordnung, jetzt nur von der Seite betrachtet und in einem Winkel $\beta > 0°$.

Die zweidimensionale Koordinate x^* ist die Differenz der beiden horizontalen Längen $y \cdot \sin\alpha$ und $x \cdot \cos\alpha$ (Abbildung 29.1):

$$x^* = -x \cdot \cos\alpha + y \cdot \sin\alpha \qquad (29.1)$$

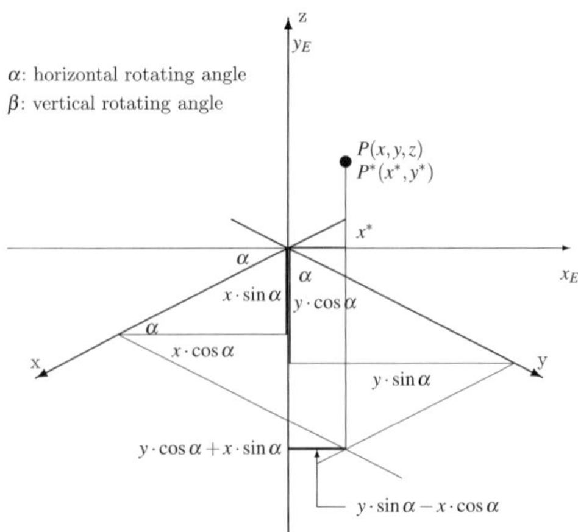

Abbildung 29.1: Koordinaten in einem dreidimensionalen kartesischen Koordinatensystem

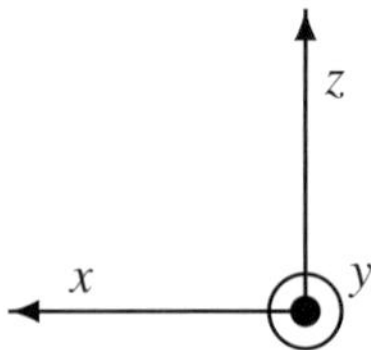

Abbildung 29.2: Koordinatensystem für $\alpha = \beta = 0$ (y-Achse kommt senkrecht aus der Papierebene)

Die z-Koordinate ist uninteressant, da die Rotation aus der Papierebene heraus erfolgt. Daher haben wir nur einen anderen y^*-Wert für die zweidimensionale Koordinate, aber keinen anderen x^*-Wert. Die Bedeutung des Winkels β ist sehr gut in Abbildung 29.3 zu sehen, welche aus Abbildung 29.2 folgt, wenn man das Koordinatensystem um 90°horizontal nach links und vertikal um β ebenfalls nach links dreht.

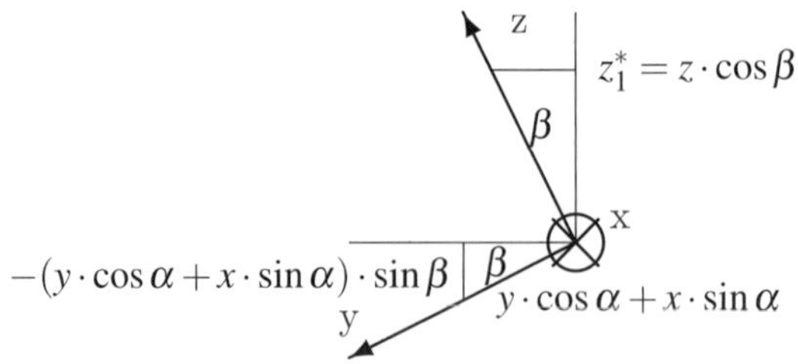

Abbildung 29.3: Koordinatensystem für $\alpha = 0$ und $\beta > 0$ (x-Achse zeigt in die Papierebene)

Der Wert der projizierten z-Koordinate ist $z^* = z \cdot \cos\beta$. Mit Abbildung 29.3 sieht man, dass der Punkt $P(x,y,z)$ auf einer Ellipse verläuft, wenn β konstant bleibt und α sich stetig verändert.

Die vertikale Änderung von P ist die Differenz der beiden „senkrechten" Linien $y \cdot \cos\alpha$ und $x \cdot \sin\alpha$. Diese rotieren um dem Winkel β, sodass sie mit dem $\sin\beta$ zu multiplizieren sind, um den richtigen Wert zu bekommen. Man hat daher die folgenden Transformationsgleichungen:

$$\begin{aligned} x_E &= -x\cos\alpha + y\sin\alpha \\ y_E &= -(x\sin\alpha + y\cos\alpha)\cdot\sin\beta + z\cos\beta \end{aligned} \tag{29.2}$$

oder in Matrizenform:

$$\begin{pmatrix} x_E \\ y_E \end{pmatrix} = \begin{pmatrix} -\cos\alpha & \sin\alpha & 0 \\ -\sin\alpha\sin\beta & -\cos\alpha\sin\beta & \cos\beta \end{pmatrix} \cdot \begin{pmatrix} x \\ y \\ z \end{pmatrix} \tag{29.3}$$

29.2 Parameter

Tabelle 29.1: Zusammenstellung der verfügbaren Optionen für das Paket `pst-3dplot`

Name	Wert	Bedeutung
`Alpha`	45	horizontaler Drehwinkel des Koordinatensystems
`Beta`	30	Kippwinkel des Koordinatensystems
`xMin`	-1	kleinster x-Wert
`xMax`	4	größter x-Wert
`yMin`	-1	kleinster y-Wert
`yMax`	4	größter y-Wert
`zMin`	-1	kleinster z-Wert
`zMax`	4	größter z-Wert
`drawing`	true	KO-Achsen zeichnen
`xThreeDunit`	1	Skalierungsfaktor in x-Richtung
`yThreeDunit`	1	Skalierungsfaktor in y-Richtung
`zThreeDunit`	1	Skalierungsfaktor in z-Richtung
`xPlotpoints`	25	Stützwerte in x-Richtung
`yPlotpoints`	25	Stützwerte in y-Richtung
`beginAngle`	0	Startwinkel für den Ellipsenbogen
`endAngle`	360	Endwinkel für den Ellipsenbogen
`linejoin`	1	PostScript-Option für Linienverbindungen
`nameX`	x	x-Achsen-Label

Name	Wert	Bedeutung
`spotX`	180	Drehwinkel für das x-Achsen-Label
`nameY`	x	y-Achsen-Label
`spotY`	0	Drehwinkel für das yx-Achsen-Label
`nameZ`	x	z-Achsen-Label
`spotZ`	90	Drehwinkel für das z-Achsen-Label
`plane`	xy	Bezeichung der Ebene
`origin`	c	Referenzpunkt
`hiddenLine`	false	hidden-line-Algorithmus anwenden
`drawStyle`	xLines	Plotart
`visibleLineStyle`	solid	Linienstil für sichtbare Linien
`invisibleLineStyle`	dashed	Linienstil für verdeckte Linien
`SpericalCoor`	false	Sphärische Koordinaten

29.2.1 Alpha und Beta

`Alpha` und `Beta` bezeichnen die Rotation des Koordinatensystems in horizontaler und vertikaler Richtung entsprechend den Abbildungen 29.1 bis 29.3.

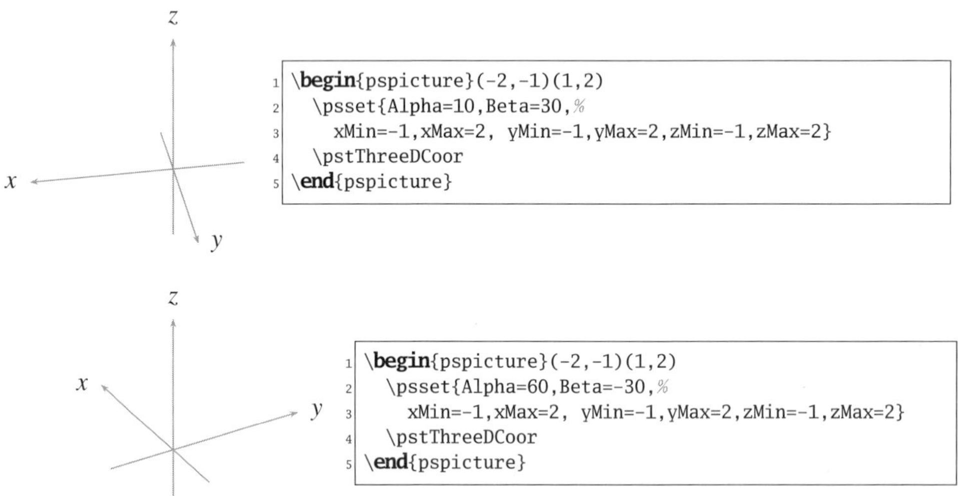


```
\begin{pspicture}(-2,-1)(1,2)
  \psset{Alpha=10,Beta=30,%
    xMin=-1,xMax=2, yMin=-1,yMax=2,zMin=-1,zMax=2}
  \pstThreeDCoor
\end{pspicture}
```

```
\begin{pspicture}(-2,-1)(1,2)
  \psset{Alpha=60,Beta=-30,%
    xMin=-1,xMax=2, yMin=-1,yMax=2,zMin=-1,zMax=2}
  \pstThreeDCoor
\end{pspicture}
```

29.2.2 xMin, xMax, yMin, yMax, zMin und zMax

Diese Werte bezeichnen den sichtbaren Bereich des dreidimensionalen Koordinatensystems und können beliebig angepasst werden, wie bereits im vorhergehenden Abschnitt gezeigt wurde.

29.2.3 drawing

Hiermit kann zum einen das Erstellen der Koordinatenachsen unterdrückt werden, andererseits werden wichtige Parameter dennoch berechnet.

```
\begin{pspicture}(-2,-1)(1,2)
  \psset{xMin=-1,xMax=2, yMin=-1,yMax=2,zMin=-1,zMax=2}
  \pstThreeDCoor[drawing=false]
  \pstThreeDDot[drawCoor=true,dotscale=2](-1,-1,1)
\end{pspicture}
```

29.2.4 xThreeDunit, yThreeDunit und zThreeDunit

Wenn der Maßstab einzelner Dimensionen geändert werden soll, so kann man diese Parameter entsprechend modifizieren. Allerdings gilt zu beachten, dass diese nicht für Kugelkoordinaten zur Verfügung stehen, SphericalCoor=true darf also nicht gesetzt sein.

```
\begin{pspicture}(-2,-1)(1,2)
  \psset{xMin=-1.5,xMax=2, yMin=-2.2,yMax=2,zMin=-1,zMax=2}
  \pstThreeDCoor
  \psset{drawCoor=true,dotscale=2}
  \pstThreeDDot(-1.5,-1,1)
  \pstThreeDDot[linecolor=red,yThreeDunit=2](-1.5,-1,1)
\end{pspicture}
```

29.2.5 xPlotpoints und yPlotpoints

Diese Parameter beeinflussen extrem das Aussehen der Funktionen. Hier gilt es die richtigen Werte teilweise durch Ausprobieren herauszufinden. Die Beispiele benutzen die folgende Funktion:

```
\def\func{ x 3 exp x y 4 exp mul add x 5 div sub 10 mul
  2.729 x dup mul y dup mul add neg exp mul
  2.729 x 1.225 sub dup mul y dup mul add neg exp add }
```

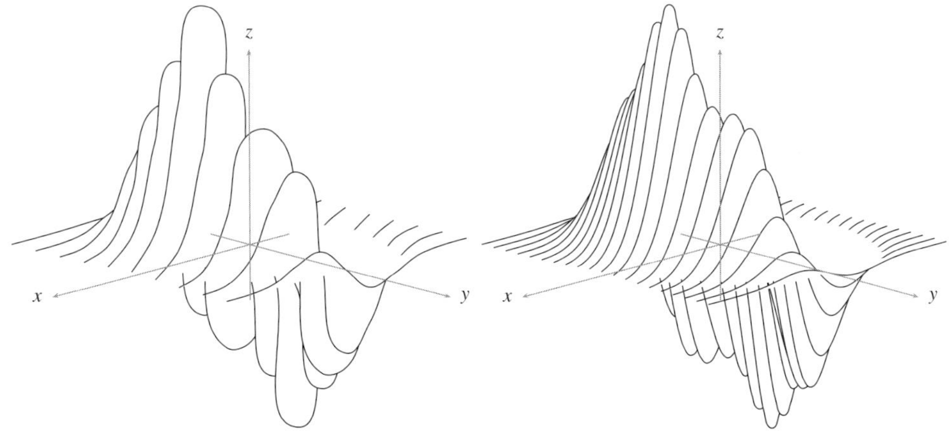

```
\resizebox{0.49\linewidth}{!}{%
\begin{pspicture}(-4,-3)(4,4) \psset{Alpha=45,Beta=15}
  \psplotThreeD[plotstyle=curve,yPlotpoints=10,%
    xPlotpoints=10,linewidth=0.5pt,%
    hiddenLine=true](-3,3)(-3,3){\func}
  \pstThreeDCoor[xMin=-1,xMax=5,yMin=-1,yMax=5,zMin=-1,zMax=3.5]
\end{pspicture}}\hfill
\resizebox{0.49\linewidth}{!}{%
\begin{pspicture}(-4,-3)(4,4)  \psset{Alpha=45,Beta=15}
  \psplotThreeD[plotstyle=curve,%
     yPlotpoints=20,xPlotpoints=50,%
     linewidth=0.5pt,hiddenLine=true](-3,3)(-3,3){\func}
  \pstThreeDCoor[xMin=-1,xMax=5,yMin=-1,yMax=5,zMin=-1,zMax=3.5]
\end{pspicture}}
```

29.2.6 beginAngle und endAngle

Diese beiden Parameter ermöglichen das Zeichnen von dreidimensionalen Ellipsen bzw. Kreisbögen.

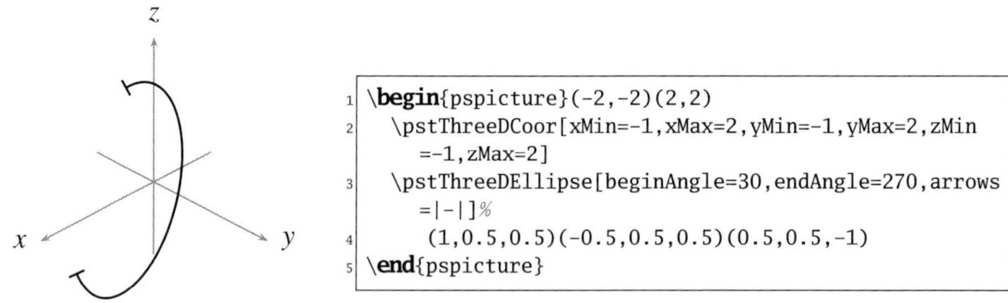


```
\begin{pspicture}(-2,-2)(2,2)
  \pstThreeDCoor[xMin=-1,xMax=2,yMin=-1,yMax=2,zMin=-1,zMax=2]
  \pstThreeDEllipse[beginAngle=30,endAngle=270,arrows=|-|]%
     (1,0.5,0.5)(-0.5,0.5,0.5)(0.5,0.5,-1)
\end{pspicture}
```

29.2.7 linejoin

Insbesondere für Dreiecke mit spitzen Winkeln ist es manchmal wünschenswert den Verlauf der Ecken zu beeinflussen. Die Werte für `linejoin` sind analog zum PostScript-Befehl `setlinejoin` und können daher auch nur die Werte `0|1|2` annehmen.

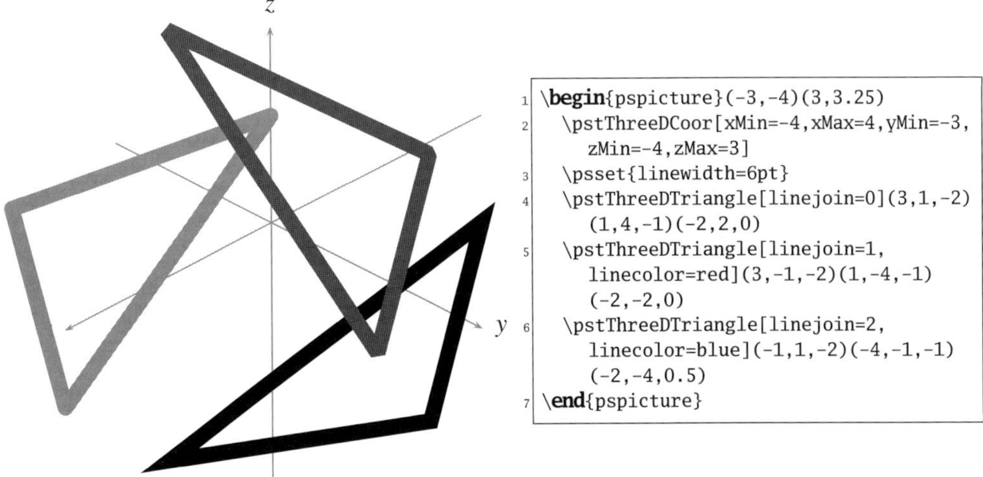


```
\begin{pspicture}(-3,-4)(3,3.25)
  \pstThreeDCoor[xMin=-4,xMax=4,yMin=-3,
    zMin=-4,zMax=3]
  \psset{linewidth=6pt}
  \pstThreeDTriangle[linejoin=0](3,1,-2)
    (1,4,-1)(-2,2,0)
  \pstThreeDTriangle[linejoin=1,
    linecolor=red](3,-1,-2)(1,-4,-1)
    (-2,-2,0)
  \pstThreeDTriangle[linejoin=2,
    linecolor=blue](-1,1,-2)(-4,-1,-1)
    (-2,-4,0.5)
\end{pspicture}
```

29.2.8 nameX, nameY und nameZ

Normalerweise werden die Achsen mit x, y und z bezeichnet. Mit diesen Parametern kann man diese Bezeichnungen ändern.

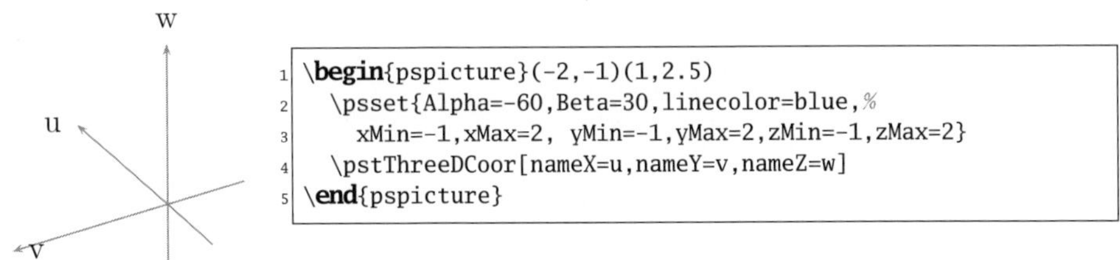


```
\begin{pspicture}(-2,-1)(1,2.5)
  \psset{Alpha=-60,Beta=30,linecolor=blue,%
    xMin=-1,xMax=2, yMin=-1,yMax=2,zMin=-1,zMax=2}
  \pstThreeDCoor[nameX=u,nameY=v,nameZ=w]
\end{pspicture}
```

29.2.9 spotX, spotY und spotZ

Im vorigen Beispiel erfolgte die Anordnung der Label nicht optimal. Dies kann mit diesen Parametern beeinflusst werden, denn sie geben den Winkel an, um den das Label rotiert wird, was analog zum `\uput` Makro erfolgt (→ 9.6 auf Seite 78).

```
\begin{pspicture}(-2,-1)(1,2.5)
  \psset{Alpha=-60,Beta=30,linecolor=blue,%
    xMin=-1,xMax=2, yMin=-1,yMax=2,zMin=-1,zMax=2}
  \pstThreeDCoor[spotX=135,spotY=180]
\end{pspicture}
```

29.2.10 plane

`plane` gibt die Ebene vor, in die mit `\pstPlanePut` geschrieben werden kann. Mögliche Werte sind `xy|xz|yz`.

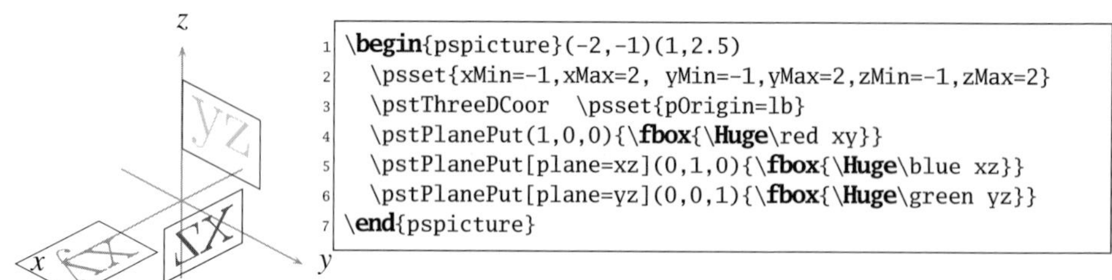


```
\begin{pspicture}(-2,-1)(1,2.5)
  \psset{xMin=-1,xMax=2, yMin=-1,yMax=2,zMin=-1,zMax=2}
  \pstThreeDCoor  \psset{pOrigin=lb}
  \pstPlanePut(1,0,0){\fbox{\Huge\red xy}}
  \pstPlanePut[plane=xz](0,1,0){\fbox{\Huge\blue xz}}
  \pstPlanePut[plane=yz](0,0,1){\fbox{\Huge\green yz}}
\end{pspicture}
```

29.2.11 pOrigin

`pOrigin` ist der Positionierungsparameter, der an `\rput` weitergereicht wird. Dies betrifft ausschließlich `\pstThreeDput`, wobei sich die Werte an den Vorgaben von `\rput` orientieren. (→ 9.1 auf Seite 75)

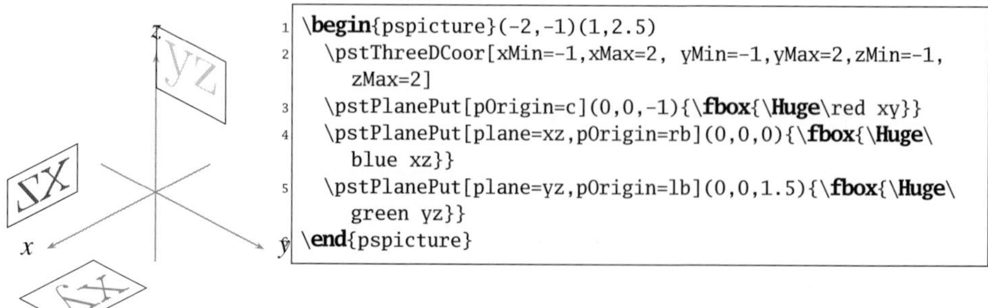


```
\begin{pspicture}(-2,-1)(1,2.5)
  \pstThreeDCoor[xMin=-1,xMax=2, yMin=-1,yMax=2,zMin=-1,
    zMax=2]
  \pstPlanePut[pOrigin=c](0,0,-1){\fbox{\Huge\red xy}}
  \pstPlanePut[plane=xz,pOrigin=rb](0,0,0){\fbox{\Huge\
    blue xz}}
  \pstPlanePut[plane=yz,pOrigin=lb](0,0,1.5){\fbox{\Huge\
    green yz}}
\end{pspicture}
```

29.2.12 hiddenLine

Mit dieser Option wird ein rudimentärer hidden-line-Algorithmus ermöglicht, indem die Funktion mit dem Makro `\pscustom` gezeichnet wird und anschließend mit dem Füllstil `hiddenStyle` gefüllt wird.

```
\newpsstyle{hiddenStyle}{fillstyle=solid,fillcolor=white}
```

Dieser Stil kann natürlich nach Belieben überschrieben werden. Zu beachten ist noch, dass die Kurven von hinten nach vorne aufgebaut werden müssen. Beispiele gibt es im Abschnitt 29.6 auf Seite 381.

29.2.13 drawStyle

`drawStyle` bezeichnet die Art und Weise, wie die Funktion gezeichnet werden soll. Möglich sind `xLines|yLines|xyLines|yxLines`, wobei sich diese Werte auf den Aufbau beziehen, so werden bei `xLines` die Linien in x-Richtung durchgezogen, während `yxLines` bedeutet, dass sie erst in y-Richtung und dann in x-Richtung gezeichnet werden.

Für die folgenden Darstellungen wird immer die gleiche Funktion angewendet:

```
\def\func{ x 3 exp x y 4 exp mul add x 5 div sub 10 mul
  2.729 x dup mul y dup mul add neg exp mul
  2.729 x 1.225 sub dup mul y dup mul add neg exp add }
```

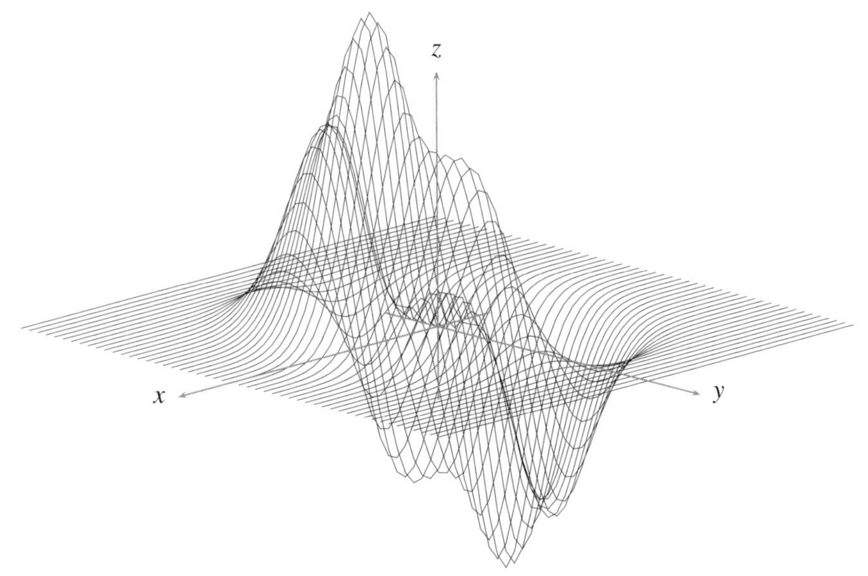


```
\begin{pspicture}(-6,-3)(6,4)  \psset{Beta=15}
 \psplotThreeD[plotstyle=line,drawStyle=xLines,yPlotpoints=50,%
  xPlotpoints=50,linewidth=0.2pt](-4,4)(-4,4){\func}
 \pstThreeDCoor[xMin=-1,xMax=5,yMin=-1,yMax=5,zMin=-1,zMax=3.5]
\end{pspicture}
```

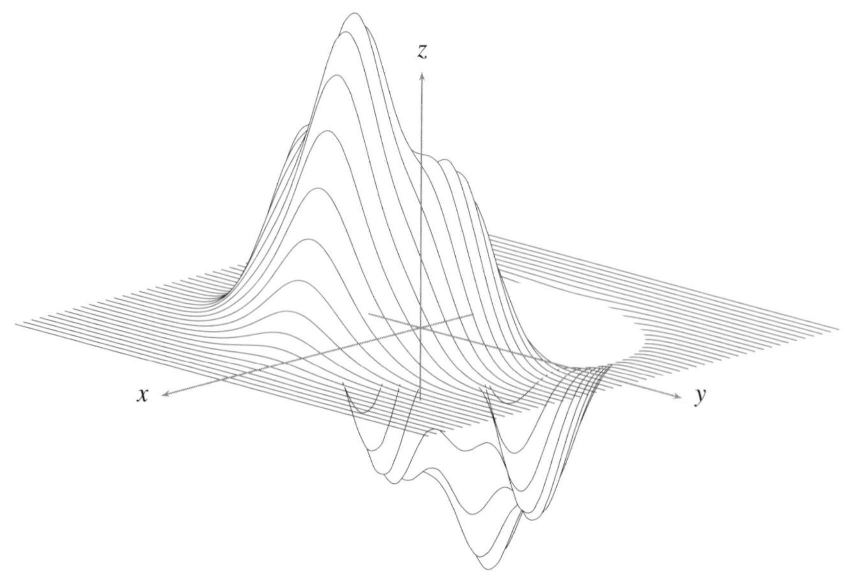


```
\begin{pspicture}(-6,-3)(6,4)  \psset{Beta=15}
 \psplotThreeD[plotstyle=curve,drawStyle=yLines,hiddenLine=true,
   yPlotpoints=50,xPlotpoints=50,linewidth=0.2pt](-4,4)(-4,4){\func}
 \pstThreeDCoor[xMin=-1,xMax=5,yMin=-1,yMax=5,zMin=-1,zMax=3.5]
\end{pspicture}
```

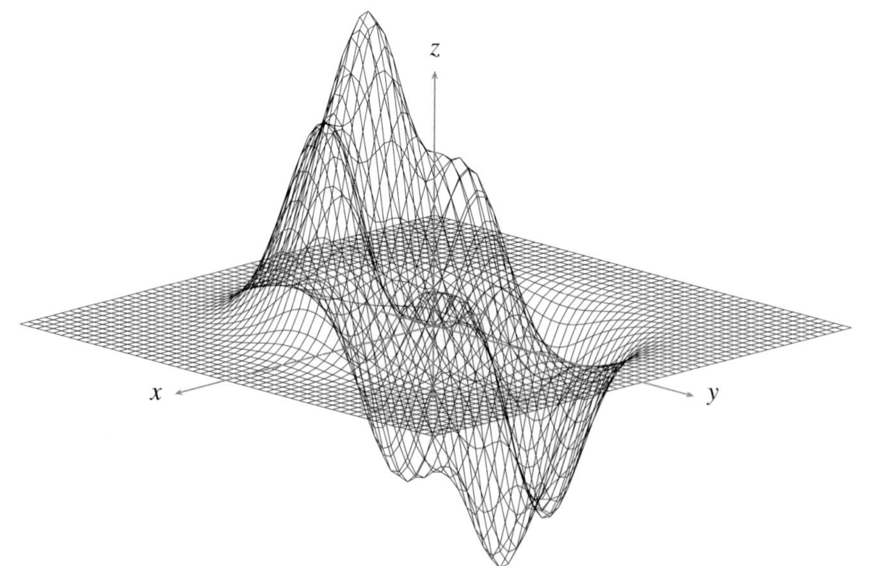


```
\begin{pspicture}(-6,-3)(6,4)  \psset{Beta=15}
 \psplotThreeD[plotstyle=line,drawStyle=xyLines,%
   yPlotpoints=50,xPlotpoints=50,linewidth=0.2pt](-4,4)(-4,4){\func}
 \pstThreeDCoor[xMin=-1,xMax=5,yMin=-1,yMax=5,zMin=-1,zMax=3.5]
\end{pspicture}
```

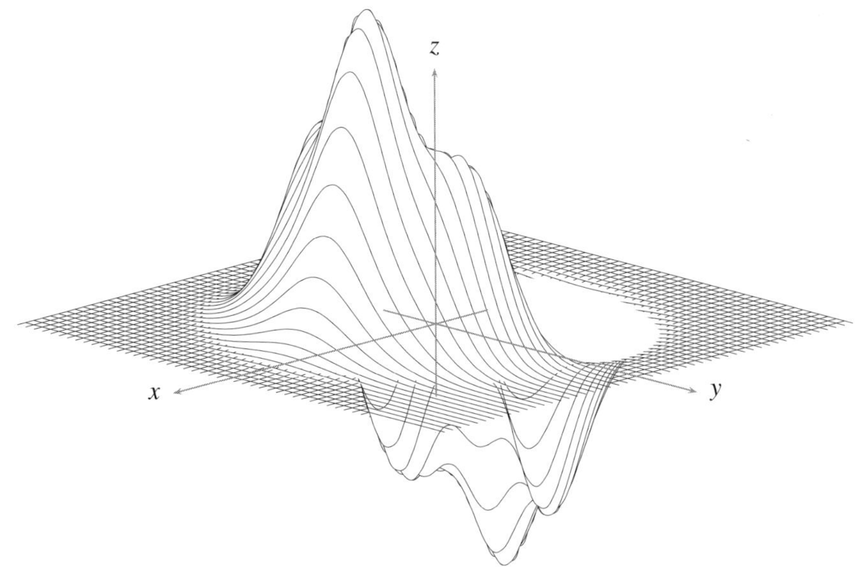


```
\begin{pspicture}(-6,-3)(6,4)   \psset{Beta=15}
 \psplotThreeD[plotstyle=curve,drawStyle=xyLines,hiddenLine=true,%
  yPlotpoints=50,xPlotpoints=50,linewidth=0.2pt](-4,4)(-4,4){\func}
 \pstThreeDCoor[xMin=-1,xMax=5,yMin=-1,yMax=5,zMin=-1,zMax=3.5]
\end{pspicture}
```

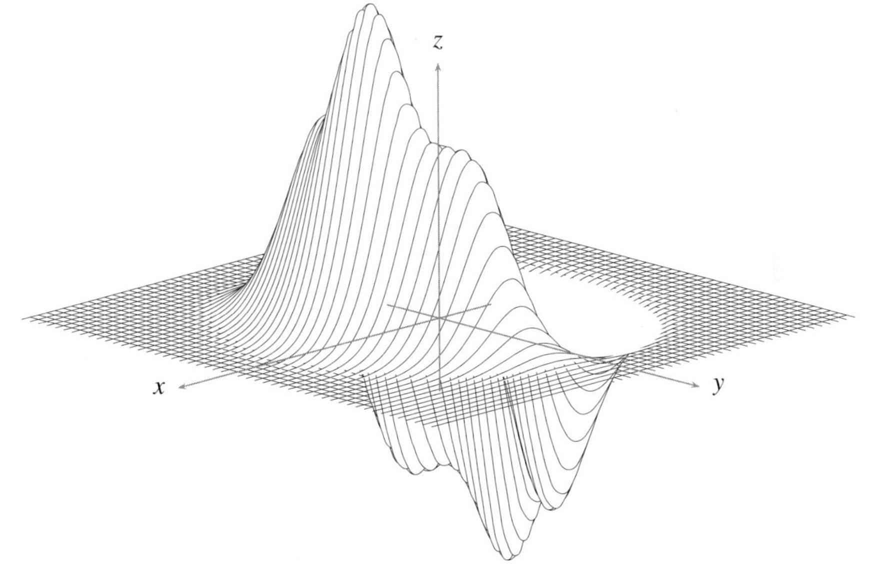


```
\begin{pspicture}(-6,-3)(6,4)   \psset{Beta=15}
 \psplotThreeD[plotstyle=curve, drawStyle=yxLines,hiddenLine=true,%
   yPlotpoints=50,xPlotpoints=50,linewidth=0.2pt](-4,4)(-4,4){\func}
 \pstThreeDCoor[xMin=-1,xMax=5,yMin=-1,yMax=5,zMin=-1,zMax=3.5]
\end{pspicture}
```

29.2.14 visibleLineStyle und invisibleLineStyle

Diese beiden Parameter beziehen sich auf das Zeichnen von Körpern, wo das Makro versucht, verdeckte Linien zu erkennen und dann mit dem Linienstil `invisibleLineStyle` bzw. die sichtbaren mit dem Stil `visibleLineStyle` zu zeichnen.

```
\begin{pspicture}(-1,-1)(3,3.25)
  \psset{Alpha=30}
  \pstThreeDCoor[xMin=-3,xMax=1,yMin=-1,yMax=2,zMin=-1,
    zMax=4]
  \pstThreeDBox(-1,1,2)(0,0,2)(2,0,0)(0,1,0)
  \pstThreeDDot[drawCoor=true,linecolor=blue](-1,1,2)
\end{pspicture}
```

```
\begin{pspicture}(-1,-1)(3,3.25)
  \psset{Alpha=30,invisibleLineStyle=dotted,
    visibleLineStyle=dashed}
  \pstThreeDCoor[xMin=-3,xMax=1,yMin=-1,yMax=2,zMin=-1,
    zMax=4]
  \pstThreeDBox(-1,1,2)(0,0,2)(2,0,0)(0,1,0)
  \pstThreeDDot[drawCoor=true,linecolor=blue](-1,1,2)
\end{pspicture}
```

29.2.15 SphericalCoor

Ist dieser Parameter auf `true` gesetzt, so wird jedes Zahlentripel als Kugelkoordinate in der üblichen Notation (*Radius*, *Theta*, *Phi*) interpretiert.

```
\begin{pspicture}(-6,-3)(6,5)
\psset{unit=5cm,drawCoor=true}
\def\oA{\pstThreeDLine[linecolor=blue,linewidth=3pt,%
    SphericalCoor=true,arrows=c->](0,0,0)(1,60,70)}
\def\oB{\pstThreeDLine[linecolor=red,linewidth=3pt,%
  SphericalCoor=true,arrows=c->](0,0,0)(1,10,50)}
\def\oAB{\pstThreeDEllipse[beginAngle=90,endAngle=122,fillcolor=green,%
  SphericalCoor=true](0,0,0)(1,140,40)(1,10,50)}
\pstThreeDCoor[drawing=true,linewidth=1pt,linecolor=black,%
  xMin=0,xMax=1.1,yMin=0,yMax=1.1,zMin=0,zMax=1.1]
\pstThreeDEllipse[beginAngle=0,endAngle=90,linestyle=dashed]%
  (0,0,0)(-1,0,0)(0,1,0)
\pstThreeDEllipse[beginAngle=0,endAngle=90,linestyle=dashed]%
  (0,0,0)(-1,0,0)(0,0,1)
```

```
\pstThreeDEllipse[beginAngle=180,endAngle=90,linestyle=dashed]%
  (0,0,0)(0,0,1)(0,1,0)
\psset{SphericalCoor=true}
\pstThreeDDot[dotstyle=none](1,10,50)
\pstThreeDDot[dotstyle=none](1,60,70)
\pscustom[fillstyle=crosshatch,hatchcolor=yellow,linestyle=none]{\oA\oB\oAB}
\oA \oB \oAB
\pstThreeDPut(1.1,60,70){\Large $\vec\Omega_1$}
\pstThreeDPut(1.2,10,50){\Large $\vec\Omega_2 \,$}
\pstThreeDPut(1,10,65){\Large $\gamma_{12}$}
\end{pspicture}
```

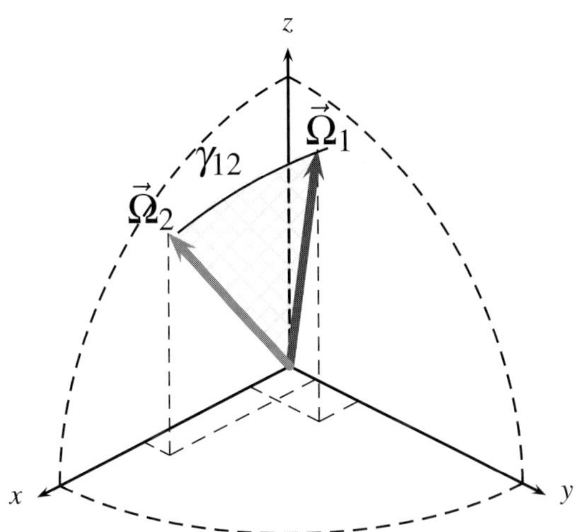

29.3 Koordinatenachsen

Die Syntax zur Erstellung der Koordinatenachsen ist

```
\pstThreeDCoor[<Parameter>]
```

Ohne Angaben von Optionen erhält man das Koordinatenkreuz mit den Standardwerten:

```
xMin=-1,xMax=4,yMin=-1,yMax=4,zMin=-1,zMax=4,Alpha=45,Beta=30
```

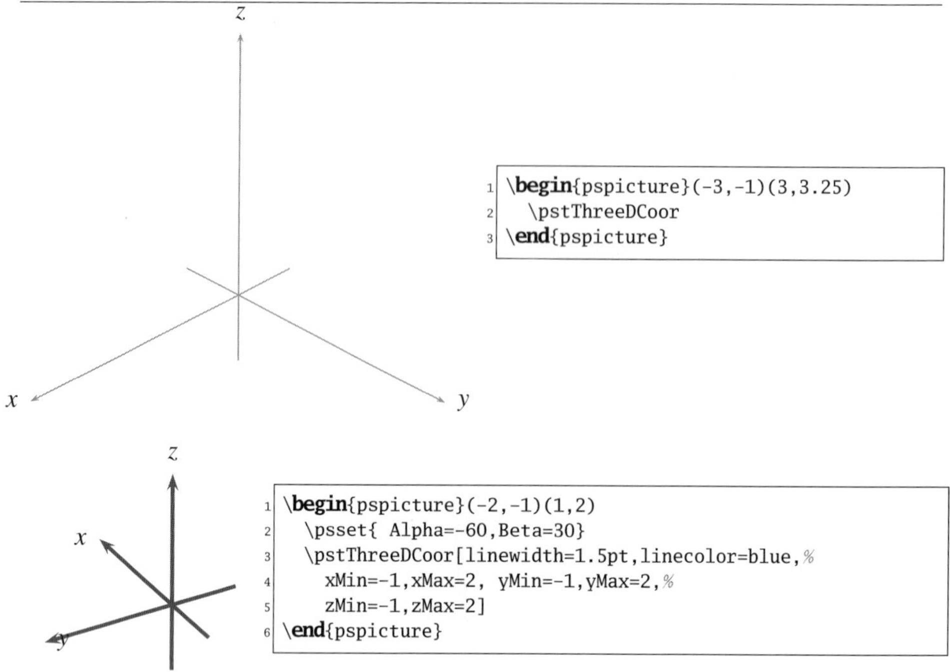


```
\begin{pspicture}(-3,-1)(3,3.25)
  \pstThreeDCoor
\end{pspicture}
```

```
\begin{pspicture}(-2,-1)(1,2)
  \psset{ Alpha=-60,Beta=30}
  \pstThreeDCoor[linewidth=1.5pt,linecolor=blue,%
    xMin=-1,xMax=2, yMin=-1,yMax=2,%
    zMin=-1,zMax=2]
\end{pspicture}
```

Die Winkel `Alpha` und `Beta` beeinflussen die Darstellung aller Makros und sollten daher in jedem Fall global mit `psset` gesetzt werden.

29.4 Allgemeine Makros

29.4.1 \pstThreeDPut

Die Syntax ist ähnlich zum `\rput`-Makro:

```
\pstThreeDPut[<Parameter>](x,y,z){<Material>}
```

```
\begin{pspicture}(-2,-1)(1,2)
  \psset{ Alpha=-60,Beta=-30}
  \pstThreeDCoor[linecolor=blue,%
    xMin=-1,xMax=2, yMin=-1,yMax=2,%
    zMin=-1,zMax=2]
  \pstThreeDPut(1,0.5,2){\red\large TUGboat}
  \pstThreeDDot[drawCoor=true](1,0.5,2)
\end{pspicture}
```

Intern definiert `\pstThreeDPut` einen zweidimensionalen Knoten `temp@pstNode` und benutzt dann das `\rput`-Makro.

29.4.2 \pstThreeDNode

Die Syntax ist

```
\pstThreeDNode(x,y,z){<Knotenname>}
```

Dadurch, dass (x,y,z) intern als zweidimensionaler Knoten gespeichert wird, kann dieser nicht als Ersatz für das Koordinatentripel `(x,y,z)` im Sinne der speziellen Koordinaten von `PSTricks` genommen werden (→ 12 auf Seite 111). Sind `A` and `B` zwei derartig definierte Knoten, dann zeichnet `\psline{A}{B}` eine Linie von `A` nach `B`.

29.4.3 \pstThreeDDot

Die Syntax für einen Punkt ist

```
\pstThreeDDot[<Parameter>](x,y,z)
```

Punkte können einschließlich der Koordinaten (gestrichelte Linien) gezeichnet werden.

```
\begin{pspicture}(-2,-2)(2,2)
  \psset{xMin=-2,xMax=2,yMin=-2,%
         yMax=2,zMin=-1,zMax=2,Beta=25}
  \pstThreeDCoor
  \psset{dotstyle=*,dotscale=2,linecolor=red,drawCoor
    =true}
  \pstThreeDDot(-1,1,1)
  \pstThreeDDot(1.5,-1,-1)
\end{pspicture}
```

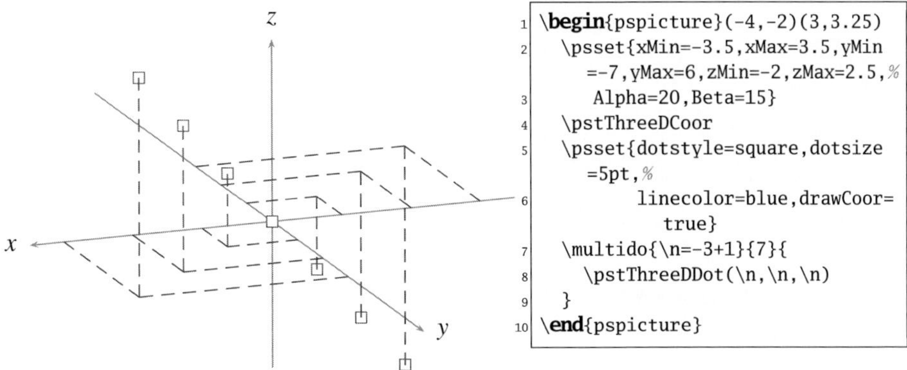


```
\begin{pspicture}(-4,-2)(3,3.25)
  \psset{xMin=-3.5,xMax=3.5,yMin
    =-7,yMax=6,zMin=-2,zMax=2.5,%
    Alpha=20,Beta=15}
  \pstThreeDCoor
  \psset{dotstyle=square,dotsize
    =5pt,%
        linecolor=blue,drawCoor=
          true}
  \multido{\n=-3+1}{7}{
    \pstThreeDDot(\n,\n,\n)
  }
\end{pspicture}
```

29.4.4 \pstThreeDLine

Die Syntax zum Zeichnen einer dreidimensionalen Linie ist:

\pstThreeDLine[<Parameter>](x1,y1,z1)(x2,y2,z2)

Es sind alle Optionen möglich, die allgemein für Linien existieren.

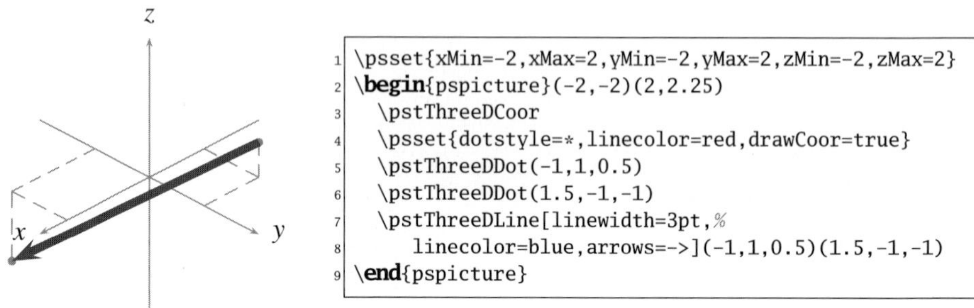


```
\psset{xMin=-2,xMax=2,yMin=-2,yMax=2,zMin=-2,zMax=2}
\begin{pspicture}(-2,-2)(2,2.25)
  \pstThreeDCoor
  \psset{dotstyle=*,linecolor=red,drawCoor=true}
  \pstThreeDDot(-1,1,0.5)
  \pstThreeDDot(1.5,-1,-1)
  \pstThreeDLine[linewidth=3pt,%
     linecolor=blue,arrows=->](-1,1,0.5)(1.5,-1,-1)
\end{pspicture}
```

29.5 Einfache geometrische Objekte

29.5.1 \pstThreeDTriangle

Ein Dreieck ist durch seine drei Seiten gegeben:

\pstThreeDTriangle[<Parameter>](P1)(P2)(P3)

Hat `fillstyle` einen anderen Wert als none, dann wird das Dreieck mit der aktuellen Füllfarbe gefüllt.

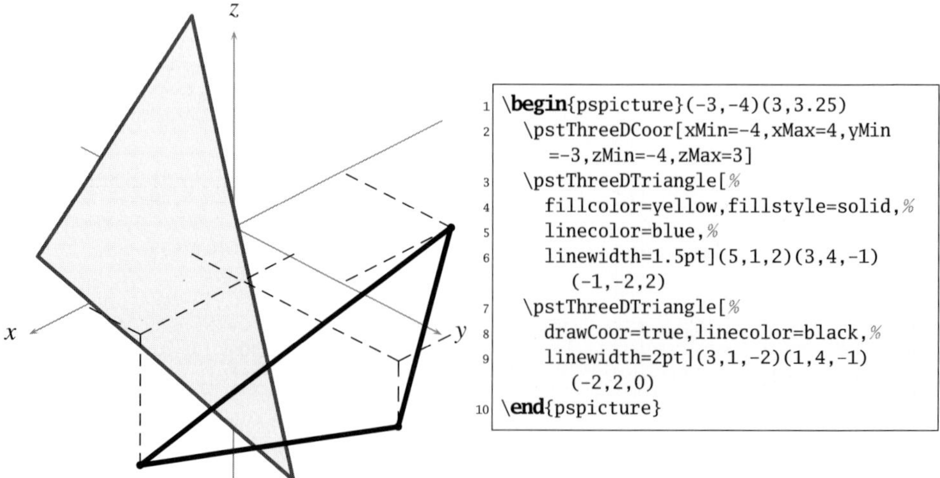


```
\begin{pspicture}(-3,-4)(3,3.25)
  \pstThreeDCoor[xMin=-4,xMax=4,yMin=-3,zMin=-4,zMax=3]
  \pstThreeDTriangle[%
    fillcolor=yellow,fillstyle=solid,%
    linecolor=blue,%
    linewidth=1.5pt](5,1,2)(3,4,-1)(-1,-2,2)
  \pstThreeDTriangle[%
    drawCoor=true,linecolor=black,%
    linewidth=2pt](3,1,-2)(1,4,-1)(-2,2,0)
\end{pspicture}
```

29.5.2 \pstThreeDSquare

Die Syntax für ein Rechteck ist:

```
\pstThreeDSquare[<Parameter>](<Vektor o>)(<Vektor u>)(<Vektor v>)
```

```
\begin{pspicture}(-1,-1)(4,4)
  \pstThreeDCoor[xMin=-3,xMax=1,yMin=-1,yMax
     =2,zMin=-1,zMax=4]
  \psset{arrows=->,arrowsize=0.2,linecolor=
     blue,linewidth=1.5pt}
  \pstThreeDLine[linecolor=green](0,0,0)
     (-2,2,3)
  \uput[45](1.5,1){$\vec{o}$}
  \pstThreeDLine(-2,2,3)(2,2,3)
  \uput[0](3,2){$\vec{u}$}
  \pstThreeDLine(-2,2,3)(-2,3,3)
  \uput[180](1,2){$\vec{v}$}
\end{pspicture}
```

Rechtecke sind nichts anderes als ein geschlossener Polygonzug, welcher im Punkt P_o, (Stützvektor) beginnt und endet und durch seine beiden Richtungsvektoren bestimmt ist, die hier auch gleichzeitig die Länge der jeweiligen Seite angeben. Die Rechtecke können in der üblichen Art und Weise mit einer Farbe oder einem Muster gefüllt werden.

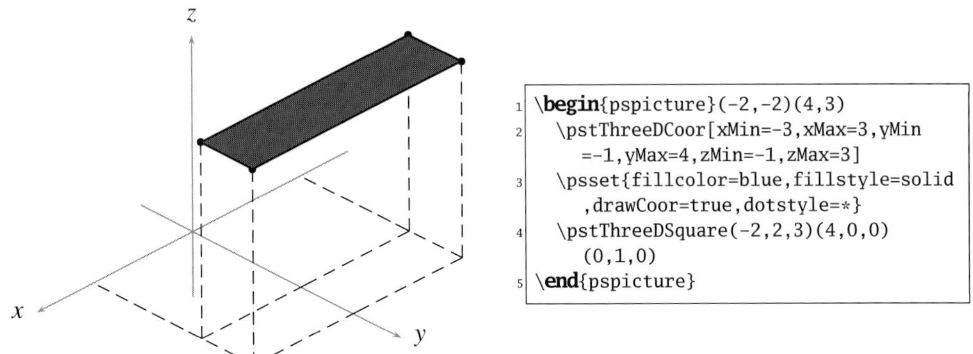


```
\begin{pspicture}(-2,-2)(4,3)
  \pstThreeDCoor[xMin=-3,xMax=3,yMin
     =-1,yMax=4,zMin=-1,zMax=3]
  \psset{fillcolor=blue,fillstyle=solid
     ,drawCoor=true,dotstyle=*}
  \pstThreeDSquare(-2,2,3)(4,0,0)
     (0,1,0)
\end{pspicture}
```

29.5.3 \pstThreeDBox

Ein Quader baut auf Rechtecken auf und hat daher eine ähnliche Syntax:

```
\pstThreeDBox[<Parameter>]%
  (<vector o>)(<vector u>)(<vector v>)(<vector w>)
```

Neben dem Stützvektor $\vec{o}$ sind die drei Richtungsvektoren anzugeben, die gleichzeitig die Kantenlänge angeben.

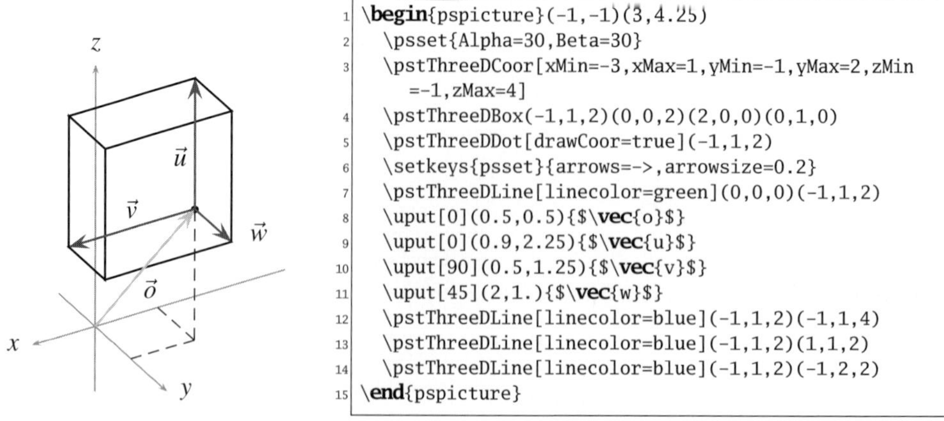


```
\begin{pspicture}(-1,-1)(3,4.25)
  \psset{Alpha=30,Beta=30}
  \pstThreeDCoor[xMin=-3,xMax=1,yMin=-1,yMax=2,zMin
     =-1,zMax=4]
  \pstThreeDBox(-1,1,2)(0,0,2)(2,0,0)(0,1,0)
  \pstThreeDDot[drawCoor=true](-1,1,2)
  \setkeys{psset}{arrows=->,arrowsize=0.2}
  \pstThreeDLine[linecolor=green](0,0,0)(-1,1,2)
  \uput[0](0.5,0.5){$\vec{o}$}
  \uput[0](0.9,2.25){$\vec{u}$}
  \uput[90](0.5,1.25){$\vec{v}$}
  \uput[45](2,1.){$\vec{w}$}
  \pstThreeDLine[linecolor=blue](-1,1,2)(-1,1,4)
  \pstThreeDLine[linecolor=blue](-1,1,2)(1,1,2)
  \pstThreeDLine[linecolor=blue](-1,1,2)(-1,2,2)
\end{pspicture}
```

29.5.4 \pstThreeDEllipse und \pstThreeDCircle

Ausgehend von der zweidimensionalen Form lautet die Gleichung einer Ellipse im dreidimenionalen Raum:

$$e : \vec{x} = \vec{c} + \cos\alpha \cdot \vec{u} + \sin\alpha \cdot \vec{v}, \qquad 0 \leq \alpha \leq 360 \tag{29.4}$$

worin $\vec{c}$ das Zentrum der Ellipse und $\vec{u}$ bzw. $\vec{v}$ die senkrecht aufeinander stehenden Vektoren der Halbachsen sind. Es existieren zwei Parameter für das Erstellen eines Ellipsenbogens bzw. Kreisbogens:

```
beginAngle=0
endAngle=360
```

Ellipsen und Kreise werden mit dem Makro `parametricplotThreeD` (→ 29.6.2 auf Seite 384 erstellt, bei dem die Zahl der Stützpunkte auf 50 gesetzt ist. Für sehr schmale Ellipsen kann dies zu ungünstigen Kurvenverläufen führen, sodass diese Zahl entsprechend zu erhöhen ist.

Die Syntax des Ellipsen-Makros ist

```
\pstThreeDEllipse[<Parameter>](cx,cy,cz)(ux,uy,uz)(vx,vy,vz)
```

worin `c` das Zentrum und `u` bzw. `v` die beiden Vektoren der Halbachsen sind.

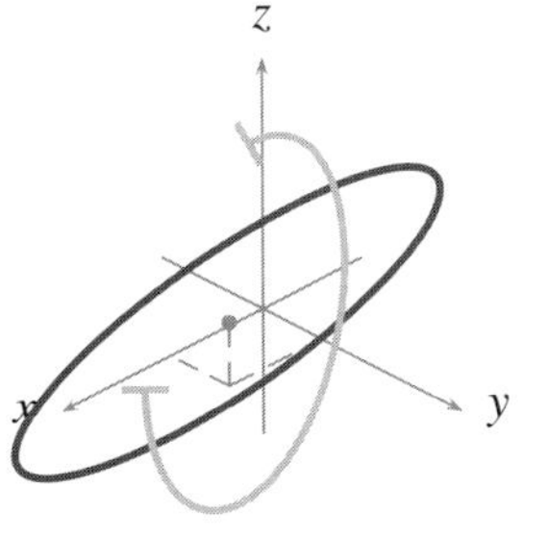


```
\psset{xMin=-1,xMax=2,yMin=-1,yMax=2,zMin=-1,zMax=2}
\begin{pspicture}(-2,-2)(2,2)
  \pstThreeDCoor
  \pstThreeDDot[linecolor=red,%
    drawCoor=true](1,0.5,0.5)% center
  \psset{linecolor=blue, linewidth=1.5pt}
  \pstThreeDEllipse(1,0.5,0.5)(-0.5,1,0.5)(1,-0.5,-1)
  % settings for an arc
  \psset{beginAngle=0,endAngle=270,linecolor=green,
    arrows=|-|}
  \pstThreeDEllipse(1,0.5,0.5)(-0.5,0.5,0.5)
    (0.5,0.5,-1)
\end{pspicture}
```

Der Kreis ist bekanntlich der Spezialfall der Ellipse mit $|\vec{u}| = |\vec{v}| = r$ und $\vec{u} \cdot \vec{v} = \vec{0}$.

Das Makro `\pstThreeDCircle` ist prinzipiell nichts anderes als ein Synonym für `\pstThreeDEllipse`. In dem folgenden Beispiel ist der Kreis mit 20 Punkten und der Option `showpoints=true` gezeichnet worden.

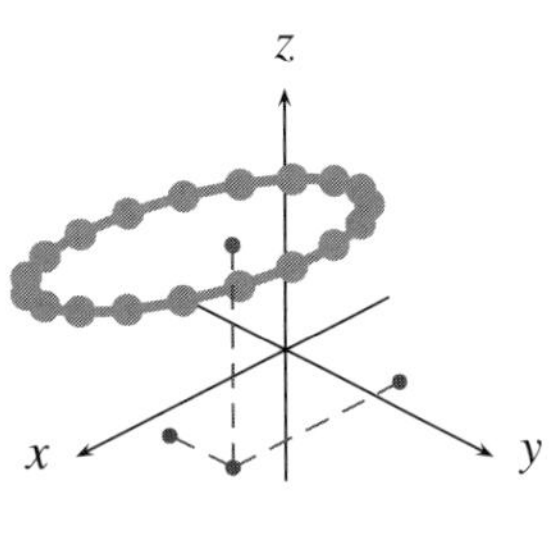


```
\begin{pspicture}(-2,-1)(2,2)
  \pstThreeDCoor[%
     xMin=-1,xMax=2,yMin=-1,yMax=2,zMin=-1,zMax=2,%
     linecolor=black]
  \psset{linecolor=red,linewidth=2pt,%
         plotpoints=20,showpoints=true}
  \pstThreeDCircle(1.6,+0.6,1.7)(0.8,0.4,0.8)
    (0.8,-0.8,-0.4)
  \pstThreeDDot[drawCoor=true,linecolor=blue
    ](1.6,+0.6,1.7)
\end{pspicture}
```

29.5.5 `\pstThreeDSphere`

Die Syntax für die Erstellung einer Kugel ist:

```
\pstThreeDSphere[<Parameter>](x,y,z){Radius}
```

`(x,y,z)` ist das Zentrum der Kugel. Intern benutzt `\pstThreeDSphere` das Paket `pst-vue3d` und daraus das Makro `SphereThreeD` um die Kugel zu erstellen. Ein entsprechendes Beispiel findet man im Abschnitt 28.2.10 auf Seite 355.

29.6 Mathematische Funktionen

Es existieren analog zu `pst-plot` zwei verschiedene Makros zum Erstellen von mathematischen Funktionen, hier in Abhängigkeit von zwei Variablen $z = f(x,y)$.

29.6.1 \psplotThreeD

Dieses Makro hat eine andere Syntax als das vergleichbare aus dem Paket `pst-plot`, wird aber in derselben Weise benutzt:

```
\psplotThreeD[<Parameter>](xMin,xMax)(yMin,yMax){<Funktionsterm>}
```

Der Funktionsterm ist wie üblich in PostScript-Notation zu erstellen und die einzigen gültigen Variablennamen sind `x` und `y`. So steht beispielsweise `{x dup mul y dup mul add sqrt}` für den mathematischen Ausdruck $\sqrt{x^2+y^2}$. Die `plotpoints`-Option ist aufgeteilt in `xPlotpoints` und `yPlotpoints` und kann auch entsprechend getrennt gesetzt werden (Tabelle 29.2). Die Option `hiddenLine` realisiert nur einen rudimentären hidden-line-Algorithmus , indem die Kurve von hinten nach vorne gezeichnet und dabei mit der aktuellen Füllfarbe gefüllt wird.

Tabelle 29.2: Zusätzliche Parameter für die Plot-Makros

Name	Wert
`xPlotpoints`	default is 25
`yPlotpoints`	default is 25
`hiddenLine`	default is false

Die Gleichung 29.5 ist durch die folgenden Beispiele dargestellt.

$$z = 10\left(x^3 + xy^4 - \frac{x}{5}\right)e^{-\left(x^2+y^2\right)} + e^{-\left((x-1.225)^2+y^2\right)} \tag{29.5}$$

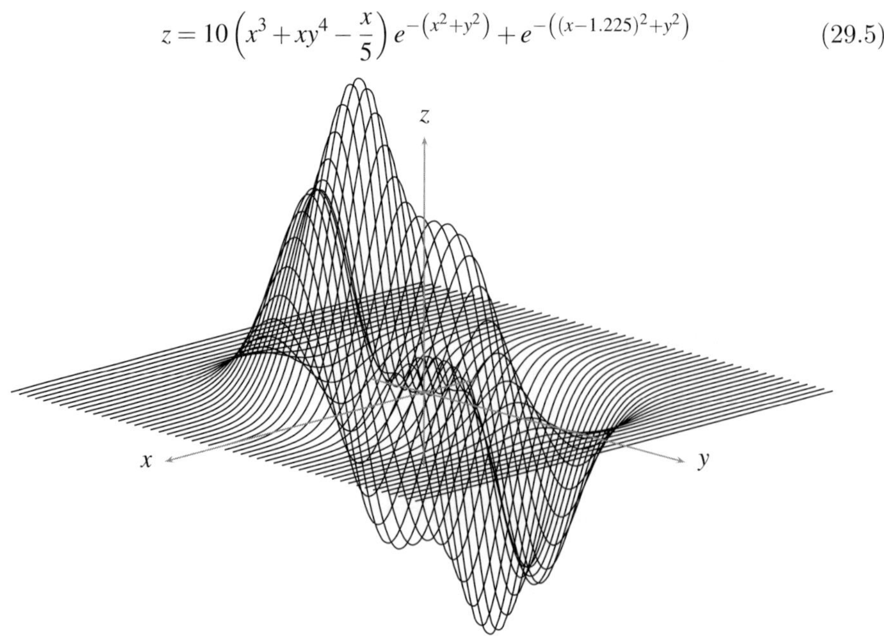

```
\begin{pspicture}(-6,-3)(6,4)
  \psset{Alpha=45,Beta=15}
  \psplotThreeD[%
     plotstyle=curve,yPlotpoints=50,xPlotpoints=80,%
     linewidth=0.5pt](-4,4)(-4,4){\func}
  \pstThreeDCoor[xMin=-1,xMax=5,yMin=-1,yMax=5,zMin=-1,zMax=3.5]
\end{pspicture}
```

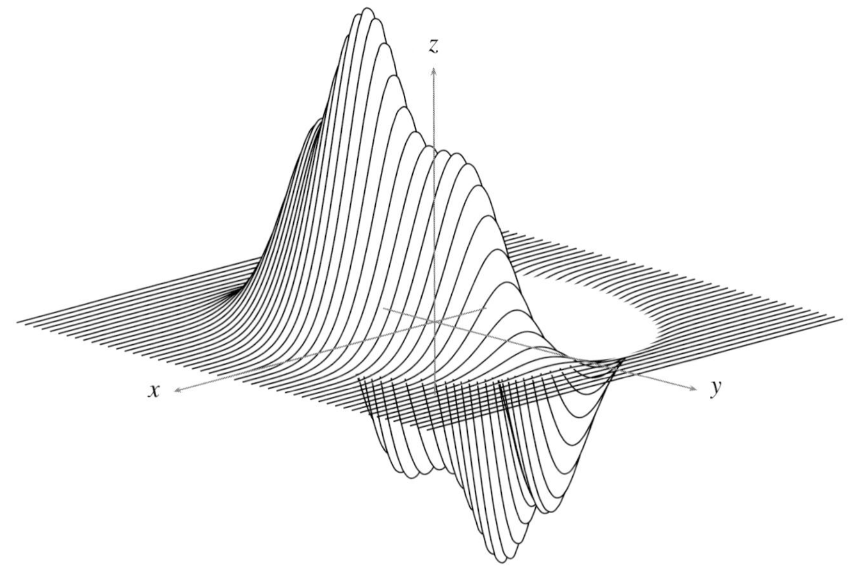


```
\begin{pspicture}(-6,-3)(6,4)
  \psset{Alpha=45,Beta=15}
  \psplotThreeD[plotstyle=curve,%
     yPlotpoints=50,xPlotpoints=80,%
     linewidth=0.5pt,hiddenLine=true](-4,4)(-4,4){\func}
  \pstThreeDCoor[xMin=-1,xMax=5,yMin=-1,yMax=5,zMin=-1,zMax=3.5]
\end{pspicture}
```

Die Funktion wird prinzipiell durch zwei Schleifen bestimmt:

```
for (float y=yMin; y<yMax; y+=dy)
    for (float x=xMin; x<xMax; x+=dx)
         z=f(x,y);
```

Aufgrund der Tatsache, dass die innere Schleife die x-Werte erhöht, kann auch nur in diese Richtung eine geschlossene Kurve erstellt werden, denn am Ende einer Teilkurve in x-Richtung wird der aktuelle Punkt wieder auf den Anfang gesetzt. Denzufolge sind zu wenig `yPlotpoints` kein echtes Problem, wohingegen zu wenig `xPlotpoints` einen polygonähnlichen Verlauf zur Folge haben.

29.6.2 \parametricplotThreeD

Die Syntax ist

```
\parametricplotThreeD[<Parameter>](t1,t2)(u1,u2)%
   {<Drei Funktionsterme x y z>}
\parametricplotThreeD[<Parameter>](t1,t2)%
   {<Drei Funktionsterme x y z>}
```

Die einzig möglichen Variablennamen sind `t` und `u`, mit `t1,t2` und `u1,u2` als Definitionsintervall. Die Reihenfolge ist unwichtig und `u` kann weggelassen werden, wenn keine Fläche, sondern nur eine Kurve im dreidimensionalen Raum gezeichnet werden soll.

$$\begin{aligned} x &= f(t,u) \\ y &= f(t,u) \\ z &= f(t,u) \end{aligned} \tag{29.6}$$

Um beispielsweise eine Spirale zu zeichnen, benötigt man die folgenden Funktionen in Parameterdarstellung:

$$\begin{aligned} x &= r\cos t \\ y &= r\sin t \\ z &= t/600 \end{aligned} \tag{29.7}$$

Der t-Wert wird durch 600 dividiert, da Winkelangaben in PostScript in Grad erfolgen müssen.

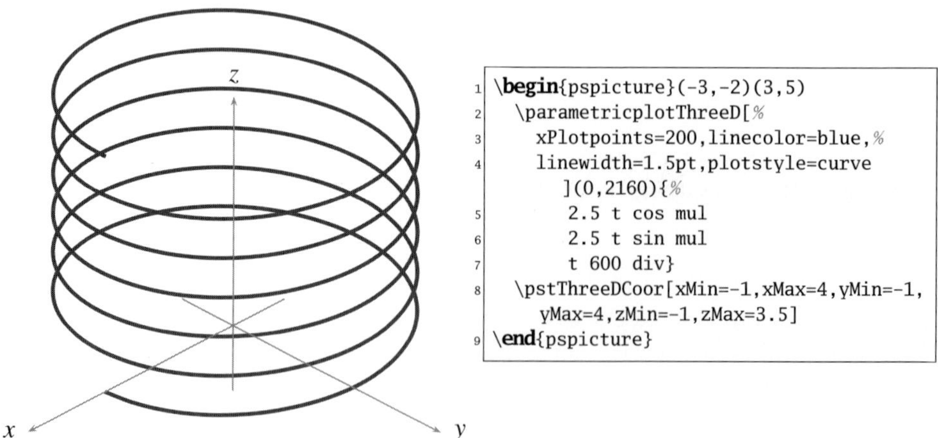


```
\begin{pspicture}(-3,-2)(3,5)
  \parametricplotThreeD[%
    xPlotpoints=200,linecolor=blue,%
    linewidth=1.5pt,plotstyle=curve
      ](0,2160){%
        2.5 t cos mul
        2.5 t sin mul
        t 600 div}
  \pstThreeDCoor[xMin=-1,xMax=4,yMin=-1,
    yMax=4,zMin=-1,zMax=3.5]
\end{pspicture}
```

29.7 Plotten von Daten

Der Aufbau der Datendateien muss analog zu den in Abschnitt 15.3.1 auf Seite 152 angegebe Strukturen sein, beispielsweise:

```
 0.0000  1.0000  0.0000
-0.4207  0.9972  0.0191
....
0.0000, 1.0000, 0.0000
-0.4207, 0.9972, 0.0191
....
(0.0000,1.0000,0.0000)
(-0.4207,0.9972,0.0191)
....
{0.0000,1.0000,0.0000}
{-0.4207,0.9972,0.0191}
....
```

29.7.1 \fileplotThreeD

Die Syntax ist trivial und analog zum zweidimensionalen Fall

\fileplotThreeD[<Parameter>]{<Dateiname>}

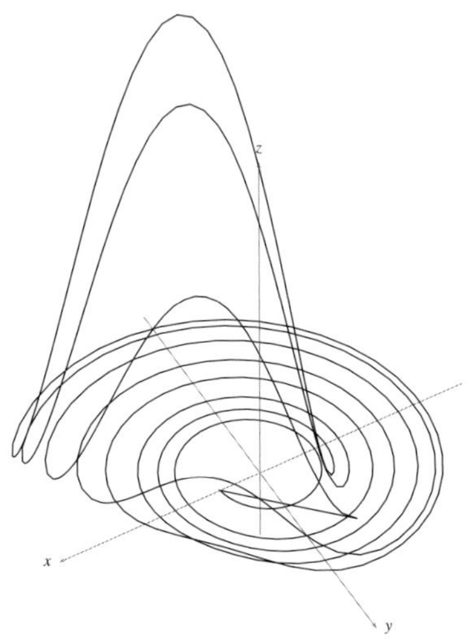


```
\resizebox{6cm}{!}{%
\begin{pspicture}(-6,-3)(6,10)
  \psset{xunit=0.5cm,yunit=0.75cm,Alpha=30,Beta=30}% the global parameters
  \pstThreeDCoor[%
     xMin=-10,xMax=10,%
     yMin=-10,yMax=10,%
     zMin=-2,zMax=10%
  ]
  \fileplotThreeD[plotstyle=polygon]{data3D.Roessler}
\end{pspicture}%
}
```

29.7.2 \dataplotThreeD

Die Syntax ist

\dataplotThreeD[<Parameter>]{<Datenmakro>}

Im Gegensatz zu `\fileplotThreeD`, benötigt `\dataplotThreeD` den Namen eines Makros, welches alle Daten enthält. Dies kann mit dem aus Abschnitt 15.3.4 auf Seite 156 bekannten `\readdata` erfolgen.

```
\readdata{<Makroname>}{<Dateiname>}
```

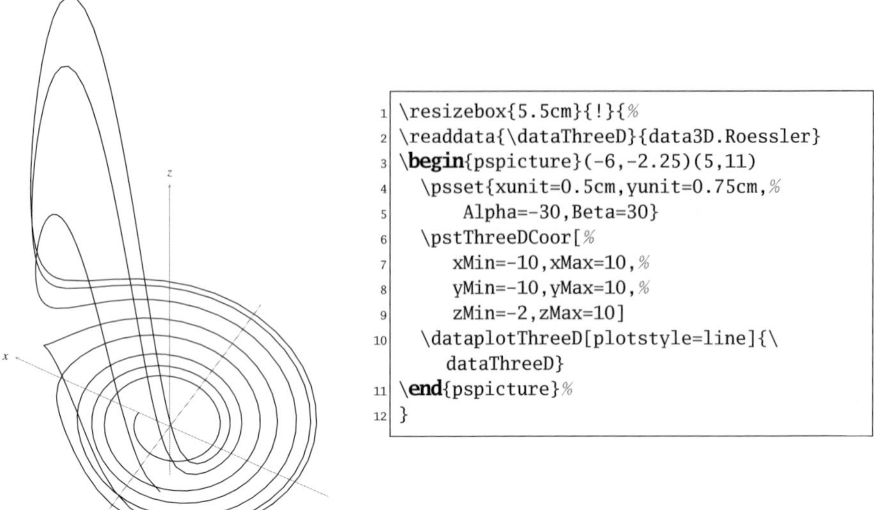

```
\resizebox{5.5cm}{!}{%
\readdata{\dataThreeD}{data3D.Roessler}
\begin{pspicture}(-6,-2.25)(5,11)
  \psset{xunit=0.5cm,yunit=0.75cm,%
      Alpha=-30,Beta=30}
  \pstThreeDCoor[%
     xMin=-10,xMax=10,%
     yMin=-10,yMax=10,%
     zMin=-2,zMax=10]
  \dataplotThreeD[plotstyle=line]{\dataThreeD}
\end{pspicture}%
}
```

29.7.3 \listplotThreeD

Die Syntax ist

```
\listplotThreeD[<Parameter>]{<Datenmakro>}
```

Es besteht für den Anwender kein prinzipieller Unterschied zwischen den Makros `\listplotThreeD` und `\dataplotThreeD`. Mit `\listplotThreeD` kann man allerdings auf einfache Weise zusätzlichen PostScript-Code über TeX nach PostScript transportieren. Ein entsprechendes Beispiel findet sich in Abschnitt 15.3.5 auf Seite 156.

```
\resizebox{5cm}{!}{%
\readdata{\dataThreeD}{data3D.Roessler}
\begin{pspicture}(-5,-4)(5,4.5)
  \psset{xunit=0.5cm,yunit=0.5cm,Alpha=0,Beta=90}
  \pstThreeDCoor[%
     xMin=-10,xMax=10,%
     yMin=-10,yMax=7.5,%
     zMin=-2,zMax=10]
  \listplotThreeD[plotstyle=line]{\dataThreeD}
\end{pspicture}%
}
```

Kapitel

30 pst-circ: Erstellen von Schaltbildern

pst-circ ist das erste hier behandelte Paket, welches massiv die in pst-node und pstricks definierten „low-level“-Objekte nutzt und ausschließlich neue „high-level“-Objekte definiert.

30.1 Das Prinzip

pst-circ baut im Prinzip auf pst-node auf, indem es zwischen bei vorgegebene Bezugspunkte (Knoten) ein grafisches Objekt setzt, wobei die Ausrichtung des Objektes dabei sekundär ist. Wenn keine Notwendigkeit besteht explizit ein Koordinatenpaar als Knoten zu definieren, kann grundsätzlich auch die normale $(x|y)$-Form verwendet werden. Die Beschriftung bezieht sich immer auf die horizontale Achse, kann jedoch durch eigene Parameter ebenfalls gedreht werden.

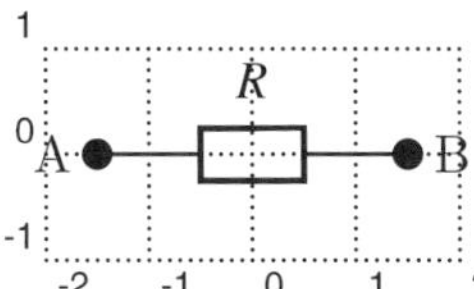


```
\begin{pspicture}(-2.1,-1)(2.1,1)  \psgrid
    \pnode(-1.5,0){A}\qdisk(A){3pt}\uput[180](A){A}
    \pnode(1.5,0){B}\qdisk(B){3pt}\uput[0](B){B}
    \resistor(A)(B){$R$}
\end{pspicture}
```

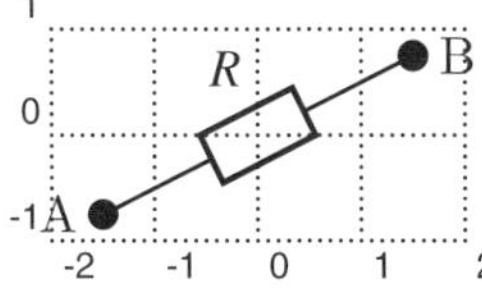


```
\begin{pspicture}(-2.1,-1)(2.1,1)  \psgrid
 \pnode(-1.5,-0.75){A}\qdisk(A){3pt}\uput[180](A){A}
 \pnode(1.5,0.75){B}\qdisk(B){3pt}\uput[0](B){B}
 \resistor(A)(B){$R$}
\end{pspicture}
```

30.2 Parameter

Es existieren derartig viele Parameter, dass es hier den Rahmen sprengen würde, alle entsprechend mit Beispielen zu behandeln. Deshalb zeigt die Tabelle 30.1 nur eine Zusammenfassung, während im folgenden Text mehrere Beispiele folgen.

Tabelle 30.1: Zusammenstellung der verfügbaren Optionen für das Paket `pst-circ`

Name	Wert	Bedeutung
`intensity`	false	Strompfeil zeichnen
`intensitylabel`	`\empty`	Stromlabel
`intensitylabeloffset`	0.5	Labelabstand vom Leiter
`intensitycolor`	black	Farbe des Strompfeils
`intensitylabelcolor`	black	Farbe des Stromlabels
`intensitywidth`	`\pslinewidth`	Linienbreite des Strompfeils
`tension`	false	Spannungspfeil zeichnen
`tensionlabel`	`\empty`	Spannungslabel
`tensionoffset`	1	Abstand des Spannungspfeils
`tensionlabeloffset`	1.2	Labelabstand vom Spannungspfeil
`tensioncolor`	black	Farbe des Spannungspfeils
`tensionlabelcolor`	black	Farbe des Spannungslabels
`tensionwidth`	`\pslinewidth`	Linienbreite des Spannungspfeils
`labeloffset`	0.7	Labelabstand
`labelangle`	0	Drehwinkel des Labels
`dipoleconvention`	receptor	Motor/Generatorprinzip
`directconvention`	true	Stromrichtung
`dipolestyle`	normal	Dipolstil
`parallel`	false	Parallelschaltung
`parallelarm`	1.5	Leiterlänge vom Abzweig bei der Parallelschaltung
`parallelsep`	0	zusätzlicher Abstand bei der Parallelschaltung
`parallelnode`	false	Knoten bei der Parallelschaltung erstellen
`intersect`	false	Leiterkreuzung
`OAperfect`	true	idealer Operationsverstärker
`OAinvert`	true	invertierender Operationsverstärker
`OAiplus`	false	positiven Anschluss markieren

Name	Wert	Bedeutung
OAipluslabel	\empty	Label am positiven Anschluss
OAiminus	false	negativen Anschluss markieren
OAiminuslabel	\empty	Label am negativen Anschluss
OAiout	false	Ausgang markieren
OAioutlabel	\empty	Label am Ausgang
transistorcircle	true	Transistor mit Kreis
transistorinvert	false	Anschlüsse vertauschen
transistoribase	false	Strompfeil an der Basis
transistoricollector	false	Strompfeil an dem Kollektor
transistoriemitter	false	Strompfeil an dem Emitter
transistoribaselabel	\empty	Label am Strompfeil der Basis
transistoricollectorlabel	\empty	Label am Strompfeil des Kollektors
transistoriemitterlabel	\empty	Label am Strompfeil des Emitters
transistortype	PNP	PNP/NPN-Typ
primarylabel	\empty	Label der Primärseite
secondarylabel	\empty	Label der Sekundärseite
transformeriprimary	false	Strompfeil auf der Primärseite
transformerisecondary	false	Strompfeil auf der Sekundärseite
transformeriprimarylabel	\empty	Label am Strompfeil auf der Primärseite
transformerisecondarylabel	\empty	Label am Strompfeil auf der Sekundärseite
tripolstyle	normal	Dreipolstil
variable	false	regelbarer Zwei- oder Dreipol
logicShowDot	false	Anschlusspunkte zeichnen
logicShowNode	false	Anschlussknoten zeichnen
logicChangeLR	false	Links-Rechts vertauschen
logicWireLength	0.5	Anschlusslänge
logicWidth	1.5	Breite eines Bausteins
logicHeight	2.5	Höhe eines Bausteins
logicNInput	2	Anzahl der Eingänge
logicJInput	2	Anzahl der J-Eingänge
logicKInput	2	Anzahl der K-Eingänge
logicType	and	Typ des Bausteins

Name	Wert	Bedeutung
`logicLabelstyle`	`\small`	Labelgröße
`logicSymbolstyle`	`\large`	Symbolgröße
`logicNodestyle`	`\footnotesize`	Knotengröße

30.3 Die Objekte

Die folgenden Tabellen 30.2 bis 30.4 zeigen eine Zusammenstellung der möglichen Objekte, wobei sich dies auf die derzeit aktuelle Version 1.2 bezieht. Formal kann folgende Unterscheidung vorgenommen werden:

Dipol : benötigt zwei Knotenpunkte

Multidipol : benötigt zwei Knotenpunkte, besteht aber aus mehreren Dipolen

Tripol : benötigt drei Knotenpunkte

Quadrupol : benötigt vier Knotenpunkte

In den Tabellen wird zur besseren Überscht jedes Objekt ohne mögliche Optionen dargestellt, auf die dann im weiteren Verlauf dieses Artikels eingegangen wird. Der Aufruf eines Makros geschieht in der Regel durch

```
\<Objektname>(<Knoten1>)(<Knoten2>) ... {<Bezeichner>}
```

Das letzte Argument (Bezeichner oder Label) kann auch leer bleiben. Einige der Tripole verfügen nicht über dieses Argument, sodass eine Bezeichnung selbst vorgenommen werden muss.

30.3.1 Dipole

Dipole, im technischen Sprachgebrauch auch als Zweipole bezeichnet, stellen den größten Anteil an verfügbaren Objekten. Bis auf `\wire` können alle Dipole mit einem Bezeichner (Label) versehen werden.

Tabelle 30.2: Liste der vordefinierten Schaltsymbole für Dipole

Bezeichnung	Makroname	Grafik
Batterie	`\battery`	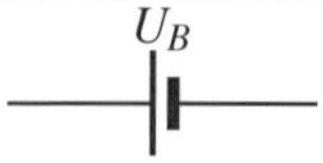 U_B
Spannungsquelle	`\Ucc`	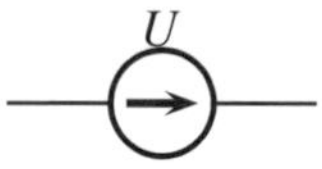 U
Stromquelle	`\Icc`	 I

Bezeichnung	Makroname	Grafik
Widerstand	`\resistor`	R
Kondensator	`\capacitor`	C
Spule	`\coil`	L
Diode	`\diode`	D
Zener-Diode	`\Zener`	D
LED	`\LED`	D
Lampe	`\lamp`	
Schalter	`\switch`	C
Verbindung	`\wire`	
Pfeillinie	`\tension`	u
Kreis	`\circledipole`	

Das Symbol `circledipole` kann insbesondere für die Darstellung von Strom- und Spannungsquellen verwendet werden, die abweichend vom Batteriesymbol sind. Mit der Option `labeloffset=0` erreicht man, dass das Label genau zentriert eingefügt wird, wie es beispielsweise in Abildung 30.2 gezeigt wird.

30.3.2 Multidipole

Multidipole sind prinzipiell nichts weiter als eine lineare Verkettung von Dipolen, was eine Vereinfachung bei der Erstellung sein kann. So könnte man beispielsweise das Ersatzschaltbild einer Spule statt der Definition eines neuen Makros einfach als Multidipol definieren.

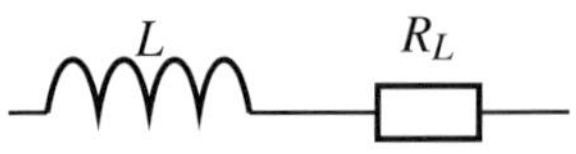

```
\psset{unit=0.7}
\begin{pspicture}(-2.75,-0.5)(2.75,1)
  \pnode(-2.75,0){A}
  \pnode(2.75,0){B}
  \multidipole(A)(B)%
    \coil{$L$}%
    \resistor{$R_L$}.%<-- dot ends the multidipol
\end{pspicture}
```

Zu beachten ist, dass der Punkt die Definition eines Multidipols beendet. Die Anzahl der Dipole ist formal nicht begrenzt, jedoch durch die endliche Zeichenbreite praktisch limitiert.

30.3.3 Tripole

In der Tabelle 30.3 der Tripole sind zum besseren Verständnis jeweils die Namen der Knotenpunkte mit angegeben, hier als `A`, `B` und `C` bezeichnet. Damit wird die Bedeutung der Reihenfolge deutlich, denn alle Tripole werden mit `...(A)(B)(C)` aufgerufen. Nur für den Schalter besteht die Möglichkeit, einen Bezeichner (Label) anzugeben. Bei den anderen Tripolen muss dies über normale `\uput`-Befehle erfolgen.

Tabelle 30.3: Liste der vordefinierten Schaltsymbole für Tripole

Bezeichnung	Makro	Grafik
Operationsverstärker	`\OA`	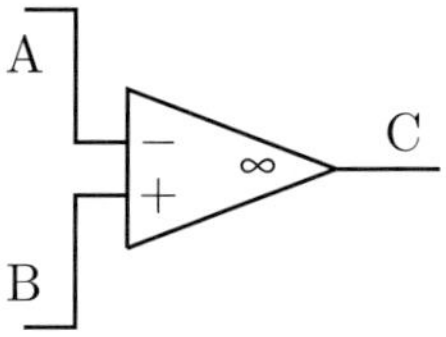
pnp Transistor	`\transistor`	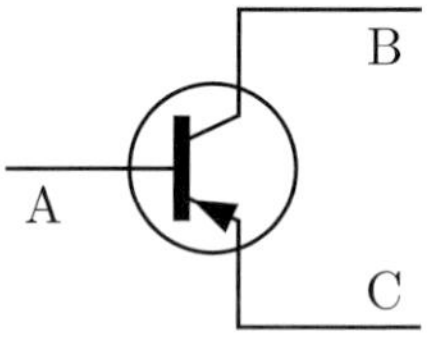
Schalter	`\Tswitch`	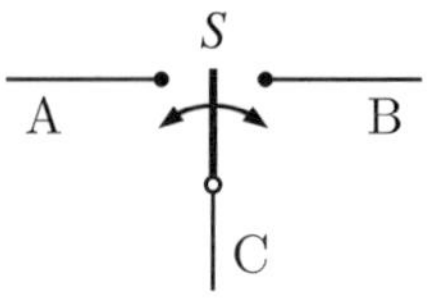
Potentiometer	`\potentiometer`	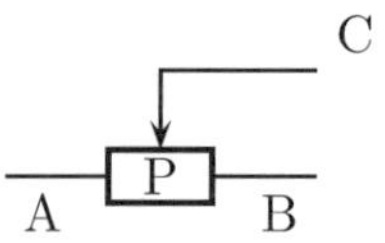

30.3.4 Quadrupole

In der Tabelle 30.4 sind wieder zum besseren Verständnis die Namen der Knotenpunkte mit angegeben, hier als A, B, C und D bezeichnet. Damit wird die Bedeutung der Reihenfolge deutlich, denn alle Quadrupole werden hier mit `...(A)(B)(C)(D)` aufgerufen.

Tabelle 30.4: Liste der vordefinierten Schaltsymbole für Quadrupole

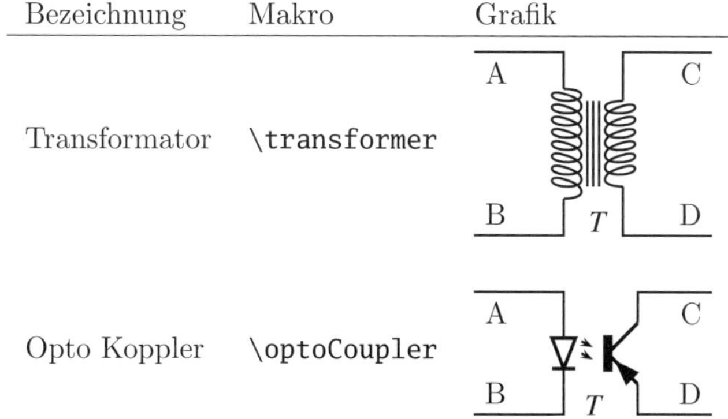

Bezeichnung	Makro	Grafik
Transformator	`\transformer`	A C B T D
Opto Koppler	`\optoCoupler`	A C B T D

30.3.5 Strompfeile

Jedes Objekt kann in seinen Verbindungsleitungen mit einem Strompfeil versehen werden. Das folgende Beispiel zeigt bereits eine Anwendung aller verfügbaren Optionen für die Kennzeichnung von Strompfeilen, wobei die Standardwerte für die Optionen der Dokumentation von `pst-circ` entnommen werden können.

Die Stromrichtung ist jeweils durch die Reihenfolge der Knoten beim Makroaufruf festgelegt. Der Strompfeil zeigt demnach von `Knoten1` nach `Knoten2`, was jedoch über die Option `directconvention=false` zusätzlich beeinflusst werden kann.

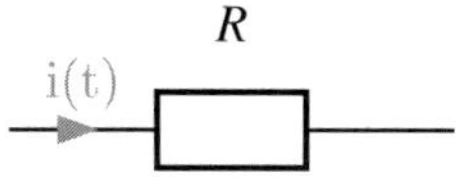


```
\begin{pspicture}(-2,-0.5)(2,0.5)
  \pnode(-1.5,0){A}  \pnode(1.5,0){B}
  \resistor[intensity=true,intensitycolor=red,%
     intensitylabel=i(t),intensitylabelcolor=red,%
     intensitylabeloffset=0.3,intensitywidth=2pt](A)(B){$R$}
\end{pspicture}
```

30.3.6 Spannungspfeile

Analog zu den Strompfeilen kann jedes Objekt parallel dazu mit einem Spannungspfeil versehen werden. Das Beispiel zeigt wieder bereits eine Anwendung aller verfügbaren Optionen für die Kennzeichnung von Spannungspfeilen, deren Standardwerte wieder der Dokumentation von pst-circ entnommen werden können. Das Listing zeigt allerdings nur die für die Spannung relevanten Optionen, die hier zusätzlich zum vorhergehenden Beispiel aufgenommen wurden.

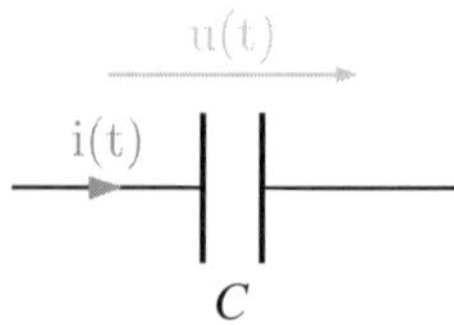


```
\begin{pspicture}(-2,-0.5)(2,1)
  \pnode(-1.5,0){A}  \pnode(1.5,0){B}
  \capacitor[labeloffset=-0.75,intensity=true,%
    intensitycolor=red,intensitylabel=i(t),intensitylabelcolor=red,%
    intensitylabeloffset=0.3,intensitywidth=2\pslinewidth,%
%
    tension=true,tensioncolor=green,tensionoffset=0.75,%
    tensionlabel=u(t),tensionlabelcolor=green,tensionlabeloffset=1,%
    tensionwidth=\pslinewidth](A)(B){$C$}
\end{pspicture}
```

Der Abbildung kann ebenfalls entnommen werden, dass das Label für das Objekt, welches standardmäßig oberhalb erscheint durch Modifikation des Offsets nach unten gesetzt wird. Weiterhin entspricht die Pfeilrichtung der Standardvorgabe; sie ist wie beim Strom von B nach A gerichtet, womit das Bauteil formal Energie aufnimmt. Dies lässt sich einfach mit der Option

```
dipoleconvention=generator|receptor
```

ändern, wobei receptor die Standardvorgabe ist. Beide Pfeile zusammen können ebenfalls über eine Option richtungsmäßig umgedreht werden:

```
directconvention=false|true
```

30.3.7 Parallelschaltungen

Dieser Fall tritt sehr häufig auf, beispielsweise beim Ersatzschaltbild für einen Kondensator, sodass pst-circ hierfür extra einige Optionen aufweist. Die folgende Darstellung zeigt ein einfaches Beispiel mit sämtlichen Optionen, wobei wieder einige der vorhergehenden Optionen übernommen wurden, ohne dass sie im angegebenen Programmcode erscheinen.

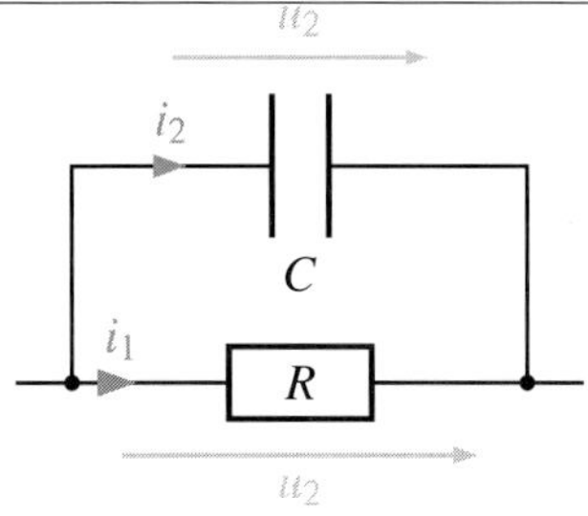


```
\begin{pspicture}(-2,-0.5)(2,2)
  \pnode(-2,0){A}   \pnode(2,0){B}
  \resistor[labeloffset=0,intensity=true,intensitycolor=red,%
    intensitylabel=$i_1$,intensitylabelcolor=red,%
    intensitylabeloffset=0.3,intensitywidth=2pt,%
%
    tension=true,tensioncolor=green,tensionoffset=-0.5,%
    tensionlabel=$u_2$,tensionlabelcolor=green,%
    tensionlabeloffset=-0.75,tensionwidth=1pt](A)(B){$R$}
  \capacitor[labeloffset=-0.75, parallel=true,%
    parallelnode=true, parallelsep=0.2,parallelarm=1.5,%
%
    intensity=true,intensitycolor=red,intensitylabel=$i_2$,%
    intensitylabelcolor=red,intensitylabeloffset=0.3,intensitywidth=2\pslinewidth,
       %
%
    tension=true,tensioncolor=green,tensionoffset=0.75,%
    tensionlabel=$u_2$,tensionlabelcolor=green,%
    tensionlabeloffset=1,tensionwidth=\pslinewidth](A)(B){$C$}
\end{pspicture}
```

Das Prinzip ist, dass beide Objekte dieselben Knotenpunkte haben, nur dass einer von beiden mit der Option `parallel` darüber oder darunter angeordnet wird. Letzteres ist mit einem negativen Wert für `parallelarm` möglich, beispielsweise -2, dann wird dieses Objekt im Abstand von zwei Längeneinheiten nach unten gezeichnet. Damit sind auch Parallelschaltungen mit drei Objekten möglich.

30.3.8 Darstellungsformen

Insbesondere zwischen europäischen und amerikanischen Symbolen bestehen sehr häufig Unterschiede in der Darstellung. Fast alle können per Option berücksichtigt werden und sind in Tabelle 30.5 zusammengefasst.

Tabelle 30.5: Alternative Darstellungsformen

Makro	Option	Grafik
`\resistor`	–	R
	`dipolestyle=zigzag`	R
`\coil`	–	L

Makro	Option	Grafik
	`dipolestyle=rectangle`	L
	`dipolestyle=curved`	L
	`dipolestyle=elektor`	L
	`dipolestyle=elektorcurved`	L
`\capacitor`	–	C
	`dipolestyle=chemical`	C
	`dipolestyle=elektor`	C
	`dipolestyle=elektorchemical`	C
`\diode`	–	D
	`dipolestyle=thyristor`	T
	`dipolestyle=GTO`	GTO
	`dipolestyle=triac`	Triac

30.3.9 Regelbare Widerstände, Spulen und Kondensatoren

Mit der Option `variable=true` lassen sich die Elemente mit einem diagonalen Pfeil versehen, sodass sie als regelbar gekennzeichnet sind (Abbildung 30.1).

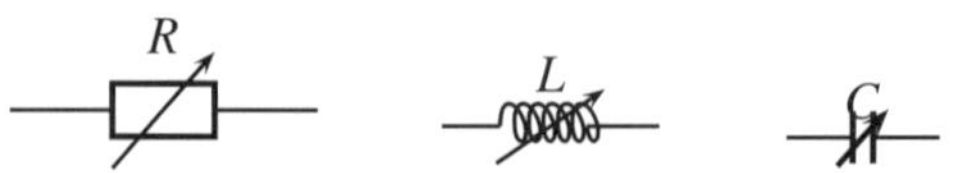

Abbildung 30.1: Regelbare Objekte

30.3.10 Transistoren

Ohne weitere Angaben wird der in Tabelle 30.2 dargestellte PNP Transistor gezeichnet. Die weiteren Optionen zeigt das folgende Beispiel. Eine weitere Option `transistorinvert=false|true` vertauscht die Anschlüsse Emitter und Kollektor. Die übergeordnete Option `intensity=true` setzt automatisch alle drei Strompfeile für Basis/Emitter/Kollektor auf `true`. Die Farbe für Strompfeil und Label kann über die allgemeinen Optionen `intensitycolor=<Farbe>` und `intensitylabelcolor=<Farbe>` global gesteuert werden.

```
\psset{unit=0.7}
\begin{pspicture}(4,3)
  \pnode(0,1.5){A}  \pnode(4,3){B}
  \pnode(4,0){C}
  \transistor[%
    transistorcircle=false, transistortype=NPN,%
    transistoribase=true,transistoricollector=true,%
    transistoriemitter=true,transistoribaselabel=$i_B$,%
    transistoricollectorlabel=$i_C$,transistoriemitterlabel
      =$i_E$,%
    intensitycolor=red,intensitylabelcolor=red](A)(B)(C)
\end{pspicture}
```

30.3.11 Operationsverstärker

Tabelle 30.2 zeigt die Standarddarstellung für den idealen Operationsverstärker mit unendlich großer Verstärkung. Das Beispiel zeigt eine Darstellung mit allen möglichen Optionen. Auch hier kann wieder zur Vereinfachung die übergeordnete Option `intensity` benutzt werden, wenn alle drei Strompfeile gezeichnet werden sollen.

```
\psset{unit=0.7}
\begin{pspicture}(4,3.5)
  \pnode(0,3){A}  \pnode(0,0){B}
  \pnode(4,1.5){C}
  \OA[OAperfect=false,OAiplus=true,%
      OAiminus=true,  OAiout=true,%
      OAipluslabel=$i_P$, OAiminuslabel=$i_M$,%
      OAioutlabel=$i_A$, intensitycolor=red,%
      intensitylabelcolor=red](A)(B)(C)
\end{pspicture}
```

Sehr häufig findet sich mittlerweile eine andere Darstellung für OP's, die im nächsten Beispiel dargestellt ist und über die Option `tripolestyle=french` erreicht wird.

Die letzte Option `OAinvert` ermöglicht ähnlich wie beim Transistor die Vertauschung der beiden Eingänge.

```
\psset{unit=0.7}
\begin{pspicture}(4,3.5)
  \pnode(0,3){A}
  \pnode(0,0){B}
  \pnode(4,1.5){C}
  \OA[tripolestyle=french](A)(B)(C)
\end{pspicture}
```

30.3.12 Transformator

Als letztes Objekt soll der Transformator mit seinen Optionen behandelt werden, deren Auswirkung im Beispiel zu erkennen ist. Die Markierung der Strompfeile kann wieder über die übergeordnete Option `intensity` gesetzt werden, wenn beide Pfeile gezeichnet werden sollen. Weiterhin kann das in Deutschland übliche Symbol mit rechteckigen Spulen benutzt werden. Dazu wird die Option `dipolestyle=rectangle` verwendet, auch wenn es sich hier um einen Quadrupol handelt.

```
\psset{unit=0.7}
\begin{pspicture}(-0.25,0)(4,4)
  \pnode(0,3){A} \pnode(0,0){B}
  \pnode(4,3){C} \pnode(4,0){D}
  \transformer[dipolestyle=rectangle,%
    primarylabel={Prim.},secondarylabel={Sek.},%
    transformeriprimary=true,%
    transformerisecondary=true,transformeriprimarylabel=$i_{in}$,%
    transformerisecondarylabel=$i_{out}$,%
    intensitycolor=red,intensitylabelcolor=red](A)(B)(C)(D){$T$}
\end{pspicture}
```

30.3.13 Beispiel

Mit Sicherheit wird man mit `pst-circ` nicht umfangreiche Schaltungen entwerfen. Dennoch lassen sich insbesondere kleinere Schaltbilder oder Ersatzschaltbilder leicht erstellen, wenn man während der Erstellung mit einem Koordinatengitter arbeitet, welches mit `psgrid` einfach erstellt werden kann. Das in Abbildung 30.2 dargestellte Ersatzschaltbild eines Gleichstromstellers wurde mit der in Listing 30.1 angegeben Befehlsfolge erstellt.

Listing 30.1: Befehlsfolge für Abbildung 30.2

```
\psset{unit=0.7}
\psset{intensitycolor=red,
  intensitylabelcolor=red,tensioncolor=green,%
  tensionlabelcolor=green,intensitywidth=3pt}
\begin{pspicture}(-1.25,0)(13.5,9)
  \circledipole[tension,tensionlabel=$U_0$,tensionoffset=-0.75,%
        tensionlabeloffset=-1,labeloffset=0](0,6)(0,0){\LARGE\textbf{=}}
  \wire[intensity,intensitylabel=$i_0$](0,6)(2.5,6)
  \diode[dipolestyle=thyristor](2.5,6)(4.5,6){$T_1$}
```

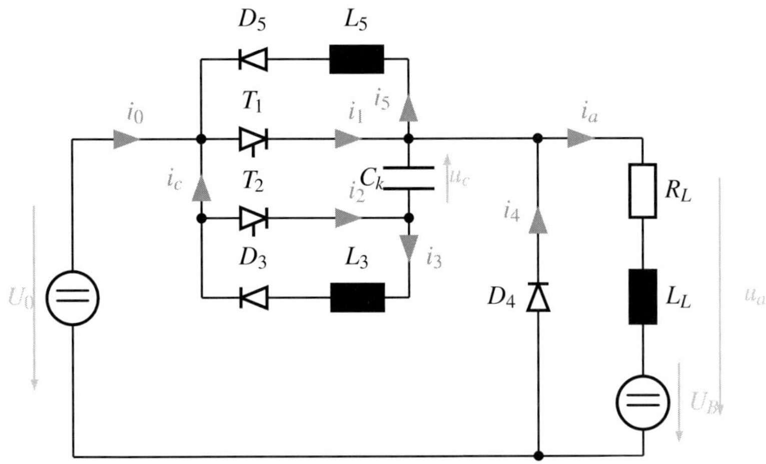

Abbildung 30.2: Anwendungsbeispiel für pst-circ

```
  \wire[intensity,intensitylabel=$i_1$](4.5,6)(6.5,6)
  \multidipole(6.5,7.5)(2.5,7.5)%
    \coil[dipolestyle=rectangle,labeloffset=-0.75]{$L_5$}%
    \diode[labeloffset=-0.75]{$D_5$}.
  \wire[intensity,intensitylabel=$i_5$](6.5,6)(6.5,7.5)
  \wire(2.5,7.5)(2.5,3)
  \wire[intensity,intensitylabel=$i_c$](2.5,4.5)(2.5,6)
  \qdisk(2.5,6){2pt}\qdisk(6.5,6){2pt}
  \diode[dipolestyle=thyristor](2.5,4.5)(4.5,4.5){$T_2$}
  \wire[intensity,intensitylabel=$i_2$](4.5,4.5)(6.5,4.5)
  \capacitor[tension,tensionlabel=$u_c$,%
    tensionoffset=-0.75,tensionlabeloffset=-1](6.5,4.5)(6.5,6){$C_k$}
  \qdisk(2.5,4.5){2pt}\qdisk(6.5,4.5){2pt}
  \wire[intensity,intensitylabel=$i_3$](6.5,4.5)(6.5,3)
  \multidipole(6.5,3)(2.5,3)%
    \coil[dipolestyle=rectangle,labeloffset=-0.75]{$L_3$}%
    \diode[labeloffset=-0.75]{$D_3$}.
  \wire(6.5,6)(9,6)\qdisk(9,6){2pt}
  \diode(9,0)(9,6){$D_4$}
  \wire[intensity,intensitylabel=$i_4$](9,3.25)(9,6)
  \wire[intensity,intensitylabel=$i_a$](9,6)(11,6)
  \multidipole(11,6)(11,0)%
    \resistor{$R_L$}
    \coil[dipolestyle=rectangle]{$L_L$}%
    \circledipole[labeloffset=0,tension,tensionoffset=0.7,%
      tensionlabel=$U_B$]{\LARGE\textbf{=}}.
  \wire(0,0)(11,0)\qdisk(9,0){2pt}
  \tension(12.5,5.5)(12.5,0.5){$u_a$}
\end{pspicture}%
```

30.4 Logische Bausteine

Die Bausteine orientieren sich in ihren Symbolen mehr oder weniger an der deutschen DIN-Norm. Größere logische Schaltungen wird man mit diesen Symbolen nicht erstellen können, denn man wird schnell den Überblick verlieren. Für einfache Kombinationen von logischen Gattern dürften sie dennoch ausreichen.

Die Syntax sämtlicher Bausteine ist identisch.

```
\logic[<Parameter]{<Typ>}(<x,y>){<Name>}
```

`(x,y)` bezeichnet den Punkt der linken unteren Ecke des Bausteins. Der Name sollte eindeutig sein, den er wird intern mit den Anschlussnummern zu Knotennamen erweitert, sodass nachträglich beliebige Verbindungen gezogen werden können.

30.4.1 Und

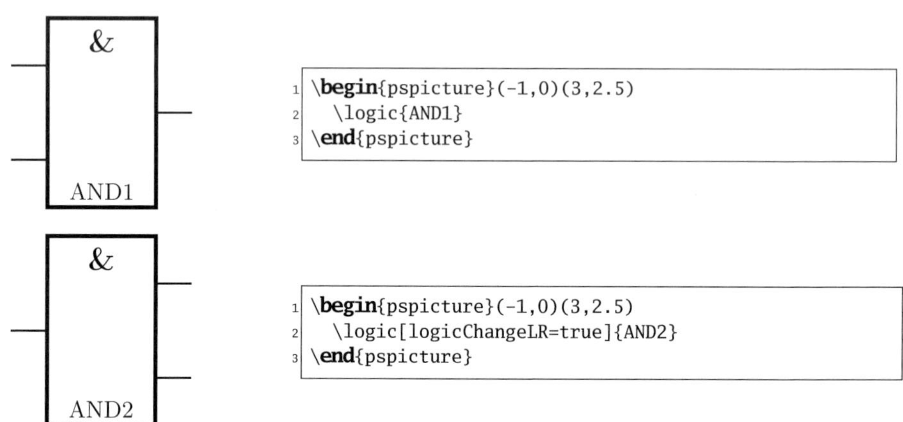


```
\begin{pspicture}(-1,0)(3,2.5)
  \logic{AND1}
\end{pspicture}
```

```
\begin{pspicture}(-1,0)(3,2.5)
  \logic[logicChangeLR=true]{AND2}
\end{pspicture}
```

30.4.2 Nicht-Und

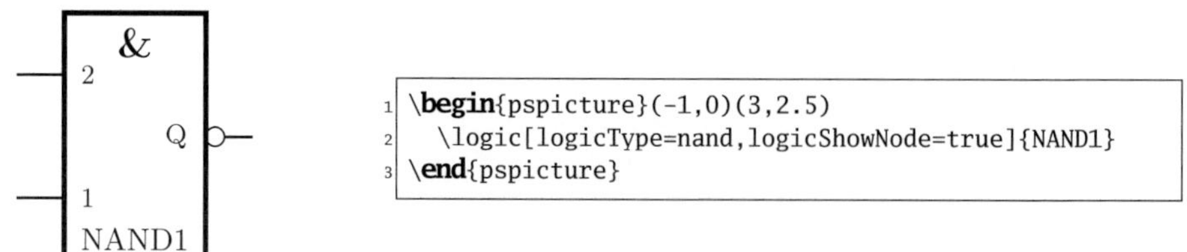


```
\begin{pspicture}(-1,0)(3,2.5)
  \logic[logicType=nand,logicShowNode=true]{NAND1}
\end{pspicture}
```

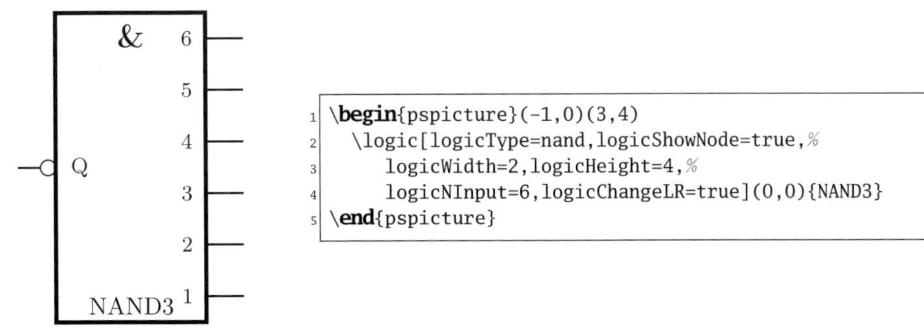


```
\begin{pspicture}(-1,0)(3,4)
  \logic[logicType=nand,logicShowNode=true,%
      logicWidth=2,logicHeight=4,%
      logicNInput=6,logicChangeLR=true](0,0){NAND3}
\end{pspicture}
```

30.4.3 Or

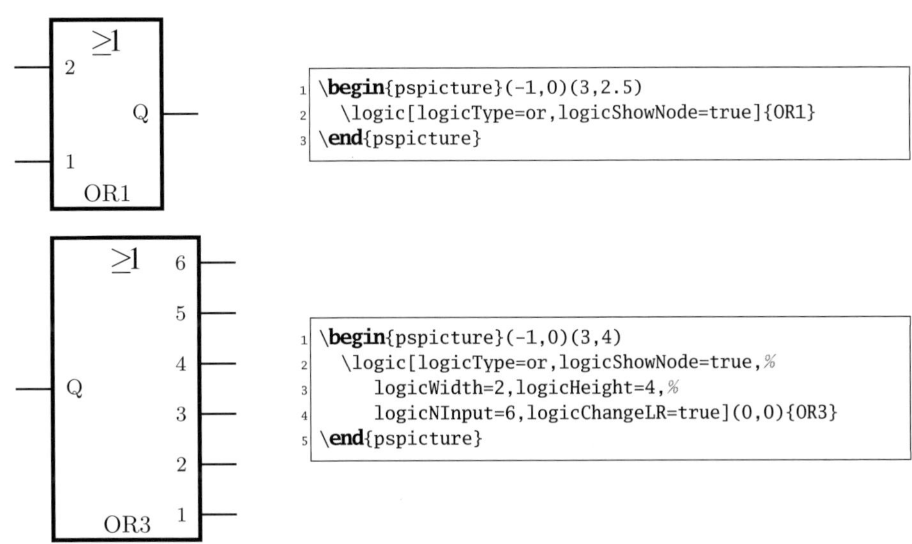


```
\begin{pspicture}(-1,0)(3,2.5)
  \logic[logicType=or,logicShowNode=true]{OR1}
\end{pspicture}
```

```
\begin{pspicture}(-1,0)(3,4)
  \logic[logicType=or,logicShowNode=true,%
      logicWidth=2,logicHeight=4,%
      logicNInput=6,logicChangeLR=true](0,0){OR3}
\end{pspicture}
```

30.4.4 Not Or

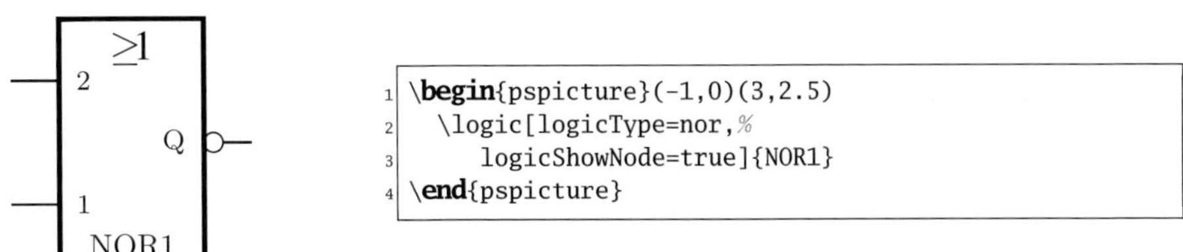


```
\begin{pspicture}(-1,0)(3,2.5)
  \logic[logicType=nor,%
      logicShowNode=true]{NOR1}
\end{pspicture}
```

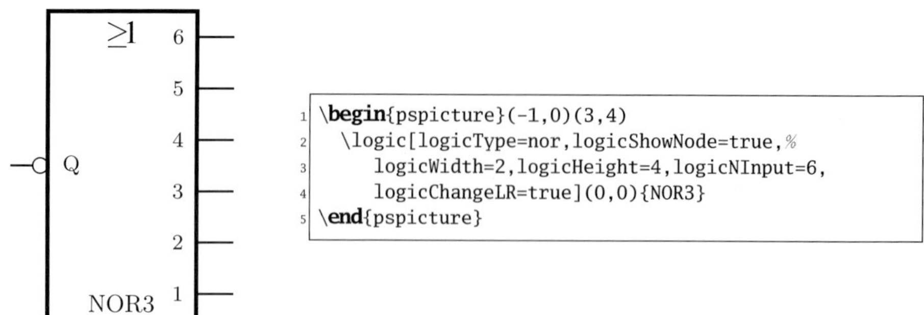


```
\begin{pspicture}(-1,0)(3,4)
  \logic[logicType=nor,logicShowNode=true,%
     logicWidth=2,logicHeight=4,logicNInput=6,
     logicChangeLR=true](0,0){NOR3}
\end{pspicture}
```

30.4.5 Not

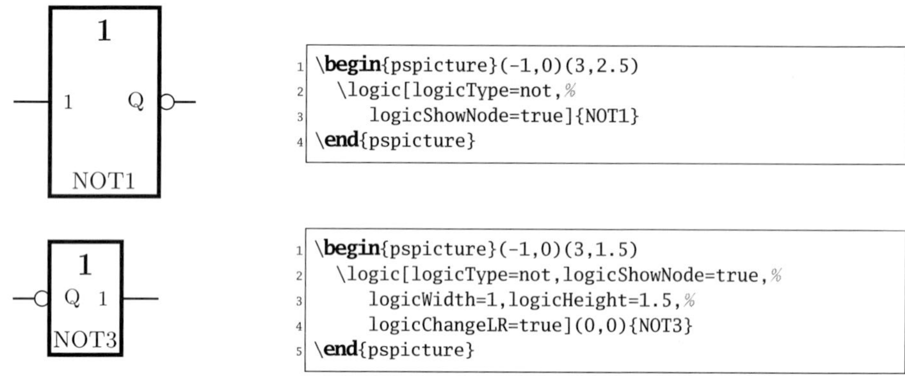


```
\begin{pspicture}(-1,0)(3,2.5)
  \logic[logicType=not,%
     logicShowNode=true]{NOT1}
\end{pspicture}
```

```
\begin{pspicture}(-1,0)(3,1.5)
  \logic[logicType=not,logicShowNode=true,%
     logicWidth=1,logicHeight=1.5,%
     logicChangeLR=true](0,0){NOT3}
\end{pspicture}
```

30.4.6 Exclusive OR

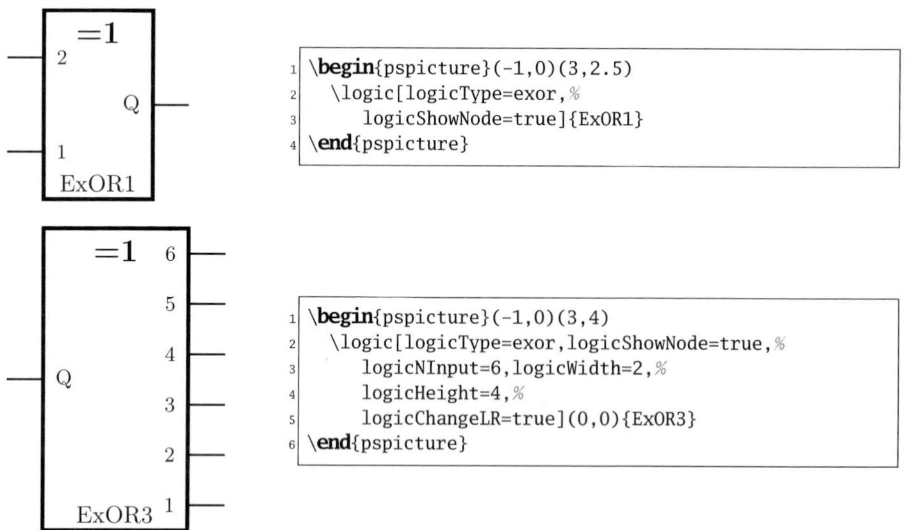


```
\begin{pspicture}(-1,0)(3,2.5)
  \logic[logicType=exor,%
     logicShowNode=true]{ExOR1}
\end{pspicture}
```

```
\begin{pspicture}(-1,0)(3,4)
  \logic[logicType=exor,logicShowNode=true,%
     logicNInput=6,logicWidth=2,%
     logicHeight=4,%
     logicChangeLR=true](0,0){ExOR3}
\end{pspicture}
```

30.4.7 Exclusive NOR

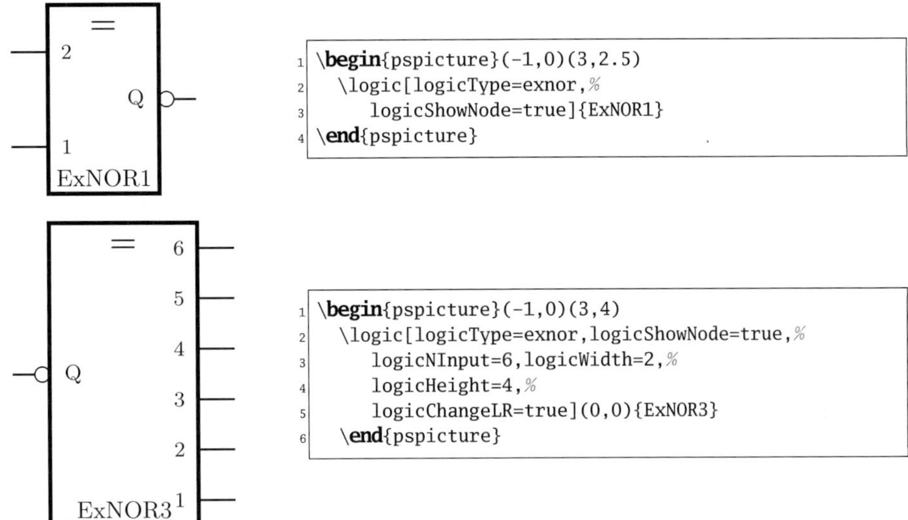

```
\begin{pspicture}(-1,0)(3,2.5)
  \logic[logicType=exnor,%
      logicShowNode=true]{ExNOR1}
\end{pspicture}
```

```
\begin{pspicture}(-1,0)(3,4)
  \logic[logicType=exnor,logicShowNode=true,%
      logicNInput=6,logicWidth=2,%
      logicHeight=4,%
      logicChangeLR=true](0,0){ExNOR3}
  \end{pspicture}
```

30.4.8 RS Flip Flop

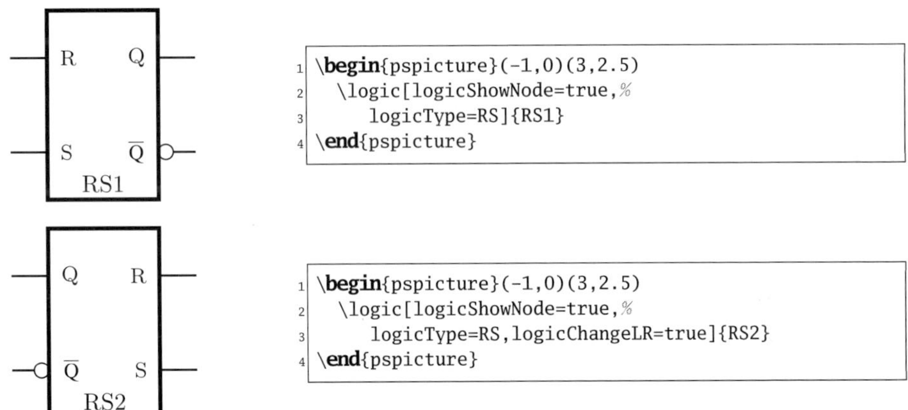

```
\begin{pspicture}(-1,0)(3,2.5)
  \logic[logicShowNode=true,%
      logicType=RS]{RS1}
\end{pspicture}
```

```
\begin{pspicture}(-1,0)(3,2.5)
  \logic[logicShowNode=true,%
      logicType=RS,logicChangeLR=true]{RS2}
\end{pspicture}
```

30.4.9 D Flip Flop

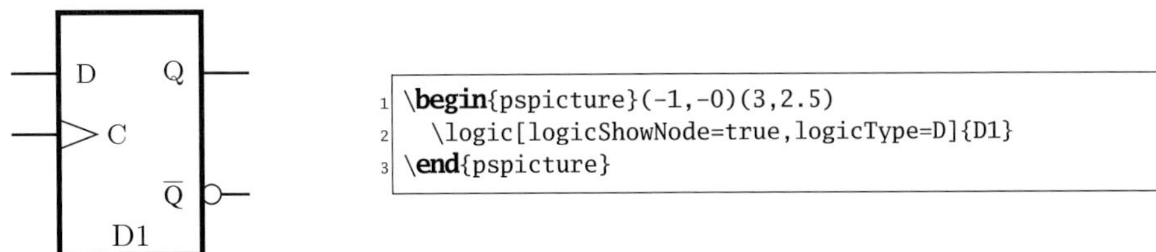

```
\begin{pspicture}(-1,-0)(3,2.5)
  \logic[logicShowNode=true,logicType=D]{D1}
\end{pspicture}
```

```
\begin{pspicture}(-1,0)(3,2.5)
\logic[logicShowNode=true, logicType=D,%
    logicChangeLR=true]{D2}
\end{pspicture}
```

30.4.10 JK Flip Flop

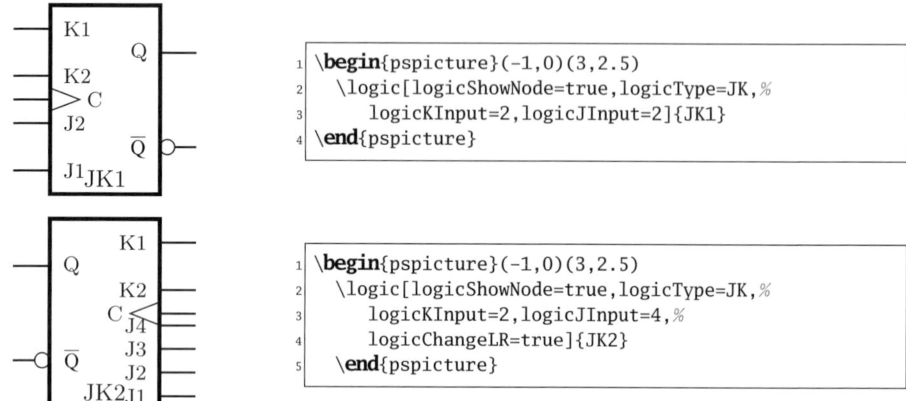


```
\begin{pspicture}(-1,0)(3,2.5)
  \logic[logicShowNode=true,logicType=JK,%
    logicKInput=2,logicJInput=2]{JK1}
\end{pspicture}
```

```
\begin{pspicture}(-1,0)(3,2.5)
  \logic[logicShowNode=true,logicType=JK,%
    logicKInput=2,logicJInput=4,%
    logicChangeLR=true]{JK2}
  \end{pspicture}
```

30.4.11 Weitere Parameter

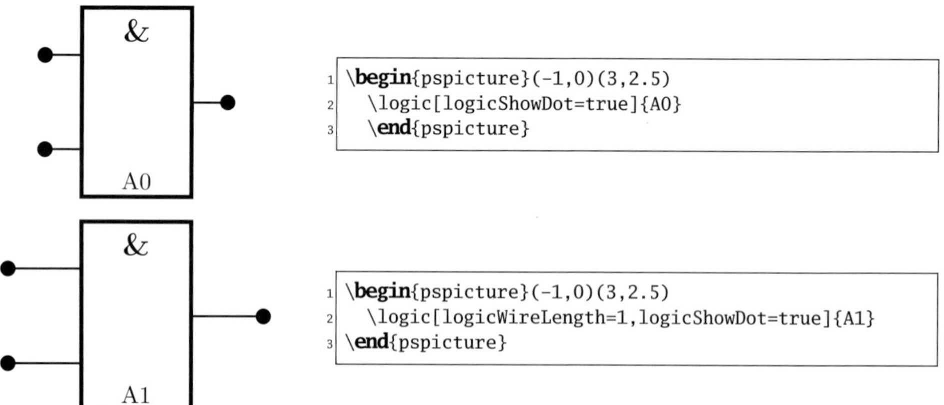


```
\begin{pspicture}(-1,0)(3,2.5)
  \logic[logicShowDot=true]{A0}
  \end{pspicture}
```

```
\begin{pspicture}(-1,0)(3,2.5)
  \logic[logicWireLength=1,logicShowDot=true]{A1}
\end{pspicture}
```

30.4.12 Die Knotennamen

Jedes Gatter sollte mit einem eindeutigen Namen definiert werden, beispielsweise

`NAND11, NAND12, NAND13, NAND14, NAND1Q`

Wenn der Ausgang negiert wird, wie bei fast allen Flip-Flops, so wird von `pst-circ` automatisch bei den Knotennamen `neg` angehängt.

NAND1Q, NAND1Qneg

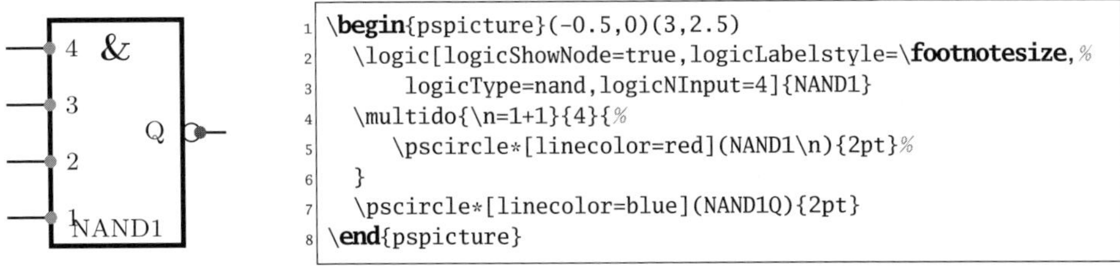


```
\begin{pspicture}(-0.5,0)(3,2.5)
  \logic[logicShowNode=true,logicLabelstyle=\footnotesize,%
      logicType=nand,logicNInput=4]{NAND1}
  \multido{\n=1+1}{4}{%
     \pscircle*[linecolor=red](NAND1\n){2pt}%
  }
  \pscircle*[linecolor=blue](NAND1Q){2pt}
\end{pspicture}
```

Mit der internen Definition der Knoten kann man nun beliebige Verbindungen erstellen.

```
\ncbar[angleA=0,angleB=180]{<Node A>}{<Node B>}
```

30.4.13 Beispiele

```
\begin{pspicture}(-1,0)(5,5)
  \psset{logicType=nor, logicLabelstyle=\normalsize,logicWidth=1, logicHeight=1.5, dotsize=0.15}
  \logic(1.5,0){nor1}
  \logic(1.5,3){nor2}
  \psline(nor2Q)(4,0|nor2Q)  \uput[0](4,0|nor2Q){$Q$}
  \psline(nor1Q)(4,0|nor1Q)  \uput[0](4,0|nor1Q){$\overline{Q}$}
  \psline{*-}(3.50,0|nor2Q)(3.5,2.5)(1.5,2.5)(0.5,1.75)(0.5,0|nor12)(nor12)
  \psline{*-}(3.50,0|nor1Q)(3.5,2)(1.5,2)(0.5,2.5)(0.5,0|nor21)(nor21)
  \psline(0,0|nor11)(nor11)  \uput[180](0,0|nor11){R}
  \psline(0,0|nor22)(nor22)  \uput[180](0,0|nor22){S}
\end{pspicture}
```

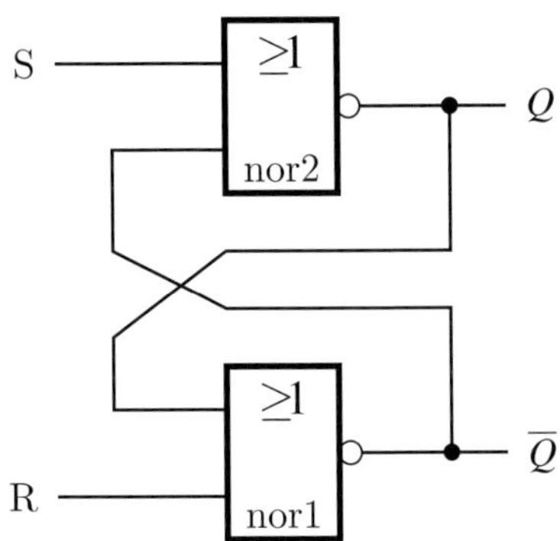


```
\begin{pspicture}(-4,0)(5,7)
  \psset{logicWidth=1, logicHeight=2, dotsize=0.15}
  \logic[logicWireLength=0](-2,0){A0}
```

```
  \logic[logicWireLength=0](-2,5){A1}
  \ncbar[angleA=-180,angleB=-180,arm=0.5]{A11}{A02}
  \psline[dotsize=0.15]{-*}(-3.5,3.5)(-2.5,3.5)
  \uput[180](-3.5,3.5){$T$}
  \psline(-3.5,0.5)(A01)  \uput[180](-3.5,0.5){$S$}
  \psline(-3.5,6.5)(A12)  \uput[180](-3.5,6.5){$R$}
  \psset{logicType=nor, logicLabelstyle=\normalsize}
  \logic(1,0.5){nor1}
  \logic(1,4.5){nor2}
  \psline(nor2Q)(4,0|nor2Q)  \uput[0](4,0|nor2Q){$Q$}
  \psline(nor1Q)(4,0|nor1Q)  \uput[0](4,0|nor1Q){$\overline{Q}$}
  \psline{*-}(3,0|nor2Q)(3,4)(1,4)(0,3)(0,0|nor12)(nor12)
  \psline{*-}(3,0|nor1Q)(3,3)(1,3)(0,4)(0,0|nor21)(nor21)
  \psline(A0Q)(nor11)     \psline(A1Q)(nor22)
\end{pspicture}
```

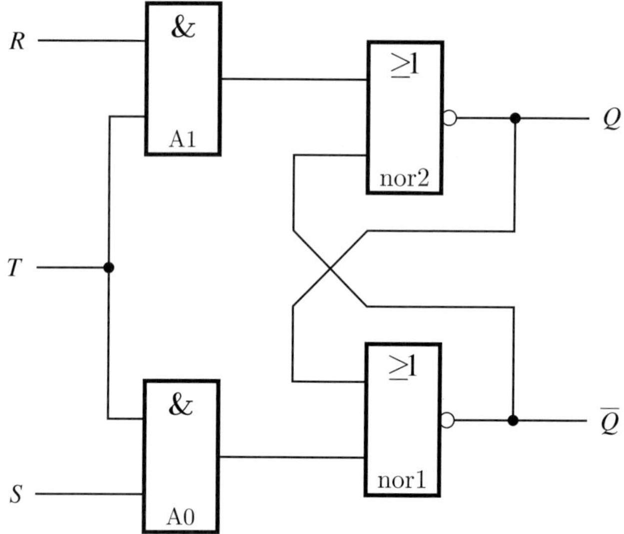

Kapitel

31 pst-geo: Geografische Projektionen

pst-geo ermöglicht vielfältige geografische Projektionen von der Erde oder Teilen davon. Ein grundsätzliches Problem ist aktuelle Koordinaten der Kontinente, Länder, Flüsse usw. zu bekommen, denn es gibt im Internet nur zwei verschiedene Datenbanken, die mehr oder weniger sämtliche Daten der Erde in Form von Polygonzügen gespeichert haben. Sehr umfangreich ist die „CIA World DataBank II“ (http://www.evl.uic.edu/pape/data/WDB/), die es auch in einer älteren Version gibt: http://sepwww.stanford.edu/ftp/World_Map/.

> The CIA World DataBank II is a collection of world map data, consisting of vector descriptions of land outlines, rivers, and political boundaries. It was created by the U.S. government in the 1980s. A highly compressed binary version of the data has been available on the Internet from several sources, but the format of this data is a bit complex and not well documented except by some example C code. Given the continual increase in hard disk sizes and network bandwidth, it's not as vital now to compress the data so much, so I have created plain text versions that are easier to use.

Der Vorteil dieser Datenbank ist zugleich auch ihr Nachteil, die Unmengen an Daten, die zu sehr großen PDF-Dateien führen, da die Polygonzüge keiner logischen Struktur unterliegen, sodass man die Auswahl der Punkte hätte einschränken können.

Eine weitere Datenquelle findet man unter ftp://ftp.blm.gov/pub/gis/wdbprg.zip, die wiederum den Nachteil hat, dass sie nur kodiert vorliegt. Für pst-geo ist diese Datenbank aber bereits in eine PostScript-konforme Datemstruktur gebracht worden und ebenso wie die CIA-Datenbank Teil von pst-geo.[1]

[1] Den theoretischen Hintergrund findet man zum einen in [39] und auf http://pageperso.aol.fr/manuelluquel/map2dII/doc-map2dii/doc-map2dii.html sowie http://pageperso.aol.fr/manuelluquel/map3dII/doc-pst-map3dii/doc-pst-map3dii.html.

`pst-geo` ist im eigentlichen Sinne kein Paketname, sondern die Bezeichnung für insgesamt vier verschiedene Pakete, die jeweils unterschiedliche Aufgaben erfüllen, aber alle die geografischen Koordinaten der Erde in unterschiedlichster Weise darstellen können. In dem Verzeichnis `CTAN://graphics/pstricks/contrib/pst-geo` findet man vier Pakete, jeweils die TeX-kompatible Form und die LaTeX-Wrapperdarei, zwei PostScript Prologdateien (Header) sowie fünf weitere Verzeichnisse.

README	May 11 19:18	1k
data	May 11 18:24	
dataII	May 11 19:17	
doc.	May 11 19:16	
examples2d	May 11 18:34	
examples3d	May 11 18:33	
map3d.pro.	May 11 17:55	7k
map3dII.pro.	May 5 16:56	6k
pst-map2d.sty.	May 3 13:13	1k
pst-map2d.tex.	May 11 17:01	11k
pst-map2dII.sty.	May 8 14:45	1k
pst-map2dII.tex.	May 11 15:16	14k
pst-map3d.sty.	May 3 13:13	1k
pst-map3d.tex.	May 11 17:51	5k
pst-map3dII.sty.	May 2 11:35	1k
pst-map3dII.tex.	May 8 08:44	7k

- `pst-map2d`: zweidimensionale Projektion und kleine Datenbank
- `pst-map3d`: dreidimensionale Projektion und kleine Datenbank
- `pst-map2dII`: zweidimensionale Projektion und große Datenbank
- `pst-map3dII`: dreidimensionale Projektion und große Datenbank

31.1 Installation

Die Installation der Pakete kann mit der oben angegebenen Struktur erfolgen, wobei die PostScript-Prologdateien auch in das „eigentliche" Verzeichnis `$TEXMF/dvips/pstricks/` kopiert werden können. Die beiden Daten-Verzeichnisse enthalten komprimierte Dateien, die entsprechend zu dekomprimieren sind. Auch entsprechende WIndows-Programme können das `tgz`-Format handhaben.

31.2 Parameter

Hier werden diejenigen Parameter beschrieben, die für mehrere oder alle Pakete der `pst-geo` Reihe gleichermaßen zur Verfügung stehen. Alle individuellen werden in den entsprechenden Abschnitten behandelt. Die Bezeichnung der einzelnen Erdteile erfolgt grundsätzlich entsprechend Tabelle 31.2.

Tabelle 31.1: Zusammenstellung der verfügbaren Optionen für das Paket `pst-map2d`

Name	Wert	Bedeutung
`path`	data	Verzeichnis der Datenbank
`level`	5	Genauigkeit
`type`	1	Kartentyp
`n`	1.77245	Seitenverhältnis
`limiteL`	180	maximaler Längengrad
`longitude0`	0	Bezugslängengrad für Bonne
`latitude0`	45	Bezugsbreitengrad für Bonne
`increment`	10	Differenz der Längengrade
`MapFillColor`	0.99 0.95 0.7	RGB-Farbe der Kontinente
`capitals`	false	Hauptstädte anzeigen
`city`	false	Städte anzeigen
`rivers`	true	Flüsse anzeigen
`borders`	false	Grenzen anzeigen
`maillage`	true	Längen- und Breitengrade anzeigen
`Fill`	true	Land und Wasser einfärben
`mapCountry`	all	Staatsbezeichnung für die Ausgabe der Städtenamen
`nodeWidth`	1mm	Durchmesser des Ortssymbols

Tabelle 31.2: Kurzbezeichnung der Kontinente

`europe`	Europa und Nordpol
`asia`	Asien und Australien
`africa`	Afrika und Südpol
`namer`	Nordamerika
`samer`	Südamerika

31.2.1 path

Der Parameter `path` ist besonders wichtig, da er erst auf PostScript-Ebene eine wirkliche Bedeutung hat und somit nicht über die TEX-Dateistruktur gefunden werden kann. `path` **muss** daher korrekt gesetzt werden, da ansonsten keine Ausgabe möglich ist, denn die Daten werden erst mit dem Start der PostScript-Ausgabe, bzw. des PostScript-Programms, eingelesen und entsprechend verarbeitet. Dies bedeutet, dass zum einen die PostScript-Datei allein nicht weitergegeben werden kann, denn ohne Daten ist sie sinnlos und zum anderen, dass eventuelle `PDF`-Dateien um ein Vielfaches größer werden als die entsprechende `DVI`/`PS`-Dateien, denn die `PDF`-Datei hat die Daten bereits intern gespeichert. Der Vorteil ist natürlich, dass die `PDF`-Datei „ohne“ Daten weitergegeben werden kann.

Der Pfad muss mit dem Aufruf der PostScript-Datei durch Ghostscript relativ oder absolut zum Dokument sein, denn PostScript arbeitet nicht mit dem Verzeichnisbaum von TEX. Die sicherste Methode ist, wenn der Pfad grundsätzlich absolut gesetzt wird bzw. wenn sämtliche Daten in das TEX-Dokument eingebettet werden.

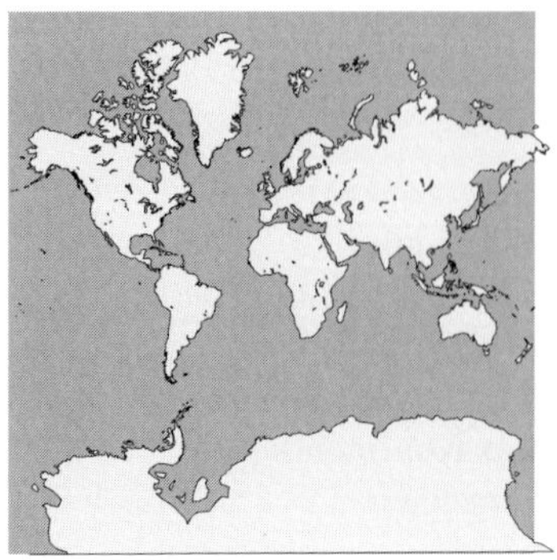

```
\psset{path=/home/voss/Links/local/pst-geo/data,%
  unit=0.25,linewidth=0.1pt}
\begin{pspicture}*(-9,-9)(10,9)
  \WorldMap[maillage=false]
\end{pspicture}
```

31.2.2 level

Mit `level` kann man die Genauigkeit der Polygonzüge wählen, wobei alle positiven Werte zulässig sind. Bei `level=10` wird nur noch ungefährt jeder 10. Wert berücksichtigt, mindestens jedoch der Anfangs- und der Endpunkt. Vor- und Nachteile liegen auf der Hand und es muss individuell entschieden werden, was das Ziel ist: genaue Grenzen oder schnelle Berechnung. Das folgende Beispiel ist abgesehen vom gewählten `level=5` identisch zum vorherigen. Erst bei größeren Maßstäben wird man Unterschiede zwischen den einzelnen Levels wahrnehmen.

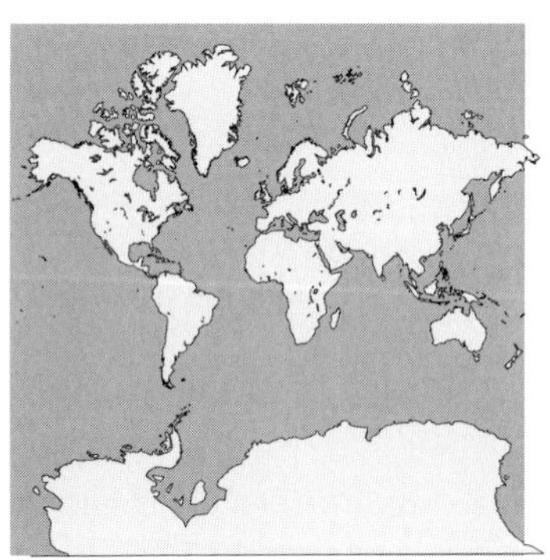

```
\psset{unit=0.25,linewidth=0.1pt}
\begin{pspicture}*(-9,-9)(10,9)
  \WorldMap[level=5,maillage=false]
\end{pspicture}
```

31.2.3 type

Es existieren unterschiedliche Methoden, die dreidimensionalen Kugelkoordinaten auf ein zweidimensionales kartesisches Koordinatensystem zu projezieren. Mit `type`-Option kann man zwischen acht verschiedenen Darstellungen wählen (Tabelle 31.3).

Tabelle 31.3: Zusammenfassung der Darstellungsmöglichkeiten

type	Bedeutung
1	Mercator
2	einfache Lambert-Darstellung
3	Lambert
4	Sanson-Flamsteed
5	zylindrisch
6	Babinet
7	Collignon
8	Bonne

31.2.3.1 Mercator-Darstellung

Die Mercator-Darstellung wird am häufigsten angewendet, da die sogenannten Loxodrome[2]Geraden sind. Die x-Achse entspricht dem Äquator und die y-Achse einem Längengrad θ_0.

$$x = \theta - \theta_0 \tag{31.1}$$

$$y = \ln\left(\tan\left(\frac{1}{4}\pi + \frac{1}{2}\phi\right)\right) \tag{31.2}$$

$$= \frac{1}{2}\ln\left(\frac{1+\sin\phi}{1-\sin\phi}\right) \tag{31.3}$$

$$= \tanh^{-1}(\tan\phi) \tag{31.4}$$

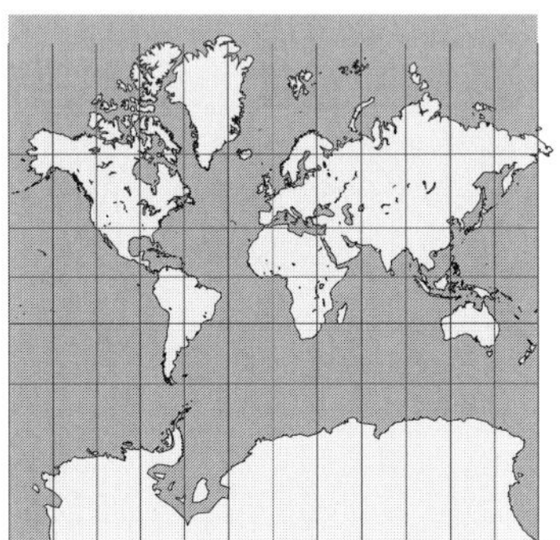

```
\psset{unit=0.25,linewidth=0.1pt}
\begin{pspicture}*(-10,-9)(10,9)
  \WorldMap[level=5,type=1]
\end{pspicture}
```

31.2.3.2 Einfache Lambert-Darstellung

Der deutsche Kartograph Johann Heinrich Lambert erkannte, daß die rechteckige Form der Mercator-Karte nicht aufgegeben werden darf. Er schuf die erste Erdkarte, auf der Flächentreue und Rechtwinkligkeit vereinigt sind. Diesem Vorteil steht der Nachteil der „Handtuchform“ (Höhe:Breite=1:3) und die Verzerrung Europas

[2]Die Loxodrome (griechisch: „schiefer Weg“) ist die Verbindung zweier Punkte auf einer Kugel, deren Strecke immer unter dem gleichen Winkel die Meridiane kreuzt.

gegenüber. Bei der vereinfachten Darstellung bilden Längen- und Breitenkreise gleich große Quadrate.

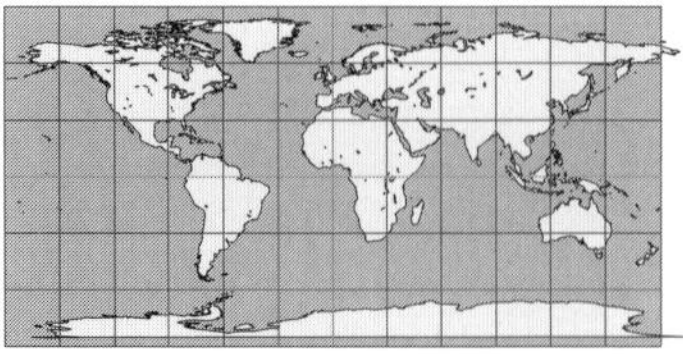

```
\psset{unit=0.25,linewidth=0.1pt}
\begin{pspicture}*(-10,-5)(10,5)
  \WorldMap[level=5,type=2]
\end{pspicture}
```

31.2.3.3 Lambert-Darstellung

Die Transformationsgleichungen lauten:

$$x = \theta - \theta_0 \tag{31.5}$$

$$y = \sin\phi \tag{31.6}$$

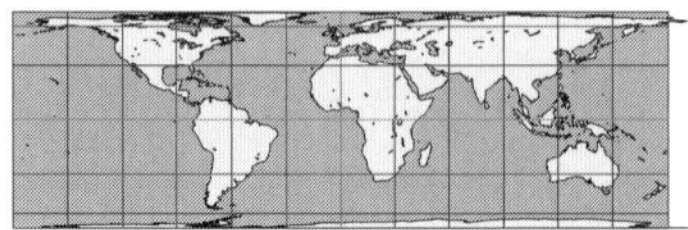

```
\psset{unit=0.25,linewidth=0.1pt}
\begin{pspicture}*(-10,-5)(10,5)
  \WorldMap[level=5,type=3]
\end{pspicture}
```

31.2.3.4 Sanson–Flamsteed-Darstellung

Diese Projektion wurde nach den Skizzen aus Mercators Nachlass von dem französischen Kartographen Nicolas Sanson (ca. 1650) oder dem Engländer Flamsteed (ca. 1750), aber wahrscheinlich sogar von Mercator selbst entwickelt. Die zwiebelförmige Karte ist flächentreu. Die Länder und Kontinente außerhalb der Äquatorzone sind stark verzerrt. Der Verzicht auf eine rechteckige Kartenform führte zum Verlust lotrechter Darstellung der Nord-Süd-Richtung.

$$x = R \cdot \theta \cdot \cos\phi \tag{31.7}$$

$$y = R \cdot \phi \tag{31.8}$$

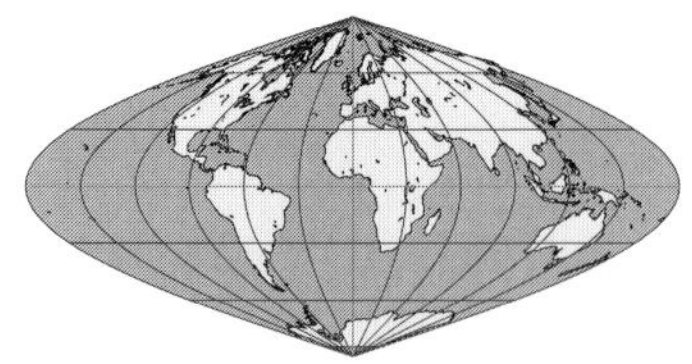

```
\psset{unit=0.25,linewidth=0.1pt}
\begin{pspicture}*(-10,-5)(10,5)
  \WorldMap[level=5,type=4]
\end{pspicture}
```

31.2.3.5 Zylindrische Darstellung

Die zylindrische Darstellung hat die einfachsten Transformationsgleichungen, aber im Gegenzug erhebliche Mängel in der Darstellung.

$$x = \theta - \theta_0 \tag{31.9}$$

$$y = \tan\phi \tag{31.10}$$

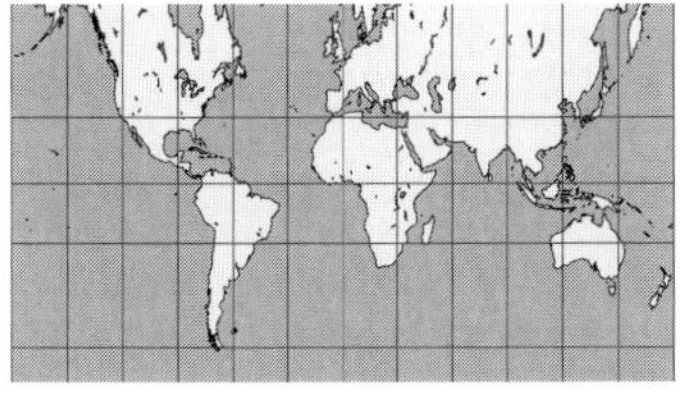

```
\psset{unit=0.25,linewidth=0.1pt}
\begin{pspicture}*(-10,-5)(10,5)
  \WorldMap[level=5,type=5]
\end{pspicture}
```

31.2.3.6 Babinet-Darstellung

Eigentlich schuf der deutsche Kartograph Ernst Hammer diese ovale Erdkarte. Sie ist flächentreu. Mit dem Verzicht auf die rechteckige Form wurde die lotrechte Nord-Süd Richtung aufgegeben und die Krümmung der Breitenkreise führte zum Verlust der waagerechten Ost-West Achse. Weiterhin sind die Formen außerhalb Europas und Afrikas stark verzerrt.

$$z = \sqrt{1 - \frac{x^2}{16} - \frac{y^2}{4}}\theta \qquad = 2\cdot\tan^{-1}\left(\frac{2\,(2x^2-1)}{x}\right) \tag{31.11}$$

$$\phi = \sin^{-1} xz \tag{31.12}$$

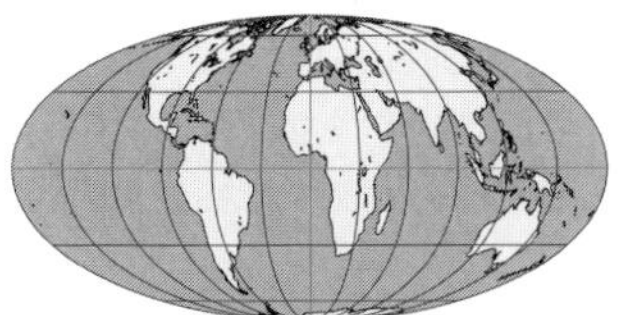

```
\psset{unit=0.25,linewidth=0.1pt}
\begin{pspicture}*(-9,-5)(10,5)
  \WorldMap[level=5,type=6]
\end{pspicture}
```

31.2.3.7 Collignon-Darstellung

Die Projektion Édouard Collignons wurde 1865 veröffentlicht und stellt eine Dreieckform der Erde mit starker Verzerrung an den Enden dar. Sie ist jedoch flächentreu.

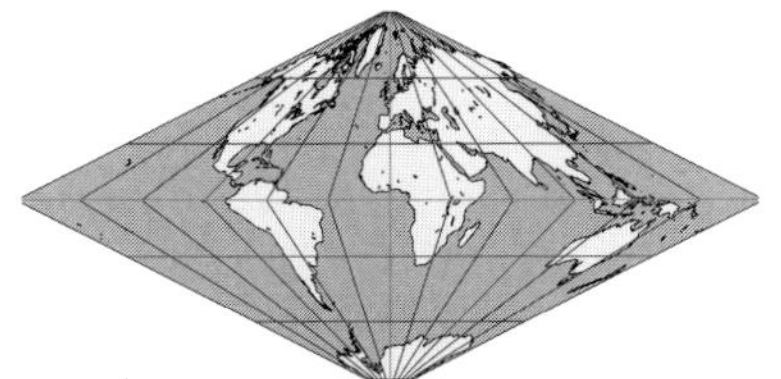

```
\psset{unit=0.25,linewidth=0.1pt}
\begin{pspicture}*(-10,-5)(10,5)
  \WorldMap[level=5,type=7]
\end{pspicture}
```

31.2.3.8 Bonne-Darstellung

In der Vergangenheit sehr populär für großräumige topografische Diagramme war die Darstellung nach dem Franzosen R. Bonne (1727-1795), die allerdings schon sehr viel früher verwendet wurde (ca. 1500). Sie ist ebenfalls flächentreu, weist aber starke Verzerrungen auf.

$$x = (\cot\phi_1 + \phi_1 - \phi) \cdot \sin E \tag{31.13}$$

$$y = \cot\phi_1 - (\cot\phi_1 + \phi_1 - \phi) \cdot \cos E E \qquad = \frac{(\theta - \theta_0)\cos\phi}{\cot\phi_1 + \phi_1 - \phi} \tag{31.14}$$

$$\tag{31.15}$$

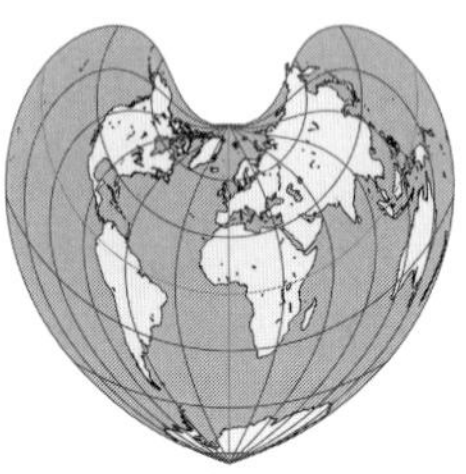

```
\psset{unit=0.25,linewidth=0.1pt}
\begin{pspicture}*(-10,-10)(10,3)
  \WorldMap[level=5,type=8]
\end{pspicture}
```

31.2.4 n

n beeinflusst die Darstellung für eine Ausgabe nach Collignon. Mit diesem Wert kann das Verhältnis aus Höhe und Breite beeinflusst werden. Der vorgegebene Wert entspricht $\sqrt{\pi}$.

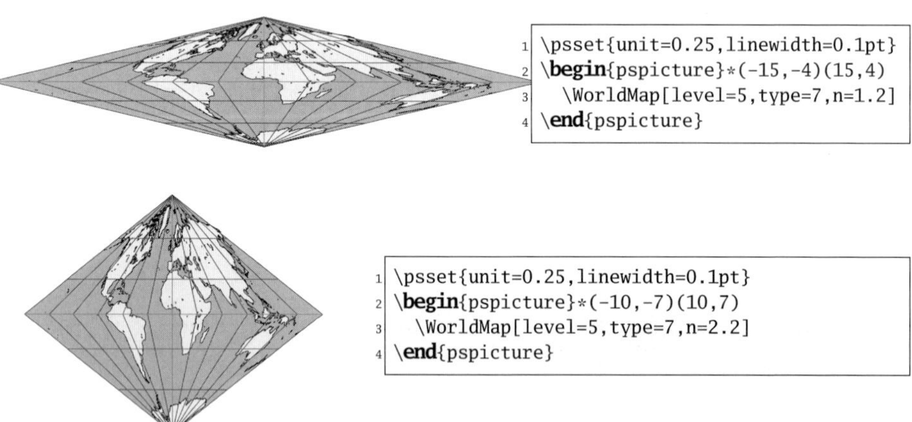

```
\psset{unit=0.25,linewidth=0.1pt}
\begin{pspicture}*(-15,-4)(15,4)
  \WorldMap[level=5,type=7,n=1.2]
\end{pspicture}
```

```
\psset{unit=0.25,linewidth=0.1pt}
\begin{pspicture}*(-10,-7)(10,7)
  \WorldMap[level=5,type=7,n=2.2]
\end{pspicture}
```

31.2.5 limiteL

`limiteL` gibt den maximalen Wert vor, bis zu dem die Längengrade berechnet und entsprechend eingezeichnet werden. Die Angabe bezieht sich dabei auf die symmetrische Darstellung ±`limiteL`.

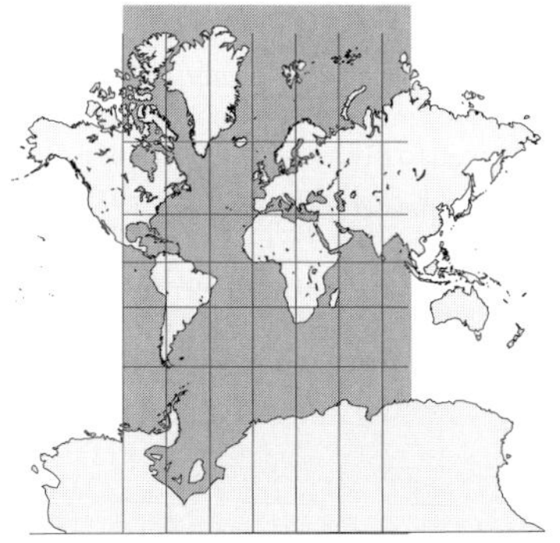

```
\psset{unit=0.25,linewidth=0.1pt}
\begin{pspicture}*(-10,-9)(10,9)
  \WorldMap[level=5,limiteL=100]
\end{pspicture}
```

31.2.6 longitude0 und latitude0

`longitude0` und `latitude0` geben die Sichtweise vor, die für eine Ausgabe nach Bonne zugrunde gelegt wird.

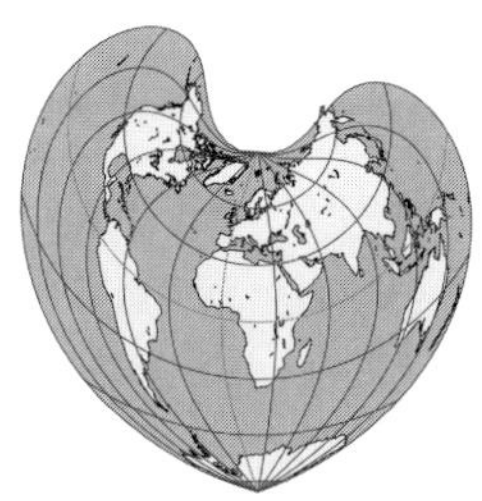

```
\psset{unit=0.25,linewidth=0.1pt}
\begin{pspicture}*(-10,-10)(10,3)
  \WorldMap[level=5,type=8,longitude0=20]
\end{pspicture}
```

31.2.7 maillage und increment

`increment` gibt die Schrittweite der eingezeichneten Längengrade vor und mit `maillage=false` kann dies gänzlich unterbunden werden.

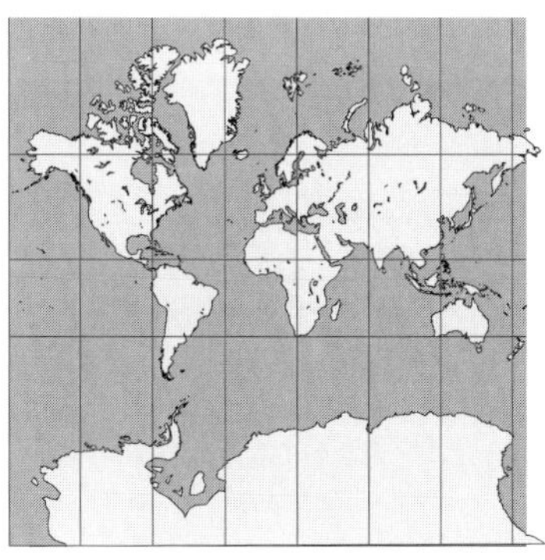

```
\psset{unit=0.25,linewidth=0.1pt}
\begin{pspicture}*(-10,-9)(10,9)
  \WorldMap[level=5,increment=50]
\end{pspicture}
```

31.2.8 MapFillColor

`MapFillColor` gibt die Füllfarbe der Kontinente vor und muss als `RGB`-Tripel übergeben werden.

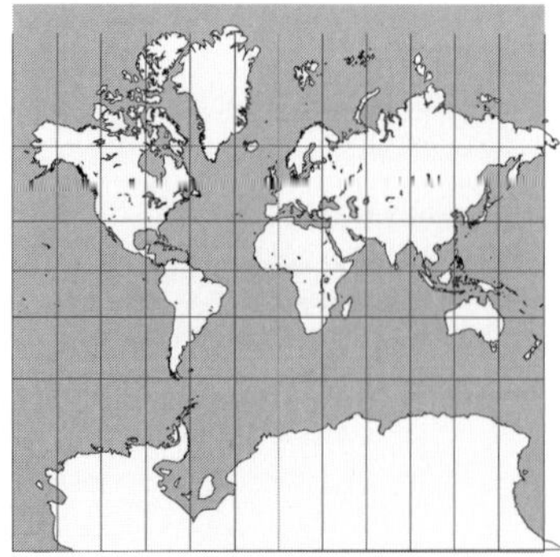

```
\psset{unit=0.25,linewidth=0.1pt}
\begin{pspicture}*(-10,-9)(10,9)
  \WorldMap[level=5,MapFillColor=0.98 0.98 0.9]
\end{pspicture}
```

31.2.9 Fill

Mit Fill=false kann das Füllen unterbunden werden.

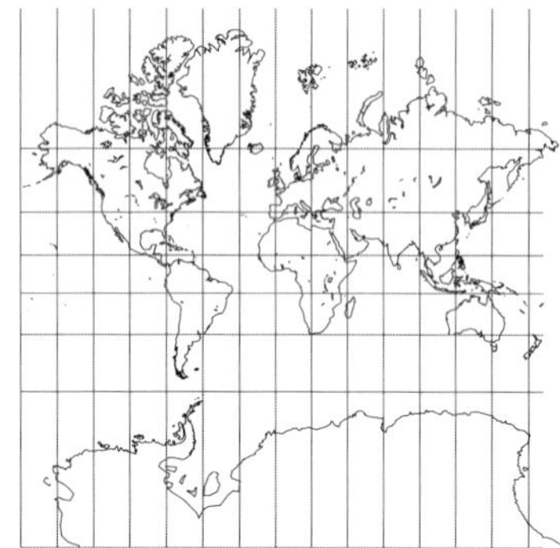

```
\psset{unit=0.25,linewidth=0.1pt}
\begin{pspicture}*(-10,-9)(10,9)
  \WorldMap[level=5,increment=25,Fill=false]
\end{pspicture}
```

31.2.10 capitals und city

capitals und city sind Schalter für das Einzeichnen der Hauptstädte und weiterer größerer Städte.

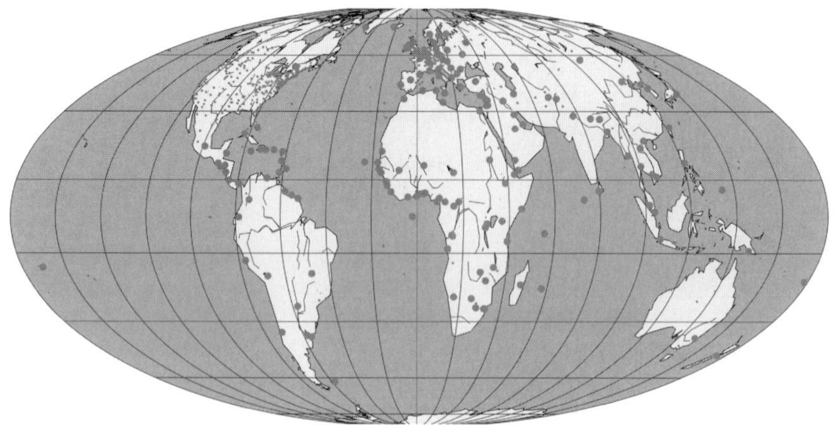

```
\psset{unit=0.5,linewidth=0.1pt}
\begin{pspicture}*(-10,-9)(10,9)
  \WorldMap[level=5,type=6,capital=true,city=true,increment=20]
\end{pspicture}
```

31.2.11 rivers und borders

`rivers` ist grundsätzlich auf `true` gesetzt, was sich störend auswirken kann, wenn man die Grenzen anzeigen möchte, die man mit `borders=true` anfordern kann.

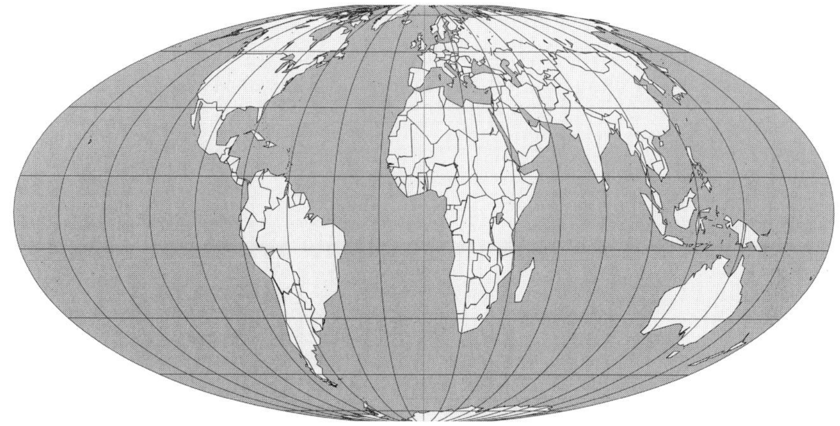

```
\psset{unit=0.5,linewidth=0.1pt}
\begin{pspicture}*(-10,-9)(10,9)
  \WorldMap[level=5,type=6,rivers=false,borders=true,increment=20]
\end{pspicture}
```

31.3 pstricks-map2d

Dieses Paket bietet bereits alle Möglichkeiten der zweidimensionalen Darstellung und kann mit den entsprechenden Parametern auch relativ kleine PDF-Ausgabedateien erzeugen. Es werden drei Makros mit folgender Syntax zur Verfügung gestellt:

```
\WorldMap[<Parameter>]
\pnodeMap[<Parameter>]
\mapput{<Abstand>}[<Winkel>](<Knoten>){<Text>}
```

31.3.1 Parameter

Für `pst-map2d` stehen folgende speziellen Parameter zur Verfügung.

Tabelle 31.4: Zusammenstellung der verfügbaren Optionen für `pst-map2d`

Name	Wert	Bedeutung
USA	false	USA anzeigen
AUS	false	Australien anzeigen
MEX	false	Mexiko anzeigen

31.3.1.1 USA, MEX und AUS

Normalerweise werden nur Staatsgrenzen eingezeichnet. Für die USA, Mexiko und Australien sind jedoch Ausnahmen möglich, die mit diesen Schaltern aktiviert werden können. Dies macht aber nur Sinn, wenn man die Darstellung durch Wahl der `pspicture*` Umgebung und einen entsprechenden `unit` Wert beeinflusst.

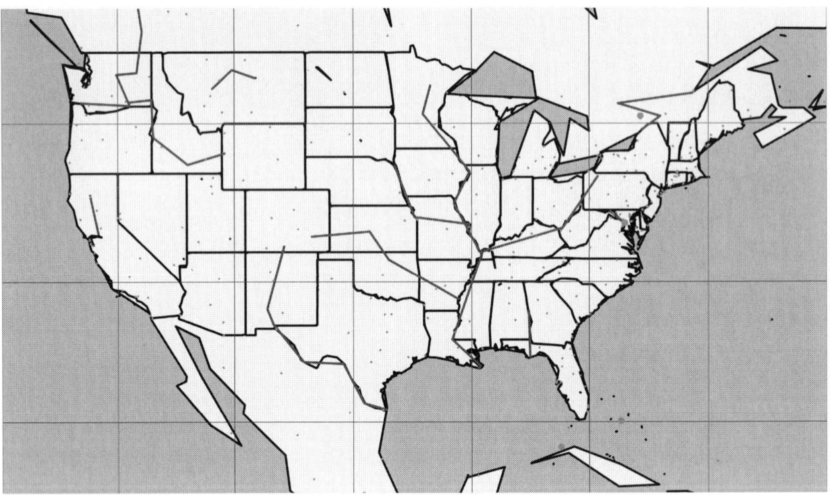

```
\psset{unit=3.75}% zoom 4*
\psset{linewidth=1.25\pslinewidth}
\begin{pspicture}*(-6.5,1)(-3,3)
\WorldMap[rivers=true,city=true,USA=true,maillage=true]
\end{pspicture}
```

31.4 pstricks-map3d

Dieses Paket unterscheidet sich von `pst-map2d` nur durch die dreidimensionale Ausgabe, wobei dies allerdings Folgen für einige Parameter hat, worauf im Folgenden eingegangen wird. Es wird ebenfalls ein einziges Makro mit folgender Syntax zur Verfügung gestellt:

```
\WorldMapThreeD[<Parameter>]
```

31.4.1 Parameter

Hier werden diejenigen Parameter beschrieben, die für alle Pakete der `pst-geo` Reihe gleichermaßen zur Verfügung stehen. Alle individuellen werden in den entsprechenden Abschnitten behandelt. Beispiele zu `MapFillColor`, `increment`, `city`, `borders` und `maillage` findet man im vorigen Abschnitt.

Tabelle 31.5: Zusammenstellung der verfügbaren Optionen für das Paket `pst-map3d`

Name	Wert	Bedeutung
`path`	data	Verzeichnis der Datenbank
`RotX`	0	Rotationswinkel um die x-Achse
`RotY`	0	Rotationswinkel um die y-Achse
`RotZ`	0	Rotationswinkel um die z-Achse
`THETA`	0	Drehwinkel des Koordinatensystems
`PHI`	45	Kippwinkel des Koordinatensystems
`Dobs`	20	zentrischer Bildabstand
`Decran`	25	paraller Bildabstand (Vergrößerungsfaktor)
`Radius`	5	Erdradius
`level`	1	Genauigkeit
`increment`	10	Differenz der Längengrade
`MapFillColor`	0.99 0.95 0.7	RGB-Farbe der Kontinete
`city`	false	Städte anzeigen
`borders`	false	Grenzen anzeigen
`maillage`	true	Längen- und Breitengrade anzeigen

31.4.1.1 RotX, RotX und RotX

Diese Parameter geben die zusätzliche Rotation um die jeweiligen Achse an und entsprechen in ihrem Verhalten dem im Abschnitt 28.1.10 gezeigten.

```
\psset{unit=0.5}
\begin{pspicture}(-7,-7)(7,7)
  \WorldMapThreeD%
\end{pspicture}
```

```
\psset{unit=0.5}
\begin{pspicture}(-7,-7)(7,7)
  \WorldMapThreeD[RotX=10,RotY=-40]%
\end{pspicture}
```

31.4.1.2 THETA, PHI, Dobs und Decran

Diese Parameter beziehen sich ausschließlich auf die Art der dreidimensionalen Projektion und sind bereits sämtlich in Kapitel 28 auf Seite 339 erklärt worden.

31.4.1.3 Radius

Radius gibt den Radius der Erdkugel in der aktuellen Maßeinheit vor.

31.5 pstricks-mapII

Die römische II bezieht sich auf die „CIA Database II" und ist faktisch identisch zum Paket pst-map2d. Aufgrund der Organisation der CIS-Datenbank ergeben sich jedoch einige Änderungen, die sich insbesondere auf die Möglichkeit beziehen, einzelne Erdteile plotten zu können.

Es wird wieder nur ein einziges Makro mit folgender Syntax zur Verfügung gestellt:

```
\WorldMapII[<Parameter>]
```

31.5.1 Parameter

Hier werden diejenigen Parameter beschrieben, die für alle Pakete der pst-geo-Reihe gleichermaßen zur Verfügung stehen. Alle individuellen werden in den entsprechenden Abschnitten behandelt. Beispiele zu MapFillColor, increment, city, borders und maillage findet man im vorigen Abschnitt.

Name	Wert	Bedeutung
path	data	Verzeichnis der Datenbank
level	1	Genauigkeit
type	1	Kartentyp
n	1.77245	$\sqrt{\pi}$
limiteL	180	maximnaler Längengrad
longitude0	0	Bezugslängengrad für Bonne
latitude0	45	Bezugsbreitengrad für Bonne
increment	10	Differenz der Längengrade
level	5	Genauigkeit
MapFillColor	0.99 0.95 0.7	RGB-Farbe der Kontinente
capitals	false	Hauptstädte anzeigen
city	false	Städte anzeigen
rivers	true	Flüsse anzeigen
borders	false	Grenzen anzeigen
maillage	true	Längen- und Breitengrade anzeigen
Fill	true	Füllung von Land und Wasser
europe	true	Europa auswählen
asia	false	Asien auswählen
africa	false	Afrika auswählen
namer	false	Nordamerika auswählen
samer	false	Südamerika auswählen
all	false	alle Erdteile auswählen

Tabelle 31.6: Zusammenstellung der verfügbaren Optionen für das Paket pst-mapII

Gegenüber dem Paket pst-map2d sind nur die speziellen Optionen für Ländergrenzen weggefallen, anderseits die für die Erdteile hinzugekommen, wobei Europa als einziger Erdteil auf true gesetzt wurde.

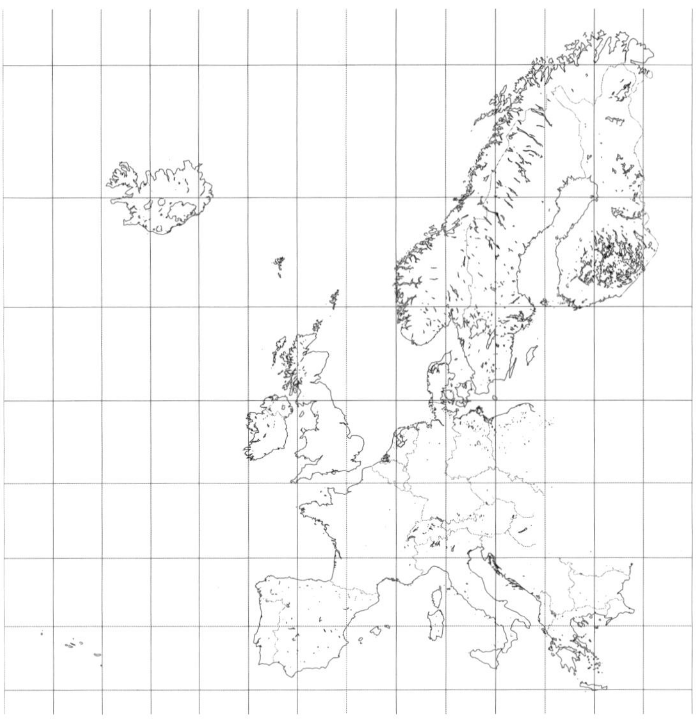

```
\psset{unit=3,linewidth=0.1pt}
\begin{pspicture*}(-1.75,1.75)(1.75,5.25)%
  \WorldMapII[rivers=false,asia=false,africa=false,samer=false,namer=false,
    increment=2]
\end{pspicture*}
```

Die Option `level` hat hier zwar dieselbe Bedeutung wie in 31.2.2 auf Seite 410, kann hier jedoch beliebige Werte annehmen. Aufgrund des extrem großen Umfangs der Datenbank kann hier mit Werten von `level=50` oder noch größer eine extreme Verkleinerung von PDF-Dateien erreicht werden, denn es wird jetzt nur noch jeder 50. Wert genommen, mindestens jedoch der erste und letzte einer Polygonkette.

31.6 pstricks-map3dII

Die römische `II` bezieht sich auf die „CIA Database II" und ist faktisch identisch zum Paket `pst-map2d`. Aufgrund der Organisation der CIS-Datenbank ergeben sich jedoch einige Änderungen, die sich insbesondere auf die Möglichkeit beziehen, einzelnen Erdteile plotten zu können.

Es wird wieder nur ein einziges Makro mit folgender Syntax zur Verfügung gestellt:

```
\WorldMapThreeDII[<Parameter>]
```

31.6.1 Parameter

Hier werden diejenigen Parameter beschrieben, die für alle Pakete der `pst-geo` Reihe gleichermaßen zur Verfügung stehen. Alle individuellen werden in den entsprechenden Abschnitten behandelt. Beispiele zu `MapFillColor`, `increment`, `city`, `borders` und `maillage` findet man im vorigen Abschnitt.

Name	Wert	Bedeutung
`path`	data	Verzeichnis der Datenbank
`RotX`	0	Rotationswinkel um die x-Achse
`RotY`	0	Rotationswinkel um die y-Achse
`RotZ`	0	Rotationswinkel um die z-Achse
`THETA`	0	Drehwinkel des Koordinatensystems
`PHI`	45	Kippwinkel des Koordinatensystems
`Dobs`	20	zentrischer Bildabstand
`Decran`	25	paraller Bildabstand (Vergrößerungsfaktor)
`Radius`	5	Erdradius
`level`	5	Genauigkeit
`europe`	true	Europa auswählen
`asia`	false	Asien auswählen
`africa`	false	Afrika auswählen
`namer`	false	Nordamerika auswählen
`samer`	false	Südamerika auswählen
`all`	false	alle Erdteile auswählen

Tabelle 31.7: Zusammenstellung der verfügbaren Optionen für das Paket `pst-map3dII`

Prinzipiell ergeben sich hier wieder dieselben Änderungen wie zwischen den beiden Paketen `pst-map2d` und `pst-map3d`. Leider ist auch bei diesem Paket keine konsequente Vereinheitlichung bei den Parametern festzustellen, denn bis auf `europa`, sind hier alle Erdteile auf `false` gesetzt worden.

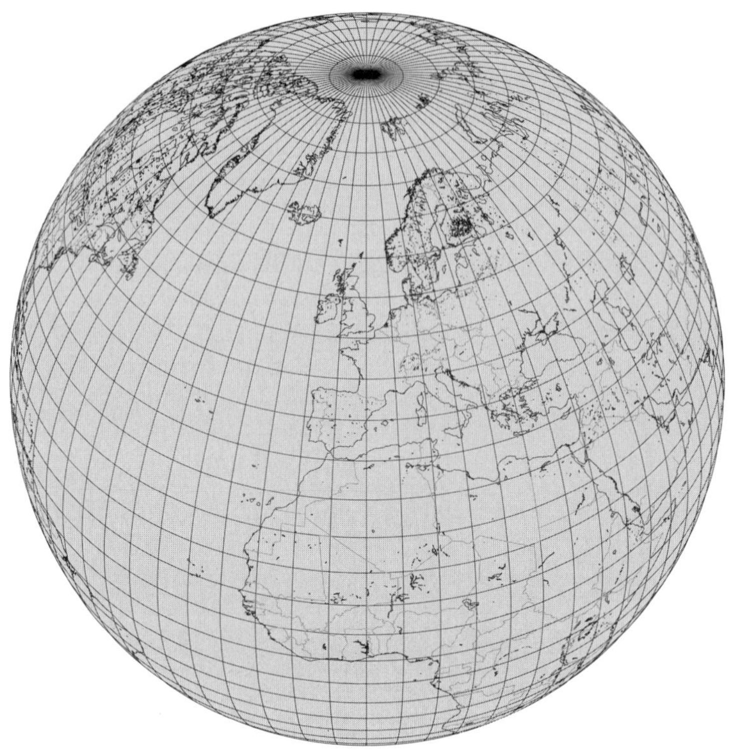

```
\psset{unit=3,linewidth=0.1pt}
\begin{pspicture*}(-1.75,-1.75)(1.75,2)%
  \WorldMapThreeDII[rivers=false,increment=5]
\end{pspicture*}
```

31.7 \pnodeMap und \mapput

Das Makro `\mapput` ermöglicht auf einfache Weise, beliebigen Text an einen Punkt im zweidimensionalen Koordinatensystem zu setzen, wobei dieses Makro faktisch identisch zu `\uput` ist und auch den gleichen Aufbau hat. (→ 9.6 auf Seite 78) Mit `\pnodeMap` können analog zu `\pnode` Knoten definiert werden, auf die unter anderem mit `\mapput` bezug genommen werden kann. Mit dem Makro `\psNodeLabelStyle` kann man global Schriftart und Schriftstil des Knotenlabels beeinflussen. Zur Zeit stehen diese Makros nur für die zweidimensionalen Versionen der Pakete zur Verfügung.

```
\pnodeMap(<Längengrad>,<Breitengrad>){<Knotenname>}
\mapput[<Winkel>](<Längengrad>,<Breitengrad>)[<Knotenname>]{<Name>}[<Land>]
\def\psNodeLabelStyle{}
```

Der Vorteil dieser Vorgehensweise ist, dass man eine Datei mit `\mapput` Anweisungen erstellen kann, die dann einfach mit `\input` eingelesen werden kann. Zur Zeit existieren derartige Dateien für alle europäischen Hauptstädte, sowie alle größeren französischen und italienischen Städte. Die Dateien haben alle den gleichen Aufbau:

```
\mapput[90](4.366667,50.850000)[Brussel]{Brüssel}[Belgien]
\mapput(13.416667,52.533333){Berlin}
\mapput(7.433333,46.966667){Bern}
\mapput[0](12.583333,55.683333){Copenhagen}[Denmark]
[ ... ]
```

Angaben in eckigen Klammern sind wie üblich optional und können komplett emtfallen, wenn keine Notwendigkeit dafür besteht. Zusätzlich kann man in diese Dateien weitere, von den eigentlichen Ortsnamen unabhängige Beschriftungen aufnehmen oder sie ausserhalb davon explizit setzen:

```
\pnodeMap(-15,50){Atlantik}
\rput{80}(Atlantik){Atlantik}
```

Diese Anweisung vereinfacht sich mit `\mapput` zu `\mapput[80](-15,50){Atlantik}`. Der Text ist gleichzeitig Knotenname, was die Eingabe vereinfacht. Die bereits existierenden Dateien befinden sich im Datenverzeichnis von `pst-geo-small` und lauten:

```
capitales.tex
villesItalia.tex
villesFrance.tex
cities.tex% enthält alle vorhergehenden
```

Das folgende Beispiel zeigt eine Karte Italiens in der Bonne-Projektion mit der Hauptstadt Rom als Zentrum der Karte.

```
\begin{pspicture*}(-10,-138.5)(11,-117.5)
  % Zentrum auf Rom setzen
  \psset{path=/home/voss/Links/local/pst-geo/data,level=2,unit=40,%
      type=8,latitude0=41.923611,longitude0=12.454167}
  \WorldMap[maillage=true,linewidth=0.75\pslinewidth,limiteL=190,borders=true,
    increment=2]
  \pnodeMap(10,38){MerMed}
  \rput{0}(MerMed){\shortstack{\Large\it MAR\\\Large\it MEDITERRANEO}}
  \pnodeMap(15,43){MerAdriatique}
  \rput{-35}(MerAdriatique){\Large\it MAR ADRIATICO}
  \pnodeMap(12,40){MerTyrr}
  \rput{0}(MerTyrr){\shortstack{\Large\it MAR\\\Large\it TIRRENO}}
  \pnodeMap(18,39){MerIonienne}
  \rput{0}(MerIonienne){\shortstack{\it MAR\\\it JONIO}}
  \pnodeMap(17.25,40){GolfeTarente}
  \rput{7}(GolfeTarente){\shortstack{\footnotesize\it Golfo di\\\footnotesize\it
    Taranto}}
  \pnodeMap(14,40){Longitude40}
  \rput{5}(Longitude40){\psframebox[fillstyle=solid,linestyle=none]{%
    \large 40$^{\rm o}$N}}
```

```
  \mapput[90](15.25,38.80){Stromboli}
  \psdot[linecolor=red,dotstyle=triangle](Stromboli)
  \mapput[90](15,37.85){Etna}
  \psdot[linecolor=red,dotstyle=triangle](Etna)
  \mapput[90](14.97,38.433){Vulcano}
  \psdot[linecolor=red,dotstyle=triangle](Vulcano)
  \pnodeMap(18.5,40.117){Otranto}
  \pnodeMap(19.328,40.313){Albania}
  \pnodeMap(12.45,37.8){Marsala}
  \pnodeMap(11.03,37.0167){Bon}
  \pcline{<->}(Otranto)(Albania)
  \lput*{:U}{70\,km}
  \pcline{<->}(Bon)(Marsala)
  \lput*{:U}{140\,km}
  \rput(! 9 40 div -137.5 40 div){%
    \psframebox[fillstyle=solid]{\textsf{\textit{pst-map2d(2004-05-09)}}}}
  \psset{mapCountry=Italy, nodeWidth=0.5mm}
  \def\psNodeLabelStyle{\footnotesize}
  \input{cities.tex}
\end{pspicture*}
```

Große Schwierigkeiten bereitet die Zuordnung der geografischen Koordinaten zur Größe der entsprechenden pspicture-Umgebung. Diese muss grundsätzlich in der Sternversion angewendet werden, damit sämtliche Polygonzüge, die außerhalb des festgelegten Rechtecks liegen, abgeschnitten werden. Möchte man beispielsweise nur die Umgebung des deutschen Ruhrgebiets darstellen, so wird einfach alles außer diesem Gebiet aus der gesamten Europakarte ausgeblendet. Dieses „Clippen" verhindert allerdings nicht, dass die PS- oder PDF- Dateien ziemlich groß werden.

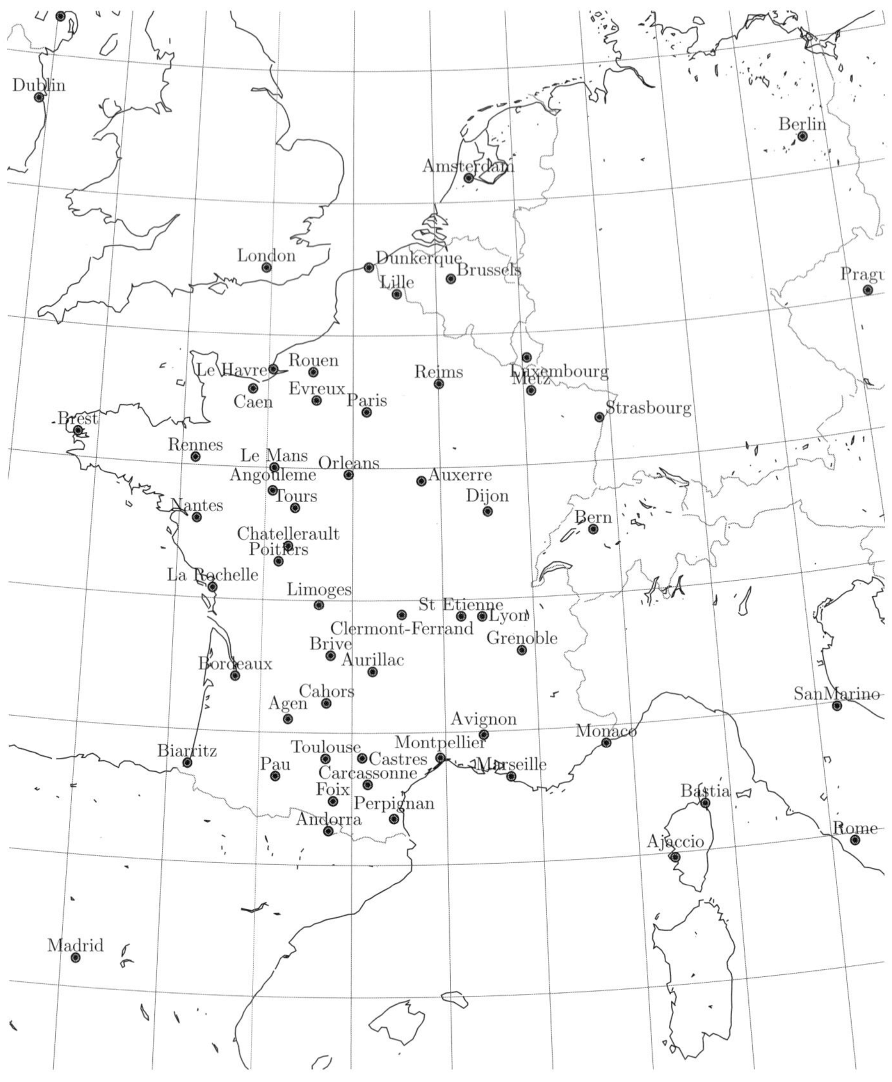


```
\begin{pspicture*}(-7,-75)(10,-55)
  \psset{xunit=25,yunit=25,level=50}
  \psset{type=8,latitude0=48.85,longitude0=2.316667}
  \WorldMapII[maillage=true,linewidth=0.75\pslinewidth,limiteL=190,borders=true,
     increment=2]
  \input{capitales.tex}
  \input{villesFrance.tex}
  \pnodeMap(20,35){MerMed}
  \rput{15}(MerMed){\shortstack{MER\\MÉDITERANNÉE}}
  \pnodeMap(35,43){MerNoire}
  \rput{15}(MerNoire){\shortstack{MER\\NOIRE}}
  \pnodeMap(-15,50){OceanAtlan}
  \rput{80}(OceanAtlan){OCÉAN ATLANTIQUE}
  \pnodeMap(4,56){MerNoire}
  \rput(MerNoire){\shortstack{Mer\\du\\Nord}}
```

```
\end{pspicture*}
```

31.7.1 Parameter

Mit dem Parameter `mapCountry` kann man das Einzeichnen der Städtesymbole und -namen auf einzelne Staaten beschränken. Dies ist jedoch nur mit der Datei `cities.tex` möglich, da sie zu jeder Stadt den zugehörigen Staat als optionalen Parameter enthält. Wegen der großen Zahl an gespeicherten Städten ist es nicht immer einfach, die richtige Platzierung der Städte mit Symbol und Name zu erreichen. In der Regel ist dazu noch einige Handarbeit notwendig. Ein negatives Beispiel ist die folgende Abbildung, in der ohne jegliche Nachbearbeitung alle amrikanischen Städte eingezeichnet wurden.

```
\psset{path=/home/voss/Links/local/pst-geo/data,level=1,unit=15}
\begin{pspicture*}(-4.3,1.25)(-3.5,2.5)
  \WorldMap[rivers=true,USA=true,maillage=true]
  \def\psNodeLabelStyle{\scriptsize}
  \psset{mapCountry=USA, nodeWidth=0.5mm}
  \input{cities.tex}
\end{pspicture*}
```

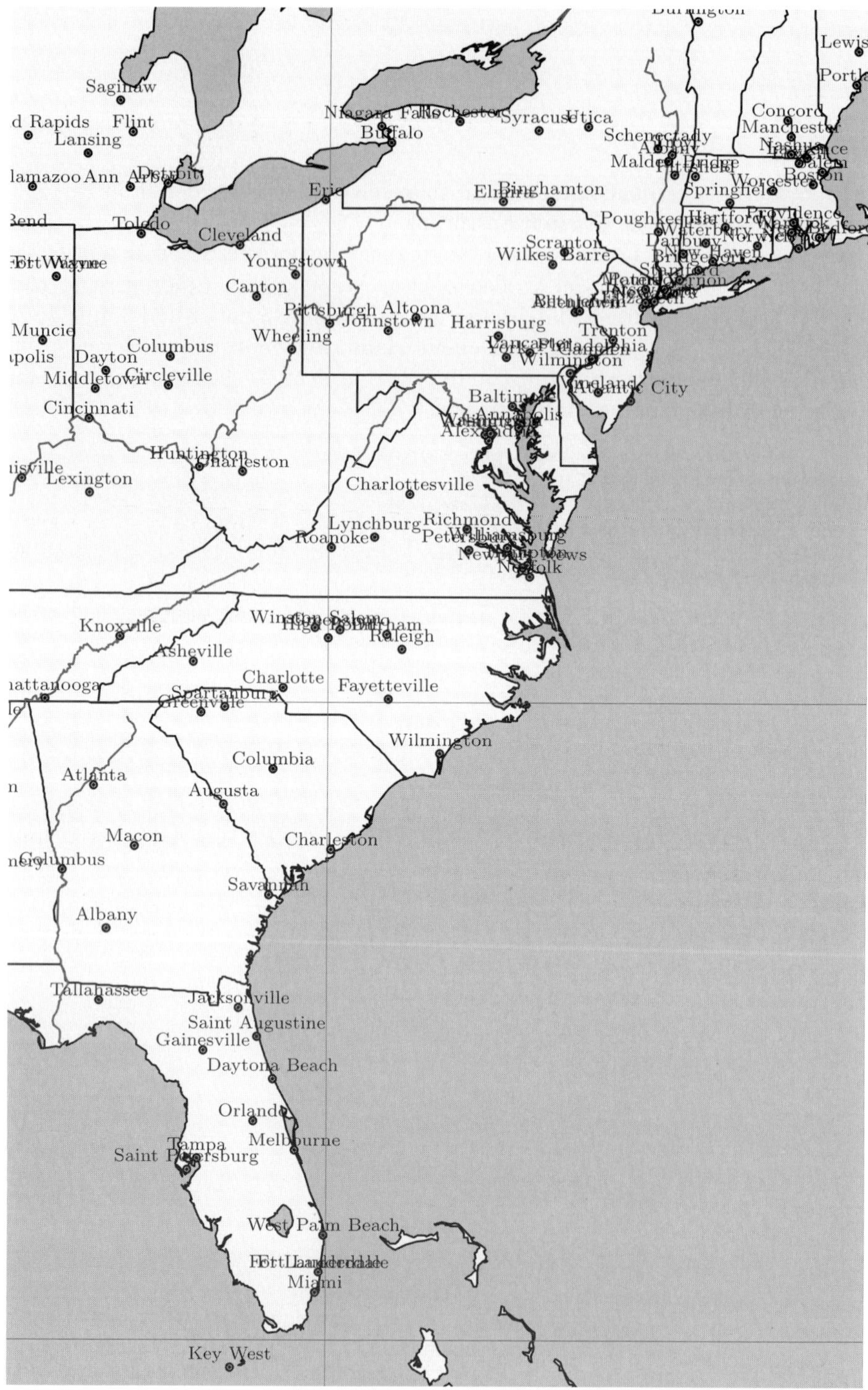
Saginaw
Flint
Lansing
Binghamton
Syracuse
Utica
Buffalo
Concord
Boston
Worcester
Toledo
Cleveland
Youngstown
Canton
Altoona
Johnstown
Harrisburg
Scranton
Wilkes Barre
Trenton
Wilmington
Atlantic City
Columbus
Dayton
Circleville
Cincinnati
Lexington
Charleston
Charlottesville
Lynchburg
Richmond
Norfolk
Knoxville
Asheville
Raleigh
Charlotte
Fayetteville
Wilmington
Columbia
Atlanta
Augusta
Macon
Charleston
Savannah
Albany
Tallahassee
Jacksonville
Saint Augustine
Gainesville
Daytona Beach
Orlando
Melbourne
Tampa
Saint Petersburg
West Palm Beach
Miami
Key West

KAPITEL 32

Weitere PSTricks Pakete

Es würde den Rahmen dieses Buches sprengen, wollte man auch nur ansatzweise alle Pakete behandeln, die es mittlerweile für PSTricks gibt. Eine mehr oder weniger vollständige Zusammenstellung findet man auf der deutschen PSTricks-Seite http://PSTricks.de, insbesondere sind dort auch die Bezugsquellen genannt, da leider nicht jedes Paket seinen Weg ins CTAN gefunden hat.

32.1 pstricks-add

Dieses Paket hat mehrere Bugfixes für diverse Basis-Pakete und fasst letztlich all das zusammen, was auf der PSTricks-Mailingliste in den letzten Jahren, hauptsächlich von Denis Girou, zur Lösung von Problemen beigetragen wurde. Es gibt zum einen eine ausführliche Dokumentation dieses Paketes und zum anderen ist es vom eigenen Verständnis her sehr dynamisch, sodass hier nur eine tabellarische Zusammenstellung erfolgt. [45]

Tabelle 32.1: Zusammenstellung der verfügbaren Optionen für das Paket pstricks-add

Name	Bedeutung
psbrace	Geschweifte Klammern beliebiger Größe und Orientierung
pstmod	Modulo function
pslineII	Zweifarbige Linien
pslineIII	Variable Liniendicke
Inside	Option für Pfeile innerhalb einer Linie oder Kurve
ArrowFill	Option für leere oder gefüllte Pfeile
lineAngle	Option für \ncdiag und \pcdiag, um definierte Winkel zu erhalten

Name	Bedeutung
`xyAxes`	Option, um nur eine der beiden Achsen mit `\psaxes` zu zeichnen
`xyLabel`	Option, um Schrifttyp und -art für `\psaxes` zu ändern
`xyDecimals`	Option, um Anzahl der Dezimalstellen für `\psaxes` vorzugeben
`comma`	Option, um das Komma als Dezimaltrenner zu erhalten
`nStepxStep`	Option, um nur jeden n-ten Datensatz bzw. im Abstand von `xStep` zu plotten
`nStart`,`xStart`,`yStart`	Wert, des ersten zu plottenden Datensatzes
`nEnd`,`xEnd`,`yEnd`	Nummer bzw. Wert, des letzten zu plottenden Datensatzes

32.2 Zusammenstellung

32.2.1 Linguistik

- `pst-autoseg`: designed to assist `PSTricks` in typesetting „autosegmental representations"
- `pst-jftree`: designed to assist PSTricks in typesetting the kinds of trees that are common in linguistics

32.2.2 Mathematik

- `pst-eucl`: Géométrie en LaTeX et `PSTricks` (siehe auch im Kapitel Beispiele)
- `euklides`: Euclidean geometry drawing language
- `pst-func`: Plotting special math functions
- `pst-math`: Enhanced mathematical operators
- `pst-poly`: Polygons with PSTricks

32.2.3 Naturwissenschaften

- `pst-labo`: drawing various assemblies of chemistry
- `pst-lens`: Optique géométrique
- `pst-optic`: Optical Systems with PSTricks
- `pst-osci`: Oscilloscopes with PSTricks
- `pst-stru`: Draw structural schemes in civil engineering analysis (siehe auch im Kapitel Beispiele)

32.2.4 Informatik

- gastex: Graphs and Automata Simplified
- JasTeX: GUI written in Java for GasTeX
- vaucanson: drawing automata

32.2.5 UML

- pst-uml: draw easily diagrams with UML notation
- uml: draw UML diagrams

Die beiden UML-Pakete können nicht gemeinsam verwendet werden, da sie teilweise gleiche Makronamen verwenden.

32.3 multido

Dieses Paket [51] kann auch außerhalb von PSTricks-Anwendungen sinnvolle Dienste leisten, denn es ermöglicht auf einfache Weise Programmschleifen zu formulieren. Dies ist auch der Grund, warum dieses Paket auch nicht im PSTricks-Verzeichnis zu finden ist, sondern in CTAN:/macros/generic/multido. Um Problemen mit dem Paket fb.sty [25] zu vermeiden, denn beide definieren FP@add und ein FP@sub, sollte man multido mindestens in der Version 1.41 verwenden.

Im Umgang mit reellen Zahlen sollte man bei multido immer darauf gefasst sein, dass relativ große Rundungsfehler auftreten können, denn die Fließkommaarithmetik genügt nicht allen Ansprüchen.

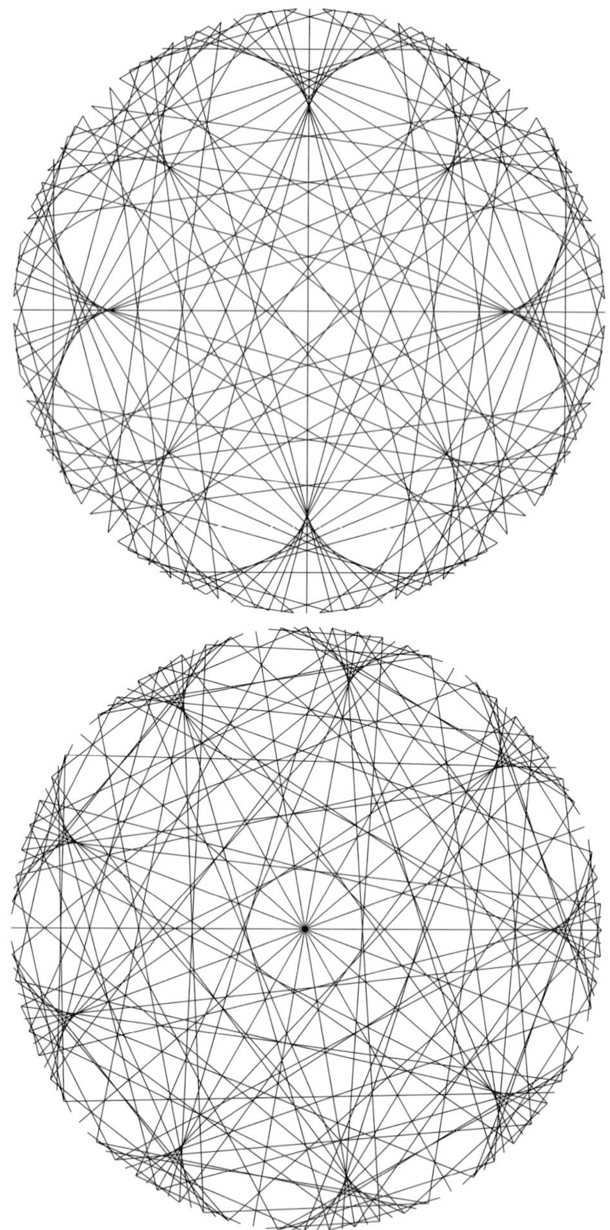

Abbildung 32.1: `bsp115.tex`: Anwendungen mit `pst-poly`.

ANHANG

A Tabellen

A.1 Zusammenstellung der Parameter

Tabelle A.1: Zusammenfassung aller Parameter

A	<Wert[Einheit]>	10	345
Alpha	<Winkel>	45	366
addfillstyle	none|solid| vlines|vlines*| hlines|hlines*| crosshatch| crosshatch*|boxfill	none	62
angle	<Winkel>	0	169
angleA	<Winkel>	0	169
angleB	<Winkel>	0	169
arcangle	<Winkel>	8	169
arcangleA	<Winkel>	8	169
arcangleB	<Winkel>	8	169
arcsep	<Wert[Einheit]>	0pt	37
arcsepA	<Wert[Einheit]>	0pt	37
arcsepB	<Wert[Einheit]>	0pt	37
arm	<Wert[Einheit]>	10pt	170
armA	<Wert[Einheit]>	10pt	170
armB	<Wert[Einheit]>	10pt	170
arrowinset	<Wert>	0.4	70
arrowlength	<Wert>	1.4	70
arrows	<Stil>	-	67
arrowscale	<Wert1 [Wert2]>	1	72
arrowsize	<Wert[Einheit] Wert>	1.5pt 2	69
AUS	false|true	false	409

<table>
<tr><th>Name</th><th>Werte</th><th>Vorgabe</th><th>Seite</th></tr>
<tr><td>axesstyle</td><td>axes|frame|none</td><td>axes</td><td>138</td></tr>
<tr><td>B</td><td><Wert[Einheit]></td><td>10</td><td>345</td></tr>
<tr><td>bbd</td><td><Wert[Einheit]></td><td>{}</td><td>219</td></tr>
<tr><td>bbh</td><td><Wert[Einheit]></td><td>{}</td><td>219</td></tr>
<tr><td>bbl</td><td><Wert[Einheit]></td><td>{}</td><td>219</td></tr>
<tr><td>bbllx</td><td><Wert[Einheit]></td><td>0pt</td><td>261</td></tr>
<tr><td>bblly</td><td><Wert[Einheit]></td><td>0pt</td><td>261</td></tr>
<tr><td>bbr</td><td><Wert [Einheit]></td><td>{}</td><td>219</td></tr>
<tr><td>bburx</td><td><Wert[Einheit]></td><td>0pt</td><td>261</td></tr>
<tr><td>bburx</td><td><Wert[Einheit]></td><td>0pt</td><td>261</td></tr>
<tr><td>beginAngle</td><td><Winkel></td><td>0</td><td>368</td></tr>
<tr><td>Beta</td><td><Winkel></td><td>30</td><td>366</td></tr>
<tr><td>blur</td><td>false|true</td><td>false</td><td>312</td></tr>
<tr><td>blurbg</td><td><Farbe></td><td>white</td><td>313</td></tr>
<tr><td>blurradius</td><td><Wert[Einheit]></td><td>1.5pt</td><td>312</td></tr>
<tr><td>blursteps</td><td><Wert></td><td>20</td><td>312</td></tr>
<tr><td>border</td><td><Wert[Einheit]></td><td>0pt</td><td>31</td></tr>
<tr><td>borders</td><td>false|true</td><td>false</td><td>409</td></tr>
<tr><td>bordercolor</td><td><Farbname></td><td>white</td><td>31</td></tr>
<tr><td>boxsep</td><td>false|true</td><td>true</td><td>82</td></tr>
<tr><td>boxsize</td><td><Wert[Einheit]></td><td>0.4cm</td><td>171</td></tr>
<tr><td>bracketlength</td><td><Wert></td><td>0.15</td><td>71</td></tr>
<tr><td>C</td><td><Wert[Einheit]></td><td>10</td><td>345</td></tr>
<tr><td>capitals</td><td>false|true</td><td>false</td><td>409</td></tr>
<tr><td>city</td><td><false|true></td><td>false</td><td>409</td></tr>
<tr><td>ColorFaceA</td><td><Farbe></td><td>magenta</td><td>346</td></tr>
<tr><td>ColorFaceB</td><td><Farbe></td><td>red</td><td>346</td></tr>
<tr><td>ColorFaceC</td><td><Farbe></td><td>blue</td><td>346</td></tr>
<tr><td>ColorFaceD</td><td><Farbe></td><td>cyan</td><td>346</td></tr>
<tr><td>ColorFaceE</td><td><Farbe></td><td>yellow</td><td>346</td></tr>
<tr><td>coilarm</td><td><Wert[Einheit]></td><td>1cm</td><td>254</td></tr>
<tr><td>coilarmA</td><td><Wert[Einheit]></td><td>1cm</td><td>254</td></tr>
<tr><td>coilarmB</td><td><Wert[Einheit]></td><td>1cm</td><td>254</td></tr>
<tr><td>coilaspect</td><td><Winkel></td><td>45</td><td>254</td></tr>
<tr><td>coilheight</td><td><Wert></td><td>1</td><td>252</td></tr>
<tr><td>coilinc</td><td><Winkel></td><td>10</td><td>255</td></tr>
<tr><td>coilwidth</td><td><Wert[Einheit]></td><td>1cm</td><td>252</td></tr>
<tr><td>cornersize</td><td>relative|absolute</td><td>relative</td><td>30</td></tr>
<tr><td>CubeColorFaceOne</td><td><Farbe></td><td>1 1 0</td><td>348</td></tr>
<tr><td>CubeColorFaceTwo</td><td><Farbe></td><td>0.9 0.9 0</td><td>348</td></tr>
<tr><td>CubeColorFaceThree</td><td><Farbe></td><td>0.8 0.8 0</td><td>348</td></tr>
<tr><td>CubeColorFaceFour</td><td><Farbe></td><td>0.7 0.7 0</td><td>348</td></tr>
<tr><td>CubeColorFaceFive</td><td><Farbe></td><td>0.6 0.6 0</td><td>348</td></tr>
<tr><td>CubeColorFaceSix</td><td><Farbe></td><td>0.5 0.5 0</td><td>348</td></tr>
<tr><td>CubeInside</td><td>false|true</td><td>false</td><td>348</td></tr>
</table>

Name	Werte	Vorgabe	Seite
curvature	<Wert1 Wert2 Wert3>	1 0.1 0	38
dash	<Wert[Einheit] Wert[Einheit]>	5pt 3pt	27
Decran	<Wert>	10	342
DeltaPHI	<Winkel>	10	347
DeltaTHETA	<Winkel>	10	347
dimen	outer|inner|middle	outer	28
dipoleconvention	receptor|generator	receptor	388
dipolestyle	normal|zigzag| rectangle|curved| elektor| elektorcurved| elektorchemical| chemical| thyristor|GTO| triac	normal	388
normal|generator	receptor	388	
directconvention	false|true|	true	388
Dobs	<Wert>	100	342
dotangle	<Winkel>	0	53
dotsize	<Wert[Einheit] Wert>	2pt 2	52
dotscale	<Wert1 [Wert2]>	1	53
dotsep	<Wert[Einheit]>	3pt	27
dotstyle	<Stilname>	*	51
doublecolor	<Farbname>	white	28
doubleline	false|true	false	28
doublesep	<Wert[Einheit]>	1.25\pslinewidth	28
drawing	false|true	true	366
drawStyle	xLinex|yLines| xyLines|yxLines	xLines	371
Dx	<Wert>	1	140
dx	<Wert[Einheit]>	0pt	141
Dy	<Wert>	1	140
dy	<Wert[Einheit]>	0pt	141
edge	<Makro>	\ncline	217
embedangle	<Winkel>	0	328
endAngle	<Winkel>	360	368
fansize	<Wert[Einheit]>	1cm	209
fill	false|true	true	409
fillangle	<Winkel>	0	245
fillcolor	<Farbname>	white	60
fillcycle	<Wert>	0	246
fillcyclex	<Wert>	0	246
fillcycley	<Wert>	0	246
fillloopadd	<Wert>	0	247

Name	Werte	Vorgabe	Seite
fillloopaddx	<Wert>	0	247
fillloopaddy	<Wert>	0	247
fillmove	<Wert[Einheit]>	0pt/2pt	246
fillmovex	<Wert[Einheit]>	0pt/2pt	246
fillmovey	<Wert[Einheit]>	0pt/2pt	246
fillsep	<Wert[Einheit]>	0pt/2pt	245
fillsepx	<Wert[Einheit]>	0pt	245
fillsepy	<Wert[Einheit]>	0pt	245
fillsize	auto|{(x0,y0)(x1,y1)}	auto	247
fillstyle	none|solid|vlines|vlines*|hlines|hlines*|crosshatch|crosshatch*|boxfill	none	58
fracHeight	<Wert>	1	346
framearc	<Wert>	0	30
framesep	<Wert[Einheit]>	3pt	82
framesize	<Wert[Einheit] [Wert[Einheit]]>	10pt	168
gangel	<Winkel>	0	35
gradangle	<Winkel>	0	300
gradbegin	<Farbe>	gradbegin	298
gradend	<Farbe>	gradend	299
GradientCircle	false|true	false	301
GradientPos	<(x,y)>	(0,0)	301
GradientScale	<Wert>	1	301
gradientHSB	false|true	false	300
gradlines	<Wert>	500	299
gradmidpoint	<Wert>	0.9	300
GraphicsRef	<x,y>	{}	261
gridcolor	<Farbe>	black	19
griddots	<Wert>	0	19
gridlabelcolor	<Farbe>	black	20
gridlabels	<Wert[Einheit]>	10pt	20
GridThreeDNodes	false|true	false	334
GridThreeDXPos	<Wert>	0	333
GridThreeDYPos	<Wert>	0	333
GridThreeDZPos	<Wert>	0	333
GridThreeDXUnit	<Wert>	1	333
GridThreeDYUnit	<Wert>	1	333
GridThreeDZUnit	<Wert>	1	333
gridwith	<Wert[Einheit]>	0.8pt	18
grille	<Wert>	10	344
hatchangle	<Wert>	45	62
hatchcolor	<Farbname>	black	61

<table>
<tr><th>Name</th><th>Werte</th><th>Vorgabe</th><th>Seite</th></tr>
<tr><td>hatchsep</td><td><Wert[Einheit]></td><td>4pt</td><td>61</td></tr>
<tr><td>hatchwidth</td><td><Wert[Einheit]></td><td>0.8pt</td><td>60</td></tr>
<tr><td>headerfile</td><td><filename></td><td>{}</td><td>261</td></tr>
<tr><td>headers</td><td>none|all|user</td><td>none</td><td>261</td></tr>
<tr><td>href</td><td><Wert></td><td>0</td><td>167</td></tr>
<tr><td>hiddenLine</td><td>false|true</td><td>false</td><td>370</td></tr>
<tr><td>increment</td><td><Winkel></td><td>10</td><td>409</td></tr>
<tr><td>intensity</td><td>false|true</td><td>false</td><td>388</td></tr>
<tr><td>intensitycolor</td><td><Farbe></td><td>black</td><td>388</td></tr>
<tr><td>intensitylabel</td><td><Text></td><td>\empty</td><td>388</td></tr>
<tr><td>intensitylabelcolor</td><td><Farbe></td><td>black</td><td>388</td></tr>
<tr><td>intensitylabeloffset</td><td><Wert></td><td>0.5</td><td>388</td></tr>
<tr><td>intensitywidth</td><td><Wert></td><td>\pslinewidth</td><td>388</td></tr>
<tr><td>intersect</td><td>false|true</td><td>false</td><td>388</td></tr>
<tr><td>invisibleLineStyle</td><td><Linienstil></td><td>dashed</td><td>374</td></tr>
<tr><td>labelangle</td><td><Winkel></td><td>0</td><td>388</td></tr>
<tr><td>labeloffset</td><td><Wert></td><td>0</td><td>388</td></tr>
<tr><td>labels</td><td>all|x|y|none</td><td>all</td><td>141</td></tr>
<tr><td>labelsep</td><td>Wert[Einheit]</td><td>5pt</td><td>76</td></tr>
<tr><td>latitude0</td><td><Winkel></td><td>45</td><td>409</td></tr>
<tr><td>level</td><td><Wert></td><td>1</td><td>409</td></tr>
<tr><td>levelsep</td><td><*Wert[Einheit]></td><td>2cm</td><td>214</td></tr>
<tr><td>limiteL</td><td><Wert></td><td>180</td><td>409</td></tr>
<tr><td>liftpen</td><td>0|1|2</td><td>0</td><td>96</td></tr>
<tr><td>linearc</td><td><Wert[Einheit]></td><td>0pt</td><td>29</td></tr>
<tr><td>linecolor</td><td><Farbname></td><td>black</td><td>26</td></tr>
<tr><td>linejoin</td><td>0|1|2</td><td>1</td><td>368</td></tr>
<tr><td>linestyle</td><td>none|solid|
dotted|dashed</td><td>solid</td><td>27</td></tr>
<tr><td>linetype</td><td><Wert></td><td>0</td><td>31</td></tr>
<tr><td>liftpen</td><td>0|1|2</td><td>0</td><td>32</td></tr>
<tr><td>linewidth</td><td><Wert[Einheit]></td><td>0.8pt</td><td>26</td></tr>
<tr><td>longitude0</td><td><Winkel></td><td>0</td><td>409</td></tr>
<tr><td>loopsize</td><td><Wert[Einheit]></td><td>1cm</td><td>170</td></tr>
<tr><td>maillgae</td><td>false|true</td><td>true</td><td>409</td></tr>
<tr><td>makeeps</td><td>none|new|all|all*</td><td>new</td><td>261</td></tr>
<tr><td>mapCountry</td><td>all|<Staatsname></td><td>all</td><td>409</td></tr>
<tr><td>MapFillColor</td><td><r g b></td><td>0.99 0.95 0.7</td><td>409</td></tr>
<tr><td>MEX</td><td>false|true</td><td>false</td><td>409</td></tr>
<tr><td>n</td><td><Wert></td><td>1.77245</td><td>409</td></tr>
<tr><td>nameX</td><td><Label></td><td>x</td><td>369</td></tr>
<tr><td>nameY</td><td><Label></td><td>y</td><td>369</td></tr>
<tr><td>nameZ</td><td><Label></td><td>z</td><td>369</td></tr>
<tr><td>ncurv</td><td><Wert></td><td>0.67</td><td>171</td></tr>
<tr><td>ncurvA</td><td><Wert></td><td>0.67</td><td>171</td></tr>
</table>

Name	Werte	Vorgabe	Seite
ncurvB	<Wert>	0.67	171
nodesep	<Wert[Einheit]>	0pt	168
nodesepA	<Wert[Einheit]>	0pt	168
nodesepB	<Wert[Einheit]>	0pt	168
nodeWidth	<Wert[Einheit]>	1mm	409
normal	<Wertx Werty Wertz>	0 0 1	326
normaleLattitude	<Winkel>	45	343
normaleLongitude	<Winkel>	45	343
npos	<Wert>	{}	173
nrot	<Rotation>	0	173
OAinvert	false|true	true	388
OAiminus	false|true	false	388
OAiminuslabel	<Text>	\empty	388
OAiout	false|true	false	388
OAioutlabel	<Text>	\empty	388
OAperfect	false|true	true	388
OAiplus	false|true	false	388
OAipluslabel	<Text>	\empty	388
offset	<Wert[Einheit]>	0pt	172
offsetA	<Wert[Einheit]>	0pt	172
offsetB	<Wert[Einheit]>	0pt	172
origin	<xWert[Einheit], yWert[Einheit]>	0pt,0pt	17
Ox	<Wert>	0	140
Oy	<Wert>	0	140
parallel	false|true	false	388
parallelarm	<Wert[Einheit]>	1.5	388
parallelnode	false|true	false	388
parallelsep	<Wert[Einheit]>	0	388
path	<Pfadangabe>	data	409
PHI	<Winkel>	30	341
PhiCercle	<Winkel>	0	344
plane	xy|xz|yz	xy	370
plotpoints	<Wert>	50	151
plotstyle	dots|line|polygon| curve|ecurve|ccurve	line	148
pOrigin	<Referenzpunkt>	c	370
PortionSpherePhi	<Winkel>	0	347
PortionSphereTHETA	<Winkel>	0	347
PstDebug	0|1	0	248 332
PstPicture	false|true	true	332
radius	<Wert[Einheit]>	0.25cm	167
rbracketlength	<Wert>	0.15	71
ref	<Referenz>	c	172

Name	Werte	Vorgabe	Seite
rot	<Rotation>	0	176
rivers	false|true	false	409
Rotation	<Wert>	{}	261
RotX	<Wert>	0	345
RotY	<Wert>	0	345
RotZ	<Wert>	0	345
Rteraedre	<Wert[Einheit]>	5	346
Scale	<Wert1 Wert2>	{}	261
scale	<Wert>	1	345
shadow	false|true	false	31
shadowangle	<Winkel>	-45	31
shadowcolor	<Farbname>	darkgray	31
shadowsize	<Wert[Einheit]>	3pt	31
shortput	none|nab|tablr|tab	none	174
showbbox	false|true	false	219
showpoints	false|true	false	29
showorigin	false|true	true	143
slopeangle	<Winkel>	0	307
slopebegin	<Farbe>	slopebegin	304
slopecenter	<x y>	0.5 0.5	307
slopecolors	<Farbliste>	0.0 1 0 0 0.4 0 1 0 0.8 0 0 1 1.0 0 1 0	306
slopeend	<Farbe>	slopeend	305
sloperadius	<Wert[Einheit]>	0	308
slopesteps	<Wert>	100	307
SphericalCoor	false|true	false	349
subgridcolor	<Farbe>	gray	21
subgriddiv	<Wert>	5	20
subgriddots	<Wert>	0	22
subgridwith	<Wert[Einheit]>	0.4pt	21
swapaxes+	false|true	false	17
tbarsize	<Wert[Einheit] Wert>	2pt 5	70
tension	false|true	false	388
tensioncolor	<Farbe>	black	388
tensionlabel	<Text>	\empty	388
tensionlabelcolor	<Farbe>	black	388
tensionlabeloffset	<Wert>	1.2	388
tensionoffset	<Wert>	1	388
tensionwidth	<Wert[Einheit]>	\pslinewidth	388
THETA	<Winkel>	30	341
ThetaMeridien	<Winkel>	0	344
thistreefit	<Wert[Einheit]>	{}	212
thislevelsep	<*Wert[Einheit]>	{}	214

Name	Werte	Vorgabe	Seite
thistreenodesize	<Wert[Einheit]>	{}	214
thistreesep	<Wert[Einheit]>	{}	211
ticks	all|x|y|none	all	143
ticksize	<Wert[Einheit]>	3pt	146
tickstyle	full|top|bottom	full	144
tndepth	<Wert[Einheit]>	\dp\strutbox	226
tnheight	<Wert[Einheit]>	\ht\strutbox	226
tnpos	<Wert[Einheit]>	{}	226
tnsep	<Wert[Einheit]>	{}	226
tnyref	<Zahl>	{}	227
tpos	<Wert>	0.5	176
transistorcircle	false|true	true	388
transistorinvert	false|true	false	388
transistoribase	false|true	false	388
transistoribaselabel	<Text>	\empty	388
transistoricollector	false|true	false	388
transistoricollectorlabel	<Text>	\empty	388
transistoriemitter	false|true	false	388
transistoriemitterlabel	<Text>	\empty	388
transistortype	PNP|NPN	PNP	388
Translation	<x,y>	{}	261
treeflip	false|true	false	210
treefit	loose|tight	tight	212
treemode	D|U|R|L	D	210
treenodesize	<Wert[Einheit]>	-1pt	214
treesep	<Wert[Einheit]>	0.75cm	211
trimode	*U|D|R|L	U	82
Tshadowangle	<Winkel>	60	316
Tshadowcolor	<Farbe>	lightgray	316
Tshadowsize	<Wert>	1	317
type	<Wert>	1	409
USA	false|true	false	409
viewpoint	<Wertx Werty Wertz>	1 -1 1	324
viewangle	<Winkel>	0	325
visibleLineStyle	<Linienstil>	solid	374
vref	<Wert [Einheit]>	0.7ex	167
xbbd	<Wert[Einheit]>	{}	219
xbbh	<Wert[Einheit]>	{}	219
xbbl	<Wert[Einheit]>	0	219
xbbr	<Wert[Einheit]>	0	219
xMin	<Wert>	-1	366
xMax	<Wert>	4	366
yMin	<Wert>	-1	366

Name	Werte	Vorgabe	Seite
yMax	<Wert>	4	366
zMin	<Wert>	-1	366
zMax	<Wert>	4	366
Xnodesep	<Wert[Einheit]>	0pt	168
XnodesepA	<Wert[Einheit]>	0pt	168
XnodesepB	<Wert[Einheit]>	0pt	168
xPlotpoints	<Wert>	25	367
Ynodesep	<Wert[Einheit]>	0pt	168
YnodesepA	<Wert[Einheit]>	0pt	168
YnodesepB	<Wert[Einheit]>	0pt	168
yPlotpoints	<Wert>	25	367

A.2 Inhaltsspezifische Zusammenfassung aller relevanten Makros[1]

A.2.1 Grundeinstellungen

Bildumgebung

```
\begin{pspicture}[base](x1,y1)(x2,y2)
\end{pspicture}
```

Einheitslängen

```
xunit = dim    runit = dim
yunit = dim     unit = dim
```

Mit `unit` werden alle Werte gleichzeitig gesetzt.

Farbdefinition

```
\newgray{color}{num}
\newrgbcolor{color}{num num num}
\newhsbcolor{color}{num num num}
\newcmykcolor{color}{num num num num}
```

Mit `pstcol`

```
\definecolor{color}{rgb}{num,num,num}
```

Das Paket `pstcol` ermöglicht die Verwendung von Definitionen des Pakets `color` in PSTricks. Mit der Option `[usenames]` werden die Crayola-Farben des dvips verfügbar.

Globale Parameter setzen

```
\psset{key1=value1, key2=value2, ...}
\newpsstyle{name}{key1=value1, ...}
```

Globale Parameter können lokal durch `[par]` oder `[style = name]` übersteuert werden.

Vollwinkelteilung

```
\degrees[div]
\degrees
\radians
```

Koordinatendarstellung umschalten

```
\NormalCoor    \SpecialCoor
```

Mögliche Koordinatendarstellungen (`\SpecialCoor`)

```
(x,y)   (!code)  ([par]node)
(r;a)    (node)  (coor1|coor2)
```

[1] Zusammengestellt von Uwe Siart

A.2.2 Grafische Grundelemente

Linien, Polygone, Rahmen

```
  \psline[par]{ends}(x0,y0)(x1,y1)...
\pspolygon[par](x0,y0)(x1,y1)...
  \psframe[par](x0,y0)(x1,y1)
\psdiamond[par](x0,y0)(x1,y1)
\pstriangle[par](x0,y0)(x1,y1)
```

Bei `\psdiamond` und `\pstriangle` geben `(x0,y0)` das Zentrum und `(x1,y1)` die Breite und Höhe an. Eine Drehung um das Zentrum gibt der Parameter `gangle` an.

Kreisbögen

```
 \psarc[par]{ends}(x,y){rad}{ang}{ang}
\psarcn[par]{ends}(x,y){rad}{ang}{ang}

 \pscircle[par](x,y){rad}
  \pswedge[par](x,y){rad}{ang}{ang}
\psellipse[par](x,y)(a,b)
```

Parameter für Linien

```
linewidth = dim
linecolor = color
linestyle = style
  linearc = dim
     dash = dim1 dim2
   dotsep = dim
     border = dim
bordercolor = color
 doubleline = true/false
  doublesep = dim
doublecolor = color
     arrows = ends
```

Mögliche Werte für `linestyle`

```
none    solid    dashed    dotted
```

Mögliche Werte für `arrows`

```
<->     >-<     <<->>    >>-<<    |-|
|*-|*   [-]     (-)      o-o      *-*
oo-oo   **-**   c-c      cc-cc    C-C
```

Linienenden können auch in der Form {*ends*} in Linienbefehlen angegeben werden.

Parameter für Linienenenden

```
   arrowsize = dim num
 arrowlength = num
  arrowinset = num
    tbarsize = dim num
bracketlength = num
```

Punkt an jeder Koordinate

```
\psdot*[par](x0,y0)
\psdots*[par](x0,y0)(x1,y1)...
```

Parameter für Punkte ('*var*' bedeutet *optional*)

```
dotstyle = style
 dotsize = dim 'num'
dotscale = num1 'num2'
dotangle = ang
```

Mögliche Werte für `dotstyle`

```
*         o         +          x
asterisk  oplus     otimes     |
square    diamond   triangle   pentagon
square*   diamond*  triangle*  pentagon*
```

Kurven

```
\psbezier[par](x0,y0)...(x3,y3)
 \pscurve[par](x0,y0)(x1,y1)...
\psecurve[par](x0,y0)(x1,y1)...
\psccurve[par](x0,y0)(x1,y1)...
```

A.2.3 Textboxen

Rahmenboxen

```
\psframebox[par]{stuff}
\psdblframebox[par]{stuff}
  \psshadowbox[par]{stuff}
  \pscirclebox[par]{stuff}
    \psovalbox[par]{stuff}
     \psdiabox[par]{stuff}
     \pstribox[par]{stuff}
```

Parameter für Rahmen und geschlossene Pfade

```
 fillstyle = style
 fillcolor = color
  framearc = num
  framesep = dim
hatchwidth = dim
hatchcolor = color
hatchangle = ang
  hatchsep = dim
cornersize = relative/absolute
     dimen = inner/middle/outer
```

Mögliche Werte für `fillstyle`

```
none   solid   vlines     vlines*
hlines hlines* crosshatch crosshatch*
```

Die Verwendung der *-Versionen bei Rahmen und Kurven wirkt wie `fillstyle = solid`. Die verwendete Füllfarbe ist in diesem Fall `linecolor`.

A.2.4 Platzierung von Objekten

Verschiebung und Drehung

```
\rput[ref]{rot}(x,y){stuff}
\multirput[ref]{rot}(x,y)(a,b){rep}{stuff}
```

Parameter für eine Nullpunktverschiebung

```
origin = {coor}
```

Mögliche Werte für *ref*

vertikal	*horizontal*
l	t
r	b
	B

Beschriftung von Punkten

```
\uput{sep}[ang]{rot}(x,y){stuff}
```

Parameter für Beschriftungen

```
labelsep = dim
```

A.2.5 Knoten und Knotenverbindungen

Knoten festlegen (`pst-node`)

```
\rnode[ref]{name}{stuff}
\Rnode(x,y){name}{stuff}
\pnode(x,y){name}
\cnode[par](x,y){rad}{name}
\Cnode[par](x,y){name}
\circlenode[par]{name}{stuff}
\cnodeput[par]{ang}(x,y){name}{stuff}
\ovalnode[par]{name}{stuff}
\dotnode[par](x,y){name}
```

Knotenverbindungen (Segmentanzahl in Klammern)

```
 \nccurve[par]{arrows}{nodeA}{nodeB} (0)
  \ncline[par]{arrows}{nodeA}{nodeB} (1)
   \ncarc[par]{arrows}{nodeA}{nodeB} (1)
\nccircle[par]{arrows}{nodeA}{nodeB} (1)
 \ncdiagg[par]{arrows}{nodeA}{nodeB} (2)
  \ncdiag[par]{arrows}{nodeA}{nodeB} (3)
   \ncbar[par]{arrows}{nodeA}{nodeB} (3)
 \ncangle[par]{arrows}{nodeA}{nodeB} (3)
\ncangles[par]{arrows}{nodeA}{nodeB} (4)
  \ncloop[par]{arrows}{nodeA}{nodeB} (5)
```

Punktverbindungen (Segmentanzahl in Klammern)

```
\pccurve[par]{arrows}(x1,y1)(x2,y2) (0)
 \pcline[par]{arrows}(x1,y1)(x2,y2) (1)
  \pcarc[par]{arrows}(x1,y1)(x2,y2) (1)
\pcdiagg[par]{arrows}(x1,y1)(x2,y2) (2)
 \pcdiag[par]{arrows}(x1,y1)(x2,y2) (3)
```

```
\pcbar[par]{arrows}(x1,y1)(x2,y2) (3)
\pcangle[par]{arrows}(x1,y1)(x2,y2) (3)
\pcangles[par]{arrows}(x1,y1)(x2,y2) (4)
\pcloop[par]{arrows}(x1,y1)(x2,y2) (5)
```

Parameter für Knoten und Verbindungen

```
 ncurv = num     arcangle = ang
offset = dim     loopsize = dim
   arm = dim      nodesep = dim
 angle = ang       radius = dim
```

Die Parameter **nodesep**, **offset**, **arm** und **angle** können in den Varianten *par*A und *par*B auch für beide Endknoten separat gesetzt werden. Zusätzlich gelten alle Linienparameter. Die Verschiebung **offset** zählt positiv zur linken Seite des Pfades. **radius** dient als globaler Parameter für \Cnode.

Knoten- und Punktverbindungen beschriften

```
\ncput[par]{stuff}
\naput[par]{stuff}
\nbput[par]{stuff}
```

Die Befehle \lput, \aput, \bput, \Aput, \Bput, \Lput, \Mput und \Rput sind obsolet, werden aber weiter unterstützt.

Parameter für Beschriftungen

```
nrot = rot
npos = num
```

Mit der Angabe **nrot=:*ang*** erfolgt die Drehung relativ zur Richtung der Verbindungslinie (häufig **nrot=:U**).

A.2.6 Gitter und Achsenkreuze

Gitterbefehl

```
\psgrid(x0,y0)(x1,y1)(x2,y2)
```

Gitterparameter

```
     gridwidth = dim
     gridcolor = color
      griddots = num
    gridlabels = dim
gridlabelcolor = color
    subgriddiv = int
  subgridwidth = dim
  subgridcolor = color
   subgriddots = num
```

Achsenkreuz

```
\psaxes(x0,y0)(x1,y1)(x2,y2)
```

Parameter für Achsenkreuze

```
     ticks = x/y/all/none
    labels = x/y/all/none
 tickstyle = full/top/bottom
  ticksize = dim
showorigin = false/true
 axesstyle = axes/frame/none
  labelsep = dim
```

```
Ox = num   Dx = num   dx = num
Oy = num   Dy = num   dy = num
```

`Ox` und `Oy` sind die Startwerte der Nummerierungen im Ursprung. `Dx` und `Dy` sind die Inkremente der Nummerierungen. `dx` und `dy` sind die Abstände der Achsenmarken.

Stil der Achsenbezeichnungen

```
\renewcommand{\pshlabel}[1]{commands#1}
\renewcommand{\psvlabel}[1]{commands#1}
```

A.2.7 Erweiterungen und Verschiedenes

Zusammenhängende und geschlossene Pfade

```
\pscustom[par]{paths}
```

Grafiken begrenzen (clipping)

```
\psclip{clipobjects}
  ...
\endpsclip
```

Schatten

```
     shadow = true/false
 shadowsize = dim
shadowangle = ang
shadowcolor = color
```

Rahmen zwischen Knoten

```
   \ncbox[par]{nodeA}{nodeB}
\ncarcbox[par]{nodeA}{nodeB}
```

Parameter für zusammenhängende Pfade

```
linetype = int
 liftpen = 0/1/2
```

Daten einlesen (pst-plot)

```
\readdata{object}{filename}
\savedata{object}{filename}
```

Daten plotten

```
\fileplot[par]{filename}
\dataplot[par]{object}
\listplot[par]{object}
```

Funktionen plotten

```
\psplot{x1}{x2}{y(x)}
\parametricplot{t1}{t2}{x(t) y(t)}
```

Plotparameter

```
plotstyle = style
plotpoints = int
```

Mögliche Werte für `plotstyle`

dots	line	polygon
curve	ecurve	ccurve

Text entlang Kurven (`pst-text`)

```
\pstextpath[justify]{path}{text}
```

Mögliche Werte für *justify*

l	c	r

Outline-Buchstaben (`pst-char`)

```
\pscharpath[par]{text}
\pscharclip[par]{text}...\endpscharclip
```

Wiederholungen (`multido`)

```
\multido{variables}{rep}{stuff}
```

Mögliche Variablentypen sind *Integer* (`\i`), *Dimension* (`\d`), *Number* (`\n`) und *Real* (`\r`). Ein Dekrement wird in der Form `\nx=5.30+-1.25` angegeben.

Festkommaaddition und -subtraktion

```
\FPadd{num1}{num2}{command}
\FPsub{num1}{num2}{command}
```

Das Kommando ***command*** wird definiert und das Ergebnis darin abgespeichert.

Parameter für Farbgradienten (`pst-grad`)

```
  fillstyle = gradient
  gradbegin = color
    gradend = color
  gradlines = int
gradmidpoint = num
  gradangle = ang
```

A.3 Die mathematischen PostScript-Funktionen

Name	**Bedeutung**	**Anwendung**	**Beispiel**
`abs`	Absolutwert	`<num> abs`	−3 `abs` → 3
`add`	Addition[2]	`<num1> <num2> add`	5 7 `add` → 12
`atan`	Arcus Tangens[3]	`<real1> <real2> atan`	2 45 `atan`→ 2.54
`cos`	Cosinus[4]	`<real> cos`	60 `cos`→ 0.5
`cvi`	Real→Integer	`<real> cvi`	14.13 `cvi`→ 14
`cvr`	Integer→Real	`<int> cvr`	14 `cvr`→ 14.00
`div`	Division[5]	`<real1> <real2> div`	100 8 `div`→ 12.5
`dup`	Dupliziere oberstes Stackelement	`<any> dup`	12 `dup`→ 12 12
`exch`	Exchange[6]	`<any1> <any2> exch`	12 13 `exch`→ 13 12
`exp`	Potenz	`<real1> <real2> exp`	3 4 `exp`→ 81.0
`idiv`	ganzzahlige Division	`<int1> <int2> idiv`	100 8 `idiv`→ 12
`ln`	natürlicher Logarithmus	`<real> ln`	12 `ln`→ 2.48491
`log`	Zehner-Logarithmus	`<real> log`	1000 `log`→ 3.00
`mod`	Modulo	`<int1> <int2> mod`	5 3 `mod`→ 2
`mul`	Multiplikation[1]	`<num1> <num2> mul`	5 3 `mul`→ 15
`neg`	Negiere Vorzeichen	`<num> neg`	5 `neg`→ −5
`round`	Runden	`<real> round`	5.7 `round`→ 6
`sin`	Sinus[3]	`<real> sin`	30 `sin`→ 0.5
`sqrt`	Quadratwurzel	`<real> sqrt`	16 `sqrt`→ 4.0
`sub`	Subtraktion[1]	`<real1> <real2> sub`	17 19 `sub`→ −2
`truncate`	Dezimalteil abtrennen[7]	`<real> truncate`	−33.33 → 33.00

Die tabellarische Zusammenstellung enthält bis auf die Matrizenbefehle alle mathematischen Funktionen mit ihren Eigenschaften. Hierin sind `<int>` und `<real>` die bekannten Integer und Reals, während für `<any>` jeder beliebige Typ und für `<num>` *real* oder *integer* gesetzt werden kann. Unabhängig von der Null gelten für Zahlen unter PostScript die folgenden Grenzen, wobei die Angaben für *real* betragsmäßig zu verstehen sind.

	integer	*real*
kleinster Wert	-2^{32}	$\pm 10^{-38}$
größter Wert	$2^{32}-1$	$\pm 10^{38}$

Anmerkungen:

[1] Sind beide Argumente ganze Zahlen, ist auch das Ergebnis vom Typ Integer.

[2] Entspricht $\alpha = \arctan \frac{< real1 >}{< real2 >}$.

[3] Das Argument wird im Gradmaß erwartet.

[4] Das Ergebnis ist grundsätzlich vom Typ *real*.

[5] Die Anordnung der letzten beiden Stackelemente wird vertauscht.

[6] Das Ergebnis bleibt vom Typ *real*.

A.4 Die erweiterten mathematischen PostScript-Funktionen von pst-math

Das Paket `pst-math` stellt komplexe mathematische Funktionen zur Verfügung, die alle auf den in der vorigen Tabelle angegebenen elementaren Funktionen aufbauen. [19]

Stack	Operator	Result	Description
num	COS	real	Return cosine of num radians
num	SIN	real	Return sine of num radians
num	TAN	real	Return tangent of num radians
num	COSH	real	Return hyperbolic cosine of num
num	SINH	real	Return hyperbolic sine of num
num	TANH	real	Return hyperbolic tangent of num
num	ACOSH	real	Return reciprocal hyperbolic cosine of num
num	ASINH	real	Return reciprocal hyperbolic sine of num
num	ATANH	real	Return reciprocal hyperbolic tangent of num
num	EXP	real	Return exponential of num
num_1 num_2 num_3	GAUSS	real	Return gaussian of num_1 with mean num_2 and standart deviation num_3
num	SINC	real	Return cardinal sine of num radians
num	GAMMALN	real	Return logarithm of Γ function of num

Anhang

B PDF-Ausgabe[1]

Die meisten Grafiken können von TEX nicht direkt verarbeitet werden. Stattdessen wird dieser TEX-fremde Code intern innerhalb von so genannten `\special`-Anweisungen gekapselt. Einzig die Abmessung der Grafik muss während des Textsatzes bekannt sein. Durch Sichtbares wird der Inhalt der `\special`-Anweisungen erst vom Ausgabetreiber ersetzt. Im Falle von PostScript-Code bedeutet dieses Ersetzen einen großen Aufwand, da es sich bei PostScript um eine mächtige Programmiersprache handelt, deren Anweisungen – abgesehen von Spezialfällen – einen sehr leistungsfähigen Interpreter verlangen. Der in pdfTEX eingebaute Ausgabetreiber ist nicht in der Lage, diese Aufgabe zu erfüllen. Nachfolgend wird davon ausgegangen, dass die Entscheidung für pdfLATEX gefallen ist, auch wenn die Dokumente normalerweise „unverträglichen" PostScript-Code enthalten. Gründe für die Wahl von pdfTEX bzw. pdfLATEX zur Erzeugung eines pdf-Dokuments könnten sein:

- Umbrechenbare Hyperlinks
- Direkt ladbare Pixelgrafikformate (png, jpeg)
- Einfügen von Einzelseiten aus externen pdf-Dokumenten
- Möglichkeit des visuellen Randausgleichs
- Möglichkeit der Fontbeeinflussung
- Sehr weitgehende Einflussnahme auf die erzeugte pdf-Datei möglich
- Kontinuierliche Weiterentwicklung
- Freie Software

Im Einzelnen kann der eine oder andere Punkt von geringem Gewicht bei einem Vergleich mit anderen Verfahren sein. Das soll aber an dieser Stelle nicht näher diskutiert werden.

Um den in einer EPS-Grafik enthaltenen PostScript-Code in einem pdfLATEX-Dokument verwenden zu können, geht man üblicherweise wie folgt vor:

[1] Wesentliche Teile dieses Kapitels wurden von Rolf Niepraschk verfasst. Der Abschnitt zu `ps4pdf` ist im wesentlichen ein Abdruck des in Die TEXnische Komödie erschienen Artikels. [27]

- ❏ Wandlung der EPS-Grafik ins PDF-Format:
  ➢ `epstopdf --outfile=grafik.pdf grafik.eps`
- ❏ Bearbeitung des Dokuments (Mit `\includegraphics{grafik}` wird die Grafik eingefügt):
  ➢ `pdflatex dokument.tex`

Dieser Weg ist überschaubar. Bei sehr vielen Grafiken ist der Aufwand allerdings nicht unerheblich, wobei natürlich eine Automatisierung per Skripten möglich ist.

Erheblich komplizierter ist die Behandlung von PostScript-Code jedoch dann, wenn er nicht in Form einer Grafikdatei vorliegt, sondern direkt im Quelltext des Dokuments benutzt wird, wie das beispielsweise bei PSTricks-basierten Paketen [49] der Fall ist. Fasst man sämtliche derartigen Grafiken in einem Hilfsdokument zusammen, lässt sich unter Zuhilfenahme von dvips (Option -E) versuchen, EPS-Dateien zu erzeugen, die wiederum wie oben beschrieben behandelt werden können. Ganz offensichlich ist dies aber ein sehr unbequemer Weg, der – noch wichtiger – auch nicht immer fehlerfrei ist.

B.1 ps2pdf

Mit ps2pdf, einem speziellen GhostScript Tool, kann man auf einfache Weise ein gesamtes Dokument von PostScript nach PDF wandeln. Im einfachsten Fall reicht ein simples

```
ps2pdf <file.ps>
```

Allerdings stehen bei dieser Methode sämtliche zusätzlichen Möglichkeiten, die pdfLaTeX bietet, nicht zur Verfügung. Andereseits gilt es hier als Positiv zu vermerken, dass diese Methode in den seltensten Fällen versagt.

Nebenbei kann man mit ps2pdf auch einzelne mit PSTricks erstellte Grafiken ins PDF-Format wandeln und anschließend mit dem Programm pdfcrop den weißen Rand beseitigen. Voraussetzung ist, dass man mit `\pagestyle{empty}` das Erstellen einer Seiten verhindert hat.

B.2 ps4pdf

Das LaTeX-Paket preview von großem Nutzen. Wie bereits in [27] beschrieben, kann preview beliebige Dokumentbestandteile systematisch extrahieren und in einer DVI-Datei aufsammeln. Die Forderung „ein Objekt pro Seite" ist bereits erfüllt. Sorgt man nun noch dafür, dass es sich bei den „Objekten" um die problematischen PostScript-haltigen Grafiken handelt, ist eine anwenderfreundliche Lösung des Gesamtproblems bereits in greifbare Nähe gerückt.

B.2.1 Der Ablauf mit ps4pdf

Das LaTeX-Paket `ps4pdf` setzt diese Überlegungen um. Alle Anweisungen, die direkt oder indirekt PostScript-Code beinhalten, müssen Parameter der von dem Paket definierten Anweisung `\PSforPDF` werden. Ein in dieser Art ergänztes Dokument wird nun folgendermaßen bearbeitet (es soll hier den Namen `beispiel.tex` haben):

- Erzeugung einer Grafikcontainer-Datei `beispiel-pics.pdf` („`-pics`“ als Teil des Dateinames ist zwingend!):
  - ➢ `latex beispiel.tex` (`preview` ist in Aktion!)
  - ➢ `dvips -o beispiel-pics.ps beispiel.dvi`
  - ➢ `ps2pdf beispiel-pics.ps beispiel-pics.pdf`
- Erzeugung des eigentlichen Dokuments:
  - ➢ `pdflatex beispiel.tex`

Während des pdfLaTeX-Laufs ändert sich die Bedeutung der Anweisung `\PSforPDF` in der Weise, dass automatisch intern per

```
\includegraphics[page=<n>]{beispiel-pics.pdf}
```

die zugehörige PDF-Grafik eingefügt wird. Ein interner Zähler liefert den Wert *n*, sodass gewährleistet ist, dass jeweils die richtige Seite bzw. Grafik aus der Grafikcontainer-Datei verwendet wird. Ändert sich Inhalt oder Anzahl der Grafiken, muss sie neu erzeugt werden.

B.2.2 Die Paketoptionen inactive und draft

Ein Dokument, welches von `\PSforPDF`-Anweisungen Gebrauch macht, sollte trotzem nicht unbedingt auf pdfTeX angewiesen sein. Aus diesem Grunde gibt es die Paketoption `inactive`. Sie verhindert die spezielle Behandlung der `\PSforPDF`-Anweisungen durch `preview`. Der „klassische“ Ablauf sieht dann folgendermaßen aus, wenn man auf die Modifikation des Quelltextes verzichtet:

- ```
  latex '\PassOptionsToPackage{inactive}{ps4pdf}' \
        '\input{beispiel.tex}'
  ```
- `dvips -o beispiel.ps beispiel.dvi`

(Die Notwendigkeit und Anzahl der Hochkommas ist vom verwendeten Kommandozeileninterpreter abhängig. Der TeX-Compiler VTeX kann direkt benutzt werden, da er automatisch die Option `inactive` erzwingt.)

Ähnlich wie beim LaTeX-Paket `graphicx` kann die Paketoption `draft` zum Unterdrücken der Inhalte von `\PSforPDF`-Anweisungen eingesetzt werden. Es werden dann nur Rahmen in der jeweiligen Größe gezeichnet. `draft` kann auch als Parameter beim Aufruf von `\PSforPDF` gezielt einzelne Ausgaben verhindern.
  ```

B.2.3 Der trim-Parameter

Die Größe der beiden ersten Grafiken entspricht genau der Größe, die auch TEX bekannt ist (durch die vom PSTricks-Code definierte Box bzw. durch die Angabe in der `Boundingbox`-Zeile der EPS-Datei). In manchen Fällen enthält eine PostScript-Grafik jedoch Anweisungen, die außerhalb des Bereiches, für den TEX Platz reserviert hat, Zeichenoperationen ausführen. Um solche Grafiken trotzdem korrekt platzieren zu können, kann der `\PSforPDF`-Anweisung der optionale Parameter „trim“ übergeben werden. Er wirkt in ähnlicher Weise wie bei `\includegraphics` aus dem `graphicx`-Paket, wenn er dort zusammen mit „clip“ verwendet wird [1]. Die Angabe

```
\PSforPDF[trim=-3mm 0mm 0mm 4mm]{...}
```

würde beispielsweise einen links um 3 mm und oben um 4 mm größeren Bereich in die Grafikcontainer-Datei einfügen. Beim späteren pdfLATEX-Lauf wird die gesamte Grafik derart skaliert, dass der TEX bereits bekannte Platz optimal ausgefüllt wird.

B.2.4 Weitere Möglichkeiten

Gelegentlich kann der Wunsch aufkommen, die grafischen Inhalte der `\PSforPDF`-Anweisung auch außerhalb der TEX-Welt zu verwenden, beispielsweise innerhalb eines Grafikprogramms. Auch für diesen Zweck kann die Grafikcontainer-Datei als Basis dienen. Soll die Grafik mit dem „freundlichen Drachen“ in Form einer EPS-Datei zur Verfügung gestellt werden, kann dies folgendermaßen geschehen:

```
pdftops -f 1 -l 1 -eps beispiel-pics.pdf drachen.eps
```

(Die Nummer der betreffenden Seite im Grafikcontainer muss bekannt sein – es ist die erste Grafik, daher hier die Angabe eins für die Seitenauswahl.)

Gedacht ist die Anweisung `\PSforPDF` eigentlich dazu, PostScript-Code als Parameter aufzunehmen. Es können aber genauso gut beliebige andere Bestandteile eines LATEX-Dokuments sein. Eine umfangreiche mathematische Formel kann somit auch in den Grafikcontainer gelangen und, wie eben beschrieben, zu einer EPS-Grafik gewandelt werden. Auf diese Weise lässt sich die mit TEX mögliche gute Qualität des Satzes von mathematischen Formeln in weniger kompetente Programme exportieren.

B.3 pdftricks

Man könnte vermuten, dass `pdftricks` ähnlich wie `ps4pdf` arbeitet, jedoch verwendet es weder das Paket `preview`, noch hat es derartig viele Möglichkeiten.

pdftricks erstellt aus den mit der **pdfpic** Umgebung gekapselten **PSTricks** Grafiken eigenständige LATEXDokumente und lässt sie dann anschließend selbst ausführen.

In der Präambel müssen nach dem Laden des Paketes **pdftriks** alle **PSTricks**-relevanten Pakete in die **psinputs** Umgebung gestellt werden.

```
\usepackage{pdftricks}
\begin{psinputs}
    \usepackage{pstricks}
\end{psinputs}
```

Innerhalb des Dokumentes muss jede **PSTricks**-Grafik von der **pdfpic** Umgebung umschlossen werden, wobei insbesondere auch darauf zu achten ist, dass alle Makros auch innerhalb dieser Umgebung bekannt sind. Neu definierte Makros müssen entweder in der **psinputs** oder in der **pdfpic** Umgebung stehen.

```
\begin{pdfpic}
  \begin{pspicture}(5,2)
    \psline{|<->|}(0,0.3)(4,1.9)
  \end{pspicture}
\end{pdfpic}
```

Hat man dies alles erfolgreich erledigt, so wird nicht LATEX sondern pdfLATEX gestartet:

```
pdflatex --shell-escape <file>
```

die Option **shell-escape** ist zwingend, da pdfTEXsonst nicht erlaubt wird, externe Programme auszuführen. Je nach Entwicklungsumgebung kann es hier zu Abweichungen bei der Anwendung dieser Option kommen.

Damit die Abbildungen erfolgreich als **PDF** Grafiken eingefügt werden können, sind mindestens drei Durchläufe nötig. Die Grafiken sind hinterher in jedem Fall zu kontrollieren, denn **pdftricks** arbeitet ausschließlich mit **dvips**, welches große Probleme bei der Bestimmunh der Grafikgröße haben kann. [32]

B.4 VTEX[2]

VTEX wird von der amerikanischen Firma MicroPress Inc. entwickelt und vertrieben. [14] Die Windows Version ist kommerziell, wohingegen die Versionen für Linux, Solaris und OS/2 als VTEX/Free bezeichnet frei zur Verfügung stehen:

> *VTEX/Free is a TEX distribution, which is built around the VTEX program. VTEX is an implementation of the TEX typesetting engine,*

[2]Dieser Abschnitt basiert im wesentlichen auf [46]

> *which generates PDF or PostScript output immediately from the TEX source file.*
>
> *The MicroPress' components of the VTEX/Free distribution are free for personal use, subject to the following restriction:*
>
> *You must obtain a permission from either MicroPress Inc or Walter Schmidt, if you intend to redistribute VTEX/Free on a permanent media (CD), or host it on a Web site other than by mirroring the official distribution.* [15]

Das direkte Generieren von PDF ist nichts Neues, denn pdfLATEX kann dies bekanntermaßen ebenso und für die meisten Betriebssystemplattformen gleich. Bleibt die Frage, wozu man zu VTEX wechseln sollte. Dies betrifft primär alle Anwender, die PostScript-spezifischen Code in ihr Dokument einbinden müssen, wie dies beispielsweise für alle `PSTricks`-, `xypic` und `psfrag`-Anwender der Fall ist. Daneben müssen für pdfLATEX sämtliche Abbildungen vom `eps`-Format in ein von pdfLATEX akzeptiertes gewandelt werden (`pdf`, `png` oder `jpg`). Denn in all diesen Fällen ist pdfLATEX nicht in der Lage, den PostScript-spezifischen Code in adäquaten PDF Code umzusetzen oder die Grafiken problemlos zu konvertieren. VTEX benutzt dazu GEX, eine sogenannte *Graphics Extension*, welche prinzipiell einen integrierten `ps`→`pdf`-Distiller darstellt. Dieser benötigt jedoch keinerlei zusätzliche Benutzerangaben, was das Arbeiten erheblich erleichtert, denn relativ umständliche Wege über `ps4pdf`, `pdftricks` oder andere Konvertierungen können entfallen. [27, 28, 32, 42]

B.4.1 Installation

Im folgenden wird ausschließlich auf die Installation unter Linux bezug genommen, welche sich jedoch nicht wesentlich von der auf anderen Plattformen unterscheidet. Solaris- oder OS/2-Anwender können sich auf den angegebenen Webseiten oder der Mailingliste, bzw. deren Archiv, hinreichend informieren. Dabei muss festgestellt werden, dass die Unterstützung für Solaris sicherlich nicht optimal ist, denn letztlich ist dies ein „Abfallprodukt" der Linux Installation.

Benötigt werden für eine vollständige Installation die folgenden Dateien, die auf jedem CTAN-Server (`CTAN:/systems/vtex/`) oder auch TEXLive verfügbar sind. [12] Das `common` Verzeichnis enthält die systemunabhängigen Dateien:

```
vtex-doc.zip . . . . . . . . . . Jun 30 13:33   1433k
vtex-fonts.zip . . . . . . . . . Jun 30 13:33  12210k
vtex-fonts2.zip. . . . . . . . . Aug 27  2002  25061k
vtex-gex.zip . . . . . . . . . . Aug 27  2002   6794k
vtex-koma.zip. . . . . . . . . . Jun 30 13:19   2558k
vtex-sem.zip . . . . . . . . . . Jun 30 13:33    379k
vtex-special.zip . . . . . . . . Jun 30 13:33   4182k
vtex-texmf.zip . . . . . . . . . Jun 30 13:33   6894k
vtex-texmf2.zip. . . . . . . . . Jun 29 23:21   2504k
```

Im linux-Verzeichnis findet man das eigentliche VTEX(die os2-Version ist im entsprechenden Verzeichnis zu finden):

```
readme-linux.eng . . . . . . . . Jun 30 13:33     12k
vtexlnx.zip. . . . . . . . . . . Jun 30 13:33   1833k
```

Diese Dateien sind selbst zu entpacken und beispielsweise mit ihren entsprechenden Unterverzeichnissen in ein Verzeichnis /usr/local/vtex/ zu speichern. Die entsprechenden Verzeichnisse sind in einer Konfigurationsdatei /etc/vtex.ini anzugeben, wobei die mitgelieferte Vorgabe übernommen werden kann. Lediglich eine Angabe innerhalb der ~/.bashrc wird benötigt, um die Binärdatei zu finden:

```
PATH=$PATH:/usr/local/vtex/bin
```

Abschließend sind noch die aktuellen Formatdateien für vtex und vlatex zu erstellen, welches einfach durch Aufruf der entsprechenden Batchdateien im bin-Verzeichnis erfolgen kann:

```
makevlatex
makevplain
```

Dabei kann natürlich auf die Plain-Version verzichtet werden, wenn kein Bedarf dafür besteht.

Index- und Bibliografieerstellung erfolgen mit den analogen Programmen vbibtex und vmakeindex, welche im Gegensatz zu den TEX-Versionen lediglich den VTEX-Baum durchsuchen. Besteht eine parallele TEX-Installation, so können ohne weiteres die normalen Programme dafür eingesetzt werden.

B.4.2 Der LaTeX-Lauf

VTEX wird im Kommandozeilenmodus betrieben, was für den normalen LaTeX-Benutzer nicht ungewöhnlich ist. Bei den meisten Entwicklungsumgebungen zu LaTeX kann sicherlich der entsprechende Befehl von latex oder pdflatex auf vlatex geändert werden, sodass hier keinerlei Einschränkungen gegenüber dem normalen Ablauf zu erwarten sind. Ansonsten besteht kein Unterschied zu einer normalen Sequenz von LaTeX-Durchläufen, inclusive bibtex, makeindex, usw.

VTEX hat eine große Anzahl von Parametern, die man prinzipiell nicht zu beachten braucht, denn die wesentlichen sind in dem Skript vlatex zusammengefasst, welches den meisten Ansprüchen an einen VTEX Lauf mit einer PDF-Ausgabe genügt:

```
#!/bin/sh
vtexlnx -ov -ox2p -ob2 -pu0 -of=pdf.fm -@p{w=210mm,h=297mm,\
f=cf,g=f,t=f,! @latex $*
```

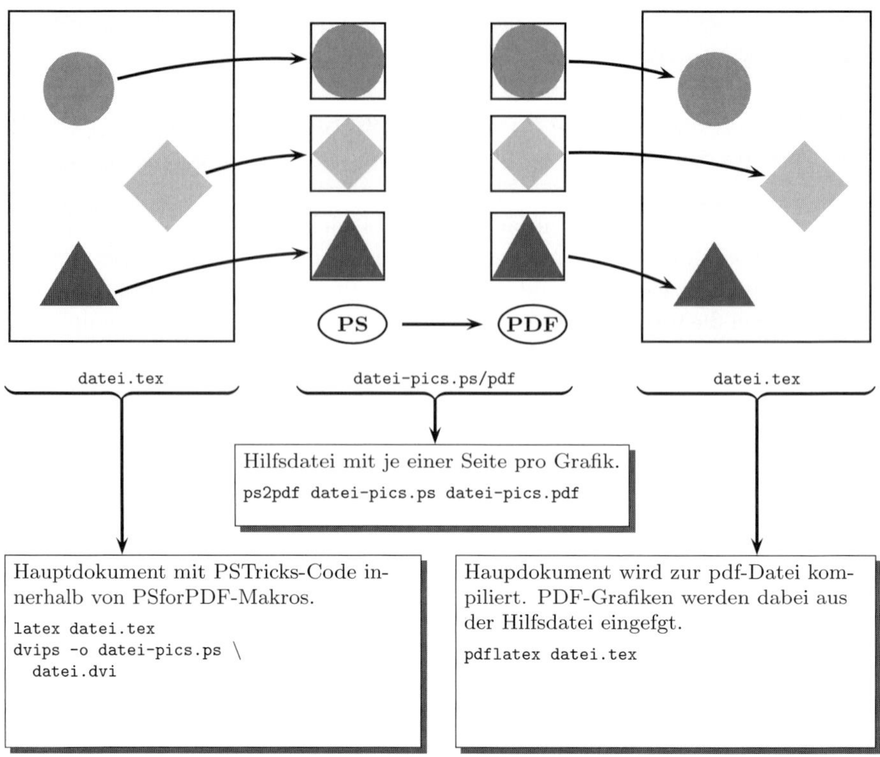

Abbildung B.1: Der formale Ablauf von `ps4pdf` (Rolf Niepraschk). Diese Grafik wurde mit `ps4pdf` als normale Grafik für ein `PDF`-Dokument erstellt und gleichzeitig in `EPS`-Form gespeichert.

ANHANG

C Hilfe und wo es sie gibt

Eine erste Anlaufstelle sollte immer die jeweilige Dokumentation eines Paketes sein, die insbesondere bei den neuren Paketen teilweise sehr ausführlich gehalten ist und hier auch in PDF-Form vorliegt. Eine weitere wichtige Anlaufstelle ist die PSTricks-eigene Mailingliste, die man über http://tug.org/mailman/listinfo/pstricks erreicht und in deren seit 1997 bestehenden Archiv man suchen kann. Die bekannten News-Gruppen comp.text.tex und de.comp.text.tex können ebenfalls eine erste Anlaufstelle sein, wenn es insbesondere Probleme mit der TEX-Distribution gibt.

C.1 Häufige Fehler

- PSTricks ist die Abkürzung für PostScript Tricks, was bedeutet, dass fast alle DVI-Viewer keine korrekte Darstellung liefern. Man sollte grundsätzlich die PostScript-Ausgabe erstellen und mit einem PostScript-Viewer betrachten.
- Parameter, die außerhalb einer pspicture Umgebung mit \psset gesetzt werden, sind global und gelten daher auch für weitere im Text vorhandene PSTricks-Grafiken.
- Eine PSTricks-Grafik erscheint nicht zentriert. In diesen Fällen liegt oft eine falsche Bounding-Box vor, welche man sich leicht anzeigen lassen kann, wenn man die pspicture Umgebung als Argument eines \psframebox Makros nimmt.
- Beim Laden von graphicx sollte man darauf achten, dass es vor pstricks erfolgt, denn beide definieren ein Makro scalebox, aber mit unterschiedlicher Syntax, sodass es häufig zu Problemen kommt, wenn die Paketreihenfolge nicht stimmt, bzw. nicht ein aktuelles pstricks.sty geladen wird.
- Bei Verwendung von PiCTeX erscheint die Meldung ‚No room for a new \dimen'. Grundsätzlich besteht keine Notwendigkeit das Paket pictex neben zu verwenden, da pstricks weitaus mehr Möglichkeiten bietet. Muss man

das Paket dennoch verwenden, so gibt die FAQ auf `http://www.dante.de` mehrere Möglichkeiten der Fehlerbehebung:

> 6.4.5 Bei Verwendung von PiCTeX erhalte ich die Meldung ‚No room for a new `\dimen`'. Wie kann ich das vermeiden?

- ❑ Trotz Verwendung der `\center`-Umgebung erscheint die Grafik nicht zentriert. Dies liegt in der Regel daran, dass die gewählten Koordinaten der `\pspicture`-Umgebung nicht symmetrisch sind, auf einer Seite ist zu viel oder zu wenig Rand. Um dies herauszufinden setzt man die `\pspicture`-Umgebung in eine `\psframebox{...}`.

Literaturverzeichnis

[1] D. P. Carlisle: *Packages in the 'graphics' bundle*; Jan. 1999; CTAN: `macros/latex/required/graphics/grfguide.tex`.

[2] D. P. Carlisle und S. P. Q. Rahtz: *The* **`keyval`** *- package*; `CTAN:/macros/latex/required/graphics/keyval.dtx`; 2001.

[3] Martin Giese: *The* **`pst-blur`** *- package*; `CTAN:/graphics/pstricks/contrib/pst-blur/`; 1998.

[4] Martin Giese: *The* **`pst-slpe`** *- package*; `CTAN:/graphics/pstricks/contrib/pst-slpe/`; 1998.

[5] Denis Girou: *Présentation de PSTricks*; *Cahier GUTenberg*; 16, S. 21–70; Apr. 1994.

[6] Denis Girou: **`pst-fill`** *- a PSTricks package for filling and tiling (Documentation)*; `CTAN:/graphics/pstricks/generic/`; 2000.

[7] Denis Girou: **`pst-gr3d`** *- a PSTricks package for three dimensional grids*; `CTAN:/graphics/pstricks/contrib/pst-gr3d/`; 2001.

[8] Michael C. Grant und David Carlisle: *The PSFrag system, version 3*; Nov. 1996; CTAN: `tex-archive/macros/contrib/supported/psfrag/pfgguide.tex`.

[9] Branko Grünbaum und Geoffrey Sheppard: *Tilings and Patterns*; Freeman and Company; New York; 1987.

[10] Hubert Gäßlein und Rolf Niepraschk: *The* **`pict2e`** *- package*; `CTAN:/macros/latex/contrib/pict2e/`; 2004.

[11] Alan Hoenig: *TEX Unbound: LATEX & TEX Strategies, Fonts, Graphics, and More*; Oxford University Press; London; 1998.

[12] MicroPress Inc.: *VTEX/Free*; `http://www.ctan.org/tex-archive/systems/vtex/`; 2003.

[13] MicroPress Inc.: *TEX Fonts*; `http://www.micropress-inc.com/fonts.htm`; 2004.

[14] MicroPress Inc.: *VTEX*; `http://www.micropress-inc.com/`; 2004.

[15] MicroPress Inc.: *VTEX/Free v8.23 - the free VTeX distribution for OS/2 and Linux*; `http://www.micropress-inc.com/linux`; 2004.

[16] Laura E. Jackson und Herbert Voß: *Die mathematischen Funktionen von PostScript*; *Die TEXnische Komödie*; 1/02; März 2002.

[17] Laura E. Jackson und Herbert Voß: *Die Plot-Funktionen von* **pst-plot**; *Die TEXnische Komödie*; 2/02, S. 27–34; Juni 2002.

[18] Zhuhan Jiang: *arrayjob*; CTAN: `/macros/generic/arrayjob/`; 2000.

[19] Christophe Jorssen: **pst-math** *- a PSTricks package for mathematical function*; 2004.

[20] Christophe Jorssen und Herbert Voß: *The* **pst-circ** *- package*; CTAN: `/graphics/pstricks/contrib/pst-circ/`; 2004.

[21] David Kastrup: *The* preview *Package for LATEX*; Nov. 2002; `http://sourceforge.net/projects/preview-latex/` und CTAN: `support/preview-latex/`.

[22] Uwe Kern: *Color extensions with the* **xcolor** *package*; 2004; Version 1.11.

[23] Nikolai G. Kollock: *PostScript richtig eingesetzt: vom Konzept zum praktischen Einsatz*; IWT; Vaterstetten; 1989.

[24] Manuel Luque: *The* **pst-vue3d** *- package*; `CTAN:/graphics/pstricks/contrib/pst-vue3d/`; 2004.

[25] Michael Mehlich: *The* **fp** *package*; `CTAN:/graphics/pstricks/generic/`; 1996.

[26] Frank Mittelbach und Michel Goosens et al: *The LATEX Graphics Companion*; Addison-Wesley Publishing Company; Boston; 2. Aufl.; 2004.

[27] Rolf Niepraschk: *Anwendungen des LATEX-Pakets preview*; *Die TEXnische Komödie*; 1/2003, S. 60–65; Febr. 2003.

[28] Rolf Niepraschk: *The ps4pdf Package*; Mai 2003; CTAN: `macros/latex/contrib/ps4pdf/`.

[29] Rolf Niepraschk und Herbert Voß: ***PSTricks*** *- mehr als nur ein alter Hut*; DANTE 2004 in Darmstadt; `http://PSTricks.de/docs/Darmstadt2004.pdf`; 2004.

[30] Heiko Oberdiek: ***pdfcrop***; CTAN: /support/pdfcrop/; 2002.

[31] Premshree Pillai: ***infix-postfix.py***; http://aspn.activestate.com/ASPN/Cookbook/Python/Recipe/228915; 2003.

[32] Chambert-Loir Radhakrishnan, Rajagopal: ***pdftricks***; CTAN:/macros/latex/contrib/supported/pdftricks/pdftricks.sty; 2002.

[33] Sebastian Rahtz: *Most of the PSTricks examples of The LaTeX Graphics Companion*; CTAN: graphics/pstricks/doc/lgc/.

[34] Sebastian Rahtz: *An introduction to PSTricks, part I*; *Baskerville*; 6(1), S. 22–34; Febr. 1996.

[35] Sebastian Rahtz: *An introduction to PSTricks, part II*; *Baskerville*; 6(2), S. 23–33; Apr. 1996.

[36] Christian Rolland: *LaTeX par la pratique*; O Reilly; Paris; 1999.

[37] Christian Rolland: *L'essentiel de LaTeX et Gnu-Emacs. Manuel de réalisation de documents scientifiques*; Dunod; Paris; 2000.

[38] Claus Schönleber und Frank Klinkenberg-Haaß: *Goldene Schnittmuster*; *mc-Extra*; 2, S. 21–25; Febr. 1995.

[39] J.P. Snyder: *Map Projections–A Working Manual*; *U. S. Geological Survey Professional Paper 1395*; S. 138–140; 1987.

[40] Ian Stewart: *Ungewöhnliche Kachelungen*; *Spektrum der Wissenschaft*; S. 114; 2001.

[41] Herbert Voß: *Three dimensional plots with* **pst-3dplot**; *TUGboat*; 22-4, S. 319; Dez. 2001.

[42] Herbert Voß: *PSTricks Support for pdf*; http://www.pstricks.de/pdf/pdftricks.phtml; 2002.

[43] Herbert Voß: *The* **pst-3dplot** *- package*; CTAN:/graphics/pstricks/contrib/pst-3dplot/; 2004.

[44] Herbert Voß: *The* **pstcolx** *- package*; http://perce.de/LaTeX/pstcolx/; 2004.

[45] Herbert Voß: *The* **pstricks-add** *- package*; CTAN:/graphics/pstricks/contrib/pstricks-add/; 2004.

[46] Herbert Voß: *VTeX*; *Die TeXnische Komödie*; 1/04, S. 46–51; März 2004.

[47] Herbert Voß und Jana Voß: *The plot functions of* **pst-plot**; *TUGboat*; 22-4, S. 314–318; Dez. 2001.

[48] Michael Wiedmann: *References for TeX and Friends*; http://www.miwie.org/tex-refs/; 2004.

[49] Timothy van Zandt: *PSTricks - PostScript macros for Generic TEX*; http://www.tug.org/application/PSTricks; 1993.

[50] Timothy van Zandt: *PSTricks - PostScript macros for Generic TEX, Documented Code*; CTAN:/graphics/pstricks/obsolete/doc/src/pst-code.tex; 1997.

[51] Timothy van Zandt: *The* **multido** *package*; CTAN:/graphics/pstricks/generic/; 1997.

[52] Timothy van Zandt und Denis Girou: *Inside PSTricks*; *TUGboat*; 15, S. 239–246; Sept. 1994.

Index

15 Jahre DANTE e.V.

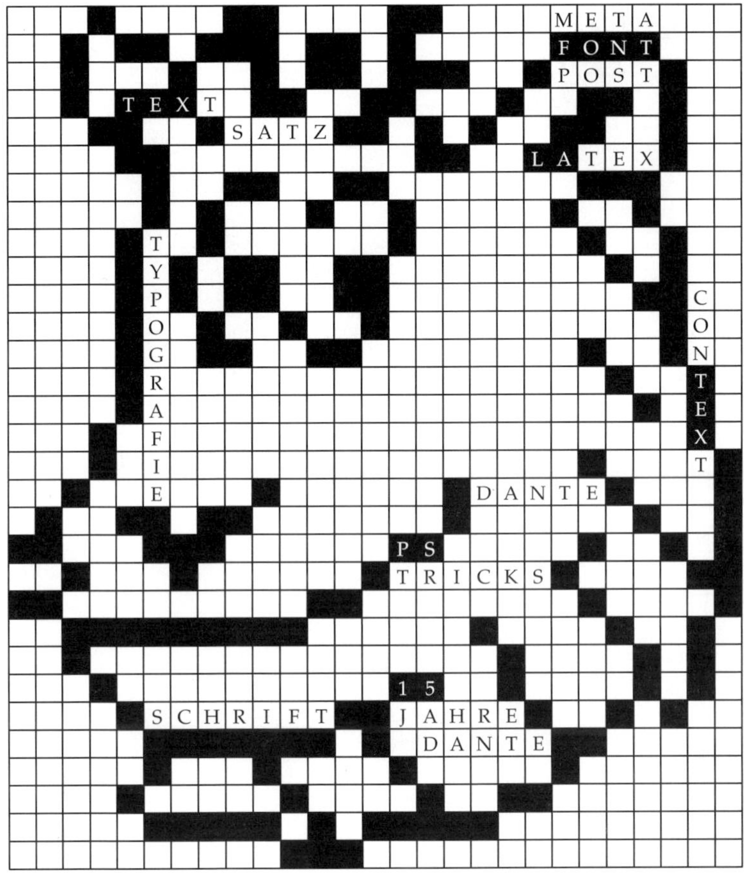

DANTE, Deutschsprachige Anwendervereinigung TEX e.V., wurde am 14. April 1989 in Heidelberg gegründet. Zweck des Vereins ist die Unterstützung und Beratung von TEX-Benutzern im gesamten deutschsprachigen Raum.

Hierzu betreibt DANTE e.V. den deutschen Hauptknoten von CTAN, dem weltweiten Software-Archiv für TEX, veranstaltet Tagungen, bietet einen Beraterkreis für Mitglieder und unterhält einen Projektfonds zur Unterstützung der Weiterentwicklung von TEX.

Mitglieder erhalten viermal jährlich die Zeitschrift „Die TEXnische Komödie" und einmal im Jahr das CD/DVD-Set „TEX-Collection".

DANTE e.V. ist vom Finanzamt Heidelberg als gemeinnützig anerkannt.

dante e.V.
Postfach 10 18 40
69008 Heidelberg

Tel.: +49 6221 29766
Fax: +49 6221 167906
E-Mail: dante@dante.de
WWW: http://www.dante.de